Le respect du chapitre VIII de la charte des Nations unies à l'épreuve des conflits armés en Afrique

La régionalisation du maintien de la paix

Comores, Rwanda, République Centrafricaine, Mali, Soudan et Somalie.

Prince KALUME BEYA

Le respect du chapitre VIII de la Charte des Nations unies à l'épreuve des conflits armés en Afrique

La régionalisation du maintien de la paix

Comores, Rwanda, République Centrafricaine, Mali, Soudan et Somalie.

L'Harmattan

5-7, rue de l'École-Polytechnique ; 75005 Paris

http://www.librairieharmattan.com

ISBN: 978-2-343-18855-3
EAN: 9782343188553

EPIGRAPHE

« Nous considérons qu'il appartient d'abord aux Africains de régler eux-mêmes leurs conflits. Notre rôle est de les y aider, de manière pragmatique »
19e sommet franco-britannique, Londres 30/10/1995

« We have a responsability to help build Africa's capacity to help itself, in peacekeeping as in other areas. We, the international community, must not shirk this"

Koffi Annan 10/09/1996

DEDICACE

A tous les miens, véritablement miens, passés, présents et futurs ; A toi, Maria Laeticia INAKA EKUKA, Sève, perfective et vivifiante et à mes enfants.

REMERCIEMENTS

La réalisation d'un travail universitaire est toujours le fruit des efforts consentis par plusieurs personnes pour sa réussite.

C'est ainsi que les remerciements les plus sincères et distingués s'adressent à notre promoteur, le professeur BASUE BABU KAZADI Greg.

Les mêmes remerciements s'adressent aux professeurs NTUMBA LUABA et MAVUNGU MVUMBI, membres du premier comité d'encadrement de cette dissertation.

Je remercie également les professeurs NDESHYO RURIHOSE et SEGIHOBE BIGIRA qui, avec le professeur BASUE BABU KAZADI, ont constitué le deuxième comité d'encadrement de ma dissertation.

Je ne saurai passer sous silence l'excellent travail abattu par le comité de lecture composé des professeurs NTIRUMENYERWA MUCHOKO, YEZI PIANA et SEGIHOBE BIGIRA dont les remarques pertinentes ont également permis d'améliorer la qualité et la maturité de ce travail.

Nous adressons nos remerciements de marque à nos jeunes frères Edison MUTELA MBAU, Fabrice MBAKI et Zener BOSSASSI Joseph Zenature, nos opérateurs de saisie, qui ont réussi à appliquer la technique informatique à l'élaboration de ce travail.

Nous ne saurons clore cette page de remerciements sans penser à tous ceux qui nous ont aidé dans la réalisation de cette recherche par des apports scientifiques, moraux, matériels et financiers.

LISTE DE PRINCIPAUX SIGLES ET ABREVIATIONS

ACRI : African Crisis Response Initiative
AFDI : Annuaire Français de Droit International
AFRI : Annuaire Français des Relations Internationales
ALS : Armée de Libération du Soudan
AMISOM : Mission de l'Union Africaine en Somalie
APLS : Armée populaire de libération du Soudan
BM : Banque mondiale
CCPAC : Comité des chefs de police de l'Afrique centrale
CEE : Communauté économique européenne
CECA : Communauté européenne du charbon et de l'acier
CEDEAO : Communauté économique des Etats de l'Afrique de l'Ouest
CEMAC : Communauté économique et monétaire de l'Afrique centrale
CPI : Cour Pénale Internationale
CPS : Conseil de Paix et de Sécurité
CS : Conseil de sécurité
CSCE : Conférence sur la sécurité de l'Afrique centrale
CSSDCA : Conférence sur la Sécurité, la Stabilité, le Développement et la Coopération en Afrique
DDR : Désarmement, démobilisation et réinsertion
DUDH : Déclaration Universelle des Droits de l'homme
ECOMOG : Economic Community of West African States Cease-fire Monitoring Group/Groupe d'Observation militaire de la CEDEAO
FMI : Fonds monétaire international
FOMAC : Force multinationale d'Afrique centrale
GANUPT : Groupe d'assistance des Nations Unies pour la période de transition
HCDH : Haut-Commissariat des Nations Unies aux droits de l'homme
IGAD : Autorité intergouvernementale pour le Développement
M/ALS : Mouvement/ Armée de Libération du Soudan
MARAC : Mécanisme d'alerte rapide de l'Afrique centrale
MAPROBU : Mission africaine de prévention et de protection au Burundi
MIAB : Mission africaine au Burundi
MINUAD : Mission des Nations Unies et de l'Union Africaine au Darfour

MINUAR : Mission d'assistance des Nations Unies pour le Rwanda
MINURCA : Mission des Nations Unies en République centrafricaine
MINUS : Mission des Nations Unies au Soudan
MICOPAX : Mission de consolidation de la paix en RCA
MISCA : Mission internationale de soutien en RCA
MISMA : Mission internationale de soutien au Mali
MJE : Mouvement pour la justice et l'égalité
MLS : Mouvement de Libération du Soudan
MONUC : Mission de l'Organisation des Nations Unies au Congo
MONUSCO : Mission de l'Organisation des Nations Unies pour la stabilité du Congo
MUAC : Mission de l'Union Africaine aux Comores
MUAS : Mission de l'Union Africaine au Soudan
OEA : Organisation des Etats d'Amérique
ONG : Organisation non gouvernementale
ONU : Organisation des Nations unies
ONUMOZ : Opération des Nations Unies au Mozambique
ONUSOM : Opération des Nations Unies en Somalie
OSCE : Organisation pour la Sécurité et la Coopération en Europe
OTAN : Organisation du Traité de l'Atlantique Nord
OUA : Organisation de l'Unité Africaine
PUIC : Presse de l'Université Internationale au Congo
RDC : République Démocratique du Congo
RECAMP : Renforcement des capacités africaines en matière de maintien de la paix
SDN : Société des Nations
UA : Union africaine
UE : Union Européenne
UNAMSIL : United Nations Mission in Sierra Leone (Mission des Nations Unies en Sierra Leone)

UNAVEM : United Nations Angola Verification Mission (Mission de vérification des Nations Unies en Angola)
USA : United state of America (Etats-Unis d'Amérique)

INTRODUCTION GENERALE

L'examen de cette partie introductive comportera successivement la pertinence de l'objet de l'étude (I), la problématique de l'étude (II), l'hypothèse du travail (III), l'intérêt du sujet (IV), la méthodologie de recherche (V), l'historique et définition des concepts clés (VI), la délimitation du sujet (VII) et l'annonce du plan (VIII).

I. LA PERTINENCE DE L'OBJET D'ETUDE

« La société internationale est essentiellement interétatique ; en effet, les Etats sont les sujets principaux et les organisations internationales sont les sujets dérivés »[1].

Les organisations internationales[2] se constituent de manière dérivée et à la suite de la volonté des Etats. Elles le font sur base de plusieurs critères. Ceux-ci peuvent être géographiques, culturels, politiques, voire même entretenus sur des bases cumulatives en prenant en compte les différents critères cités et en les associant.

Ainsi, les organisations internationales ont connu une évolution historique émaillée de plusieurs considérations notamment celles liées au développement des entités étatiques, aux enjeux de puissance et à l'équilibre régional. A cet effet, la doctrine classique du droit international lie le développement des organisations internationales concomitamment à celui des Etats.

Le développement même des Etats est assimilé à celui des organisations internationales ou même du droit international[3] car, il est indiqué de relever que l'instrument premier qui systématise ce lien reste les traités de Westphalie de 1648[4].

---

[1] G. BASUE BABU KAZADI, *Vie internationale,* Kinshasa, éd. PUIC, 2004, p.25.

[2]Selon l'article premier de la convention sur la représentation des Etats dans leurs relations avec les organisations internationales (A) CONF.67/18/Add.1), « l'expression organisation internationale s'entend d'une organisation intergouvernementale ». G. BALANDA MIKUIN LELIEL dit qu'elle pourrait être définie comme étant une entité créée sur la base d'une Charte constitutive, par des sujets de droit international et dotée d'une personnalité juridique, dans le but de réaliser une activité déterminée à caractère international dans son ouvrage, *Le droit des organisations internationales*, Kinshasa, CEDI, 2006, p.18.

[3]L'expression droit international, dit BULA-BULA dans son syllabus du cours de *droit international public*, G3/A, Faculté de Droit, Université de Kinshasa, 2003-2004 à la page 14, recouvre l'ensemble des normes écrites et non écrites qui lie obligatoirement les sujets du droit international ; c'est le caractère obligatoire de ces normes qui confère à cette discipline sa scientificité.

[4]Il y a lieu de relever que c'est de manière purement classique qu'il est accordé l'origine d'un droit international classique aux traités de Westphalie de 1648 qui met fin à la guerre de trente ans. Cependant, les tenants de l'école de l'existence transhistorique du droit international fondent leur thèse sur l'existence des documents écrits qui établissaient les relations entre les différentes sociétés politiques de l'époque. Il en est, selon elle, de la convention conclue entre Ramsès II à la fin du deuxième millénaire, vers l'année 1292 a.c.n, avec le roi des Hittites et

De la sorte, nous allons relever de manière chronologique et suffisamment détaillée le développement ainsi que l'émergence des organisations internationales à compétence universelle et régionale à travers les grands âges de l'histoire du droit international qui sont la période *ante* westphalienne, celle de l'âge des lumières[5] ou de l'éclosion de l'Etat et celle de l'émergence proprement dite des organisations internationales vers le 18ème siècle qui passe par les organisations à caractère technique, militaire et celles combattantes pour les droits sociaux. Cette dernière vague nous amènera à élucider cette approche avec les organisations internationales politiques à vocation universelle que sont la Société des Nations (SDN) et l'Organisation des Nations Unies (ONU) qui, elles-mêmes, ont accordé un cadre à la fois formel et conventionnel de construction des organisations régionales.

La pertinence donc l'objet de l'étude nous conduit à présenter la problématique de celle-ci.

II. LA PROBLEMATIQUE DE L'ETUDE

La question de la coopération et de la coordination entre l'Organisation des Nations Unies et les organisations régionales aussi bien africaines, européennes, américaines qu'asiatiques prend aujourd'hui une nouvelle pertinence pour plusieurs raisons[6].

Le chapitre VIII de la Charte des Nations Unies s'est donné pour vocation de traiter de la question des organismes et accords régionaux dans le domaine du maintien de la paix et de la sécurité internationales.

---

surnommé « Traité de perle », in G. BASUE BABU KAZADI, *Op.cit*, p.98 ; voir aussi les propos de l'ambassadeur V. KLEFFENS, dans un article paru en 1949, dans *l'American journal of International law,* Vol 44, 666, .p 100 à 125 : il reconnait et affirme l'existence des documents écrits correspondant au traité actuel passés entre les pharaons égyptiens et les princes hittites ou hethéens ; il les qualifie aussi d'entente régionale et considère que les premiers amphictionies grecques en étaient-elles ; ces propos sont également repris par H. SABA, « Les accords régionaux dans la Charte de l'ONU », recueil Sirey, in *Recueil des Cours de l'Académie de Droit international,* Paris, 1952, p.644.

[5]L'expression « âge des lumières », souvent utilisée comme synonyme du 18ème siècle européen, désigne plus spécifiquement le mouvement intellectuel, culturel et scientifique qui le parcourt ; pour rassembler la diversité des manifestations de ce mouvement le terme « âge des lumière » a été consacré par l'usage. Cette notion de siècle des lumières regroupe un ensemble d'objets, de courants de pensée ou de sensibilité, d'acteurs historiques qui peuvent aussi justifier une approche par thèmes.Lire utilement « le siècle des lumières »in *www.wikipedia.org*, voir aussi « pourquoi appelle-t-on le 18ième siècle des lumières », in *www.pourquoi.com*, consulté le 18mars 2014.
La glorieuse Révolution de 1688 peut en constituer le premier jalon, mais pour l'historiographie française, la période charnière qui correspond à la fin du règne de Louis XIV (1680-1715) est comme sa gestion. La Révolution française en marque le déclin. Certains historiens, en fonction de leur objet d'étude, privilégient une chronologie plus moins large (1670-1820).

[6] A. NOVOSSELOFF, « La coopération entre l'Organisation des Nations unies et les organisations régionales africaines », in *www.unidir.org,* p.1.

La Charte des Nations unies étant principalement universaliste, elle consacre la thèse de la sécurité objective, ce qui ressort clairement des buts de l'organisation, dont le premier est « de maintenir la paix et la sécurité internationales »[7]. Les Nations unies ont six organes principaux dont le Conseil de sécurité qui est chargé en tout premier lieu de réaliser ce but. L'article 24 §1 dispose : « Afin d'assurer l'action rapide et efficace de l'organisation, ses Membres confèrent au Conseil de sécurité la responsabilité principale du maintien de la paix et de la sécurité internationales et reconnaissent qu'en s'acquittant des devoirs que lui impose cette responsabilité, le Conseil agit en leur « nom ». En vue de réaliser cette mission, il lui est doté des moyens pluriels[8].

La Charte des Nations unies étant subsidiairement régionaliste et individualiste ouvre cette voie du chapitre VIII en vue du maintien de la paix et de la sécurité régionales, à travers les articles 52, 53 et 54 et en consacrant la légitime défense individuelle et collective en son article 51.

L'article 52 du chapitre VIII organise les rapports des organismes et des accords régionaux avec le Conseil de sécurité en matière de maintien de la paix et de la sécurité internationales[9]. Le paragraphe 2 précise la compétence des accords ou des organismes régionaux tandis que les paragraphes 3 et 4 situent les responsabilités du Conseil de sécurité[10].

Quant à l'article 53, il contient quatre éléments essentiels qui entrent dans la répartition des compétences entre le Conseil de sécurité et les organisations régionales, il s'agit de la possibilité accordée au Conseil de sécurité d'utiliser les organismes régionaux pour l'application des mesures coercitives décidées par lui ou par eux-mêmes, de l'interdiction d'entreprendre des actions coercitives en vertu d'accords régionaux ou par des organismes régionaux sans l'autorisation du Conseil de sécurité d'une part et, d'autre part, des exceptions prévues en application de l'article 107 de la Charte ou dans les accords régionaux dans lesquels ces organismes peuvent appliquer librement des mesures coercitives lorsque cela est nécessaire contre un sujet particulier qui reprend une politique d'agression. Enfin, son paragraphe 2 définit le sujet contre lequel des mesures coercitives peuvent être librement appliquées en cas de nécessité[11].

---

[7]Article 1 de la Charte des Nations unies.

[8]Il s'agit des pouvoirs précisés à l'article 39 (pouvoirs de constatation, de l'usage des mesures n'impliquant pas la force (article 41) soit celles impliquant la coercition militaire (article 42). Voir G. COHEN JONATHAN, P.-M. EISEMANN, G. FISCHER, « Commentaires des articles 39, 40 et 41 », in J.-P. COT et A. PELLET, *La Charte des Nations unies, Commentaires article par article*, Paris, éd. Economica, 1991, p.665

[9] E. KODJO, « Commentaire de l'article 52 », in J.-P. COT et A. PELLET, *Op.cit*, p.803.

[10]*Idem.*

[11]*Ibidem.*

Et l'article 54 qui clôture ce chapitre VIII oblige les organismes régionaux à tenir pleinement informé le Conseil de sécurité, en tout temps, de toute action entreprise ou envisagée par eux.

Le cadre juridique consacré à San Francisco a permis d'observer effectivement l'émergence d'organisations régionales à travers les cinq régions du monde. L'Afrique n'est pas restée en déphasage car les Etats africains ont créé une organisation régionale dite « OUA » en 1963 à Addis-Abeba puis l' « UA » en 2000 à Lomé[12].

Le contexte d'émergence de l'action normative et institutionnelle régionale a été et est caractérisé, en Afrique, par de nombreux conflits de nature nationale, ethnique ou religieuse de plus en plus marquée[13]. Tels sont les cas des conflits aux Comores, au Burundi, au Mali, en RCA, au Darfour et en Somalie.

Face à ces conflits, les Etats africains ont fait des grands efforts pour assumer la charge capitale de promouvoir la paix et défendre la sécurité[14]. Ils sont conscients de graves dangers qui menacent leur sécurité et de la réticence du Conseil de sécurité à se retrouver impliqué dans des conflits[15].

De ces impératifs liés à la nécessité de maintenir la paix et la sécurité régionales, il y a lieu de réfléchir sur l'existence même des instruments juridiques régionaux dotés de cette tâche au niveau régional et plus précisément africain, analyser, d'une part, leur compatibilité avec le prescrit du chapitre VIII de la Charte des Nations unies et, d'autre part, examiner les mécanismes de fonctionnement de ces organismes régionaux par rapport au même chapitre.

Ceci permettra de constater le dépassement normatif et institutionnel de l'Union Africaine sur le chapitre VIII de la Charte des Nations unies.

En cela, cette étude visera à affirmer la nécessité qu'il y a à réformer le chapitre VIII et proposera sa nouvelle écriture ainsi que les perspectives efficientes de consolidation de la pratique des organisations régionales en matière de maintien de la paix et plus particulièrement en Afrique.

Même dès lors qu'il serait difficile de voir un tel exercice se réaliser aux Nations unies, il serait toutefois possible de considérer les avancées normatives du régionalisme africain comme allant au-delà là du droit des Nations unies et partant, valant nouveau droit international de maintien de la paix et de la sécurité internationales faisant corps au droit universel.

De ces considérations purement théoriques, cette étude s'évertuera à analyser les interventions de l'organisme régional qu'est l'Union Africaine dans le cadre des conflits aux Comores, au Burundi, au Mali, en RCA, au Darfour et en Somalie. Ces interventions permettront effectivement de comprendre les évolutions de ce que l'on pourrait appeler le droit international régional africain

---

[12] F.-K. BOUAYAD-AGHA et B.-P. KRASULIN, *Op.cit*, p.5.
[13] K.-B. BERMAN et K.-B. SAMS, *Op.cit*, p.25.
[14] MUTOY MUBIALA, *Coopérer pour la paix en Afrique centrale*, New-York, éd. Unidir, Nations unies, 2003, p.3-4. Voir aussi K.-B. BERMAN et K.-B. SAMS, *Op.cit*, p.25.
[15] K.-B. BERMAN et K.-B. SAMS, *Op.cit*, p.25.

du maintien de la paix et de la sécurité régionales en Afrique en ce qu'il permet de mener des opérations autonomes et différentes qui vont au-delà des mécanismes du chapitre VIII.

De ce qui précède, cette étude répondra aux questions ci-après :

- est-ce que les textes de l'Union Africaine et ses mécanismes régionaux en matière de maintien de la paix reflètent-ils l'esprit du chapitre VIII de la Charte des Nations Unies ?
- le principe de l'autorisation préalable en vue de l'usage de la force par l'Union Africaine dans ses opérations de maintien de la paix vaut-il à l'heure actuelle ?
- les opérations de maintien de la paix initiées par l'Union Africaine rentrent-elles dans le cadre opérationnel du chapitre VIII ?

La problématique étant la question centrale que le sujet amène à se poser, lui-même équivalent toujours, explicitement ou implicitement à une hypothèse ; or, cette dernière est par définition conditionnelle.

Dans le contexte de la problématique posée, les hypothèses s'avèrent nécessaires.

III. HYPOTHESES DU TRAVAIL

De manière générale, l'hypothèse de recherche est la réponse présumée à la question qui oriente une recherche, une supposition qui est faite en réponse à une question de recherche[16]. Une recherche ne compte normalement qu'une hypothèse principale qu'elle cherche précisément à confirmer ou infirmer[17].

Une hypothèse est toujours perçue différemment dans une recherche appliquée, conceptuelle, théorique, empirique ou qualitative ou quantitave.

Dans le premier cas, elle prend la forme d'une solution à un problème particulier, souvent difficile à vérifier car il faut avoir les moyens et les instruments pour le tester. Tel est l'exemple des thérapies en psychologie.

Dans le second cas, elle prend la forme d'une définition, d'un élément de définition, ou encore de la description de certaines relations du concept étudié avec d'autres concepts. Il s'agit de préciser le sens ou l'usage d'un concept donné. Elle mène généralement à une recherche livresque à la suite de laquelle le chercheur fera des propositions particulières.

Dans le troisième cas, celui de la recherche théorique, bien que du même genre que la deuxième, elle sera alors soit la démonstration de la supériorité d'une certaine théorie sur les autres, soit l'élaboration d'une nouvelle théorie ou des nouvelles applications à une théorie existante ou encore la reformulation d'une théorie.

---

[16] H. KAKAI, *Notes méthodologiques utiles pour la rédaction du mémoire, contribution à la recherche quantitave, cadre méthodologique de rédaction,* Université de Franche Comté, Février 2008, p.13.

[17] *Idem.*

Dans les deux derniers cas, elle concerne dans un premier temps, à un rapport entre deux ou plusieurs phénomènes que l'on croit pouvoir constater dans la réalité et, dans le deuxième temps, étant plus large, elle concerne la réalité des faits sous une même forme vérifiable par des observations ou des expérimentations données.

Ainsi, dans l'étude sous examen, les hypothèses sont posées comme suit :

- L'Union Africaine et ses mécanismes régionaux adopteraient des textes dont l'écriture irait au-delà de celle du Chapitre VIII de la Charte des Nations unies.
- L'Union Africaine et ses mécanismes régionaux n'auraient plus besoin de l'autorisation du Conseil de sécurité des Nations unies conformément à l'article 53 de la Charte des Nations unies pour actionner le déploiement d'une opération de maintien de la paix à caractère coercitif.
- La mise en œuvre de ces opérations par l'Union Africaine et ses mécanismes régionaux dans le cadre de ce qui serait appelé « l'architecture africaine de paix et de sécurité » constituerait un dépassement opérationnel du cadre prévu par le Chapitre VIII de la Charte des Nations unies.

Les hypothèses ainsi précisées, nous tenterons de les vérifier tout au long de ce travail.

Pour aborder aisément cette étude, il est impérieux que nous puissions présenter l'intérêt du sujet.

IV. L'INTERET DU SUJET

Il est important, dit Mboko Dj'andima, de justifier le choix du sujet pour la société et de présenter son intérêt scientifique, car la science est faite pour la société[18]. Il renchérit que l'on ne doit pas écrire pour rien, car il faut aussi que le sujet ait un intérêt direct à la solution des intégrations et problèmes qui se posent à la communauté[19].

Michel Lenoble Pinson dit que la qualité d'un travail scientifique, du travail de fin d'étude en particulier est souvent proportionnelle à l'intérêt que l'étudiant porte au sujet[20].

Notre sujet de recherche ne peut que revêtir un intérêt manifeste au regard même de la montée des activités de l'organisation régionale, l'Union Africaine et des organisations sous régionales dans le maintien de la paix et de la sécurité internationales, d'une part, au regard de la propension des conflits armés en Afrique, d'autre part.

---

[18]MBOKO DJ'ANDIMA, *Principes et usages en matière de rédaction d'un travail universitaire*, Kinshasa, éd. CADICEC-UNIAPAC, 2004, p.21.

[19]*Idem.*

[20] M. LENOBLE PINSON, *La rédaction scientifique, conception, rédaction, présentation scientifique*, Bruxelles, éd. De Boeck Université, 2000, p.14.

Ainsi, cette étude présente un intérêt à la fois théorique et pratique.

Sur le plan théorique, l'analyse du chapitre VIII de la Charte permettra d'identifier les différents pouvoirs de l'Organisation des Nations Unies et ceux des organisations régionales en particulier de l'Union Africaine dans le maintien de la paix et de la sécurité régionales. L'intérêt se remarque en outre par l'analyse de l'organe chargé du maintien de la paix et de la sécurité au niveau universel qui est le Conseil de sécurité d'une part, et, de l'autre, de l'organe chargé du même rôle au niveau de l'Union Africaine à savoir le Conseil de Paix et de Sécurité.

Enfin, cet intérêt se manifeste par l'étude des articles 52, 53 et 54 du chapitre VIII de la Charte et ce, aussi bien au niveau de l'existence même des accords régionaux au sens des articles susvisés, de leur consistance que de leur écriture dans les rapports entre l'ONU et les organisations régionales en particulier l'Union africaine.

Quant à l'intérêt pratique, celui-ci est évident dans la mesure où il sera question d'analyser l'effectivité des actions de maintien de la paix initiées par l'organisation régionale qu'est l'Union Africaine aux Comores, au Burundi, en République centrafricaine, au Mali, au Soudan et en Somalie.

Il sera aussi question de l'efficacité de la coordination de ces opérations, l'existence ou non des autorisations en vue du recours à la force pour le maintien de la paix et de la sécurité régionales.

De plus, cet intérêt se manifeste aussi par l'analyse des contributions tant matérielles, humaines que financières disponibilisées en vue de réaliser ces opérations.

Il convient donc à ce propos de présenter l'historique et la définition des concepts clés qui sont les deux grandes et principales orientations qui nous permettront de revenir aux méthodes traditionnelles.

V. HISTORIQUE ET DEFINITION DES CONCEPTS CLES

Il est à noter que le concept « historique » vise à présenter les origines ainsi que les différentes évolutions d'une notion et, particulièrement pour cette étude, le régionalisme, car le chapitre VIII l'institue comme tel. En cela, il sera abordé en premier lieu. En second lieu, nous donnerons les différents sens des concepts clés repris dans l'intitulé et plus rationnellement ceux dans lesquels les termes en question doivent être appréhendés dans la présente étude.

A. Historique de la construction du régionalisme

Les organisations que les entités étatiques créaient aussi bien avant qu'après Westphalie correspondaient plus exactement à des unions se formant sur des bases géographiques, culturelles et de solidarité. Il s'agissait d'une acception du régionalisme qui se constituait, étant donné que l'aspect d'une constitution régionale dans l'objectif de préserver certains intérêts notamment ceux liés à la sécurité primait.

A ce propos, le professeur Georges Scelle constate que l'histoire des peuples prouvait non seulement qu'il existait un droit international universel, mais également à l'intérieur des familles d'Etats ou des peuples, des règles juridiques plus étroites, spéciales, traduisant des phénomènes de solidarité particulière, en règles de droits conventionnels ou coutumiers[21].

Les organisations internationales ont connu évidemment une évolution temporelle faite des débats entre l'universalisme et le régionalisme[22].

Ainsi, pour ne pas nous perdre dans des développements sans limites, nous allons voir les organisations internationales, mieux régionales, telles qu'elles étaient représentées avant et après Westphalie.

Le formalisme qui caractérisait l'Europe occidentale sous le siècle des lumières avec l'émergence des entités et des associations circonstanciées de caractère militaire avait permis de considérer différemment l'histoire des organisations internationales avant et après Westphalie.

Cette considération s'était accrue avec la consolidation et la montée des organisations internationales régionales avant la Société des Nations (SDN) puis sous celle-ci et dans l'Organisation des Nations Unies (ONU)[23].

Dès lors, les relations internationales avant Westphalie étaient essentiellement conflictuelles et caractérisées par des dimensions à la fois politiques et religieuses[24].

Ces conflits étaient en réalité le fruit des dissensions profondes entre les grandes religions dans le saint empire romano-germanique à savoir le catholicisme, le calvinisme et le luthéranisme[25].

Avant Westphalie, l'on relevait aisément ces sortes d'ententes dans lesquelles les parties s'alliaient, pour une défense, des « Etats membres » mieux des entités voisines et des populations apparentées par la culture et la civilisation qui se plaçaient sous le patronage des dieux et certains d'entre eux contenaient des dispositions visant les cultes, l'entretien des sanctuaires et la célébration des fêtes communes[26].

---

[21] G. SCELLE, *Une crise de la SDN et Fédéralisme international*, Cours de doctorat, 1947-1948 repris par H. SABA, *Op.cit*, p.648.

[22] M. LIEGEOIS, « Le rôle des organisations régionales dans le maintien de la paix et de la sécurité internationales, éléments pour une approche comparative », in *www.unidir.org*, p.1, consulté le 03/01/2011.

[23] M. LIEGEOIS, *Op.cit*, p.1. Voir aussi dans le même sens A. BLIN et G. MARIN, « L'ONU et la gouvernance mondiale », in *Forum pour une gouvernance mondiale, www.gouvernance-mondiale.org*, Janvier 2009, pp1-20.

[24] Ph. BRAILLARD et M.-R. DJALILI, *Les relations internationales*, Paris, 7ème éd. PUF, coll. Que sais-je, 2004, p.61.

[2525] Ph. BRAILLARD et M.-R. DJALILI, *Op.cit*, p.67.

[26] H. SABA, *Op.cit*, p.644.

Mais ces accords se situaient à un moment où le droit des gens au sens classique balbutiait encore, ou pour être plus exact, n'existait qu'à l'état fragmentaire entre groupes réduits.

De cette considération, il convient de faire remarquer qu'au temps des Grecs, l'évolution philosophique dépassait les cadres de l'organisation politique[27].

Cette tendance philosophique à la globalité héritée de l'histoire grecque n'avait pas de forme juridique à proprement parler. Elle a évolué à travers le temps pour rencontrer ces conflits liés à la tendance régionaliste teintée par des guerres des religions dont la plus grande fut celle de trente ans. Celle-ci ne prendra fin qu'avec les traités de Westphalie qui, en eux-mêmes, constituaient un moment majeur de l'histoire des relations internationales. Avec eux, l'Europe connut une nouvelle organisation, caractérisée par une forme d'égalité entre les trois grandes religions dans l'empire (catholicisme, luthéranisme et calvinisme) et l'émergence d'un système d'Etats plus ou moins indépendants, ce qui provoqua un net affaiblissement de l'autorité impériale[28].

Si le système international contemporain est appelé « système westphalien », c'est parce que ce morcellement de l'Europe marque la naissance de l'Etat souverain et par conséquent de l'anarchie internationale telle que nous la connaissons aujourd'hui[29].

Les traités de Westphalie reconnaissaient donc enfin en 1648 l'égalité des Nations souveraines d'Europe, principe fondamental du droit international moderne.

Certains auteurs dont notamment Francisco de Vitoria (1483-1546), Francisco Suarez (1548-1617) et Hugo Grotius (1589-1645) ont permis de rendre effectif l'existence d'un droit des gens moderne et d'influencer même le contenu des traités de Westphalie[30].

---

[27]C'est comme cela que certains philosophes grecs à l'exempte de Socrate se rattachaient facilement à être des citoyens de toute la terre, lorsqu'on posait en particulier à Socrate la question de savoir : « Quelle est ta patrie ? », il répondait : « Toute la terre ». Il voit déjà dans l'homme le citoyen de l'Etat mondial. Socrate n'a pas laissé d'écrits mais ses idées ont été reprises par Platon (Apologie de Socrate) et Xénophon. Lire utilement « Notes de philosophie, Socrate et son monde » in *www.academiasocrates.com,* consulté le 11/02/2013.

[28]Toutefois, il convient de relever que le moyen-âge européen s'oppose de manière fondamentale à l'époque moderne par sa conception organiste d'une communauté chrétienne et non d'une juxtaposition absolue des Etats souverains et égaux. Ce qui se remarque encore est le fait qu'après l'an 1000, les relations internationales se développent et nécessitent l'élaboration des règles : contrats commerciaux, échange d'ambassadeurs. En théorie, la guerre, sauf contre les infidèles, doit être évitée entre chrétiens, sa pratique est adoucie par des normes telles que la trêve de Dieu ou la paix de Dieu, in commentaires sur *www.cosmovisions.org, consulté le 10 janvier 2012.*

[29] Ph. BRAILLARD et M.-R. DJALILI, *Op.cit*, p.61.

[30] Le premier, en l'occurrence, F. DE VITORIA s'est intéressé à la situation résultant de la découverte de l'Amérique ; le second F. SUAREZ, a introduit les principes selon lesquels le fondement moral de la communauté internationale est la Charte chrétienne, l'autorité de l'Etat étant limitée par la morale et le droit, et le dernier, H. GROTIUS, est celui qui a sans doute le plus influencé le droit international contemporain ; il a exposé de manière systématique les

L'Antiquité romaine et le Moyen-âge européen ont constitué les prémisses des organisations ou des institutions régionales qui s'affrontaient à celles que nous avons actuellement reposant sur une base géographique et une communauté d'intérêts.

Les situations non seulement du droit international mais également des Etats et des organisations internationales ont connu une nette évolution pendant la renaissance et l'époque moderne.

Par ailleurs, dans ces mêmes considérations, l'Europe fut toujours le fer de lance, l'Amérique et l'Afrique ont suivi ces tentatives de régionalisation, mais cela un peu plus tard.

Comme le rapporte Bula-Bula, « Si les traités de Westphalie ont pu inaugurer, entre puissances européennes, des rapports d'égalité et de respect mutuel, il n'en fut pas de même pour les Etats non européens »[31].

Celles-là s'arrogeaient le monopole des Nations civilisées de manière que l'ère post-westphalienne fut marquée par l'asservissement des entités libres qu'avait connues auparavant l'Afrique tandis que les formations sociales organisées tantôt en empire, tantôt en royaume, tantôt en chefferie, etc., devenaient l'objet d'un droit public européen[32].

Il importe de relever que cette époque, c'est-à-dire de 1648 à 1815, constitue la période avant l'âge d'or du classicisme qui, lui, commence de 1815 à 1945[33].

Avant d'atteindre cette situation sous l'âge d'or du classicisme, plusieurs tentatives de régionalisation ou de création des entités régionales ont été observées. Il s'agit notamment des initiatives de Louis XIV, préparées par le cardinal Richelieu qui assura à la France une prééminence dont il usa d'abord

---

principes du droit international. Il a distingué le droit naturel (sens commun de l'humanité) et le droit volontaire (jus gentium), celui qui a reçu force obligatoire de la volonté de toutes les nations ou de plusieurs d'entre elles. F. DE VICTORIA a écrit : « De potestati civili, 1528, traduit en français par Leçon sur le pouvoir, repris par Urin, Coll., Bibliothèque des textes philosophiques, 1980. Mais il s'est rendu célèbre par ses œuvres (De jure belli hispanorum, in Barbaros, 1532 et De indis insulanis, Leçon de théologie écrite en 1538 et prononcée en 1539, éditée par princeps en 1557 sous le titre De indis insulanis au sein du recueil relectiones theologicae, à lire sur *www.spainisculture.com;* quant à F. SUAREZ, il s'est rendu célèbre grâce à ses œuvres De disputationes metaphysicae, publiée en 1597 et De legibus (1612) à consulter en ligne sur *www.spainisculture.com*; H. GROTIUS, a écrit « Mare liberum », 1609 et « De jure praedae » « sur le droit de capture » en 1604, traduit par A. GUICHON, De grandpont en 1845, texte à retrouver sur *www.gallica.com* Consulté le 11/03/2015.

[31] S. BULA-BULA, *Cours de droit international public*, cours polycopié Troisième Graduat, Université de Kinshasa, Faculté de droit, 2003-2004, p.7.

[32] *Idem.*

[33]Le Congrès de Vienne (1815) sur le partage des dépouilles de la France napoléonienne vaincue, coïncidant avec la fin de la période révolutionnaire en France, est le point de départ de cette ère. Une quinzaine d'Etats vont signer le premier acte, véritable traité multilatéral. Voir les développements importants sur D. VIGNES, « La place des pactes de défense dans la société internationale actuelle », in *Annuaire français de droit international*, Année 1959, Vol 5, Numéro 1, pp 37-101, consultable sur *www.persee.fr*, consulté le 03/09/2016.

et abusa ensuite (traité d'Aix- la- chapelle 1668, de Nimigue 1679, de Ryswick 1698)[34].

Le XVIIIème siècle a été aussi une période quelque peu étriquée de l'histoire européenne qui n'a commencé véritablement qu'après la mort de Louis XIV en 1715 dont le règne avait si fortement marqué de son empreinte la seconde moitié du siècle précédent et il ne s'est achevé qu'avec la révolution française en 1789[35].

Les temps modernes, depuis la renaissance, ont été caractérisés par une affirmation croissante des souverainetés absolues des Etats, qui rendra impossible, pendant plusieurs années, toutes organisations internationales[36]. Les relations entre Nations sont réglées selon les rapports des forces, seulement limitées par une croyance encore généralement répandue alors au droit naturel et à la justice suprême de Dieu qui tient dans ses mains le cœur des rois[37].

---

[34]Le régionalisme de l'Europe s'est perfectionné du XVII au XX siècle. Lire BUSSIERE€, « Régionalisme européen et mondialisation »in *unice.univ-paris1.fr*, consulté le 23/01/2014.

[35]Le traité d'Utrecht signé en 1713, encore du vivant de Louis XIV, visait sans y réussir à instaurer un statu quo dans la délimitation des pouvoirs sur l'Ouest du continent européen. La maison d'Autriche, menacée jusqu'aux portes de Vienne par l'armée ottomane (1683), avait refoulé les Turcs et recouvré la Hongrie, une partie de la Bosnie, de la Serbie et de la Valachie par les traités de Karlowitz (1699) et de Passarowitz (1718) ; mais, vingt ans après, elle rend aux Turcs la Valachie, la Serbie et la Bosnie (traité de Belgrade, 1739) ; une année plus tôt (traité de Vienne, 1738) elle avait d'ailleurs déjà perdu une partie des domaines acquis par le traité d'Utrecht, ainsi que la Lorraine. Dans le même temps, la Prusse protestante, dont l'électeur avait reçu d'elle en 1701 le traité de roi, s'organise militairement dans le Nord de l'Allemagne, et devient sa rivale ; elle lui enlève la Sibérie (1740) et, à travers des péripéties diverses, bat, dans la guerre de sept ans, ses armées alliées à celles de la France et de la Russie : la Prusse est dès lors une des grandes puissances de l'Europe.

Quant à la Russie, elle a une première fois poussé ses conquêtes jusqu'à la mer noire, mais elle a dû les abandonner à la suite d'une campagne malheureuse sur la Pruth (1711) et elle ne le recouvrera qu'en 1774 (traité de Kaidnardji) ; par les traités de Nystad (1721) et d'Abo (1743), elle obtient la cession de la Carélie, de la Livonie, de la moitié de la Finlande. De complicité avec la Prusse et l'Autriche, elle dépèce la Pologne en 1772, prenant les provinces orientales jusqu'au Dniepr, et quelques temps après, elle va compléter son œuvre par un second et par un troisième partage qui portent sa frontière jusqu'à Bralistock (1793-1795).
L'Autriche aura dans son lot, après le troisième partage, toute la Russie rouge et la Petite-Pologne ; la Prusse eut la Grande-Pologne, la Prusse polonaise et la Mazovie avec Varsovie. En Italie, le royaume de Naples est déjà passé de l'Autriche à la Sardaigne et ensuite à une branche des Bourbons d'Espagne (1733) ; la Toscane, au contraire, a été donnée à la maison de Lorraine-Autriche (1735) ; les ducs de Savoie sont devenus des rois depuis 1713. La France, victorieuse dans la guerre que termine le traité d'Aix-la-Chapelle (1748), souvent malheureuse sur terre et plus malheureuse encore sur mer et aux colonies dans la guerre de sept ans (1756-1763), acquiert cependant, sous le règne de Louis XV, la Lorraine (traité de 1738, prise de possession, 1766) et la corse (1768). Lire les développements chez D. JACQUES, « Signature du traité d'Utrecht » in *www.herodote.net*, consulté le 11/09/2016 ; également CICR, « la guerre austro-prussienne de 1866 in *http://www.cicr.org*, consulté le 06/09/2016.

[36] S.-J. BOSC ROBERT, *La société internationale et l'Eglise, sociologie et morale des relations internationales*, Paris, éd. SPES, 1961, p.255.

[37]*Idem*, voir également G. BASUE BABU KAZADI, *Introduction générale à l'étude du droit, partie droit public*, Kinshasa, 1ère éd. PUIC et PUK, 2012, p.72.

Il est à noter cependant qu'à partir du XIXème siècle, en conséquence de la révolution industrielle et sous l'influence de la doctrine libre-échangiste, se développa un mouvement inverse à la grande tendance régionaliste. « C'est l'accroissement constant des rapports économiques entre les peuples d'une part et, d'autre part, la facilité des échanges qui produisirent un mouvement d'intégration tel que, pour la première fois, l'idée d'une solidarité mondiale fit son apparition »[38]. Elle évoquait une prise de conscience à l'universalisme.

Toutefois, les particularités du régionalisme dans un sens large se cristallisaient sous ce même siècle. Il s'agissait de la sainte alliance[39].

A la suite de cette idée évoquée, les premières unions internationales se sont constituées pour répondre à des besoins pratiques : la première en date fut l'Union Postale Universelle, fondée à Berne (Suisse) en 1874 et qui est devenue sous ce nom depuis 1878 l'un des rouages les plus perfectionnés de la société internationale[40].

La volonté croissante sans cesse d'un vouloir vivre en vue de l'organisation universelle se fait effectivement sentir et tend à se matérialiser. Ceci résulte du fait qu'à la fin du XIXème siècle, les grandes puissances commencèrent à s'apercevoir que leur extraordinaire prospérité était sans cesse menacée par l'absence de toute organisation susceptible de résoudre les problèmes des conflits et guerres récurrentes.

---

[38]Voir dans C.-A. COLLIARD, *Institutions internationales*, Paris, Dalloz, 1956, p.33 ; Ici, il rapporte l'histoire de l'ouverture au commerce international des Détroits, du Canal de Suez puis du Panama, des grands fleuves européens puis africains pendant le XIXème siècle.

[39]La Sainte alliance est formée le 26 septembre 1815 à Paris par trois monarchies européennes victorieuses de la France révolutionnaire afin de maintenir la paix dans un premier temps, puis de se protéger mutuellement d'éventuelles révolutions. Constituée dans un premier temps par l'Empire russe, l'Empire d'Autriche et le Royaume de Prusse, elle fut par la suite signée par un grand nombre de pays européens à l'exception du Royaume-Uni. Ce n'est qu'en 1818, après avoir mis fin à l'occupation étrangère, que la France y prend part. Elle fut dissoute de fait en 1825 à la mort de l'empereur Alexandre Ier qui en était l'instigateur, lire JEANNESSON STANISLAS, « Léon Bourgeois aux conférences de la HAYE de 1899 et 1907 : solidarisme et démocratisation des relations internationales », pp 107-120 in www. Cairn.info,2014/33ième année, disponible également sur *www.persee.fr*, consulté le 04/02/2014 ; voir également D. VIGNES, « La place des pactes de défense dans la société internationale actuelle in *Annuaire français de droit international* ,année 1959, Vol 5, Numéro 1, pp 37- 101, online *www.persee.fr*, consulté le 04/09/2916.

[40]A propos de cette organisation internationale, G. BASUE BABU KAZADI et S. BULA-BULA opinent que dans les domaines des communications, les Etats créent les O.I à partir des unions administratives et fluviales et cite l'Union internationale télégraphique, créée en 1865 par la convention de Berne. Ils ajoutent les commissions centrales du Rhin, créées dans le cadre du congrès de Vienne de 1815, de l'Elbe en 1821, de l'Escaut en 1839 et du Danube en 1856. Il parle de l'union internationale Télégraphique créée en 1865 par la convention de Berne, in G. BASUE BABU KAZADI, *Vie internationale*, Kinshasa, éd. Revue et augmentée, PUIC, 2004, p.64 ; S. BULA-BULA, *Op.cit*, p.9. Voir aussi M. BIBIE, *La communauté internationale et ses institutions (en son chapitre VI plus particulièrement*), Paris, éd. Sirey, 1949, p.66, ouvrage en ligne.

Ainsi, l'idée d'une organisation internationale commença à se construire sur les nécessités du maintien de la paix et de la sécurité.

C'est alors que sous l'initiative de Nicolas II, très vivement encouragé par le Pape Léon XIII, une conférence avait été convoquée à La Haye en 1899, pour étudier les moyens de préserver la paix[41].

Les premières années du XXème siècle ont fait révéler l'accroissement de nouvelles rivalités entre grandes puissances impériales européennes. Pour tenter de les résoudre, une nouvelle conférence s'est réunie une fois de plus, à La Haye en 1907[42].

Entre l'étape de ces deux conférences de La Haye (1899-1907) et l'Organisation des Nations Unies (1945), plusieurs tentatives tantôt régionalistes tantôt universalistes ont été essayées. Celles-ci les ont été dans le cadre de la paix et de la sécurité internationales.

Déjà en 1902, une doctrine nouvelle dite « doctrine Drago »[43] a fait son apparition. Il s'agit d'une extension de la « doctrine Monroe » qui affirme qu'aucun pouvoir étranger, y compris les Etats, ne peut utiliser la force contre les Nations américaines afin de recouvrer des dettes.

Cette tendance protectrice des nations américaines était réellement une reconnaissance du régionalisme américain au XXème siècle qui considérait le continent américain comme une région à part entière.

Il se dégage qu'il y a une floraison des ligues ou des alliances, des pactes spéciaux ayant pour finalité de se protéger contre les autres et de considérer ceux-ci comme ennemis.

---

[41]Vingt-six puissances à majorité européennes y prennent part, à savoir : Allemagne, Autriche-Hongrie, Belgique, Bulgarie, Chine, Danemark, Espagne, Etats unis d'Amérique, Russie, France, Grèce, Italie, Japon, Luxembourg, Mexique, Monténégro, Norvège, Pays-Bas, Portugal, Iran, Roumanie, Royaume-Uni et Irlande du Nord, Serbie, Suisse, Thaïlande et Turquie, lire ONU,1944-1945, Conférence de dumbarton oaks et de yalta in *www.un.org,* consulté le 03/09/2016..

[42]Cette fois-ci, quarante- quatre (dont beaucoup de puissances non européennes) y prirent part. Les conférences de la Haye marquent une importante étape dans l'évolution du droit international, principalement sur deux points : l'humanisation de la guerre (les puissances reconnaissaient la convention de Genève de 1864, complétée par plusieurs autres conventions codifiant l'ensemble des lois et coutumes de la guerre sur terre et sur mer) et le développement des procédures pacifiques de médiation et d'arbitrage, lire ONU, *Op cit,*.

[43]Il s'agit d'une doctrine énoncée par le ministre des affaires étrangères argentin Luis Maria Drago et il disait « le principe que je voudrai voir reconnu est celui selon lequel la dette publique ne peut donner lieu à une intservention armée, et encore moins à l'occupation physique du sol des nations américaines par une puissance européenne ».La doctrine Drago est issue des idées exprimées par Carlo Calvo dans derecho international téorico y pratico de europa y America (Droit international théorique et pratique de l'Europe et des Amériques), connue sous le nom de doctrine Calvo. Celle-ci propose d'interdire l'intervention diplomatique avant que tous les recours locaux aient été essayés. Voir STRUPP KARL, « Le développement de la doctrine drago-porter » (008) *in collected of the Hague academy of international Law*, online le 02/09/2016 first published 1925.

Les Etats, au-delà de cette augmentation d'accords spéciaux, ont manifesté leur vouloir de construire une organisation qui assurerait la paix pour tous et en serait la garantie. C'est ainsi qu'en dépit de cette initiative, la première guerre mondiale[44] éclata de 1914-1918 et avait presque pour fondement le désir de faire triompher les alliances militaires, les unes sur les autres. « Par ailleurs, à la fin du premier conflit mondial, la réaction morale et politique contre les alliances militaires auxquelles étaient souvent incorrectement assimilés les accords régionaux atteignait son paroxysme »[45].

Politiquement, il ressortait que le conflit mondial de 1914 venait de démontrer qu'il était difficile de limiter la guerre dans le temps et que la paix était indivisible.

L'approche universelle du règlement de cette situation était telle que le remède aux maux terribles que l'humanité venait d'éprouver consisterait dans l'organisation du monde sur une base vraiment universelle et dans l'introduction d'une morale internationale et d'un droit public effectivement applicable à tous[46].

Les Etats voulaient que dans cette organisation nouvelle du monde, il n'y ait plus place pour les alliances particulières, comme il ne saurait y avoir de place pour une réserve quelconque à faire par une puissance, ou par un groupe de puissances, à l'application de la loi nouvelle.

Néanmoins, en dépit de cette approche et malgré l'hostilité de l'opinion publique européenne voire d'une grande partie des rédacteurs du pacte de la SDN qui aspiraient à l'établissement d'une sécurité collective vraiment universelle en désirant bannir toutes alliances particulières et espérant

---

[44]Elle opposait la triple entente à la triple Alliance. La triple entente avait comme alliés la République française, Royaume-Uni et d'Irlande, Canada, Empire russe, Royaume de Serbie, Royaume d'Italie, Etats-Unis d'Amérique, Royaume de Belgique, Empire du Japon et autres. La triple Alliance avait comme alliés les Empires centraux à savoir ; l'Empire Allemand, L'Autriche-Hongrie, Empire Ottoman et le Royaume de Bulgarie. Elle est partie du 04 août 1914 au 11 novembre 1918. Elle a eu lieu en Europe, Afrique et dans le Moyen Orient, brièvement aussi en Chine et dans l'océan pacifique. Son casus belli est l'attentat de Sarajevo. Elle a connu comme issue la victoire de l'entente et la signature du traité de Versailles avec la création de la Société des Nations, voir S. BASTID, « L'obligation de consultation politique pour les Etats parties au traité de l'Atlantique Nord », in *Annuaire français de droit international*, Année 1955, Vol 1, pp.467-470.

[45] H. SABA, *Op.cit*, p.649.

[46]Dans cette construction de la SDN, Le Président Wilson fit deux grandes déclarations en dates du 10/06/1917 et du 27/09/1918. Contre les alliances militaires, il déclarait que : « les nations du monde, libérées, devront se grouper en une sorte de convention commune, dans une coopération effective et sincère, dans le but d'unir leurs forces afin d'assurer la paix et la justice dans les rapports des nations entre elles ; que les nations doivent comprendre qu'il existe une vie commune qu'il leur faut consolider à l'aide d'une association pratique contre les attaques de toute puissance autocratique ». En second lieu, il déclara : « il ne saurait y avoir place pour des ligues ou des alliances, des pactes ou des accords spéciaux, dans la famille générale commune de la Société des Nations » in V. GOURDON, « Naissance de la SDN », encyclopédie universalis, en ligne, consulté le 02/09/2016 URL*://http.www.universalis.fr*.

ardemment que l'autorité de la SDN à créer s'imposerait à tous, le Président Wilson proposait le 10 avril 1919, à la conférence de Paris, d'inclure dans le pacte de la SDN une disposition suivant laquelle « les engagements régionaux tels que les traités d'arbitrage, et les ententes régionales, comme la doctrine de Monroe, qui assurent le maintien de la paix, ne seront considérés comme incompatibles avec aucune des dispositions du présent pacte ».

Cette contradiction apparente dans l'attitude du Président Wilson s'expliquait, si l'on tenait compte de l'attachement de l'opinion publique américaine, et plus particulièrement du congrès des Etats unis d'Amérique, par la doctrine de Monroe sous son double aspect, c'est-à-dire, d'une part, la non-intervention de l'Europe dans les affaires du continent, et, d'autre part, la non-intervention des Etats unis d'Amérique dans les affaires européennes[47].

A la rédaction initiale du pacte de la SDN, les articles 10 et 16 prévoyaient la garantie, par chacun des signataires du pacte, de l'intégrité territoriale des membres de l'organisation. Ce pacte consacrait le moratoire de guerre en son article 12 et impliquait l'obligation d'intervenir dans tous les cas d'agression. Par ailleurs, l'article 20 du pacte abrogeait tous les traités antérieurs conclus par les membres de la SDN et incompatibles avec les dispositions de celui-ci.

Il demeurait permis aux termes de cet article 20, aux membres de la SDN de pourvoir à une garantie particulière de leur sécurité qu'ils pouvaient rechercher dans des alliances militaires pour autant que ces alliances ne contreviendraient pas aux dispositions du pacte.

Ainsi, le désir des puissances de voir les Etats-Unis devenir membre de la SDN fut tel que malgré leur réaction première défavorable à la reconnaissance des ententes régionales et autres accords d'amitié et d'arbitrage ayant existé avant la SDN, elles acceptèrent la proposition du Président Wilson qui devint l'article 21 du pacte de la SDN[48].

Cet article 21 pouvait donc être considéré comme une tentative de qualifier et de définir les systèmes particuliers de sécurité qui n'étaient pas incompatibles

---

[47]Le 02 décembre 1823, lors de son septième message annuel au congrès, le Président américain républicain J. MONROE prononce un discours à l'intention des européens, discours qui allait fixer les directives que devait adopter la diplomatie des Etats-Unis durant le XIXème siècle et le début du XXème siècle. Voir « le discours de MONROE »in *www.herodote.fr,* consulté le 03/02/2013.

Il s'agissait de ce qu'on a appelé à partir de 1854 la doctrine Monroe, dans laquelle trois principes sont définis :

1. Le premier affirme que le continent américain doit désormais être considéré comme fermé à toute tentative ultérieure de colonisation de la part des puissances européennes ;
2. Le second, qui en découle, que toute intervention d'une puissance européenne sur le continent américain serait considérée comme une manifestation inamicale à l'égard des USA ;
3. Et le troisième, en contrepartie, toute intervention américaine dans les affaires européennes serait exclue.

[48] Nous constatons que cet article acceptait l'insertion du régionalisme proposé par les américains.

avec le pacte. C'est donc dans le cadre des ententes régionales que les systèmes particuliers de défense devaient se placer.

Parallèlement toujours à cette construction de l'universalisme d'une part et, d'autre part, aux regards des échecs répétitifs qui se sont succédé dans la mise en œuvre de sa sécurité collective, la construction du régionalisme a repris son chemin.

En Europe particulièrement, les accords de Locarno ont été signés le 16 octobre 1925 en Suisse entre les représentants de l'Allemagne, de la Belgique, de la France, de la Grande-Bretagne, de l'Italie, de la Pologne et de la Tchécoslovaquie. La signature de ces accords était le résultat de la conférence de Locarno tenue du 05 au 16/10/1925. Ils ont été officiellement ratifiés à Londres le 01/12/1926[49] .

Ces accords sont à la fois un moment de paix européenne et l'acmé du moment de paix européenne dans l'entre-deux-guerres.

A la suite, est venue la négociation et la conclusion du pacte Briand- Kellogg en 1928 qui avait pour objet de mettre la guerre hors la loi[50].

En outre, cette autre alliance régionale dite la petite entente, établie entre la Tchécoslovaquie, la Yougoslavie et la Roumanie, n'a eu également, à l'origine qu'un caractère de ligue défensive.

Cette entente régionale constituait, comme l'ont soutenu certains Etats, une véritable alliance militaire dont le but principal était de s'opposer aux revendications territoriales de la Hongrie et d'empêcher la restauration de la monarchie des Hasbourg et, à ce titre, certains auteurs lui ont dénié le caractère d'une entente régionale au sens de l'article 21 du pacte de la SDN[51].

Puis, il a été conclu le 09 février 1934, l'entente Balkanique entre la Grèce, la Roumanie, la Turquie et la Yougoslavie dont le préambule indiquait que son but était le maintien de l'ordre territorial actuellement établi dans la péninsule balkanique, et son dispositif assez court se bornait à prévoir une garantie d'intégrité territoriale et des consultations mutuelles[52].

---

[49]Les principaux accords sont :

- le traité entre l'Allemagne, la Belgique, la France, la Grande-Bretagne et l'Italie appelé le pacte de stabilité aussi dit pacte rhénan. Ces 5 Etats garantissent les frontières occidentales (=rhénan), donc le statu quo. L'Allemagne accepte la perte de l'Alsace-lorraine et de l'Eupen-Malmedy, en même temps, elle est protégée d'une nouvelle occupation française et belge.
- La convention d'arbitrage entre l'Allemagne et la Belgique, convention d'arbitrage entre l'Allemagne et la France (par ces deux conventions, les pays signataires renoncent à utiliser la force en cas d'un conflit éventuel) ; la convention d'arbitrage avec la Pologne et la convention d'arbitrage entre l'Allemagne et la Tchécoslovaquie. Lire « Locarno », in *www.herodote.fr*, consulté le 03/03/2014.

[50] J. CAZENEUVE, P.-E. CORBETT, V.-Y. GHEBALI, Q. WRIGHT, « Guerre », in *Encyclopédie universalis*, *http://www.universalis.fr*, pp.1-22 ; dans le même sens la justice internationale, le pacte Briand-Kellog, 20 août 1928, mettre la guerre hors-la-loi, in paril.crdp-caen, consulté le 03/03/2016.

[51] H. SABA, *Op.cit*, p.658.

[52] *Idem*.

Le 12 décembre 1934, l'Estonie, la Lituanie et la Lettonie signent le traité constituant « l'union Balte » qui se basait sur les affinités naturelles et les solidarités profondes existant entre ses adhérents[53]. Celui-ci insistait sur la conformité avec le pacte de la SDN et prévoyait la solution pacifique des conflits pouvant surgir entre ses signataires, et leur coopération dans les domaines politique et diplomatique.

Le dernier des accords régionaux passés au temps de la SDN était le pacte de Saad Abad, conclu le 08 juin 1937 entre l'Afghanistan, l'Irak, l'Iran et la Turquie. Son but était défini comme étant celui « d'assurer la paix et la sécurité dans le Proche orient au moyen de garanties additionnelles dans le cadre de la SDN, et de contribuer ainsi à la paix générale »[54].

De ces situations qui précédent, l'on relève l'échec de la mise en œuvre de la sécurité collective sous la SDN et les conflits de 1939-1945 n'ont été possibles que parce que certains Etats ont pu se soustraire à la discipline du pacte et à sa loi, au service desquels il n'existait pas de véritables forces internationales.

La constatation de cette faiblesse s'est accompagnée d'un renforcement de la tendance régionaliste. Tel a été le cas du système régional panaméricain qui s'est réalisé pendant les dernières années qui ont précédé la guerre de 1939.

La plupart de ces différents accords régionaux n'ont pas pu résister à l'épreuve du deuxième conflit mondial.

Dans le cadre de ce conflit mondial, il s'est observé que, après avoir quitté la Société des Nations, les traités que les Etats agresseurs de 1939-1945 ont conclu pour assurer leur hégémonie (pacte d'alliance germano-italien de 1939, dit pacte d'acier, pacte tripartite de 1940 entre l'Allemagne, le Japon et l'Italie), faisaient eux-mêmes appel à une notion générale sur la région.

Mais, Hanna Saba relève qu'il s'agissait uniquement d'une répartition régionale de leur impérialisme et d'une distribution du monde en zones d'influence, ou, pour reprendre leur terminologie, en espaces vitaux[55].

En clair, ils ne constituaient pas des pactes régionaux car le lien existant entre alliés consistait uniquement dans une philosophie commune de la force et de l'Etat dans le souci d'assurer une hégémonie à chacun des associés dans une région, sans bien entendu que les Etats ni les populations de ces régions aient été consultés.

Dans cette recherche universelle de la paix entamée par la deuxième guerre mondiale, lorsque les quatre grandes puissances alliées, dans leur lutte contre l'axe, c'est-à-dire la Grande Bretagne, les Etats Unis d'Amérique, l'URSS et la Chine, se réunissent à la veille de la fin des hostilités pour établir les plans de la

---

[53] *Ibidem*

[54] H. SABA, *Op.cit*, p.658. Voir également G. LE FLOCH, « le principe de l'interdiction du recours à la force a-t-il encore valeur positive ?» in *Droit et cultures*, online, 57, 2009-1, online since 08septembre 2009, URL *: http:/droitcultures.revues.org*, consulté le 04/04/2016.

[55] G. LE FLOCH, *Op.cit.*

nouvelle organisation, leur préoccupation dominante était d'assurer solidement la sécurité collective en mettant à la disposition de la loi internationale des forces internationales.

Tout en voulant créer cette nouvelle organisation, la nécessité de la prise en compte des organismes régionaux s'était fait sentir.

C'est ainsi que les propositions de Dumbarton Oaks[56] et les prémisses immédiates de la conférence de San Francisco constatent la nécessité que la sécurité collective devait être assurée directement et principalement, sinon exclusivement par l'organisation internationale et les problèmes des pactes régionaux et ententes régionales ne se posaient que sur une base entièrement différente[57].

Plusieurs auteurs notamment A. Salomon ont relevé que le plan de Dumbarton Oaks était plus loin amélioré car il consacrait toute une section au problème régional, en tout, trois articles[58] ; ce qui a permis à Romain Yakemtchouk d'affirmer que ce texte était absolument différent du libellé de l'article 21 et qu'il n'y voyait pas une similitude dans l'agencement des principaux organes[59].

Ainsi, le problème du régionalisme prendra un caractère plus important à la création des Nations unies. « L'atmosphère à San Francisco a été en général contre l'idée du régionalisme, surtout de la part des Etats-Unis »[60].

A la création des Nations unies, il existait certaines organisations régionales comme l'organisation interaméricaine, le *Commonwealth* britannique et la Ligue arabe. Le Président Wilson avait attribué l'avènement de la seconde guerre mondiale aux tendances régionales[61].

Toutefois, cette difficulté a été résolue à la création de l'ONU avec l'esprit du Chapitre VIII, lequel avait été envisagé par les rédacteurs de la Charte pour concéder un rôle important dans le maintien de la paix et de la sécurité internationales aux organisations régionales[62].

---

[56] Lire « ONU », ...*Op cit* qui explique que à Dumbarton oaks, la structure de base de l'organisation était composée d'un conseil de sécurité chargé d'assurer une paix mondiale durable, une Assemblée Générale, un Conseil économique et social été une Cour internationale de justice.

[57]Les termes actuels du chapitre VIII de la Charte constituent effectivement la reprise de la proposition de Dumbarton Oaks qui se référait dans les mêmes termes aux arrangements régionaux. Dans ce projet, il s'agissait de la section C du chapitre VIII.

[58] A. SALOMON, *L'organisation des Nations unies et la paix*, Paris, éd. Internationales, 1948, p.19, cité par R. YAKEMTCHOUK, *L'ONU, La sécurité régionale et le problème du régionalisme*, Paris, éd. Pedone, 1955, p.61.

[59] R. YAKEMTCHOUK, *Op cit,* p 61.

[60] MONONI ASUKA NGONGO, *Organisation internationale et système mondial*, éd. PUZ, Lubumbashi, 1984, p.129.

[61]*Idem*

[62] B. BOUTROS GHALI, « Amélioration de la capacité de prévention des conflits et du maintien de la paix en Afrique », Nations unies, New York, 1er novembre 1995, repris par E.-G. BERMAS et F. KATIER, SAMS, « Le maintien de la paix en Afrique », in

Le phénomène du régionalisme s'est effectivement affirmé en 1948, sur le continent américain avec la constitution de l'Organisation des Etats Américains appelée le système de Bogota[63].

Un peu plutôt que l'ONU, soit le 22 mars 1945, s'est constituée la Ligue arabe, ainsi qu'elle est aujourd'hui communément appelée ou, la traduction exacte de son nom arabe est l'Union des Etats arabes.

Après l'adoption de la Charte du 26 juin 1945, l'Europe a accéléré aussi sa régionalisation par la constitution de la CECA, des Communautés européennes avec le marché commun européen ou la CEE et les traités de Rome du 25 mars 1957 qui en étaient une illustration[64]. Cette régionalisation s'est accrue par plusieurs phases jusqu'à atteindre l'Union Européenne[65].

Le régionalisme européen avec sa vision de la gestion commune a influé même sur la politique des Nations unies en ce qui concerne la décolonisation[66].

Quant au continent africain, il avait commencé à avoir des entités étatiques indépendantes qui manifestaient de temps en temps le désir d'affirmer le régionalisme.

Les Etats indépendants d'Afrique ont accompli en 1963 un pas important vers la constitution du régionalisme africain. Jusqu'à la conférence d'Addis Abeba de mai 1963, il n'était en effet guère possible de parler du régionalisme africain[67].

Toutefois, les regroupements africains ont connu des fortunes diverses entre l'année 1962 et le début de 1963. La première tentative a été celle de l'Union

---

www.cosmovisions.org, p.1, consulté le 10/06/2012.

[63] L'OEA trouve ses premiers fondements dans l'Union internationale des Républiques aaméricaines fondée en 1890. Cette union ne fut pas à proprement parler une organisation internationale mais tenait des réunions destinées à promouvoir le commerce et le règlement des différends entre les Etats concernés.

[64] MONONI ASUKA NGONGO, *Op.cit*, p.132, T. CHOPIN et M. FOUCHER, *Rapport schuman sur l'Europe, l'état de l'Union en 2015*, ligne de repères, 2015, 272p, ouvrage en ligne ; aussi J. DE RUYT et H. VAN ROMPUY, *Le leadership dans l'Union européenne*, Bruxelles, Presses Universitaires de Louvain, Coll. Sciences Politques et sociales, 2015, p.148.

[65] T. OLSON et P. CASSIA, *Le droit international, le droit européen et la hiérarchie des normes, Droit et justice,* Paris, éd. PUF, 2006, p.5.

[66]Il s'agit, en réalité, de l'affirmation du droit des peuples à l'autodétermination (le droit des peuples à disposer d'eux-mêmes) qui est un pilier du droit international contemporain. Depuis l'adoption de la Charte des Nations unies en 1945, il a constitué la base juridique et politique du processus de décolonisation qui a vu naitre plus de 60 nouveaux Etats dans la deuxième partie du XXème siècle (lire la déclaration sur l'octroi de l'indépendance aux pays et aux peuples colonisés, dénommée aussi Rés. 1514 (XV) de l'Assemblée générale de l'ONU adoptée le 14 Décembre 1960 ; la déclaration sur les principes du droit international touchant les relations amicales et la coopération entre les Etats conformément à la Charte, dénommée Rés. 2625 (XXV) de l'Assemblée générale, adoptée le 24 Octobre 1970). Voir aussi les deux pactes de 1966 : le Pacte international relatif aux droits économiques, sociaux et culturels et le pacte international relatif aux droits civils et politiques qui consacrent dans les mêmes termes à l'article 1er commun ce droit à l'autodétermination.

[67] F. BORELLA, « Le régionalisme africain et l'Organisation de l'Unité Africaine », in *AFDI*, Année 1963, Volume 9, p.838.

des Etats africains formée du Ghana, de la Guinée et du Mali qui a été suivie par le Conseil de l'entente (Union Sahel-Bénin le 17 septembre 1962)[68].

Puis des groupements divers, à fonctions techniques, avaient continué une vie discrète mais souvent efficace. A titre d'exemple, il y a l'union des radiodiffusions et télévisions nationales africaines (URTNAF), l'union monétaire ouest africaine,[69]

Les organisations régionales ont profité de la situation de la bipolarité caractérisée par la guerre froide pour accélérer leur édification reconnue par la Charte des Nations unies. De même, les actions régionales n'étaient pas considérées comme nécessitant l'approbation de l'ONU si elles sont justifiées soit par l'invitation d'un pays membre à intervenir sur son territoire, soit en prévention d'un désastre humanitaire[70].

Et dans ce contexte, l'on retrouve l'OUA dont l'acte constitutif a été adopté le 25 mai 1963 et plusieurs organisations régionales qui, en réalité, peuvent être qualifiées de sous régionaux. Il s'agit de l'Union du Maghreb Arabe, la CEDEAO, la CEEAC, l'IGAD, la SADC, la CEMAC,[71] etc.

En clair, si ces dernières sont en réalité, soit sous régionales, soit interrégionales, il convient de préciser que l'ONU ne reconnaissait que trois organisations comme étant régionales : l'OSCE, l'OEA, l'OUA[72].

Le régionalisme ne s'est pas arrêté en Afrique. L'Asie connait également ses organisations régionales notamment l'ANASE (Association des Nations de l'Asie du Sud-est).

Dans ce contexte donc, nous pensons avoir donné l'historique de la construction du Chapitre VIII qui, en réalité, vise les organisations régionales et accords régionaux. Il importe de présenter la définition des concepts clés de cette étude.

B. Définition des concepts clés.

Le sujet de cette recherche intitulé « le respect du chapitre VIII de la Charte des Nations Unies à l'épreuve des conflits armés en Afrique. Une contribution à l'étude de la régionalisation du maintien de la paix. Cas des Comores, du Burundi, du Mali, de la République centrafricaine, du Soudan et de la Somalie de 2000 à 2015 » contient bel et bien un certain nombre des concepts dont l'appréhension exacte des contenus permettra au lecteur de se mettre et d'émettre sur une même longueur d'onde avec son rédacteur.

---

[68]*Idem.*

[69]F. BORELLA, *Op.cit*, p.838.

[70]Réseau francophone de recherche sur les opérations de paix, organisations régionales et sous régionales, in *www.operationpaix.com,* p.1, consulté le 11/02/2012.

[71] M. LIEGEOIS, *Op.cit*, p.18.

[72] F.-K. BOUAYAD-AGHA et B.-P. KRASULIN, *Rapport sur le partage des responsabilités en matière de maintien de la paix entre l'Organisation des Nations unies et les organisations régionales, Corps commun d'inspection*, Genève, éd. Unidir, 1995, p.15.

A cet effet, l'intitulé présente les concepts clés ci-après : la Charte des Nations unies, le chapitre VIII, les conflits armés et l'Afrique.

1. Le concept « Charte des Nations unies »

Quant au groupe d'expressions « Charte des Nations unies », il convient de relever que la Charte en tant que concept n'est qu'une des appellations du traité parmi lesquels l'on retrouve une grande variété des concepts à savoir statut, acte, pacte, protocole, convention, déclaration, ...[73].

La Convention de Vienne du 23 mai 1969 sur le droit des traités en son article 2, alinéa 1, litera a dit : « le traité est un accord international, conçu par écrit entre Etats et régi par le droit international, qu'il soit consigné dans un instrument unique ou dans deux ou plusieurs documents connexes et quelle que soit sa dénomination particulière ».

Partant de cette définition conventionnelle, il convient de relever que la Charte est un traité comportant une annexe faisant partie intégrante (le statut de la CIJ). Elle est un traité multilatéral.

En clair, la Charte est un traité signé et ratifié par les Etats qui ont participé à la conférence de San Francisco et qui avaient signé la déclaration des Nations unies[74].

Il s'agit donc d'un traité qui met en place une organisation internationale à vocation universelle ayant pour fonction principale le maintien de la paix et de la sécurité internationales, la suppression du recours à la force dans les relations internationales et ce, pour la première fois dans un instrument juridique[75].

De ce qui précède, il y a lieu de souligner que la mission principale de cette organisation dite des Nations unies, depuis le début de son existence, a été de tenter de prévenir les conflits armés et, le cas échéant, d'y mettre un terme[76].

Le concept « Chapitre VIII de la Charte des Nations unies »

---

[73] S. BULA-BULA, *Op.cit*, p.35.

[74]La déclaration des Nations unies a été signée à Washington, le 01 janvier 1942 par les représentants de 26 Etats à savoir les Etats-Unis d'Amérique, le Royaume-Uni, l'URSS, la Chine, l'Australie, la Belgique, le Canada, le Costa Rica, le Cuba, El Salvador, la Grèce, le Guatemala, Haïti, l'Inde, le Luxembourg, le Nicaragua, la Norvège, la Nouvelle-Zélande, le Panama, le Pays-Bas, la Pologne la République Dominicaine, la Tchécoslovaquie, l'Union Sud-Africaine et la Yougoslavie qui combattaient les agresseurs de l'axe. Ont par la suite, adhéré à la Déclaration les pays indiqués ci-après dans l'ordre chronologique des adhésions : la Mexique, les Philippines, l'Ethiopie, l'Irak, le Brésil, la Bolivie, l'Iran, la Colombie, le Libéria, l'Equateur, la France, le Pérou, la Chili, le Paraguay, le Venezuela, l'Uruguay, la Turquie, l'Egypte, l'Arabie Saoudite, la Syrie et le Liban. C'est dans ce document que les termes Nations unies suggérés par le Président Roosevelt a été officiellement employé, lire à cet effet, l'ONU, *Ce qu'il faut savoir de l'ONU de ses travaux et de son évolution pendant ses vingt premières années, 1945-1965*, Nations unies, New-York, p.6.

[75] D. COLLARD, *Les relations internationales de 1945 à nos jours*, Paris, 5ème éd. Masson, 1993, p. 177.

[76] PATRY (J.J), *Nations unies et stabilité : transformer les conflits armés*, Note de la FRS, Fondation pour la recherche stratégique, 16 Septembre 2007, p.1.

Le troisième concept à définir est le chapitre VIII de la Charte des Nations unies.

Ce chapitre VIII de la Charte est celui qui traite des organismes régionaux habiletés à maintenir la paix et la sécurité internationales au niveau régional. Il fixe le cadre du maintien de la paix, la coopération entre l'Organisation des Nations Unies et les organisations régionales, les relations institutionnelles et opérationnelles[77].

A la lecture donc de ce chapitre qui contient trois articles, ces dispositions posent un mécanisme de gestion du maintien de la paix et de la sécurité internationales. En effet, ledit chapitre s'analyse en termes d'accords régionaux et organismes régionaux qui méritent que nous puissions nous y atteler. La doctrine aborde ces concepts différemment.

Van Kleffens M. pense qu'« un accord régional en tant que pacte, est une association volontaire d'Etats souverains d'une certaine aire ou ayant des intérêts communs dans cette aire avec des buts communs, qui ne soient pas de nature belliqueuse, en rapport avec cette aire »[78].

Romain Yakemtchouk pense que « ce sont les traités conclus non seulement pour une région, mais encore les arrangements dont les membres doivent être situés dans une région donnée »[79].

En 1951, Hans Kelsen M. opine que: « *regional arrangements are treatus which have a regional character regional agency are international agencies established by regional arragements... litteraly interpreted, the term, "regional" means: pertaining to a "region" that is to say, to a certain territory". Et plus loin, il ajoute : "there is good reason to assume that according to the intention of the frames of the Charter, the meaning of the term "regional arrangements" is wider that of treaties concluded by neighboring state*"[80].

Par ailleurs, pour Goodrich M.M et Hambro, "*the phrase regional arrangements" as used in this art.52 §1/and the other articles of the Charter obviously does have a wider scope than the Egyptian amendment would admit*"[81]. Les propositions égyptiennes suggéraient plutôt les caractéristiques

[77]Les textes officiels des Nations unies ne donnent aucune définition précise de la notion d'organisation régionale.

[78] M.-V. KLEFFENS, « Regionalism and Political pacts » in *Américan Journal International law*, Oct.1949, Vol 43, p.668 repris par JULIA (M), « l'évolution de la coopération entre l'ONU et les organisations régionales : l'exemple de l'organisation internationale de la Francophonie », dans sa communication présentée lors du colloque international sur « la Francophonie sous l'angle des théories internationales, *in L'institut des relations internationales de Hanoi*, Vietnam 1-2 février 2007.

[79] R. YAKEMTCHOUK, *Op.cit*, p.139.

[80] H. KELSEN, *The law of the united Nations,* the London institute of world affaire, Steven and sons LTD, 1951, p.319-370, ouvrage en ligne.*www.persee.fr,* consulté le 30/03/2012.

[81] L. GOODRICH and E. HAMBRO, *Charter of the United Nations. Commentary and Document Boston World peace Foundation*, 1946, p.184, ouvrage en ligne, in *www.law.wustedu/eba,* consulté le 15/03/2012.

sus visées en se référant à une action régionale et à des organismes régionaux dotés d'attributions spécifiques dans leur circonscription particulière, telle que des mesures d'arbitrage et coercitives.

Pour Boutros Boutros-Ghali, sont considérées comme ententes régionales, les organismes de caractère permanent, groupant dans une région géographique déterminée plus de deux Etats, qui en raison de leur voisinage, de leur communauté d'intérêts ou de leurs affinités, se solidarisent pour le maintien de la paix et de la sécurité de leur région comme pour le développement de leur coopération économique, sociale et culturelle, dans le but final de former une entité politique distincte »[82].

Pierre Vellas estime que l'accord régional doit prévoir une action pour régler les affaires touchant au maintien de la paix et de la sécurité, être conclu entre Etats géographiquement contingents, être conforme aux buts et principes des Nations unies. Il continue en disant qu'un accord régional au sens du chapitre VIII de la Charte des Nations unies est cette forme de traité conclu entre Etats géographiquement proches, traité conforme à la philosophie politique des Nations Unies en vue de réaliser le but de sauvegarder l'ordre public international dans une région déterminée de la communauté internationale[83].

Dans cette perspective, les auteurs dont notamment David Ruzie, Patrick Daillier et Alain Pellet et Joe Verhoeven analysent les accords régionaux sans prendre en compte l'aspect définitionnel. Tel David Ruzie qui abordera le règlement régional des différends en reconnaissant que la Charte n'a pas voulu porter atteinte aux organisations internationales dans lesquelles le règlement des différends est organisé et le chapitre VIII de la Charte est consacré aux accords régionaux[84]. Patrick Daillier et Alain Pellet abordent dans le même sens en discourant seulement sur la licéité des accords régionaux et leur rôle. Joe Verhoeven, lui également, ne fait que constater cette licéité[85].

Les définitions telles que données par la doctrine semblent faire une nette distinction avec certains accords militaires n'ayant pas pour vocation la sécurité collective mais plutôt la légitime défense de l'article 51 de la Charte des Nations unies.

La différence à ce niveau est telle que le chapitre VIII n'impose aux membres d'un accord régional aucune obligation formelle de prévoir un système de coercition à l'égard de ses membres d'une part et, de l'autre, oblige les accords régionaux à faire « tous les efforts » en vue du règlement des litiges.

---

[82] B. BOUTROS GHALI, *Contribution à l'étude des ententes régionales*, Paris, éd. Pedone, 1949, p.101, ouvrage en ligne, in *www.alsatica.eu,* consulté le 10/03/2011.

[83] P. VELLAS, *Le régionalisme international et l'organisation des Nations unies*, Paris, éd. Pedone, 1964, p.40-41, *ouvrage en ligne sur www.bibliothèque.ena.nat.tn, consulté le 01/02/2012.*

[84] D. RUZIE, *Droit international public*, Paris, 16ème éd. Dalloz, 2002, p.214.

[85] NGUYEN QUOC DINH, P. DAILLIER et A. PELLET, *Droit international public*, Paris, 7ième éd.LGDJ, 2002, pp.1007-1008 ; J. VERHOEVEN, *Droit international public,* Bruxelles, éd. Larcier, 2000, p.694.

Par contre, un pacte de sécurité, comme celui de l'OTAN, a pour but de maintenir et d'accroitre la capacité individuelle et collective de la résistance à une attaque armée, c'est-à-dire, de remplir une mission préventive et, à cet effet, les parties agiront d'une manière continue et effective par leurs propres moyens en se prêtant mutuellement assistance[86].

2. Le concept « Conflit armé »

Après avoir analysé les concepts accords et organismes régionaux consacrés par le chapitre VIII de la Charte, le deuxième de cette étude, il convient de voir le troisième et dernier concept qui est les conflits armés.

Le conflit armé apparaît être inéluctablement un concept de droit international humanitaire, le conflit armé est en réalité l'opposé de la paix. La paix, elle-même, est assimilée couramment et vulgairement à l'absence de la guerre[87].

Il existe, en effet, une littérature extrêmement abondante sur la nature des conflits humains, leurs causes, les motivations des acteurs, la manière de les planifier et de les conduire ou, au contraire, de les prévenir ou de les résoudre[88].

Le conflit armé est en clair cette rupture de la paix occasionnée par les recours aux armes entre parties en conflit.

Le droit international distingue à cet effet le conflit armé international du conflit armé interne. En ce qui concerne les conflits armés internationaux, il s'agit des conflits armés qui opposent deux ou plusieurs Etats[89]. L'article 2 commun aux conventions de Genève de 1949 reconnaît et précise cet état de chose[90].

---

[86]Le traité de l'Atlantique Nord est un exemple du groupement basé sur l'article 51 principalement. Par conséquent, l'OTAN ne saurait se prévaloir du qualificatif « accord régional ; elle serait obligée de se conformer à l'article 54 de la Charte, donc, tenir le Conseil de Sécurité au courant de toute action entreprise ou envisagée en vertu d'accords régionaux ou par des organismes, pour le maintien de la paix et de la sécurité internationales ». Par conséquent, comme l'organisation préventive et anticipée de la légitime défense collective touche certainement à la paix et la sécurité internationales, l'OTAN devrait informer le Conseil de Sécurité. Par le Conseil, toutes les grandes puissances, même celles qui pourraient être considérées comme agresseurs potentiels, de tous les détails de l'organisation de la défense, ce que de toute évidence, l'OTAN ne peut et ne veut pas faire. Lire M. LIEGEOIS, *Op.cit,* p.17.

[87] R. BOSC, *Op.cit,* p.247.

[88] J.-J. PATRY, *Op.cit*, p.2.

[89] F. BOUCHET SAULNIER, *Dictionnaire pratique du droit humanitaire*, éd. Actualisée et enrichie, Paris, éd. La Découverte, 2006, p.103.

[90]Cet article 2 dispose ; « En dehors des dispositions qui doivent entrer en vigueur dès le temps de paix, la présente convention s'appliquera en cas de guerre déclarée ou de tout autre conflit armé surgissant entre deux ou plusieurs des hautes parties contractantes, même si l'état de guerre n'est pas reconnu par l'une d'elles.

La convention s'appliquera également dans l'un des cas d'occupation de tout ou partie des territoires d'une haute partie contractante, même si cette occupation ne rencontre aucune

La jurisprudence n'est pas restée absente de ces considérations car le TPIY a rappelé que le conflit armé international est celui qui se déroule entre deux ou plusieurs Etats[91].

Les règles applicables aux conflits armés internationaux sont les quatre conventions de Genève de 1949 et le premier protocole additionnel de 1977.

Le conflit armé interne est celui qui se déroule sur le territoire d'un Etat, entre ses forces armées et des forces armées dissidentes ou des groupes armés organisés qui, sous la conduite d'un commandement responsable, exercent sur une partie de son territoire un contrôle tel qu'il leur permet de mener des opérations militaires continues et concertées[92]. Ce type de conflit est également appelé « guerre civile ». De cette catégorisation, l'on retire les situations de troubles et tensions comme les émeutes, les actes isolés et sporadiques ou violences et autres actes analogues qui ne sont pas considérés comme des conflits armés[93].

Dans ce même contexte, la chambre du TPIY explique qu'un conflit armé non international est différent d'un conflit armé international en raison du statut juridique des parties en présence : les parties au conflit ne sont pas des Etats souverains, mais le gouvernement d'un seul et même Etat en conflit avec une ou plusieurs factions armées à l'intérieur de son territoire[94].

Actuellement, il est admis qu'un conflit armé non international peut être internationalisé sur la base de critères qui attestent du rôle d'un Etat étranger ou de son contrôle de fait sur certains groupes armés[95].

3. Le concept « Afrique »

L'Afrique est un concept qui apparaît comme une unité et une pluralité. Elle est une dans la mesure où elle apparaît comme une région à part entière et une de composantes du monde se trouvant à côté de quatre autres continents.

---

résistance militaire.

Si l'une des puissances en conflit n'est pas partie à la présente convention, les puissances parties à celle-ci resteront néanmoins liées par elle dans leurs rapports réciproques. Elles seront liées en outre par la convention envers ladite puissance, si celle-ci en accepte et applique les dispositions.

[91]La chambre d'appel du TPIY l'a rappelé dans l'affaire TADIC du 15 juillet 1999. Voir également les développements faits dans le même sens par E. DAVID, *Principes de droit des conflits armés*, éd. ULB, Bruxelles, 2002, p.105-114 et p.151-191.

[92] F. BOUCHET SAULNIER, *Op.cit*, p.104.

[93] Idem, p.105. Voir aussi S. BULA BULA, *Op.cit*, p.322.

[94]Affaire TADJIC du 15/07/1999, lire utilement CICR, « Le droit international humanitaire et les défis posés par les conflits armés contemporaines », *extrait du rapport du Comité international de la Croix-Rouge pour la 28e conférence internationale de la Croix-Rouge et du Croissant-Rouge*, Genève, décembre, 2003, p.12.

[95]Voir chambre de première instance du TPIY, affaire Tadic, 15 juillet 1999, p.317 ; Voir également A. MAMPUYA KANUNK'A TSHIABO, *Le conflit armé au Congo-Zaïre, ses circonstances et sa gestion sous l'angle du droit des Nations Unies*, Nancy, éd. Ama, 2001, p.50.

Elle est plurielle lorsqu'il faut considérer la diversité qu'elle regorge à savoir des cultures, des races, des peuples, des langues[96].

L'Afrique est un continent vaste et varié ; les pays africains sont différents aussi bien par leur histoire et leur géographie, que par leur stade de développement économique, leurs politiques nationales et leurs relations internes et internationales[97].

De la sorte, elle fait dégager et contribuer les différentes approches culturelle, sociale, économique à la construction de l'universel et au développement du droit international et, en retour, un effort d'adaptation du droit international s'effectue aux réalités locales et/ou régionales et d'ailleurs, l'agenda 2063 de l'Union Africaine reconnaît l'existence d'une Afrique une et plurielle[98].

Il y a donc lieu de considérer l'Afrique dans le cas d'espèce comme une région (une) et comme plusieurs sous-régions à multiples diversités (plurielle) ; ce qui implique la région et des sous-régions.

Après avoir présenté l'historique et la définition des concepts clés de cette étude, il nous paraît important de présenter la méthodologie de la recherche qui nous permettra de soutenir notre position.

IV. LA METHODOLOGIE DE LA RECHERCHE

La méthode est l'ensemble d'opérations intellectuelles qui permettent à une discipline d'atteindre les vérités qu'elle poursuit, de les démontrer et de les vérifier[99]. C'est aussi une démarche rationnelle de l'esprit vers la vérité car, Mboko Dj'andima reconnaît qu'on peut se convenir aisément sur le fait qu'on ne peut aboutir à des constructions doctrinales valables sans méthodes[100].

La méthodologie selon Olivier Corten, a une vocation pratique manifeste car, son étude et sa maîtrise permettent de mener une recherche scientifique, quel que soient à la fois le domaine abordé et les arguments soutenues[101].

---

[97] MWAYILA TSHIYEMBE, « L'Afrique face au défi de l'Etat multinational », in *Le monde diplomatique*, septembre 2000, pp.14-16.

[98] Lire dans ce sens SEGIHOBE BIGIRA, « L'Afrique dans les relations internationales contemporaines. Heurestique dialectique et agonistique », in G. BAKANDEJA wa MPUNGU, (dir), *Quelles politiques d'intégration pour quelle unité de l'Afrique du 21ème siècle. Débats théoriques et défis pour les Etats africains*, Mélange en hommage au professeur O. NDESHYO RURIHOSE, Kinshasa, éd. PUK, Décembre 2014, p.174.

[99] M. GRAWITZ, *Méthode de sciences sociales*, Paris, éd. Dalloz, 1986, p.318.

[100] MBOKO DJ'ANDIMA, *Op.cit*, p.21.

[101] O. CORTEN, *Méthodologie du droit international public*, Bruxelles, éd. Université de Bruxelles, 2009, p.14.

Ainsi, dans le cadre de cette étude, nous ferons recours à une méthode pluridisciplinaire qui prend en compte les méthodes ci-après : à savoir juridique, sociologique, historique, comparative et la polémologie.

En ce qui concerne la méthode juridique[102], celle-ci nous est d'une grande importance en ce qu'elle nous permettra de faire une approche exégétique du sujet en nous référant aux différents instruments juridiques internationaux qui gouvernent cette matière. A cet effet, nous exploiterons la Charte des Nations Unies car, elle régit les mécanismes relatifs au maintien de la paix et la sécurité internationales dans ses chapitres VI, VII et VIII et, nous mettrons un accent particulier sur le chapitre VIII qui gère et précise la coordination des activités des organisations régionales.

Ensuite, nous ferons l'exégèse de l'acte constitutif de l'Union Africaine et, incidentiellement, les actes des organisations sous régionales les plus en vue telles la CEDEAO, la SADC, la CEEAC, l'IGAD, …car ces institutions entrent dans l'architecture de paix et de sécurité mais surtout dans la construction régionale du mécanisme africain de sécurité collective.

Enfin, les différentes résolutions qui ont visé les opérations de maintien de la paix aux Comores, au Burundi, au Mali, en RCA, au Darfour et en Somalie vont nous intéresser pour nous permettre d'analyser les orientations prises aussi bien par le Conseil de sécurité que par l'Union Africaine car, ces deux contextes illustrent bien les perspectives coercitives de la sécurité collective africaine.

Quant à la méthode sociologique, qui consiste à étudier les faits sociaux comme des choses, elle nous permettra d'analyser premièrement les motivations profondes qui ont amené les rédacteurs de la Charte à accorder le chapitre VIII aux organisations régionales.

Deuxièmement, elle nous permettra d'analyser les causes, les acteurs et leurs initiatives dans le règlement des conflits aux Comores, au Burundi, au Mali, en RCA, au Darfour et en Somalie.

Troisièmement, elle nous permettra de vérifier la mise en œuvre du chapitre VIII dans tous ses mécanismes pour apprécier l'efficacité et l'effectivité des actions menées par l'organisation régionale qu'est l'Union Africaine et, dans une certaine mesure, les interventions de l'ONU.

A propos de la méthode historique, elle sera considérée tant dans ces approches diachronique et synchronique mais également par recours à l'histoire immédiate.

Par l'approche diachronique, elle étudiera les rapports reliant les faits historiques des conflits successifs en Afrique et le développement des

---

102 La méthode historique est clairement définie par F. SIMIAND, « Méthode historique et science sociale » in *Annales économiques, sociétés, civilisations*, Année 1960/Vol 15/Numéro1/p83-119 online <u>www.persee.fr</u>, consulté le 04/09/2016, voir également C. SEIGNOBS, *La méthode historique appliquée aux sciences sociales*, Lyon, Coll bibliothèque idéale des sciences sociale, ENS éd coll, 2014, 487p.

mécanismes de règlement à travers les opérations de maintien de la paix non aperçus par une même conscience collective, et qui se substituent les uns aux autres sans former un système entre-eux.

Et celle synchronique, s'occupera de mêmes conflits avec tout ce qui suit et coexistant à travers le temps, formant un système tels qui sont aperçus par la même conscience collective.

L'histoire immédiate nous permettra de nous imprégner de certaines situations qui se sont développées récemment.

La méthode comparative enfin est très importante dans la mesure où elle nous permettra de comparer la nature des pouvoirs mis en œuvre par l'organisation régionale et par l'ONU, en vue du règlement des conflits.

Quant à la polémogie, discipline sociologique ou encore science de la guerre qui est une branche de la théorie de relations internationales, elle nous permettra de mettre l'accent sur la compréhension des conflits, leurs origines et leur fonctionnement.

Etant donné que les méthodes de recherche sont précisées, il est opportun à ce stade de notre travail de fixer sa délimitation.

V. LA DELIMITATION DU TRAVAIL

Puisque que l'objet de recherche doit d'abord être délimité dans le temps et dans l'espace[103], il est d'une grande et impérieuse utilité que de délimiter le travail dans des contours bien précis pour éviter des extrapolations dans la présentation des faits.

A cet effet, nous délimitons notre travail dans le temps et dans l'espace. Sur le plan temporel, il est important de préciser que le chapitre VIII est cristallisé depuis 1945. Dès lors, l'analyse partira de l'adoption de la Charte des Nations Unies le 26 juin 1945 et traversera toute la période de la guerre froide jusqu'aux opérations menées par l'Union Africaine aux Comores, au Burundi, au Mali, en RCA, au Darfour et en Somalie.

Quant à l'action régionale menée par l'UA dans ces Etats, nous allons considérer la période allant de 2000 (année de la création de l'Union africaine) à 2015. Cette année correspond au début de péripéties qui ont amené à la création de la MAPROBU au Burundi. Cette circonscription nous permettra d'analyser les différentes réactions de l'Union Africaine face aux crises qui ont émaillé ces Etats pour tirer des conclusions qui s'imposent par rapport au Chapitre VIII sous étude.

En ce qui concerne l'espace, nous n'examinerons que les actions menées par l'Union Africaine et ses mécanismes régionaux en Afrique.

Après cette délimitation, il importe d'annoncer le plan qui reprend les intitulés des parties de l'étude.

---

[103] MBOKO DJ'ANDIMA, *Op.cit,* p.20.

VI. L'ANNONCE DU PLAN

Cette étude est présentée en deux parties. La première analyse le développement normatif et institutionnel régional africain dans le contexte de la gestion de la paix et de la sécurité internationales par les Nations unies tandis que la deuxième présentera le dépassement du chapitre VIII de la Charte des Nations unies dans la gestion de certains conflits armés en Afrique.

Première partie :

LE DEVELOPPEMENT NORMATIF ET INSTITUTIONNEL REGIONAL AFRICAIN DANS LE CONTEXTE DE LA GESTION DE LA PAIX ET DE LA SECURITE INTERNATIONALES AUX NATIONS UNIES

Comprendre la gestion de la paix et de la sécurité internationales dans le contexte de la Charte des Nations Unies revient en réalité à examiner les pouvoirs de l'ONU.

Celui-ci passe en particulier par l'étude de son organe chargé du maintien de la paix et de la sécurité internationales qu'est le Conseil de sécurité. Ceci bien entendu à travers d'une part les pouvoirs proprement dit et la hiérarchisation institutionnelle de la gestion de la paix.

D'autre part, il sera abordé le contexte justifiant l'émergence de l'action de l'ONU ainsi que les difficultés réelles de la mise en œuvre de ses pouvoirs en vue d'un maintien de la paix et de la sécurité internationales.

Il sera également question dans cette première partie d'analyser, à la suite de l'architecture institutionnelle qui intervient dans la gestion de la paix et de la sécurité internationales, la montée du régionalisme face aux réticences de la volonté centralisatrice des rédacteurs de la Charte des Nations unies.

Cette idée nous amènera effectivement à présenter l'effectivité du développement du régionalisme à travers les cadres normatifs et institutionnels de l'OUA puis de l'UA.

Ainsi, cette partie recoupe ces idées sous deux chapitres. Le premier est intitulé le mécanisme de maintien de la paix et de la sécurité internationales sous l'angle des Nations unies. Le chapitre deuxième traite le développement normatif et institutionnel dans le cadre de l'OUA, actuelle UA.

Chapitre Ier :
LE MECANISME DE MAINTIEN DE LA PAIX ET DE LA SECURITE INTERNATIONALES SOUS L'ANGLE DES NATIONS UNIES

Le Conseil de sécurité est un des organes principaux des Nations unies. En tant qu'organe restreint, il apparait comme le plus important car il a la charge principale du maintien de la paix et de la sécurité internationales[104].

Aux termes de l'article 23 de la Charte des Nations Unies et avec l'amendement de 1965[105], il est composé de 15 membres : cinq membres permanents et dix non permanents élus pour deux ans par l'Assemblée générale et suivant une répartition géographique déterminée[106].

La gestion de la paix et de la sécurité internationales telle que voulue par les rédacteurs de la Charte passe par les pouvoirs spécifiques et particuliers conférés à certains organes notamment le Conseil de sécurité et l'Assemblée générale.

La mise en œuvre de ces pouvoirs s'est construite et consolidée avec l'émergence de plusieurs situations qui n'ont pas été nécessairement qualifiées et définies par la Charte. Celles-ci sont retrouvées au niveau régional et ont justifié un développement normatif et institutionnel du régionalisme africain en vue du maintien de la paix et de la sécurité internationales.

Ainsi, en vue de démontrer ces considérations, nous allons examiner d'une part le contexte d'émergence de l'action de l'ONU et ses difficultés de mise en œuvre (section I), et les ouvertures relatives à la hiérarchisation de la gestion de la paix et de la sécurité internationales (section II), d'autre part.

Section Ière : CONTEXTE D'EMERGENCE DE L'ACTION DE L'ONU ET SES DIFFICULTES DE MISE EN ŒUVRE

L'action de l'ONU trouve son fondement dans les pouvoirs de ses organes en particulier du Conseil de sécurité. Cette action vise à prévenir les conflits ou à les régler car, il y avait un fait qui était celui d'éviter de vivre les guerres telles qu'elles s'étaient produites[107].

---

[104] G. BASUE BABU KAZADI, *Op.cit*, p.65.

[105] Cet amendement a été inséré au regard du fait qu'entre autres les Etats africains avaient accédé aux indépendances et qu'il y avait nécessité d'assurer la représentation géographique équitable.

[106] R. REED, « Qu'est-ce l'ONU et quelles en sont les limites ? » in J. DUCHATEL et F. ROCHET, *ONU, Droits pour tous ou loi du plus fort*, Genève, éd.Cetim, 2005, p.39, lire aussi G. BASUE BABU KAZADI, *Op.cit*, p.65.

[107] Voir préambule de la Charte des Nations unies où il est dit : Nous, peuples des Nations unies, résolus à préserver les générations futures du fléau de la guerre qui deux fois en l'espace d'une vie humaine a infligé à l'humanité d'indicibles souffrances. Aussi, déjà, dans la partie I du traité de Versailles signé le 28/06/1919 relative au pacte de la SDN, le préambule renseigne :

Etant donné que la Charte constituait une réponse au fléau de la guerre qui avait touché le monde, il revient que nous puissions aborder les pouvoirs de l'ONU dans la gestion de la paix et de la sécurité internationales en considérant les pouvoirs de sa devancière, la SDN, à travers son Conseil et son Assemblée d'une part et les difficultés de mise en œuvre de ceux-ci qui sont considérés comme facteurs d'ambigüité, d'autre part.

§1. Les pouvoirs de l'ONU dans la gestion de la paix et de la sécurité internationales

Paix et sécurité sont au centre de la Charte des Nations unies, et le Conseil de sécurité est au cœur de son architecture institutionnelle[108]. Dans ce contexte, l'organisation doit prendre des mesures collectives efficaces en vue de prévenir et d'écarter les menaces à la paix et de supprimer tout acte d'agression ou autre rupture de la paix[109]. A cette fin, un comité d'état-major serait créé[110].

Ainsi, pour comprendre ses fonctions et leurs évolutions, replaçons-nous dans le contexte des rédacteurs des actes constitutifs de la SDN et de l'ONU sur leur vision du maintien de la paix. Cela part de 1919[111] à 1945[112].

A. La gestion de la paix et de la sécurité internationales sous la SDN et l'ONU

Il est difficile, pour une recherche en droit international et plus précisément dans le domaine du maintien de la paix, de parler de l'ONU sans voir ce qui s'est passé dans la SDN.

Considérant que, pour développer la coopération entre les Nations et pour leur garantir la paix et la sécurité, il importe d'accepter certaines obligations de ne pas recourir à la guerre.

[108] S. SUR, « Sécurité collective », in Th. DE MONTBRIAL et P. KLEIN, *Dictionnaire de stratégie*, Paris, PUF, 2000, p.305-309.

[109]Lire article 1 de la Charte des Nations unies de 1945.

[110]Lire article 47 de la même Charte.

[111]Le 08/01/1918, W. WILSON, Président des USA présente son programme de paix, en 14 points. La première guerre mondiale n'est pas encore finie et le programme de Wilson propose ce qui, selon lui, permettrait une paix durable. Le dernier des 14 points prévoit une association regroupant les nations et où tous les Etats se ligueraient lorsqu'un d'eux sèmerait le trouble. Ceci annonce la SDN. Son projet fut incorporé dans le traité de Versailles et en devint le premier des 440 articles rédigés lors de la conférence de la paix réunie à Paris en 1919. Les 14 points de Wilson sont :négociation de paix publiques, liberté de navigation maritime, liberté de commerce international, limitation concertée des armements, règlement impartial des questions coloniales, évacuation de la Russie, l'évacuation et la restauration de la Belgique ainsi que celle de l'Alsace-Lorraine à la France, rectification des frontières selon les limites des nationalités, indépendances des peuples de l'Empire austro-hongrois, évacuation de la Roumanie, de la Serbie et du Monténégro, limitation de la souveraineté ottomane aux seules régions turques, création d'un Etat Polonais avec libre accès à la mer, création d'une Société des Nations.

[112]C'est la création de l'ONU.

1. La situation de la SDN

La SDN, organisation à vocation universelle, était fondée sur l'égalité des Etats membres et le caractère volontaire de leur appartenance[113]. La création de cette organisation, au sortir de la guerre de 1914-1918, était l'aboutissement d'un courant d'opinion qui, avant même la fin de la guerre, s'était manifesté dans de nombreux pays.

Les structures et les procédés tels qu'envisagés variaient par leur contenu et leur portée mais tous avaient pour objectif de faire régner le droit dans les relations internationales et d'instituer des mécanismes de contrôle et d'arbitrage susceptibles de favoriser la substitution du droit à la force[114].

Il s'agissait donc de fournir des garanties réciproques d'indépendance politique et territoriale aux petits comme aux grands Etats[115].

L'édifice de la gestion de la paix et de la sécurité internationales reposait sur les prérogatives conférées aux organes ci-après : le Conseil, l'Assemblée et le secrétariat permanent, les organes subsidiaires et organismes spécialisés, de portée diverse, ont été créés au cours des années par la SDN[116].

Le Conseil, organe restreint, comprenait 5 membres permanents[117] et 4 membres élus par l'Assemblée[118]. Un rôle décisionnel important était accordé au Conseil car, il résultait de l'équilibre prévu par les rédacteurs du pacte qui était favorable aux membres permanents, donc grandes puissances qui étaient majoritaires et essentiellement européennes[119].

Cet équilibre se manifestait dans la procédure de prise de décision car celle-ci avait pour base le principe de l'égalité des Etats en ce que chaque Etat ne disposait que d'une seule voix[120].

Il va sans dire que « la période de réunions, elle, n'était pas clairement définie et, dans la pratique, le Conseil ne se réunissait que trois fois par an[121]. Déjà l'article 3 du traité prévoyait : « le Conseil se réunit quand les circonstances le demandent, et au moins une fois par an, au siège de la société

---

[113] S. DREYFUS, *Droit des relations internationales, éléments de droit public international*, 4ème édition revue et complétée, Paris, éd. Cujas, 1992, p.208.

[114] *Idem.*

[115]Cette idée fut celle proposée, le 08/01/1919, par le Président Wilson lorsqu'il s'adressait au congrès des USA dans son message où il exposait en 14 points la nécessité de créer une société générale des nations formée sur une base conventionnelle entre Etats.

[116]Il s'agit par exemple du tribunal administratif de la SDN, créé en 1927 par l'Assemblée et était compétent pour connaitre des recours des fonctionnaires contre l'organisation. Il y a aussi la commission des mandats, commission permanente à laquelle était confié le contrôle du régime des mandats.

[117]Les cinq permanents étaient les USA, la France, la Grande Bretagne, l'Italie et le Japon.

[118]Au départ, les membres élus étaient la Belgique, le Brésil, l'Espagne et la Grèce.

[119] S. DREYFUS, *Op.cit*, p.208.

[120] J.-P. MAUREY, « Traité de Versailles de 1919 », digithèque MSP, in *www.Genevedécouverte.ch.consulté, le 2 janvier 2012.*

[121]*Idem*

ou en tel lieu qui pourra être désigné ». Lorsqu'il se réunissait, le fait que des sièges permanents avaient été réservés aux grandes puissances ne leur apportait pas des pouvoirs très substantiels. Son efficacité était compromise dès lors que celles-ci ne disposaient pas d'un pouvoir exclusif.

C'est ainsi que ses attributions demeuraient aussi larges et floues que celles de l'Assemblée. Elles se rapportaient à de nombreux domaines et lui étaient conférés soit à titre exclusif (notamment les questions relatives au désarmement, au contrôle du régime des mandats, à l'application du traité), soit conjointement ou parallèlement avec l'Assemblée[122]. L'article 4 stipulait à cet effet : « le Conseil connait de toute question rentrant dans la sphère d'activité de la SDN ou affectant la paix du monde ».

Il se dégage que la sphère d'activités de la SDN était à peu près circonscrite dans le préambule qui visait le développement de la coopération entre les Nations, la garantie de la paix et la sûreté en acceptant certaines obligations de ne pas recourir à la guerre, l'entretien au grand jour des relations internationales fondées sur la justice et l'honneur, l'observation rigoureuse des prescriptions du droit international reconnues désormais comme règle de conduite effective des gouvernements et le règne de la justice et le respect scrupuleux de toutes les obligations des traités dans les rapports mutuels des peuples organisés.

Il convient de relever que les résolutions du Conseil étaient, en principe, votées à l'unanimité avec quelques exceptions limitées caractérisées par les questions de simple procédure et l'hypothèse des litiges auxquels des membres du Conseil faisaient partie car, dans ce cas, leur vote n'était pas compté[123].

Ces résolutions se rapportaient à de nombreux domaines et lui étaient conférées soit à titre exclusif notamment les questions relatives aux désarmements, au contrôle du régime des mandats, à l'application du traité, soit conjointement ou parallèlement avec l'Assemblée[124].

Ainsi, le rôle lui imparti par les textes ne lui conférait pas de prééminence véritable par rapport à l'Assemblée.

Celle-ci, organe plénier de la SDN, comprenait les représentants de tous les Etats membres placés dans une situation de stricte égalité. C'est l'organe égalitaire de l'institution, où chaque Etat, quel que soit son importance démographique, économique ou politique, a le même poids[125].

Ces décisions, aux termes de l'article 5 du pacte de la SDN, étaient prises à l'unanimité et chaque Etat disposait d'une voix comme au Conseil. Cependant, celles-ci ne constituaient que des obligations morales car, elles n'étaient pas assorties des sanctions et ne s'imposaient pas sauf sur certaines matières comme

---

[122] S. DREYFUS, *Op.cit*, p.209.

[123] L'article 5.1 prévoit la règle de l'unanimité tandis que le point 2 prévoit celle de la majorité sur les questions de procédure y compris la désignation des commissions chargées d'enquêter sur des points particuliers.

[124] S. DREYFUS, *Op.cit*, p.210.

[125] S. DREYFUS, *Op.cit*, p.210.

l'admission de nouveaux membres, l'élection des juges de la CPJI et, en général, les questions de procédure[126].

Elle tenait une session ordinaire par an, au mois de septembre, et pouvait tenir des sessions extraordinaires si les circonstances l'exigeaient.

Il en résulte que la compétence de l'Assemblée avait une portée générale et comportait des attributions exercées en commun ou parallèlement avec le Conseil, ainsi que d'autres, de caractère exclusif, telles l'admission de nouveaux membres (à la majorité des deux tiers) ou l'élection des membres non permanents du Conseil ou encore le vote du budget de l'organisation.

En somme, le pacte lui attribuait compétence concurrente, dans les mêmes termes qu'au Conseil, pour connaitre « de toute question qui rentre dans la sphère d'activité de la société ou qui affecte la paix du monde ».

La troisième structure organique dans cette gestion de la paix et de la sécurité internationales, c'est le secrétariat permanent prévu par l'article 2 du traité.

Il comporte un personnel propre, bénéficiant d'immunités échappant à l'autorité des Etats et recruté selon une répartition géographique qui avait d'ailleurs posé bien des problèmes (pendant la période de plus grandes activités). Il y a eu plus de six cent fonctionnaires internationaux, ressortissants de quelque 50 Etats membres[127] .

Ce secrétariat était placé sous l'autorité d'un secrétaire général désigné par le Conseil dont le vote était ensuite approuvé par l'Assemblée statuant à la majorité[128].

Il faut relever que dans la mise en place de la cristallisation de la sécurité collective sous la SDN, l'article 12 du pacte institué un moratoire de trois mois avant tout recours à la guerre[129]. A travers le pacte de la SDN du 28 Juin 1919, les Etats distinguaient les guerres illicites des guerres licites, dont la légitime défense faisait implicitement partie. Dans la logique de ce traité, il s'agissait de la guerre pour le droit.

Ainsi, la seule guerre interdite aux termes de l'article 10 était la guerre d'agression.

Dans une dimension historique, l'on se trouvait dans la progression de mise « hors la loi » de la guerre et pendant des siècles, le droit international a été un droit de la guerre et de la paix. Et c'est le pacte de la SDN qui consacre « certaines obligations de ne pas recourir à la guerre » en interdisant les guerres d'agression et en organisant ce moratoire pour démobiliser les belligérants et permettre ainsi, les pourparlers de la dernière heure et de la dernière chance[130].

---

126 P. DAILLIER, M. FORTEAU et A. PELLET, *Droit international public*, Paris, 8ème éd. LGDJ, 2009, p.936, Voir également S. DREYFUS, *Op.cit*, p.209.

127 S. DREYFUS, *Op.cit*, p.210.

128 J.-P. MAUREY, *Op.cit*, p.11.

129 E. DECAUX, *Droit international public*, Paris, 4ème éd. Dalloz, 2004, p.8

130 E. DECAUX, « Légalité et légitimité du recours à la force : de la guerre juste à la responsabilité de protéger », in *Revue électronique internationale publiée par le centre de recherche sur les droits de l'homme et le droit humanitaire*, CRDH, Université Panthéon Assas,

La Charte des Nations unies est, à son tour, allée au terme de cette logique, avec l'article 2 §4 : « les membres de l'organisation s'abstiennent, dans leurs relations internationales, de recourir à la menace ou à l'emploi de la force, soit contre l'intégrité territoriale ou l'indépendance politique de tout Etat, soit de toute autre manière incompatible avec les buts des Nations unies[131].

Dans son fonctionnement, il avait été relevé que la SDN n'avait pas atteint ses objectifs et les espoirs de paix qu'elle avait portés s'étaient presque avérés illusoires. Il serait également incohérent de ne point présenter le fait que cette architecture reconnaissait l'existence des accords régionaux ou particuliers. Il s'agit de l'article 21 qui disposait que les engagements internationaux, tels que les traités d'arbitrage, et les ententes régionales, comme la doctrine de Monroe, qui assurent le maintien de la paix, ne seront considérés comme incompatibles avec aucune des dispositions du présent pacte.

Ces ententes régionales revêtaient les caractéristiques particulières en ce qu'entre autres l'aspect géographique limitant l'accès était fort poussé tandis que le caractère sécuritaire par les capacités militaires s'accentuait.

Ainsi, il nous revient de présenter ses réalisations en matière de gestion de la paix et de la sécurité internationales avant d'éluder sa décadence.

Quant aux réalisations de cette organisation dans la gestion de la paix et de la sécurité internationales, il y a lieu de relever qu'en dépit du fait que la SDN fut généralement accusée d'avoir failli à sa mission, elle avait des succès significatifs dans un certain nombre de territoires[132]. Il s'agit notamment des îles Aland, de l'Albanie, de l'Autriche et la Hongrie, la Haute Silésie, Memel, le différend Gréco-Bulgare, la Sarre, Mossoul et le Libéria.

Les Alands représentaient un ensemble d'à peu près 6500 îles situées à mi-distance de la Suède et de la Finlande. Les habitants étaient exclusivement de langue suédoise bien que la Finlande en eût obtenu la souveraineté au début des années 1900[133]. A partir de 1917, la plupart des résidents souhaitaient que les îles deviennent une région Suédoise. La Finlande, cependant, s'y était opposée. La question avait été soulevée devant la SDN en 1921 et après une réflexion approfondie, la Société des Nations jugea, le 25/06/1921, que les îles devaient être Finlandaises tout en disposant d'un gouvernement autonome, évitant une guerre potentielle entre les deux pays[134].

Au niveau de l'Albanie, sa frontière avec le Royaume de Yougoslavie était restée sujet de controverse après la conférence de paix de Paris en 1919, les forces yougoslaves occupant une partie du territoire albanais. Après des affrontements avec les tribus albanaises, les forces yougoslaves pénétrèrent plus avant les territoires. La société y envoya une Commission composée de

---

Paris II, 2005, *in www.droits-fondamentaux.org*, consulté le 08/03/2014.

[131] E. DECAUX, *Op.cit.*

[132] Voir « Société des Nations », in *www.le conflit.com*, p.1, consulté le 15 janvier 2012.

[133] Voir « Société ...», *Op.cit,* p.1.

[134] *Idem*

représentants des divers pouvoirs régionaux ; celle-ci statua en faveur de l'Albanie et les forces Yougoslaves se retirèrent en 1921, sans avoir protesté et la guerre fut à nouveau écartée[135].

Dans la situation de l'Autriche et de la Hongrie, suite à la première guerre mondiale, elles durent faire face à une banqueroute résultant de très importantes réparations de guerre qu'elles durent payer[136]. La Société mit en place des prêts pour les deux nations et envoya des Commissions pour surveiller les dépenses[137]. Ces actions les mirent sur la voie du rétablissement économique.

Pour la Haute Silésie, le traité de Versailles avait demandé qu'un référendum y soit organisé afin de déterminer si le territoire devait être rattaché à la République de Weimar (Allemagne) ou à la deuxième République de Pologne. A la suite de cette décision, une répression brutale et la discrimination contre les polonais amenèrent à des émeutes et par la suite aux deux premiers soulèvements en Silésie (1919 et 1920) et lors du référendum, approximativement 59,6% des voix (autour de 500 000 personnes) furent favorables au rattachement à l'Allemagne[138]. Ce résultat conduisit au troisième soulèvement en 1921. La SDN fut ainsi invitée à régler la question et, en 1922, une enquête de six semaines constata que le territoire devrait être découpé en deux et cette décision fut acceptée par les deux parties et par la majorité des habitants[139].

Pour le territoire de Memel, la SDN avait choisi de céder le territoire l'entourant à la Lituanie mais déclara que le port devait rester zone internationale, ce qu'avait accepté la Lituanie[140].

En ce qui concerne le conflit gréco-bulgare, résultant d'un incident de frontières entre sentinelles grecques et bulgares en 1925, à la suite duquel les troupes grecques envahirent leur voisin, la Bulgarie ordonna à ses troupes de n'offrir qu'une résistance symbolique, faisant confiance à la Société des Nations pour régler le conflit. Celle-ci a en effet condamné l'invasion grecque et réclamé à la fois le retrait des troupes grecques et une compensation à la Bulgarie[141]. La Grèce s'y était conformée mais s'était plainte de la disparité de traitement avec l'Italie[142].

---

135 *Ibidem*

136 *Ibid.*

137 *Id.*

138 Voir « Société ...», *Op.cit,* p.1.

139 Cette décision pourrait être vue comme un échec car la SDN avait réagi passivement à l'utilisation de la force, mais le règlement de la question sans grande effusion de sang significative fut un résultat favorable pour elle.

140 « La ville portuaire de Memel (actuellement Klaïpeda) et la région avoisinante du territoire de Memel furent placées sous le contrôle de la SDN à la fin de la première guerre mondiale et gouvernées par un général Français pendant trois ans. Bien que la population fut majoritairement allemande, le gouvernement lithuanien revendiqua le territoire et les troupes alliées l'envahirent en 1923 », in *www.genevedécouverte.ch,* consulté le 18janvier 2012.

141 Voir la Société, ... in *Op.cit, P.21.*

142 *Idem*

Quant à la Sarre, province formée des parties de territoire de la Prusse et du palatinat rhénan fut créée et placée sous le contrôle de la SDN après le traité de Versailles. Un référendum y avait été organisé après quinze ans pour déterminer le rattachement soit à l'Angleterre soit à la France. A ce référendum organisé en 1955, 90,3% des votes furent favorables au retour de la Sarre à l'Allemagne.

Pour Mossoul, la Société des Nations avait résolu en 1926 un conflit entre l'Irak et la Turquie à propos du contrôle de cette ancienne province ottomane[143].

S'agissant du Libéria, Etat africain non colonisé, à la suite des rumeurs concernant la pratique du travail forcé dans cet Etat membre, la Société lança une enquête à ce sujet dans les plantations gigantesques de caoutchouc de l'entreprise firestone dans le pays.

En plus de ces réalisations, il convient de savoir que la SDN avait combattu le trafic international d'opium et l'esclavage sexuel et avait aidé à soulager la situation difficile des réfugiés, spécialement en Turquie en 1926[144].

Dans cette situation, une de ses innovations dans le domaine fut la création, en 1922, du passeport Nansen, qui fut la première carte d'identité internationalement reconnue pour les réfugiés apatrides.

Beaucoup d'autres réalisations de la Société ont été effectuées par ses diverses agences et commissions. Il s'agissait du système des mandats, du règlement judiciaire des différends, de la codification du droit international et l'amorce d'un système de coopération internationale dans des domaines spécifiques[145].

Ces situations de réussite dans le cadre de la SDN ont été possibles avec des Etats qui n'étaient pas effectivement des puissances et avec ceux qui avaient été perdants de la première guerre mondiale et devaient faire amende honorable car leur survie dans la communauté en dépendait. C'est ainsi que la plupart étaient

---

[143]Selon le Royaume uni qui avait reçu de la SDN un Mandat « A » sur l'Irak en 1920 et, de ce fait, le représentait pour ses affaires étrangères. MOSSOUL avait appartenu à l'Irak. D'un côté, la République Turque nouvellement créée revendiquait la province comme son centre historique. De l'autre, un comité de trois personnes fut envoyé par la SDN dans la région en 1924 afin d'étudier ce cas et recommanda, en 1925, que la région soit rattachée à l'Irak, sous la condition que le Royaume uni conservait son mandat sur l'Irak pour une période de 25 années afin d'assurer les droits autonomes de la population Kurde. Lire V. GOURDON, « Naissance de la Société des Nations », in Encyclopédia Universalis, [en ligne], *www.universalis.fr*, consulté le 03 janvier 2011. Voir également J.-M. GUIEU, « La SDN et ses organisations de soutien dans les années 1920. Entre promotion de l'esprit de Genève et volonté d'influence », in *www.cairn.info.fr,* pp.11-23, consulté le 15/février 2012.
Le Conseil de la SDN adopta la proposition et décida le 16/12/1925 d'attribuer MOSSOUL à l'Irak. Bien que la Turquie eût accepté l'arbitrage de la Société dans ce traité de Lausanne de 1923, elle rejeta sa décision. Toutefois, les Britanniques, l'Irak et la Turquie signèrent un traité le 5 juin 1926 qui, dans ses grandes lignes, reprenait la décision du Conseil de la SDN, attribuant également MOSOUL à l'Irak.

[144]Voir « La Société, ... » in *Op.cit*, p.20 ; Voir également, J.-M. GUIEU, *Organisations internationales et ONG : coopération, rivalité, complémentarité de 1999 à nos jours*, Pars, éd. PUF, 2012, p.14.

[145] S. DREYFUS, *Op.cit*, p.212 et 213.

disposés à accepter certains règlements dans le cadre de la SDN afin de prévenir encore la guerre.

A côté de ces ascensions, il convient de présenter les tares de cette gestion et expliciter réellement les causes qui ont amené à l'abandon de cette forme de structure afin de passer au système de la Charte des Nations Unies avec ses correctifs.

Dans sa mission essentielle, la SDN a échoué, victime du comportement des Etats membres ; créée pour garantir la paix, elle n'a pu exercer une influence pacificatrice que dans quelques conflits mineurs, qui ne mettaient pas en cause les grandes puissances de l'époque[146].

Elle n'a pu endiguer la montée de la violence dans le monde car, bafouée par les Etats totalitaires qui se contentaient de se retirer lorsque leur politique les mettait en contradiction trop complète avec les principes fondamentaux d'une organisation internationale devenue, en tout cas, sans utilité pour eux[147].

Une autre cause était son caractère incomplet car ses grands principes étaient inspirés par le président Wilson avec une organisation internationale chargée de préserver la paix en Europe dont les objectifs ambitieux étaient de préserver les conflits, de les résoudre et d'améliorer le niveau de vie[148]. Les USA, créateurs du projet, en vertu de son protectionnisme, n'en faisaient pas partie et, de plus, la SDN apparaissait avoir été conçue par et pour les vainqueurs, sans concertation avec les pays vaincus[149].

Son échec se justifiait aussi par l'absence d'une armée internationale capable d'intervenir dans les conflits, et se contentait de sanctions morales et inefficaces[150].

Il est aussi présenté comme faiblesse du pacte la subsistance d'hypothèses de guerres licites, et donc limites normatives. Alors que le pacte Briand-Kellog de 1925 qui interdisait la guerre comme moyen de politique nationale n'apporte

---

[146]*Idem*

[147]*Ibidem*, les nombreux retraits de la SDN étaient pour la plupart liés à des actes d'arbitraire et de violence qui constituaient des violations flagrantes des principes consacrés dans le pacte mais auxquels elle n'a pu offenser que par des vaines discussions. En 1991, c'est l'invasion de la Mandchourie par le Japon, en guerre avec la Chine : dès 1933 le japon quitte la SDN, en 1934-35, c'est la guerre d'Ethiopie : après les vaines tentatives de sanctions économiques constituant la seule et bien insuffisante réaction de la SDN, en présence de l'organisation italienne. En 1937, l'Italie l'acquitte à son tour.

En 1936, c'est la guerre d'Espagne : le nouveau régime issu de la guerre quitte la SDN dès 1939. En 1939, c'est la guerre de Finlande : et l'URSS est exclue de l'organisation. L'organisation n'a rien pu faire non plus, en présence de la montée du fascisme en Allemagne, ni pour empêcher l'occupation de la Ruhr en 1926 ni et moins encore, l'Allemagne ayant quitté la SDN dès 1933, l'invasion de l'Autriche, en 1938, et de la Tchécoslovaquie en 1939. Voir d'autres développements sur *www.lodace.net/ca.*

[148]ELISA, « Comment expliquer l'échec du Traité de Versailles ? » in *www.lodace.net/ca,* consulté le 02 février 2012.

[149] CENTRE THUCYDIDE, « Dictionnaire de stratégie-sécuritaire collective », in *www.afri.org*, consulté le 02 février 2012.

[150] *Idem,*

qu'une correction incomplète et tardive, faiblesse des réactions que le Conseil de la SDN peut recommander en cas de manquement au pacte[151].

En réalité, celui-ci aurait parfaitement pu fonctionner pourvu que les deux Etats qui en étaient les principaux bénéficiaires et garants, la France et le Royaume-Uni, se soient entendus pour le faire respecter[152]. Mais chacun d'eux a repris une politique d'intérêt national individuel ; le Royaume-Uni tout particulièrement est revenu à sa politique traditionnelle d'équilibre européenne qui, dans le contexte de l'époque, avait objectivement favorisé le redressement de l'Allemagne[153].

Il se révèle donc que la sécurité collective instituée par le pacte de la SDN a effectivement vu sa faillite à partir des années 1930, avec l'attaque du Japon sur la Mandchourie à travers le conflit sino-japonais qui n'a pu être réglé par elle.

Ces situations ont ramené à jour les accords régionaux. Un constat a été fait à la conférence permanente des hautes études internationales, organisations non-gouvernementales regroupant sous les auspices de l'institut international de coopération intellectuelle quelques-uns de meilleurs représentants du monde universitaire (d'Europe, des USA et du reste du monde), qui choisissaient de lui consacrer deux de ses sessions[154].

La réflexion et les discussions sur les moyens de renforcer la sécurité collective furent émergées l'idée, alors en plein essor, des pactes régionaux[155]. Dans son rapport final, Maurice Bourquin, professeur à l'institut des hautes études internationales et à l'université de Genève déclarait notamment : « [...] personne ne conteste aujourd'hui que l'organisation de la contrainte militaire est pratiquement impossible sur le plan universel »[156].

En cas d'agression, dit-il, on peut envisager une certaine réaction de la communauté entière, mais cette réaction ne peut prendre pour tous les Etats la forme d'une intervention armée ; ce n'est que dans un cadre régional qu'une répression de ce genre peut pratiquement s'agencer[157]. A vouloir étendre le système au-delà de ces limites, on verserait dans l'erreur, comme le dit Bourquin, des constructions abstraites [...], on s'écarterait du réalisme qui doit être la règle constante des vrais idéalistes[158]. « Les pactes régionaux apparaissaient donc en fait, comme le moyen d'instituer contre le perturbateur de la paix la seule sanction qui puisse arrêter ses desseins[159].

---

151 *Ibidem*

152 J.-M. GUIEU, L'« insécurité collective ». L'Europe et la Société des Nations dans l'entre-deux-guerres, *Bulletin n°30, institut Pierre Renouvin*, le 06/10/2009, p.6.

153 *Idem*

154 Celle de Paris en 1934 et celle de Londres en 1935.

155 J.-M. GUIEU, *Op.cit*, p.8.

156 Rapport final présenté par M. BOURQUIN cité dans la coopération intellectuelle, *Bulletin publié par l'institut international de coopération intellectuelle de la Société des Nations*, n°53-54, 1935, p.18.

157 *Idem.*

158 *Ibidem*

159 J.-M. GUIEU souligne que la pactomanie est venue au secours de la sécurité collective.

De ces situations, les projets de pactes régionaux s'étaient multipliés dans cette période, mais leurs modalités et leur destin furent fort variables. Ainsi, le 09 Février 1934, la Grèce, la Roumanie, la Turquie et la Yougoslavie conclurent un pacte balkanique afin de se prémunir contre le révisionnisme italien et bulgare[160].

La Société des Nations n'avait, en effet, jamais pu garantir la sécurité des Balkans. Les petits Etats balkaniques entreprirent de renforcer leur sécurité par leurs propres moyens.

Le 12 septembre suivant, une entente baltique fut signée[161] entre la Lituanie, la Lettonie et l'Estonie dans laquelle ces pays se déclaraient fermement résolus de contribuer au maintien et à la garantie de la paix et de coordonner leur politique extérieure dans l'esprit des principes du pacte de la Société des Nations, et s'engageaient à se concerter sur les questions de politique extérieure d'une importance commune et .à se prêter une aide mutuelle politique et diplomatique dans leurs rapports internationaux[162].

De tout ce qui précède, il y a lieu de faire remarquer que la gestion de la paix et de la sécurité internationales à travers la sécurité collective pratiquée dans le cadre de la Société des Nations n'avait donc pas permis d'assurer durablement la sécurité du continent européen.

Ainsi, le nouveau conflit européen qui commençait n'entamait pourtant pas la foi des partisans de la sécurité collective[163].

---

[160] Voir MUSTAFA TÜRKES, « The Balkan pact and its immediate implications for the Balkan states, 1930-1934», in *Middle Eastern Studies, Vol.30, n°1, Janvier*, 1994, p.123-144.

[161] H. SABA, *Op.cit.*

[162] G. ALBAT (dir), « Recueil des principaux traités conclus par la Lettonie avec les pays étrangers, tome II : 1928-1938, Riga, Ministère des affaires étrangères de Lituanie, 1938, p.248 », disponible en ligne, in *htt://www.letlan.ch /IVentent.htm*. Consulté le 10/01/2012.

[163]En septembre1939, T. RUYSSEN écrivait qu'après la guerre, « force sera de revenir sous une forme ou sous une autre, à quelques systèmes de sécurité collective plus ou moins étendus », T. RUYSSEN, « Message du secrétaire général sortant , ultima verba », in *Archives du Bureau international du travail* (Genève), RL 01/04/1929, Combloux (Haute-Savoie), 30/09/1939 ; il renchérissait en disant qu'il fallait forcément faire autre chose et, sur ce point , un accord se dégagea qui prônait l'élaboration d'un système approfondi quitte à renouer à l'universalité ; le rêve de l'universalité momentanément, tout au moins, s'était évanoui, propos de T. RUYSSEN prononcés lors de l'Assemblée générale de l'APD, Paris, 28 janvier 1940 in *le programme de la paix future, la paix par le droit*, mars-avril, 1940, p.71 ; à partir de son constat, il espérait désormais une Société des Nations moins vaste que celle de Genève mais plus résolue à agir et mieux outillée pour mater les éléments de désordre international in Théodore RUYSSEN « suprême épreuve, espoir suprême », la paix par le droit, mai 1940, p.130. Pour lui, cette organisation future devait grouper les Nations suffisamment homogènes par la race, la culture, les traditions politiques pour offrir des chances sérieuses de cohésion T. RUYSSEN, Message, … *Op.cit.*

Il imaginait ainsi que le Commonwealth britannique et l'empire français constitueraient le premier noyau de cette Société des Nations démocratique à laquelle pourraient s'intégrer ultérieurement les nations de même caractères désireuses d'échapper à un isolement meurtrier pour leur indépendance T. RUYSSEN, « travaux d'approche pour la paix future », *la paix par le droit*, novembre-décembre 1939, p.299.

Que pour autant, ce n'étaient pas les solutions régionales qui auraient la faveur des vainqueurs de la seconde guerre mondiale. L'ONU, établie en 1945, aura ainsi pour projet de rétablir un système de sécurité collective sur le plan mondial, mais en conférant désormais un rôle prépondérant aux membres permanents du Conseil de sécurité. D'où, la nécessité de voir les correctifs apportés dans cette gestion au niveau de l'ONU.

2. *La situation de l'ONU*

Le passage de la gestion de la paix et de la sécurité internationales de la Société des Nations à l'Organisation des Nations Unies ne s'est pas fait sans heurts.

« C'est donc en pleine guerre qu'ont débuté les efforts en vue d'organiser l'après-guerre, traduisant la volonté de mettre en place des procédures efficaces de nature à empêcher à l'avenir pareils conflits »[164].

Les initiatives ont commencé dès Août 1941 avec la Charte de l'Atlantique signée par les USA (puissance encore neutre à l'époque) et la Grande Bretagne, qui définit en huit articles les positions communes de deux Etats et énoncent un certain nombre des principes jugés de nature à permettre un avenir meilleur (parmi lesquels l'autodétermination des peuples, l'égal accès aux matières premières, la coopération et la sécurité internationales, la liberté des mers, le désarmement)[165].

Les USA étant entrés en guerre bien avant, en date du 1er janvier 1942, il y a eu la signature de la « Déclaration des Nations unies » c'est-à-dire des Etats qui, au nombre de 26, sont alors en guerre contre le fascisme[166]. Ce texte est en réalité très important par le fait qu'il reprend les principes de la Charte Atlantique et que le terme « Nations Unies » y est employé pour la première fois[167].

Dans la même perspective, le 30/10/1943, la déclaration de Moscou fut signée par les trois grands alliés auxquels s'était associée la Chine. Elle proclamait la nécessité de créer « une organisation internationale fondée sur les principes de l'égalité souveraine de tous les Etats pacifiques » et ayant pour objectif le maintien de la paix et de la sécurité internationales.

---

164 Cette vision était d'ailleurs reprise dans une déclaration commune des organisations française et britannique pour la SDN, datant de mars 1940, qui réclamait la création à l'intérieur d'une organisation universelle, d'un regroupement européen disposé à une application plus exigeante des principes de la sécurité collective : pour unifier la formule d'une coopération pacifique entre tous les peuples, il faut, sans tarder créer les liens plus étroits entre ceux des peuples que rapprochent déjà des principes communs de civilisation (Archives Nationales, Paris, 382 AP24, Déclaration commune des associations française et britannique pour la Société des Nations, 11/03/1940.

165 S. DREYFUS, *Op.cit*, p.218.

166 *Idem.*

167 *Ibidem.*

Plus tard, la grande entreprise est passée du stade des intentions à celui des projets concrets. Une Commission « comprenant des juristes des USA, de la Grande Bretagne, de la Chine et de l'URSS » s'était réunie à Dumbarton Oaks, aux USA en 1944 et avait mis au point ce que l'on avait appelé les « propositions de Dumbarton Oaks ».

En février 1945, la conférence de Yalta, réunissant Roosevelt, Staline et Churchill, en avait achevé l'examen et décidé de convoquer une conférence internationale en vue de la création de l'organisation internationale à vocation universelle.

La convocation de cette conférence avait été adressée aux Etats signataires de la déclaration des Nations unies, les puissances invitantes étant les quatre grandes puissances, auxquelles la France refusa de se joindre faute d'avoir été associée aux travaux préparatoires de Dumbarton Oaks[168]. Elle avait cessé de se tenir à l'écart une fois la conférence de San Francisco réunie.

Il convient à ce stade de rappeler qu'en dépit de ces initiatives, la guerre se poursuivait encore et ne s'était achevée, en Europe, que le 08/05/1945 et, en Extrême-Orient, que le 14/08/1945. C'est donc avant la fin de la guerre mondiale que s'était tenue à San Francisco « la conférence des Nations Unies sur l'organisation internationale » qui, du 25/04 au 26/06/1945, regroupait 51 Etats. Elle adopta une convention multilatérale qui sera signée le 26/06/1945 : c'est la Charte de l'Organisation des Nations Unies qui succède au pacte de la Société des Nations[169].

Lisant le préambule de cette Charte, l'on relève aisément que les Etats signataires s'étaient résolus à préserver les générations futures du fléau de la guerre qui, deux fois en l'espace d'une vie humaine, a infligé à l'humanité d'indicibles souffrances, à proclamer à nouveau leur foi dans les droits fondamentaux de l'homme, dans la dignité et la valeur de la personne, ainsi que des Nations, grandes et petites, à créer les conditions nécessaires au maintien de la justice et du respect des obligations nées des traités et autres sources du droit international, à favoriser le progrès social et instaurer de meilleures conditions de vie dans une liberté plus grande[170].

Ces aspirations profondes telles qu'exprimées par eux ont conduit à considérer que pour les réaliser, il fallait impérativement pratiquer la tolérance, vivre en paix l'un avec l'autre dans un esprit de bon voisinage, unir les forces pour maintenir la paix et la sécurité internationales, accepter les principes et instituer des méthodes garantissant qu'il ne sera pas fait usage de la force des armes, sauf dans l'intérêt commun et à recourir aux institutions internationales pour favoriser le progrès économique et social de tous les peuples.

De ce qui précède, le maintien de la paix et de la sécurité internationales est apparu et demeure la principale pierre angulaire de cet édifice et ne pouvant être

---

168 NATIONS UNIES, *Op.cit*, p.57.

169 *Idem.*

170 Voir le paragraphe 1 du préambule de la Charte des Nations unies.

réalisé qu'avec la refonte de certains organes en leur dotant des pouvoirs nécessaires.

Cette Charte prévoit, à son article 7, que l'organisation comprend six organes principaux : « une Assemblée générale, un Conseil de sécurité, un Conseil économique et social, un Conseil de tutelle, une Cour internationale de justice et un Secrétariat ».

Le correctif réalisé par la Charte sur le système de la SDN s'est remarqué par les attributions spécifiques accordées à certains organes notamment le Conseil de sécurité, l'Assemblée générale et le Secrétariat dont le caractère administratif s'est accru à côté du caractère politique.

Pour comprendre ce mécanisme de sécurité collective instituée par la Charte en vue de la gestion de la paix et de la sécurité internationales, il revient que nous puissions examiner la composition, le fonctionnement et les attributions puis de démontrer en quoi consiste la rupture avec le schéma de la SDN.

En ce qui concerne principalement le Conseil de sécurité, les rédacteurs de la Charte ont eu une vision des pouvoirs à la fois spécifiques et exorbitants de cet organe lorsqu'ils élaboraient cette Charte constitutive. Ils lui ont accordé la charge principale du maintien de la paix et de la sécurité internationales mais également lui ont doté des moyens énormes en vue de la réalisation de ce but[171].

Le système même institué par la Charte se base d'abord sur le lien direct existant entre le recours à la force et le règlement pacifique des différends[172].

Ensuite, ce système de sécurité collective mis en place par la Charte constitue, dans ces conditions, un élément décisif de l'ordre juridique international de l'après-guerre.

Enfin, il s'agit d'un système qui a ressuscité la mise en œuvre d'une obligation coutumière, celle du non recours à la force, laquelle liait conventionnellement les Etats avec la Charte[173].

En instituant ce mécanisme, la Charte, comme le précise Pierre Marie Dupuy, avait établi une sorte de contrat social international, aux termes duquel chaque Etat membre (mais tous les Etats existants étaient appelés à le devenir et de fait presque tous sont aujourd'hui membres des Nations unies) doit, d'une part, renoncer à l'usage de la force dans ses relations avec les autres (article 2 §4) ; d'autre part, contrepartie logique de cet abandon individuel, reconnaître à l'organe principal du maintien de la paix, le Conseil de sécurité, véritable agent

---

[171] P. KALUME BEYA, *Le pouvoir du Conseil de sécurité dans la MINUAD*, Mémoire de DES, UNIKIN, Fac. De Droit, 2007-2009 ; également P.-M. DUPUY, *Droit international public*, 3ème édition, Paris, Dalloz, 1995, p.434.

[172] P.-M. DUPUY, *Op.cit*, p.433.

[173]Dans l'affaire des activités militaires et paramilitaires des USA au Nicaragua et contre celui-ci, la CIJ avait relevé que le principe du non emploi de la force pouvait être considéré comme un principe du droit international coutumier, non conditionné par les dispositions relatives à la sécurité collective, la conviction juridique ou *opinio juris* des Etats s'étant dégagées à son égard indépendamment même du jeu des normes et des institutions établies par la Charte (Rec.1996, p.100§189).

de la sécurité collective, les moyens de la coercition militaire nécessaire à l'accomplissement de sa mission de police internationale[174].

Ainsi, aux termes de l'article 23, le Conseil de sécurité est composé de quinze membres dont la République de Chine, la France, l'URSS (actuelle Russie), le Royaume uni (Grande Bretagne et Irlande du Nord) et les USA sont membres permanents[175]. Tandis que dix autres membres de l'organisation, sont élus, à titre de membres non permanents du Conseil de sécurité, par l'Assemblée générale qui tient spécialement compte, en premier lieu, de la contribution des membres de l'organisation au maintien de la paix et de la sécurité internationales et aux autres fins de l'organisation, et aussi d'une répartition géographique équitable[176].

Déjà au niveau de cette composition, il se dégage ce souci d'affirmer la participation des vainqueurs et d'assurer les Etats perdants qui se sont amendés et de futurs Etats. Ceci se manifeste clairement dans les précisions apportées par l'article 23 qui diffère de l'article 4 de la SDN.

En ce qui concerne les pouvoirs et fonctions de cet organe, il se relève que ce sont les articles 24 et suivants qui en fixent. Aux termes de ces articles, le Conseil de sécurité constitue la pierre angulaire du système de sécurité collective établi par la Charte en lui confiant la responsabilité principale[177].

Et pour asseoir la primauté de cet organe, les Etats membres de l'organisation prennent soin de spécifier qu'ils conviennent qu'en s'acquittant de sa tâche, celui-ci agit en leurs noms[178]. Ceci constitue une nette démarcation avec la SDN où le Conseil est presqu'un organe ordinaire bien que restreint mais dont les compétences étaient presque équipollentes à l'Assemblée[179].

Dans cette perspective, le Conseil de sécurité qui a, selon l'article 24 de la Charte, la responsabilité principale de ce qui correspond à l'objectif premier de l'ONU à savoir le maintien de la paix et de la sécurité internationales, a pour tâche avant tout, de dénouer les crises, si possible de prévenir les conflits, et si nécessaire d'intervenir pour y mettre fin[180]. Et pour atteindre cette mission, le Conseil jouit des pouvoirs spécifiques, lesquels sont définis aux chapitres VI, VII, VIII et XII.

A ce stade, le chapitre VI de la Charte, consacré au règlement pacifique des différends, charge le Conseil de sécurité de favoriser la solution des conflits dont il est saisi. Il y est prévu que le Conseil peut faire des recommandations aux

---

174 P.-M. DUPUY, *Op.cit*, p.434.

175 Cet article 23 a été amendé et adopté par l'Assemblée générale le 17 décembre 1963 et est entré en vigueur le 11 /08/1965. Cet amendement a porté de onze à quinze le nombre des membres du Conseil de sécurité.

176 Voir article 23 in fine de la Charte des Nations unies.

177 Il s'agit par exemple du caractère permanent de certains membres, des critères de choix des membres non permanents, le délai de leurs mandats, la non-réélection des membres sortants.

178 DEGNI SEGUI, *Op.cit*, p.454.

179 J.-P. MAUREY, « Comparaison de l'ONU et du pacte de la SDN, 6 organes » in *www.gil conflit.org*, article inséré le 30/01/2010, consulté le 25/01/2012.

180 S. DREYFUS, *Op.cit*, p.234.

parties, les inviter à recourir aux moyens pacifiques prévus par l'article 33 ou à la CIJ[181]. Il convient de faire remarquer la portée limitée des recommandations adoptées dans ce cadre, qui sont dépourvues de toute force obligatoire[182].

Dreyfus écrit que le Conseil se borne à « inviter », « recommander », « exprimer l'espoir que », « prier » le secrétariat général de prendre telle ou telle mesure, « demander » aux Etats d'adopter tel ou tel comportement[183] ; jamais il n'ordonne et si parfois il « décide », les effets de la décision ne changent pas de nature[184]. Les verbes « prier ou inviter » ne prennent un sens impératif que lorsqu'ils s'adressent au secrétaire général ou à un organe subsidiaire[185].

La spécificité des compétences du Conseil de sécurité se dégage aussi lorsque l'on examine le chapitre VII. Son rôle aux termes du chapitre VII est très différent car il s'agit de l'action en cas de menace contre la paix, de rupture de la paix et d'acte d'agression.

Dans le cadre de cette action, le Conseil de sécurité jouit en premier lieu d'un pouvoir de qualification car il s'agit d'une action dans laquelle il est habilité non seulement à voter des recommandations, mais aussi à adopter des résolutions qui ont un caractère obligatoire et à prendre « des mesures » dont les plus importantes peuvent aller jusqu'à l'emploi de la force au service de la paix[186].

Après avoir défini la qualification juridique d'une situation et constaté « l'existence d'une menace contre la paix, d'une rupture de la paix ou d'un acte d'agression » (article 39), le Conseil prendra des « mesures provisoires » pour empêcher la situation de s'aggraver » (article 40)[187].

Si besoin est, il peut décider de « mesures n'impliquant pas l'emploi de la force armée », « pour donner effet à ses décisions » (article 41) que les Etats membres devraient appliquer par des sanctions économiques ou autres[188]. Enfin, ce Conseil peut faire usage de la contrainte et « entreprendre, au moyen des forces aériennes, navales ou terrestres, toute action qu'il juge nécessaire au maintien ou au rétablissement de la paix et de la sécurité internationales » (article 42).

L'utilisation des pouvoirs ainsi conférés au Conseil de sécurité devait (article 43 et suivants) être rendue possible par la mise en place d'un dispositif comportant notamment un comité d'Etat-major et des contingents internationaux, donc une force militaire qui n'a jamais pu être créée car, les accords spéciaux prévus par la Charte n'ont jamais été conclus, ce qui a rendu inopérants les mécanismes coercitifs qui devraient garantir la paix.

---

[181] S. DREYFUS, *Op.cit*, p.234.
[182] *Idem.*
[183] *Ibidem.*
[184] *Ibid.*
[185] *Id.*
[186] A. NOVOSSELOFF," La coopération, … » in *Op.cit*, p.596.
[187] S. DREYFUS, *Op.cit*, p.295.
[188] S. DREYFUS, *Op.cit*, p.234.

Ces mécanismes de sécurité collective n'ont pu fonctionner, faute d'entente entre les grandes puissances, entente sur laquelle avaient compté les rédacteurs de la Charte. Et pour tout, ce dispositif représentait les seules modalités d'action coercitive autorisée par la Charte[189]. En pratique, des procédés non-coercitifs ont été inventés, sous la forme des « opérations de maintien de la paix » conférés aux contingents de « casques bleus »[190].

Le dispositif marque encore un décalage avec celui de la SDN en ce qu'il précise l'action et les moyens nécessaires disponibles pour maintenir la paix et la sécurité internationales voire son règlement en cas de trouble[191].

Outre ce pouvoir du chapitre VII, il en existe celui du chapitre VIII qui reconnait expressément les organisations régionales chargées du maintien de la paix et de la sécurité.

En principe, déjà l'article 21 du pacte de la SDN prévoyait comme relevé plus haut l'existence de ces ententes régionales qui assuraient le maintien de la paix sans en expliciter les pouvoirs et limites dans l'action du Conseil.

Certes, le pacte avait tendance à contenir les velléités régionalistes mais fort malheureusement, face aux échecs rencontrés par l'organisation dans sa mission principale, seule la pactomanie était venue au secours de la sécurité collective et avait pris presqu'une ascendance sur les visées universalistes.

C'est ainsi qu'à la rédaction de la Charte des Nations unies, il s'était avéré nécessaire au plus fort de la deuxième guerre mondiale d'accorder une place importante aux organisations régionales et de les gérer en coordination avec le Conseil de sécurité[192]. D'où, le sens même du chapitre VIII dont l'un des articles notamment 52 affirme qu'en matière de maintien de la paix, la Charte reconnaît une certaine compétence aux organismes régionaux.

Pour ce qui concerne le chapitre XII, il vise le régime international de tutelle, lequel n'existe plus à ce jour et rend inopportunes les discussions en droit sur ce point.

Le Conseil de sécurité, comme nous sommes entrain de le voir n'a pas que ces pouvoirs spécifiques qui font de lui un organe prépondérant de ce système de la Charte, il a également des pouvoirs résiduels qui permettent d'affirmer que c'est autour de celui-ci que se fonde le rouage de la sécurité collective. Il s'agit par exemple des compétences propres liées à l'activité de la cour car, il peut demander un avis consultatif[193], intervenir en cas d'inexécution d'un arrêt et ce, à la demande de l'autre partie[194], de la création des organes subsidiaires[195], de

---

[189] *Idem.*

[190] *Ibidem.*

[191] T. GARCIA, « Recours à la force en droit international », PIE, Perspectives, in *Url : http://revel.unice.fr*, p.113 mis en ligne le 21/07/2005, consulté le 03/07/2014.

[192] Voir les développements accordés aux accords régionaux par KODJO (E), *Op.cit.*

[193] Article 96 de la Charte.

[194] Article 94 de la Charte.

[195] Article 29 de la Charte.

son pouvoir pour avaliser les amendements[196], en matière d'admission en qualité de membre des Nations unies[197].

Dans le contexte de la création de ce système de sécurité collective dans le cadre de la Charte des Nations Unies, des correctifs ont été même apportés à l'organe appelé « Assemblée générale ».

Cet organe est dit « plénier » car sa composition traduit le principe fondamental dans les relations internationales et consacré par la Charte qui est celui de l'égalité des Etats[198].

Pour marquer cette égalité, l'article 18 précise que chacun dispose d'une seule voix[199].

A la suite du nouvel équilibre des puissances qui s'était créé avec la deuxième guerre mondiale, l'égalité ainsi établie entre les Etats membres au sein de l'A.G avait pour conséquence d'attribuer le même poids, dans un vote, aux petits et aux grands Etats, aux superpuissances et aux micros-Etats[200]. Outre les délégations, des observateurs sont aussi admis, sans droit de vote, à siéger à l'Assemblée générale.

Pour comprendre cependant le rôle de cet organe dans la gestion de la paix et de la sécurité internationales, il nous convient de nous référer aux dispositions qui cadrent son action en la matière. Il s'agit à cet égard des dispositions des articles 10, 11, 12, 14, 15 et 18.

L'Assemblée générale a effectivement des compétences larges qui sont essentiellement de caractère politique et cela apparait à l'article 10 qui l'habilite à « discuter toutes questions ou affaires rentrant dans le cadre de la présente Charte ou se rapportant aux pouvoirs et fonctions de l'un quelconque des organes prévus dans la Charte et à formuler sur ces questions ou affaires des recommandations… ». Il s'agit en réalité des compétences qui s'étendent à tous les domaines de la compétence de l'ONU elle-même, telles qu'elles sont déterminées par l'article 1er de la Charte et détaillées dans d'autres articles en dehors des questions relatives à la paix et la sécurité internationales[201].

Contrairement au pacte de la SDN qui semblait avoir eu tendance à la confusion des pouvoirs entre les organes principaux, la Charte des Nations Unies a déterminé avec précision pour chaque organe de l'organisation son domaine d'action propre.

---

[196]Article 109 de la Charte.

[197]Article 3 de la Charte.

[198]L'article 2 dispose que l'Organisation des Nations unies et ses membres, dans la poursuite des buts énoncés à l'article 1, doivent agir conformément aux principes suivants et parmi lesquels l'organisation est fondée sur le principe de l'égalité souveraine de tous ses membres et l'article 9 précise que l'Assemblée générale se compose de tous les membres des Nations unies.

[199]Comme ce fut le cas sous la SDN.

[200] S. DREYFUS, *Op.cit*, p.225; dans le même sens, A. LEWIN, « Article 9 » in J.-P. COT et A. PELLET, *La Charte des Nations unies, commentaire article par article*, 2ème édition, revue et augmentée, Paris, éd. Economica, 1991, p.236.

[201] T. HUBERT, « Article 10 » in J.-P. COT et A. PELLET, *Op.cit*, p.247.

Bien qu'alors le Conseil ait été investi de la responsabilité principale en matière de maintien de la paix et de la sécurité internationales, l'Assemblée générale possède, en vertu des articles 11, 12 et 14 de la Charte, des compétences qu'elle exerce conformément aux dispositions de l'article 1[202].

L'ensemble des dispositions, comme le dit Thierry Hubert, confère en particulier à celle-ci un pouvoir d'intervention dans deux domaines précis en rapport à la contribution au règlement pacifique des différends susceptibles de menacer la paix et la sécurité internationales et dispose du pouvoir d'étudier les principes de la coopération internationale dans ce domaine[203].

La compétence de l'Assemblée générale connaît à cet effet deux limites en ce qu'elle doit s'abstenir, conformément à l'article 2§7 d'intervenir dans des affaires qui relèvent essentiellement de la compétence nationale d'un Etat, donc qui font partie de son domaine réservé ; également, s'abstenir, conformément à l'article 12§1 de toute recommandation concernant un différend ou une situation, tant que le Conseil de sécurité en est saisi (à moins bien entendu que le Conseil lui-même ne le demande) et de renvoyer au Conseil de sécurité, conformément à l'article 11§2, toute question qui concerne le maintien de la paix et de la sécurité internationales et « appelle une action », car c'est au Conseil qu'il appartient de décider de cette action.

Mais il convient de relever que cette compétence de l'Assemblée générale plutôt limitée au profit du Conseil de sécurité a failli être prorogée avec la résolution 377 (V) dite « Union pour le maintien de la paix »[204].

Cette résolution a été une tentative d'un transfert de compétence du Conseil de sécurité à l'Assemblée générale en raison des problèmes posés par le droit de veto[205]. Elle permettait la saisine de l'Assemblée générale dans l'hypothèse où, en raison du veto d'un membre permanent, le Conseil de sécurité manquait à s'acquitter de sa responsabilité principale[206].

La résolution 377 (V) prévoyait dans ses lignes qu'en cas de blocage dû au veto, l'Assemblée générale examinera immédiatement la question afin de faire aux membres les recommandations appropriées sur les mesures collectives à prendre, y compris, s'il s'agit d'une rupture de la paix ou d'un acte d'agression,

---

[202] *Idem*

[203] *Ibidem*, « Article 10 », in J.-P. COT et A. PELLET, *Op.cit*, p.247. Ces principes incluent ceux « régissant le désarmement et la règlementation des armements » sur lesquels elle peut formuler des recommandations aux membres de l'organisation et au Conseil de sécurité, conformément aux dispositions de l'article 10. Et à ce sujet, l'Assemblée générale adopte régulièrement des Rés. dans lesquelles elle formule recommandations poursuivant l'objectif du désarmement complet et sans un contrôle international efficace. Voir à cet effet, A/RES/39/151/A à J, A/RES/40/94 A à C, A/RES/41/59 A à O, A/RES/42/38 A à C.

[204] Comme aussi sous le titre de Rés. Dean Acheson, du nom de secrétaire d'Etat Américain Dean Acheson qui, l'a proposée.

[205] S. DREYFUS, *Op.cit*, p.233.

[206] J. LEPRETTE, « Le Conseil de sécurité et la Résolution 377/A 1950 », in *Annuaire français de droit international*, Volume 34, 1988, pp.424-435.

l'emploi de la force armée, en cas de besoin, pour maintenir ou rétablir la paix et la sécurité internationales[207].

Dans les mêmes correctifs de la sécurité collective, les deux organes sont dotés d'un autre organe d'appoint qui est le secrétariat qui est l'un des rouages essentiels, tant du point de vue du fonctionnement quotidien de l'organisation que par son action politique personnelle[208].

En vertu donc de ce pouvoir de l'article 99 et d'autres par ailleurs, le secrétariat constitue un point focal nécessaire de l'organisation agissant sur la sécurité collective.

De tout ce qui précède, il convient donc de relever que les aménagements apportés par la Charte dans la gestion de la paix et de la sécurité internationales ont été efficients et rationnels sur le plan de la rédaction du texte et des organes prévus mais également dans leurs organisations que dans leurs fonctionnements avec prépondérance manifeste du Conseil de sécurité.

En sus de la place qui est la sienne dans le dispositif de l'ONU et du rôle fondamental que lui réserve la Charte, le Conseil de sécurité n'a pu apporter, à des crises graves, que des solutions fragmentaires et éphémères. Il a amélioré certaines situations, empêché parfois l'aggravation de certains conflits mais son fonctionnement a été et est encore tributaire de l'accord entre les grandes puissances, de leur attitude convergente et de leur volonté d'imposer une solution commune. C'est l'une des raisons pour lesquelles les crises les plus graves qui intéressaient et donc opposaient les « grands », n'ont pu être résolues par le Conseil, faute d'accord entre eux[209].

Avec cette cristallisation des pouvoirs, il était question de répondre à la volonté des rédacteurs de la Charte qui voulaient, dans l'avenir, éviter au genre humain les atrocités de deux guerres. Mais ces pouvoirs ont été contraints, par la pluralité des situations qui se présentaient au Conseil, d'être flexibles et de voir son action émergée.

---

[207] C'est en application de la Rés. 377 (V) qu'a eu lieu notamment la saisine de l'Assemblée générale dans l'affaire de Hongrie en 1956 (le Conseil de sécurité étant bloqué par le veto Soviétique) ; dans l'affaire de Suez en 1956 (la France et la Grande Bretagne ayant opposé leur veto), où l'URSS a voté le renvoi à l'Assemblée générale, malgré son opposition de principe à la Rés. 377 (V), à propos de la Namibie et de la situation sur le plateau du Golan, en 1981 et en 1982. Par contre, lors de l'intervention Soviétique en Afghanistan, c'est sans référence à la Rés. 377 (V) que le Conseil de sécurité a décidé, le 09/01/1980, de convoquer l'Assemblée générale en session extraordinaire d'urgence compte tenu que « l'absence d'unanimité parmi les membres permanents… a empêché le Conseil de s'acquitter de la responsabilité principale qui lui incombe pour le maintien de la paix.

[208] En vertu de l'article 99, le secrétaire général peut attirer l'attention du Conseil de sécurité sur toute affaire qui, à son avis, pourrait mettre en danger le maintien de la paix et de la sécurité internationales.

[209] S. DREYFUS, *Op.cit*, p.256.

B. *Les facteurs de justification de l'émergence de l'action de l'ONU*

De prime abord, il convient de relever que l'action de l'ONU en matière de maintien de la paix et de la sécurité internationales commence par l'œuvre de qualification que fait le Conseil de sécurité.

Le Conseil de sécurité dispose d'une série des différentes qualifications, théoriquement en fonction de la gravité du trouble à la paix et à la sécurité internationales : par exemple différend dont la prolongation est susceptible de menacer la paix et la sécurité (article 31), situation pouvant engendrer un différend (article 34), menace contre la paix, rupture de la paix ou acte d'agression[210].

Pour comprendre la façon dont l'ONU a vu son action montée dans un monde bipolaire, il convient de relever d'abord ce qu'étaient ses pouvoirs et dans quel contexte ils pouvaient être mis en œuvre.

1. *La nature des pouvoirs de l'ONU dans les actions à entreprendre*

Certains auteurs ayant étudié le Conseil de sécurité pensent que les pouvoirs spécifiques ou exorbitants sont ceux qui lui sont expressément reconnus par le chapitre VII en vue de maintenir la paix et la sécurité internationales[211].

A ce titre, il peut intervenir dans les cas suivants : « en matière de règlement pacifique des différends », seulement pour favoriser ce règlement (Chapitre VI) ; en matière « d'accords régionaux » destinés à régler les affaires touchant à la paix et se prêtant à une action de caractère régional (article 52 à 53), pour les utiliser en vue de l'application de ses propres mesures coercitives et pour autoriser les entreprises dans le cadre de ces accords (article 53, paragraphe 1) ; dans le cadre du régime international de tutelle, pour superviser ce régime seulement à l'égard des zones stratégiques (article 82 et 83)[212].

Des considérations sus évoquées, il s'observe que seuls les trois premiers types des pouvoirs exorbitants sont d'actualité. Les pouvoirs spécifiques du chapitre VI ne posent pas de problème de mise en œuvre tant au niveau de l'ONU que des organisations régionales.

Nous nous focaliserons essentiellement sur les pouvoirs spécifiques et exorbitants restants.

Le Conseil de sécurité constate l'existence d'une menace contre la paix, d'une rupture de la paix ou d'un acte d'agression et fait des recommandations

---

[210] J. COMBACAU et S. SUR, *Op.cit*, p.641.

[211] J.-P. COT (J.P) et PELLET (A), *Charte des Nations unies, commentaire article par article*, Paris, éd. Economica, 1991, p.780 ; M.-C. SMOUTS, *L'ONU et la guerre*, éd. LGDJ, Paris, 2003, p.241 ; E. LAGRANGE, *Op.cit*, p.136.

[212] R. DEGNI SEGUI et J.-P. COT, *Op.cit*, in J.-P. COT et A. PELLET, *Op.cit*, p.462 ; dans le même sens que J. COMBACAU et S. SUR, *Op.cit*, p.640.

ou décide quelles mesures seront prises conformément aux articles 41 et 42 pour maintenir ou rétablir la paix et la sécurité internationales[213].

Cet article est très important dans la mesure où il reconnait au Conseil de sécurité les pouvoirs de qualification, de décision et d'action.

En effet, selon Auguste Mampuya, l'article 39 de la Charte des Nations unies donne pouvoir exclusif de ces décisions au Conseil de sécurité[214] et précise que cette disposition doit être complétée par l'article 24 qui attribue la responsabilité principale du maintien de la paix au Conseil de sécurité[215], de même que par d'autres dispositions telles que l'article 11§2 in fine[216].

L'article 39 dont il est question ici comprend deux points importants :

- Il indique quel organe est compétent dans le domaine du maintien de la paix : le Conseil de sécurité ;
- Il contient les pouvoirs du Conseil de sécurité dans le cadre de cette compétence.

A la suite de l'article 39, les articles qui suivent, en particulier 41 et 42 sont relatifs aux moyens dont dispose le Conseil pour réaliser les conséquences juridiques de la constatation qu'il vient de faire.

Par ailleurs, une menace à la paix au sens de l'article 39, selon Jean Combacau, est une situation dont l'organe compétent pour déclencher une action de sanction déclare qu'elle menace effectivement la paix[217].

Auguste Mampuya démontre qu'il s'agit d'une notion vague et difficile à déterminer car le Conseil de sécurité lui-même s'est souvent contenté de faire des affirmations sur l'existence ou non de la menace[218]. Cet auteur rappelle qu'il a été conclu rapidement, du titre de chapitre VII et des autres situations que cite l'article 39, que la menace contre la paix est une notion liée de façon immédiate à l'imminence d'une guerre, d'un conflit armé ; que l'expérience acquise démontre que le Conseil de sécurité s'est préoccupé des situations diverses, certaines où la guerre était imminente et avait déjà qualifié certaines de ces situations de menaces à la paix, ou tout au moins de trouble grave à la paix[219].

Considérations faites des développements liés à la menace sur la paix, il y a lieu de la distinguer de la rupture de la paix et acte d'agression et d'apprécier les comportements exacts des parties sur terrain qui pourraient justifier une action coercitive efficace de la part du Conseil.

---

213 Article 39 du chapitre VII de la Charte.

214 A. MAMPUYA KANUNK'A TSHIABO, *Désuétude du système de sécurité collective*, Kinshasa, éd. PUZ, 1986, p.106.

215 A. MAMPUYA KANUNK'A TSHIABO, Op.cit, p.106.

216 *Idem,* et cet article précise que l'Assemblée générale peut discuter toutes questions…, toute question de ce genre qui appelle une action est renvoyée au Conseil de sécurité par l'Assemblée générale avant ou après discussion.

217 Voir J. COMBACAU, *Le pouvoir de sanction de l'ONU, étude théorique de la coercition non militaire*, Paris, éd. Pedone, 1970, p.100.

218 A. MAMPUYA KANUNK'A TSHIABO, *Op.cit*, p.86-87.

219 *Idem.*

Il a toujours été admis que le Conseil de sécurité qualifie très rarement les comportements de certains Etats de rupture ou actes d'agression.

Jean Salmon précise : « la rupture de la paix, au sens large, c'est une action brusque consistant à faire cesser un état ; au sens de l'article 39 de la Charte des Nations unies, c'est une qualification qui permet d'envisager des mesures dans le cadre du chapitre VII ».

Par conséquent, la rupture de la paix constitue une étape, au-delà de la menace, qui peut se confondre avec l'agression[220].

Dans le même sens, Jean Pierre Cot et Alain Pellet estiment que c'est une notion très générale et en principe très neutre dans la mesure où elle n'oblige pas à désigner l'Etat[221].

Quant à l'agression, il faut relever que toutes les définitions doctrinales renvoient généralement à la résolution 3314 (XXIX) de l'Assemblée générale des Nations Unies du 14 décembre 1974. L'article 1er de cette résolution entend en réalité par actes d'agression, l'emploi de la force armée par un Etat étranger contre la souveraineté et l'intégrité territoriale ou indépendance politique d'un autre Etat ou de toute autre manière incompatible avec les buts de l'ONU. De même, l'article 3 de ladite résolution énumère les opérations y afférent.

L'attitude du Conseil de sécurité dans la qualification d'un conflit armé qui, en réalité, est une guerre civile, est fondée sur des considérations d'ordre factuel.

Sur le plan juridique, le droit international adopte une position de neutralité juridique à l'égard des guerres civiles, il ne permet ni ne condamne les guerres civiles[222].

Pour déterminer si la guerre prendra en considération l'ampleur des effets néfastes qu'elle provoque au plan national et international sur la paix et la sécurité internationales des populations, le caractère flagrant des violations massives des droits de l'homme et du droit international humanitaire au Darfour aurait dû conduire le Conseil de sécurité à qualifier de la manière la plus énergique qui faciliterait une action d'envergure.

A la suite du pouvoir de qualification, il convient d'analyser ses pouvoirs secondaires que sont ceux de décision et d'action directe.

---

[220] J. SALMON, *Op.cit*, p.801, dans la pratique des Nations unies, très peu sont les cas où le Conseil de sécurité a qualifié certains comportements de rupture de la paix. Il s'est agi par exemple dans la S/RES 82 (1950) du Conseil de sécurité du 25 juin 1950 à propos de l'invasion nord-coréenne où le Conseil « (...) constate que cette action constitue une rupture de la paix, (...) » ; dans la Rés. 502 (1992) du 5 avril 1992 à propos des iles Falkland (Malvinas, il a dit : « (...) constatant qu'il existe une rupture de la paix dans la région des iles Falkland (Malvinas) et enfin dans sa Rés. 660 (1990) du Conseil de sécurité du 2/08/1990 à propos de l'invasion du Koweït par l'Irak, le Conseil de sécurité « (...) constatant qu'il existe, du fait de l'invasion du Koweït par l'Irak, une rupture de la paix et de la sécurité internationales.

[221] J.-P. COT et A. PELLET, *Op.cit*, p.651.

[222] Voir J. SALMON, *Droit des gens*, Op.cit..., p.530-531, repris par TSHIBANGU KALALA, *Op.cit*, p.126.

Le Conseil de sécurité représente le rouage central de l'ONU étant donné que la paix et la sécurité collective sont les objectifs prioritaires de l'ONU[223].

L'ONU doit « prendre des mesures collectives efficaces en vue de prévenir et d'écarter les menaces à la paix et de réprimer tout acte d'agression ou autre rupture de la paix »[224].

En vue de la maitrise et de la coordination de ces pouvoirs, il lui est reconnu les pouvoirs de décision après constatation.

Dans le cadre du chapitre VII, qui est un pouvoir discrétionnaire, le Conseil dispose des pouvoirs contraignants[225]. Il exerce des fonctions de policier international[226]. Ses décisions peuvent affecter les droits et obligations des Etats membres mais uniquement en vue et dans la mesure nécessaire d'accomplir sa mission de rétablissement ou de maintien de la paix et de la sécurité internationales[227].

A cet effet, le Conseil de sécurité prend des résolutions de nature différente qui sont une des modalités d'action décisive. Il peut ainsi prendre des résolutions de caractère contraignant et celles non contraignantes.

A propos du caractère contraignant des résolutions du Conseil de sécurité, il convient de rappeler qu'en vertu de l'article 25 de la Charte des NU, les décisions du Conseil de sécurité sont obligatoires pour l'ensemble des Etats membres[228].

Les dispositions de l'article 25 ne se limitent pas aux seules décisions concernant des mesures coercitives mais s'appliquent aux décisions du Conseil de sécurité adoptées conformément à la Charte[229].

Les résolutions du Conseil de sécurité constituent l'instrument juridique essentiel par lequel cet organe exerce les pouvoirs qui lui sont attribués par la Charte des Nations unies dans le domaine de maintien de la paix et de la sécurité internationales.

A cet effet, le professeur Georges Abi Saab faisait observer que « le terme résolution ne nous informe guère sur le statut, les effets ou la signification

---

[223]Il convient de savoir qu'il observe un recul de la mentalité du droit international par rapport aux guerres civiles, (voir les condamnations qui suivent les putschs et qui viennent des organes comme le Conseil de sécurité). En droit africain, il est proscrit toute accession des gouvernements au pouvoir par des moyens anticonstitutionnels et ceux-ci ne sont pas admis à participer aux activités de l'Union. Voir à ce sujet l'article 30 de l'acte constitutif de l'U.A.

[224] TSHIBANGU KALALA, *Op.cit*, p.127.

[225] P. DE SERNACLENS, *Op.cit*, p.53.

[226]Article 1 alinéa 1 de la Charte des Nations unies.

[227] C. DENIS, *Le pouvoir normatif du Conseil de sécurité des Nations unies, portées et limites*, Bruxelles, éd. Bruylant, 2004, p.171. Cet auteur fait apparaître le Conseil de sécurité comme un législateur interne au pouvoir cristallisé et est soutenu un peu dans ses propos par CORTEN (O), « Vers un renforcement des pouvoirs de sécurité dans la lutte contre le terrorisme ? », in K. BANNELIER, Ph. CHRISTAKIS, O. CORTEN et B. DELCOURT, *Le droit international face au terrorisme*, Paris, éd. Pedone, 2002, pp.259-277.

[228] *Idem*

[229]*Ibidem*

juridique de cet instrument ; car, chacun de ces aspects (…) ne peut être spécifié qu'à la lumière des réponses données à la triple interrogation : résolution prise dans l'exercice de quelle fonction, par quel organe, de quelle organisation, le même organe pouvant avoir des pouvoirs variables selon ses domaines de compétences[230].

La Charte des Nations Unies ne mentionne nulle part que cet organe peut prendre des actes appelés « résolutions » dans l'accomplissement de ses fonctions de maintien de la paix et de la sécurité internationales. Le terme « résolution » a été créé par le Conseil de sécurité lui-même dans son règlement intérieur provisoire en vigueur à ce jour[231]. Même dans ce document, il n'y est fait aucune allusion à la forme obligatoire ou facultative des résolutions[232].

C'est à partir donc de l'étude des pouvoirs conférés au Conseil de sécurité par la Charte, par la pratique de cet organe, par la jurisprudence internationale et par la doctrine qu'on a pu dégager la notion de résolution facultative et de résolution obligatoire.

Ainsi, dans l'étude du pouvoir d'action directe, il y a lieu de distinguer, dans la mise en œuvre de celui-ci, le pouvoir résultant des résolutions facultatives du Conseil de sécurité et de celui résultant des résolutions obligatoires.

En ce qui concerne les résolutions facultatives du Conseil de sécurité, leur fondement juridique repose sur les articles 36§1 et 39 de la Charte des Nations Unies qui prévoient respectivement que : « le Conseil de sécurité peut, à tout moment de l'évolution d'un différend de la nature mentionnée à l'article 33 ou d'une situation analogue recommander les procédures ou méthodes d'ajustement appropriées »[233].

De même, si « le Conseil de sécurité constate l'existence d'une menace contre la paix, d'une rupture de la paix ou d'un acte d'agression et fait des recommandations ou décide quelles mesures seront prises conformément aux articles 41 et 42 pour maintenir ou rétablir la paix et la sécurité internationales, une résolution pourra également être adoptée par cet organe restreint[234].

En ce qui concerne les résolutions obligatoires du Conseil de sécurité, ce sont celles qui, en réalité, justifient l'exercice de sa fonction directe sur les Etats et les entités non étatiques. Le fondement de celles-ci découle des dispositions de l'article 25 de la Charte des Nations Unies qui dispose que « les membres de l'organisation conviennent d'accepter et d'appliquer les décisions du Conseil de

---

[230] G. ABI SAAB, « Cours général de droit international public », in *RCADI*, 1987, tome VII 207, p.159, consulté en ligne.
[231] G. ABI SAAB, *Op.cit,* p.159.
[232]Pour un commentaire de l'article 36n voir B. STERN, « article 16 », in J.-P. COT et A. PELLET, *La Charte des Nations unies, ... Op.cit*, p.603-627.
[233] Voir document S/96/Rév.7 sur le règlement intérieur provisoire tel qu'il est employé.
[234] G. BASUE BABU KAZADI, *Op.cit*, p.65. A propos donc de cet organe restreint qui diffère de l'organe plénier, l'Assemblée générale, le Professeur BASUE dit qu'il a ce caractère pour assurer l'effectivité de la gestion quotidienne en matière de maintien de la paix et de la sécurité internationales.

sécurité conformément à la présente Charte ». En outre, l'article 40 stipule des mesures provisoires qui s'adressent aux parties intéressées et incluent les entités non étatiques.

Les résolutions obligatoires du Conseil de sécurité sont considérées comme des ordres ou des commandements de faire ou de ne pas faire quelque chose que le Conseil de sécurité peut adresser aux Etats comme aux entités non étatiques. Il s'agit d'un acte imputable à l'organisation et qui crée des obligations à la charge de ses destinataires, qu'ils soient à l'ordre juridique interne de l'organisation (auto-normateur) ou que ces destinataires opèrent de l'ordre juridique interne de l'organisation internationale (acte hétéro-normatif)[235].

Le caractère obligatoire est décelé par l'emploi des verbes tels que « décider », « exiger », « réclamer », etc. au présent (ou même au futur) de l'indicatif qui ne laisse guère de doute sur la vocation impérative de l'acte tandis que « recommander », « souhaiter », « envisager » ou l'emploi du mode conditionnel impliquent son caractère facultatif[236].

Dans l'analyse de la mise en œuvre de ce pouvoir du Conseil de sécurité, il y a lieu d'observer l'usage du temps présent. Il en est de même de l'évocation des parties intéressées dans la résolution 1769 sur le Darfour. Il en est ainsi, au paragraphe 4, lorsque le Conseil de sécurité engage toutes les parties à faciliter d'urgence le déploiement, (…) tandis qu'au paragraphe 14, il exige non seulement la cessation immédiate des hostilités (…) mais aussi que toutes les parties au conflit du Darfour coopère (…).

Cependant, il convient de noter que seules d'une part les exceptions liées au chapitre VII permettent de passer outre ce consentement d'un Etat à voir l'Organisation des Nations unies intervenir dans ses affaires intérieures et, d'autre part, avec le nouveau droit d'ingérence humanitaire, les Etats arrivent à intervenir dans d'autres Etats sur base de la nécessité de protéger les civiles, sont acceptées[237].

Ce principe prescrit à l'article 2 §7 de la Charte des Nations unies est lié au domaine réservé a semblé justifier le comportement tyrannique sous le couvert de la souveraineté. A ce propos, Greg Basue Babu Kazadi souligne : « il est à proscrire de l'humanité, à mon humble avis, une souveraineté qui servait à martyriser son naturel et rationnel détenteur légitime : le peuple ; la souveraineté renchérit-il doit être respectable en élevant sur un piédestal la dignité humaine dans un Etat démocratique ; l'attachement au pluralisme démocratique, le respect de l'Etat de droit et la déférence profonde aux droits de l'homme constituent des valeurs démocratiques qui devront faire partie du patrimoine commun de l'humanité[238]».

---

[235] J. SALMON, *Op.cit*, p.297-298.

[236] E. DAVID, *Droit des organisations internationales*, Bruxelles, éd. Bruylant, 2002, p.224.

[237]L'exemple actuel est celui de la Lybie car, à travers la Rés. 1973, le Conseil de sécurité, agissant en vertu du chapitre VII, a pris des mesures applicables directement en vue de la protection des civiles.

[238] G. BASUE BABU KAZADI, *L'action internationale en faveur de la démocratie*, Thèse de

En réalité, par rapport aux pouvoirs exorbitants qui sont reconnus au Conseil de sécurité notamment l'action directe, le défaut de consentement d'un Etat par exemple du Soudan ne constituait en rien un obstacle juridique car le Conseil de sécurité pouvait bel et bien élargir le mandat de la MINUS après le 31 décembre et utiliser la coercition sans le consentement des parties. A cet égard, il lui était loisible de prétexter qu'il allait agir en dehors du cadre ordinaire d'une OMP mais en vertu du chapitre VII[239].

Le pouvoir d'action directe du Conseil de sécurité est dans la pratique contemporaine des Etats et des situations prévues à l'article 39 de la Charte des NU une réalité car, en effet, il est d'une part établie que les rapports interétatiques sont couverts par l'article 2§7[240] et que, d'autre part, des mouvements rebelles et autres situations troublent la paix et la sécurité internationales.

Face à cette difficulté, il convient de savoir qu'à travers ses résolutions obligatoires, le Conseil de sécurité fait usage de ses pouvoirs implicites et inhérents à sa mission de maintien de la paix et de la sécurité internationales qui ne sont pas expressément prévus par la Charte. C'est ainsi que les mouvements rebelles sont destinataires directs de plusieurs résolutions obligatoires du Conseil de sécurité. Cela est justifié principalement par l'article 40 de la Charte impliquant l'expression parties intéressées au travers lesquelles nous retrouvons les collectivités ou groupes armés non étatiques dont l'activité est souvent à l'origine de la menace de confit ou de rupture de la paix[241].

De ces considérations, le Conseil de sécurité ne peut que réagir, laquelle réaction directe est justifiée en droit et en pratique.

2. *La diversité des facteurs justifiant l'émergence de l'action de l'ONU*

Il est important de faire remarquer que l'émergence de l'action de l'ONU n'a été rendue possible qu'avec l'existence de situations telles que les guerres interétatiques, les luttes pour l'autodétermination des peuples, les actes d'agression, les violations des droits de l'homme et du droit international humanitaire, les troubles et les tensions intérieures, le terrorisme international et les révolutions.

Etant donné qu'il s'agit de principaux types ou situations de menaces contre la paix, ce sont donc ceux-ci qui ont permis d'étendre même l'action du Conseil de sécurité et la rendre flexible en vue d'une réponse discrétionnaire, d'opportunité et parfois très décisive pour atteindre et réaliser le maintien de la paix et de la sécurité internationales.

Doctorat, Université de Nancy II, 1999, p.171.

239 G. MVELLE, *Op.cit*, p.248.

240 La non-intervention dans les affaires intérieures des Etats membres.

241 TSHIBANGU KALALA, *Op.cit*, p.67; aussi aux pp.118, 119 et 120.

Mais, comme il faut le relever, dans la pratique des Nations unies, à la suite de l'entrée dans la guerre froide, il s'est développé les opérations de maintien de la paix.

Traditionnellement, elles étaient associées au chapitre VI de la Charte puis, de plus en plus sur le chapitre VII associé au VI.

Elles se déploient sur la base d'un mandat du Conseil de sécurité des Nations unies. Ce mandat détaille les tâches précises qu'une opération de maintien de la paix doit accomplir.

Les opérations de maintien de la paix sont une des activités de paix et de sécurité et le maintien de la paix ne représente qu'un type d'action parmi un éventail de différentes activités entreprises par les Nations unies et d'autres acteurs internationaux pour maintenir la paix et la sécurité internationales à travers le monde. Ces opérations ont évolué de l'interposition à la consolidation en passant par l'imposition de la paix.

Il nous convient donc de voir la manière dont le Conseil de sécurité a réagi à ces situations en les considérant comme des menaces à la paix ou carrément de guerre d'agression.

Pour les guerres étatiques, elles constituent ces situations là que l'on qualifie de rupture de la paix et de la sécurité internationales[242]. Comme relevé supra, cette organisation a été créée pour résoudre les problèmes liés aux guerres interétatiques qui ont endeuillé et occasionné des souffrances indicibles à une génération de vie dans le monde.

Face aux problèmes des guerres étatiques, l'ONU s'est dotée des pouvoirs de prévention tels que stipulés dans sa Charte en vue d'éviter les escalades que l'on pourrait rencontrer.

En dépit de cette option, il se révèle que le monde a connu des guerres interétatiques dont il convient de faire état car elles ont permis que l'activité de cette organisation puisse s'accroître.

Ainsi, nous recensons la guerre de Corée, la guerre de six jours en 1967 entre Israël et les Etats arabes, la guerre entre l'inde et le Pakistan débutée en 1971, Celle entre Israël et le Liban en 1982, de l'envahissement du Koweït par l'Iraq en 1990.

Prenons dans un premier temps le cas de la guerre de Corée car, il s'agit de la première guerre interétatique à laquelle s'est intéressé le Conseil de sécurité et au cours de laquelle il a pris trois résolutions importantes[243].

Dans la première résolution, le Conseil de sécurité a rappelé les conclusions que l'Assemblé Générale avait formulées dans sa résolution 93(IV) du 11 octobre 1949 sur le fait que le gouvernement légitime qui exerce effectivement son autorité et sa juridiction sur la partie de Corée où la Commission temporaire des Nations Unies pour la Corée a été en mesure de procéder à des observations

[242]TSHIBANGU KALALA, *Op.cit*, p.67.

[243]Il s'agit de la Rés. 82 [S/1501] du 25 juin 1950, de la Rés. 83 [S/1511] du 27 juin 1950 et la Rés. 84 [S/1588] du 07juillet 1950.

et à des consultations et dans laquelle réside la grande majorité de la population de la Corée ; que ce gouvernement est né d'élections qui ont été l'expression valable de la libre volonté du corps électoral de cette partie de la Corée et qui ont été observées par la Commission temporaire ; et que ledit gouvernement est le seul qui, en Corée, possède cette qualité.

Outre ces faits, ce qui est important dans cette résolution est que le Conseil de sécurité a pris acte de l'attaque dirigée contre la République de Corée par des forces armées venues de Corée du Nord, attaque qui le préoccupe gravement et a constaté que cette action constituait une rupture de la paix[244].

Ce conflit est en clair le premier qui a mis à jour les divergences existentielles et congénitales à l'action du Conseil car il a été confronté à l'opposition de l'URSS à l'époque, qui s'abstenait même des débats et ne votait point[245].

Après cette crise, il eut celle du canal de Suez qui attestait légalement la montée de l'activité de l'ONU.

En effet, après avoir été vaincus lors de la guerre d'indépendance, les pays arabes voulaient leur revanche et Nasser, qui était vu comme défenseur du nationalisme arabe contre l'Etat hébreu, interdit la mer rouge au bateaux Israéliens, ce qui fut considéré par les Juifs comme une agression directe. Afin de briser le blocus, Israël profita de la crise de Suez pour s'allier avec la France et l'Angleterre.

Le 29 octobre 1956, ils exécutèrent une opération en accord avec ces deux pays européens : ils pénétrèrent à Gaza et dans le Sinaï, tandis que le 31 octobre les armées françaises et anglaises débarquèrent dans la zone du canal. Pour les deux super-puissances de ce temps, les Etats unis et l'URSS, ce canal était de très grande importance, donc, sous la menace de leur arsenal nucléaire, ils obligèrent la France et l'Angleterre à cesser le feu et à démobiliser leurs troupes.

Israël obtient tout de même la libre circulation dans le canal grâce à la présence des forces de l'ONU[246]. En ce qui concerne la guerre de six jours, elle a opposé Israël à l'Egypte, la Syrie et la Jordanie.

Cette guerre faisait suite à l'acceptation par Israël de l'aide des USA qui le faisait considérer quasi-définitivement du côté du capitalisme libéral, ce qui obligea les pays arabes à accepter l'aide de l'URSS, même si les idéologies politiques n'étaient pas les mêmes[247].

Après la crise de suez, la réputation de Nasser fut renforcée, ce qui provoqua dans le monde arabe un esprit de vengeance. En 1967, Nasser ordonna le retrait des casques bleus, ce qui lui fut accordé et l'Egypte établit un blocus afin d'interdire le passage des navires israéliens, en même temps que la Syrie

---

[244]Voir §1 de la Rés. 82 [S/1501] du 25 juin 1950.

[245]Voir §3 et 4 de la Rés. 82 [S/1501] du 25 juin 1950.

[246]Voir « la crise de Suez », in *Alliance géostratégique.org,* consulté le 17/02/2012.

[247]La pratique du Conseil de sécurité a fait remarquer que les membres ne considéraient pas l'absence aux sessions du Conseil comme l'exercice du droit de veto qui suppose une prise de position négative expresse et l'absence a été assimilée à l'abstention volontaire.

dénonçait des complots des USA et Israël après un raid de l'aviation juive sur Damas[248].

L'opinion des Etats arabes réclamait à grands cris la destruction de l'Etat juif. Sous ce climat de tension créé par ses ennemis, Israël décida de les attaquer, le 6 juin de la même année avant d'être lui-même attaqué par les arabes. En six jours, avec cette attaque inespérée, Israël détruisit l'aviation Egyptienne, Syrienne et Jordanienne[249].

Au même temps, l'avancée Est et Ouest conquirent Gaza et la Cisjordanie, l'avancée Nord, le Golan et le Sud du Sinaï. Une victoire aussi écrasante n'était pas prévue par les juifs, ce qui provoqua chez eux un sentiment de supériorité très grand, même trop et qui par la suite leur causerait un très grand problème. De leur côté, les arabes se sentaient humiliés et acceptèrent leur statut de perdant ; cependant, ils ne signèrent pas la paix avec Israël[250].

Après la guerre des six jours, est venue celle de Yom Kippour[251], la question se posa en Israël si l'on devait garder ou pas les territoires conquis ; les avis étaient souvent très partagés pour des raisons diplomatiques et militaires, c'est de cette façon que la partie Est de Jérusalem fut annexée au territoire, la ville Sainte devint capitale d'Israël (en 1980).

En 1970, Nasser mourut, Sadate présente un projet de règlement négocié sur les territoires occupés, projet qui ne sera pas accepté par le gouvernement juif, sans même essayer d'arriver à un accord, c'est alors qu'Israël, aveuglé par son importante victoire lors de la dernière guerre, oublia l'importance d'arriver à un accord de paix. Cette attitude créa l'indignation de l'opinion mondiale, en particulier de Tito et Ceausescu présidents de la Yougoslavie et de la Roumanie qui avaient toujours été du côté des juifs en tout moment. C'est alors que pour débloquer la situation, Sadate décida de faire une nouvelle guerre contre Israël, avec des autres pays arabes.

Le 06 octobre 1973, à la surprise des israéliens, les chars égyptiens envahissent le Sinaï qui, à ce moment-là, était sous le contrôle des juifs, puis la

---

[248]Lire « La guerre de six jours » in *persocite.francite.com /conflit/guerres/guerres.htm*. Consulté le 17/02/2012.

[249] *Idem*

[250] T. HUBERT, « Article 10 » in J.-P. COT et A. PELLET, *Op.cit*, p.247.

[251]Yom Kippour, jour de pardon juif et nom de cette guerre qui coûta à Israël près de 7 à 8 millions de dollars et un nombre important de pertes humaines. C'est à cause de cette guerre que l'économie du pays juif passa d'un état de prospérité à un état de crise et seulement grâce à l'aide des Etats-Unis, que cette économie ne s'est pas effondrée davantage. On peut dire que cette guerre est la plus difficile qu'a subi le peuple juif.
C'est après cette guerre qu'un certain équilibre entre les parties s'instaura puisqu'elle fut très dure pour les juifs et ils se rendirent compte que leur armée n'était pas invincible comme ils l'avaient cru après la guerre des six jours ; on peut aussi dire que ce fut la première guerre que les arabes menèrent d'une façon plus intelligente par rapport aux autres, puisqu'ils utilisèrent leur arme pétrolière, ce que personne n'attendait, ils montrèrent aussi aux grandes puissances qui prenaient les pays arabes pour des petits pays inoffensifs, qu'ils pouvaient leur causer de grands problèmes et, enfin, ils récupérèrent une partie de leur territoire.

Syrie attaqua par le Nord. La guerre aura duré trois semaines, les armées arabes recevaient de l'aide de l'URSS et les juifs de l'aide des Etats-Unis, mais ce ne fut que jusqu'à la deuxième semaine qu'Israël commença à gagner du terrain. C'est alors que les pays arabes utilisent leur arme la plus redoutable, ils mirent un embargo sur l'évacuation des territoires occupés. Cette stratégie économique frappa donc Israël, les Etats-Unis, mais surtout l'Europe qui est très dépendante de ce point de vue-là, et c'est donc le 22 octobre que l'ONU vota le cessez-le-feu que durent accepter les parties sous les pressions des puissances. Pour la négociation de la paix, ce fut très difficile malgré les efforts des EUA (sous le mandat de Kissinger) comme médiateur. Et ce fut seulement en 1977 que l'Egypte signa un accord de paix séparé avec Israël sous l'indignation du monde arabe, après une polémique visite officielle de Sadate au pays juif en 1978, Carter réussit à faire signer un accord entre Begin et Sadate lors de la conférence de camp David, où Israël accepta d'évacuer le Sinaï et le Golan.

Le Pakistan et l'Inde ont connu également une guerre atroce à travers laquelle l'ONU avait considérablement axé son activité. Cette guerre les a opposés sur la région de cachemire. Bien avant la guerre ouverte, cette région hindoue et Bouddhiste depuis le troisième siècle après J.C, passe sous le coup d'envahisseurs monghols au 16ème siècle[252]. Les Britanniques arrivent au cachemire sous la dynastie du Rajah Gulab Singh en 1849, unifiant des territoires très hétérogènes peuplés d'ethnies disparates, unification qui tiendra un siècle jusqu'en 1947[253].

En cette année-là soit, le 15/08, 14 millions de personnes sont déplacées de l'Inde vers le Pakistan et vice versa, on estima à 1 million de personnes massacrées pendant les transports de la population, enracinant haine de part et d'autre de la nouvelle frontière indo-pakistanaise. Le Pakistan était né et le cachemire en même temps.

Le cachemire de population majoritairement musulmane au moment de la partition était dirigé par le maharadjah de confession hindoue, celui-ci s'était rallié à Delhi en échange d'une aide militaire qui chasserait les insurgés cachemires aidés par les Pathans Pakistanais et les tribus pachtannes et qui menaçaient Sringars (le 28/10/1947)[254].

A la suite, l'Inde vient envahir le cachemire, c'était le premier affrontement indo-pakistanais, qu'une résolution de l'ONU fait cesser le 1er janvier 1948 par le tracée d'une ligne de contrôle, en réalité ligne de cessez-le-feu arbitraire tracée provisoirement par cette organisation qui proposa un référendum que l'Inde, consciente d'un échec certain, s'était toujours évertué à faire échouer.

---

[252]Lire « Petite chronologie commentée de la guerre de cachemire » in *www.le conflit.com*, p.1, consulté le 16/02/2012.
[253]*Idem.*
[254]Lire « Petite chronologie ......», *Op.cit,* p.1.

En aout 1965, après le statu quo créé par l'intervention de l'ONU, la deuxième guerre avait éclaté puis remportée par l'Inde[255].

En 1971, éclata la troisième guerre du cachemire qui a eu pour conséquence la création du Bangladesh, l'ex-Pakistan oriental.

C'est dans ce contexte des guerres interétatiques que l'activité de l'ONU a connu cette ascension peut être pas pour appliquer les mécanismes efficients de la sécurité collective en rapport avec le chapitre VII mais dans la qualification, le processus de règlement pacifique, la création des organes de suivi de certaines décisions, etc.

Inversement à ces situations qui se sont passées ailleurs, il convient de savoir que l'Afrique a été aussi un champ justifiant l'émergence de l'action de l'ONU avec ses guerres interétatiques, civiles et autres calamités (naturelles, famines, sécheresses, ...).

Quant aux guerres interétatiques, celles de l'Afrique ont eu presque toutes le même soubassement qu'est les territoires en ce que les frontières précoloniales en Afrique consistaient en une zone tampon où les populations se rencontraient pour commercer et entreprendre plusieurs affaires qui ne touchaient pas nécessairement à l'autorité du chef voisin d'une part et, d'autre part, les frontières qui étaient caractérisées par les collines, cours d'eau, par les aires des tribus sous la période précoloniale, se sont transformées avec la décolonisation pour devenir une frontière ligne[256].

Ainsi, c'est la seule cause des guerres interétatiques. Parmi celles-ci qui sont en réalité des conflits frontaliers mais ayant connu des guerres interétatiques, nous avons la guerre Ethiopie-Somalie sur le désert de l'Ogaden (conflit en veilleuse), Algérie-Maroc sur la bande de Tindouf (en veilleuse), Angola-Namibie sur la bande de caprivi (en veilleuse), Cameroun-Nigéria sur la péninsule de Bakassi (réglé par la CIJ en faveur du Cameroun), ...[257].

La montée de l'action de l'ONU s'est davantage justifiée par le fait que les guerres interétatiques ont entrainé de graves pertes dans tous les domaines et pendant des périodes longues.

Ceci nous amène à voir également et de manière sommaire la deuxième situation qui a facilité, mieux contribué à l'émergence de l'action de l'organisation. Il s'agit bien entendu du soutien à la lutte pour l'autodétermination des peuples.

En ce qui concerne les luttes pour l'autodétermination des peuples, il faut remarquer que l'organisation s'était bel et bien rendue compte du fait qu'avec sa création, il existait des territoires coloniaux, des peuples qui cherchaient à s'émanciper tant territorialement que politiquement.

---

[255]Signature sous les bons offices de l'URSS du traité de tachkent en janvier 1966.

[256] M. MAZIERE, « Les frontières en Afrique, absurdité ou enracinement ? », in *www.grighgc.org*, consulté le 15/01/2012.

[257] P. KALUME BEYA, *Le règlement des conflits frontaliers en Afrique*, Séminaire de droit international public, cycle de DES, sous la direction du professeur O. NDESHYO, 2007-2008, p.12 et 13.

C'est ainsi qu'elle voulait déjà, en 1945, avec la rédaction de la Charte, canaliser les aspirations profondes de ces peuples. Au niveau de l'article 1.2 de sa Charte, il y est prescrit comme but et principe de développer entre les Nations des relations amicales fondées sur le respect du principe de l'égalité de droit des peuples et de leur droit à disposer d'eux-mêmes et prendre toutes autres mesures propres à consolider la paix du monde. Le droit des peuples est également mentionné à l'article 55.

Aussi, les chapitres XI, XII et XIII de la Charte organisent-ils le régime des territoires non-autonomes et celui de la tutelle qui établissent l'autorité des puissances administratives sur des territoires encore très proches du statut colonial[258].

Ce droit consacré et assis sur une politique de décolonisation a permis de voir plusieurs peuples se constituer en Etats.

Cette notion des peuples était utilisée dans le contexte de cette lutte surtout en Afrique pour désigner trois réalités, dans une perspective comparative avec d'autres entités.

Il faut toutefois distinguer et identifier les populations africaines par rapport aux populations d'autres régions du monde, également des populations des autres pays africains et étrangers[259], c'est cette conception qui était la plus répandue[260].

Enfin, troisièmement, dans le cadre national ou interne des Etats africains, plusieurs communautés ont eu recours à la dénomination de « peuple » pour marquer leur différence avec les autres composantes de la population du pays[261].

De ce propos, les discours des dirigeants africains ont été entachés des revendications indépendantistes qu'il fallait canaliser car, il leur avait été déjà reconnu ce droit à l'autodétermination. Etant donné que la lutte pour la décolonisation, surtout en Afrique, était de plus en plus sanglante, il faut remarquer que certains pays africains avaient accédé directement à la souveraineté internationale et s'étaient en clair déterminés. Il s'agit des Etats tels que le Soudan, le Ghana, ...

Et l'activité de l'ONU, au regard de graves crises que causaient ces luttes pour l'autodétermination, s'était davantage accrue car, en date du 14 décembre 1960, par l'Assemblée générale, elle a proclamé la résolution 1514 (XV) sur

---

[258] A. MEKINDA BENG, « Le droit des peuples à disposer d'eux-mêmes dans la conjoncture institutionnelle actuelle des Etats du tiers monde en mutation », *in revue trimestrielle des droits de l'homme. (85/2004),* p.509.

[259]MUTOY MUBIALA, Les droits des peuples en Afrique, le droit des peuples à disposer d'eux-mêmes : un droit collectif à la démocratie... et rien d'autre, in *Revue trimestrielle des droits de l'homme*, 2004, p.987.

[260] M. KAMTO rappelle que cette étymologie était du reste largement utilisée dans la plupart des constitutions des Etats Africains sous la formule consacrée : « nous, peuples de [tel pays], ... Voir M. KAMTO « constitutions et principes de l'autonomie constitutionnelle », constitutions et droit international *in Recueil des cours de l'Académie internationale de droit constitutionnel, Vol.8,* Tunis, Centre de publication universitaire, 2000, p.142-143.

[261]MUTOY MUBIALA, *Op.cit*, p.986.

l'octroi des indépendances aux pays et aux peuples coloniaux. Le droit des peuples à disposer d'eux-mêmes a été consacré par la Charte constitutive de l'OUA et l'acte constitutif de l'Union Africaine et a été consolidée par la règle du respect des frontières héritées de la décolonisation[262].

A vrai dire, la prolifération même des cas des peuples qui luttaient pour la décolonisation a justifié l'activité de l'ONU car, à travers des époques diverses, l'Assemblée Générale a eu à prendre des résolutions qui ont développé le droit des peuples à disposer d'eux-mêmes en l'appliquant fondamentalement à la décolonisation.

Il faut ainsi relever que l'application de droit des peuples a eu un franc succès dans l'ONU. Le plus grand nombre des Etats nouveaux ont pris naissance au sein de l'ONU à la suite de l'indépendance des populations sous tutelle, de celles des territoires non autonomes et en général des anciennes colonies[263].

Parmi les treize régions qui furent soumises au régime de la tutelle, toutes ont accédé à l'indépendance sauf deux qui, dans ce contexte, y restaient.

Il s'agit de la nouvelle Guinée et les iles du pacifique sous l'administration des USA avec une exception qui doit être faite pour le cas de la Namibie (Sud-ouest Africain), ancien territoire sous mandat, qui obéissait à un statut spécial[264].

Tous ces peuples avaient accédé à l'indépendance après un accord entre les Nations Unies et l'Etat administrant et par suite d'un recours de consultations aux populations intéressées[265].

Un mouvement analogue est à constater parmi les territoires non autonomes et cela a été l'œuvre la plus spectaculaire de l'ONU qui s'est observée à travers ses organes car elle fut parmi les politiques les plus constructives de ses organes par la mise en valeur de la règle du droit des peuples à disposer d'eux-mêmes et de son interprétation extensive, complétée par les déclarations et les résolutions de l'Assemblée générale[266].

Pour ce qui est des guerres civiles, elles ont été plus fréquentes en Afrique et embrigadées par la lutte d'influence de blocs existant pendant la guerre froide, c'est-à-dire le bloc capitaliste occidental et celui socialiste.

La guerre est un phénomène de violence collective organisée qui affecte les relations entre les sociétés humaines ou les relations de pouvoir à l'intérieur des sociétés[267].

Dès l'époque des indépendances, dans les années 60 jusqu'au début des années 90 et même bien plus tard, la sécurité des Etats en Afrique a été marquée par une insécurité profonde causée par la virulence des guerres civiles.

---

[262]Voir I. FALLI, *Contribution à l'étude du droit des peuples à disposer d'eux-mêmes en Afrique*, Thèse, Paris, 1972, repris par MUTOY MUBIALA, *Op.cit*, p.987.

[263] CALOGEROPOULOS STRATIS, *Le droit des peuples à disposer d'eux-mêmes*, Bruxelles, éd. Bruylant, 1973, p.295.

[264]CALOGEROPOULOS STRATIS, *Op.cit,* p.295.

[265]*Idem*.

[266] *Ibidem*

[267] F. BOUCHET SAULNIER, *Op.cit*, p.281.

La perception et l'étude de la sécurité en Afrique se greffent sur l'histoire des conflits qui ont secoué le continent depuis l'indépendance ; cette sécurité est perçue à travers les contours de la conflictualité immédiate qui ont été lus à travers les guerres civiles de l'Angola, du Burundi, du Libéria, du Rwanda, du Tchad, de la RDC alors ex-Zaïre, de l'Algérie, ...[268].

Ces guerres n'ont pas été rencontrées qu'en Afrique car dans les Etats de l'Europe occidentale comme la Yougoslavie avec son émiettement ont connu une flambée indescriptible des guerres civiles.

En dépit du fait que la montée de ces guerres était envenimée par la guerre froide jusqu'aux alentours de la décennie 90, il y a lieu de relever également l'implication bien que difficile de l'ONU soit dans la protection soit dans le règlement.

Etant donné que la plupart de ces conflits étaient manifestement des guerres civiles internes à l'exception du conflit entre l'Ethiopie et l'Erythrée, il s'était également développé plusieurs mécanismes de règlement.

La plupart de ces conflits durables ont été hérités de la période des indépendances et ont gangréné la fin de celle-ci. Mais il faut relever le fait que d'autres conflits sont nés après.

Il y a lieu de savoir que les guerres civiles ont supplanté en nombre celles interétatiques qui, d'ailleurs, n'ont lieu que dans des Etats périphériques ou ont opposé les USA à quelques Etats voyous[269].

Mais si l'on met le cas américain provisoirement de côté, il apparaît que les guerres récentes que l'on peut qualifier « d'interétatiques » ont toujours une définition et un statut litigieux et ce, à deux titres au moins.

Ces guerres mettent généralement aux prises non deux acteurs étatiques, mais un seul Etat agissant sur un sol étranger ou à une frontière, face à un ou des acteurs non étatiques (guérillas, bandes armées) souvent soutenus, il est vrai, par un Etat[270].

Il s'avère que les rares cas recensés impliquent souvent des Etats nouvellement créés qui ont toujours une histoire commune[271]. Il s'agit alors, dans le Caucase, dans les Balkans ou en Afrique (Erythrée-Ethiopie, Soudan-Soudan du Sud), des guerres qui ne sont déjà plus « civiles » et pas encore tout à fait « interétatiques »[272].

---

[268] SESANGA HIPUNGU DJA KASENG KAPITU, *Espace sociopolitique et sécurité de l'Etat en Afrique subsaharienne*, Thèse de Doctorat, Tome I, le besoin de sécurité université de Grenoble II, Grenoble, 2001-2002, Soutenue le 26/11/2001, p.38.

[269] M. FORTMAN et J. GAULAND, « L'obsolescence des guerres interétatiques ? » une relecture de J. MULLER, Raisons politiques 1/2004 (n°13), p.79, in URC : *www.cairn.info/revue-raison-politiques*, 2004-1, consulté le 13/02/2012.

[270]Entrent par exemple dans cette catégorie le conflit Arménie-Azerbaïdjan, les guerres en ex-Yougoslavie après 1991 et les affrontements indo-pakistanais à la fin des années 1990 dans lesquels cas il est difficile de parler des guerres interétatiques stricto sensu.

[271] M. FORTMAN et J. GAULAND, *Op.cit*, p.80.

[272] *Idem*.

Ce qui doit être retenu, c'est qu'il n'y a presque plus de guerres classiques ouvertes entre Etats développés, stables, reconnus, disposant d'armées régulières. C'est donc irréversiblement la montée des guerres civiles dans lesquelles l'ONU est totalement investie.

Au niveau des actes d'agression, l'activité de l'ONU a révélé que le Conseil de sécurité n'a que très peu de fois qualifiées des situations d'actes d'agression. Le Conseil a fait preuve d'une certaine discrétion voire de retenue en contournant la qualification d'agression par celle de rupture de la paix. L'illustration parfaite en est faite dans les guerres de Corée au cours desquelles le Conseil de sécurité prend acte de l'attaque dirigée contre la République de Corée par des forces armées venues de Corée du Nord, attaque qui le préoccupe gravement et a constaté que cette action constituait une rupture de la paix[273].

Après l'adoption de la résolution 3314 (XXIV) du 14 décembre 1974, l'Assemblée générale était enfin parvenue à donner une définition à l'agression, satisfaisant à une recherche qui remontait à la Société des Nations[274].

Et même en dépit de cette adoption, l'Assemble générale n'a pas osé qualifier d'agression certaines interventions armées évidentes en Afrique comme en Asie ou en Amérique latine[275]. En dehors du cas coréen, l'Assemblée générale avait ainsi qualifié d'agression le bombardement par Israël de la centrale nucléaire de Tamuz, alors que le Conseil de sécurité avait simplement constaté le danger causé à la paix[276].

D'ailleurs, dans la situation en RDC, alors que les éléments identifiés dans la résolution renvoyaient à l'agression, le Conseil de sécurité a estimé qu'il s'agissait d'une menace à la paix[277].

Un exemple illustratif de ce regard qu'a toujours l'ONU sur les questions des droits et leur sensibilité peut être trouvé dans l'affaire RDC contre l'Ouganda dans laquelle la RDC avait allégué que les forces armées ougandaises avaient causé des pertes en vies humaines au sein de la population civiles, commis des actes de torture et d'autres formes des traitements inhumains ou détruit des villages et des habitations appartenant à des civiles[278].

Et la Cour internationale de justice, pour fonder sa conviction dans l'établissement des faits allégués, s'est référée au rapport de la Commission des droits de l'homme établi en date du 18/01/2000, sur les massacres commis par les troupes ougandaises à Béni, le 14/11/1999[279], sur la résolution1304 (2000)

[273]Voir §3 et 4 de l Rés. du 25 juin 1950 [S/1501].

[274] G. COHEN JONATHAN, *Op.cit*, p.659.

[275]Sans prononcer les termes d'agression ni de menace contre la paix et en adoptant une formulation très impersonnelle, l'Assemblée générale a cependant demandé « le retrait immédiat et inconditionnel des troupes étrangères » d'Afghanistan (ES-62), comme de la Grenade (A/RES/38/7 du 3/11/1983.

[276] G. COHEN JONATHAN, *Op.cit*, p.660.

[277]Voir Rés. 1234 du Conseil de sécurité sur la situation en RDC.

[278]Voir le §206 de l'arrêt sur l'affaire des activités armées sur le territoire du Congo (RDC c. Ouganda) du 19/12/2005, p.66.

[279]Voir Rapport E/CN/4/2000/42 en son paragraphe 112.

du Conseil de sécurité qui déplorait les pertes en vies humaines civiles, les risques pour la population civile et les dommages matériels infligés à la population par les forces ougandaises[280].

Outre ces indications, la cour s'est fondée également sur plusieurs autres rapports allant toujours dans le sens d'un intérêt pour la protection des droits de l'homme et du droit international humanitaire tel celui du rapporteur spécial de la Commission des droits de l'homme du 01/02/2001[281], le rapport spécial de la MONUC sur les événements en Ituri[282] qui contenait des preuves abondantes de l'implication directe des troupes de l'UPDF, lors du conflit ethnique opposant Hema et Lendu en Ituri, dans les meurtres des civiles et la destruction de leurs maisons.

En ce qui concerne les violations des droits de l'homme et du droit international humanitaire, l'ONU a proclamé sa foi dans les droits fondamentaux de l'homme, dans la dignité et la valeur de la personne humaine, dans l'égalité des droits des hommes et des femmes, ainsi que des petites et grandes nations[283] d'une part et, de l'autre, s'est résolue à tout faire pour que le droit international humanitaire ne soit pas violé en tout temps.

Les droits de l'homme constituent une notion de droit constitutionnel et de droit international dont la mise en œuvre vise la défense d'une manière institutionnalisée les droits de la personne humaine contre les excès de pouvoir commis par les organes de l'Etat, et de promouvoir parallèlement l'établissement de conditions humaines de vie, ainsi que le développement multidimensionnel de la personnalité humaine[284].

L'intérêt que porte l'ONU pour les droits de l'homme s'est manifesté d'un cran car, déjà avec la Charte de 1945, celle-ci traite à 7 reprises des droits de l'homme (si l'on tient compte du préambule, ainsi que des dispositions relatives à l'institution de la tutelle)[285].

En dépit de cette volonté de protéger l'espèce humaine, les guerres interétatiques, les troubles et autres phénomènes ont conduit à plusieurs violations graves des droits de l'homme et du droit international humanitaire.

Les violations des droits de l'homme et du droit international humanitaire sont devenues effectivement un domaine d'un grand intérêt pour l'organisation car cela s'est manifesté à travers la résolution 1973[286].

Dans celle-ci, le Conseil de sécurité a relevé la nécessité de protéger par tous les moyens nécessaires les populations Lybiennes car, dit-il que ceux-ci

---

[280]La Rés. 1304 est du 16/06/2000.

[281]Rapport E/CN/4/2001 en ses paragraphes 112, 148-151.

[282]Voir doc.5/2004/573 du 16/07/2004 en ses paragraphes 19, 42-43 et 62.

[283]Voir préambule de la Charte des Nations unies.

[284] KAREL VASAK, *Les dimensions internationales des droits de l'homme*, Paris, éd. Unesco, 1978, p.11.

[285]*Idem*

[286]Voir la Rés. 1973 du 17/03/2011 sur la Lybie.

subissaient de graves violations de leurs droits et du droit international humanitaire[287].

S'il est vrai que l'activité de l'ONU en faveur des droits de l'homme s'est accrue, cela se manifeste par l'insertion dans les résolutions des dimensions relatives aux droits de l'homme, par la création d'un organe subsidiaire chargé des droits de l'homme à savoir le Haut-commissariat des Nations Unies aux Droits de l'Homme puis de la Commission des Droits de l'Homme. Ce qui est aussi à relever est le fait que chaque organe principal, à travers ses actes, élabore ou fait élaborer des rapports sur les situations des droits de l'homme à travers le monde. Ce qui justifie même l'inflation normative des normes relatives aux droits de l'homme dans le cadre des Nations unies.

En ce qui concerne les troubles et tensions intérieurs, nous faisons remarquer qu'il s'agit des situations dans lesquelles les manifestations de violence ne permettent pas encore de parler de conflit armé et donc d'appliquer le droit humanitaire[288] ; ces situations se caractérisent par des émeutes, des actes isolés et sporadiques de violence commis non par un groupe armé organisé, capable de mener des opérations continues et concertées[289]. Dans ces situations, les droits de l'homme ne s'appliquent plus toujours intégralement du fait des législations d'exception adoptées par les Etats et qui restreignent les libertés publiques mais cependant, certaines garanties juridiques essentielles restent par ailleurs applicables et continuent de protéger les individus, ce sont les droits indérogeables des droits de l'homme et les principes contenus dans l'article 3 communs aux quatre conventions de Genève de 1949[290].

Les troubles internes ou intérieures se distinguent manifestement de tensions internes en ce qu'ils sont des situations de fait où il existe sur le plan interne un affrontement qui présente un certain caractère de gravité tandis que les tensions internes sont des situations autres que celles de troubles intérieures car il s'agit

---

[287]Voir l'intégralité du préambule de la Résolution et les paragraphes 1 et 4 ; le paragraphe 1 dispose : exige un cessez-le-feu immédiat et la cessation totale des violations et de toutes les attaques et exactions contre la population civile.
Et le paragraphe 4 relatif à la protection civile autorise les Etats membres qui ont adressé au Secrétaire général une notification à cet effet et agissent à titre national ou dans le cadre d'organisations ou d'arrangements régionaux et en coopération avec le secrétaire général, à prendre toutes mesures nécessaires, nonobstant le paragraphe 9 de la Rés. 1970 (2011), pour protéger les populations et les zones civiles menacées d'attaque en Jamahiriya arabe lybienne, y compris Benghazi, tout en excluant le déploiement d'une force d'occupation étrangère sous quelque forme que ce soit et sur n'importe immédiatement le secrétaire général des mesures qu'ils auront prises en vertu des pouvoirs qu'ils tirent du présent paragraphe et qui seront immédiatement portées à l'attention du Conseil de sécurité.

[288] Lire l'article 1 point 2 du protocole additionnel I de 1977 aux Conventions de Genève qui prescrit que celui-ci ne s'applique pas aux situations des tensions internes, des troubles intérieurs, comme les émeutes, les cas isolés et sporadiques de violences et autres actes analogues, qui ne sont pas considérés comme des conflits armés ; également F. BOUCHER-SAULNIER, *Op.cit*, p.535.

[289]*Idem.*

[290]*Ibidem*

notamment de situations de tensions graves (politiques, religieuses, raciales, ethniques, sociales, économiques, etc.…) qui peuvent précéder ou suivre des périodes des conflits[291].

La réalité est telle que ces situations n'attirent pas très souvent et directement la réaction de l'ONU lorsqu'elles n'ont pas une certaine gravité, laquelle peut être prise en compte pour opérer autrement.

Face à cette réalité, il y a lieu de faire savoir que ces troubles et tensions sont presque très visibles dans les Etats africains où les revendications des populations sont de plus en plus diversifiées et touchent à plusieurs domaines. Il suffit pour s'en rendre compte d'examiner les situations qui ont touché le Sénégal avant les élections de 2012, les revendications des Marocains contre la monarchie, les troubles qui ont suivi la réélection de Paul BIYA au Cameroun, …

Par contre, dans le même contexte, dans les Etats où il y a des missions de maintien de la paix, telle la RDC, en cas de troubles et tensions intérieures, la représentation de l'ONU prend toujours des dispositions telles que : alerter les autorités et protéger certaines populations vulnérables.

Et lorsque ce n'est pas dans ce cadre et surtout lorsqu'il résulte que ces troubles et tensions atteignent une certaine gravité, le Conseil de sécurité, par lui-même ou par la voix de son président peut, par une déclaration ou résolution, alerter, interpeller et recommander les mesures à prendre et surtout si, les parties arrivent à être identifiées.

Enfin, par rapport au terrorisme international, il faut savoir que c'est une activité qui a connu une floraison sans pareil dans plusieurs pays surtout occidentaux et occasionnés par les branches extrémistes musulmanes.

La lutte contre le terrorisme est apparue comme un impératif politique et moral pour la survie des vies et, c'est à la suite de cette prise de conscience que fut adoptée à la Haye, aux Pays-Bas, la convention de 1907 condamnant les prises d'otages[292].

Le terrorisme est cette marque de violence qui empoisonne l'existence de l'humanité par son caractère omniprésent et protéiforme qui constitue l'une des formes de violence la plus répandue dans le monde[293].

Ce phénomène a intéressé la communauté internationale par ses tragédies qui ont bouleversé le cours de l'histoire ancienne et contemporaine car ayant été presqu'à l'origine de la première guerre[294], a traversé la deuxième guerre

---

[291]F. BOUCHER-SAULNIER, *Op.cit*, p.535.

[292] T. VAREILLES, *Encyclopédie du terrorisme international*, Paris, éd. L'Harmattan, 2001, p.487.

[293] L.-A. DU PLAISIR, *La 2ème guerre mondiale a commencé*, Paris, Cyrille Godefroid, 2003, p.29.

[294]Les événements qui ont précédé la première guerre mondiale ont bien connu des conséquences cataclysmiques sur l'ordre mondial car, l'on peut se souvenir à cet effet, du jeune membre d'une organisation terroriste, le jeune bosniaque GAVRILO PRINCIPE qui assassina à Sarajevo, l'archiduc Français F. DE HASBURG le 20/07/1914 et qui met en mouvement la

mondiale, a pris une ascension exponentielle fulgurante jusqu'aux actes du 11/09/2001 aux USA[295].

Les atrocités sanglantes qu'occasionne ce phénomène constituent manifestement des situations qui troublent et menacent la paix. Il convient de voir ce que Bruce Hoffman en 1999 a réalisé en disant qu'il y avait eu au moins 188 attentats suicides sur les deux décennies[296]. Ceux-ci précédent la date du 11/09/2001[297], mais qui ont atteint un niveau inégalé après les attentats du 11/09/2001.

A la suite, entre 2000 et 2004, il y a eu 472 attentats suicides dans 22 pays qui ont tué plus de 7000 personnes soit plus du double que lors de deux dernières décennies précédentes. Ces indications renseignent clairement la nature beaucoup plus mortifère des attentats suicides que des autres formes d'attentats[298].

La réaction internationale contre le terrorisme considéré comme l'un des fléaux du dernier siècle et de celui-ci a été fulgurant aussi dans le cadre des Etats que des organisations internationales et régionales[299].

En plus de la convention de 1907, il y a eu dans le cadre de la lutte contre le terrorisme, considéré comme un fait illicite de violence grave commis par un individu ou un groupe d'individus agissant à titre individuel ou avec l'approbation, l'encouragement, la tolérance ou le soutien d'un Etat contre des personnes ou des biens dans la poursuite d'un objectif[300] ou un acte constituant une des formes de la violence politique dont les caractéristiques sont la dimension aveugle des cibles visées et la clandestinité des auteurs des attentats[301], il a connu une définition explicite dans la convention internationale signée le 16/11/1937 par 25 pays (sauf l'Italie et les USA), suite à l'attentat de Marseille en octobre 1934, contre le roi de Yougoslavie. Et le ministre français Louis Barthou renseigne que les actes terroristes sont des faits criminels dirigés contre un Etat et dont le but ou la nature est de provoquer la terreur chez des personnalités, des groupes des personnes ou la population[302].

Les signataires du texte ont dressé ainsi la liste détaillée des différentes formes de terrorisme à savoir les faits intentionnellement dirigés contre la vie, l'intégrité corporelle, la santé ou la liberté des chefs d'Etat, des personnes qui exercent les prérogatives de chef d'Etat, de leurs successeurs héréditaires ou désignés, des conjoints des personnes préalablement citées, des personnes

---

montée des événements qui aboutirent au déclenchement du premier conflit mondial.

[295] T. VAREILLES, *Op.cit,* p.4.

[296] B. HOFFMAN, *Le mécanisme terroriste*, Paris, éd. Calman-Levy, 1999, p.26.

[297]Lire « les attentats terroristes dans le monde avant et après le 11/09/2001 », in *http : www.leterrorisme.net* consulté le 09/02/2012.

[298] T. VAREILLES, *Op.cit*, p.4.

[299] J. SALMON, *Op.cit.*, p.993.

[300]*Idem*

[301]Extrait du livre « les terrorismes » de TARNERO (J) repris par VAREILLES (T), *Op. cit*, p.6.

[302]Lire l'article 2 de cette convention.

investies de fonctions ou de charges publiques lorsque le fait susmentionné a été commis en raison des fonctions ou des charges que ces personnes exercent ;le fait de détruire ou d'endommager intentionnellement des biens publics ou destinés à une utilisation publique, qui appartiennent à un autre Etat ; le fait de mettre intentionnellement en danger des vies humaines afin de créer un danger commun ; la tentative de commettre des infractions prévues par les dispositions précédentes de cet article ; le fait de fabriquer, de se procurer, de détenir ou de fournir des armes, de munitions, des produits explosifs ou des substances nocives en vue de l'exécution dans n'importe quel pays, d'une infraction prévue par le présent article.

C'est face à la Commission répétée des actes ci-haut décrits dans des contextes différents et dans plusieurs pays au point que son caractère international est aujourd'hui indubitable et a permis la justification entre autres de l'émergence de l'activité de l'ONU.

Dans ce cadre, l'Assemblée générale adopta le 18/12/1972 la résolution 3034 (XXVII) qui crée un comité spécial composé de 35 membres et chargé d'élaborer un rapport sur le phénomène du terrorisme en expliquant sa définition, ses causes sous-jacentes et les mesures à prendre afin de lutter contre ce phénomène[303]. Mais déjà, le 24/10/1970, l'A.G de l'ONU avait adopté la résolution 2625 renseignant que « chaque Etat a le devoir de s'abstenir sur son territoire des activités organisées en vue de perpétrer de tels actes (terroristes)[304].

C'est ainsi que sous les auspices des Nations unies, cinq conventions internationales sur les crimes associés au terrorisme ont été élaborées tout comme plusieurs déclarations sur les mesures à prendre et de nombreuses résolutions émanant de différents organes de l'organisation[305].

L'activité de l'organisation internationale qui est l'ONU s'est encore accrue par rapport à ce phénomène avec les événements du 11/09/2001 à savoir les attaques terroristes épouvantables qui avaient eu lieu à New York, Washington et en Pennsylvanie et avait considéré de tels actes comme tout acte de terrorisme international comme une menace à la paix et à la sécurité internationales[306].

---

[303] S. SANTO, « L'ONU face au terrorisme », Cerip, 2007, in *http : www.grip.fr*. Consulté le 1/02/2012.

[304] T. VAREILLES, *Op.cit*, p.497.

[305]On peut citer par exemple la convention internationale pour la répression des attentats terroristes à l'explosif adoptée par l'Assemblée générale des Nations unies le 15/12/1957 à New York, la convention internationale pour la répression du financement du terrorisme, adoptée par l'Assemblée générale des Nations unies le 9/12/1999, la convention internationale sur la prise d'otages adoptée par l'Assemblée générale des Nations unies à New York le 17/12/1979, personnes jouissant d'une protection.

La convention internationale contre la prise d'otages, adoptée par l'Assemblée générale des Nations unies à New York le 17/12/1973.

La convention sur la sécurité des personnels des Nations unies et le personnel associé signée en 1994.

[306]Voir §4 de la Rés. 1368 du Conseil de sécurité adoptée à sa 4370ème séance le 12/09/2001.

Ayant considéré que ces actes rentraient dans le strict domaine de la compétence du Conseil de sécurité, celui-ci s'est appesanti sur la situation en rappelant ses résolutions pertinentes notamment la 1269 (1999) du 19/10/1999 et a adopté la résolution 1373[307].

Et c'est à partir de celle-ci que le Conseil de sécurité, en entérinant la nécessité de la légitime défense contre ces actes, a autorisé les Etats et les organisations à les prévenir et à prendre des mesures contre leurs acteurs[308].

§2. Les difficultés de mise en œuvre de l'action du Conseil de sécurité comme facteurs d'ambigüité de l'action de l'ONU

L'étude faite au paragraphe premier nous a permis de faire remarquer que cette organisation s'est dotée, à travers son organe qu'est le Conseil de sécurité, des pouvoirs aussi bien explicites qu'implicites en vue de réaliser la mission principale. Mais la mise en œuvre de ces pouvoirs ne s'est pas faite sans peine.

C'est ainsi qu'à ce niveau, nous allons épingler mieux évoquer le contraste qui fait apparaître une organisation aux allures puissantes mais dont l'action est controversée.

Ce contraste ne peut donc mieux être explicité que par les difficultés de mise en œuvre de l'action du Conseil, lesquelles sont perceptibles à travers le fonctionnement même du Conseil, l'écriture de certaines dispositions et les initiatives prises dans chaque cas. Mais pour bien aborder cette situation, il nous paraît important de cerner ces difficultés à travers les étapes. Ainsi, nous les considérerons à partir de 1945 à la fin de la guerre froide puis après la guerre froide.

A. Les difficultés de la mise en œuvre de l'action du Conseil de sécurité de 1945 à la fin de la guerre froide

Le caractère puritaniste que les rédacteurs de la Charte ont voulu et préféré donner aux dispositions de celle-ci a rendu lourde la mise en œuvre de l'action du Conseil de sécurité d'une part et, de l'autre, le jeu de l'équilibre constaté sous la guerre froide à partir de 1947 jusqu'aux années 1990 avec la détente et la fin de la bipolarité a consacré effectivement les difficultés de cette mise en œuvre.

1. La lourdeur de l'administration onusienne

En ce qui concerne le caractère fluctuant des dispositions de la Charte qui atteste les difficultés de la mise en œuvre de l'action du Conseil de sécurité, il convient de se replacer dans les débats sur l'écriture de certaines de ses dispositions, leur consécration sous la Charte des Nations Unies en ce qui

---

[307]Adoptée le 28/12/2001 à sa 4385ème séance du Conseil de sécurité.

[308]Voir point 3.C de la Rés. 1373.

concerne les organes chargés de la sécurité collective et les difficultés de leur fonctionnement.

Il s'agit en clair de voir et examiner les dispositions des chapitres VII et VIII dont la mise en œuvre a connu certaines difficultés à partir déjà de 1945 à la fin de la guerre froide. A ce stade, nous faisons savoir que le chapitre VI qui concerne également les pouvoirs du Conseil de sécurité n'a pas connu des difficultés quant à son écriture et à sa mise en œuvre.

Les propositions des rédacteurs de la Charte ont connu, en rapport avec ces deux chapitres, des différenciations des visions au niveau des débats. Cela a été perceptible à travers toutes les étapes sur le parcours de San Francisco[309].

L'âpreté des débats suggérés et évoqués par les délégations a montré à suffisance que les visions n'étaient pas nécessairement les mêmes sur la construction de cette organisation et cela est apparu effectivement lors des discussions des délégations sur les chapitres VII et VIII.

Ainsi, dans les domaines du maintien de la paix, les difficultés tant commentées de l'Organisation des Nations Unies relèvent peut-être moins d'un problème des moyens que d'une question de méthode[310]. Les scientifiques se sont plus attachés à apprécier l'efficacité des mesures mises en œuvre par le Conseil de sécurité qu'à analyser la validité des concepts qu'il utilise pour rendre compte et agir dans des situations des crises internationales[311].

S'il a été facile pour les rédacteurs de se convenir sur la prééminence de l'organe qu'ils appelleraient Conseil de sécurité sur l'Assemblée générale en correctif des rapports ayant existé entre le Conseil et l'Assemblée de la SDN et ce, en accordant le rôle privilégié aux membres de cet organe, il faut relever que les participants n'étaient pas toujours d'accord sur certaines idées telles le fonctionnement de celui-ci[312].

Il convient de savoir que l'organisation était envisagée sous l'angle de la sécurité : elle devait être plus contre la guerre que pour la paix, elle était donc plus négative que positive[313].

Son but premier était « maintenir la paix et la sécurité internationales et à cette fin, prendre en commun des mesures efficaces en vue de prévenir et d'éliminer les menaces à la paix et réprimer tout acte d'agression ou autre atteinte portée à la paix, et effectuer par des moyens pacifiques, l'ajustement ou le règlement de différends internationaux susceptibles de troubler la paix. »[314]

---

[309] Il faut considérer à partir de la déclaration des Nations unies en 1942.

[310] H. CASSAN, « L'avenir du Conseil de sécurité : une question de méthode, crises en conflits internationaux », in *Annuaire français des relations internationales,* n°1, 2000, *www.afri-ct.org*.

[311] P.-M. EISEMANN, *Op.cit*, p 471 ; Voir également R. YAKEMTCHOUK, *Op.cit*, p. 57.

[312] *Idem.*

[313] *Ibidem*, p 471

[314] Article 1 de la Charte des Nations unies ; Voir également le paragraphe 1 de la déclaration du millénaire, annexée à la Résolution 55/2 adoptée le 08/02/2000 et la déclaration sur le renforcement de la coopération entre l'ONU et les accords ou organismes régionaux dans le domaine du maintien de la paix et de la sécurité internationales annexée à la Résolution 49/57

En clair, avec les considérations de Dumbarton Oaks, le directoire des quatre grands tentait d'institutionnaliser la grande alliance[315]. Ils envisageaient une seule organisation qui serait chargée de l'ordre mondial.

Le pivot de tout le système proposé aurait dû être le Conseil de sécurité dont les membres auraient été les membres permanents ; il s'agissait donc de la légalisation de l'alliance temporaire de guerre en une alliance permanente pour le temps de la paix. Cette alliance disposant de vastes pouvoirs, aurait constitué le nerf central de la nouvelle organisation[316].

Le mécanisme institué peut être résumé dans ce cadre comme octroyant au Conseil de sécurité tous les pouvoirs nécessaires au maintien ou au rétablissement de la paix internationale.

Ainsi, comparativement à la Société des Nations, le système proposé constituait un progrès incontestable car, jamais sous le régime de la Société des Nations, le Conseil ne prenait de véritables décisions ; aussi, les voies d'exécution étaient-elles pratiquement inexistantes et les propositions de Dumbarton Oaks ne mentionnaient guère le dogme de la souveraineté nationale tel qu'il était stipulé à l'article 15§ 8 du pacte de la SDN ou tel qu'il sera réaffirmé à l'article 2 § 7 de la Charte.

Cette prédominance des grands s'exprimait à la faveur de deux principes :

- Le premier était celui de la délégation des pouvoirs par les membres de l'organisation au Conseil de sécurité. Le §1 de la section B du chapitre VIII déclarait : « afin de permettre à l'organisation d'agir promptement et efficacement, les membres de l'organisation devraient, en vertu des statuts de l'organisation, accorder au Conseil de sécurité la principale responsabilité en ce qui concerne le maintien de la paix et de la sécurité internationales, et convenir que, dans l'exercice des fonctions lui incombant de ce fait, le Conseil agit en leur nom »
- Le second était celui de la soumission. Le § 4 continuait : « tous les membres de l'organisation devraient s'engager à accepter les décisions du Conseil de sécurité et à les mettre à exécution conformément aux dispositions des statuts de l'organisation. »

On le voit, il s'agit d'une carte blanche donnée par les petits Etats aux grands ; la formule de Dumbarton Oaks aurait pratiquement consacré l'idée de la discrimination perpétuelle entre les grandes puissances et les petits Etats, la responsabilité du maintien de la paix et de la répression de l'agression incomberait uniquement au Conseil de sécurité.

à son §2 adoptées le 17/02/1998.

[315]La conférence de Dumbarton Oaks se range dans le cadre des réunions de grands chefs de la politique mondiale durant la guerre ; elle fut en quelque sorte la conséquence directe de l'accord des grands réalisé à Moscou en Octobre 1943.

[316]Le rapport sur le plan de Dumbarton Oaks de la commission française des affaires étrangères, in A. PRADELLE, La paix moderne (1899/ 1945). De la Haye à San Francisco, éd. Internationales, Paris, 1997, p.474, consulté en ligne sur *www.universalis.fr,* le 14 mars2012.

La prédominance absolue du Conseil se manifestait sur trois plans : celui du règlement pacifique des différends, de la mise en œuvre de la sanction internationale donc de la force armée de l'organisation et enfin en matière des arrangements régionaux.

Quant au règlement des litiges, les pouvoirs du Conseil étant démesurés : les responsabilités des Etats et des régions étaient fortement réduites. Ce problème étant en corrélation avec la question de la sanction.

Les propositions ainsi définies à coté desquelles il y avait bien d'autres ont suscité beaucoup de réactions privées.

Il convient de relever que les propositions de Dumbarton Oaks étaient l'œuvre, en automne 1944, des représentants de la Chine, des Etats Unis, du Royaume uni et l'URSS qui s'étaient mis d'accord sur les objectifs, la structure et le fonctionnement d'une organisation mondiale[317].

Selon les propositions de Dumbarton Oaks, le futur organisme qui porterait le nom d'Organisation des Nations Unies serait composé de quatre organes principaux à savoir une Assemblée générale[318] , Un Conseil de sécurité[319], un Conseil économique et social et une Cour internationale de justice auxquels il serait joint un secrétariat.

Au nombre des réactions, il faut relever effectivement celles qui portaient sur la question de la méthode de vote au Conseil de sécurité qui était laissée en suspens à Dumbarton Oaks et de la mise en œuvre par les Etats membres des forces armées à la disposition du Conseil de sécurité[320].

Cette disposition avait beaucoup retenu l'attention et avait fait l'objet de nombreuses critiques et remarques lorsque le nouveau plan fut comparé au pacte de la SDN.

Il faut souligner cependant que la lacune importante dans les propositions de Dumbarton Oaks qui était la procédure de vote au Conseil de sécurité avait été comblée à Yalta (Crimée) lors d'une conférence entre M.M Churchill, Roosevelt et Staline, assistés de leurs ministres des affaires étrangères et de leurs chefs d'Etat-major[321].

A la suite, ils firent la déclaration suivante : « nous sommes (déclaraient les trois chefs) résolus à créer avec nos alliés, aussitôt que possible, une organisation générale internationale pour la sauvegarde de la paix et de la sécurité, ... nous avons convenu de convoquer le 25 avril 1945 à San Francisco,

---

317 R. YAKEMTCHOUK, *Op.cit*, p.57.

318 Voir l'histoire des Nations unies, conférences de Dumbarton Oaks et de YALTA in fine : III C : Veto 2htm où tous les membres seraient représentés.

319 Composé de 11 membres dont cinq seraient permanents et les six autres élus par l'Assemblée Générale.

320 Le plan de Dumbarton Oaks a été critiqué et commenté par tous les alliés notamment par les Britanniques, l'Australie, la Belgique, le Canada, le Pays Bas, l'Union sud-africaine, la France, la Nouvelle Zélande, la Pologne, ...

321 Les Etats s'accordaient à reconnaitre que l'absence de forces armées avait été une faiblesse fatale du mécanisme créé par l'ancienne organisation pour le maintien de la paix et que la nouvelle proposition représentait un progrès notable.

une conférence des Nations Unies qui établira, sur la base des entretiens officieux de Dumbarton Oaks, la Charte de l'organisation dont il s'agit »[322].

Dans l'évolution de ces négociations en vue de la rédaction de la Charte des Nations Unies d'une part et, de l'autre, le souci de donner une clarté et netteté particulières à l'écriture des articles de la Charte, les représentants des Etats sont arrivés à donner et à faire coexister en matière de paix et de sécurité internationales, deux discours à savoir celui normatif du Conseil de sécurité et le discours opérationnel du secrétaire général[323]. L'un est contraint et enclos, l'autre plus libre et plus transparent.

Cette façon d'écrire avait presqu'enfermé le Conseil de sécurité dans un carcan tel qu'il a commencé à tenter d'adapter le réel aux catégories normatives sur lesquelles se sont accordés les Etats en adoptant la Charte[324], c'est ainsi que le Conseil raisonne toujours dans le conteste normatif du texte constitutif.

Le développement traditionnel du discours normatif du Conseil de sécurité ne permet de considérer que celui développé par le Conseil de sécurité.

Le discours développé par le Conseil de sécurité s'inscrit dans la logique normative des dispositions de la Charte des Nations unies. Le dispositif est clair. Les chapitres V, VI, VII et VIII, soit quatre des quinze chapitres de la Charte, délimitent les compétences des organes institués et subordonnent l'exercice de leur pouvoir à la réunion d'un certain nombre de conditions. Les modes d'action du Conseil, leur progressivité en fonction de la gravité de situations, l'articulation de son rôle par rapport à celui d'autres acteurs internationaux, tout est organisé, catégorisé, hiérarchisé dans la Charte des Nations unies.

Comme ce fut déjà le cas pour la Société des Nations, c'est une démarche légaliste qui inspire les rédacteurs de la Charte des Nations Unies en 1945. Les principes de fonctionnement du Conseil de sécurité sont conçus dans une logique interniste et pénaliste : on constate d'abord des situations d'infraction puis on met en œuvre les conséquences juridiques qui leur sont attachées. Ainsi :

- d'une part, au même titre qu'un tribunal pénal, et en vertu du chapitre VII de la Charte, le Conseil de sécurité ne peut décider d'actions que dans la mesure où il constate l'existence d'une menace contre la paix, d'une rupture de la paix ou d'un acte d'agression (article 39). Il est donc juridiquement contraint en vertu de la Charte et à la manière d'un juge, d'établir les faits-éventuellement en diligentant une enquête (article 34) - de les apprécier et de les qualifier[325] ;
- d'autre part, la Charte définit une gradation des moyens d'action à la disposition du Conseil. L'article 40 stipule qu'avant de décider de mesures coercitives sur base des articles 41 et 42, il *« peut inviter les*

---

[322]ONU, *ce qu'il faut savoir, … Op.cit*, p.8 et 9.

[323] H. CASSAN, *Op.cit*, p.807.

[324]*Idem.*

[325]On sait que la Charte va plus loin dans cette logique pénaliste que le pacte de la Société des Nations en confiant la compétence de qualification à un organe commun, le conseil et non plus aux Etats Membres.

parties intéressées à se conformer aux mesures provisoires qu'il juge nécessaire ou souhaitables ».

L'article 41 l'autorise à décider des mesures coercitives n'impliquant pas le recours à la force armée, et l'article 42 à décider de mesures impliquant le recours à la force armée dans le cas où les mesures prévues à l'article 41 seraient inadéquates ou se seraient révélées telles. On ne peut s'empêcher de voir dans cette échelle progressive des actions un ordre que le Conseil doit tenter de respecter, au moins lorsque la situation qui lui est soumise ne constitue pas un acte d'agression.

L'intervention du Conseil est donc envisagée essentiellement sous la forme coercitive, pendant la durée d'hostilités militaires entre Etats et elle n'a pour objet que le maintien ou le rétablissement de la paix. C'est dans le cadre de cette logique exclusivement normative de la Charte que le Conseil de sécurité a longtemps exercé sa mission.

En premier lieu, et sans pour autant toujours mentionner expressément l'article 39 de la Charte, le Conseil a régulièrement qualifié la situation pour laquelle il envisageait une action au titre du chapitre VII. On peut citer à titre d'exemple : la résolution 232 (1966) du 16 décembre 1966 dans laquelle il a constaté « que la situation en Rhodésie du sud constitue une menace contre la paix et la sécurité internationales », la résolution 598 (1987) dans laquelle il a constaté « qu'il existe une rupture de la paix en ce qui concerne le conflit entre l'Iran et l'Irak » et les résolutions 387 (1976), 393 (1976) et 527 (1982) constatant des « actes d'agression » et des « actes agressifs » à propos des interventions armées de l'Afrique du sud en Angola, en Zambie et au Lesotho.

Dans le contexte de guerre froide, la logique normative était seule susceptible de recueillir l'assentiment des cinq membres permanents du Conseil de sécurité et de légitimer aux yeux de tous l'action d'un organe international aux fonctions pourtant très politiques. Cette préoccupation légaliste a été d'ailleurs très clairement exprimée par le gouvernement argentin lors des débats précédant l'adoption de la résolution 232 (1966) : « s'abstenir de constater d'une manière spécifique l'existence d'une menace contre la paix et se borner à décider des mesures à prendre équivaudrait à rendre un jugement en indiquant la peine mais sans préciser l'infraction »[326].

En second lieu, le Conseil a parfois, dans un souci légaliste, mentionné l'article de la Charte sur la base duquel il envisageait une action spécifique. On trouve des références explicites aux articles 40 et 41 dans plusieurs de ses résolutions : l'article 40est expressément cité comme fondement à l'imposition de l'arrêt des combats en Palestine (Résolution 54 de1948), et l'article 41 comme fondement des mesures économiques décidées par le Conseil à l'égard de la Rhodésie du sud (résolution 388 (1976) et 409 (1977)). L'article 42 n'a quant à lui jamais été expressément cité comme fondement d'une action militaire. Mais cette lacune tient probablement davantage à l'impossibilité

[326]Rép. CS, suppl. 1966-1968, p. 203.

matérielle de mettre en œuvre ces dispositions qu'à une volonté de s'affranchir de la logique normative de la Charte.

De tout ceci, le chapitre VIII également a fait l'objet de plusieurs critiques et corrections entre les tenants d'une compétence exclusive du Conseil de sécurité dans le maintien de la paix et de la sécurité internationales et ceux qui entrevoyaient la décentralisation effective et efficiente en ce qui concerne l'usage de la force par les organisations régionales[327].

Il s'est même posé un problème en ce qui concernait la définition de l'accord régional et des éléments qui devaient être pris en compte pour considérer les situations ou des organismes régionaux comme tels. Dans les propositions de Dumbarton Oaks, de nombreux amendements y ont été pris par plusieurs gouvernements par rapport à sa section c du chapitre VIII sur le régionalisme.

Certains visaient une accentuation très rigide du rôle du régionalisme en préconisant une définition rigide du terme accord, la nécessité de doter les organes régionaux des pouvoirs en matière de sanctions régionales[328].

La plupart de ces amendements furent élaborés bien avant l'ouverture des travaux de San Francisco et d'autres vinrent le jour même pendant les travaux et mettaient une attention particulière sur les intérêts étatiques, la position stratégique, l'intention de constituer tels groupements.

En clair, le plan de Dumbarton Oaks consacrait toute une section C du chapitre VIII au problème régional et trois articles permettaient de considérer que ce texte était absolument différent du libellé de l'article du pacte de la SDN. Ce texte consacrait quatre principes qui devaient présider à l'intégration du régionalisme dans l'organisation universelle.

L'existence même des groupements régionaux, telle fut la proposition de l'Egypte, était déclarée licite.

- Ces groupements doivent s'efforcer de chercher des solutions à tous conflits de caractère local ;
- Ils doivent être utilisés par le Conseil de sécurité dans l'application des mesures coercitives, mais toujours et partout sous l'autorité suprême du Conseil ;
- Ils doivent être soumis à l'organisation. A cette fin, ils tiendront le Conseil de sécurité au courant de toute leur activité.

Pour se rendre compte de la volonté des grands et initiateurs du plan de Dumbarton Oaks, il convient de voir l'écriture du texte :

1. Rien dans la Charte ne devrait s'opposer à l'existence d'arrangements régionaux ou d'organismes régionaux pour traiter des questions relatives au maintien de la paix et de la sécurité internationales qui peuvent faire l'objet d'une action de caractère régional, à condition que ces arrangements ou organismes et leurs activités soient compatibles

[327] D. BACH, « Régionalismes, régionalisation et globalisation », *in* M. GAZIBO et C. THIRIOT *(dir), L'Afrique en science politique,* Paris, éd. Karthala, 2009, p.345.

[328]Telle fut la proposition de l'Egypte.

avec les buts et les principes de l'organisation. Le Conseil devrait encourager le règlement des différends de caractère local par l'intermédiaire de ces arrangements régionaux, soit sur l'initiative des Etats intéressés, soit à la suggestion du Conseil de sécurité ;

2. Le Conseil de sécurité devait chaque fois qu'il convient faire usage de ces arrangements ou organismes en vue de l'application sous son autorité, de mesures coercitives, mais aucune mesure coercitive ne devrait être appliquée en vertu d'arrangements régionaux, sans l'autorisation du Conseil de sécurité ;
3. Le Conseil de sécurité devrait en tout temps être tenu pleinement au courant des activités entreprises ou envisagées en vertu d'arrangements régionaux ou par des organismes régionaux, en vue de maintenir la paix et la sécurité internationales.

La volonté perspicace des rédacteurs des travaux de Dumbarton Oaks était que les groupements régionaux tels prévus par la conférence étaient envisagés en tout premier lieu sous l'angle de la sécurité et que leur rôle ne devait pas être de veiller au développement de la collaboration économique, sociale, culturelle et intellectuelle ; les groupements régionaux devaient être utilisés par le Conseil de sécurité principalement en vue du maintien et même de la restauration de la paix[329].

Cette proposition a connu plusieurs réactions en plus de celles évoquées telles des anglo-saxons, soviétiques, latino-américaines, …

De celles-ci, M. Guerrero, juriste latino-américain, fut publié dans l'intervalle des conférences de Dumbarton Oaks et de San Francisco un ouvrage et a réussi à résumer clairement les griefs du monde latino-américain à l'égard des propositions de Dumbarton Oaks. Pour lui, le dogme de la primauté des grandes puissances en ce qui concernait le maintien de la paix et de la sécurité internationales paraissait peu fondé car, dit-il : les grandes puissances partent d'un postulat dont les prémisses sont entièrement fausses.

La paix et la sécurité internationales ne sauraient être garanties, disent-elles, que par les forces mêmes qui remporteront la victoire prochaine, devant supporter la responsabilité du maintien de la paix et de la sécurité, il serait logique que ces mêmes puissances se chargeassent de la direction du monde.

Pour qu'il soit possible d'admettre ce postulat, il faudrait être sûr que l'accord actuel de ces puissances se prolongeât dans le temps et dans l'espace mais, si l'on pouvait avoir cette garantie, pourquoi organiser une nouvelle Société des Nations[330].

De ce qui précède, le chapitre VIII et les accords régionaux avaient occupé une place de choix à la conférence de San Francisco et dans la Charte de l'ONU.

---

329 R. YAKEMTCHOUK, *Op.cit*, p 61.

330 GUERRERO, *L'ordre international. Hier aujourd'hui et demain*, Neuchâtel, éd. De la Baconnière, 1945, p.174, ouvrage en ligne.

Si les débats tournaient uniquement sur les propositions de Dumbarton Oaks en rapport avec les accords régionaux et l'ONU, il convient de savoir que celles-ci accentuaient fortement le rôle dirigeant du Conseil de sécurité dans le règlement des affaires touchant à la paix surtout que le projet de quatre grands insistait sur le monopole du Conseil de sécurité dans le déclenchement de toute action coercitive[331]. Le chapitre VIII section C déclarait qu'aucune mesure coercitive ne devrait être appliquée en vertu d'arrangements régionaux sans l'autorisation du Conseil[332].

C'était donc contre cette omnipotence du Conseil que s'était ouverte l'offensive de certains Etats particulièrement intéressés dans l'automatisme de l'action défensive. Il s'agissait d'opposer à l'omnipotence défensive fragile du Conseil de sécurité les systèmes régionaux (décentralisés) de sécurité.

Il y a lieu de retenir que les amendements avaient été pris en compte dans l'écriture du chapitre VIII, à laquelle il a été ajouté l'amendement lié à l'insertion de l'article 51 relatif à la légitime défense[333].

L'insertion de cet article 51 témoignait du souci de concilier deux tendances dominantes à savoir celle universaliste, donc en faveur de la suprématie très nette du Conseil et celle régionaliste, c'est-à-dire en faveur d'une certaine décentralisation de la sécurité collective.

Ainsi, après avoir pensé rencontrer et concilier les tendances en présence en vue de la création de l'ONU, à travers l'écriture des dispositions de la Charte, les Etats se sont vite rendus compte que beaucoup de dispositions posaient effectivement des problèmes quant à leur interprétation et à leur mise en œuvre[334].

Cette situation de mise en œuvre difficile a été aggravée par la situation politique de l'époque à savoir l'équilibre des puissances créé par la guerre froide.

2. Les difficultés liées au droit de veto

De ceci, la hiérarchie des pouvoirs entre les organes des Nations Unies mis en place était là pour assurer l'hégémonie des « quatre grands sur le système

---

[331] R. YAKEMTCHOUK, *Op.cit*, p 112.

[332] *Idem.*

[333] Cette formule d'amendement proposée par la Turquie était liée à la notion d'accord régionale. Il fut donc souligné l'esprit collectif de la légitime défense en même temps qu'envisageaient les groupements régionaux sous l'angle purement défensif. Lire également Dumbarton Oaks, propositions relatives à l'établissement d'une organisation internationale régionale, commission de l'information en temps de guerre, Ottawa, [SA], p.19

[334] Voir par exemple l'article 47 sur le comité d'Etat-major et article 39 qui ne précise pas les détails des contenus sur la menace sur la paix, la rupture de la paix et l'acte d'agression et laisse ainsi grande place à une interprétation extensive pour permettre au Conseil de sécurité de sortir du carcan de la juridicité des dispositions de la Charte. Je souligne que j'adhère à une interprétation extensive de la Charte car il est de fois question d'une appréciation discrétionnaire et d'opportunité.

onusien, devenu à San Francisco les cinq grands avec l'intégration de la France. Parmi les prérogatives que se sont attribuées les grands, la plus contestée fut le droit de veto[335].

Des délégations tentèrent à San Francisco de le limiter, argumentant qu'il comportait le risque de paralyser le processus décisionnel de l'ONU, comme la règle de l'unanimité avait bloqué celui de la SDN et de favoriser le clientélisme autour des grandes puissances[336].

Et en réponse à cette préoccupation, les quatre grands à savoir les USA, le Royaume uni, L'URSS et la Chine publièrent le 7 juin 1945 une déclaration sans équivoque : « étant donné les responsabilités primordiales des membres permanents, on ne peut pas s'attendre, dans l'état actuel des conditions du monde, à ce qu'ils assument l'obligation d'agir dans un domaine aussi grave que le maintien de la paix et de la sécurité, en exécution d'une décision à laquelle ils n'ont pas donné leur adhésion»[337].

La seule concession faite, purement formelle, fut que le recours au droit de veto serait exceptionnel. Ainsi, les cinq membres permanents, à l'encontre d'un principe fondamental de la Charte qui est l'égalité souveraine de tous les Etats, disposent du droit régalien de refuser toute résolution contraire à leurs intérêts.

En clair, le fait pour les grandes puissances de s'attribuer la responsabilité principale du maintien de la paix et de la sécurité internationales l'était effectivement sans se rendre compte des problèmes politiques, économiques et militaires qui pourraient surgir dans les relations internationales.

Ces dispositions constatées déjà au lendemain des travaux de San Francisco ont occasionné une guerre dite froide[338].

Cette guerre froide indiquait qu'il ne s'agissait pas d'une guerre au sens habituel du terme mais d'une confrontation qui proscrit immédiatement l'affrontement armé direct entre deux grands vainqueurs de la seconde guerre mondiale, elle était cependant marquée par une course aux armements, la menace nucléaire (équilibre de la terreur) et la compétition technologique dans le domaine de la conquête de l'espace. C'était vraiment la période des tensions et de la confrontation idéologique et politique entre les deux super puissances que furent les Etats-Unis et l'Union des Républiques Socialistes Soviétiques (URSS) et leurs alliés entre 1947 et 1991, année de l'implosion de l'URSS et de la dissolution du pacte de Varsovie[339].

335Voir l'article 27 sur le vote au Conseil de sécurité.

336 N. ANDERSON, « Les Nations unies, d'un monde bipolaire à un monde unipolaire », in *www.rinoceros.org* consulté le 17 mars 2011.

337N. ANDERSON, *Op.cit.*

338L'expression guerre froide est l'œuvre des journalistes qui n'ont pas hésité de qualifier ainsi la période de 1945 à 1989. Mais par souci de précision, les historiens ont préféré découper cette période en grandes tranches à savoir la montée de la méfiance entre 1945 et 1947, la guerre froide (1947 à 1956), ensuite la coexistence pacifique (1962 et 1973) ou encore la paix chaude (1973 à 1985) et enfin la période contemporaine vers un monde unipolaire. Lire avec fruit sur *www. cartoflash .free.fr* consulté le 21mars 2012.

339 R. ARON, *Les conventions de la guerre froide dans une histoire du XX siècle*, Paris, éd.

Cette guerre froide a été illustrée principalement à travers les conflits tels du Cuba, Berlin, Viet Nam, Cambodge, Prague, Afghanistan, Angola, etc.[340]

Comme incidences de la guerre froide, ces affrontements idéologiques ont trouvé place au Conseil de sécurité et paralysèrent ainsi toute l'activité car il y a eu un usage excessif du droit de veto de l'un quelconque des membres, en particulier l'URSS et les USA à chaque fois que leurs intérêts étaient en jeu.

Pendant cette période de guerre froide, le seul cas connu où le Conseil de sécurité a pu prendre une résolution importante est celui à travers lequel cet organe a condamné l'agression Nord-Coréenne et a décidé de venir en aide à la Corée du Sud en date du 25 juin 1950[341].

Il faut toutefois relever que si cela a été possible, c'était parce que tout simplement depuis février 1950, afin de protester contre la présence de Taiwan et non de la Chine populaire, l'URSS boycottait les séances du Conseil de sécurité et n'avait donc pas pu mettre son veto à cette résolution.

Ces situations ainsi relevées ont effectivement déçu les espoirs de tous ceux qui avaient cru en l'installation de cette organisation comme remède aux maux décriés dans la SDN.

Cette confrontation qui avait tant paralysé le Conseil s'est soldée par la chute du bloc soviétique de l'Europe de l'Est, la fin du monde bipolaire, la dissolution de l'URSS, la décolonisation du monde avec comme conséquence le fait que les USA sont devenus la seule super puissance restante[342].

Il a été même pensé qu'avec la fin de la guerre froide, le Conseil de sécurité connaitrait une renaissance et remplirait suffisamment sa tâche relative au maintien de la paix et de la sécurité internationales.

Consécutivement et malheureusement, d'autres difficultés, d'un genre nouveau, sont nées à partir de 1990 en dépit du regain d'intensité du Conseil de sécurité dans les actions de maintien de la paix et de la sécurité internationales.

Ainsi, il convient d'examiner la situation qui a caractérisé la période post guerre froide afin de comprendre le foisonnement et la pluralité des contextes dans lesquels le Conseil de sécurité était appelé à agir.

Plon, 1996, p.255.

[340] *Idem* ; le conflit de Berlin a bel et bien eu lieu, car après la rupture de 1947, les USA et l'URSS entrent dans une logique d'affrontement marqué, sans toutefois déboucher sur un conflit ouvert. C'est à Berlin que s'est déroulé une de crises majeures qui marquait le début de la guerre froide. En Juin 1948, les USA, les Britanniques et les Français fusionnent leurs zones d'occupation pour bénéficier de l'aide Marshall. Les Soviétiques dénoncent une violation des accords de Postdam et décident d'isoler les secteurs d'occupation occidentaux de Berlin pour les contraindre à se retirer et faire passer toute la ville sous leur autorité (lire la première crise de Berlin (Juin 1948-Mai 1949), in *www.undp.fr*.

[341] Voir Rés. (150) du 25/06/1950.

[342] B. DROZ et A. ROWLEY, *Histoire générale du XX siècle*, Paris, éd. du Seuil, 1987, p.79.

B. La situation de l'après-guerre froide

A partir de la fin de la guerre froide, une nouvelle histoire semblait s'écrire dans le cadre des Nations Unies en vue de leur permettre d'assurer à bon escient les objectifs pour lesquels elle était créée. Cependant, d'autres difficultés se sont érigées devant elle rendant ainsi son action ambigüe sinon inefficace. Il s'agit du nouvel ordre mondial imposé par l'hyper puissance américaine, le recours croissant à l'unilatéralisme et l'affirmation brutale de la puissance américaine à partir de 1993, l'émergence d'autres pôles des puissances et les tentatives américaines de régulation, la souveraineté des Etats, les déséquilibres économiques et sociaux croissants, des violences aux formes nouvelles et la montée d'acteurs illégaux et enfin le développement durable qui constitue un enjeu pour la sécurité internationale.

De ces éléments, la position unilatéraliste américaine passe pour le premier tandis que les autres viennent tout juste après et sans hiérarchie.

1. Place de l'unilatéralisme américain dans l'ONU de l'après-guerre froide

En ce qui concerne le nouvel ordre mondial imposé par l'hyper puissance américaine, celui-ci s'est caractérisé par le recours croissant à l'unilatéralisme et l'affirmation brutale de la puissance unilatérale et ce, à partir de 1993[343].

En effet, la disparition de l'URSS, l'effondrement de l'empire soviétique et la fin de l'affrontement Est-Ouest ont eu pour effet de libérer les Etats unis des lourdes contraintes que faisaient peser sur eux la nécessite de maintenir l'équilibre entre les deux blocs[344].

Les Etats unis, dotés de la puissance militaire, de la puissance économique, de la capacité à produire et à diffuser de l'information en direction de l'opinion mondiale, font effectivement figure d'hyper puissance.

La conjoncture internationale nouvelle conjuguée à cette position hégémonique ont été l'occasion pour les Etats unis d'Amérique d'imposer au monde entier un projet d'ordre international fondé sur les valeurs essentielles indissociables de la démocratie et du capitalisme, les seules capables, selon cet Etat, d'apporter la paix, la sécurité et la prospérité aux habitants de la planète.

Ainsi, le nouvel ordre mondial proposé après la guerre froide par Georges BUSH en 1991 à la suite de la victoire des USA contre L'Irak est un ancien projet qui fut longtemps contrarié par les vicissitudes de l'histoire[345].

---

[343] G. DARIER et J.-M. DARIER, « Les relations internationales de l'après-guerre froide : quel ordre mondial », in *www.diplomatiegouv.org*, p.814, consulté le 24 mars 2912.

[344] J.-B. DUROSELLE et A. KASPI, *L'histoire des relations internationales de 1945 à nos jours*, Paris, Armand Colin, « classic », 2002, p.512.

[345] P. MOREAU DEFARGES, *L'ordre mondial*, Paris, éd. Armand-Colin, 2000, p.51.

En effet, le rêve américain d'un système de relations internationales fondé sur le respect des principes démocratiques émerge à l'issue de la première guerre mondiale, lorsque dans une déclaration devant le congrès des USA le 08 Janvier 1918, le président démocrate W. Wilson avait exposé son plan de paix pour le monde en « quatorze points ». Ce projet s'était heurté aux égoïsmes nationaux des grandes puissances européennes et au refus d'un congrès à majorité républicaine d'accepter que les USA ne deviennent membre de la SDN[346].

Toutefois, ces idées wilsoniennes ont été reprises par Roosevelt en tirant les leçons de l'échec de la SDN lorsque la Charte de l'ONU était signée le 26 Juin 1945 car elle a créé un ordre international fondé sur la bipolarisation.

Et lorsque le Républicain Georges Bush a été élu en novembre 1988, il entendait tirer parti de ce qu'il estimait être la victoire américaine dans la guerre froide et, ainsi, dans un discours à l'ONU, il propose de fonder un nouvel ordre mondial qui prendrait appui sur la démocratie libérale, la liberté organisée des échanges, la concertation des puissances, le droit des peuples à disposer d'eux-mêmes, le caractère inviolable des frontières ; ce nouveau système des relations internationales devait fonctionner dans un cadre multilatéral qui privilégierait la concertation et la négociation entre Etats avec une place primordiale réservée à l'ONU[347].

Les Américains ont fait croire au monde qu'ils étaient à même de bien mener leur mission de gendarme du monde et de promouvoir le respect des institutions internationales et de droit[348].

Dans les premières années qui ont suivi la guerre froide, on pouvait croire que les Etats Unis allaient mener à bien leur mission de gendarme du monde et promouvoir le respect des institutions internationales et du droit.

L'Amérique a eu désormais les mains libres pour faire cesser le conflit israélo palestinien. L'OLP, pressée par une URSS surtout soucieuse d'améliorer ses relations avec les Etats Unis, s'engageait dans un processus de reconnaissance de l'Etat Hébreu. Cette nouvelle attitude permettait la réunion de la première conférence de paix pour le proche orient à Madrid en octobre 1991, puis en octobre 1993 à Washington la signature d'une déclaration en vue de la paix. A cette occasion, Rabin Itzhatk, le premier ministre israélien et Shimon Peres, son premier ministre des affaires étrangères, serraient la main de Yasser Arafat, le chef de l'OLP, sous les yeux de Bill Clinton, président des Etats Unis et devant les caméras du monde entier.

A la même époque, les USA intervenaient aussi pour ramener la paix en ex Yougoslavie. Alors que le pays s'entredéchirait dans une guerre civile qui

346 G. DARIER et J.-M. DARIER, *Op.cit*, p.15.

347 Le plan proposé par George BUSH est accueilli très favorablement par une opinion publique occidentale qui espérait en la paix vraie, il a obtenu le soutien réel mais plus mesuré des alliés de l'Amérique.

348 B. ROMAN AMAT, « Le gendarme du monde », in *Herodote.net*, p.1, consulté le 04/07/2014 ; Dans le même sens, L. BERTRAND, « Le nouveau costume du gendarme du monde », in *Droit de cité.org*, p.7

opposait notamment les Serbes aux Croates et aux Musulmans de Bosnie, les pays de la communauté européenne se montraient incapables de mettre en œuvre une solution. Les soldats de la FORPRONU intervenus à partir de février 1992 n'ont ni les effectifs de l'armée américaine ni la possibilité de faire feu pour pouvoir s'interposer entre les belligérants. Seule une intervention de l'armée américaine et des forces alliées de l'OTAN imposait finalement la paix. Les accords de Dayton ont été signés fin 1995 sous l'égide des Etats Unis et la Bosnie Herzégovine était partagée en trois entités autonomes selon des critères ethniques.

Toutefois, la victoire de la diplomatie américaine était vécue comme un échec du nouvel ordre mondial. Trois des piliers du système international souhaité par les Etats Unis avaient montré leur fragilité lors de la crise bosniaque ; l'ONU avait été incapable d'agir de manière efficace, le droit des peuples à disposer d'eux-mêmes au lieu de se couler dans les frontières reconnues par les Nations Unies en 1992 avait été remise en cause par des peuples refusant de vivre dans l'Etat ainsi créé, le caractère inviolable des frontières n'avait guère été respecté.

Les Etats Unis commençaient à penser que vouloir établir un ordre mondial en s'appuyant sur l'ONU et en tenant pas compte des règles multilatérales était impossible. Toutefois, c'était l'intervention américaine en Somalie en 1993 qui porta le coup le plus rude aux ambitions de la *pax americana.*

Par le travers de ces actions, il s'est développé ce recours croissant à l'unilatéralisme et à l'affirmation brutale de la puissance à partir de 1993.Ainsi, avec l'enlisement de la FORPRONU en ex Yougoslavie et l'échec en Somalie, il devenait de plus en plus évident que les Etats Unis cherchaient à adopter un autre mode de gestion des grands problèmes internationaux, un mode de gestion unilatéral. L'unilatéralisme, c'est-à-dire la tendance à agir dans le monde en dehors du cadre réglementaire défini par la communauté internationale devenait en effet la règle pour le gouvernement américain. Les Etats Unis agissaient avec bonne conscience dans la mesure où ils estimaient que les valeurs qui étaient les leurs étaient les seules qui pouvaient sauver l'humanité. Cette attitude n'était en rien une conséquence automatique de la toute-puissance des Etats Unis. Leur hégémonie aurait pu les conduire à avoir une politique étrangère tenant compte de l'avis du reste du monde. Au lendemain de la seconde guerre mondiale, leur puissance était relativement supérieure à celle d'aujourd'hui. Pour autant, le système international qu'ils avaient mis en place était fondé sur le multilatéralisme et la création de grandes organisations internationales : l'ONU, le FMI, le GATT, … L'unilatéralisme actuel des Etats Unis était donc un choix politique délibéré.

La vision impériale était donc apparue comme le fondement de la nouvelle politique des Etats Unis car, très clairement, les autorités américaines affirmaient que le monde était désormais une surface globale dominée par les Etats Unis, puissance impériale chargée d'étendre à surface du monde l'économie de marché et la démocratie, valeurs emblématiques de la civilisation américaine. Ce discours justifiait le recours à l'unilatéralisme, impliquait l'instrumentalisation du droit international et déclarait que la politique des Etats Unis devait plus que jamais être au service des ambitions économiques des Etats Unis.

2. L'incidence des autres éléments sur l'action de l'ONU

En ce qui concerne l'émergence d'autres pôles de puissances et les tendances américaines de régulation, il convient de savoir qu'avec toujours la fin de la guerre froide, s'il est vrai que les USA sont restés l'hyper puissance hégémonique du monde, il est aussi vrai que d'autres pôles de puissances ont émergé.

Il s'agit par exemple pour l'Asie du Sud et du Sud Est des puissances comme la Russie qui garde en héritage les principaux attributs qui ont fait la puissance soviétique (richesses naturelles, forces militaires, puissance nucléaire, siège de membre permanent du Conseil de sécurité de l'ONU)[349] et l'Union Européenne qui est aujourd'hui une puissance capable, indépendante vis-à-vis des USA.

La montée de ces puissances dont certaines sont membres permanents du Conseil de sécurité et puissances dans leurs régions respectives constitue en effet une difficulté qui rend ambiguë l'action du Conseil de sécurité lorsqu'il se retrouve devant un conflit d'intérêt entre ces membres. Cela veut tout simplement dire qu'à chaque fois qu'un allié d'une de ses puissances doit être sanctionné, très facilement, cette puissance pourra faire valoir son veto.

En dépit de ce qui peut paraitre artificiellement comme une opposition dans une certaine mesure, il convient de relever que certaines de ces puissances font pratiquement allégeance à l'hyper puissance dans certains cas. L'exemple le plus patent est celui de la Chine qui n'a jamais accepté l'unilatéralisme américain et la doctrine de la guerre préventive mais est consciente des rapports de force et des avantages d'une relative entente avec les Etas Unis. A cet effet, elle ne brandit presque pas la menace d'un veto au Conseil de sécurité de l'ONU et interdit sur son territoire les manifestations antiaméricaines.

Dans ce même contexte, la Russie qui était très fragile, avec un Etat en recomposition, gérant difficilement l'entrée dans l'ère du capitalisme et de l'économie du marché et dans l'apprentissage de la démocratie, elle, qui a connu également une corruption et une mafia qui gangrenaient le système productif et d'administration, a su se faire une place dans le concert des Nations surtout au Conseil de sécurité où elle arrive à poser son veto sur des résolutions qui contrarient sa position et ses intérêts[350].

---

[349] J.-B. DUROSELLE et A. KASPI, *Op.cit*, p. 421.

[350] L'exemple éloquent est celui du veto Russe sur la question syrienne au Conseil de sécurité en février 2012.

Une autre entité dont la montée est décisive est l'Union Européenne dont le développement communautaire est une évolution marquante des relations internationales des cinquante dernières années.

Mais il faut relever que fondamentalement, si la montée de l'Union Européenne n'a pas effectivement rendu ambigu l'action du Conseil de sécurité, elle a permis néanmoins de recréer un certain équilibre entre cette organisation et l'hyper puissance, les USA, au niveau des relations internationales.

L'Union Européenne possède la puissance économique, commerciale, culturelle et démographique. Depuis la création et la mise en circulation de l'Euro, elle est une puissance monétaire à laquelle il manque une véritable dimension militaire, politique et diplomatique.

Ceci s'explique par le fait que le projet Européen s'était longtemps limité à des aspects économiques et que la plupart des Etats du vieux continent avaient choisi la tutelle diplomatique et militaire des USA en confiant leur défense à l'OTAN, une organisation chargée de protéger le continent de la menace soviétique[351].

Ainsi, la volonté de faire exister l'Europe sur la scène internationale ne s'est imposée que tardivement et progressivement, car en 1992, le traité de Maastricht donnait naissance à l'Union Européenne dotée d'une politique étrangère et de sécurité commune[352].

Quant aux problèmes liés à la souveraineté des Etats, aux déséquilibres économiques et sociaux croissants, aux violences aux formes nouvelles, à la montée d'acteurs illégaux et aux développements durables, il convient de savoir par exemple que pour le cas lié à la souveraineté, dans son action, l'ONU se heurte à la souveraineté des Etats[353].

Le droit international actuel pose comme principe le respect de la souveraineté des Etats[354]. La force légitime appartient à l'Etat.

Toute opération de maintien de la paix se heurte donc à l'interdiction inscrite dans la Charte d'ingérence dans les affaires d'un Etat or, la plupart des conflits actuels sont des guerres civiles[355].

Le droit d'ingérence humanitaire qui, depuis 1990, permet de définir des couloirs humanitaires, ne rend possible que des actions très limitées. Pour imposer des règles aux Etats, il faudrait dépasser la souveraineté nationale qui est encore la base du droit international.

---

[351] G. DARIER et J.-M. DARIER, *Op.cit*, p. 23.

[352]Appelée PESC dont le traité d'Amsterdam avait doté d'un haut représentant et aujourd'hui, la constitution Européenne ou mieux le traité simplifié a intégré un ministre européen des affaires étrangères.

[353]A l'exception bien entendu des mesures prises en vertu du chapitre VII de la Charte et également avec l'effet induit au niveau des Etats de la mise en œuvre de l'article 51 sur la légitime défense.

[354] B. DADIER, *Essai sur le désordre international et sur l'utilité sociale du respect*, Paris, éd. Fayard, 1997, p.66.

[355]*Idem*, voir également TSHIBANGU KALALA, *Op.cit*, p17.

En ce qui concerne les déséquilibres économiques et sociaux, il faut observer que ce problème n'est pas nouveau mais il est devenu une des sources d'instabilité dans le monde qui accroche l'action de l'ONU.

Face à l'aggravation de la situation sanitaire, sociale et économique des pays les moins avancés, la communauté internationale reste divisée tandis que les aides publiques et privées sont en pleine régression.

Quant aux violences aux formes nouvelles, il est aisé de relever qu'après la guerre froide, le terrorisme a pris une ampleur qui écorche l'action de l'ONU car il a atteint une dimension nouvelle avec l'affaire de nouveaux courants islamistes[356].

Ce terrorisme qui est en réalité une forme de l'action politique se présente soit comme un préalable, soit comme un substitut à la guerre[357].

Dans le cadre d'un Etat, il est éminemment subversif et vise à saper les valeurs et les solutions établies, et il peut déboucher à une guerre civile ; à l'échelle internationale, il se conçoit comme une stratégie de pression sur les gouvernements ou les organismes internationaux[358].

En ce qui concerne la montée d'acteurs illégaux, l'on s'aperçoit qu'il s'agit plus des groupes maffieux et terroristes dont la multiplication constitue un phénomène incontournable de politiques nationales et internationales car il conduit l'Etat à repenser sa place et son action en politique étrangère. Cette articulation entre le rôle de l'Etat, de surcroit de l'ONU, et celui des autres constituent un enjeu primordial.

S'il est vrai que les acteurs internationaux illégaux et illégitimes ont pris une ampleur inquiétante, il est tout aussi vrai que d'autres acteurs notamment les sociétés transnationales[359] aux objectifs lucratifs ont émergé sensiblement au point de rendre effectivement ambigüe l'action du Conseil de sécurité de l'après-guerre froide.

En dernier lieu, les questions relatives au développement durable constituent un nouvel enjeu pour la sécurité internationale et une nécessité pour le développement.

Ce concept de développement durable est une interrogation majeure de nos sociétés[360]. A cet effet, l'ONU fixe même des objectifs du millénaire pour le

---

[356] P. BONIFACE, *Atlas des relations internationales*, Paris, éd. Hatier, 2003, pp. 56-57.

[357]*Idem*

[358]*Ibidem*.

[359]Terme préféré à multinationales par L. CARROUE, *Géographie de la mondialisation*, Paris, éd. Armand-Colin, 2002, p. 177.

[360]En 1987, la commission des Nations unies sur l'environnement et de développement (Word commission on environnement and development, WCED) publiait le rapport Brundtland du nom de sa présidente, Gro hurlem Brundtland et intitulé « Our Common Future » ce document est devenu la conception directrice du développement durable tel qu'on l'entend aujourd'hui encore.

Le rapport Brundtland constate que les problèmes environnementaux les plus graves à l'échelle de la planète sont essentiellement dus à la grande pauvreté qui prévaut dans le Sud et aux modes de consommation et de production non durables pratiqués dans le Nord. Il demande une

développement mais au regard des problèmes congénitaux liés au développement, cette action est rendue difficile et ambigüe.

A ce stade donc, il apparait clairement que l'ONU était créée en correctif de la SDN et a vu son action, en particulier de son Conseil, être mise en difficulté aussi bien avant qu'après la guerre froide. Que déjà à sa création, elle consacrait le régionalisme comme moyen d'appui à son action bien qu'il s'est développé une tendance centralisatrice dans la pratique et la gestion du maintien de la paix et de la sécurité internationales au niveau du Conseil de sécurité.

Section IIème : LES OUVERTURES RELATIVES A LA HIERARCHISATION DE LA GESTION DE LA PAIX ET DE LA SECURITE INTERNATIONALES

L'ONU a hérité de la SDN de situations fort complexes. Face aux défis et périls du désordre mondial, l'ONU s'évertuait à les réguler. Ce système s'est créé comme le seul et unique lieu, entre raison et aventure, où les gouvernements de l'ensemble de la communauté internationale disposent d'un droit d'expression.

Ce droit d'expression a permis de régler deux situations importantes. La première est celle de la gestion de la paix et de la sécurité mondiales à travers les mécanismes dans lesquels les grands seraient toujours impliqués lorsqu'ils marqueraient sans équivoque leur accord par un vote affirmatif. La seconde, celle de la reconnaissance des anciennes alliances, organisations régionales qui existaient sous les différentes étapes de la construction de la SDN, de l'ONU et plus tard l'affirmation et la reconnaissance de leur existence auxquelles il est ajouté quelques considérations sur les futures organisations régionales à créer par les Etats après l'entrée en vigueur de la Charte de San Francisco.

Ainsi, en dépit de ces grandes décisions, bien sûr, parmi tant d'autres, il s'est observé que malgré cette reconnaissance formelle de la gestion régionale de la paix et de la sécurité internationales dans l'activité de l'ONU, il s'était développé une nette tendance centralisatrice qui voulait nécessairement faire respecter ce qu'on qualifierait de la mission principale du Conseil de sécurité à savoir le maintien de la paix et de la sécurité internationales. Ces deux considérations constituent bien entendu les paragraphes qui sont développés à ce stade.

---

stratégie qui permette de conjuguer développement et environnement. Ce processus est défini par le terme de « sustainabledevelopment », qu'on a traduit par la suite par « développement durable » et dont on donne la définition suivante : « le développement durable est un développement qui répond aux besoins du présent sans compromettre la possibilité, pour les générations à venir, de pouvoir répondre à leurs propres besoins ».

§1. La tendance centralisatrice du niveau universel

L'ONU a été construite telle que la hiérarchie des pouvoirs entre le Conseil de sécurité, l'Assemblée générale et le Secrétariat mise en place était là pour assurer l'hégémonie des « quatre grands » sur le système onusien, devenus à San Francisco les « cinq grands » avec l'intégration de la France[361].

Deux raisons expliquaient ce dispositif. La première proclamée et incontestable est leur rôle déterminant dans la victoire sur le fascisme et le nazisme, la deuxième sous-jacente est que : « la guerre civile internationale qui, depuis 1917, faisait non seulement que les intérêts nationaux des alliés de la seconde guerre mondiale divergeaient mais également leur antagonisme idéologique était irréductible »[362] devait être prise en compte dans la nouvelle organisation pour une convergence stratégique.

Si, dans le cours du conflit, les puissances s'étaient senties investies d'une responsabilité d'assurer la paix après la défaite de l'axe, au fur et à mesure que cette défaite se précisait, le conflit Est-Ouest qui se profilait devenait plus fréquent et il s'agissait de verrouiller toute possibilité de décision pouvant porter atteinte à leur prééminence.

Cet aspect des choses sera examiné dans la pratique du Conseil de sécurité dès sa création à la fin de la guerre froide d'une part et, de l'autre, dans la situation de l'après-guerre froide. Cette orientation se justifie dans la mesure où il s'agit de deux grandes étapes de la vie de l'ONU au cours desquelles les politiques ont été très différentes.

A. Dans les actions du Conseil de sécurité dès sa création à la fin de la guerre froide

Maurice Bertrand dit « l'ONU, comme la SDN est née à un moment singulier, au lieu d'établir un système de négociation et de la coopération, on dressait seulement une scène de théâtre pour l'affrontement des propagandes, le fonctionnement de l'institution ainsi créée allait, pendant quatre décennies, mettre clairement en lumière les erreurs de sa conception[363].

S'il est vrai qu'avec l'avènement de l'ONU, les Etats s'engageaient à donner dos aux guerres interétatiques, il n'en demeure pas moins vrai qu'ils réalisaient l'ampleur que prendraient les guerres civiles et d'autres situations par ailleurs.

---

361 N. ANDERSON, *Op.cit*, p.3.

362 *Idem*.

363 M. BERTRAND, *L'ONU*, Paris, 3ième éd. La découverte, 2000, p. 89.

1. Les opérations de maintien de la paix : un nouvel aspect de la centralisation

La tendance centralisatrice s'observe tout justement dans l'activité de l'ONU qui commence au lendemain de la création de la Charte quand bien même il est difficile de dire avec exactitude le début de ses actions.

Les perspectives d'une application scrupuleuse des dispositions de la Charte s'étant avérées difficiles car la tâche écrasante dont l'organisation devait s'acquitter en matière de maintien de la paix, dans un monde subissant les contrecoups de la fin de la guerre froide, lui posait également des problèmes d'ordre pratique.[364]

C'est ainsi qu'il a été mis en place un mécanisme créé appelé les opérations de maintien de la paix des Nations unies[365].

Celles-ci sont nées à une époque où les rivalités de la guerre froide entrainaient souvent une paralysie du Conseil de sécurité.[366]

L'objectif était avant tout de maintenir le cessez le feu et de stabiliser la situation sur le terrain en assurant un appui crucial aux efforts politiques de règlement des conflits par des moyens pacifiques[367]. Les opérations de maintien de la paix, selon l'ONU, aident les pays déchirés par des conflits à créer les conditions d'un retour à une paix durable[368].

Ces opérations, à leurs débuts, posaient un problème des fondements juridiques et des mandats. Il s'est observé qu'à ce propos, selon la Charte des Nations unies, le Conseil de sécurité est investi de la responsabilité principale du maintien de la paix et de la sécurité internationales. Dans l'exercice de cette responsabilité, il peut décider de mettre en place une opération de maintien de la paix.

Elles sont déployées sur la base des mandats définis par le Conseil de sécurité de l'ONU. Leurs tâches varient d'une situation à l'autre, selon la nature du conflit et les défis spécifiques que celui-ci présente.

En principe, en ce qui concerne le fondement juridique de ces opérations, il y a lieu de préciser que le fondement juridique est la Charte des Nations Unies qui sert de fondement à toutes les activités de l'organisation étant donné que l'ONU a été créée pour « préserver les générations futures du fléau de la guerre » et l'un de ses principaux buts est de maintenir la paix et la sécurité internationales[369].

---

364 B. BOUTROS GHALI, *Relever les nouveaux* …..Op.cit, p.255.

365 M. LIEGEOIS, *Op.cit*, p.34.

366 Lire Qu'est-ce qu'une OMP in *www.un.org/fr* consulté le 11 avril 2012.

367 *Idem*.

368 *Ibidem*.

369 Lire Mandats et fondements juridiques des opérations de maintien de la paix, in *www.un.org*, consulté le 11 avril 2012.

Le Conseil de sécurité peut donc, dans l'exercice de ses responsabilités, adopter différentes mesures dont la création d'une opération de maintien de la paix de l'ONU[370].

C'est dans cette configuration de la gestion et de la continuation des conflits régionaux après 1945 que le Conseil a commencé à établir déjà en date du 19 décembre 1946, la première mission qui avait pour objectif d'élucider des faits relatifs à des supposées violations du territoire grec par l'Albanie, la Bulgarie et la Yougoslavie[371].

Toutefois, la guerre froide ayant déjà commencé à perturber le fonctionnement du Conseil de sécurité, les rapports contenant les conclusions et les recommandations du comité spécial des Nations Unies pour les Balkans ne purent être adoptées en raison du veto opposé par l'URSS ; dès lors, inaugurant une politique et technique qui aurait de beaux jours devant elle, les USA proposèrent de retirer la question de l'agenda du Conseil de sécurité pour la porter devant l'Assemblée générale[372].

Cette intervention s'est opérée dans les Balkans où il y avait déjà une organisation régionale portant le nom de l'entente Baltique.

L'objectif de contrôler les conflits régionaux avait donc débuté à une époque où la guerre froide empêchait le Conseil de sécurité à entreprendre des actions efficaces sur base des dispositions de la Charte. Mais celui-ci, le Conseil de sécurité, s'obstinait toujours à avoir ce regard en vue d'un contrôle effectif et d'une gestion efficiente.

Cependant, les résultats n'étaient pas probants déjà à l'époque. De la période allant de 1946 à 1990, le Conseil de sécurité s'est intéressé à au moins onze conflits régionaux. Il s'agit d'Israël en 1949, entre l'Inde et la Pakistan en 1949, en Egypte en 1956, au Liban 1958, au Congo en 1960, en Nouvelle Guinée en 1962, au Yémen en 1963, en Chypre en 1963, en République dominicaine en 1965, en Egypte en octobre 1973, entre Israël et la Syrie en mai 1974 et au Liban en mai 1978.

2. *Les particularités de la centralisation dans la gestion des conflits sous la guerre froide*

La centralisation a eu comme particularités la monopolisation du recours à la force, le messianisme des opérations de maintien de la paix et l'absence du réalisme politique et juridique qui devait faire primer la décentralisation de la sécurité collective.

---

370 *Idem.*

371 Il s'agit de la première opération d'observation dans le cadre de l'ONU mais la doctrine tend à systématiser le début des opérations de maintien de la paix avec l'ONUST, opération des Nations unies chargée de la surveillance de la trêve lancée en juin 1948 au Moyen-Orient.

372 M. LIEGEOIS, *Op.cit*, p.34.

Cette centralisation s'est observée dans toute l'histoire du maintien de la paix dans le cadre des Nations unies qui se sont retrouvées paralysées au centre et asphyxiées aux extremités c'est-à-dire dans les opérations interminables et coûteuses.

Avec le conflit en Israël qui a débuté en avril 1949, le Conseil de sécurité, à travers la résolution 73, a créé une opération de maintien de la paix avec pour mandat l'observation qui était composée de 51 personnes. Cette opération abrégée UNTSO[373] a débuté en avril 1949et a pris fin en octobre 1958.

Dans le conflit entre l'Inde et le Pakistan débuté en janvier 1949 qui est en cours jusqu'à ce jour, le Conseil de sécurité, par la résolution 47 a créé l'UNMOGIP[374]. Cette opération est composée de 102 personnes et a eu pour mandat l'observation du cessez-le-feu.

Dans cette contrée où se trouvent ces deux Etats, il est possible de dire qu'à l'époque où ce conflit avait éclaté, il n'y avait pas d'organisations régionales efficaces. Actuellement, il existe celles qui sont à même de bien régler ce litige. Mais hélas, non seulement le Conseil de sécurité s'y était intéressé mais également il n'a jamais pu le régler. Le *statu quo* totalise plus de 50 ans ce jour.

En Egypte, l'ONU, à travers l'Assemblée générale et le Conseil de sécurité est intervenue par deux fois. La première, par la résolution 1000 de l'Assemblée générale qui créait l'UNEF dont le mandat était l'interposition avec un effectif de 5977 personnes[375].Cette opération a débuté en novembre 1956 et a pris fin en mai 1967.

En octobre 1973, cette fois ci, par le Conseil de sécurité, à travers sa résolution 340, a créé l'UNEF II en Egypte, mission qui avait un effectif de 4297 personnes avec un mandat d'interposition. Cette mission a pris fin en 1979.

Alors que ces conflits s'amplifiaient, il existait entre les Etats arabes, le traité de défense commune des Etats arabes et de coopération économique dont l'accord avait été signé entre les Etats arabes, le 13 Avril 1950[376]. Ce traité présentait des dispositions similaires et complétait en organisant leur défense commune en cas d'agression[377]. Et, les dispositions du pacte de la Ligue arabe le constituaient et le confirmaient lui-même à être un accord régional au sens du chapitre VIII auquel l'ONU pouvait recourir ou, à son défaut, elle serait considérée comme en situation de légitime défense[378].

En ce qui concerne le Liban, le Conseil de sécurité est intervenu par deux fois. La première par la résolution 128 à travers laquelle le Conseil créa

---

[373]Appelé aussi l'ONUST, c'est la mission de l'Organisation des Nations unies pour la surveillance de la trêve en Palestine.

[374]C'est le groupe d'observation des Nations unies pour l'inde et Pakistan.

[375]Dans l'affaire de SUEZ, l'ONU a créé la force d'urgence des Nations unies. C'est la première et la deuxième, c'est à la suite du conflit Israélo-égyptien que l'ONU l'a créée.

[376] H. SABA, *Opcit*, p.709.

[377]*Idem.*

[378]H. SABA, *Opcit*, p.709.

UNOGIL en vue de l'observation, laquelle avait débuté en novembre 1956 et pris fin en décembre 1956 et, plus tard, le même Conseil, par la résolution 425 créa la FINUL qui entra en action en mars 1978 dont le mandat est encore en cours[379]. Cette dernière a un mandat de supervision, de restauration de l'Etat et de l'assistance humanitaire[380].

La première était constituée d'un effectif maximum de 591 personnes tandis que la deuxième comptait 6975 personnes.

La même problématique de l'intérêt de l'ONU à ces conflits régionaux revient sans apporter la solution idoine d'un règlement et est pris dans plusieurs situations de gestion sans apporter un règlement efficient et efficace.

Les situations avec le Congo et la nouvelle Guinée occidentale sont très complexes. Pour le cas congolais, à la suite des perturbations issues de l'indépendance, l'ONU, à travers le Conseil de sécurité dans le cadre de la sécurité collective, avait en 1960, elle-même, mené des opérations militaires au Katanga[381].

Le Conseil de sécurité avait pris la résolution 143 (1960) qui créa l'ONUC[382]. Cette opération avait un mandat de rétablissement de la paix et de la restauration de l'Etat avec un effectif de 14491 personnes[383]. Ce mandat a été ouvert par la résolution précitée en juillet 1960 et a pris fin par la résolution 1385 (XVIII) de l'Assemblée générale[384]. L'ONUC a coûté 400193793 Dollars, 234 casques bleus y ont perdu la vie et le secrétaire général Dag Hammarskjold a été tué dans un accident d'avion dont les circonstances n'ont jamais été élucidées[385].

Quant à la nouvelle Guinée occidentale ou Papouasie occidentale, elle a eu une intervention de l'ONU par la résolution 1752 de l'Assemblée générale avec un effectif de 1500 et un mandat de maintien de la paix. Cette opération a débuté en octobre 1962 et a pris fin en 1963. La fin de cette opération a été la fin de la première phase selon l'accord constaté par le secrétaire général.

La perspective de ces interventions pour le cas congolais se trouvait pleinement justifiée car le Congo venait d'accéder à l'indépendance et n'avait pas encore des structures politiques efficaces et l'Afrique n'avait pas encore une organisation régionale véritable et capable de faire face à un règlement où a un recours à la force. Sa toute première organisation régionale à vocation continentale n'est arrivée qu'en 1963.

---

379 M. LIEGEOIS, *Op.cit*, p.43, l'UNOGIL ou GONUL, c'est le groupe d'observateurs au Liban et la seconde, c'est la FINUL, force intérimaire au Liban.

380 J. COMBACAU et S. SUR, *Op.cit*, p.641.

381 J.-P. RITTER, « La protection diplomatique à l'égard d'une organisation internationale », *in Annuaire Français de Droit International*, Paris, VIII, Centre national de la recherche scientifique, 1962, p.42.

382 Appelé opérations des Nations unies au Congo.

383 M. LIEGEOIS, *Op.cit*, p.43.

384 NGUYEN QUOC DIHN, P. DAILLIER et A. PELLET, *Op.cit*, p.966.

385 M. LIEGEOIS, *Op.cit*, p.43.

A la suite de ces opérations, le Conseil de sécurité a également créé au Yémen l'ONYOM[386]. Cette opération a été effective par la résolution 179 du Conseil de sécurité avec un effectif maximum de 200 personnes dont le mandat était l'observation. Elle a débuté en juin 1963 et a pris fin en septembre 1964.

Il a créé aussi en Chypre par la résolution 186 du Conseil de sécurité avec un mandat de maintien de la paix et assistance humanitaire, l'UNIFICYP[387]. Elle a débuté en mars 1964 et est en cours avec un effectif de 6200 personnes.

En Israël, dans son conflit avec la Syrie, le Conseil de sécurité, par sa résolution 350, avait créé l'UNDOF[388]. Elle avait pour mission l'observation et la supervision du désengagement sur le Golan[389]. La République dominicaine, la Namibie, l'Iran-Irak, l'Afghanistan et l'Angola ont connu aussi des interventions de l'ONU.

La République dominicaine, à travers la résolution 203 du Conseil de sécurité, a connu le DOMREP avec pour mandat l'observation. Cette opération n'a eu que deux observateurs qui ont débuté leur mandat en mai 1965 qui a pris fin en octobre 1966.

L'Iran-Irak ont intéressé le Conseil de sécurité par sa résolution 598 de 1987 créant la GOMNU II dont le mandat a pris fin avec la déclaration du président du Conseil de sécurité en 1991[390].

L'Afghanistan a reçu pour elle la MBONUAP par la résolution 622 du Conseil de sécurité en 1988 et c'est la résolution 647de 1990 qui a mis fin à cette opération[391].

Quant à la Namibie et l'Angola, ces deux Etats africains, dont les conflits étaient gérés par l'Organisation de l'Unité Africaine, ont connu l'intervention de l'ONU.

La Namibie a connu un conflit à partir de 1978 qui a pris fin en 1992. Le Conseil de sécurité a créé la GANUPT par la résolution 453 de 1978 qui a pris fin par la résolution de l'Assemblée générale numéro 42/207. L'Angola, Etat de l'Afrique australe, a connu une guerre civile qui a éclaté en 1975[392].

Lors de cette guerre, le Conseil de sécurité, par sa résolution 626 du 20 décembre 1988, avait créé l'UNAVEM lors de sa 2834ème séance[393].

L'UNAVEM[394], cette opération fut mise en place pour vérifier le redéploiement des troupes cubaines vers le Nord et leur retrait échelonné,

---

[386]C'est la mission d'observation au Yémen.
[387]C'est la force des Nations unies à CHYPRE.
[388]C'est la force des Nations unies pour l'observation du désengagement israélo-syrien.
[389] D. COLARD, *Op.cit*, p.340.
[390]NGUYEN QUOC DINH, P. DAILLIER et A. PELLET, *Op.cit, p.966.*
[391]La Mission des bons offices des Nations unies en Afghanistan et au Pakistan.
[392]Le bloc occidental soutenait l'UNITA et le FNLA tandis que le bloc socialiste avec l'ex URSS en tête appuyait le MPLA et, plus tard, le gouvernement angolais dirigé par le MPLA.
[393]Voir « Le document historique » Nations unies 1995-2011 in *http:/un.org* consulté le 06 avril 2012.
[394]C'est la mission de vérification des Nations unies.

ordonné et total du territoire de l'Angola, conformément au calendrier convenu entre l'Angola et le Cuba.

Le retrait de ces troupes s'était achevé le 25 mai 1991, soit plus d'un mois après la date prévue ; le 06 juin 1991, le secrétaire général a informé le Conseil de sécurité que l'UNAVEM s'était acquittée complètement et avec succès du mandat qui lui avait été confié[395].

L'exemple de l'Angola est très illustratif de cette tendance centralisatrice car, pendant la guerre froide, le Conseil de sécurité n'avait pas eu la possibilité d'intervenir dans le conflit par le fait que le soutien apporté par chaque bloc idéologique à l'une des parties en conflit ne permettait pas au Conseil de sécurité de se saisir de la situation en vue de rétablir la paix[396].

En dépit de ce blocage du Conseil de sécurité, l'Angola, gérée par l'OUA, avait connu l'intervention de l'organisation régionale qui avait initié les rencontres de Bukavu et de Mombasa[397].

A la suite, l'OUA a organisé les rencontres de Nakuru, de Brazzaville et de Gbadolité.

Ces rencontres ont permis d'assurer une détente entre l'Afrique du Sud, l'Angola, la Namibie et le Cuba et préparaient déjà les bases d'un règlement total avec les mouvements de libération nationale de l'époque et les partis phares de l'Angola[398].

Alors que le résultat du règlement de la guerre civile allait être le même, le Conseil de sécurité était revenu par la résolution 626 du 20 décembre 1988, profitant presque de la détente qui s'observait dans la guerre froide puis l'imminence de la chute du communisme qui s'approchait.

Il faut donc relever que de nombreux conflits périphériques qui apparaissaient dans les régions du monde illustraient l'opposition indirecte entre soviétiques et américains (1948). Mais en dépit de cette opposition qui se manifestait ostensiblement par le veto au Conseil de sécurité, il s'était développé un retour grandissant aux accords régionaux.

Ainsi, nous avons eu un important réseau d'alliances défensives régionales telles l'Organisation des Etats Américains (1948), le traité de Bruxelles (1948), le pacte atlantique (1949) doté en 1950 d'une structures militaire, l'organisation du traité de l'atlantique Nord (OTAN), l'ANZUS (1951), l'organisation du traité de l'Asie du sud Est (OTASE) 1954, le pacte de Bagdad (1955), l'organisation de l'unité Africaine (1963), le traité de Rio (traité interaméricain d'assistance mutuelle (1947)[399].

---

[395]Voir Angola-UNAVEM, *in http:/onu.org*,consulté le 25.04.2012.

[396] TSHIBANGU KALALA, *Op.cit*, p.17.

[397]KOUANGO, *Cabindaun Koweït africain*, Paris, éd. L'harmattan, 2002, p.78.

[398]Notamment la SWAPO en Mozambique d'une part, d'autre part le MPLA, l'UNITA, le FNLA en Angola.

[399] P. GROSSER, *Pourquoi la seconde guerre mondiale ?,* Bruxelles, éd. Complexes, 1999, p.39.

La plupart de ces organisations internationales avaient déjà consacré des mécanismes de règlement des différends conformément à la Charte lorsque, parfois, le Conseil de sécurité tentait de reprendre l'initiative sans pour autant remédier à la situation. Ceci était vraisemblablement la situation de la tendance centralisatrice de l'action du Conseil de sécurité pendant la guerre froide.

Dès lors, il nous revient de voir cette même tendance sous la période post guerre froide.

B. Dans les actions du Conseil de sécurité à partir de la période post guerre froide

Relevons d'emblée que la période qui va de 1990 jusqu'à ce jour se situe après la fin de la guerre froide. Avec l'idée d'assurer la paix par le droit et la sécurité collective, plus réussie avec l'ONU, fondée en 1945, qui a été bloquée sous la guerre froide par l'usage de veto au sein de l'organisation, il convient de savoir que les guerres civiles avaient augmenté et s'étaient sensiblement multiplié dans des cadres régionaux bien spécifiques. Il s'agit plus particulièrement de l'Afrique et de l'Asie.

Dans la mesure où les membres permanents s'étaient entendus après la guerre froide, les Nations unies, à travers le Conseil de sécurité, s'étaient vues dotées d'une véritable capacité d'action diplomatique et militaire[400].

Cette puissance potentielle réengendrait une responsabilité à l'égard du maintien de la paix et de la sécurité internationales[401]. D'où, une régénérescence de l'ONU et une présence permanente sur terrain.

1. La régénérescence de l'ONU

De la fin de la guerre froide à ce jour, le Conseil de sécurité entend assumer pleinement sa responsabilité. Cette volonté se remarque dans le renouveau que connaissaient les opérations de maintien de la paix pour résoudre les conflits périphériques hérités de la guerre froide[402].

Accusée de désuétude pendant la guerre froide, l'ONU avait régénéré avec la fin de celle-ci, le foisonnement des OMP dans presque toutes les régions soutien cette régénérescence et affirme qu'elle était sortie de la désuétude.

Ainsi, malgré le principe de l'article 2 paragraphe7 consacrant la non intervention de l'ONU dans les affaires intérieures d'un Etat, le Conseil de sécurité n'hésite plus à s'immiscer dans des situations internes devant les

---

400 R. YAKEMTCHOUK., *Op.cit*, p 112. NER, *La violence et la paix*, éd. Esprit, Paris, 1995, p.347.

401 *Idem*, p 112. Voir aussi, NER, *La violence et la paix*, éd. Esprit, Paris, 1995, p.347.

402 *Ibidem*, p 112.

conflits intra étatiques et interétatiques qui procèdent d'un amalgame d'animosités à la fois ethniques et ethnicisés[403].

Les motivations de ces interventions de l'ONU en cas de menace contre la paix à l'intérieur d'un Etat peuvent être les violations des droits de l'homme, des violations flagrantes du droit international humanitaire ou de la démocratie et également dans d'autres cas bien identifiés dans le contexte des facteurs justifiant la monté de l'action de l'ONU tels que vu précédemment[404].

La fin de la guerre avec tout le lot des malheurs qu'elle a apportés a été synonyme d'un recours beaucoup plus fréquent au chapitre VIII, le cadre rigide initial d'application abandonnée[405].

Dans le cadre de l'étude, en dépit de cette émergence irréversible des organisations régionales, l'ONU a recadré stratégiquement la centralisation sur la gestion du niveau universel en multipliant les opérations de maintien de la paix initiés par elle en vue de tenter tant soit peu de créer une coopération soit une coordination soit enfin une gestion propre des conflits.

2. *Une présence permanente de l'ONU sur terrain*

Pour nous convaincre de cette démarche centralisatrice du Conseil de sécurité, il nous revient tout simplement d'indiquer quelques opérations créées par cet organe en vue de la gestion des conflits périphériques régionaux.

La première grande intervention qui sanctionne le grand retour du Conseil de sécurité après le blocage de la guerre froide a été lors de la guerre du Golfe entre l'Irak et le Koweït. Dans celle-ci, le Conseil de sécurité a pris la résolution 678 en 1990 mettant en place une opération de maintien de la paix avec pour mission de restaurer la paix car, ayant considéré que l'attaque Irakienne sur le Koweït était un acte de rupture de la paix.

Alors que le Conseil ne se référait qu'exceptionnellement à une disposition de la Charte sous la guerre froide, depuis l'affaire du golfe (1990-1991), il a mentionné clairement le chapitre VII afin de souligner le caractère obligatoire des mesures qu'il adoptait ; le Conseil de sécurité a, de plus en plus, pour toutes les situations qui s'en sont suivies, fait usage de ce chapitre[406]. Cette opération a pris fin avec la résolution 687 pris par le Conseil de sécurité en 1991.

L'Afrique a été ou est encore l'épicentre de ces conflits hérités de la guerre froide à savoir des conflits ethniques et des guerres civiles. C'est ainsi que le Conseil de sécurité a fait de cette région presqu'une zone d'expérimentation de cette tendance centralisatrice. En effet, cela a commencé avec l'Angola de

---

403 V.Y. GHEBALI., « Les Nations unies et les organisations régionales dans les conflits Yougoslaves : complémentarité ou concurrences », *in les Nations unies et l'ex-Yougoslavie, sixièmes rencontres internationales de l'EP en AIX-en Provence*, 12-13 décembre 1997, éd. Pedone, Paris, 1998, p.41.

404 *Idem*, p.42.

405 Y. PETIT, *Droit international de maintien de la paix*, Paris, éd. LGDJ, 2000, p.62.

406 J. COMBACAU et S. SUR, *Op.cit*, p.640.

l'après-guerre froide. Cet Etat a reçu trois opérations à savoir l'UNAVEM II et l'UNIVEM III, suivi par après par la MONUA[407].

La première a été créée par la résolution 696 du 30 mai 1991 adoptée lors de la 2991[éme] séance de Conseil de sécurité[408], la deuxième par la résolution 976 du 8 février 1995 adoptée lors de sa 3499ème séance[409].

Le mandat de l'UNAVEM II était de vérifier les arrangements convenus par les parties angolaises concernant la surveillance du cessez le feu et de la police angolaise pendant la période du cessez le feu et observer et vérifier les élections conformément aux accords de paix signés entre le gouvernement angolais et l'UNITA tandis que l' UNAVEM III était très robuste et comportait entre autre la fourniture de bons offices et médiation aux parties angolaises et la vérification du cantonnement des forces armées[410].

A la suite, il s'en est suivi plusieurs opérations telles qu'au Cambodge avec l'autorité provisoire en 1991, en Yougoslavie avec la FORPRONU qui est la force de protection dans l'ex-Yougoslavie en 1992, l'ONUSOM et l'ONUSOM II en Somalie en 1992 et 1993, la MONUAS en Afrique du sud entre 1992-1994, ONUMOZ en Mozambique en 1992, la MINUAR en 1993-1996 au Rwanda et la MONUOR dans le même pays entre 1993-1994, ...[411]

Avec ce constat, il se dégage qu'au début des années 90, les opérations de maintien de la paix des Nations Unies ont connu une expansion exponentielle, tant par les effectifs que par l'envergure[412]« Elles se bornaient plus à servir de tampons entre des factions en guerre, les forces constitutives de nouvelles opérations ont endossé des responsabilités aussi diverses que celles de désarmer les combattants, de rapatrier les réfugies, d'inculquer le respect des droits de l'homme, d'organiser des élections et même de contribuer à l'édification des Nations, certaines de ces tâches ont prêté à controverse ou se sont avérées extrêmement difficiles.

Les missions sont aussi devenues de plus en plus coûteuses en termes d'effectifs et des ressources financières. Pour des raisons essentiellement politiques, on a fait peu état des cas de succès et monter en épingle les échecs[413].

Quoi qu'il en soit, après les difficultés rencontrées par les Nations Unies en 1993 en Somalie, le Conseil de sécurité a, pour l'essentiel, abandonné les opérations de maintien de la paix à facettes multiples et à grande échelle pour les remplacer par des missions de surveillance plus modestes et plus spécialisées. Les chiffres illustrent bien cette contraction, en 1993 plus de 75.000 casques bleus étaient déployés dans le cadre d'opération de maintien de

[407] Mission de vérification des Nations unies en Angola II et III et la Mission d'observation des Nations unies en Angola.
[408] Voir « Angola-UNAVEM II, Rés. *in http:/un.org* consulté le 14/04/2012.
[409] *Idem*
[410] Voir « Angola-UNAVEM III, Rés. *in http:/un.org* consulté le 14/04/2012.
[411] Voir « Angola-UNAVEM III, Rés., *Op.cit.*
[412] E. BERMANS et K.-E. SAMS, *Op.cit*, p.24.
[413]*Idem.*

la paix des Nations Unies, ils n'étaient plus que 12000 au milieu de l'année 1999, les coupes ont été plus claires encore en Afrique en 1993 : on y comptait près de 40000 soldats de la paix de l'ONU, ils étaient moins de 1600 en juin 1999[414]. Entre1989 et 1993, le Conseil de sécurité a autorisé dix opérations de maintien de la paix des Nations Unies en Afrique, il n'en a établi que Cinq au cours des cinq années suivantes. Les opérations de maintien de la paix sur le continent étaient au nombre de sept en 1993 de trois en juin 1999.

Le développement de la centralisation s'est également accru dans les phases 1999 et bien au-delà de 2000. Cela est dû particulièrement au fait que cette sérénité sans pareille que la centralisation avait affiché pendant la guerre du golfe avait permis d'entrevoir des phases de réussite dans d'autres opérations ultérieures.

Mais cependant, la centralisation avec son instrument nouveau qui est les opérations de maintien a été victime de son succès car, d'un côté, le nombre des opérations s'était accru en même temps qu'elles étaient prolongées à de multiples reprises ; de l'autre, leurs objets s'étaient élargis et diversifiés, allant jusqu'à une sorte de mise sous tutelle provisoire d'un Etat afin de permettre sa reconstruction administrative et politique[415].

Également, ces opérations avaient été entreprises dans un contexte de moins en moins favorable, alors que les cessez le feu n'étaient pas conclus ou pas stabilisés, de sorte que des soldats désarmés se retrouvaient sans mandat ou sans moyens au milieu d'un conflit, témoins impuissants ou otages virtuels[416].

Les tentatives visant à durcir ces opérations en recourant au chapitre VII n'arrivaient plus à les sauver, faute de pouvoir identifier clairement les adversaires et de réunir les moyens permettant de les réduire[417].

Ainsi, au moment où il paraissait possible de rendre leur pleine efficacité aux mécanismes de l'ONU du fait de leur reviviscence lors de la guerre du golfe confortée par la disparition Est-Ouest, le système entrait dans une nouvelle crise[418].

Dans ce contexte, en dépit du fait que les mécanismes de sécurité des Nations Unies pouvaient survivre à une longue paralysie, il démontrait également que leur renouveau pouvait être sans lendemain. La nécessité s'est donc avérée de voir la reconnaissance effective des organisations régionales dans le cadre de la Charte car la centralisation avait montré ses limites.

---

[414] E. BERMANS et K.-E. SAMS, *Op.cit*, p.24.
[415] T. DE MONTBRIAL et J. KLEIN, *Op.cit*, p.8.
[416]*Idem.*
[417]*Ibidem.*
[418] T. DE MONTBRIAL et J. KLEIN, *Op.cit*, p.8.

§2. La reconnaissance conventionnelle de la gestion régionale de la paix et de la sécurité internationales

L'universalisme caractérisé et retrouvé à travers le système de l'Organisation des Nations Unies n'avait pu élargir le débat sur le régionalisme. Avant même la conférence de San Francisco qui avait donné naissance à l'ONU, les quatre puissances les plus grandes (Etats unis, URSS, Grande Bretagne et Chine) réunies à Dumbarton Oaks en avaient dressé de façon très précise le plan[419].

Ce plan prévoyait une organisation mondiale dirigée par les seules grandes puissances ayant victorieusement conduit les opérations militaires au cours de la deuxième guerre mondiale, ces membres permanents du Conseil de sécurité devaient détenir le monopole du déclenchement de la guerre[420].

Mais cet universalisme prononcé fut rigoureusement combattu avant et pendant la conférence de San Francisco. Toutefois, les intérêts coalisés contre l'universalisme ont permis d'avoir le régionalisme tel que prévu par la Charte de San Francisco en son chapitre VIII. Ce qui équivaut à une reconnaissance conventionnelle qui mérite d'être examinée par, d'une part, la reconnaissance à travers les textes du chapitre VIII de la Charte et, d'autre part, par la reprise mieux l'inscription de la gestion régionale à travers les textes des organisations internationales régionales.

A. La reconnaissance à travers les textes du chapitre VIII de la Charte

Le chapitre VIII de la Charte a consacré un régime juridique applicable aux organisations régionales qui paraissait juste et prétendait avoir résolu le problème des organisations régionales.

1. Un texte équilibré

Il parait équilibré en ce qu'il résout un problème qui, semble-t-il, avait occasionné la deuxième guerre mondiale.

Le chapitre VIII est consacré aux accords régionaux. Il comporte trois articles à savoir les articles 52, 53 et 54. Premièrement, en ce qui concerne l'article 52, le libellé est le suivant : « aucune disposition de la Charte ne s'oppose à l'existence d'accords ou d'organismes régionaux destinés à régler les affaires qui, touchant au maintien de la paix et de la sécurité internationales, se prêtent à une action de caractère régional, pourvu que ces accords ou ces organismes et leur activités soient compatibles avec les buts et les principes des Nations unies.

419Ce plan était esquissé d'ailleurs à la conférence de Moscou du 30.10.1943.

420 E. KODJO, *Art cit in Op.cit*, pp.796-797.

Les membres des Nations Unies qui concluent ces accords ou constituent ces organismes doivent faire tous leurs efforts pour régler d'une manière pacifique, par le moyen desdits accords ou organismes, les différends d'ordre local, avant de les soumettre au Conseil de sécurité.

Le Conseil de sécurité encourage le développement du règlement pacifique des différends d'ordre local par les moyens de ces accords ou de ces organismes régionaux, soit sur l'initiative des Etats intéressés, soit sur renvoi du Conseil de sécurité ; le présent article n'affecte en rien l'application des articles 34 et 35.

A la lecture de cet article 52, il s'observe que celui-ci réglemente les rapports entre l'ONU et les organisations régionales dans le cadre du maintien de la paix. Cet article consacre une subordination nette dans l'écriture de ces accords et de ces organismes au Conseil de sécurité[421]. En effet, le paragraphe premier de cet article pose un principe clair qui est celui de la non opposition de la Charte des Nations Unies à l'existence d'accords régionaux pour le règlement des affaires et, à la seule condition d'être compatibles aux buts et principes des Nations unies.

Cette position se justifie dans la mesure où, à la suite de la deuxième guerre mondiale, il y avait une pactomanie effrénée des Etats en vue de l'accroissement des capacités militaires pour faire face à une éventuelle agression[422].Il était logique, au regard du combat des Etats qui étaient déjà dans des organisations régionales, de leur reconnaître leur existence et de les subordonner sur la Charte en leur imposant le régime de compatibilité aux buts et principes de la Charte[423].

A travers effectivement cet article, le consensus de San Francisco a été très éclairé.

En fait, il admettait que les Etats membres des Nations Unies pouvaient, en considérant le fait qu'ils remplissent les conditions du régionalisme, conclure les accords.

En clair, le deuxième paragraphe de l'article 52 permet de voir la Charte valoriser le rôle des organisations régionales dans le cadre du règlement pacifique des différends tel qu'il est envisagé par le chapitre VI, le texte demande aux Etats membres d'utiliser ces derniers en priorité pour régler d'une manière pacifique les différends « avant de les soumettre au Conseil de sécurité »[424].

De la sorte, Michel Liégeois considère que même si le terme ne figure pas dans le texte, c'est bien le principe de subsidiarité qui se trouve ici puis confirmé dans le paragraphe 3, lequel enjoint le Conseil de sécurité à encourager le règlement pacifique des différends d'ordre local par les organisations régionales[425].

---

[421] J.-P. COT et A. PELLET, *Op cit*, p.796.
[422] R. YAKEMTCHOUK, *Op.cit*, p.159.
[423] Les buts et principes auxquels les OIR doivent adhérer se trouvent être au chapitre 1.
[424] M. LIEGEOIS, « le rôle, … », in *Op.cit*, p.3.
[425] M. LIEGEOIS, « le rôle, … », in *Op.cit*, p.3.

Cette position est très critiquable dans la mesure où le paragraphe premier dans son écriture « …destinés à régler les affaires qui, touchant au maintien de la paix et de la sécurité internationales... » ne permet pas totalement de circonscrire une action pareille à un simple règlement pacifique et ce, au regard même de blocage dû au veto qui peut résulter contre l'initiative que devait prendre ou aurait dû prendre le Conseil de sécurité.

Déjà à ce stade, il s'observe que les difficultés d'approche sur le maintien de la paix et de la sécurité internationales résultent d'un point clair car, la construction de l'Organisation des Nations Unies s'est faite à partir de la nécessité de concilier sécurité internationale, universelle avec la sécurité régionale[426]. Les rédacteurs de la Charte de l'ONU avaient fini par conclure que l'universalisme avait dominé le régionalisme, c'est comme cela que les puissants dans le directoire des grands à San Francisco ont fait rédiger dans des termes plutôt vagues les dispositions du chapitre VIII pour ce qui est de la répartition de la compétence entre les organisations[427].

Ils ont donc reconnu la nécessité d'avoir une structure internationale dont le Conseil de sécurité a été reconnu comme le centre de l'édifice international qui chapeautait des sous structures.

Dans l'esprit des rédacteurs, universalisme et régionalisme n'étaient pas deux concepts complémentaires, au contraire pour eux, le régionalisme était subordonné à l'universalisme car, le régionalisme était vu comme un recours possible, secondaire à la disposition du Conseil de sécurité[428].

Cette conception a été contredite par le débordement et la complexité des situations dans lesquelles l'ONU devait intervenir d'une part et, de l'autre, le foisonnement irréversible des organisations régionales à travers les régions du monde[429].

Deuxièmement, en ce qui concerne l'article 53, son écriture est la suivante : « le Conseil de sécurité utilise, s'il y a lieu, les accords ou organismes régionaux pour l'application des mesures coercitives prises sous son autorité ; toutefois, aucune action coercitive ne sera entreprise en vertu d'accords régionaux ou par des organismes régionaux sans l'autorisation du Conseil de sécurité, sont exceptées les mesures contre tout Etat ennemi au sens de la définition donnée au paragraphe 2 du présent article, prévues en application de l'article 107 ou dans les accords régionaux dirigés contre la reprise, par un tel Etat, d'une politique d'agression jusqu'au moment où l'organisation pourra, à la demande des gouvernements intéressés, être chargée de la tâche de prévenir toute nouvelle agression de la part d'un tel Etat ».

---

[426] A. NOVOSSELOFF, « La coopération, …. », in *Op.cit*, p595.

[427] *Idem*.

[428] Il était logique pour les rédacteurs de la Charte que l'intérêt général prévu sur les intérêts particuliers et que cet intérêt général soit géré par le Conseil de sécurité au sein duquel siègent les cinq grands.

[429] C'est-à-dire à l'intérieur de cinq continents.

Le terme « Etat ennemi » employé au paragraphe 1 du présent article s'applique à tout Etat qui, au cours de la seconde guerre mondiale, a été l'ennemi de l'un quelconque des signataires de la présente Charte.

Cet article, dans son écriture, relèvent Jean Pierre Cot et Alain Pellet, contient quatre éléments essentiels qui entrent dans la répartition des compétences entre le Conseil de sécurité et les organisations régionales[430].

Il s'agit de la possibilité accordée au Conseil de sécurité d'utiliser les organisations régionales pour l'application des mesures coercitives, des conditions auxquelles les organismes régionaux peuvent appliquer des mesures coercitives décidées par eux- mêmes d'une part et, de l'autre, le contexte dans lesquels certains organismes régionaux sont exceptionnellement autorisés d'appliquer librement des mesures coercitives lorsque cela est nécessaire et contre un sujet particulier puis la définition du sujet contre lequel des mesures coercitives peuvent être librement appliquées en cas de nécessité[431].

Le chapitre VIII, à travers l'article 53, semble fixer en effet un cadre de coopération, limité à un seul domaine de la paix et de la sécurité et basé sur un principe général de supériorité du Conseil de sécurité sur les organisations régionales[432].

Déjà, il s'est observé que l'ONU, dans la pratique, n'a jamais suivi ce cadre, les organisations régionales conservent une autonomie bien plus large dans ce domaine[433].

Ainsi, l'ONU n'a jamais entamé de recours contre une organisation régionale étant intervenue hors du cadre procédural prévu par le chapitre VIII de la Charte[434]. Cette position de Mario Julia paraît être conforme avec l'article 24 de la Charte en son paragraphe 1 car, en vertu de celui-ci, le Conseil de sécurité dispose d'une responsabilité principale mais non exclusive. Cela revient à dire qu'il y a donc une partie de cette responsabilité qui lui échappe et qui se trouve répartie entre l'Assemblée générale et les organismes régionaux.

A ce stade de réflexion, il faut relever que l'utilisation, s'il y a lieu, par le Conseil de sécurité, des organismes régionaux, pour l'application des mesures coercitives prises par le Conseil de sécurité ne pose pas de problème car, la compatibilité ayant été réglée par acceptation de cet accord au niveau du

---

[430] J.-P. COT et A. PELLET, *Op.cit*, p.815.

[431] J.-P. COT et A. PELLET, *Op.cit*, p.815.

[432]Ce principe de supériorité semble suivre sur « le Conseil de sécurité utilise, s'il y a lieu, les accords ou organismes régionaux pour l'application des mesures coercitives ou par des organismes régionaux sans l'autorisation du Conseil de sécurité, ... ».

[433] M. JULIA, « L'évolution de la coopération entre l'ONU et les organisations régionales, l'exemple de l'organisation internationale de francophonie » *in communication présentée lors du colloque international sur la francophonie sous l'angle des théories des relations internationales,* Institut des relations internationales de Hanoi (Viet-Nam), 1-2 février 2007, p.2.

[434]*Idem*

secrétariat de l'ONU[435], le conseil peut effectivement utiliser ces accords et organismes.

Le revers de la médaille pose des problèmes en ce qui concerne l'entreprise d'une action coercitive en vertu de ses propres accords sans l'autorisation du Conseil car, cet article ne vise que le cas où, effectivement sans le Conseil de sécurité, l'organisme régional peut utiliser la force et définir le contexte.

Il s'agit pour le dernier cas dans une situation de nécessité et contre un sujet particulier qui a été ennemi aux signataires de la Charte contre le même ennemi lorsqu'il reprend la politique d'agression.

Ces deux situations évoquées posent deux types des problèmes et considérations qu'il faille développer et pose même les problèmes de la reconnaissance et de l'autorisation.

2. Les problèmes de la reconnaissance et de l'autorisation

Le problème de l'autorisation est inclu dans celui de la reconnaissance. Il est appréhendé sous deux aspects qu'il faille nécessairement élucider car, l'autorisation semble constituer une soupape de sécurité aux velléités régionalisées en matière d'usage de la force proprio mutu.

Dans le premier cas, celui du recours à l'action coercitive sans l'autorisation du Conseil et en vertu de leurs propres accords ; il faut rappeler que les organismes régionaux qui existaient au moment de la rédaction et adoption de la Charte étaient tous dotés de systèmes de défense militaires même ceux qui ont été créés après la Charte, sous la guerre froide, sont également dotés des systèmes de défense[436].

Hormis la reconnaissance de la compatibilité des accords ayant existé avant la Charte, ceux postérieurs se sont alignés sur l'adhésion aux buts et principes de l'Organisation des Nations Unies tels que prévus aux articles 1 et 2.

Parmi ces buts alors, le tout premier est « de maintenir la paix et la sécurité internationales et, à cette fin, prendre en commun des mesures efficaces en vue de prévenir et d'éliminer les menaces à la paix et réprimer tout acte d'agression ou autre atteinte portée à la paix et effectuera par des moyens pacifiques, l'ajustement ou le règlement des différends internationaux susceptibles de troubler la paix ».

De ces considérations, serait-il politiquement, juridiquement et moralement normal de considérer qu'une telle organisation n'aurait pas ce droit alors qu'elle concourt à la réalisation de ce but ? Si cela l'est, le contour de l'article 51 sur la légitime défense serait alors licite car celle-ci est individuelle ou collective.

---

[435]Voir article 102 de la Charte sur les dispositions diverses.

[436]Tels sont les cas par exemple de l'Association des nations de l'Asie du sud Est (ANASE), de l'Union africaine (UA), de la Communauté économique des Etats d'Afrique de l'Ouest (CEDEAO), de l'Organisation des Etats américains (OEA), de l'Organisation pour la sécurité et la coopération en Europe (OSCE), de la Ligue arable.

Il sera alors considéré l'action dans le cadre d'une organisation régionale comme une légitime défense collective contre une agression[437]. Et cela permettrait bien sûr la même action et le même résultat.

Dans le second cas, celui du recours à l'action coercitive sans l'autorisation du Conseil mais dirigée vers un Etat ennemi et, éventuellement, qui recommencerait la politique d'agression, il faut préciser les considérations suivantes.

La première est celle résultant du fait qu'en 1945, les Etats ennemis étaient l'Allemagne, la Bulgarie, la Finlande, la Hongrie, l'Italie, le Japon et la Roumanie.

La deuxième résulte du fait qu'en 1945, la politique d'agression ou l'acte d'agression ou encore les éléments constitutifs de l'agression n'étaient pas précisés ni caractérisés clairement.

Au demeurant, les Etats ennemis ont fini tous par adhérer à l'ONU, c'est-à-dire qu'ils ont accepté les buts et principes de la Charte prévus aux article 1 et 2 et autres principes prévus dans cet instrument notamment la contribution au maintien de la paix d'une part et, de l'autre, les actes d'agression n'ayant été définis que plus tard [438],leur adhésion à l'ONU ainsi que des nouveaux Etats qui les soutenaient étaient déjà un refus de reprendre la politique d'agression telle que sous entendue en 1945 mais également l'engagement de jamais entreprendre les actes prévus par la résolution de l'Assemblée Générale[439].

Il se dégage que, non seulement cette vision de l'article 53 est caduque mais également l'exception prévue à l'article 107 l'est aussi[440].

Au regard de cette situation posée par la nouvelle configuration, la seule situation qui demeure est celle de savoir les conditions dans lesquelles les organisations régionales peuvent ou ont le droit d'entreprendre une action coercitive propio motu.

La perspective de cette action coercitive demeure très dynamique dans la mesure où il faut considérer la multiplicité des situations qui constituent des

---

[437]Voir le traité de la SADEC conclu le 17 /08/1992 par les pays de l'Afrique Australe à Windhoek ; la déclaration et le traite portant création soulignent notamment la nécessité d'une coopération dans la promotion de la paix et de la sécurité dans la région. En juin 1996, lors du sommet extraordinaire à Gaborone (République de Botswana), la SADC a créé un organe chargé de la politique, de la défense et de la sécurité. Ainsi, était créé un mécanisme régional de prévention, de gestion et de règlement des conflits qui a été adopté. Le sommet a réaffirmé que cet organe constituait un cadre institutionnel approprié qui permettrait aux Etats membres de la SADEC de coordonner leurs politiques, stratégies et activités dans les domaines de la politique, de la défense et de la sécurité. Le sommet a également approuvé la nécessité d'avoir un protocole relatif à la politique, à la défense et à la sécurité qui constituerait un instrument juridique au plan politique.

[438]Soit le 14 décembre 1974.

[439]La Rés. 3314 a été adoptée par consensus le 14 décembre 1974 par l'Assemblée Générale des Nations unies dont la source documentaire officielle est doc.off AG, 29 éme session, supp numero31, p.148, DOC NU A/9631(1975).

[440] J.-P. COT et A. PELLET affirment pour leur part que la dérogation de l'article 53 était périmée en ce que les Etats ennemis n'existaient plus avec leur adhésion aux Nations unies.

menaces à la paix, des acteurs illégaux et illégitimes d'une part tandis que d'autre part le blocage évident qui caractérise l'action du Conseil de sécurité lorsque les Etats satellites ou constituant des vaches laitières et nourricières de grandes puissances sont en conflit.

Également, il faut considérer le caractère d'entités juridiques distinctes qui caractérise les organisations internationales régionales et qui leur permet d'avoir une volonté propre et dans lesquelles les Etats membres peuvent se convenir aisément sur leur sort en matière d'actes attentatoires à la paix et à la sécurité internationales et des actions urgentes à entreprendre notamment l'usage de la force dans le strict minimum du raisonnable, le règlement pacifique du litige,...

Cette action serait enfin justifiée dans la mesure où, étant des entités juridiques distinctes, elles intègrent des notions de la légitime défense collective se fondant sur l'article 51 et, ces genres d'action ne visant pas nécessairement les Etats mais également les acteurs illégaux qui rompraient la paix.

Troisièmement et enfin, il s'agit de l'article 54 de la Charte. Celui-ci a comme écriture : « le Conseil de sécurité doit, en tout temps, être tenu pleinement au courant de toute action entreprise ou envisagée en vertu d'accords régionaux ou par des organismes régionaux, pour le maintien de la paix et de la sécurité internationales.

Les auteurs semblent s'accorder sur le fait qu'il s'agit d'un des articles adoptés à San Francisco sans trop de modification[441].

Et cette considération, pour le besoin du replacement dans le contexte, se justifie dans la mesure où la particularité de la responsabilité principale oblige en clair que l'ONU soit tenue pleinement informée de toute initiative entreprise.

Nous estimons à cet égard qu'il s'agit d'une crainte révérencielle car, il faut le voir, aucune sanction n'est prévue en cas de non information et surtout que l'ONU, elle-même, ne s'est jamais véritablement et publiquement opposée.

A partir de ces considérations que nous venons d'évoquer, il importe à présent de conforter cette recherche par une lecture de quelques textes constitutifs des organisations régionales aux fins de nous rendre compte de l'insertion effective d'un mécanisme de gestion régionale de la paix et de la sécurité internationales.

B. La reconnaissance de la gestion régionale de la paix et la sécurité internationales à travers les textes des organisations régionales

A ce stade, il s'avère important pour notre part d'examiner la manière dont certaines organisations régionales, sous régionales et interrégionales présentent

---

[441] J. RULAND, « The EU as interrégional actor : the Asia Europe meeting » *papier présenté à la conférence internationale* « Asie-Europe on the Eve of the 21 st Century », Université de chilalong Korn, Bangkok, 19-20 aout 1999, p.11 ; D.-M. MILLIOT, « Le transrégionalisme, nouvelle frontière du régionalisme », *in www.lapersee.fr, consulté* le 17/04/2012 ; J.-P. COT et A. PELLET, *op cit*, p.831.

leurs domaines d'activités effectives ou potentielles parmi lesquels il y a le maintien de la paix et de la sécurité internationales.

A cet effet, nous allons considérer les organisations à travers les régions du globe en prenant l'Afrique, l'Europe, l'Asie, l'Amérique et l'Océanie. Nous retrouvons en Afrique l'ex OUA, l'UDEAC, la CDEAO ; pour l'Europe, l'OSCE, l'UE. Pour l'Amérique, il y a l'OEA. En ce qui concerne les organisations interrégionales, il y a le Commonwealth et la Ligue arabe.

Le premier élément commun qui se dégage de la lecture des textes constitutifs de ces organisations est le fait que dans chaque préambule, les chefs d'Etat et de gouvernement reprennent presque des phrases similaires telles : « persuadés que la Charte de Nations Unies et la déclaration universelle des droits de l'homme aux principes desquels nous réaffirmons notre adhésion offrent une base solide pour une coopération pacifique et fructueuse entre nos Etats [442]». ‘

Nous allons présenter d'une part et, à titre illustratif, la situation de l'Afrique et de l'Europe et, d'autre part, celle de l'Amérique et de l'Asie.

1. Au niveau de l'Afrique et de l'Europe

En considération de la situation de chaque région, l'Afrique a eu premièrement l'OUA[443] puis l'UA[444].

L'OUA fut l'organisation régionale africaine qui avait 53 Etats, lesquels étaient membres également de l'ONU[445]. Avec la transformation de l'OUA en UA le 11 juillet 2000 jusqu'aux récents événements au Soudan et la création de l'Etat de sud Soudan, l'UA compte désormais 54 Etats qui sont également membres des Nations unies.

L'OUA dont les objectifs généraux étaient la promotion de l'unité et la solidarité, l'amélioration du niveau de vie, la défense de la souveraineté, l'intégrité territoriale et l'indépendance, l'élimination de toute forme de colonialisme et l'encouragement de la coopération internationale,[446] avait pour domaine d'activités effectives la diplomatie préventive, le rétablissement de la paix, le maintien de la paix et l'assistance humanitaire[447].

Avec cette mutation en UA, il est prévu le règlement pacifique, le droit d'intervention et le droit de solliciter cette intervention[448]. Le socle est couronné

[442]Voir § 8 du préambule de la Charte l'OUA de 25 mai 1963.
[443]L'OUA créée le 25 mai 1963.
[444]L'Union africaine créée le 11 juillet 2000 à LOME.
[445] F.-K. BOUAYAD-AGHA et B.-P. KRASULIN, *Op cit*, p.38.
[446]Voir article 2 de la Charte de l'OUA.
[447]Voir l'article 3, 4 sur le règlement pacifique et 19 sur la mission de médiation de conciliation et d'arbitrage.
[448]Voir art. 4. e sur le règlement pacifique, article 4. h sur le droit de l'union d'intervenir et 4.d sur le droit des Etats membres de solliciter l'intervention.

par la mise en place d'une politique de défense commune pour la régir par l'institution du CPS[449].

C'est plus particulièrement dans cet instrument, dans son préambule , qu'il est prévu qu'ayant à l'esprit les dispositions de la Charte des Nations Unies conférant au Conseil de sécurité la responsabilité principale du maintien de la paix et de la sécurité internationales, ainsi que celles relatives au rôle des accords et organismes régionaux dans le maintien de la paix et de la sécurité internationales et la nécessité de mettre en place un partenariat plus étroit entre les Nations Unies et les autres organisations internationales et l'Union africaine, dans la promotion et le maintien de la paix ,de la sécurité et de la stabilité en Afrique[450].

Les mêmes Etats reconnaissent la contribution des mécanismes régionaux africains pour la prévention, la gestion et le règlement des conflits dans le maintien et la promotion de la paix, de la sécurité et de la stabilité sur le continent ainsi que la nécessité de mettre en place et de renforcer les mécanismes formels de coordination et de coopération entre ces mécanismes régionaux et l'Union africaine.

En ce qui concerne l'Union douanière et économique de l'Afrique centrale et la communauté économique des Etats de l'Afrique de l'Ouest, il faut savoir que ce sont des organisations sous régionales. La première est en Afrique centrale avec 6 Etats membres et a pour objectifs principaux : développer l'intégration économique par le biais d'une union douanière, harmoniser les politiques fiscales et la planification du développement avec pour domaine d'activité effective la consolidation de la paix[451].

La deuxième est en Afrique de l'Ouest avec 16 Etats membres de l'OUA qui sont également membres de l'Organisation des Nations unies. Elle a parmi ses objectifs principaux, ceux à caractère économique et social à savoir : promouvoir la coopération et le développement dans les secteurs économique, social et culturel, relever le niveau de vie des populations des pays membres, accroître et consolider la stabilité économique[452].

Elle a un domaine d'activité effective qui est le maintien de la paix de la sécurité et de la stabilité régionales, la promotion et le renforcement des relations de bon voisinage[453].

---

[449]Le protocole instituant le conseil de paix et de sécurité de l'UA a été adopté le 9 juillet 2002 à Durban.

[450]Voir § 5 du préambule du protocole, ayant à l'esprit, …

[451] F.-K. BOUAYAD-AGHA et B.-P. KRASULIN, *Op cit*, p.39.

[452]Voir Article 3 relatif aux buts et objectifs dans le traité conclu le 28 mai 1975 à Logos par 26 Etats africains de l'Afrique de l'Ouest puis révisé et remplacé par le traité de Cotonou.

[453]Article 4 et 5 du traité instituant la CEDEAO.

Ainsi, en vue d'assurer cette fonction qui est consacrée comme un de principes fondamentaux de la CEDEAO[454], en harmonie avec l'article 6 du traité, il a été créé l'ECOMOG[455].

Pour l'Europe, il convient de savoir qu'il y a l'OSCE[456]. Celle-ci met essentiellement l'accent sur l'alerte rapide et la prévention des conflits dans l'idée que mieux vaut prévenir que guérir. L'OSCE compte à cet effet sur les mécanismes suivants, le mécanisme de Vienne relatif aux activités militaires inhabituelles créé en 1990, le mécanisme de Berlin sur les situations d'extrême urgence créée en 1991 et le mécanisme de Moscou sur les questions liées à la dimension humaine[457].

S'agissant de la gestion de la paix au niveau régional de l'Europe, la déclaration du sommet d'Helsinki adoptée le 10 juillet 1992 reprenait en son paragraphe 25 les points de vue des Etats participant à l'OSCE[458]. Celle-ci disait : « confirmant les engagements souscrits par nos Etats aux termes de la Charte des Nations unies, nous déclarons que nous considérons la CSCE comme étant un accord régional au sens du chapitre VIII de la Charte des Nations Unies » ; en cette qualité, elle représente le lieu important entre la sécurité européenne et la sécurité mondiale[459].

Au niveau de l'Union Européenne, le traité sur l'Union Européenne, signé à Maastricht le 7 avril 1992, assurait une base juridique permettant à l'Union de développer une politique étrangère et de sécurité commune. L'article J.1 du titre V du traité ne stipule que les objectifs de cette politique qui, d'ailleurs, sont non seulement le renforcement de la sécurité de l'union et de ses Etats membres mais aussi le maintien de la paix et le renforcement de la sécurité internationale[460]. L'article J.4 du même titre reconnait que l'Union de l'Europe Occidentale s'inscrit dans le développement de l'union Européenne. Aux termes de la déclaration relative à l'Union de l'Europe Occidentale en annexe au traité, l'UEO sera élaborée par étapes successives en tant que composante de défense de l'Union Européenne[461].

Une autre organisation européenne est la CEI[462]. L'article 6 de l'accord de Minsk du 8 décembre 1991 portant création de la CEI stipule que les Etats membres de la communauté collaboreront au maintien de la paix et de la sécurité internationales.

---

[454]TSHIBANGU KALALA, *Code des organisations internationales*, Bruxelles, éd. Bruylant, 2008, p.1483.

[455]Les articles 6 et 9 précisent que toutes autres institutions peuvent être créées par la conférence de la CEDEAO.

[456]Organisation pour la sécurité et la coopération en Europe.

[457]WILHELM HOYNCK, (secrétaire général de l'OSCE), « CSEC work to developits conflict prévention potential NATO review, Avril 1994, p.16.

[458]Anciennement, c'était la conférence sur la sécurité et la coopération en Europe (CSCE).

[459]Secrétariat de la CSCE, le CSCE Facts (miméographie), juin 1994, p.3.

[460] F.-K. BOUAYAD AGHA et B.-P. KRASULIN, *Op.cit*, p.21.

[461]*Idem*.

[462]La Communauté d'Etats indépendants créée par l'accord de MINSK du 8 décembre 1991.

La CEI a adopté plusieurs instruments juridiques concernant les arrangements appropriés au maintien de la paix, dont l'accord relatif aux groupes d'observateurs militaires et aux forces collectives de maintien de la paix dans la CEI et les protocoles associés, adoptés le 20 mars 1992, le traité de sécurité collective du 15 mai 1992 et l'accord concernant les forces collectives de rétablissement de la paix et les mesures concertées à prendre pour leur assurer un appui matériel et technique, adopté le 24 septembre 1993. C'est son conseil des chefs d'Etat qui est investi du pouvoir de lancer des opérations de maintien de la paix.

Dans ces opérations, le Conseil de sécurité avait été informé en juin 1994 que sur la base des dispositions du chapitre VIII de la Charte des Nations unies, le conseil des chefs d'Etat de la paix de la CEI avait décidé de déployer la force de maintien de la paix de la CEI en Abkhazie. Cela l'a été conformément à l'article 54 de la Charte[463] de la CEI que le Conseil de sécurité avait été tenu informé des effectifs et des activités de ces forces[464].

2. *Au niveau de l'Amérique et de l'Asie*

Par rapport au continent américain, il y a l'Organisation des Etats américains.

Cette organisation compte en son sein 35 Etats membres. Parmi ses principaux objectifs, ceux généraux sont : renforcer la paix et la sécurité, promouvoir et réaffirmer la démocratie représentative, assurer le règlement pacifique des différends, assurer une action commune en cas d'agression, promouvoir le développement économique social et culturel, éliminer l'extrême pauvreté[465].

Cette organisation a pour domaines d'activités effectives entre autres la diplomatie préventive, le rétablissement de la paix, suivi des droits de l'homme et consolidation de la paix[466].

A ce stade, il convient de relever que par une série d'amendements à sa Charte, l'OEA a mis sur pied des procédures permettant d'accroître l'efficacité de son secrétaire général et de son conseil permanent dans la gestion des crises. Elle a créé une Commission spéciale sur la sécurité continentale et a transformé

---

[463]S/1994/732 annexe.

[464]*Idem.*

[465]Voir les articles 1 et 2 du chapitre I relatif à la nature et aux buts et l'article 3 relatif aux principes.

[466]Déjà dans son préambule au paragraphe VI, les Etats membres de l'OEA disent « déterminés à poursuivre cette noble entreprise que l'humanité a confiée à l'Organisation des Nations unies dont ils réaffirment solennellement les principes et les buts ».

Egalement, au paragraphe I de l'article 1, il est dit « les Etats américains consacrent dans cette Charte l'organisation internationale qu'ils ont établie en vue de parvenir à un ordre de paix et de justice, de leur solidarité de défendre leur souveraineté, leur intégrité territoriale et leur indépendance. Dans le cadre des Nations unies, l'Organisation des Etats américains constitue une organisation régionale.

l'organisation internationale interaméricaine de défense en un organe officiel de l'OEA dans la gestion des crises. Cet organe est devenu l'un des principaux dans les rouages de cette organisation dont les aspects offensifs et défensifs étaient clairement établis et affichés[467].

Pour terminer ce point, nous présentons sommairement la situation de la gestion régionale de la paix et de la sécurité internationales à travers les textes des organisations interrégionales. Considérons la ligue des Etats arabes et le Commonwealth.

En ce qui concerne la ligue des Etats arabes, elle a pour région d'activités l'Afrique et le moyen orient avec 22 Etats[468].

Dans ces objectifs principaux, l'on retrouve : renforcer les liens entre les Etats membres, coordonner leurs plans politiques de façon à assurer la coopération entre les Etats, sauvegarder leur indépendance et leur souveraineté, examiner toutes les questions touchant les pays arabes et même leurs intérêts.

Au niveau de ses domaines d'activités effectifs, l'on retrouve entre autres la diplomatie préventive, le rétablissement de la paix, le maintien de la paix et la consolidation de la paix.

Quant enfin au Commonwealth, il se retrouve dans les cinq continents et a 50 Etats parmi lesquels 46 Etats membres et 4 Etats non membres de l'Organisation des Nations Unies auxquels s'ajoutent les 27 territoires dépendants et Etats associés.

Parmi ses principaux objectifs, ceux généraux sont : promouvoir la paix et l'ordre international, l'égalité des droits pour tous les citoyens et la liberté de l'individu, lutter contre la domination coloniale et l'oppression raciale, contribuer à l'instauration d'une justice mondiale plus juste.

Et à cet effet, dans ses domaines d'activités effectives, il y a la diplomatie préventive, le rétablissement de la paix et la consolidation de la paix.

CONCLUSION DU CHAPITRE PREMIER DE LA PREMIERE PARTIE

Lors de la création de l'ONU, les rédacteurs de la Charte ont prévu un chapitre VIII consacré aux organismes régionaux dont les relations avec l'ONU en matière de maintien de la paix sont y définies clairement. Cette coopération dont le fondement est le chapitre VIII a été complétée plus tard par plusieurs instruments repris par l'Assemblée Générale des Nations Unies.

A travers tous ces textes, il demeure constant que l'ONU est l'organisation internationale dont la mission principale reste le maintien de la paix et de la sécurité internationales. Pour l'accomplissement de cette tâche, les prérogatives

---

[467]Il s'agit en clair de 21 Etats membres et un Etat observateur de l'Organisation des Nations unies.

[468] F.-K. BOUAYAD AGHA et B.-P. KRASULIN, *Op.cit*, p.23.

importantes ont été accordées au Conseil de sécurité mais également, un dosage harmonieux des compétences a été prévu dans le cadre de la décentralisation de l'action aux organisations régionales à travers le mécanisme du Chapitre VIII.

L'ONU reste donc cette organisation dont la vocation mondiale n'est pas contestée mais dans les faits elle fait face à plusieurs situations qui mettent en mal celle-ci au point que, de plus en plus, une certaine remise en cause de prépondérance s'installe dans les esprits.

Cette conception du maintien de la paix à un niveau universel de l'ONU puis avec des ouvertures au niveau régional est restée d'actualité tant sur le plan normatif qu'institutionnel depuis 1945 à ce jour.

A la suite de cette reconnaissance du maintien de la paix au niveau régional, les cinq régions du monde ainsi que leurs sous-régions ont réussi à établir pour la plupart des mécanismes sécuritaires régionaux propres conformément à l'esprit du Chapitre VIII et créer ainsi une ouverture dans cette hiérarchie onusienne. C'est comme cela par exemple que le continent africain s'est doté de l'OUA puis très récemment de l'UA qui est une organisation continentale. L'Europe de même s'est construite autour de l'Union européenne, le continent américain s'aligne sur l'Organisation des Etats américains.

La situation de l'Afrique reste très illustrative d'une volonté de procéder par le bas, c'est-à-dire commencer avec les organisations sous régionales vers celle continentale. C'est comme cela que nous retrouvons plusieurs organisations sous régionales parmi lesquelles la CEDEAO, la SADC, l'UMA, la CEEAC, et tant d'autres.

Toutes ces organisations se sont dotées des mécanismes sécuritaires importants qui ont eu besoin d'être fédérés à un moment en vue d'assurer la coordination de leurs actions. Celle-ci a été consacrée puis assurée dans le cadre de l'acte constitutif puis du protocole portant institution du Conseil de paix et de sécurité de l'Union Africaine qui reste le seul organe important en matière de paix à côté de la conférence des chefs d'Etat et de gouvernement.

C'est dans cet esprit que l'on a retrouvé, dans le cadre de l'UA, la nécessité de faire de ces mécanismes sous régionaux des composantes claires de l'architecture de paix et de sécurité qui sont partie intégrante du système et évoluent tant bien que mal dans le cadre des organisations sous régionales.

Cependant, en dépit de l'existence d'un cadre formel de coopération, il a été observé qu'une tendance centralisatrice du maintien de la paix avait trouvé domicile aux Nations unies, étouffant ainsi toute initiative régionale. Ceci s'est manifesté le plus d'une part par le nombre croissant d'interventions réalisées par l'ONU dans presque tous les continents et, de l'autre, par le débordement ainsi que la difficulté des résultats probants dans le règlement desdits conflits au point que certains existent encore mais sont presque tombés dans l'oubli de la mémoire collective.

Cette façon de procéder de l'ONU l'était sans tenir compte de la prolifération des sources des menaces à la paix et à la sécurité qui ont fait qu'à un moment, cette tendance centralisatrice a fini par faire marche en arrière à travers l'encouragement des mécanismes régionaux de maintien de la paix, d'une part et, de l'autre, par la reconnaissance de leurs actions sur terrain.

Il s'agit d'une situation observée en Europe par exemple où l'OTAN a effectué plusieurs interventions importantes sans l'ONU et l'OSCE également a pris plusieurs initiatives dans le cadre de cette région.

En vue de la profondeur maximale dans l'étude pour démontrer la reprise régionale de cette action en vue du maintien de la paix et de la sécurité tant sur le plan normatif qu'institutionnel et opérationnel, il nous parait logique d'examiner, à ce stade, cette effectivité dans un cas particulier qui est celui de la région africaine. D'où, le chapitre II de cette étude.

Chapitre IIème :
LE DEVELOPPEMENT NORMATIF ET INSTITUTIONNEL DANS LE CADRE DE L'OUA ET DE L'UA

Réunir tous les Etats indépendants de l'Afrique dans une même salle de conférence avait été une ambition du Ghana dès 1958, mais cet effort avait échoué après l'accession à la souveraineté internationale d'un grand nombre d'Etats Africains[469].

Les regroupements africains ont connu des fortunes diverses durant l'année 1962 et le début 1963.

Le début de l'année 1962 avait été d'abord marqué par un durcissement de l'antagonisme entre les groupes et on attendait à cette époque de la conférence convoquée à Lagos pour janvier 1962 qu'elle puisse consacrer la réconciliation des révolutionnaires et des réformistes[470]. Elle avait en réalité consacré une scission.

En dépit de toutes ces tergiversations, les Etats indépendants d'Afrique avaient accompli en 1963 un pas réellement important vers la constitution d'un régionalisme africain[471].

C'est ainsi qu'il en est résulté deux conférences en vue de matérialiser ce régionalisme. La première, d'Addis-Abeba, celle des ministres des affaires étrangères tenue du 15 au 21mai 1963et, la deuxième, celle des chefs d'Etat et de gouvernement qui a immédiatement suivi la première, du 21 au 26 mai 1963. La particularité résidait sur le fait que la première n'avait qu'un rôle préparatoire et seule la seconde avait pouvoir de décision.

Le résultat le plus spectaculaire de la conférence d'Addis-Abeba avait été la création d'une nouvelle organisation internationale des Etats africains et malgache, l'Organisation de l'Unité Africaine[472]. La Charte de l'unité africaine qui constituait la convention internationale de base de cette organisation était, pour l'essentiel, issue du projet Ethiopien.

Cette organisation a été transformée en l'Union Africaine par l'acte constitutif de Lomé de 2000[473].

La succession de l'Union Africaine, organisation d'intégration, à l'OUA, organisation de simple coopération, n'entamait pas l'objectif téléologique qui restait identique à savoir : l'unité africaine[474].

---

469 F. BORELLA, *Op.cit*, 848.

470 *Idem.*

471 *Ibidem.*

472 La Charte de l'OUA a été signée à d'Addis-Abeba le 25 Mai 1963.

473 L'acte constitutif a été signé à Lomé le 11/07/2000 et ses contours avaient été tracés dans la déclaration de Syrte en Lybie du 9/9/1999 et, le 9/7/2000 à Durban en Afrique du Sud, la XXVIIIème conférence des chefs d'Etat et de gouvernement de l'OUA proclamait la naissance officielle de l'UA.

474 O. NDESHYO RURIHOSE, *L'héritage de l'OUA à l'UA : la quête permanente de l'unité*

Les deux organisations, tout en s'étant construites sur le continent africain, ou l'une succédant à l'autre, ont abordé, tout en reconnaissant l'adhésion aux principes et buts de la Charte des Nations unies, différemment le problème crucial de la paix et de la sécurité internationales.

Il s'est observé plutôt d'une part et précisément dans le cadre de l'OUA des piétinements normatifs et institutionnels par rapport à la gestion de la paix et, d'autre part, dans le cadre de l'UA, des avancées normatives et institutionnelles très significatives et importantes qui retiendront notre attention.

Cette double approche de la gestion de la paix et la sécurité régionales en Afrique constitue le développement de ce chapitre. Mais il faut relever que le régionalisme africain a, entre autres, une origine idéologique qui s'est affermie à travers les générations. D'où, la nécessité d'une section préliminaire qui revient sur cette particularité importante du droit africain.

Section préliminaire : LE PANAFRICANISME : FONDEMENT IDEOLOGIQUE DU REGIONALISME AFRICAIN

Le panafricanisme est une idée politique et culturelle et un mouvement qui prône et encourage la pratique de la solidarité entre africains où qu'ils soient dans le monde[475], ou encore comme un mouvement politique et culturel qui, considérant l'Afrique, les africains et leurs descendants comme un seul ensemble, vise à régénérer et à unifier l'Afrique, ainsi qu'à encourager un sentiment de solidarité entre les populations du monde africain[476].

Il s'agit de cette vision à la fois sociale, culturelle et politique d'émancipation des peuples africains et un mouvement qui vise à unifier les africains du continent et de la diaspora africaine en une seule communauté africaine globale.

Le cœur du principe du panafricanisme est la croyance que les peuples d'Afrique et de la diaspora partagent une histoire et une destinée commune et que leur progrès social, économique est lié à leur unité, son objectif ultime et son point d'orgue est la réalisation d'une organisation politique intégrée de

---

africaine, collections droit et société, Kinshasa, éd. EUA, 2010, p.3.

[475] S. NOMO MVILONGO, La *formulation du panafricanisme dans la pratique conventionnelle et constitutionnelle en Afrique*, Mémoire de maîtrise en droit international, Université du Québec à Montréal, Octobre 2013, p.23. Dans le même sens, E. KWAM KOUASSI, O*rganisation internationales africaines*, Paris, Berger LEVRAULT, 1987, pp.71-78, ouvrage consulté en ligne.

[476] C. CLESTENE, F. KANA et C. ANTA DIOP, « Le panafricaniste : un repère pour l'Afrique et la jeunesse ?», *in Ethiopiques*, n°87, Littérature, philosophie et art, 2ème semestre 2011, publié sur http://éthiopiques.fr. Voir également dans le même sens C. ANTA DIOP, *L'unité culturelle de l'Afrique noire,* Paris, éd. Présence africaine, 1960, ouvrage en ligne.Voir aussi NGOMA BINDA, *La pensée politique africaine.Idéologies de résisitance et de dévéloppement,* Bruxelles, Presses de l'institut universitaire andre Ryckmans, 2007, 400pages.Dans le même sens, NGOMA BINDA, *La pensée poltique contemporaines*, Paris, L'Harmattan, 2013, 402p.

toutes les nations et peuples d'Afrique[477] qui serait le cadre institutionnel de l'ordre juridique. A ce propos d'ailleurs, Oswald Ndeshyo Rurihose considère qu'« un système juridique n'est pas une création spontanée, sorti du néant, ex-nihilo…il est souvent le résultat d'une longue évolution institutionnelle, qui finit par être institutionnalisée»[478].

Le panafricanisme vise la coopération économique, intellectuelle et politique entre les pays africains, il exige que les richesses du continent soient utilisées pour le développement de ses peuples et appelle à l'unification des marchés financiers et économiques et un nouveau paysage politique du continent[479].

Les pères du panafricanisme furent d'abord anglo-saxons en particulier américains ou originaires des caraïbes : Claude McKay, Countre Culleer, Langston Hughes, William E.B. Dubois, Henry Sylvester Williams, Alexander Walthers (évêque méthodiste), Marcus Garvey (1868-1963, originaire de la Jamaïque), Nuamdi Azikiwe du Nigéria, Georges Padmore (Membre deKomintern et de son Bureau nègre) et Francis Kofie Kwame Nkrumah[480].

Ce mouvement est passé par plusieurs étapes notamment en 1897 avec la création de l'association africaine par Henry Sylvester Williams, pour encourager, spécialement à travers les colonies britanniques, l'unité de toute l'Afrique et a connu plusieurs activités.Puis sont venus la première conférence sur le panafricanisme en 1900 et le premier congrès panafricain en 1919 et le deuxième congrès en 1921, le troisième en 1923, le quatrième en 1927, le cinquième en 1945 et c'est lors de la préparation de cette conférence panafricaine que le mot panafricain est apparu[481].

Encore aujourd'hui, le panafricanisme s'exprime en Afrique comme dans les anciennes puissances du monde dans les domaines politique, économique, littéraire ou encore culturel.

Depuis l'apparition de ce mot, en 1900, presqu'aux péripéties les plus récentes, qui ont vu l'Union Africaine se substituer à l'OUA, la quête permanente de l'unité est restée le maître mot, la principale valeur[482].

Le panafricanisme, comme expression de la solidarité entre les peuples africains et d'origine africaine et en tant que volonté d'assurer la liberté du continent africain et son développement à l'égard des autres parties du monde, est né dans le même contexte historique que d'autres grands mouvements de

---

[477] P. OUEDRAGO, « Le panafricanisme, histoire mythique ou profits politiques », 2009, in *www.thomassankara.net*, consulté le 03 décembre 2015.

[478] O. NDESHYO RURIHOSE, *Manuel de droit communautaire africain*, Tome 1, Kinshasa, éd. Etat et Société, 2011, p.52.

[479]OIF, *Le panafricanisme au XXème siècle*, Document en ligne sur le site de l'OIF, p.33, consulté le 29/11/2015.

[480] NGOMA BINDA, *Op cit*, p48.

[481] Le premier s'est réuni à Londres, le deuxième en plusieurs sessions à Londres, Paris et Bruxelles, le troisième à Londres et Lisbone, le quatrième à New York, le cinquième à Manchester.

[482] A. NGUELIEUTOU, *Grandes œuvres et innovation continue dans les arts et les humanités en Afrique*, Op.cit, p.2.

rassemblement des peuples comme, le panaméricanisme, le panarabisme, le pangermanisme, le panslavisme ou le pantouranisme[483]. Il n'a pas seulement survécu à la plupart de ces mouvements. Il a aussi produit des effets visibles, en contribuant directement à l'émancipation politique de l'Afrique et il continue aujourd'hui à nourrir les projets de « renaissance africaine »[484].

C'est autour de cette valeur que s'est construite l'unité africaine.

Il est à relever que la plupart des chantres du panafricanisme ont été également les précurseurs de la lutte pour les indépendances de leurs colonies et ont milité pour la reprise du panafricanisme sur le régionalisme institutionnel africain.

Avec les indépendances acquises, d'ailleurs l'un des objectifs du panafricanisme, la nécessité ou la quête de la paix est restée cet élément fédérateur autour duquel les nouveaux Etats s'agglutinaient qui les amenèrent à vouloir créer une organisation régionale qu'ils appelleront l'OUA en 1963.

La nouvelle organisation panafricaine sera traversée de bout en bout par des clivages idéologiques, régionaux, historiques et, par conséquent, incertitudes et doutes marqueront son existence[485].

La controverse qui régna à sa création entre les pères fondateurs quant à la trajectoire commune à donner à ligne de cette organisation restera un des ambiguïtés de l'OUA qui n'avait pas été tranchée facilement. Il découla de ce prisme contrasté un polymorphisme sans précédent des modes de construction et de structuration du régionalisme africain[486].

La conception même du régionalisme africain est butée sur une controversée doctrinale lors de son affirmation dans le cadre de l'OUA.

La première thèse essentielle qui percevait l'unité de l'Afrique à travers la structuration d'un Etat unitaire de dimension continentale était guidée par Kwame Nkrumah du Ghana et Gamal Abder Nasser d'Egypte. Elle regroupait les révolutionnaires et partisans d'une fédération immédiate[487].

Par contre, la deuxième tendance dite unitariste de l'intégration, ou encore le camp des modérés ou groupe de Monrovia, lié à l'unité progressiste sous la

---

[483] *Idem.*

[484] Les progressistes ou révolutionnaires encore appelés groupes de Casablanca étaient composés en outre de Mali, de l'Algérie, de la Guinée, du Maroc. Pour ce groupe, Nkrumah définissait l'Unité africaine comme suit à Addis-Abeba, le 23, 24 et 25 mai 1963 « L'unité africaine est avant tout un royaume politique dans lequel on ne peut entrer que par des moyens politiques. Le développement social et économique ne pourra être assuré qu'à l'intérieur du royaume et non pas l'inverse » cité par CERVENKA (Z), *the organisation of african unity and its charter*, chrust&company, London, 1968, p.10.

[485] A. TCHAMENI, *les évolutions du régionalisme africain, le fonctionnement des communautés économiques régionales*, Etudes africaines, Paris, L'Harmattan, 2013.

[486] Expression empruntée à ENGELMARD (P), « Vers un développement à l'africaine », in *Manière de voir*, Mai-juin 2000, pp.53-57.

[487] O. KHOUMA, *Cours de régionalisme africain*, Licence 3, science politique, département de droit public et de science politique, Université Cheik ANTA DIOP de Dakar, Faculté des sciences juridiques et politiques, 2014-2015.

direction de Tafana Balewa du Nigéria, Félix Houphouët-Boigny de la côte d'ivoire et de Haile Sélassié d'Ethiopie était attaché à leurs souverainetés et opta pour une intégration processuelle.

Pour eux, l'essentiel était plutôt la protection de leurs souverainetés nationales nouvellement acquises.

Ce groupe reconnaissait la nécessité de création d'une organisation continentale mais marquait son désaccord sur l'opportunité et la procédure à adopter. Il exprimait cela en ces termes : « ... soyons réalistes, nous tenons à souligner qu'en ce moment, l'idée de former une union des Etats unis d'Afrique est prématurée... », Il faut préparer les esprits dans les divers pays africains, partir du connu pour arriver à l'inconnu[488].

Quand bien même cette idée ne passera pas aux conseils des ministres des affaires étrangères réuni au Caire en Egypte en 1964, elle eut l'avantage d'être posée.

De cette controverse, les délégations marquèrent, sur base de la proposition du Ghana, leur accord pour une OUA très souple avec comme point de mire le respect des souverainetés nationalesau détriment d'une organisation véritablement intégrative.

Le régionalisme africain tel conçu sur base de l'idéologie panafricaine a été instrumentalisé par différents groupes sur base du poids des héritages coloniaux.

Ainsi, durant toute son existence, l'OUA a connu de tares considérables surtout dans le règlement des conflits et la venue de l'UA a été perçue comme une vision rénovée du mouvement panafricain à l'ère de la mondialisation.

Il s'observe donc une renaissance africaine génératrice d'une modernité originale[489] surtout dans le domaine du maintien de la paix et de la sécurité régionales avec l'avènement du CPS en 2002.

Le désir entre autres même d'assurer leur sécurité collective dans un système international anarchique avait poussé les africains à s'organiser collectivement en vue de sortir du marasme de la dépendance vis-à-vis des puissances coloniales, de traduire dans les faits leurs souverainetés permanentes intégrales sur les différentes ressources naturelles du continent et d'être prêts en considération dans les débats internationaux.

A la suite de ce fondement idéologique du régionalisme africain, il s'avère impérieux pour nous de revenir sur son développement normatif et institutionnel à travers l'OUA et l'UA.

Section Ière : LE CADRE NORMATIF ET INSTITUTIONNEL DE REGLEMENT DES CONFLITS DE L'OUA

La gestion de la paix et de la sécurité internationales au niveau de l'OUA semblait vouloir s'inspirer du prescrit du chapitre VIII de la Charte des Nations

---

488 O. KHOUMA, *Op.cit.*

489 S. NOMO MVILONGO, *Op.cit.*

unies. Les rédacteurs de ce chapitre pensaient effectivement que la mise en œuvre des mécanismes du chapitre VIII devait avoir pour conséquences de fonder l'action et la réaction de l'OUA dans les domaines du règlement pacifique des différends et du maintien de la paix et de la sécurité régionales.

Ainsi, alors que la Charte des Nations unies était conçue sous un modèle réactionnel et correctionnel de la gestion de la sécurité internationale telle que conçue dans le cadre de la SDN, dans ce dernier document, les organisations régionales ont été conditionnées dans l'optique de croire qu'elles ne géreraient personnellement et à titre individuel que le règlement pacifique et que l'usage de la force resterait le monopole de l'ONU à quelques exceptions près[490].

C'est comme cela que ces organisations se sont dotées des dispositifs normatifs déficitaires en ce qui concerne la gestion des conflits d'une part et, de l'autre, elles n'ont presque pas eu d'organes spécifiques quant à ce.

§1. Le déficit normatif en matière de gestion des conflits

L'évolution normative de l'OUA dans le domaine de la gestion des conflits est caractérisée par deux grandes étapes. La première va de la création de l'OUA à l'année 1993, période caractérisée par la primauté et le recours aux simples dispositions de la Charte. La deuxième, elle va du 30 juin 1993, date de l'adoption de la déclaration de la conférence des chefs d'Etats et de gouvernement sur la création au sein de l'OUA d'un mécanisme pour la prévention, la gestion et le règlement des conflits à l'adoption de l'acte constitutif de l'UA[491].

Considérant cette approche double, celle-ci permet donc d'aborder ce paragraphe en deux points.

A. Le déficit normatif constaté dans l'OUA en matière de gestion des conflits

Créée en 1963 à travers la Charte de l'OUA dans le but de hâter la décolonisation et de préparer une réunion économique africaine, l'OUA avait pour but de constituer une tribune spécifiquement régionale, panafricaine, et à défaut, consensuelle, dans la voie du non alignement[492].

Avec cette création, le pas important vers la construction du régionalisme africain avait été accompli mais il était à noter que l'arrivée massive sur la scène internationale d'Etats issus de la décolonisation s'est accompagnée d'un effort

---

490Voir les conditions prévues quant à ce au chapitre VIII de la Charte des Nations unies.

491C'était au cours de la vingt neuvième session ordinaire tenue du 28 au 30 juin 1993 que la conférence des chefs d'Etat et de gouvernement a adopté la Rés. AHG/déclaration (XXXIX) portant création de ce mécanisme.

492 G. FOURESTIER, l'OUA, *in www.rabac.com*, consulté le 27 avril 2012.

intense et désordonné de ces Etats de se regrouper dans des organisations aux structures juridiques diverses et aux visées ambitieuses.

Avec cette perception, on avait assisté à la création de multiples groupements plus ou moins antagonistes et en tout cas concurrents[493]. Ce qui avait pour conséquence de servir le morcellement de l'Afrique au lieu de son unité.

Cette position permet de présenter les défaillances du régionalisme africain lui-même tel qu'il s'est présenté à travers le texte constitutif de l'OUA pendant cette période d'un côté et, de l'autre, la perception de ces normes en se plaçant en dehors de celle-ci.

1. Les tares congénitales du régionalisme normatif africain

Ces défaillances du régionalisme africain qui se construisait présentaient à cet effet un double visage : l'échec de l'unité africaine et l'échec des réalisations institutionnelles de l'organisation panafricaine[494].

En plus de ces défaillances relevées, il faut ajouter le déficit normatif caractérisé par l'existence de la seule Charte de l'OUA comme seul texte organisant la gestion des conflits en Afrique. Relevons toutefois qu'à côté de la Charte, plusieurs résolutions ont été prises sans pour autant constituer l'ébauche ni l'esquisse d'une précision normative en matière de gestion des conflits sous réserve du protocole prévu à l'article 19 de la Charte.

Pour nous en convaincre, il nous revient d'examiner les dispositions qui visent à gérer les conflits. Ces dispositions, dans cette étude, peuvent, dans une certaine mesure, être comparées à la teneur de celles de la Charte des Nations Unies aux fins de ressortir effectivement le déficit et ce, jusqu'en 1993.

Ces Etats africains, dans le cadre de l'OUA, en application de l'article 19 de la Charte, ont adopté le protocole en 1964, en juillet au Caire.

Ce protocole était censé informé sur les procédés de gestion des conflits qui devaient régenter l'OUA[495], lesquels n'entraient en jeu qu'après l'éclatement d'un conflit et ces procédés n'avaient, pour l'essentiel, porté que sur les conflits interétatiques, qui procédaient notamment de différends frontaliers et/ou des divergences *« idéologiques »* et ce, à une époque où les clivages de la guerre froide étaient très marqués sur le contient[496].

Toutefois, ce mécanisme ne fut jamais opérationnel et le professeur Oswald Ndeshyo tente d'expliquer ce dysfonctionnement en disant que la pratique de

---

[493] SALAMANE YAMEOGO, « La portée du régionalisme international en Afrique, maitrise en droit public », Université de Ouagadougou, 2004, p 199, *in afriquelafrique_free.fr /thèse,* consulté le 26.04.2012.

[494]SALAMANE YAMEOGO, *Op.cit,* p.199.

[495] L. GHASSIN WANE, La conditionnalité : les pratiques et les contraires, paix et bonne gouvernance, in *Actes de la table ronde préparatoire n°3*, à la bonne gouvernance : Objet et condition de financement in *www.iss.co.za/fa/regorge.Twenty two,* Consulté le 10.05.2012.

[496]Voir articles XIX du protocole. Au reste, la compétence de la commission était limitée aux conflits interétatiques.

l'OUA de règlement pacifique des différends interafricains était spontanée et improvisée, la technique s'était cependant fixée car elle présidait pour l'essentiel dans les négociations diplomatiques[497].

Il reconnaît également que les procédures instituées par ce protocole étaient restées lettre morte.

La Charte de l'OUA avait en tout et pour tout 33 articles auxquels il était ajouté un préambule. Ces articles fixaient les objectifs, les principes, les membres, les droits et devoirs des Etats membres, les institutions(la conférence des chefs d'Etat et de gouvernement, le conseil des ministres, le secrétariat général, la Commission de médiation, de conciliation et d'arbitrage et les Commissions spécialisées), le budget, la signature et ratification de la Charte, l'entrée en vigueur, l'enregistrement de la Charte, l'interprétation de la Charte, l'adhésion et l'admission, les dispositions diverses, la renonciation à la qualité de membre et l'amendement et révision.

A la lecture des dispositions de la Charte, l'on relève déjà que le préambule faisait voir que les Etats étaient convaincus qu'afin de mettre cette ferme détermination au service du progrès humain, il importait de créer et de maintenir des conditions de paix et de sécurité[498].

Ils étaient aussi fermement résolus à sauvegarder et à consolider l'indépendance et la souveraineté durement conquises, ainsi que l'intégrité territoriale de leurs Etats, et à combattre le néo-colonialisme sous toutes ses formes[499].

Ils étaient enfin persuadés que la Charte des Nations Unies et la déclaration universelle des droits de l'homme, aux principes desquels ils réaffirmaient leur adhésion, offraient une base solide pour une coopération pacifique et fructueuse entre leurs Etats[500].

En plus de ces orientations prévues dans le préambule, l'article 2 relatif aux objectifs montre le souci des pères africains de renforcer l'unité et la solidarité des Etats africains, de coordonner et intensifier une coopération et leurs efforts pour offrir de meilleures conditions d'existence aux peuples d'Afrique d'une part[501].

D'autre part, il insistait sur la nécessité de la défense de leur souveraineté, intégrité territoriale et indépendance ainsi que d'éliminer sous toutes ses formes le colonialisme de l'Afrique et de favoriser la coopération internationale, en tenant dûment compte de la Charte des Nations Unies et de la déclaration Universelle des Droits de l'Homme[502].

---

497 O. NDESHYO RURIROSE, *Op.cit*, p.264.
498 Voir § 5 du préambule de la Charte de l'OUA.
499 Voir § 6 du préambule de la Charte de l'OUA.
500 Voir § 8 du préambule de la Charte de l'OUA.
501 Voir article 2.a et b de la Charte de l'OUA.
502 Voir article 2.c, d et e de la Charte de l'OUA.

Et à ces fins, outre les politiques à coordonner et à harmoniser dans plusieurs domaines, celui qui nous intéresse est prévu au point 2.f de l'article 1 à savoir la défense et sécurité.

Au niveau de l'article 3, il est fixé les principes que les Etats membres affirment pour atteindre les objectifs énoncés à l'article 2. Il s'agissait des principes juridiques et politiques.

Dans le premier cas, l'on retrouvait l'égalité souveraine de tous les Etats membres, la non-ingérence dans les affaires intérieures des Etats, le respect de la souveraineté et de l'intégrité territoriale de chaque Etat et de son droit inaliénable à une existence indépendante et le règlement pacifique des différends par voie de négociation, de médiation, de conciliation ou d'arbitrage[503].

Dans le second cas, les pères africains ont intégré la condamnation sans réserve de l'assassinat politique ainsi que des activités subversives exercées par des Etats voisins ou tous autres Etats, le dévouement sans réserve à la cause de l'émancipation totale des territoires africains non encore indépendants et l'affirmation d'une politique de non-alignement à l'égard de tous les blocs[504] comme principes politiques visant à guider l'action interne des Etats et la position internationale du continent.

De la lecture de toutes ces dispositions, il s'observe que l'article 3. 4 sur le règlement pacifique des conflits précise que : « les Etats s'engagent à régler leurs différends par des voies pacifiques » qu'il faut associer à l'article 19 qui dispose qu'à cette fin, ils créent une Commission de médiation, de conciliation et d'arbitrage, dont la composition et les conditions de fonctionnement sont définies par un protocole distinct, approuvé par la conférence des chefs d'Etat et de gouvernement. Ce protocole est considéré comme faisant partie intégrante de la présente Charte. »

Ainsi, il s'agit de seuls articles de la Charte dont la lecture permet de voir qu'ils s'adressent soit directement soit de manière déductive à la gestion de la paix.

Il nous revient à ce stade de voir si ces dispositions ont été heureuses dans l'écriture et si elles ont permis d'être considérées comme un cadre normatif suffisant de gestion de la paix et de la sécurité internationales en Afrique.

La lecture approfondie des règles juridiques et principes adoptés par l'organisation panafricaine présentaient comme Janus, deux faces qui comportaient chacune des vices rédhibitoires[505]. Dans certains cas, ces normes

---

503 D. LECOUTRE, « Vers un gouvernement de l'Union africaine ? Maximalistes contre gradualistes », in Institute for security studies papers, n°147, Juin 2007, pp.1-16.

504 Idem. Voir également, UMBA DINDELO et SADIKI KOKO, « Etats-unis d'Afrique : préalables et perspectives d'avenir », in *Institute for security studies papers*, n°147, Juin 2007, pp.17-32.

505 SIDI SADY, *La Résolution des conflits en Afrique*, Thèse pour le doctorat d'état en science politique, Faculté des sciences juridiques et politiques, université Cheikh ANTA DIOP de Dakar, le 12 janvier 2005, p.59.

et principes paraissaient trop ambitieux alors que dans d'autres, ils semblaient manquer d'audace.

Ces textes étaient donc peu équilibrés et suscitaient une forte suspicion des africains en ce qui concernaient leur matérialité et effectivité.

Ainsi, il y a lieu de chercher à comprendre les origines de ces tares aux fins d'entrevoir les perspectives qui se sont augurées en 1993 puis avec l'UA.

Le préambule de la Charte énonçait les raisons de la création de l'OUA parmi lesquelles l'on retrouvait toute la description des maux qui rongeaient l'Afrique d'une part et, de l'autre, son affirmation en tant qu'organisation régionale et son intention manifeste de ne point s'aligner derrière les deux blocs qui s'étaient créés.

Le texte de la Charte reprenait les nombreux textes du même genre déjà adoptés par les nombreuses conférences africaines ; en revanche, les principes de l'article 3 sur lesquels reposait l'organisation étaient plus intéressants, non par leur nouveauté mais par le choix qui était fait d'un certain nombre de principes qui figuraient dans telle ou telle Charte adoptée antérieurement[506].

Ces principes étaient de deux sortes, les uns étaient juridiques, les autres politiques[507].

Les principes juridiques étaient très classiques : égalité souveraine des Etats membres, non-ingérence dans les affaires intérieures des Etats, respect de la souveraineté et de l'intégrité, règlement pacifique des différends[508].

Les principes politiques étaient au contraire plus spécifiquement africains : condamnation de l'assassinat politique et des activités subversives entre Etats africains, dévouement sans réserve à la cause de l'émancipation des territoires africains encore dépendants, non alignement à l'égard de tous les blocs[509].

Ce sont donc ces principes qui semblaient donner sa coloration propre au régionalisme africain.

En dépit de cette conception laudative de l'œuvre des pères fondateurs de l'OUA, les observations particulières méritent d'être faites car cette vocation panafricaine de rassembler voire d'unir et peut être d'intégrer ne pouvait être pensée sans des normes conséquentes en ce qui concernaient la gestion de la paix et de la sécurité régionales.

Il est clair que les chefs d'Etat et de gouvernements africains avaient pour ambition de prévenir les conflits armés entre ou au sein des Etats et le cas échéant de les résoudre « pacifiquement »[510]. Cette volonté des pères fondateurs a pu aboutir aux excès graves au point d'avoir rendu les textes inapplicables car,

---

[506] F. BORELLA, *Op.cit*, p 852- 853 ; O. NDESHYO RURIROSE, *Op.cit*, p.17.

[507] *Idem.*

[508] Il est facile là de reconnaitre les principes de l'article 2 de la Charte des Nations unies.

[509] YEZI MPIANA, *Relations internationales Africaines,* notes des cours, Deuxième Licence, 2010-2011, Faculté de Droit, UNIKIN, Inédit ; dans le même sens, F. BORELLA, *Op.cit*, p.853.

[510] Le terme pacifiquement renvoyait aveuglement à l'article 52 de la Charte des NU sans se rendre compte du contexte politique africain de création de l'OUA.

en tenant compte de l'ambition manifestement exagérée dans laquelle ces règles ont été adoptées, il s'observait qu'elles étaient élaborées dans un contexte qui ne laissait point douter de leur inapplicabilité.

Les Etats africains ont pris conscience effective de l'existence de ces contraintes[511], mais ne les ont pas pris en compte efficacement dans le corps du texte. Cela se dégage dans la faiblesse et l'imprécision couplées d'un caractère minimaliste des dispositions conférant attributions aux organes et à leurs domaines d'intervention.

Parmi ces contraintes, l'on pouvait relever le contexte idéologique défavorable dans lesquels les Etats africains s'étaient retrouvés sans le vouloir d'une part et, de l'autre, les possibilités financières limitées des Etats et de surcroît de l'organisation panafricaine.

En effet, au regard du contexte idéologique qui a prévalu jusque dans les années 199O, certaines règles adoptées par l'OUA ont pu paraître trop ambitieuses[512].

Ce contexte idéologique de la guerre froide qui naquit au lendemain de l'adoption de la Charte des Nations Unies et plus précisément en 1947 avait totalisé 16 ans en 1963 lorsque l'OUA venait de naitre.

Ce mouvement était déjà ancré au point que les Etats africains nouvellement décolonisés se retrouvaient alliés soit au bloc Est soit au bloc Ouest.

Ceci a fait dire à Mwayila Tshiyembe et Bukasa Mayele que les Etats africains n'ont connu de commun que la nature de l'Etat post colonial et l'étiquette de non alignés[513]. Ce qui se justifiait dans la prise des décisions et des déclarations face aux conflits qui gangrenaient le continent et permettaient de dire qu'ils étaient différents et divers[514].

Ces différences d'options et d'opinions avaient également pour origine la convoitise dont le continent était l'objet[515].

La persistance de la guerre froide a favorisé l'alignement sur la politique des grandes puissances ou la stabilisation de certains Etats et a conduit à de graves différends dont l'Afrique a eu du mal pour s'en remettre.

L'exemple du conflit angolais est celui dans lequel l'appartenance au bloc était très visible et surtout la lutte pour la victoire finale du bloc plus accrue.

Mais bien plus avant l'Angola, la situation de l'appartenance au bloc était très perceptible en RDC en 196O où Lumumba était accusé d'être communiste et mis à mort.

---

[511]Voir intégration du texte du préambule de la Charte de l'OUA.

[512] SIDI SADY, *Op.cit*, p.59.

[513]TSHIYEMBE MWAYILA et BUKASA MAYELE, *L'Afrique face à ses problèmes de sécurité et de défense*, éd. Présence africaine, Paris, 1989, p.45.

[514]*Idem.*

[515]ELIKIA MBOKOLO, *L'Afrique au XXe siècle : le continent convoité,* éd.Seuil, Paris, 1983, p.86.

Toutes ces situations de conflit ont permis de se rendre compte du fait que le principe de non-alignement était un vain mot et surtout celui du règlement pacifique des différends.

Un autre élément des caractéristiques de cette défaillance normative est le fait qu'il y a eu un développement des tendances bellicistes au point qu'un autre principe de l'OUA à savoir « le respect de la souveraineté et de l'intégrité territoriale de chaque Etat et de son droit inaliénable à une existence indépendante était devenu lettre morte ».

Le dispositif normatif de l'OUA s'effritait également dans la mesure où ces Etats ont lancé la solidarité africaine comme principe essentiel, mettant ainsi le fait pragmatique de résoudre par tous les moyens possibles leurs problèmes.

L'OUA telle que considérée a révélé les tares congénitales de sa création à travers le texte de création dans la mesure où la Charte n'avait pas une clause de sécurité collective engageant les Etats à réagir contre tout autre Etat qui serait designer préalablement comme agresseur.

Même si le vent de la guerre froide pouvait bloquer la mise en œuvre d'une telle disposition, son insertion aurait néanmoins rencontré le prescrit de l'article 51 de la Charte des Nations unies.

Aussi, aurait-il fallu que les pères fondateurs puissent prévoir un mécanisme clair de sécurité collective apte à réagir aux situations qui seraient préalablement qualifiées et prévues.

Il s'observe en conséquence que la pertinence des règles de l'OUA en matière de gestion des conflits était limitée par des blocages inhérents à ces textes qui apparaissaient à la fois comme trop abstraits et manquant d'équilibre interne.

Il s'agissait, suivant cette acception, des facteurs internes caractérisant cette charpente normative. D'où, le point 2.

2. La perception négative extérieure des règles de l'OUA

Il existait deux ordres des facteurs externes qui avaient empêché manifestement ces règles de fonctionner.

Ces facteurs extérieurs étaient en fait liés aux normes à travers les jugements portés sur elles, les appréciations faites sur leur qualité et dont les auteurs prenaient par la suite position sur leur applicabilité[516].

La Charte de l'OUA était un ensemble des normes non assorties des sanctions claires et efficaces. Même s'il s'agissait des engagements internationaux dont il était interdit de violer, l'insertion de la sanction en cas de violation claire et des voies de recours efficaces auraient permis de rendre plus adroite la qualité de la normativité des dispositions de la Charte.

---

[516] SIDI SADY, *Op.cit*, p.67.

S'il est vrai que « *pacta sunt servanda* » reste le principe sacro-saint de droit international, il est également vrai que la force d'une norme repose sur le degré d'adhésion des sujets à qui elle est appelée à s'appliquer.

Les règles et principes de l'OUA, pour deux raisons à savoir, la contestation dont ils ont été victimes de la part des Etats membres et les tares congénitales à l'inter étatisme, n'ont pas reçu l'adhésion nécessaire et, partant, ne s'appliquaient pas toujours convenablement entre 1963 et 1993 ou un peu plus avant soit en 1990.

En ce qui concerne la contestation de ces principes et règles dont elle était victime, il s'agissait déjà d'une volonté de ne point les appliquer. Cette contestation s'est effectivement constatée au travers des moyens mis en œuvre en vue de régler les conflits et faire respecter les principes et objectifs de l'organisation.

En dépit de la cristallisation par l'OUA de l'intangibilité des frontières héritées de la colonisation, la pratique même de la revendication des territoires à travers les conflits territoriaux avait démontré que ce principe n'était que lettre morte.

La volonté des pères fondateurs d'éviter à tout prix des guerres et s'assurer la pérennité de la décolonisation s'était illustrée à travers sa première session de la conférence des chefs d'Etat et de gouvernement du 17 au 21 juillet 1964 qui avait pris la résolution AGH/ Rés.16 sur l'intangibilité des frontières africaines[517].

Le 31 juillet 1967, par la résolution du Caire confirmant le prescrit de la Charte de l'OUA, il était réaffirmé textuellement l'uti possidetis juris qui était apparu de la sorte comme un précédent considérable dans le processus de formation du droit coutumier régional africain[518].

En plus de la perception qu'avaient les Etats sur l'*uti possidetis juris*, comme principe important, sa constatation a été aussi l'œuvre de la Cour Internationale de Justice quant aux différends territoriaux en Afrique[519].

Les conflits interétatiques tels entre l'Ethiopie et la Somalie sur le désert de l'Ogaden, l'Algérie et le Maroc sur la bande de Tindouf, la RDC et Congo Brazza sur l'île Mbamu, l'Angola et la Namibie sur la bande de Caprivi, l'Ethiopie et l'Erythrée sur la bande de désert, la RDC et la Zambie sur la Bande frontalière entre le lac Tanganyika et Moero, la RDC et le Rwanda dans la zone neutre entre Goma et Gisenyi, la RDC et l'Angola sur les bandes frontalières de Kahemba et Lukaya, la RDC et le Burundi sur la bande frontalière du delta de Ruzizi et de Gatumba, le Djibouti et l'Erythrée sur la péninsule stratégique sur la mer Rouge appelée RAS DOUMEIRA, lesquels sont en veilleuse encore aujourd'hui montrent de quelle manière ce principe a été renié[520].

---

517 TSHIBANGU KALALA, *Code…*, *Op.cit*, p.1913.
518 P. KALUME BEYA, *Op.cit*, p.50.
519 *Idem*
520 P. KALUME BEYA, *Op.cit*, p.11.

Les conflits réglés, tels ceux entre le Cameroun et le Nigeria sur la péninsule de Bakassi, le Burkina-Faso et le Mali sur la bande d'Agacher, la Tunisie et la Jamahiriya arabe libyenne sur le plateau continental, le Sénégal et la Guinée sur la délimitation de la frontière maritime et entre le Tchad et le Lybie sur la Bande d'Aouzou, au niveau de la CIJ, ont fait surgir la contestation et les interprétations diverses sur le principe de *l'uti possidetis juris*, argument contre lequel d'autres souhaitaient qu'il leur soit appliqué l' *uti possidetis de facto*[521].

La contestation de la valeur supérieure des normes s'est encore caractérisée par les ingérences dans les Etats africains par d'autres par l'invocation des raisons variables telles le soutien à un régime, sécurité de son propre territoire, les raisons humanitaires, l'exploitation illicite des richesses, etc.

S'il est possible de constater que la contestation individuelle des normes ne remet pas en principe en cause l'existence de celles-ci, il est également possible de conclure que cette contestation collective constituait une forme effective d'abrogation directe des règles.

Cela est d'autant plus vrai que ces principes et objectifs ont connu une contestation collective à tel point qu'ils étaient devenus caducs et abrogés.

Ceci se manifeste davantage dans la carence des dispositions qui concernent la gestion de la paix et de la sécurité d'une part et, d'autre part, par l'abrogation tacite que les quotas ont consacré de quelques dispositions se trouvant dans les principes et objectifs et qui intéressaient la défense et la sécurité ainsi que le règlement des différends.

En ce qui concerne alors l'inter étatisme, celui-ci constituait un ensemble des vices propres qui caractérisaient les normes établies par l'OUA et leur inefficacité dans la résolution des conflits.

L'inter étatisme africain comportait en réalité deux faiblesses majeures qui se répercutaient sur la force des normes édictées par l'organisation panafricaine à savoir le caractère facultatif du recours aux procédures et l'absence de sanction effective[522].

La consécration des normes fondamentales de l'ordre juridique international peut donc revêtir bien des acceptions différentes [523] ; cependant, les différentes approches de la notion gravitent autour d'un noyau dur : l'apparition de ces règles révèle l'instauration d'un ordre public international[524].

---

[521]Le Mali par exemple souhaitait qu'il soit appliqué l'uti possidetis de facto car il affirmait qu'une analyse sérieuse de la Charte de l'OUA de mai et de la Rés. du Caire de 1964 montrait très nettement qu'aucun de ces textes ne consacrait de manière absolue le principe de l'intangibilité des frontières africaines, voir CIJ, 1986, recueil des arrêts, avis consultatifs et ordonnances, pp.74-75, mémoire du Mali.

[522] SIDI SADY, *Op.cit*, p.69.

[523] R. KOLB, *Théorie du ius cogens international, Essai de relecture du principe,* Genève, éd. PUF, collection des publications de l'IMAEI, 2001, p.166.

[524]*Idem*, p.172.

Ainsi, la nature facultative du recours aux procédures s'explique par les conditions de formation des règles du droit international dans lesquelles le volontarisme est la première des conditions.

Les entités étatiques qui édictent ces règles sont *« souveraines et égales »*. Selon Chemillier Gendreau, « cette formule, fictive du point de vue des réalités sociales, signifie qu'il n'y pas de centralisation..., le soubassement de cette absence de centralisation est dans la réalité d'un monde divisé sur le plan culturel, d'où le recours à la souveraineté »[525].

La souveraineté étant un attribut essentiel de l'Etat[526], les règles naissent par consensus dans les relations entre les Etats.

L'application des règles du droit international se fait au gré de la volonté des Etats et l'opposition entre l'ordre juridique international et la souveraineté tourne presque toujours à l'avantage de la souveraineté.

Dans cette acception, les Etats africains, jaloux de leur souveraineté nouvellement acquise, l'ont mise en exergue face à toute règle susceptible de la remettre en cause, c'est ainsi que s'expliquait leur non engagement dans la Commission de médiation, de conciliation et d'arbitrage dont les dispositions faisaient des Etats de simples justiciables devant les fonctionnaires qu'ils avaient nommés.

L'importance de cette volonté des Etats s'est manifestée dans le dispositif du mécanisme pour la prévention, la gestion et le règlement des conflits qui faisait de l'Etat le seul interlocuteur privilégié en matière de résolution des différends.

De toutes ces considérations, il y a lieu de relever également que l'absence des sanctions attachées aux décisions de l'OUA rendait l'exécution de celles-ci très aléatoires. L'OUA n'avait pas un pouvoir de contrainte en vue d'imposer l'application de ses résolutions sur les conflits interafricains. Dans ces conditions, l'interdiction du recours à la force prônée par l'OUA ou le règlement pacifique des différends préconisés par cette organisation n'ont eu qu'une valeur relativement théorique.

De tout ce qui précède et en rapport avec ces normes, l'on relève qu'elles étaient fondées sur un dogmatisme dangereux qui était celui de l'intangibilité des principes de l'OUA et de la rigueur de leur application.

C'est ce qui justifiait l'échec de l'action de ces organes surtout dans les modalités de règlement des conflits par l'OUA car ils étaient soutenus par des principes mythiques comme la primauté donnée aux acteurs étatiques, la primauté donnée au règlement politique des différends, la non-imposition de la paix.

---

[525] M. CHEMILLIER GENDREAU, « L'Etat souverain aurait-il peur du droit international », in *le monde diplomatique*, mai, 1989, p.24.

[526] G. BASUE BABU KAZADI, *Op.cit*, p.57.

Ces principes ont consacré un immobilisme négatif dans l'action de l'OUA car la multiplication des conflits en Afrique avait suffi à démontrer l'inadaptation des règles élaborées par l'OUA.

La justification la plus idoine était le fait que ces normes étaient le fruit d'un consensus réalisé par les pères fondateurs de l'OUA surtout que les chefs d'Etats Africains ont préféré ne pas les changer, semble-t-il, pour garder une unité fut elle de façade, plutôt que de mettre en péril l'existence de l'organisation par des modifications non souhaitées par certains Etats de son dispositif juridique.

Le dernier élément caractéristique des normes prévues dans la Charte de l'OUA était le caractère contradictoire de celles-ci au regard d'autres principes consacrés par elle d'avec d'autres principes du droit international.

La première contradiction résidant dans la difficulté de concilier d'une part la souveraineté et l'intégrité territoriale d'avec d'autre part, la nécessité de défendre les droits humains[527].

La deuxième contradiction est liée à l'entendement du principe d'auto détermination dans le cadre de l'ONU et dans le cadre de l'OUA avec le principe de l'intangibilité des frontières.

La troisième contradiction visible est que l'OUA avait également consacré le principe du règlement politique des différends alors que l'ONU consacre le même principe en autorisant éventuellement l'usage de la force[528].

Devant cette analyse, Koffi Kouame souligne le « hiatus entre la remarquable œuvre normative de l'OUA et ses difficultés politiques »[529].

Ainsi, fortement imprégné d'inter étatisme, le régionalisme africain, sous cette étape, n'avait pas surmonté les vices et tares relevés dans sa production juridique.

Malgré tout, la réalité des conflits, leur multiplication sur le continent traduisait d'une manière on ne peut plus claire l'échec global des normes de l'OUA.

Et le professeur Ndeshyo conclut à ce propos : « mais, à la vérité, il manque un véritable lien entre les objectifs et les compétences conférées aux organes, … cette carence est imputable, pense un auteur, au pragmatisme africain : incompatibilité entre certains objectifs, disproportion entre les fins et les moyens, silence sur la nature des compétences des organes, absence d'un pouvoir d'exécution, enfin l'incohérence entre le programme et ses voies et moyens ;là réside, semble- t-il, la plus grande faiblesse structurelle de l'organisation »[530].

---

[527]Le premier principe figure dans la Charte de l'OUA tandis que le second est une exigence de la Charte africaine des droits de l'homme et des peuples (adoptée par la 18e conférence au sommet réuni à Nairobi le 28 juin 1981.

[528]L'exception du chapitre VIII de la Charte n'avait pas d'équilibre dans la Charte de l'OUA.

[529]KOFFI KOUAME, *La stabilisation et le maintien de la paix en Afrique de l'Ouest*, thèse Nouveau régime, Droit international, Livre II, 1988, p.93.

[530] O. NDESHYO RURIHOSE, *Op cit*, pp.120-125.

Après la présentation de cette réalité sous la période concernée, il nous revient d'étudier et d'analyser ces considérations à partir de 1993.

B. Le déficit normatif constaté dans l'OUA en matière de gestion des conflits à partir de 1993 jusqu'à l'avènement de l'Union africaine.

L'on se rappellera des problèmes qui ont caractérisé le régionalisme africain pendant la période précédente. Devant cette réalité, il y a des éléments importants qui pouvaient être dans les comportements des Etats africains. Il s'agit d'une évolution des consciences en vue de la rupture d'avec des normes au contenu déficitaire et d'expression de cette tentative à travers la prise de textes d'un genre assez particulier.

1. L'évolution des consciences africaines de la rupture

La fin des années 80 s'était caractérisée par une multiplication des conflits internes sur le continent dont certains débouchaient sur un effondrement total des structures étatiques. Les exemples les plus éloquents sont la Somalie et le Liberia.

Pour avoir eu des causes multiples, ces conflits n'en témoignaient pas moins, dans nombre de situations, d'une aggravation des problèmes de gouvernance liés, entre autres, à la prédation, à la marginalisation de certaines catégories de population et aux violations des droits de l'homme[531].

Dans le même contexte de temps et de lieu, les systèmes politiques africains connaissaient de profondes évolutions marquées notamment par le passage du monopartisme au pluripartisme politique, l'organisation d'élections compétitives et le développement d'une presse privée[532].

Ces mutations procédaient de deux facteurs principaux. D'une part, la fin de la guerre froide et la chute du mur de Berlin qui avaient eu pour effet de délimiter les autoritarismes et d'amoindrir les enjeux géopolitiques sur le continent, de l'autre, l'épuisement des capacités rédistributives des systèmes politiques africains et l'impossibilité d'en assurer la reproduction.

Face à ces changements, les leaders politiques africains avaient pris conscience que la démocratie, les droits de l'homme, la résolution des conflits internes et les nouveaux impératifs liés à la mondialisation impliquaient une nouvelle réflexion sur les moyens de rendre effective et efficace l'organisation politique continentale[533].

---

[531] L. GHASSIN WANE, *Op.cit,* p.2.

[532]Voir D. BOURMAUD, *La politique en Afrique*, Paris, éd. Montchrestien, 1997, p.71.

[533] S. DUJARDIN, « Le panafricanisme continental en action, état des savoirs de l'OUA à l'Union africaine, atelier sur le panafricanisme et les études africaines : bilan et perspectives », in *Études africaines, état des lieux et des savoirs en France 1ère rencontre du réseau des études africaines en France29 ,30 novembre et 1er décembre2006*, Paris, p.2.

C'est donc dans ce contexte qu'il convient de replacer les nombreuses déclarations et autres documents adoptés par l'OUA depuis 1990 sur les différents aspects de la gouvernance. Cette volonté qui semblait se créer voulait articuler une stratégie préventive axée sur le long terme et visait à réduire les risques des conflits violents sur le continent afin de créer les conditions d'un développement durable et d'éviter la marginalisation de l'Afrique à l'ère de la mondialisation.

Si d'une part, il a été observé le fait que le continent africain avait pris la mesure des changements intervenus aussi bien dans le monde que sur son sol, il faut relever que cette prise de conscience ne pouvait être effective et observée qu'à travers certains textes adoptés pendant cette période.

2. L'expression de cette rupture à travers l'adoption des textes assez différents

Il faut réaliser d'emblée qu'en dépit de cette ferme assurance de revisiter les choses, les textes pris à cette époque ne manquaient nullement les formes des pouvoirs qu'aurait eu l'organisation en matière de gestion des conflits.

Parmi les textes les plus significatifs à cet égard, il importe de relever la déclaration sur les changements fondamentaux qui se produisaient dans le monde et leurs conséquences pour l'Afrique[534] adoptée par la 26ème session ordinaire de la conférence des chefs d'Etat et de gouvernement de l'OUA, tenue à Addis Abeba, en juillet 1990.

Déjà dans cette déclaration, les chefs d'Etat et de gouvernement avaient notamment reconnu que l'instauration d'un climat politique garantissant le respect des droits de l'homme et l'état de droit permettraient d'assurer un niveau élevé d'intégrité et de probité chez les agents de l'Etat ; ils avaient dans le même temps réitéré leur engagement à démocratiser les systèmes politiques africains et à consolider les institutions démocratiques.

Egalement, il ya eu la Charte africaine de la participation populaire au développement qui fut adoptée par la conférence internationale sur la participation populaire dans le processus du redressement et de développement en Afrique qui a lieu à Arusha, en Tanzanie du 12 au 16 février 1990 avant d'être entérinée par la 52ième session ordinaire en juillet 1990[535].

Dans ce processus politico-normatif de l'OUA, prenant en compte les impératifs cités et visant, entre autres, à promouvoir la prévention et la gestion effective des conflits, l'on se rend compte que les années 90 avaient été également marquées par l'apparent « renforcement normatif et institutionnel » des structures de gestion des conflits de l'organisation. C'est ainsi que le sommet de l'OUA tenu au Caire en juin 1993 avait, dans le prolongement de la

---

[534]AHG : DECL1 XXVI sur les changements fondamentaux qui se produisaient dans le monde et leurs conséquences pour l'Afrique.

[535]CM/RES 1286.

déclaration sur les changements fondamentaux, créé un mécanisme pour la prévention, la gestion et le règlement des conflits.

Il s'était agi, dans un contexte marqué par la prolifération des conflits, d'imprimer un dynamisme institutionnel aux processus de gestion des conflits, permettant ainsi une action rapide pour prévenir, gérer et régler les conflits lorsqu'ils surviennent.

Cette volonté a été matérialisée par l'adoption de la déclaration de la conférence des chefs d'Etat et de gouvernement sur la création au sein de l'OUA d'un mécanisme pour la prévention, la gestion et le règlement des conflits[536].

S'il est vrai que les pères fondateurs étaient pleinement convaincus que les nobles objectifs ne pouvaient être réalisés que dans des conditions de paix et de sécurité sur le continent, et que c'est en cela qu'ils ont créé ce mécanisme, nous allons examiner dès lors ces dispositions pour essayer de voir si, précisément, sur le plan de la légistique, cette déclaration constituait une avancée ou un piétinement normatif d'une part et, de l'autre, rencontrer les déficits caractéristiques relevés avec la Charte de l'OUA et le protocole de la Commission de médiation, de conciliation et d'arbitrage.

De prime abord, il convient de relever que la conférence des chefs d'Etat et de gouvernement était l'organe suprême de l'organisation et, à ce titre, elle pouvait créer toutes les institutions spécialisées conformément à la Charte[537].

Ainsi, la lecture des dispositions qui intéressent la conférence des chefs d'Etat et de gouvernement ne montre en rien le caractère soit contraignant ou non des actes que cet organe ne prendrait ni n'en donne leur appellation. D'ailleurs, c'est le règlement intérieur de la CCEG en son article 16 qui parle des résolutions[538].

En adoptant même déjà le protocole de médiation, de conciliation et d'arbitrage dans les termes peu contraignants et orientant les Etats, soucieux de leur souveraineté chèrement acquise vers des mécanismes simples de règlement, les pères fondateurs avaient en clair mis en place une suspicion au texte et par voie de conséquence sa non application.

De la sorte, il a plu à la conférence des chefs d'Etat et de gouvernement, à l'occasion de la 29ième session ordinaire, de prendre la déclaration ci-haut renseignée. Ensuite, les pères fondateurs ont consacré un texte défaillant dans la mesure où il ne consacrait qu'un règlement pacifique dans sa double acception à savoir politique et juridictionnelle[539].

536Ceci l'a été par l'AHG (décl 3(XXIX), XXIXème session ordinaire au Caire (Egypte/ du 28 au 30 juin 1993).

537Voir l'article 8 de la Charte de l'OUA.

538Les projets de Résolutions., les motions ou les amendements sont remis par écrit au secrétaire général administratif.

539Voir articles 20 et 21 sur la médiation et 22 à 26 sur la conciliation qui constituent des mécanismes politiques et les articles 27 à 31 qui visent l'arbitrage et constituent le mécanisme juridictionnel.

Enfin, l'environnement dans lequel la Commission était conçue reflétait la permanence des conflits interafricains examinés ou réglés par le Conseil des ministres des affaires étrangères de l'OUA ou par la conférence des chefs d'Etat et de gouvernement au point que celle-ci n'a jamais pu fonctionner.

De la sorte, la négociation diplomatique avait définitivement supplanté le règlement juridique prévu par le protocole[540].

Il s'observe qu'il ne s'agissait que d'une simple déclaration portant création d'un mécanisme pour la prévention, la gestion et le règlement des conflits et non d'un organe au sens strict du terme. Cela se lit par l'analyse des points 12, 13 et 14.

L'article ou le point 12 en fait rappelle que les pères fondateurs voyaient dans la création d'un tel mécanisme une opportunité pour apporter un nouveau dynamisme institutionnel aux processus de gestion des conflits dans notre continent qui permettrait ainsi une action rapide pour prévenir, gérer et régler les conflits lorsqu'ils surviennent.

Le point 13 consacre, par la déclaration de ces pères fondateurs, la création de ce mécanisme, en se fondant sur le rapport préparé par le secrétaire général.

Et le point 14 renseigne que ce mécanisme s'appuierait sur les objectifs et principes de la Charte de l'OUA en particulier, l'égalité souveraine des Etats membres, la non-ingérence dans les affaires intérieures des Etats, le respect de la souveraineté et de l'intégrité territoriale des Etats membres, de leur droit inaliénable à une existence indépendante, le règlement pacifique des différends ainsi que sur base de la coopération et du consentement des parties.

Une petite nuance tend à être intégrée au niveau du point 16 où il est dit : cependant, au cas où les conflits dégénèrent au point de nécessiter une intervention internationale collective, l'assistance, et dans la mesure du possible, les services des Nations unies seront sollicités conformément aux dispositions générales de la Charte… Au sein de cette instance, nos pays respectifs examineront les voies et moyens leur permettant d'apporter une contribution concrète aux activités entreprises par les Nations unies et de participer effectivement aux opérations de maintien de la paix en Afrique.

Dans ce même raisonnement, s'il est vrai que le phénomène d'organisation internationale découlait de la prise de conscience de l'interdépendance croissante entre les Etats dans leur recherche des voies et moyens leur permettant d'améliorer le sort de leur population, celui du régionalisme international émanait notamment du désir de toutes les régions de la communauté internationale de participer à la paix, à la sécurité et à la prospérité universelle[541]. Ce qui suppose l'existence des mécanismes efficaces de règlement des différends et de sécurité collective.

---

540 B. BOUTROS GHALI, *L'Organisation de l'Unité africaine*, Paris, éd. Armand-Colin, 1969, p.53.

541 SEMUHIRE, *Les organisations internationales, le régionalisme international, le régionalisme international africain : présentation générale, évolution et perspectives d'avenir*,

Ces questions étant d'ordre éminemment politique nécessitent l'adhésion de tous les membres de l'organisation régionale.

Ainsi donc, ce nouveau mécanisme, fruit toujours d'un consensus, n'avait créé que l'obligation juridique de régler pacifiquement leurs conflits sans préciser les spécificités des conflits. Ce qui constituait manifestement une lacune.

A la suite donc de ce déficit normatif que nous avons relevé dans le domaine de gestion des conflits au niveau de l'organisation régionale africaine, il convient dès lors de présenter ce qui était également un déficit institutionnel pour la gestion des conflits en Afrique.

§2. L'absence d'organes spécifiques de gestion des conflits dans l'OUA

De la même manière que l'évolution normative de l'OUA dans le domaine de la gestion des conflits a connu deux grandes étapes au niveau du continent, c'est de la même manière que l'évolution institutionnelle dans le même domaine a connu deux étapes. Il s'agit de celle de 1963 à 1993 puis de 1993 à 2002. D'où, également les 2 points de ce paragraphe.

A. Le déficit institutionnel constaté dans l'OUA en matière de gestion des conflits de la création à 1993

A la lecture du texte créant l'OUA, l'on pouvait bien et comprendre que les pères fondateurs n'avaient pas une vision d'un organe spécifique doté d'une forme imposante.

1. Une absence de vision claire dans l'OUA

L'article 7 de la Charte énonce que l'organisation poursuit les objectifs qu'elle s'est assignés principalement par l'intermédiaire des institutions ci-après :

- la conférence des chefs d'Etat et de gouvernement ;
- le conseil des ministres ;
- le secrétariat général ;
- la Commission de médiation, de conciliation et d'arbitrage.

Déjà avec cette énumération, il était intéressant de remarquer que cette Commission, qui n'était pas un organe judiciaire, occupait la dernière place dans la hiérarchie de l'OUA après le secrétariat général[542]. Il était aussi clair pour certains d'en déduire que la Charte d'Addis-Abeba ne voulait lui attribuer qu'un rôle secondaire.

---

publications universitaires européennes, série II, vol 2070, PETER LANG, 1996, p.1.

[542] B. BOUTROS GHALI, « L'Organisation… », *Op.cit*, p.120.

Les Etats africains préféraient les négociations directes comme procédé de règlement des conflits internationaux aux procèdes tels que la conciliation ou l'arbitrage.

Quand bien même cet organe n'a pas fonctionné réellement alors qu'il était investi d'une mission capitale, il importe de retrouver l'idée de sa conception et préciser ce qu'était sa structure.

L'institution d'une Commission de médiation, de conciliation et d'arbitrage s'est faite par étape. En date du 25 mai 1963, les pères fondateurs signaient la Charte d'Addis-Abeba dont l'article 19 disposait « les Etats membres s'engagent à régler leurs différends par des voies pacifiques ; à cette fin, ils créent une Commission de médiation de conciliation et d'arbitrage dont la composition et les conditions de fonctionnement sont définies par un protocole distinct, approuvé par la conférence des chefs d'Etat et de gouvernement ; ce protocole est considéré comme faisant partie de la Charte ». La Commission est donc une institution de l'OUA comme l'affirme clairement l'article 7 de ladite Charte.

A l'adoption de cette Charte, il faut relever la persistance des conflits hérités de la colonisation et l'un de principes fondamentaux sur lequel reposait l'OUA fut celui du règlement pacifique des litiges qui pouvaient surgir entre les divers Etats[543].

Dès 1963, à Dakar, le conseil des ministres devait établir un comité d'experts chargé d'élaborer le protocole[544]. Ce protocole fut examiné à la conférence de Lagos en février 1964[545]. Le 24 mai 1964, au sommet des chefs d'Etat et de gouvernement tenu au Caire en Egypte, ce protocole fut adopté par le conseil des ministres et entériné par la conférence des chefs d'Etats et de gouvernement quelques jours plus tard[546].

Avec cette adoption, ainsi que le prévoyait son article 32, ce protocole faisait ipso facto partie de la Charte de l'OUA et tous les Etats membres étaient désormais liés par ses dispositions. En 1965, au troisième sommet de l'OUA, celui d'Accra, les membres de cette Commission ont été désignés et ne se sont retrouvés en vue d'une première session que deux ans plus tard soit en 1967.

En dépit de cette mise en place, l'on s'est aperçu que cet organe n'avait point fonctionné car, sur la scène politique africaine, la continuation des organes politiques de l'OUA à savoir la conférence des chefs d'Etat et de gouvernement, des organismes dénommés comités ou Commissions ad hoc, les personnalités africaines surtout les chefs d'Etat en fonction bénéficiaient de l'assistance du secrétaire général de l'OUA dans le règlement des différends[547].

---

543 G. MVELLE, *Op.cit*, p.238.

544 B. BOUTROS GHALI, « Les nouveaux développements de l'organisation de l'unité africaine »*, in Colloque d'Alger du 15 mai au 12 avril 1971 sur les problèmes actuels de l'unité africaine*, société nationale d'édition et de diffusion, Alger, 1971, p.157.

545 Voir Rés. 26 II du Conseil des ministres.

546 Voir Rés. 43/II du Conseil des ministres puis la Rés. AHG/22.

547 B. BOUTROS GHALI, « Les nouveaux… art. cit », *in Op.cit, p.157.*

Il s'est dégagé que ces organes et personnalités ont continué à assumer les fonctions dévolues à la Commission car celle-ci a connu un retard dans sa mise en place au point que lorsqu'elle a été, il y avait déjà l'institution ou la formation de diverses Commissions ad hoc[548].

De 1967 à 1978, rien n'a eu lieu dans cet organe.

En mai 1979, un comité d'experts juridiques s'est réuni à Addis-Abeba afin d'étudier les amendements à apporter au protocole de la Commission de médiation, de conciliation et d'arbitrage, laquelle reforme avait été sollicitée par la conférence des chefs d'Etat et de gouvernement qui avait demandé, en 1978, au secrétaire général le réexamen d'urgence des procédures contenues dans le protocole[549].

Ce qui était encore une marque de détour des Etats sur la voie de cette Commission apparue lorsqu'en 1979, le secrétaire général de l'OUA a, par une circulaire[550], demandé aux Etats membres d'émettre leurs propositions concernant les amendements à apporter au protocole, aucune réponse ne lui a été envoyée.

C'est donc dire que la Commission de médiation, de conciliation et d'arbitrage ne semblait pas convenir aux Etats membres de l'OUA. Toutefois, nous ne pourrions pas nous empêcher de présenter la structure de cette Commission et ce que devait être son fonctionnement.

Cette absence de vision claire dans l'OUA en vue d'un organe spécifique pendant a eu comme conséquence la mise en dernière place de la Commission de médiation, de conciliation et d'arbitrage. D'où, cet organe paraît être gênant tant dans le texte que dans le protocole qui le crée tant sous l'angle de sa structure que de son fonctionnement.

2. La Commission : un organe inutile et gênant dans l'OUA

Selon l'article 2 alinéa 1 du protocole, la Commission se compose de vingt et un membre élu par la conférence des chefs d'Etat et de gouvernement, il se borne simplement à mentionner que les membres de la Commission doivent être des personnalités justifiant d'une compétence reconnue, il s'agissait bien évidemment des compétences dans le domaine juridique, diplomatique ou politique.

C'est la conférence des chefs d'Etat et de gouvernement qui élit les membres de la Commission, tout Etat ayant le droit de présenter deux candidats[551]. Chaque Etat ne pouvait que présenter deux candidats et comme aucun Etat ne

---

[548]NTIRUMENYERWA MUCHOKO, *Droit de la sécurité internationale*, Deuxième Licence droit, Unikin, 2005-2006, Inédit.

[549] SIDI SADY, *Op.cit,* p.22.

[550]Circulaire CAB/LEG./22/126 du 18 décembre 1978.

[551]Voir l'article 2 alinéa 4 du protocole instituant la commission de médiation, d'arbitrage et de conciliation.

pouvait avoir plus d'un ressortissant au sein de la Commission, chaque Etat ne pouvait que présenter un national et un ressortissant d'un autre Etat.

Etant choisis, ces représentants ne siégeaient pas pour le compte de leurs Etats et quant à leur révocation, elle était le fait de la conférence des chefs d'Etat et de gouvernement pour incapacité ou faute lourde[552].

Ces deux notions, d'incapacité et de faute lourde, n'avaient pas été définies par le protocole. Le pouvoir des Etats sur des personnalités réputées indépendantes présente quelque chose d'imprécis car, à titre de comparaison, dans sa dimension de règlement, les juges de la CIJ par exemple ne peuvent être relevés de leur fonction que si, conformément à l'article 18 alinéa 1 du statut de ladite cour, les autres membres de celle-ci jugent, à l'unanimité, que leurs collègues ont cessé de répondre aux conditions requises.

Cependant, dans l'exercice de leur fonction, les membres de la Commission jouissaient des privilèges et immunités diplomatiques prévues par la convention sur les privilèges et immunités de l'OUA[553].

La Commission était un organe permanent en ce sens que les membres du bureau devaient en principe résider de façon continue au siège de l'OUA. Ce bureau était composé d'un président et de deux vice-présidents alors que les dix-huit autres membres remplissaient leurs fonctions occasionnellement.

La durée du mandat de ces membres était de cinq ans, mais ils n'étaient plus rééligibles aux mêmes fonctions. En ce qui concernait sa compétence et son étendue, il faut relever qu'elle ne s'étendait uniquement qu'aux litiges entre Etat[554].

Boutros Boutros Ghali estimait déjà en 1969 que la limitation formelle de la compétence aux différends interétatiques excluait : « 1. Les conflits qui pourraient surgir entre un Etat membre et l'OUA, 2. Les conflits qui pourraient surgir entre un Etat membre et un individu ou une personne morale, 3. Les conflits qui pourraient surgir entre un Etat membre et un Etat non membre de l'OUA[555]».

Il faut également savoir que la compétence de la Commission était facultative. Le consentement de l'Etat membre partie au différend se devrait de se manifester soit « part la soumission du litige à la Commission » soit par l'acceptation de la juridiction relative à un litige déféré à la Commission par un autre Etat. Enfin, la Commission pouvait également être saisie par le conseil des ministres ou par la conférence des chefs d'Etat et de gouvernement.

Cependant, l'accord de deux parties au différend demeurait nécessaire ; et, en sus, ni le conseil ni la conférence ne pouvaient obliger un Etat membre à aller devant la Commission. Ces précisions faites par les pères fondateurs

---

[552]Voir l'article 4 du protocole instituant la commission de médiation, d'arbitrage et de conciliation.

[553]Article 17 du protocole instituant la commission de médiation, d'arbitrage et de conciliation.

[554]Voir article 12 du protocole instituant la commission de médiation, d'arbitrage et de conciliation.

[555] B. BOUTROS GHALI, « L'Organisation ... », *in Op.cit*, p.122-123.

constituaient la raison pour laquelle les particuliers et groupements n'avaient pas le droit de saisir la Commission et cela constituait bien entendu une lacune grave car, eu égard à la naissance dès les années 60 de conflits internes, il aurait été intéressant de donner la possibilité aux individus ou mouvements le pouvoir de saisir la Commission à la condition d'obtenir d'eux l'épuisement des voies de recours internes.

En s'orientant irréversiblement dans le sens du respect du principe de la non-ingérence dans les affaires intérieures des Etats, elle s'était mise en marge du règlement de plusieurs conflits dont certains sont restés pendants à ce jour.

Cette conception était aussi une dévalorisation fonctionnelle des procédures de règlement prévues par la Charte qui était également due à une autolimitation juridique de celle-ci[556]. Le régime du consentement préalable était un recul dans la mesure où il lui serait devenu difficile d'assurer la stabilité du continent si des Etats en guerre préféraient une victoire militaire à des négociations aux résultats incertains.

Enfin, le protocole n'avait pas prévu la possibilité pour les parties d'y souscrire en formulant des réserves. Celles-ci auraient permis d'exclure du champ de compétence de la Commission certaines questions pouvant relever de la compétence nationale. Ces réserves auraient eu l'avantage de permettre à la Commission de traiter des litiges sans que les Etats africains n'eussent éprouvé le besoin de la contourner ou de l'ignorer.

Au demeurant, dans l'examen de ce protocole, l'on relève qu'il avait mis en place et retenu les procédures diplomatiques et la procédure juridictionnelle. Celles diplomatiques étaient caractérisées par la médiation et la conciliation et celle juridictionnelle était l'arbitrage.

De tout ce qui précède, à bien d'égards, elle rappelait, en premier lieu, la cour permanente d'arbitrage de La Haye établie au début du siècle passé. La Commission, comme organe, était renvoyée aux calendes grecques car la lenteur avec laquelle elle s'était constituée avait permis la formation de diverses commissions ad hoc qui avaient assumé les fonctions qui lui étaient dévolues et ce, avant qu'elle ne soit formée.

En deuxième lieu, son protocole avait créé une concurrence inavouée entre elle et le secrétariat de l'OUA. En effet, le secrétariat avait joué un rôle important dans la formation des différentes commissions ad hoc, rôle qu'il ne pouvait plus jouer si la Commission de médiation, de conciliation et d'arbitrage avait l'occasion de fonctionner, puisqu'elle était un organe indépendant qui agirait sans le concours du secrétariat.

En dernier lieu et dans un autre ordre d'idées, il semblait que l'Afrique ne pouvait pas supporter le poids de plus d'un organisme chargé du règlement des différends internationaux. Or, d'après la Charte de l'OUA, il devait y avoir trois organes susceptibles de régler les litiges africains, la conférence des chefs

---

556 MOUSTAPHA SOURANG, « Faut-il modifier la Charte d'Addis Abeba du 25 mai 1963 ? », *in Annales africaines de 1987*, p.73.

d'Etat, le conseil des ministres des affaires étrangères et la Commission de médiation, de conciliation et d'arbitrage.

Au total de ces considérations, le bilan de la Commission pouvait laisser perplexe car, inexistant. Cet effort de construction normative de l'OUA en raison des vices de l'édifice, de son inadaptation au contexte africain, avait été laissé en marge de la résolution des conflits interafricains et les mêmes pères fondateurs avaient tenté recadrer le mécanisme institutionnel en 1993.

B. L'apparent recadrage de l'organe institutionnel de gestion des conflits à partir de 1993

Tirant les conséquences de la non-effectivité de la Commission de médiation, de conciliation et d'arbitrage d'une part et, d'autre part, de l'inefficacité des commissions ad hoc créées par le secrétariat de l'OUA et de la persistance des conflits, les Etats avaient institué en 1993 un mécanisme pour la prévention, la gestion et le règlement des conflits.

La fin de la guerre froide a été pour beaucoup dans cet apparent recadrage car elle a permis la naissance d'une prise de conscience collective en vue d'instituer un organe spécifique.

Cette prise de conscience est due essentiellement, outre à la fin de la guerre froide, à une floraison de situations qui empêchaient l'ONU à s'intéresser avec promptitude dans ces événements.

1. La naissance d'une prise de conscience collective en vue d'instituer un organe spécifique dans l'OUA

En plus de l'apparent recadrage normatif que nous évoquons, il nous est indiqué d'analyser la structure institutionnelle mise en place par la déclaration AHG/Déclaration 3 (XXIX) relative à ce mécanisme.

Des points 17 à 31 de cette déclaration, il était présenté la structure du nouveau mécanisme ainsi que son fonctionnement et le droit applicable.

Aux termes du point 17 de la déclaration, le mécanisme nouvellement créé s'articulait autour d'un organe central dont les décisions devaient être exécutées par le secrétariat général et le secrétaire.

Cet organe central, comme le précisaient les points 18 et 19, était composé des Etats membres du bureau élu sur une base annuelle en tenant compte du principe de la représentation régionale équitable et de la rotation en vue d'assurer la continuité. Les Etats du précédent et du futur président en exercice seraient également membres de l'organe central. Cet organe central devait fonctionner au niveau des chefs d'Etat ainsi qu'à celui des ministres et des ambassadeurs ou de tout autre représentant dûment mandaté.

En ce qui concerne les sessions de cet organe central, elles étaient régies par les dispositions pertinentes du règlement intérieur de la conférence des chefs d'Etat et de gouvernement[557]. Il pouvait être convoqué par le président en exercice ou à la demande du secrétaire général ou de tout Etat membre, il se réunissait au moins une fois par an au niveau des chefs d'Etat et du gouvernement et une fois par mois au niveau des ambassadeurs et des représentants dûment mandatés.

Le quorum pour l'organe central était de deux tiers de ses membres et le mode de prise de ses recommandations était le consensus.

Cet organe devait, dans l'intersession, faire rapport de ces activités à la conférence des chefs d'Etat et du gouvernement.

A la lecture minutieuse des points 21 et 22 de la déclaration, l'on s'aperçoit aisément que le secrétaire général de l'organisation qui, cette fois était sous l'autorité de l'organe central, constituait une plaque tournante de cette architecture. Il lui était presque chargé de recourir à tous les moyens disponibles en sa possession à savoir humains et matériels, et ce, peut être en consultation avec les parties en conflit pour soit prévenir, soit gérer ou régler ce dernier.

Dans le cadre toujours d'assurer une efficacité à l'action de cet organe, la déclaration créant ce mécanisme avait prévu au point 25 la mise en place d'un fond spécial qui devait être régi par les dispositions pertinentes du règlement financier de l'OUA. Ce fond devait être alimenté par des crédits prélevés sur le budget ordinaire de l'OUA, les contributions volontaires des Etats membres et d'autres ressources et même parfois des sources non-africaines ; dans ce dernier cas, c'est avec le consentement de l'organe central et conformément aux principes et objectifs de la Charte de l'OUA.

Dans le cadre toujours de ce mécanisme pour la prévention, la gestion et le règlement des conflits, l'OUA devait coordonner ses activités d'une part, avec celles des organisations régionales et sous régionales africaines et coopérer au besoin, avec les pays voisins en ce qui concerne les conflits dans les différentes sous régions d'autre part, elle devait coopérer étroitement avec l'Organisation des Nations Unies non seulement en ce qui concernait les questions liées au rétablissement de la paix mais également et en particulier à celles relatives au maintien de la paix.

En définitive et là où cela était nécessaire, l'OUA devrait recourir aux Nations Unies pour obtenir le soutien financier, logistique et militaire nécessaire à ses activités en matière de prévention, de gestion et de règlement des conflits en Afrique conformément aux dispositions du chapitre VIII de la Charte des Nations Unies relatif au rôle des organisations régionales dans le maintien de la paix et de la sécurité internationales.

Dans cette même optique, l'OUA se devait de maintenir une coopération étroite avec d'autres organisations.

De ce qui précède, une telle structuration et une telle ambition de fonctionnement ne peuvent qu'appeler quelques observations utiles car ils

---

[557]Rés. AHG/3-1 adoptée à la première session au Caire du 17 au 21 juillet 1964.

traversent juste un semblant de recadrage alors que le déficit institutionnel ne faisait que s'accroitre même après la fin de la guerre froide.

En effet, ce mécanisme consistait en l'intervention d'une tierce partie, acceptée par les protagonistes du conflit, pour les aider à régler leur différend par le biais des négociations dans le cadre des règlements non juridictionnels[558]. Ainsi, le principe de la médiation ne faisait que persister et était cette fois-ci embrigadé dans un mécanisme sujet à caution et lent à la réaction.

Cet organe reflétait un déficit institutionnel par sa composition qui était une troïka[559]. En dépit du fait que cet organe central disposait textuellement d'instruments opérationnels pour la prévention, la gestion et le règlement des conflits tels que le secrétariat général, le centre de gestion des conflits, le système d'alerte précoce et le fond de la paix, il présentait de nombreuses faiblesses tant fonctionnelles que décisionnelles[560].

L'on peut aisément relever que celles-ci étaient entre autres le fait que la qualité de membre de l'organe central n'était pas basée sur des critères établis, mais déterminés à la faveur de l'élection des membres du bureau de la conférence des chefs d'Etat et de gouvernement par le seul jeu de la rotation et de la répartition géographique, la présence au cours des réunions de l'organe central des représentants des parties au conflit, voire leur participation au débat, avait pour conséquence de dissuader les membres de cet organe d'évoquer « les questions qui fâchent », quand ils n'étaient pas rappelés à l'ordre pour atteinte aux principes de souveraineté et d'ingérence[561].

Egalement, le manque d'implication effective des Etats membres de l'organe central traduisait leur incapacité à aborder les questions de manière ferme. L'incapacité pour cet organe d'intervenir dans une situation conflictuelle sans l'accord des parties concernées avait pour résultat de limiter ses prérogatives et de paralyser son action, l'absence de volonté politique et d'engagements concrets allait de pair avec la faiblesse des moyens (financiers, logistiques et humains) pour faire face aux situations d'urgence[562].

Ensuite, l'implication directe ou sournoise de certains pays membres dans l'émergence et ou l'exacerbation des conflits ainsi que les interférences des puissances extra-africaines compliquaient considérablement la recherche des solutions aux conflits, ... de la réalité des faits, les approches démagogiques et

---

558 D. LECOUTRE, « La médiation de l'OUA dans les conflits entre l'Ethiopie et l'Erythrée (1998-2000) » *in Annales d'Ethiopie*, volume 1, année 2005, p.35.

559 Le président sortant, le président en exercice et le président rentrant.

560 M. TESSIER et T. GONGORA, « Une Afrique bousculée en voie de réorganisation sécuritaire, le maintien de la paix", *Institut Québécois des hautes études internationales in Bulletin n°44*, janvier 2000.

Ces auteurs soulignent qu'en 1996, un centre de gestion des conflits avait été mis en place au siège de l'OUA, il était doté d'un bureau d'alerte rapide et d'une salle d'opération en vue de renforcer ce mécanisme de 1993, voir p.2.

561 D. LECOUTRE, « La médiation ... », *in Op.cit*, p.37.

562 D. LECOUTRE, « La médiation ... », *in Op.cit*, p.37.

les considérations d'intérêt à court terme empêchaient l'organe central de prendre les décisions objectives, équilibrées et réalistes[563].

Enfin, le fonctionnement de l'organe central était aussi caractérisé par une difficulté d'échange d'information en temps opportun en raison des obstacles à la communication sur l'ensemble du continent africain et par l'absence d'un réseau crédible de suivi des conflits. Cette attitude avait pour impact négatif de détourner l'attention de l'organe central des vrais problèmes concernant les causes des conflits ainsi que les rôles des différents acteurs dans leur genèse et dans leur évolution, le manque d'efficacité, de crédibilité et d'objectivité des missions d'enquête, d'information ou d'évaluation dépêchées par l'OUA dans les capitales des pays touchés par des conflits avaient pour conséquences la rédaction des rapports peu équilibrés qui favorisaient les seuls points de vue exprimés par des gouvernements et occultaient ainsi ceux des autres parties aux conflits[564].

Cette prise de conscience a permis effectivement la mise en place du mécanisme pour la prévention, la gestion et le règlement des conflits. Il s'agissait d'une ferme volonté affichée dont les résultats n'étaient pas probants. Le mécanisme a présenté d'autres défaillances qui nous amènent à considérer que le recadrage n'était qu'apparent.

2. *Le mécanisme : un organe lourd et diffus dans l'OUA*

En plus de ces défaillances institutionnelles, l'on révèle également le fait que les décisions étaient ambiguës, un manque des moyens criant, des processus de suivi inadaptés ou encore le reniement par les parties en conflit des engagements auxquels elles avaient souscrit et ce, sans sanctions prévues ni mécanisme de contrainte ; le fait qu'il y avait une faiblesse et un caractère peu incisif des décisions adoptées par l'organe central qui faisaient qu'il ne se limitait qu'aux constats, à des exhortations ou à des appels du fait que le mécanisme n'avait aucun pouvoir de rétention ou des sanctions sur les parties réfractaires à la mise en œuvre des accords de paix[565].

Et enfin de compte, le manque de règles de procédure appropriées entravait singulièrement le fonctionnement de l'organe central, notamment en termes de quorum car, l'absence régulière de ce dernier avait contribué à l'annulation de nombreuses réunions alors que les conflits et les crises sur le continent apparaissaient quotidiennement et que leurs solutions ne pouvaient attendre que le quorum soit réalisé.

---

[563]HASSATOU BALDE, « Les mécanismes de prévention, de gestion et de règlement des conflits dans les organisations africaines », actualité et droit international, revue d'analyse juridique de l'actualité internationale, *in www.ridi.org,* Août 2005, p.5.

[564] D. LECOUTRE, « La médiation ... », *in Op.cit*, p.38.

[565] D. LECOUTRE, « La médiation ... », *in Op.cit*, p.37.

En pensant qu'ils apportaient un correctif à la Commission de médiation, de conciliation et d'arbitrage en créant un mécanisme souple, les Etats africains n'ont fait que rendre peu viable la gestion des conflits et ce, en dépit de quelques résultats clairsemés çà et là par les efforts propres presque des personnalités africaines[566].

En conclusion, ce mécanisme de l'OUA avait fonctionné au ralenti et il était utile que nous puissions même nous interroger sur la viabilité car, l'OUA, elle-même qui l'avait créé, avait disparu le 26 mai 2002 au profit d'une autre organisation, l'UA[567].

L'article 33 de l'acte constitutif de l'UA portant sur les arrangements transitoires et dispositions finales prévoit un délai raisonnable d'une année en vue de permettre à l'OUA de prendre les mesures appropriées pour transférer ses prérogatives, ses droits et ses biens à l'UA. Et dans cette perspective, suivant donc une recommandation du conseil des ministres, la conférence des chefs d'Etat et de gouvernement qui s'était tenue à Lusaka du 09 au 11 juillet 2001 avait prévu l'incorporation du mécanisme de l'OUA au sein de l'UA[568].

Le point 11 de la conférence avait décidé d'incorporer l'organe central du mécanisme entant qu'organe de l'UA,[569] et, à cet effet, il avait été demandé au secrétaire général de revoir les structures, les procédures et les méthodes de travail de l'organe central y compris la possibilité de changer son appellation[570].

Avec la transformation, la conception préventive et la nécessité d'un règlement pacifique plus particulièrement politique avaient encore primé car le rôle de l'organe devrait être joué désormais par la Commission et son président[571].

Cette dernière conception s'est vue absorber par celle caractérisée par une opérationnalité effective dans le cadre du Conseil de paix et de sécurité cristallisant ainsi des avancées normatives et institutionnelles dans le cadre de l'UA. D'où, la section deuxième de notre chapitre deuxième.

Section IIème : LES AVANCEES NORMATIVES ET INSTITUTIONNELLES DANS LE CADRE DE L'UNION AFRICAINE

Les avancées normatives et institutionnelles dans le domaine de la gestion des conflits armés sous l'Union Africaine découlent vraisemblablement de

---

566Voir implication personnelle des chefs d'Etats Burkinabé et Algérien, Blaise COMPAORE et ABDEL AZIZ BOUTEFLKA dans le règlement du conflit Ethiopie-Erythrée de 1998 à 2003, celle de plusieurs Etats dans le règlement du conflit en RDC en 1996 et 1998.

567HASSATOU BALDE, « Les mécanismes … », *in Op.cit*, p.5.

568Voir AHG/Décl. 160 (XXXVII) CM/2210 (LXXIV) rapport du secrétaire général sur la mise en œuvre de la décision de syrte sur l'Union africaine : EAHG/Décl.1 (V).

569Voir S/1998/915, §, 17.

570HASSATOU BALDE, « Les mécanismes … », *in Op.cit*, p.5.

571Le secrétaire étant devenu la commission le secrétaire général, le présent de la commission.

l'argumentaire selon lequel le recours à la puissance constitue la dimension novatrice de la constitution de la paix et de la sécurité collective[572].

C'est ainsi que la naissance de l'Union Africaine, officialisée en 2002, a été le point de départ d'une politique de sécurité ambitieuse ou corrective des défaillances normatives et institutionnelles relevées pendant les deux grandes étapes de l'OUA.

Si les conflits ont été nombreux en Afrique après les indépendances, l'OUA a été le plus souvent impuissante tant à les conjurer qu'à les résoudre[573]. Sa Commission de médiation, de conciliation et d'arbitrage n'avait d'ailleurs jamais vu le jour[574].

L'OUA avait tenté d'intervenir à plusieurs reprises dans le conflit entre l'Algérie et le Maroc en 1963, dans ceux du Rwanda ou du Burundi dans les années quatre-vingt-dix, mais sans grands résultats.

En juin 1993, l'OUA avait essayé de redoubler d'efforts avec la mise en place du mécanisme pour la prévention, la gestion et le règlement des conflits : cette institution devait amorcer en principe une ère nouvelle, mais les résultats restèrent plus modestes[575].

C'est la création de l'UA, en opposition avec la quête, par les pères africains, d'une unité un peu mythique, qui a forgé les Etats à s'assigner l'objectif d'accélérer l'intégration politique, économique et sociale, le maintien de la paix, de la sécurité et de la stabilité qui constitue, pour cette dernière, une tâche prioritaire[576].

Dans le domaine beaucoup plus particulier qui est celui du maintien de la paix, il s'est observé un réalisme en rupture avec les traditions de l'OUA par la création du CPS.

Ainsi, à travers non seulement l'acte constitutif de l'UA mais également dans le protocole sur le CPS, nous allons examiner d'une part la cristallisation des normes en matière de gestion des conflits et, d'autre part, les spécificités de l'organe mis en place à cet effet.

§1er : La cristallisation des normes en matière de gestion des conflits en Afrique

Le mouvement pour le renouveau des institutions panafricaines s'est caractérisé par l'adoption des mécanismes visant à renforcer la coopération interétatique dans les domaines de la prévention et du règlement des conflits, de

[572] Y.-A. CHOUALA, « Puissance, Résolution des conflits et sécurité collective à l'axe de l'Union africaine. Théorie et pratique » *in Annuaire français des relations internationales*, Bruxelles, éd. Bruylant, Volume VI, 2005, p. 1.

[573] J.-P. COLIN, « L'Union africaine et les crises : un dispositif en progrès », *in http : www.diplomatie.gouve.fr*, consulté le 12/09/2012.

[574] *Idem.*

[575] *Ibidem.*

[576] J.-P. COLIN, *Op.cit.*

la protection des droits de l'homme, de la promotion de la bonne gouvernance et de la démocratie ainsi que du développement économique[577].

Parmi les initiatives, il convient de mentionner la création des mécanismes de prévention, de gestion et de règlement des conflits et ce, en prenant en compte la réorganisation prônée par le plan d'action de Lagos adopté par l'OUA[578].

Ce plan d'action a réorganisé le sous régionalisme africain en instituant cinq piliers correspondant aux cinq sous régions officiellement reconnues par l'OUA[579]. Il a fallu également, dans la constitution de ce régionalisme, de voir ces sous régions installées des structures de réaction rapide de gestion de la paix et de la sécurité.

De cette acception, il nous est utile d'analyser ces normes telles que cristallisées dans le cadre de l'UA d'une part et, de l'autre, dans la construction régionale africaine caractérisée par la coopération entre l'Union Africaine et ses régions.

A. La cristallisation normative dans le cadre de l'Union africaine

Le processus politico-normatif dans lequel s'était engagée l'OUA en vue de la transformation en UA a connu des phases de réflexion importantes. En réalité, cette transformation s'inscrit dans le cadre d'une mutation institutionnelle plus large décidée à Syrte (Lybie) en septembre 1999 et visant à transformer l'OUA en UA.

Dans le cadre de l'UA, il faut saluer la marque de cette ferme volonté qui s'est traduite par l'adoption de plusieurs textes avant d'arriver au protocole instituant le CPS.

1. La diversité normative impulsée par l'UA

Elle a également accordé une place particulière à la déclaration solennelle sur la CSSDCA[580] adoptée par le sommet de juillet 2000, tant elle était emblématique de l'évolution mentionnée plus haut.

577MUTOY MUBIALA, *Op.cit*, p.348-349.

578Voir O. NDESHYO RURIHOSE et A. NTUMBA LUABA LUMU, *La stratégie de l'OUA pour le développement*, Kinshasa, éd. PUZ, 1981.

579A savoir le marché commun des Etats de l'Afrique orientale et australe ou COMESA (Afrique de l'Est), la Communauté Economique des Etats d'Afrique Centrale ou CEEAC (Afrique Centrale), la Communauté Economique des Etats de l'Afrique de l'Ouest ou CEDEAO (l'Afrique de l'Ouest), la Communauté pour le Développement de l'Afrique Australe ou SADC (Afrique australe) et l'Union du Maghreb Arabe ou UMA (Afrique du Nord).

580Voir AHG/Decl 4 (XXXVI) sur la conférence sur la sécurité, la stabilité, le développement et la coopération en Afrique. Il s'agissait d'une initiative inspirée du processus dit d'Helsinki et qui fut lancée au début des années 90 par le président Olusegun OBASANJO, alors à la tête d'une organisation non gouvernementale appelé Afrique leadership forum (ALF). L'objectif poursuivi était double : créer une synergie entre les différentes activités de l'organisation dans les domaines de la paix, de la sécurité, de la stabilité, du développement et de la coopération, et

La CSSDCA était organisée autour de quatre orientations à savoir sécurité (il s'agit essentiellement de la prévention et du règlement des conflits), stabilité (bonne gouvernance, démocratie et droits de l'homme), développement (stratégies nationales de développement et lutte contre la pauvreté) et coopération (intégration régionale et coopération nord-sud et sud-sud).

A la suite, dans ce cadre de l'UA, il faut faire observer déjà que lorsque les Etats se réunissaient le 11/07/2000 à Lomé au Togo, ils ont commencé à prendre conscience du fait que le fléau des conflits en Afrique constitue un obstacle majeur au développement social du continent, et de la nécessité de promouvoir la paix, la sécurité et la stabilité, comme condition préalable à la mise en œuvre d'un agenda dans le domaine du développement et de l'intégration d'une part et, de l'autre, ils se sont résolus à promouvoir et à protéger les droits de l'homme et des peuples, à consolider les institutions et la culture démocratiques, à promouvoir la bonne gouvernance et l'Etat de droit[581].

Au niveau des objectifs de l'Union, certains traduisent particulièrement la détermination des Etats africains dans le maintien de la paix.

Il s'agit de la défense de la souveraineté, l'intégrité territoriale et l'indépendance de ses Etats membres, de favoriser la coopération internationale, en tenant dûment compte de la Charte des Nations Unies et de la déclaration universelle des droits de l'homme, promouvoir la paix, la sécurité et la stabilité sur le continent, promouvoir et protéger les droits de l'homme et des peuples conformément à la Charte africaine des droits de l'homme et des peuples et aux autres instruments pertinents relatifs aux droits de l'homme[582].

Dans le même cadre, au niveau des principes sur lesquels se sont accordés les Etats africains, ceux-ci ont retenu la mise en place d'une politique de défense commune pour le continent africain, le règlement pacifique des conflits entre les Etats membres de l'Union par les moyen appropriés qui peuvent être décidés par la conférence de l'Union, l'interdiction de recourir ou de menacer de recourir à l'usage de la force entre les Etats membres de l'Union, le droit de l'union d'intervenir dans un Etat membre sur décision de la conférence dans certaines circonstances graves, à savoir : les crimes de guerre, le génocide et les crimes contre l'humanité, le droit des Etats membres de solliciter l'intervention de l'Union pour restaurer la paix et la sécurité, la condamnation et le rejet des changements anticonstitutionnels de gouvernement[583].

Les principes sur lesquels les Etats se sont mis d'accord étaient bien évidemment l'expression d'un compromis et d'une ambigüité constructive qui leur a permis de construire un consensus autour de deux approches antinomiques à savoir la non-ingérence d'un Etat membre dans les affaires

---

servir de cadre d'élaboration de valeurs communes au niveau des principaux organes de décisions de l'OUA.

[581]Voir paragraphes 8 et 9 du préambule de l'acte constitutif de l'UA.

[582]Article 3 lettres (b), (e), (f) et (h) de l'acte constitutif de l'UA.

[583]Article 4 lettre (d), (e), (f), (h), (j).

intérieures d'un autre Etat membre et le droit de l'Union d'intervenir dans un Etat membre dans certaines circonstances[584].

Cette nouvelle initiative et orientation marque d'une part une rupture révolutionnaire avec l'interétatisme qui avait caractérisé l'OUA et ses structures et, d'autre part, l'affirmation de l'importance que revêtait la bonne gouvernance.

En clair, les dispositions de l'acte constitutif laissent clairement apparaître les importants changements opérés par rapport à l'ancienne OUA tant du point de vue des objectifs que de celui des organes en charge de les réaliser[585].

En dehors des grands principes largement consacrés par le droit international sur lesquels était déjà fondée l'OUA et que l'acte constitutif rappelait, des innovations ont été introduites et fondent surtout l'action de l'union et attestent du changement de cap de l'organisation et de sa volonté de prendre en compte des préoccupations qui, jusque-là, s'étaient toujours heurtées au sacro-saint principe de souveraineté[586]. C'est dans ce même registre que procède la référence au respect des principes démocratiques, des droits de l'homme, de l'Etat de droit et de la bonne gouvernance.

Ainsi, comme il faut le relever, si les principes ont marqué une avancée nette, les organes mis en place en 2000 et prévus à l'article 5 ne reflétaient pas de manière efficace cette volonté.

En effet, au moment où ils commençaient à s'engager concrètement dans ce processus de transformation, les chefs d'Etat ont, lors du sommet de l'OUA, tenu à Lusaka en juillet 2001, adopté une décision visant à conserver, dans un premier temps, le mécanisme comme un organe de l'union, conformément à l'article 5-2 de l'acte constitutif de l'OUA. Ils ont, toutefois, demandé au Secrétaire Général d'initier une réflexion qui devait aboutir, en fin de processus, à la révision des structures, des procédures et des méthodes de travail de l'organe, y compris la possibilité de modifier son appellation.

Dans le cadre de l'acte constitutif, les dirigeants africains ont adopté à Durban, en juillet 2002, le protocole relatif à la création du CPS de l'UA, lors du sommet de cette organisation à la première session ordinaire de la conférence de l'Union africaine.

Après la succession de l'UA à l'OUA, il s'est avéré une nécessité de renforcer mieux de recréer le mécanisme dans la seule optique de mieux gérer les conflits existants et à naître. Cependant, dans le cadre de l'UA, des motivations et des étapes ont été franchies et méritent d'être rappelées.

De prime abord, les Etats se sont rappelés qu'au sein de l'OUA, le mécanisme pour la prévention, la gestion et le règlement des conflits a été créé par la

---

584 D. LECOUTRE, « Le Conseil de paix et de sécurité de l'Union africaine, clef d'une nouvelle architecture de stabilité en Afrique », Afrique contemporaine 4/2004 (n° 212), p. 131-162 in URL : *www.cairn.inf* revue-Afrique contemporaine-2004, p.7, consulté le 10/05/2012.

585 L. GHASSIN WANE, *Op.cit*, p. 140

586 A. BOURGI, Art.cit in…, *Op.cit*, p. 331.

déclaration du Caire adoptée par la 29eme session ordinaire de la conférence des chefs d'Etats et de gouvernement, tenue en Egypte du 28 au 30 juin 1993.

A la suite, ces Etats se sont fondés sur la décision AHG/Déc.160 (XXXVII) adoptée par la 37eme session ordinaire de la conférence des chefs d'Etats et de gouvernement de l'OUA, tenue à Lusaka (Zambie) du 09 au 12 juillet 2001, décision par laquelle la conférence a décidé d'incorporer l'organe central du mécanisme de l'OUA pour la prévention, la gestion et le règlement des conflits en tant qu'organe de l'Union, conformément à l'article 9 (2) de l'acte constitutif de l'UA et demander au secrétaire général de procéder à la révision des structures, procédures et méthodes de travail de l'organe central, y compris la possibilité de changer son appellation[587].

Ainsi, se fondent-ils sur les décisions AHG/Déc.141 (XXXV) et AHG/Déc 142 (XXXV) sur les changements anticonstitutionnels des gouvernements adoptées par la 35eme session ordinaire de la conférence des chefs d'Etat et de gouvernement, tenue à Alger (Algérie) du 11 au 14 juillet 1999 et la déclaration AHG/Déc. 5 (XXXVI/ sur le cadre pour une réaction de l'OUA aux changements anticonstitutionnels des chefs d'Etat et de gouvernement adoptés par la 36eme session ordinaire de la conférence des chefs d'Etat et de gouvernement, tenue à Lomé (Togo) du 10 au 12/07/2000[588].

De ces quelques motivations, il se remarque que les Etats africains avaient manifestement le souci de construire un mécanisme qui aurait les fonctions de prévenir, gérer et régler les différends africains auquel il est adjoint un mécanisme de sécurité collective.

Faisant suite, alors que nous étions déjà dans le cadre de l'UA, au regard de l'urgence et de la nécessité, la première session ordinaire de la conférence de l'Union africaine qui s'est tenue à Durban, le 09/juillet 2002, les Etats membres de l'Union africaine ont adopté le protocole relatif à la création du conseil de paix et de sécurité.

Dans ces entrefaites, nous allons analyser le mécanisme actuel de l'UA qui est le conseil de paix de sécurité. Il est à relever que les rédacteurs de celui-ci avaient constaté que l'Afrique restait un continent sans pacte de défense et de sécurité collective, c'est à ce titre que le CPS constitue une évolution de la défense commune en Afrique[589]. Charles Zorgbibe considère que les missions assignées au CPS font renaître alors en Afrique l'éternel problème d'une sécurité commune en Afrique, problème qui ne cesse de se poser au sein des organisations régionales car, il se dégagera un décalage entre les ambitions et les moyens à mettre en œuvre[590].

---

[587]Lire préambule du protocole relatif à la création du Conseil de paix et de sécurité de l'UA, in *www.unionafricaine.org*, consulté le 04/10/2009.

[588]*Idem.*

[589] G. MVELLE, *Op.cit.*, p. 234.

[590] C. ZORGBIBE, « L'OUA à l'Union africaine », in *Géopolitique africaine*, hiver 2000-2001, p.93.

Un texte de rupture et de dépassement du chapitre VIII de la Charte des Nations Unis.

2. *Le protocole créant le CPS*

Le conseil de paix dont il est question a été créé conformément à l'article 5 (2) de l'acte constitutionnel de l'Union africaine. Il s'agit d'un organe de décision permanent pour la prévention, la gestion et les règlements des conflits ; c'est un organe qui constitue un système de sécurité collective et d'alerte rapide visant à permettre une réaction rapide et efficace aux situations de conflit et de crise en Afrique.

Il est ainsi appuyé par la Commission, un groupe des sages, ainsi que par un système continental d'alerte rapide, une force africaine pré positionnée et un fond spécial.

Les objectifs assignés au CPS sont prévus à l'article 3. Il s'agit de promouvoir la paix, la sécurité et la stabilité en Afrique en vue d'assurer la protection et la préservation de la vie et des biens, le bien-être des populations africaines et de leurs environnements avec la création des conditions propices à un développement durable ainsi que d'anticiper et prévenir les conflits ; lorsque des conflits éclatent, le conseil de paix et de sécurité aura la responsabilité de rétablir et de consolider la paix en vue de faciliter le règlement de ces conflits.

Il doit également arriver à promouvoir et mettre en œuvre des activités de consolidation de la paix et de reconstruction après les conflits pour consolider la paix et prévenir la résurgence de la violence, de coordonner et harmoniser les efforts du continent dans la prévention et la lutte contre le terrorisme international sous tous ses aspects.

Enfin, parmi les objectifs du CPS, il y a ceux d'élaborer une politique de défense commune de l'union conformément à l'article 4a de l'acte constitutif ainsi que promouvoir et encourager les pratiques démocratiques, la bonne gouvernance et l'état de droit, la protection des droits de l'homme et des libertés fondamentales, le respect du caractère sacré de la vie humaine, ainsi que du droit international humanitaire dans le cadre des efforts de prévention des conflits.

A la suite de ces buts que le CPS veut atteindre dans la réalisation de ces missions, il les exécute en se fondant sur les principes énoncés dans l'acte constitutif, la Charte des Nations unies et la déclaration universelle des droits de l'homme. De tous ces principes, les plus importants sont le droit de l'Union d'intervenir dans un Etat membre sur décision de la conférence dans certaines circonstances graves à savoir les crimes de guerre, le génocide, les crimes contre l'humanité conformément à l'article 4/h de l'acte constitutif et le droit des Etats membres de solliciter l'intervention de l'union pour restaurer la paix et la sécurité, conformément à l'article 4(j) de l'Acte constitutif[591].

[591] Il s'agit des principes qui consacrent une réappropriation du maintien de la paix et de la sécurité internationales en Afrique et brisent à la fois à la souveraineté absolue des Etats

Les autres buts sont le règlement pacifique des différends et des conflits, la réaction rapide pour maîtriser les situations de crise avant qu'elles ne se transforment en conflits ouverts, le respect de l'état de droit, des droits fondamentaux de l'homme et des libertés, le respect du caractère sacré de la vie humaine, ainsi que du Droit international humanitaire, l'interdépendance entre le développement socio-économique et la sécurité des peuples et des Etats, le respect de la souveraineté et de l'intégrité territoriale des Etats membres, la non-ingérence d'un Etat membre dans les affaires intérieures d'un autre Etat membre, l'égalité souveraine et l'interdépendance de tous les membres, le droit inaliénable à une existence indépendante et le respect des frontières existant au moment d'accession à l'indépendance[592].

Cet organe de réaction rapide est ainsi composé de 15 membres ayant des droits égaux et élus de la manière suivante : 10 membres élus pour le mandat de deux ans et 5 membres pour un mandat de trois ans en vue d'assurer la continuité. De tout ce qui précède, il convient de relever les pouvoirs et fonctions du CPS.

En ce qui concerne les fonctions, cet organe les assume dans les domaines de la promotion de la paix, de la sécurité et de la stabilité en Afrique, de l'alerte rapide et diplomatie préventive, du rétablissement de la paix, y compris les bons offices, la médiation, la conciliation et l'enquête, de coopération d'appui à la paix et interventions conformément à l'article 4(h) et (d) de l'acte constitutif, de consolidation de la paix et reconstruction post-conflit, d'action humanitaire et gestion des catastrophes et toute autre fonction qui pourrait être décidée par la conférence.

Quant aux pouvoirs, il convient de savoir que le Conseil de Paix et de Sécurité agit toujours conformément avec le président de la Commission. Ce dernier assume les fonctions administratives d'un secrétaire général de l'Organisation.

A cet effet et dans le cadre de cet organe, celui-ci anticipe et prévient les différends et les conflits ainsi que les politiques susceptibles de conduire à un génocide et à des crimes contre l'humanité[593].

Il entreprend des activités de rétablissement et de consolidation de la paix lorsque des conflits éclatent, pour faciliter leur règlement et autorise l'organisation et le déploiement de mission d'appui à la paix[594].

Il élabore les directives générales relatives à la conduite de ces missions y compris le mandat desdites missions et procède à la révision périodique de ces directives, recommande à la conférence, conformément à l'article 4 (j) de l'acte

---

africains et l'interétatisme qui les caractérise. Nous soulignons. Certains auteurs notamment D. LECOUTRE abordent dans le même sens, dans son article « Le Conseil de paix et de sécurité de l'Union africaine, clef d'une nouvelle architecture de stabilité en Afrique ? », in *Afrique contemporaine*, 2004, pp.131-162.

592 Lire l'article 4 points a et suivants du Protocole relatif au CPS.

593 Lire l'article 7.1.a du Protocole relatif au CPS.

594 Lire l'article 7.1.b et c du Protocole relatif au CPS.

constitutif, l'intervention au nom de l'union dans un Etat membre dans certaines circonstances graves, à savoir les crimes de guerre, le génocide et les crimes contre l'humanité tels que définis dans les conventions et instruments internationaux pertinents et approuve les modalités d'intervention de l'Union dans un Etat membre, suite à une décision de la conférence conformément à l'article 4 (j) de l'Acte Constitutif[595].

Il impose, conformément à la déclaration de Lomé des sanctions chaque fois qu'un changement anticonstitutionnel de gouvernement se produit dans un Etat membre et met en œuvre la politique de défense commune de l'Union[596].

Il assure d'une part la mise en œuvre de la convention de l'OUA sur la prévention et la lutte contre le terrorisme et des autres conventions et instruments internationaux, continentaux et régionaux pertinents, et harmonise et coordonne les efforts usant à combattre le terrorisme international, au niveau continental et régional et une harmonisation, une coordination et une coopération étroite entre les mécanismes régionaux et l'union dans la promotion et le maintien de la paix, de la sécurité et de la stabilité en Afrique et, d'autre part, la promotion et le renforcement d'un partenariat solide pour la paix et la sécurité entre l'Union et les Nations unies et, leurs agences ainsi que les autres organisations internationales compétentes et l'élaboration des politiques et des actions nécessaires pour que toute initiative extérieure dans le domaine de la paix et de la sécurité sur le continent soit entreprise dans le cadre des objectifs et des priorités de l'Union[597].

Dans le même contexte, il suit, dans le cadre de ses responsabilités en matière de prévention des conflits, les progrès réalisés en ce qui concerne la promotion des pratiques démocratiques, la bonne gouvernance, l'Etat de droit, la protection des droits de l'homme et des libertés fondamentales, le respect du caractère sacré de la vie humaine, ainsi que du droit international humanitaire par les Etats membres[598].

Il favorise et encourage la mise en œuvre des conventions et traités internationaux pertinents de l'OUA/UA, des Nations unies ainsi que d'autres conventions et traités internationaux pertinents sur le contrôle des armes et le désarmement[599].

Le commissaire de l'Union Africaine examine et prend toute action appropriée dans le cadre de son mandat dans les situations où l'indépendance nationale et la souveraineté d'un Etat sont menacées par des actes d'agression, y compris par des mercenaires[600].

---

[595] Lire l'article 7.1.d, e et f du Protocole relatif au CPS.
[596] Lire l'article 7.1.g et h du Protocole relatif au CPS.
[597] Lire l'article 7.1.i, j, k et l du Protocole relatif au CPS.
[598] Lire l'article 7.1.m du Protocole relatif au CPS.
[599] Lire l'article 7.1.n du Protocole relatif au CPS.
[600] Lire l'article 7.1.o du Protocole relatif au CPS.

Dans le cadre toujours de ses fonctions exécutives, elle appuie et facilite l'action humanitaire dans les situations de conflit armé ou de catastrophe naturelle grave[601].

Enfin, elle soumet, à travers son président, des rapports réguliers à la conférence sur ses activités et l'état de la paix et de la sécurité en Afrique et se prononce sur toute autre question ayant des incidences sur le maintien de la paix et de la sécurité et de la stabilité sur le continent, et exerce les pouvoirs que lui délègue la conférence, conformément à l'article 9 (2) de l'Acte constitutif[602].

Dans la mise en œuvre de cette politique de la régionalisation du maintien de la paix et en vue d'assurer l'effectivité des décisions de cet organe directement dans les Etats, ceux-ci reconnaissent qu'en s'acquittant de ses devoirs dans le cadre du protocole, le CPS agit en leur nom d'une part et, d'autre part, conviennent d'accepter et d'appliquer ces décisions conformément à l'Acte constitutif de l'Union africaine[603].

Pour montrer la prééminence de cet organe sur les autres, les Etats membres ont convenu d'apporter leur entière coopération au Conseil de Paix et de Sécurité et de faciliter toute action qu'il entreprendra en vue de la prévention, de la gestion et du règlement des crises et des conflits, en vertu des responsabilités qui lui sont confiées au terme du protocole[604].

Il s'agit dans le cadre de cette étude de l'examen des pouvoirs et fonctions du Conseil de Paix et de Sécurité qui, somme toute, reste le seul mécanisme important de l'Union Africaine chargé de la gestion des conflits.

Les avancées dans le strict cadre de l'Union Africaine nous ont permis de cerner les contours normatifs de la gestion des conflits et ont par ailleurs permis de voir le fait que l'Union Africaine envisage de construire une architecture normative en matière de règlement et gestion des conflits et de l'usage de la force avec les organisations sous régionales.

Ce qui nous revient de le démontrer, à travers l'existence, dans les textes constitutifs de ces organisations sous régionales des dispositions consacrant les mécanismes d'usage de la force par leurs propres initiatives et elles s'allient derrière les dispositifs de l'Union Africaine et d'autres vont même au-delà.

Ceci nous conduit donc à examiner la teneur voire l'orientation que prennent ces organisations et l'Union Africaine en vue de construire une politique africaine de sécurité commune caractérisée par un dispositif normatif efficace et susceptible d'assurer la protection des Etats.

---

601 Lire l'article 7.1.p du Protocole relatif au CPS.
602 Lire l'article 7.1.q et r du Protocole relatif au CPS.
603 Lire l'article 7.2 et 3 du Protocole relatif au CPS.
604 Lire l'article 7.4 du Protocole relatif au CPS.

B. Cristallisation dans la construction régionale

La constitution régionale des mécanismes normatifs en matière de gestion des conflits est née à la suite de la redynamisation des activités de l'organisation régionale qui est l'Union Africaine avec la création du Conseil de Paix et de Sécurité dont le Protocole et le Règlement intérieur reconnaissent et réaffirment la nécessité de travailler en harmonie et en bonne intelligence avec les mécanismes régionaux[605].

Avec cette création, il était également admis et réaffirmé les engagements que les Etats ont pris aux termes de l'article 4 (d) de l'acte constitutif et de l'article 3 (e) du protocole relatif à la création du Conseil de Paix et de Sécurité de l'Union africaine, de mettre en œuvre une politique de défense pour le continent africain.

Cette construction s'est matérialisée avec l'adoption de la déclaration sur la défense et sécurité d'une part et, de l'autre, celle du pacte de non-agression et de défense[606].

1. La régionalisation africaine du maintien de la paix et de la sécurité

Aux termes de la déclaration, les Etats africains ont souligné le fait qu'il y avait une nécessité d'une perception commune de la défense et de la sécurité commune englobant aussi bien les aspects civils que militaires.

Ces Etats considèrent que la sécurité en Afrique est indivisible du fait notamment que la défense et la sécurité d'un pays africain sont directement liées à la défense et à la sécurité des autres pays africains.

Et, à cet effet, ils chargent le Conseil de Paix et de Sécurité de mettre en œuvre la politique commune de défense de l'union.

Ainsi, l'adoption d'une politique commune de défense et de sécurité pour l'Afrique part d'une perception africaine commune des actions que les Etats africains doivent entreprendre collectivement pour que les intérêts et objectifs communs de l'Afrique en matière de défense et de sécurité tels qu'énumères aux articles 3et 4 de l'acte constitutif de l'Union Africaine soient défendus face aux « menaces communes » pour l'ensemble du continent.

Pour atteindre cet objectif, les Etats ont cherché à définir les termes défense et sécurité.

En ce qui concerne le terme défense, il couvre aussi bien la notion classique, militaire et état-centrique de l'utilisation des forces armées de l'Etat pour préserver sa souveraineté nationale et son intégrité territoriale ainsi que les

---

605Voir article 1.h du Protocole sur le Conseil de paix et de sécurité et article 1.h du règlement intérieur du conseil de paix et de sécurité. Ces deux articles sont en clair relatifs aux définitions des mécanismes régionaux qui signifient selon ces deux textes les mécanismes régionaux pour la prévention, la gestion et le règlement des conflits.

606La déclaration est du 28 février 2000 et le pacte, du 31/01/2005.

aspects moins conventionnels, non militaires relatifs à la protection des valeurs et des modes de vie des populations au plan politique, culturel, social et économique. Cette défense se lie au plan national et aux plans régional et continental car la défense de chaque pays est inextricablement liée à celle des autres pays africains et à celles d'autres régions et, de ce fait, à celle du continent africain dans son ensemble.

En ce qui concerne la sécurité, sa définition couvre aussi bien la notion traditionnelle et classique d'état centrique, notion de la survie de l'Etat et sa protection par des moyens militaires contre toute agression extérieure et celle non militaire fondée sur l'existence d'un nouvel environnement et d'un grand nombre des conflits inter-Etats.

Et pour comprendre et orienter leurs actions, les Etats africains ont essayé de rendre simple les facteurs qui constitueraient des menaces communes à la sécurité qui peuvent consister en des conflits ou tensions inter-Etats, situations d'instabilité suite à des conflits, situations humanitaires graves ainsi que d'autres circonstances.

Pour atteindre leurs objectifs et essayer de quantifier leurs actions, les Etats africains ont spécifié les concepts et leurs contenus en l'orientation sur laquelle se baserait cette politique pour que les organisations aient la même vision. Le plus grand concept explicité est celui des menaces communes à la sécurité.

Ils considèrent comme menaces communes à la sécurité tout danger pour les intérêts en matière de défense et de sécurité communes pour le continent. Ces menaces communes à la sécurité compromettent ainsi le maintien et la promotion de la paix, de la sécurité et de la stabilité du continent ; elles peuvent être aussi bien internes qu'externes.

La déclaration africaine semble manifestement ressortir l'aspect régional de l'Afrique dans la mesure où elle identifie les menaces internes et externes et essayent de les quantifier pour faciliter la qualification et la réaction impliquée[607].

Comparativement à l'ONU, la constatation d'une situation ou mieux d'une de celles prévues à l'article 39 de la Charte des Nations unies a connu une extension d'hypothèses au point de rendre cette opération complexe et ambigüe[608] alors que l'Union africaine, à travers l'architecture paix et sécurité en Afrique qui prend en compte le pacte de non-agression et de défense commune du 31 janvier 2005, a étayé de manière précise les menaces devant lesquelles le CPS doit agir.

---

[607] Cette volonté caractérise la nécessité d'une plus grande précision dans la conduite des actions pour le maintien et est bien conforme à l'esprit de l'article 4 en ses lettres b, j et k du protocole relatif à la création du Conseil de paix et de sécurité de l'Union africaine.

[608] M. ZAMBELLI, La constatation des situations de l'article 39 de la Charte des Nations unies par le Conseil de sécurité. Le champ d'application des pouvoirs prévus au chapitre VII de la Charte des Nations unies, Helbing & Lichtennann, Bâle, 2009, XVIII, p.517, dans le même sens L.-A. SICILIANOS, « L'autorisation par le Conseil de sécurité de recourir à la force, in *Revue générale de droit international public*, 2002, Volume 300, pp.9-78.

Ces menaces sont, pour les africains, les conflits /tensions inter-Etats, les conflits /tensions intra-Etats, les situations d'instabilité suite à des conflits, tensions humanitaires graves ainsi que d'autres circonstances.

En ce qui concerne les situations de conflits /tensions inter-Etats, il s'agit de celles qui portent atteinte à la souveraineté, à l'intégrité territoriale et à l'indépendance des Etats membres de l'UA[609]; des incidents pouvant donner lieu à un recours à la force ou à la menace d'un recours à la force entre Etats membres de l'Union africaine[610]; le non-respect du principe de non-ingérence par un Etat membre dans les affaires intérieures d'un autre Etat membre [611]; l'agression ou menace d'agression provenant d'un pays ou d'une coalition de pays, et ce, en violation des principes et des dispositions de la Charte des Nations unies[612].

En ce qui concerne les conflits/tensions intra-Etats, il s'agit principalement des situations où il existe d'une part des circonstances graves à savoir crimes de guerre, génocide et crimes contre l'humanité[613], le non-respect du caractère sacro-saint de la vie humaine et condamnation et rejet de l'impunité, des assassinats politiques, des actes de terrorisme et des activités subversives[614] et, d'autre part, les coups d'Etat et changements anticonstitutionnels de gouvernement et situations qui empêchent et nuisent à la promotion des institutions et structures démocratiques notamment l'absence de l'état de droit, d'un ordre social équitable, de la participation populaire et de la bonne gouvernance[615].

Systématiquement, l'Union Africaine va au-delà des simples considérations de l'agression telle que prévue par la résolution 3314 (XXIX) de l'Assemblée générale des Nations unies portant définition de l'agression car celle-ci ne l'exprime que par rapport à une action directe d'une entité étatique.

Or, l'Organisation africaine énumère des actions indirectes des Etats aux groupes criminels transnationaux contre un autre Etat[616].

---

[609]Voir point (i) (a) de la déclaration solennelle sur la politique africaine de défense et de sécurité.

[610]Voir point(i) (b) de la déclaration solennelle sur la politique africaine de défense et de sécurité.

[611]Voir point(i) (c) de la déclaration solennelle sur la politique africaine de défense et de sécurité.

[612]Voir point(i) (d) de la déclaration solennelle sur la politique africaine de défense et de sécurité.

[613]Voir point (ii) (e) de la déclaration solennelle sur la politique africaine de défense et de sécurité.

[614]Voir point (ii) (f) de la déclaration solennelle sur la politique africaine de défense et de sécurité.

[615]Voir point (ii) (g) de la déclaration solennelle sur la politique africaine de défense et de sécurité.

[616] Lire utilement l'article 1.c et suivants du pacte de non-agression et de défense commune de l'Union africaine adoptée par la 4ème session ordinaire de la conférence tenue le lundi 31 Janvier 2005 à Abuja.

Subsidiairement, l'on intègre d'une part la conduite irrégulière des processus électoraux[617] ainsi que d'autre part, l'absence d'engagement de la part des partis à respecter le résultat des élections conduites en conformité avec la loi du pays[618].

L'organisation insiste également sur la promotion et la protection des droits de l'homme et des peuples, des libertés individuelles et collectives, d'égalité des chances pour tous y compris les femmes, les enfants et les minorités ethniques[619]. La pauvreté et la répartition inéquitable des ressources naturelles et corruption[620] et extrémisme politique, religieuse et ethnique ainsi que le racisme[621] constitue aussi une source d'instabilité en Afrique.

En ce qui concerne les situations d'instabilité après les conflits, la déclaration renseigne essentiellement la non consolidation de la paix après les conflits, résultant de l'absence de démobilisation, d'un désarmement et d'une réintégration effectifs ainsi que d'un processus soutenu de réhabilitation et de reconstruction après conflit[622].

Dans le même ordre d'idée, le contexte interne à l'Afrique couvre d'autres facteurs, sources d'insécurité. Ceux-ci sont caractérisés par une situation des réfugiés et des déplacés et l'insécurité due à leur présence, l'utilisation des mines terrestres et présence d'engins non explosés, la prolifération, circulation et trafic illicites d'armes légères et de petit calibre, les pandémies telles que le VIH/SIDA, la tuberculose, le paludisme, la dégradation de l'environnement, les crimes violents et autres crimes, y compris les crimes organisés et transfrontières, le trafic des êtres humains et le trafic des drogues[623].

---

[617]Voir point (ii) (h) de la déclaration sur la défense et la sécurité. Cette vision tire son fondement de l'article 4.p de l'Acte constitutif de l'Union africaine

[618]Voir point (ii) (i) de la déclaration sur la défense et la sécurité. Voir les développements importants effectués par TABALA KITENE, *Le statut des sanctions contre le changement anticonstitutionnel des gouvernements dans les textes et la pratique de l'Union africaine, contribution à l'étude de la production des normes par les organisations internationales*, Université de Gand, Thèse de doctorat, Faculté de droit, 2013.

[619]Voir point (ii) (j) de la déclaration sur la défense et la sécurité. C'est ainsi que l'Union africaine a repris pour son compte la Charte africaine des droits et du bienêtre de l'enfant adoptée par l'OUA en juillet 1990 et a intégré la Déclaration sur l'élimination de toutes les formes de discrimination à l'égard des femmes, la Convention sur l'élimination de toutes les formes de discrimination à l'égard de femmes, la Déclaration sur l'élimination de la violence à l'égard des femmes, la Convention sur les droits politiques de la femme , la Déclaration sur la protection des femmes… Tous ces textes font partie intégrante de la Déclaration solennelle sur la politique africaine commune de défense et de sécurité adoptée à la deuxième session extraordinaire de la Conférence de l'Union africaine, 27-28 Février 2004 à Syrte.

[620]Voir point (ii) (k) de la déclaration solennelle sur la politique africaine de défense et de sécurité.

[621]Voir point (ii) (l) de la déclaration solennelle sur la politique africaine de défense et de sécurité.

[622]Voir point (iii) (m) de la déclaration solennelle sur la politique africaine de défense et de sécurité.

[623]Voir les points (iv) (n, o, p, q, r, s, t et u) de la déclaration sur la défense et la sécurité. Parmi les composantes de la politique africaine commune et de sécurité, il faut relever que plusieurs

A ce stade, il est à considérer les situations ci-dessus comme des menaces internes communes qui appellent une réaction également commune au niveau des sous-régions et de la région continentale. A côté des menaces communes internes, il existe les menaces externes communes qui, elles, se réfèrent à des défis externes à la sécurité du continent africain qui pourraient mettre en péril ou seraient susceptibles, directement ou indirectement, d'entraver les efforts individuels et collectifs visant la réalisation des objectifs du continent en matière de sécurité.

A cet effet, les menaces externes communes à la sécurité du continent africain pourraient inclure d'une part une agression externe notamment l'invasion d'un pays africain, des conflits et crises internationaux ayant des effets préjudiciables sur la sécurité régionale de l'Afrique, le mercenariat, le terrorisme international et les activités terroristes, les conséquences néfastes de la mondialisation, des politiques, économiques, pratiques et régimes politiques, l'accumulation, la construction de stocks, la prolifération et la fabrication d'armes de destruction massives en particulier les armes nucléaires, les armes chimiques et bactériologiques, de missiles balistiques non conventionnels de longue portée[624].

La typologie des menaces de déstabilisation en Afrique subsaharienne permet avant tout d'affirmer que l'opposition entre sécurité intérieure et sécurité extérieure se révèle de plus en plus inopérante[625].

D'autre part, les Etats africains ont considéré également comme conflit ou tension entre Etat les crimes transfrontaliers, tels que le trafic de la drogue et des êtres humains (qui pourraient constituer une menace aux niveaux régional et national), les politiques unilatérales visant à isoler les pays africains et le déversement de déchets chimiques et nucléaires en Afrique[626].

---

textes pris dans le cadre de l'OUA intéressant ces domaines ont été intégrés dans ce mécanisme. Il s'agit par exemple du Traité de pelindaba faisant de l'Afrique une zone exempte d'armes nucléaires, de la Convention de Bamako adoptée en janvier 1991 et entrée en vigueur en mai 1994, de la Déclaration de Bamako sur une position africaine commune relatif à la prolifération, à la circulation et au trafic des armes légères et de petit calibre adoptée par le Conseil des ministres en décembre 2000, le Pacte d'action de Kempton Park faisant de l'Afrique une zone exempte de mines terrestres adopté par le Conseil des ministres de l'OUA en mai 1997, …

[624] Lire point (v) (a, b, c, d et e) de la déclaration sur la défense et la sécurité. Lire également à ce propos F. CHABROL, « Sécurité et défense en Afrique subsaharienne : quel partenariat avec l'Europe ? », in Colloque de l'Institut des relations internationales et stratégiques du 29 et 30 novembre 2002, Palais des congrès de Bamako, Mali, pp.1-5. Ce colloque a relevé que les menaces de déstabilisation en Afrique subsaharienne englobaient un spectre étendu de facteurs parmi lesquels économiques et sociaux (pauvreté et inégalités), facteurs politiques liés au mode d'accès au pouvoir. Il faut également ajouter les facteurs dits technologiques liés à la prolifération des armes légères en abondante quantité.

[625] F. CHABROL, *Op.cit*, p.3.

[626] Lire point (v) (g, h et i,) de la déclaration sur la défense et la sécurité. Voir également la Déclaration et le Plan d'action sur la lutte contre l'abus et le trafic illicite de la drogue en Afrique adoptés en juillet 1996 par les Chefs d'Etat et de gouvernement africain. Dans le même sens, Conseil de sécurité des Nations unies souligne que ces fléaux remettent en cause l'autorité

Les concepts tels que définis par cette déclaration attestent à suffisance de la nécessité de coordonner les actions des organisations sous régionales et continentale sur l'usage de la force. Elle montre que les Etats ont pris la mesure de protéger le continent et ses Etats dans le concert des Nations et surtout de s'affirmer comme apte à assurer le maintien de la paix et sa capacité de réaction rapide face à ses situations qui peuvent troubler l'ordre et la paix publique africaine.

Considérant donc cet état des choses, l'on s'aperçoit qu'il s'agit d'une nette avancée en la matière qui conforte la position d'un régionalisme accru et aux capacités réactionnelles conséquentes reposant sur une défense de politique commune.

2. *La politique de défense commune africaine*

Cette politique signifie la prise en compte dans l'action de la déclaration solennelle sur une politique africaine commune de défense et de sécurité adoptée par la deuxième session extraordinaire de la conférence de l'Union Africaine tenue en février 2004.

Dans la même optique, cette politique se fonde inéluctablement sur les principes et valeurs au nombre desquels l'on retrouve tous les principes repris dans l'acte constitutif de l'Union Africaine en son article 4 d'une part et, de l'autre, les considérations reprises dans la déclaration elle-même qui caractérisent également cette politique commune de défense.

La particularité à considérer ici est l'effet intégrateur qui prend en compte la coordination des relations étroites de travail à maintenir entre l'Union Africaine et les Communautés économiques régionales en vue d'une bonne interprétation, et du suivi des activités et programmes envisagés dans le cadre de la politique africaine commune de défense et sécurité ,la promotion de la collaboration entre l'Union Africaine et les organisations régionales et sous régionales et le renforcement des liens avec les Nations Unies dont la Charte prévoit en son chapitre VIII un rôle pour les organisations régionales dans le maintien de la paix et de la sécurité internationales.

La politique de défense commune telle que conçue dans le cadre de l'Union Africaine avec la prise en compte des organisations sous régionales poursuit donc des buts et objectifs clairs parmi lesquels l'on retrouve la garantie d'une réaction collective aux menaces internes et externes à l'Afrique, conformément aux principes énoncés dans l'acte constitutif.

Elle se définit à travers la déclaration solennelle sur une politique africaine commune de défense et de sécurité adoptée par la deuxième session

---

des Etats, leur sécurité et leur stabilité, la bonne gouvernance, le développement économique et social ainsi que l'Etat de droit. Il appelle à une action coordonnée pour renforcer les initiatives régionales, CS/11224, Conseil de sécurité, 7090ème séance du 18/12/2013, in *www.un.org*, consulté le 08/07/2014.

extraordinaire de la conférence tenue en février 2004 à Syrte[627]. Il s'agit en clair de la nécessité d'une part d'une perception commune de la défense et de la sécurité comme englobant aussi bien les aspects civils que militaires[628] et, d'autre part, de la nécessité de consultation et d'adoption d'une position commune sur les questions relatives à la défense qui affectent ou constituent une menace potentielle à la sécurité collective du continent africain.

Cette politique se fonde également sur la réalisation des objectifs de l'acte constitutif notamment ceux relatifs aux questions de défense et de sécurité énoncés dans l'acte constitutif[629].

Celle-ci vise à servir aussi bien d'instrument de renforcement de la coopération en matière de défense entre les pays africains que de consolidation de la défense nationale pour éliminer les suspicions et la rivalité entre Etats africains qui ont traditionnellement été sources de conflits et ont entravé la coopération et l'intégration des pays du continent.

Cette politique se veut un instrument de promotion de la confiance entre pays africains en vue de constituer un cadre de coopération pour les questions liées à la défense et à la sécurité, y compris à travers la formation du personnel militaire, l'échange d'informations et de renseignements militaires (sous réserve des restrictions imposées par la sécurité nationale), l'élaboration d'une doctrine militaire et la constitution des moyens d'action collectifs d'une part et, de l'autre, d'instituer transparence et clarté au niveau des politiques nationales de défense et de sécurité ainsi que la rentabilité et d'assurer une réaffectation des ressources pour faire face aux plus grands défis qui se posent à la défense et à la sécurité.

Il s'agit d'une prise de position commune face à la multiplication des pactes de non-agression régionaux qui avaient conduit à l'adoption de la déclaration solennelle sur la politique africaine de défense et de sécurité[630].

Dans la même optique, elle constitue un combat contre la pauvreté dans l'optique de la mondialisation pour permettre de faire avancer le projet intégrateur de l'Afrique et préserver non seulement les valeurs communes mais également les intérêts fondamentaux ainsi que l'indépendance et l'intégrité des Etats pris individuellement, des sous-régions et des continents, de renforcer la capacité de l'Union Africaine à agir de manière prompte et à coordonner les actions visant à prévenir, à gérer, à résoudre et à éliminer les conflits, à déployer et maintenir des missions de maintien de la paix.

De ce fait, elle encourage des initiatives qui préserveront et consolideront la paix et le développement en Afrique dans la perspective d'instaurer une culture

---

[627] Voir article 1.u qui renvoie à la Déclaration solennelle de 2004.

[628] Lire point 12 de la Déclaration solennelle de 2004.

[629] Il s'agit des ceux prévus exclusivement à l'article 3 de l'Acte constitutif de l'Union africaine.

[630] A. GNANGUENON, « La politique africaine commune de défense et de sécurité : limites et enjeux », in *www.lemonde.fr*, consulté le 07/07/2014.

de paix et d'existence pacifique entre Etats membres de l'Union Africaine et au sein des régions.

Cette option favorisera le recours à des moyens pacifiques de règlement des conflits au lieu de recourir à la force ainsi qu'à la diplomatie préventive, la négociation, les bons offices, la persuasion de même que la médiation, la conciliation et les procédures judiciaires, de développer des meilleures pratiques ainsi que des capacités stratégiques grâce à la formation et aux recommandations en vue du renforcement des secteurs de la défense et de la sécurité en Afrique.

La politique dont question vise à développer et renforcer la capacité collective et stratégique de défense ainsi que la capacité d'intervention militaire des Etats membres de l'UA et du continent, à permettre l'élaboration de politiques qui renforceront les secteurs de la défense et de la sécurité aux niveaux national et continental, de permettre l'harmonisation des législations et des mesures adoptées au plan national en matière de défense et de sécurité avec la politique commune de défense et de sécurité, à renforcer la capacité de l'UA, à élaborer et promouvoir des politiques communes dans d'autres domaines tels que les relations avec l'étranger et le commerce[631].

En vue d'assurer la sécurité du continent et le renforcement des positions des négociations, de fournir un cadre permettant, la création et le fonctionnement d'une force africaine prepositionnée comme le prévoit le protocole portant création du Conseil de Paix et de Sécurité visera à exercer un effet de dissuasion par rapport aux menaces et à doter l'UA de moyens d'endiguement pour intégrer et harmoniser les initiatives sous-régionales relatives aux questions de défense et de sécurité et encourager la conclusion et la ratification des pactes de non-agression entre pays africains et l'harmonisation de tels pactes[632].

L'objectif de cette dernière considération est de créer un environnement propice à l'application des préceptes de la Charte africaine des droits de l'homme et des peuples et faciliter l'acceptation de normes en matière de respect des droits de l'homme, de fournir un cadre d'action humanitaire garantissant le respect du droit international humanitaire dans les conflits inter-Etats et les conflits entre pays africains qui servira, en outre, de cadre pour résoudre les problèmes des réfugiés et des personnes déplacées aux niveaux national, régional et continental d'une part, tandis que d'autre part, de fournir un cadre pour la participation effective des femmes aux activités liées à la prévention, à la gestion et au règlement des conflits, ainsi qu'un cadre pour délimiter les paramètres juridiques afin de permettre à la société civile d'intervenir dans la prévention, la gestion et le règlement des conflits, de fournir un cadre de consolidation de la paix après les conflits et pour la reconstruction et, en dernier

---

[631] UNION AFRICAINE, « Conceptualisation, … », in *Op.cit,* p.7.
[632] A. GNANGUENON, *Op.cit.* Dans le même sens, B. TCHIKAYA, « L'architecture africaine de paix et de sécurité », in *Géopolitique africaine,* n°49, 4ère trimestre, 2013, p.1.

lieu, d'être un cadre qui permettra le respect des normes internationales relatives à l'environnement, y compris en période de conflit.

Toutes ces considérations n'ont connu un début de réalisation avec la mise en place de l'architecture africaine de paix et de sécurité qui constituent actuellement un véritable cadre d'action pour la paix et la sécurité internationales[633].

En définitive, il appert que la construction régionale de ce mécanisme de défense commune constitue bel et bien le socle du caractère d'exceptionnalité africaine en matière de paix et sécurité qui décrit bien la relation unique qu'entretient l'Afrique avec le maintien de la paix[634].

Et la construction normative, dans son approche globale au niveau africain, nous a permis de constater ces avancées manifestes relatives aux normes telles qu'elles ont évolué dans ce cadre régional et nous oriente à examiner les organes qui sont investis de cette mission d'assurer la gestion de la paix et de la sécurité internationales en Afrique.

§2. La mise en place des organes spécifiques de gestion des conflits

Les dirigeants africains ont adopté à Durban, en juillet 2002, le protocole relatif à la création du Conseil de Paix et de Sécurité lors du sommet du Durban.

L'adoption de ce protocole atteste de la volonté de mettre en place une structure opérationnelle pour la mise en œuvre efficace des décisions prises dans les domaines de la prévention de conflits, du rétablissement de la paix et de la reconstruction après les conflits.

Aux termes du protocole, il est créé, au sein de l'Union africaine, un Conseil de Paix et de Sécurité, conçu comme un organe permanent chargé de la prévention, de la gestion et du règlement des conflits. Cet organe est notamment assisté par la Commission, un groupe des sages et un système d'alerte et éventuellement par l'académie africaine pour la paix, par le centre d'étude et de recherche sur le terrorisme et par la Commission du droit international de l'Union africaine[635].

Ce protocole évoque également la reconnaissance des mécanismes régionaux qui entrent dans le cadre de la gestion des conflits en Afrique. Ceux-

---

633 Lire le point 9 de la déclaration finale du sommet de l'Elysée pour la paix et la sécurité en Afrique du 07 Décembre 2013, Doc.off, Elysée, Présidence de la République. Dans le même sens A. GNANGUENON, Architecture africaine, ... », *Op.cit*, p.3. Egalement CONSEIL DE PAIX ET DE SECURITE, « Rapport sur ses activités et l'état de la paix et de la sécurité en Afrique, (Assembly/AU/5 (XXI).

634 M. TESSIER et T. GONGORA, *Op.cit*, p.2. Voir également G.-H. MBIA YEBEGA, « Paix durable : quelle stratégigie pour l'Afrique ? », in Le jour, n°1414, du 11 avril 2013, p.7. Dans le même sens R. BANEGAS, « De la guerre au maintien de la paix. Le nouveau business mercenaire », in *Critique internationale*, n°1, Automne 1998, p.12.

635 Pour les trois derniers organes cités, ils sont dans le pacte de non-agression et de défense commune de l'Union africaine. Ceci toujours dans une perspective de réaction rapide et urgente si besoin.

ci avec le Conseil de Paix et de Sécurité constituent un tout global entrant dans la perspective de la défense commune du continent.

Il nous revient donc à ce stade, par rapport à cette approche, d'examiner les contours du Conseil de Paix et de Sécurité qui le démarquent des autres organes d'une part et, de l'autre, analyser l'harmonisation du fonctionnement du Conseil avec les organes de défense et de sécurité mis en place par les mécanismes régionaux.

A. Le Conseil de paix et de sécurité

Outre les avancées normatives relevées sur le plan des dispositions textuelles caractéristiques telles qu'appréhendées dans le cadre de l'Union Africaine et ce, en correctif des dispositions de l'Organisation de l'Unité Africaine, nous allons à présent aborder le fonctionnement de cet organe en le comparant au Conseil de sécurité des Nations unies et au mécanisme central de l'ancienne organisation.

L'article 3 du protocole énumère parmi les objectifs du Conseil de Paix et de Sécurité, l'anticipation et la prévention des conflits , la promotion des pratiques démocratiques, de la bonne gouvernance et des droits de l'homme et des libertés fondamentales et l'article 4 énumère parmi les principes du Conseil de Paix et de sécurité le respect de l'Etat de droit, des droits fondamentaux de l'homme et des libertés, le respect du caractère sacré de la vie humaine, ainsi que le droit de l'Union d'intervenir dans certaines conditions et circonstances graves. A cet effet, il y a lieu de voir la particularité de cet organe.

1. La particularité du CPS de l'UA

Le Conseil de paix et de sécurité est composé de 15 membres élus par la conférence de l'Union dont 10 membres pour un mandat de deux ans et cinq pour un mandat de trois ans en vue d'assurer la continuité[636].

En élisant ainsi les membres du Conseil de paix et de sécurité, la conférence applique le principe de la représentation régionale et de la rotation en tenant compte des critères tels que l'engagement à défendre les principes de l'Union, la contribution à la promotion et au maintien de la paix et la sécurité en Afrique[637].

---

636 Lire l'article 1.a et b du Protocole relatif au Conseil de paix et de sécurité de l'Union africaine. A ce niveau, le Protocole parle de membres et non Etat membre. Mais à l'examen du règlement du CPS, l'article 1 portant sur les définitions précise que par « membre », il faut entendre un membre du Conseil de paix et de sécurité de l'Union africaine tandis qu'un Etat membre, c'est l'Etat membre de l'UA.

637 Voir article 5.1.a et b du Protocole supra décrit, voir O. NDESHYO RURIHOSE, « Le système africain de sécurité collective », article en ligne, in *www.chr.up.ac.za*, consulté le 12/05/2015, p.4. Voir également J. CILLIERS, Force africaine en attente : Etat de progrès accomplis dans sa mise en place, Institute of security studies paper iss, n°160, 2008.

Ces principes sont ceux applicables dans la majorité des organisations internationales pour assurer l'application de l'égalité souveraine des Etats[638].

A cet égard, elle considère d'une part une expérience dans le domaine des opérations d'appui à la paix qui constitue un atout supplémentaire, la capacité et l'engagement à assumer les responsabilités liées à la qualité de membre, la participation aux efforts de règlement des conflits, de l'établissement et de la consolidation de la paix aux niveaux régional et continental, la disposition et la capacité à assumer des responsabilités en ce qui concerne les initiatives régionales et continentales de règlement des conflits, la contribution au fond de la paix et/ou à un fond spécial créé pour un but spécifique.

D'autre part, elle prend en compte le respect de la gouvernance constitutionnelle, ainsi que de l'Etat de droit et des droits de l'homme, l'exigence pour les Etats membres postulants d'avoir des missions permanentes aux sièges de l'Union et des Nations Unies et dotées du personnel adéquat et suffisamment équipées pour leur permettre d'assumer les responsabilités liées à la qualité des membres et l'engagement à honorer les obligations financières vis-à-vis de l'Union.

Déjà à ce niveau, l'orientation de la composition du Conseil de paix et de sécurité et des principes qui guident la représentation sont presque ceux qui sont consacrés à l'article 23 de la Charte des Nations unies [639], et des conditions reconnues par l'ONU pour prétendre postuler à un siège de non permanent au Conseil de sécurité tout en ayant à l'esprit le principe de la rotation et de la répartition géographique équitable[640].

Si les membres du CPS sont immédiatement rééligibles[641], ceux non permanents de l'ONU ne les sont pas[642].

Par ses objectifs et les principes qui le guident, en tous points identiques à ceux qui figurent dans l'acte constitutif de l'Union, comme par ses modalités de saisine et d'intervention ou encore les instruments sur lesquels il s'appuie, le Conseil de Paix et de sécurité marque nettement une franche et grande rupture avec l'organe de l'ancien mécanisme auquel il se substitue.

Il se différencie également de cet ancien organe par sa composition et par les modalités de désignation de ses membres.

En revanche, comme pour l'organe central, le nouveau mécanisme du Conseil de paix et de sécurité peut se réunir aussi bien au niveau des

---

638 G. BASUE BABU KAZADI, *Droit international public*, Kinshasa, éd. PUIC, 2013, p.32 ; Voir également G. BASUE BABU KAZADI, « Le droit des peuples à disposer d'eux-mêmes : entre l'obligation de décoloniser et l'impératif de démocratiser », in *Revue congolaise de droit public*, n°001, Kinshasa, PUIC, Mai 2014, pp.3-32.

639L'article 23de la Charte des Nations unies traite de la composition du Conseil de sécurité avec 15memebres dont 5 permanents et 10 non permanents ; ici, les membres permanents sont connus et cités dans le texte de la Charte constitutive de l'ONU.

640Ces principes se trouvent à l'article 101 de la Charte des Nations unies.

641Voir Article 5.3 du Protocole instituant le Conseil de paix et de sécurité de l'Union africaine.

642Voir Article 23.2de la Charte des Nations unies.

représentants que des membres permanents. Il le fait à chaque fois que cela est nécessaire, et au moins deux fois par mois. Par contre, les ministres et chefs d'Etat et de gouvernement se réunissent au moins une fois par an.

Dans le même cadre de l'analyse du fonctionnement de cet organe, il convient de faire état de ce que les pouvoirs et fonctions de celui-ci tels que présentés comme constituant des avancées normatives en ce qui concerne le développement de cette organisation régionale africaine ont été examinés au niveau du paragraphe premier.

Ce qui constitue une particularité à ce niveau est le fait que ce protocole ainsi que la déclaration sus évoqués ont clairement défini les menaces à la paix et à la sécurité régionales africaines. Elle se caractérise également surtout en ce qui concerne ce protocole par la précision des fonctions et pouvoirs qui peuvent être mis en œuvre en cas de survenance des menaces.

Cet organe se voit donc attribuer la responsabilité principale du maintien de la paix et de sécurité au niveau régional ; comme d'ailleurs l'article 24de la Charte des Nations unies attribue la responsabilité principale du maintien de la paix et de la sécurité internationales au Conseil de sécurité[643].

Comme correctif également à ce niveau des pouvoirs du Conseil de paix et de sécurité, les Etats africains ont ajouté deux pouvoirs spécifiques et exorbitants par rapport à l'OUA en ce qu'ils reconnaissent d'une part qu'en s'acquittant de ses devoirs au terme du protocole, le Conseil de Paix et de Sécurité agit en leur nom et, d'autre part, ils reconnaissent et conviennent d'appliquer les décisions du Conseil de paix et de sécurité, conformément à l'acte constitutif[644].

L'insertion de ces pouvoirs à travers cet article renvoie irréversiblement aux articles 24 point 1et 25 de la Charte de l'ONU. Le premier dispose : « afin d'assurer l'action rapide et efficace de l'organisation, ses membres confèrent au Conseil de sécurité la responsabilité principale du maintien de la paix et de la sécurité internationales et qu'en s'acquittant des devoirs que lui impose cette responsabilité, le Conseil de sécurité agit en leur nom » et le second dispose : « les membres de l'organisation conviennent d'accepter et d'appliquer les décisions du Conseil de sécurité conformément à la présente Charte ».

Cette orientation fait constater deux avancées dont la première est la consolidation des Etats africains et la deuxième le transfert des compétences au profit de l'émergence d'une souveraineté panafricaine qu'implique le nécessaire repositionnement de l'Afrique dans le monde[645].

La conséquence d'un transfert des souverainetés étant la reconnaissance d'un pouvoir supranational, cela se justifie car , déjà, au nombre des principes

---

643 A. MAMPUYA KANUNK'A TSHIABO, *Op.cit*, p.106. Voir également J. COMBACAU, *Op.cit*, p.651 ; P. WECKEL, « Le chapitre VII de la Charte et son application par le Conseil de sécurité », in *Annuaire français de droit international*, Volume 37, 1991, pp.195-202.

644Voir article 7.2 et 3 du Protocole instituant le Conseil de paix et de sécurité.

645 S. DUJARDIN, Art. cit, in *Op cit*, p.2.

censés désormais guider l'action de l'union figurent, entre autres , le droit de l'union d'intervenir dans un Etat membre sur décision de la conférence, dans certaines circonstances graves, à savoir : « les crimes de guerre, le génocide et les crimes contre l'humanité » et le droit des Etats membres de solliciter l'intervention de l'union pour restaurer la paix et la sécurité[646].

Ainsi, les fonctions et pouvoirs du Conseil de paix et de sécurité recouvrent des domaines très étendus et reflètent des pouvoirs implicites qui vont de la prévention des conflits, avec l'instauration d'un système d'alerte, à la mise en œuvre d'opérations militaires dans les cas prévus par l'acte constitutif, en passant par la promotion d'une politique de défense commune. Il est, à travers ces fonctions et pouvoirs, l'organe de décision permanent pour la prévention, la gestion et le règlement des conflits et constitue, à n'en point douter, un système de sécurité collective et d'alerte visant à permettre une réaction rapide et efficace aux situations des conflits en Afrique.

Et pour marquer d'une part son autonomie dans l'action et les initiatives et, de l'autre, sa qualité d'acteur principal dans le domaine du maintien de la paix et de la sécurité en Afrique, cet organe se rappelle simplement dans le préambule de son protocole qu'ayant à l'esprit les dispositions de la Charte des Nations unies conférant au Conseil de sécurité la responsabilité principale du maintien de la paix et de la sécurité internationales, ainsi que celles relatives au rôle des accords et organismes régionaux dans le maintien de la paix et de la sécurité internationales et la nécessité de mettre en place un partenariat plus étroit entre les Nations unies, les autres organisations internationales et l'Union africaine, dans la promotion et le maintien de la paix, de la sécurité et de la stabilité en Afrique d'une part.

De l'autre, à l'article 17du même protocole instituant le Conseil de Paix et de Sécurité, il est souligné que le Conseil coopère et travailles-en étroite collaboration avec le Conseil de sécurité des Nations unies, qui assume la responsabilité principale du maintien de la paix et de la sécurité internationales.

Ceci constitue bien entendu pour notre part une ambigüité manifeste de l'esprit des rédacteurs car les fonctions et les pouvoirs dotés à cet organe dépassent largement ce cadre et cette écriture ne constitue qu'une crainte révérencielle sans contrainte sur l'initiative de réaction rapide voulue par les Etats africains.

Cette position se justifie encore dans la mesure où, par rapport aux fonctions et pouvoirs de l'Union africaine, le protocole établit plutôt une coopération et un travail en étroite collaboration avec le Conseil de sécurité. Ceci exclut carrément toute idée de subordination, de second plan de l'organisme régional et atteste et justifie les avancées présentées dans le cadre de l'Union Africaine surtout la réaction rapide et l'existence même des forces prépositionnées.

Cette idée de crainte révérencielle et de contours ou de non prise en compte d'un mécanisme lourd se réaffirme à l'article 17.2 où le Conseil de paix et de

---

[646] A. BOURGI, Art cit, in *Op cit*, p.331.

sécurité ne fera recours aux Nations unies que pour obtenir l'assistance financière, logistique et militaire à chaque fois que nécessaire[647].

Cet article 17 détermine principalement que le Conseil de sécurité a un mandat exclusif de promotion et de maintien de la paix en Afrique (Région) et ne fera recours aux Nations unies pour obtenir assistance financière, logistique et militaire à chaque fois que nécessaire.

Le raisonnement contraire vaut également à chaque fois qu'il faudra mettre en œuvre des mesures militaires qui seraient couvertes totalement par l'Union Africaine et que cela ne serait pas nécessaire d'intervenir pour l'ONU, il n'y aurait pas non plus des violations de quelconques normes. Et ce, surtout que l'on ne saurait pas prétendre à une violation dans la mesure où il n'y a pas des sanctions y prévues à cet effet.

Il apparait en dernier lieu beaucoup plus clairement que les Etats africains ont prévu d'apporter une plus grande attention à la maximisation de l'utilisation des ressources des puissances sous régionales[648].

A s'en tenir ainsi au texte du protocole, l'Union Africaine dispose donc d'un dispositif de sécurité qui s'impose aux mécanismes régionaux[649] car, conformément à l'article 16, ils font partie intégrante de l'architecture de sécurité de l'Union, qui assume la responsabilité principale pour la promotion de la paix, de la sécurité et de la stabilité en Afrique[650].

L'originalité de ce nouveau mécanisme dispositif de l'Union Africaine concerne donc deux aspects de la collaboration institutionnelle.

Le premier est celle du président de la Commission, d'un groupe de sages composés de cinq personnalités africaines désignées par le président de la Commission après consultations avec le Conseil de paix et de sécurité[651].

Le second aspect de l'innovation réside dans la création de nouveaux instruments permettant au Conseil de paix et de sécurité d'assumer pleinement ses responsabilités en matière de prévision et de prévention des conflits ; à savoir (le système continental d'alerte rapide), d'intervention à savoir (la force africaine prépositionnée) et de commandement des opérations (le comité d'état-major)[652].

Il convient donc d'examiner les deux aspects aux fins de ressortir le caractère achevé de ce nouveau mécanisme.

Le mécanisme est achevé dans la mesure où le CPS est en relation directe avec les autres organes de manière permanente d'une part et, de l'autre, il lui a

---

647 Cet article 17 porte sur les relations avec les Nations unies et les autres organisations internationales.

648 D. LECOUTRE, « Le Conseil de paix et de sécurité… », *in Op. cit*, p.10.

649 A. BOURGI, "Art. Cit", *in Op cit*, p.377.

650 Lire l'article 16 du Protocole sur les relations avec les mécanismes régionaux pour la prévention, la gestion et le règlement des conflits qui précise les détails nécessaires.

651 D. LECOUTRE, "Le Conseil de paix et de sécurité…, ", *Op.cit*, p.10.

652 A. BOURGI, Art. cit, *in Op cit*, p.377.

doté et adjoint certains organes spécifiques en vue de mieux accomplir sa mission.

2. *Le CPS : un mécanisme achevé dans l'UA*

En ce qui concerne le premier aspect et plus particulièrement les rapports institutionnels existant entre la Commission, à travers son président et le Conseil de paix et de sécurité, il convient de savoir que ce président, sous l'autorité du Conseil de paix et de sécurité et en consultation avec toutes les parties impliquées dans un conflit, déploie tous les efforts et prend toutes les initiatives jugées appropriées en vue de la prévention, de la gestion et du règlement des conflits.

A cette fin, ce président peut , d'une part, attirer l'attention du Conseil de paix et de sécurité sur toute affaire qui, à son avis, pourrait mettre en danger la paix, la sécurité et la stabilité sur le continent et attirer l'attention du groupe des sages sur toute affaire qui, à son avis mérite leur attention et , d'autre part, il peut, de sa propre initiative ou à la demande du Conseil de paix et de sécurité, user de ses bons offices, soit personnellement, soit par l'intermédiaire d'envoyés spéciaux, de représentants spéciaux ,du groupe des sages ou des mécanismes régionaux pour prévenir les conflits potentiels, régler les conflits en cours et promouvoir les initiatives et les efforts de consolidation de la paix et de reconstruction[653].

Dans la même optique, le président de la Commission assure la mise en œuvre et le suivi des décisions du Conseil de paix et de sécurité , y compris l'organisation et le déploiement des missions d'appui à la paix autorisées par le Conseil de paix et de sécurité ; il assure également la mise en œuvre et le suivi des décisions prises par la conférence, conformément à l'article 4 (h) et (j) de l'acte constitutif à la suite desquels suivis, il prépare des rapports et documents exhaustifs et périodiques, tels que requis, afin de permettre au Conseil de paix et de sécurité et aux autres structures subsidiaires d'assumer leurs fonctions avec efficacité.

Dans l'exercice de ses fonctions et pouvoirs, le président de la Commission est assisté du commissaire chargé des questions de paix et sécurité, qui est responsable des questions du Conseil de paix et de sécurité.

Outre donc le président de la Commission de l'Union africaine, organe purement administratif, l'activité du Conseil de paix et de sécurité est soutenue par le groupe des sages. Il est créé dans le domaine de la prévention des conflits.

Le groupe des sages est composé de cinq personnalités africaines[654], hautement responsables et respectées, venant des diverses couches de la société

---

[653] M. ODZOLO MODO, « Fiche d'information de l'organisation, UA », *in Réseau francophone de recherche sur les opérations de paix, www.opérationsdepaix.org,* consulté le 01/06/2012.

[654]UNION AFRICAINE, POW/PR.Comm (X), in *10ème* réunion du groupe des sages Addis

et qui ont apporté une contribution exceptionnelle à la cause de la paix, de la sécurité et du développement sur le continent. Elles sont en principe sélectionnées par le président de la Commission, après consultation des Etats concernés, sur la base de la représentation régionale et nommées pour une période de trois ans par la conférence.

Ce groupe des sages fournit donc des conseils et services consultatifs au Conseil de paix et de sécurité et au président sur toutes questions relatives au maintien et à la promotion de la paix, de la sécurité et de la stabilité.

En ce qui concerne ses actions, il peut, à la demande du Conseil de paix et de sécurité ou du président de la Commission ou de sa propre initiative, entreprendre les actions jugées appropriées pour venir en appui aux efforts du Conseil de paix et de sécurité et à ceux du président de la Commission en vue de la prévention des conflits, et se prononce sur toutes questions liées à la promotion de la paix, de la sécurité et de la stabilité en Afrique[655].

Ce groupe fait ainsi rapport au Conseil de paix et de sécurité et, par l'intermédiaire de celui, à la Conférence.

Dans ce système qui constitue le premier aspect de cette renaissance, il faut ajouter le système continental d'alerte rapide dont le plan d'opération du système a été approuvé en janvier 2007 au sommet d'Addis-Abeba[656].

Cette structure a été créée pour faciliter la prévision et la prévention des conflits ; il en est ainsi d'un centre d'observation et de contrôle dénommé « salle de veille », situé à la direction de la gestion des conflits de l'Union et chargé de la collecte et de l'analyse des données sur la base d'un module approprié d'indicateurs d'alerte rapide et des unités d'observation et de contrôle des mécanismes régionaux directement liés par des moyens de communication appropriés à la salle de veille et qui collectent et traitent les données recueillies à leur niveau et les transmettent à la salle de veille.

Ce système d'alerte est utilisé par le président de la Commission pour ces informations afin d'informer le Conseil de paix et de sécurité sur des conflits potentiels et des menaces à la paix et à la sécurité en Afrique et pour recommander les mesures à prendre en temps réel afin de permettre l'adoption des stratégies de réaction appropriées visant à prévenir ou à résoudre le conflit en Afrique[657] ; il peut même utiliser ces informations pour s'acquitter des responsabilités et fonctions qui lui sont confiées au terme du protocole.

Abeba, Ethiopie, 12/05/2011.
Cet organe est composé de cinq membres parmi lesquels son président BEN BELLA, madame Marie Madeleine KALALA NGOY, Dr Mary CHINERY-HESSE, Dr SALIM AHMED SALIM et KENNETH KAUNDA.

655 Lire l'article 11 du Protocole relatif au CPS.

656 M. ODZOLO MODO, "Art cit…",*in Op cit*, p.5.

657UNION AFRICAINE, « Cadre pour la mise en œuvre opérationnelle du système continental d'alerte rapide tel qu'adopté par la réunion des experts gouvernementaux sur l'alerte rapide et la prévention des conflits, tenue à KEMPTON PARK, (AFRIQUE DU SUD), du 17 au 19 décembre2006 », in *www.unionafricaine.org* .Consulté le 02.06.2012.

Le président de la Commission constitue donc une plaque tournante de ce mécanisme d'alerte rapide car il est chargé d'élaborer tous les moyens qui peuvent permettre à celui-ci d'être efficace et en mesure d'assurer un travail de qualité au niveau de la consultation des Etats et des mécanismes régionaux, également, avec sa mise en œuvre opérationnelle effective, il permettrait de renforcer l'interaction entre le parlement panafricain et la Commission africaine des droits de l'homme et des peuples, d'une part, le président de la Commission et le CPS, de l'autre[658].

L'avant dernier organe mis en place en vue d'assurer cette fonctionnalité est la force africaine prepositionnée ou appelée aussi force africaine en attente[659] prévue par l'article 13 du Protocole sur le CPS[660].

Cette force africaine assume entre autres fonctions dans les domaines des missions d'observation et de contrôle, dans les missions d'appui à la paix, dans les interventions dans un Etat membre dans des circonstances graves ou à la demande d'un Etat membre afin de rétablir la paix et la sécurité, conformément à l'article 4 (h) et (j) de l'acte constitutif, du déploiement préventif afin d'éviter qu'un différend grave ne s'aggrave ou un conflit en cours ne s'étende à des zones ou des Etats voisins, ou la résurgence de la violence après que des parties en conflit soient parvenues à un accord, de la consolidation de la paix, notamment le désarmement et la démobilisation après les conflits, de l'assistance humanitaire pour atténuer les souffrances des populations civiles dans les zones de conflit et action visant à faire face aux catastrophes naturelles et enfin toutes autres fonctions que pourrait lui confier le Conseil de paix et de sécurité[661].

Dans l'exercice de ses fonctions, la force africaine prepositionnée coopère, en tant que besoin, avec les Nations Unies et leurs agences, les autres organisations internationales et régionales compétentes, ainsi qu'avec les autorités et les ONG nationales et les tâches détaillées de la force africaine

---

658 *Idem.*

659 UNION AFRICAINE, « Réunion d'experts sur les relations entre l'UA et les mécanismes régionaux pour la prévention, la gestion et le règlement des conflits, feuille de route pour la mise en place de la force africaine en attente, EXP/AU-RECS/ASF/4 (I), Addis Abeba, 22-23 MARS 2005 », *in www.unionafricaine.org*. Consulté le 03/06/2012, VOIR également M. ODZOLO MODO sur « fiche d'information… », *in op cit*, p5.

660 A partir du Protocole du CPS (Durban), Juillet 2002, il a été approuvé au niveau des chefs d'Etat l'établissement du CPS, organe de prise de décision permanent pour la prévention, la gestion et le règlement des conflits et d'une disposition de sécurité commune et d'alerte précoce pour faciliter la réponse efficace et en temps utile, face aux conflits et aux situations de crise en Afrique, de la définition des autres composantes de l'APSA, y compris la FAA, la Commission des sages, la Fondation pour la paix et un système continental d'alerte précoce, etc. puis le rapport de Maputo, approuvé au niveau des chefs d'Etat et de gouvernement en juillet 2003 a défini l'organisation du département de la paix et de sécurité et de la PSOD de la Commission de l'UA et mis sur pied le cadre politique pour la création de la FAA. Ce dernier document a été adopté lors de la troisième session des chefs d'état-major de la défense africaine le 15-16 mai 2003et dont les chefs d'Etat et de gouvernement ont pris note au sommet de Maputo.

661 Lire l'article 13.3.a, b, c, d, e, f, g et 4, 5 et 6 du Protocole.

prepositionnée et son concept d'opération pour chaque mission autorisée sont examinés et approuvés par le Conseil de paix et de sécurité sur recommandation de la Commission[662].

En ce qui concerne le commandement, pour chacune des opérations entreprises, le président de la Commission nomme un représentant spécial et un commandant de la force , dont les rôles et fonctions détaillés sont définis dans des directives appropriées, conformément aux règles de procédure opérationnelles des missions d'appui à la paix et ce représentant spécial fait toujours ses rapports au président de la Commission par voies hiérarchiques appropriées et les commandants des contingents font rapport au commandant de la force, alors que les composantes civiles font rapport au rapporteur spécial[663].

Sous l'égide d'un Conseil de paix et de sécurité, la force africaine en attente revêt une dimension particulière car elle doit permettre au continent de disposer les moyens nécessaires pour entreprendre ses propres interventions[664].

Le dernier organe est le comité d'Etat-major qui est créé et chargé de conseiller et d'assister le Conseil de paix et de sécurité pour tout ce qui concerne les questions d'ordre militaire et de sécurité en vue du maintien et de la promotion de la paix.

Son Etat-major est composé d'officiers supérieurs des Etats membres ou leurs représentants et conseille et assiste le Conseil de paix et de sécurité pour tout ce qui concerne les questions d'ordre militaire et de sécurité[665].

La prudence ayant guidé les Etats africains, ils ont prévu la création d'un fond spécial pour la paix afin de permettre au CPS sa survie, ce fonds permet de fournir au CPS les ressources financières nécessaires à ses missions de paix et à d'autres activités opérationnelles qui s'y rapportent. Il est alimenté par des crédits prélevés sur le budget ordinaire de l'Union, les contributions volontaires des Etats membres et par d'autres sources, africaines ou extérieures[666].

L'approche de la construction régionale ne s'est pas limitée aux instruments uniques de l'Union Africaine mais elle a pris en compte la nécessité d'une plus grande et efficace coordination et collaboration entre l'Union africaine, organisation continentale, et les organisations sous régionales, représentant les cinq régions de l'Afrique. Ce qu'il convient de démontrer. D'où, le point B de ce paragraphe.

---

[662] Lire l'article 17 du Protocole qui le met comme bras armé du CPS.

[663] Lire l'article 13.6, 7 et 8 du Protocole du CPS.

[664] R. ESMENJAUD, « La force africaine en attente », Réseau de recherche sur les opérations de paix, in *www.opérationspaix.net,* consulté le 08/07/2014. Egalement UNION AFRICAINE, Rapport de la présidente de la Commission sur l'Opérationnalisation de la capacité de déploiement rapide de la force africaine en attente et la mise en place d'une capacité africaine de réponse immédiate aux crises (RPT/exp/VI/STCDSS/(i-a)2013).

[665] UNION AFRICAINE, « Profil : Union africaine », in *www.unionafricaine.org,* consulté le 01/06/2012.

[666] M. ODZOLO MODO, "Art cit…", in *Op. cit*, p.5.

B. Coordination entre le CPS et les mécanismes régionaux

La construction de la politique africaine de sécurité et de défense commune a pris à son compte la nécessité d'une coordination efficace et efficiente entre le Conseil de paix et de sécurité et les mécanismes régionaux existants.

1. La reconnaissance et insertion des mécanismes régionaux dans l'architecture africaine de paix et de sécurité

Au niveau régional, les organes chargés de la mise en œuvre de la défense commune sont notamment les mécanismes de prévention, de gestion et de règlement des conflits qui existent au sein des différentes organisations économiques régionales ; il s'agit des mécanismes de la CEDEAO, de la CEEAC, de l'IGAD, de la SADC, de la communauté de l'Afrique de l'Est, de la CEN-SAD, de l'Union du Maghreb arabe et du COMESA[667].

Cette construction par voie de coordination des activités s'avère nécessaire dans la mesure où certains mécanismes régionaux ont existé avant celui de l'Union Africaine et il fallait impérativement l'assurer[668].

Le protocole de création du Conseil de paix et de sécurité en lui-même, en considérant et accordant un rôle d'organe de tutelle à sa structure nouvellement créée, a prévu irréversiblement le travail en collaboration avec les structures sous régionales et les intègrent d'office dans sa vision générale de la nouvelle conception de la gestion des opérations de maintien de la paix en Afrique et de sa capacité de réaction rapide devant certaines situations. A cet effet, l'article 16 du protocole relatif au Conseil de paix et de sécurité contient effectivement des dispositions détaillées sur la manière dont les mécanismes régionaux et le Conseil de paix et de sécurité pourraient être structurés. Il énonce la vision fondamentale dans laquelle les mécanismes régionaux s'insèrent dans le cadre de la structure globale de sécurité de l'Union Africaine qui a la responsabilité première de promouvoir la paix, la sécurité, et la stabilité.

La coordination de ces activités tourne autour d'un organe de coopération intégrale qui est la Commission de l'Union africaine.

Dans la matérialisation de cette coordination, il faut placer la force africaine en attente comme le parachèvement d'une institutionnalisation excessive et corrective africaine de paix et de sécurité qui se positionne par rapport aux nouvelles exigences de la responsabilité de protéger car il se dégage qu'il s'agit de la modernisation de souveraineté en Afrique[669].

667Voir point 26 de la déclaration sur la défense et la sécurité.

668 R. ESMENJAUD, « La force africaine… », *Op.cit.*

669 A.R.E. MVELLE, « La force africaine en attente, tribune numéro21 », in *Revue de défense nationale*, in www.defnat.fr, consulté le03/06/2012. Voir UNION FRICAINE, « Conceptualisation… », *Op.cit.*, p.5.

Ainsi, cette coordination qui passe par le travail de terrain entre la force africaine en attente et les organisations sous régionales a permis de considérer la création des brigades sous régionales qui sont en principe celles se trouvant dans les organisations sous régionales qui sont dotées des capacités militaires importantes et représentant les cinq régions de l'Afrique.

La force africaine prepositionnée n'étant qu'un organe d'appui au Conseil de paix et de sécurité, c'est au président de la Commission qu'il reviendrait d'actionner son déploiement[670].

D'après la feuille de route sur la mise en place de cette force, six schémas ont été envisagés pour son déploiement à savoir de l'aide militaire pour une mission politique, une mission d'observation continentale de déploiement en même temps que l'ONU, une mission d'observation sans le soutien de l'ONU, une force de maintien de la paix et les missions de déploiement préventif, l'intervention d'urgence en cas de réponse tardive de la communauté internationale par exemple pour le génocide[671].

Cette force assumera son devoir de protection à partir du schéma cinq grâce aux brigades opérationnelles telles de l'ECOBRIG (CEDEAO), FOMAC (CEEAC), SADCBRIG (SADC), EASBRIG (IGAD), NASBRIG (UMA)[672].

En intégrant dans son architecture les structures sous régionales, l'Union africaine, à la différence de son aînée l'OUA, s'appuie sur une volonté et des ressorts institutionnalisés qui comblent les vides juridiques qui vouaient à l'échec les tentatives de sécurité collective à l'échelle continentale[673].

De la sorte déjà, le fait pour l'OUA de créer un mécanisme en 1993 avait permis de voir naître dans toute l'Afrique, dans le cadre des communautés économiques régionales, des mécanismes presque similaires voire renforcés dans les capacités de réaction rapide sous l'aspect de défense et sécurité.

Ainsi, pour l'Afrique de l'OUEST, le mécanisme n'est né qu'en 1999. En Afrique australe, la SADC n'a créé son mécanisme qu'en 1996, en Afrique centrale, la CEEAC a créé un Conseil de paix et de sécurité pour l'Afrique centrale (COPAX) en 1999. Seuls l'IGAD et l'UMA ne possèdent pas encore des structures institutionnelles comparables aux autres communautés régionales.

Ce qui est important à relever à ce stade est la prise en compte de ces mécanismes avec leur construction particulière.

Par avantages comparatifs, il faut entendre les apports des mécanismes régionaux auxquels l'UA peut avoir accès car ceux-ci ont existé pour la plupart, avant l'organisation continentale.

---

670 Lire l'article 13.6 du Protocole du CPS.

671 UNION AFRICAINE, « Feuille de, ... », In *Op cit*, p.2.

672 A.R.E. MVELLE, « La force africaine... » In *Op.cit*, p.4. Dans le même sens, C. GUEYE, *Le panafricanisme d'intégration comme réponse aux problèmes sécuritaires africains*, Université jean Moulin Lyon 3, master relations internationales, sécurité internationale et défense, 2009.

673 C. GUEYE, *Op.cit.*, p.235.

2. *Les avantages comparatifs des mécanismes régionaux*

Pour la CEDEAO par exemple, la coopération en matière de défense et de sécurité a évolué sur une période de temps par l'adoption des textes[674] et la création d'un mécanisme de prévention et de règlement des conflits. La caractéristique de cette sous-région est le fait que la CEDEAO a adopté le protocole relatif au mécanisme de prévention, de gestion et de règlement des conflits, de maintien de la paix et de la sécurité, qui prévoit la mise en place d'institutions telles que la Conférence, le Conseil des médiation et de sécurité, le secrétariat exécutif et autres organes tels que comprenant la Commission de défense et de sécurité, le Conseil des sages, ainsi que le système d'observation de la paix et de la sécurité sous régionales (pré-alerte) et le groupe de contrôle du cessez-le-feu de la CEDEAO (ECOMOG).

Dans cette approche, cette organisation a créé une structure spéciale, consacrée aux questions relatives à la paix et à la sécurité qui a été créée au sein du secrétariat de celle-ci avec pour fonction d'initier et de superviser les activités relatives à la mise en œuvre du mécanisme de l'organisation et, de plus, un secrétariat du système d'alerte précoce, composé d'un centre d'observation dans quatre capitales des pays de la CEDEAO en tant que partie intégrante de la structure du secrétariat de cette organisation.

C'est en considération de cette capacité que la coordination est assurée car cette organisation a accompli des progrès considérables dans la mise en place des forces en attente.

A cet égard, il convient de relever l'adoption de la vision et de la stratégie militaires, de la structure de la force, de la double approche du concept de dépôt et le concept de son développement. Par ailleurs, les Etats membres se sont engagés à mettre à la disposition de la force d'intervention (task force) et de la brigade principale jusqu'à concurrence de 6500 hommes, ainsi que le personnel d'Etat-major[675].

C'est enfin cette sous-région qui constitue la base opérationnelle de la brigade ECOBRIG DE l'Union Africaine en harmonie avec la force africaine en attente et les forces africaines de la communauté.

---

[674]La CEDEAO a adopté le protocole de Non-agression, signé en 1978 à Lagos, le protocole sur l'assistance mutuelle en matière de défense signé en 1981 à Freetown ,la déclaration des principes politiques de la l'Afrique de l'Ouest (1991), et le protocole additionnel sur la bonne gouvernance, la convention sur l'assistance mutuelle en matière pénale, les instruments de politiques de la CEDEAO sur la paix et la sécurité incluant également les textes suivants : la déclaration d'un moratoire sur l'importation, l'exportation et la fabrication des armes légères en Afrique de l'ouest (1995), le plan d'action pour la mise en œuvre du programme de coordination et d'assistance pour la sécurité et le développement (PCASED 1998), le code de conduite pour la mise en œuvre du moratoire sur l'importation, l'exportation et la fabrication des armes légères en Afrique de l'Ouest (1999), la déclaration des ministres des affaires de la CEDEAO sur les enfants-soldats (1999).

[675]UNION AFRICAINE, « Feuille de, … », in *Op.cit.*, p.3.

Dans le cadre par la suite de l'Afrique centrale dont la zone constitue un terrain de déploiement d'une brigade de la force africaine en attente, celle-ci dispose d'une organisation appelée la CEEAC[676]. Le sommet des chefs d'Etats et de gouvernement tenu le 25 février 1999 à Yaoundé avait décidé de créer un organe pour la prévention des conflits et la consolidation de la paix et de la sécurité en Afrique centrale, sous la supervision générale du Conseil de paix et de sécurité en Afrique centrale[677].

En juillet 1999, les chefs d'Etat ont décidé d'intégrer le COPAX dans les structures de la CEEAC, en tant que mécanisme sous régional de règlement et de prévention des conflits en Afrique centrale.

Le COPAX a une disposition relative à une capacité d'alerte rapide : le mécanisme d'alerte rapide de l'Afrique centrale (MARAC) composé d'un centre d'observation et de surveillance chargé d'alimenter une banque des données sur l'Afrique centrale d'une part et, de l'autre, une force multinationale de l'Afrique centrale et elle institue comme organes la Conférence, le Conseil des ministres, le Secrétariat général et la Commission de défense et de Sécurité.

Le protocole relatif au Conseil de paix et de sécurité de l'Afrique centrale s'inscrit également dans une perspective d'un droit d'intervention tel que celui consacré par l'Union Africaine quand bien même tard et postérieur avec l'acte constitutif de l'Union africaine[678].

La force multilatérale d'Afrique Centrale (FOMAC) constitue le bras militaire du COPAX, il s'agit d'une force non permanente de contingents militaires des Etats membres, dont l'objectif est d'effectuer des missions de paix, de sécurité et d'assistance humanitaire.

Le cadre de développement et de la coordination entre le mécanisme de l'Union Africaine et celui de la CEEAC connaît lui aussi des progrès dans la mise en place de la brigade en attente de l'Afrique centrale.

De juillet 2003 à décembre 2004, la CEEAC a organisé une demi-douzaine de réunions au niveau des experts, des chefs d'Etat-major et des ministres du Conseil de paix et de sécurité de la CEEAC (COPAX), lesquels ont permis d'adopter l'organigramme de l'Etat-major (EMR) de l'ECCAS, le tableau d'effectif et de dotation (TED) de la brigade en attente de la CEEAC y compris l'effectif de la brigade qui s'élève à 2177 éléments, le plan d'action pour la mise en place de l'EMR et de la brigade régionale en attente de la CEEAC[679].

---

[676]Communauté économique des Etats de l'Afrique centrale dont le traité a été signé en octobre 1983 et entré en vigueur au mois de décembre 1984. Du fait des crises internes intervenues dans certains Etats membres, la CEEAC a connu une période de cessation des activités de 1998. Lire utilement sur www.ceeac-eccas.org.

[677]Le COPAX a été créé le 25 Février 1999 par la décision numéro 001/Y/fév. des chefs d'Etat et de gouvernement d'Afrique centrale.

[678]L'article 26 du protocole précise le pouvoir d'engagement ; la FOMAC est mise en œuvre à la demande d'un Etat membre ou à la demande de l'OUA ou de l'ONU.

[679]UNION AFRICAINE, « Feuille de, … », in *Op.cit*, p.3 et 4.

La région de l'Afrique centrale entre également dans la perspective de la construction de l'architecture de paix et de sécurité de l'Union Africaine dont le Conseil de paix et de sécurité de l'Union Africaine constitue le maillon principal et facilite ainsi la construction d'un système de sécurité collective et d'alerte rapide et efficace aux situations de conflit et de crise en Afrique.

Dans cette perspective, l'on observe que cette région qui abritera cette brigade apporte une contribution majeure à la prévention, à la gestion et au règlement des conflits sur le continent, lesquels constituent des supports importants à l'architecture africaine de paix et de sécurité car elle intègre déjà en elle-même tout un mécanisme efficient et efficace.

Pour la SADC, le traité l'instituant a été ratifié en date du 17 février 1992 en Namibie et est entré en vigueur le 30 septembre 1993. Cet instrument soulignait la nécessité d'une coopération dans la promotion de la paix et de la sécurité dans la région[680].

En juin 1996, lors d'un sommet extraordinaire à Gaberone (République du Botswana), la SADC a créé un organe chargé de la politique, de la défense et de la sécurité ; c'est ainsi qu'elle a créé et adopté un mécanisme régional de prévention, de gestion et de règlement des conflits et à confirmer ce cadre institutionnel approprié permettrait aux Etats membres de coordonner leurs politiques, stratégies et activités dans les domaines de la politique, de la défense et de la sécurité[681].

---

680 Les objectifs énoncés à l'article 5 du Traité de la SADC visent au développement socio-économique, à la réduction de la pauvreté et à l'augmentation du niveau et de la qualité de vie des peuples de l'Afrique australe. Ce noble but ne pouvait cependant être atteint que dans un environnement de paix, de stabilité politique et de sécurité durable, conditions préalables à tout développement. Dès 1992, la coopération en matière de sécurité a été incluse dans le traité fondateur en tant que l'un des piliers de la future coopération régionale. Ainsi, avec cette vision novatrice, la SADC entend consolider, défendre et maintenir la démocratie, la paix, la sécurité dans la sous-région. La SADC a mis en place plusieurs instruments relatifs à la mise en œuvre de son architecture. Il s'agit par exemple en septembre 1995 de la mise en place d'un comité inter-régional destiné à traiter de l'ensemble des questions relatives à la sécurité dans la sous-région : criminalité, trafic de drogue, migrations clandestines, création d'une force de paix ; le 28 juin 1996, institution d'un organe pour la politique, la défense et la coopération en matière de sécurité (désigné comme l'organe) et en 2003, elle a adopté deux plans stratégiques indicatifs à long terme dont l'un consacré au développement de la région (Regional Indicative Strategic Developpements Plan-RISDP) et l'autre aux questions de politique, de défense et de sécurité (Strategic Indicative Plan of the Organ-SIPO), lancés en aout 2004. En 2003, elle met en place le Pacte de défense mutuelle qui formalise l'approche commune des questions de sécurité et inclut l'objectif de créer à terme une force régionale mobilisable sur les zones de tensions. En 2007, la SADC a signé un mémorandum d'entente sur l'établissement de sa brigade régionale.

681 Cette décision illustrait l'ambition de l'Organisation d'établir une coopération régionale en matière de sécurité recouvrant tant la médiation dans les conflits que la coopération militaire. Le projet a été finalisé en aout 2000 par l'adoption, au sommet de Windhoek, du Protocole sur la coopération en matière de politique, de défense et de sécurité, entériné par le sommet des chefs d'Etat et de gouvernement en aout 2001 à Blantyre (Malawi). Le Protocole est entré en vigueur le 03 mars 2004. Le 29ème sommet de la SADC tenu en septembre 2009 à Kinshasa approuvé son amendement ainsi que les amendements conséquents du Traité.

Le sommet avait également approuvé la nécessité d'avoir un protocole relatif à la politique, à la défense et à la sécurité qui serait un instrument juridique au plan politique.

En 1999, le sommet avait décidé de procéder à la revue des activités des institutions de la SADC, y compris de l'organe. Ainsi, en mars 2001 à Windhoek (Namibie), le sommet avait approuvé la réforme des institutions en signant l'accord portant amendement au traité et au protocole relatif à la coopération en matière de politique, de défense et de sécurité.

Dans la mise en œuvre de la réforme, le traité et le protocole prévoyaient que l'organe chargé de cette politique pouvait créer les autres institutions, le cas échéant et les organes institués ont été le Président de l'organe, la Troïka, le Comité ministériel, le Comité inter-état de défense et de sécurité (CIEDS) et Comité interétatique de politique et de diplomatie (CIEPD). La Troïka est composée du Président en exercice, du Président entrant et du Président sortant.

La région de la SADC comme communauté régionale ayant été reconnue dans le cadre de politique de défense et de sécurité commune de l'Union Africaine se voit doter de la responsabilité d'abriter la SADCBRIG comme base régionale de la force africaine en attente et contribue ainsi au maintien de la paix et de la sécurité.

Dans le même cadre, l'IGAD et l'UMA contribuent également dans la construction et la revitalisation de la promotion de la paix et de stabilité dans la création des mécanismes de maintien de la paix.

Pour l'IGAD, le 8ème sommet de sa réunion a adopté une résolution officialisant un arrangement sous forme de mécanisme de pré-alerte et de réaction rapide appelée CEWARN dont le protocole a été adopté à Khartoum et se base sur un ensemble des structures nationales et régionales complémentaires[682].

Il s'agit aux termes de l'article 2 du protocole d'un mécanisme qui fait partie intégrante de l'autorité intergouvernementale pour le développement.

Pour l'UMA dont le traité portant création a été signé en février 1989, les objectifs ont été presque similaires aux instruments des autres organisations sous régionales, essentiellement économiques[683]. Mais malgré son orientation économique, elle a, comme la plupart des autres regroupements régionaux, incorporé les préoccupations de paix et de sécurité dans ses activités[684]. Il est

---

[682] Le développement (IGAD) en Afrique de l'Est a été créé en 1996 pour remplacer l'Autorité intergouvernementale sur la sécheresse et le développement (IGADD), fondée en 1986. Le Protocole instituant le CEWARN a été adopté le 09 janvier 2002.

[683] L'UMA a été fondée au sommet de Marrakech. Lire utilement dans Doc. Off sur l'historique de l'Organisation, in *www.maghreb.org,* consulté le 07/07/2014.

[684] Lire essentiellement les articles 3 .2 qui prescrivent : « sur le plan de la défense : la sauvegarde de l'indépendance de chacun des Etats membres », l'article 14 « toute agression contre un Etat membre est considérée comme une agression à l'égard des autres Etats membres » et l'article 15 souligne que « les Etats membres s'engagent à ne permettre sur leurs territoires respectifs aucune activité ni organisation portant à la sécurité, à l'intégrité territoriale ou au système politique de l'un des Etats ».

certes vrai que la défense commune et la non-ingérence dans les affaires intérieures des Etats partenaires figuraient au centre du traité de l'UMA.

Ainsi, elle a créé un certain nombre des structures de paix et de sécurité et, en 1991, elle a mis en œuvre un organe informel appelé Conseil commun de défense.

Toutefois, les Etats membres prévoyaient de faire de l'UMA un forum viable pour négocier la paix, renforcer la sécurité et la coopération et régler les conflits et les tensions qui existaient entre eux.

Ce qu'il convient de relever en dernier lieu est le fait que seuls l'IGAD et l'UMA ne possèdent pas des mécanismes institutionnels comparables aux autres communautés régionales[685].

Toutes ces organisations sont dans la perspective de mettre en œuvre cette politique de défense et sécurité commune en acceptant de constituer les brigades de la force africaine en attente et participer ainsi à la construction de cette politique générale de défense et sécurité collectives.

A la suite de cette étude qui vise à démontrer le cadre juridico normatif et institutionnel du développement du régionalisme africain qui dépasse inéluctablement le cadre de la Charte des Nations Unies dans ses aspects constitutifs des années 1945, il nous revient de présenter les avancées pratiques du régionalisme africain à travers les initiatives prises dans le cadre africain.

CONCLUSION DU CHAPITRE DEUXIEME DE LA PREMIERE PARTIE

Ce chapitre nous a permis d'observer un développement important en colimaçon des mécanismes normatifs et institutionnels au niveau de l'OUA ou de l'UA.

Dans ce contexte, il s'est observé que dans l'un ou l'autre cas, cette volonté repose sur un fondement idéologique qui est le panafricanisme marquant cette quête permanente de l'unité de l'Afrique qui a connu un stade normatif et institutionnel à travers les deux organisations continentales dont l'une a remplacé l'autre.

Cette idéologie faisant primer l'interétatisme qui avait gangrené le système et n'avait pas permis une réelle intégration et la mise en place des organes forts en vue de réaliser les objectifs qu'elle s'est assignées.

Ce développement en dents de scie a connu donc deux phases importantes ; celle de l'OUA marquée par l'interétatisme qui caractérisait les normes de cette organisation et protégeait ainsi la souveraineté des Etats au point que tout effort de la construction d'un mécanisme de sécurité collective efficiente était buté à la volonté des Etats.

Cette tare s'est manifestée dans toute l'histoire de l'OUA jusqu'en 1993 lorsque, à la suite du vent de démocratisation qui a soufflé à travers le monde

[685] C. GUEYE, *Op.cit.*

d'une part, et de l'autre, de l'apparition des nouvelles menaces à la paix, elle a créé un mécanisme qui a essayé de contenir certaines situations.

Par contre, la phase de l'Union Africaine est riche en enseignement car elle marque une rupture catégorique tant sur le plan normatif qu'institutionnel avec l'OUA en créant un Conseil de paix et de sécurité doté des prérogatives importantes qui chapeaute l'architecture de paix et de sécurité africaine (APSA) et intègre les mécanismes sous-régionaux de sécurité dans son système en vue de constituer une réponse régionale rapide, prompte et immédiate aux conflits qui rongent la région sans attendre une quelconque action de l'ONU qui pourrait ne pas venir à la suite des divergences politiques qui minent cette organisation.

Sous la phase de 1993, la léthargie s'est manifestée réellement car l'organe de médiation, de conciliation et d'arbitrage n'avait pas été mis en place et les principaux conflits qui minaient l'Afrique étaient bien souvent réglés par le secrétariat général qui instituait des commissions ad hoc.

Les exemples que nous développons sous la période de l'UA nous permettent d'exalter cette époque que nous vivons car nous observons bien une volonté réelle qui s'est dégagée entre les pairs africains qui essayent de combiner interétatisme et organes intégrés en vue de maximiser et rendre efficients les mécanismes de maintien de la paix.

Cette conception nouvelle du cadre normatif et institutionnel du régionalisme africain qui repose essentiellement sur un droit régional propre est analysée comme un dépassement textuel et organique.

CONCLUSION DE LA PREMIERE PARTIE

Après étude de la première partie portant sur le développement normatif régional africain dans le contexte de la gestion de la paix et de la sécurité internationales aux Nations unies, nous avons démontré le cadre analytique de la naissance de la conception universaliste du maintien de la paix, lequel est postérieur à l'idée régionaliste du maintien de la paix.

Si cette conception régionaliste du maintien de la paix a été mise en difficulté par celle universelle au niveau de la cristallisation, cette première partie a relevé que, quand bien même le niveau universel est venu comme un correctif sous la SDN et l'ONU au régionalisme combattif, il en a pris en compte en permettant ainsi une reconnaissance des organisations régionales antérieures à la SDN et plus particulièrement à l'ONU mais aussi, en consacrant le Chapitre VIII de la Charte des Nations unies qui est en réalité la somme des divergences entre universalistes et régionalistes.

Ce Chapitre VIII avait pris en compte, au moment de sa rédaction en 1945, les situations troubles de la paix et de la sécurité en projetant pour l'avenir une circonscription et un contrôle des actions régionales non assorties des sanctions claires.

Consécutivement aux nouvelles formes des menaces qui sont apparues autour des années 90, lesquelles ne provenaient plus essentiellement des Etats mais plutôt de l'émergence de plusieurs acteurs illégitimes et illégaux, les organisations régionales et plus particulièrement l'Union Africaine et ses mécanismes régionaux qui étaient pour la plupart à vocation économique, ont réussi à intégrer dans leurs textes constitutifs des mécanismes de sécurité collective à caractère coercitif.

Ce qui reste frappant est le fait que tous ces textes des organisations régionales ont été enregistrés et publiés aux Nations unies ; ce qui équivaut à une marque de reconnaissance et d'acceptation des mécanismes sécuritaires institués comme concourant à la réalisation du but principal des Nations unies qui est le maintien de la paix et de la sécurité.

Cette réalité nous permet donc d'affirmer que le texte de l'Union Africaine constitue et consacre bel et bien un dépassement normatif et institutionnel du cadre du Chapitre VIII de la Charte des Nations unies.

Cependant, il nous revient de démontrer ce dépassement dans le cadre de la conduite des actions relatives au maintien de la paix et de la sécurité régionales à travers la mise en œuvre du droit régional africain.

D'où, la deuxième partie de cette étude.

Deuxième partie :
LE DEPASSEMENT DU CHAPITRE VIII DE LA CHARTE DANS LA GESTION DE CERTAINS CONFLITS ARMES EN AFRIQUE

L'Afrique reste le continent presque le seul qui connaît une expansion et explosion d'acteurs illégaux et illégitimes ainsi que des graves situations qui troublent et rompent la paix[686]. Cette recette descriptive du panorama du visage de l'Afrique fait de principaux types récurrents de situations constitutives des menaces contre la paix telles qu'épinglées dans le cadre de cette étude qui, au même moment, ont consacré l'ambigüité de l'action du Conseil de sécurité puis justifié plus tard le nécessité de l'augmentation de la réaction collective à plusieurs niveaux notamment dans un régionalisme revigoré et réorienté.

Tshibangu Kalala épingle bien les principaux types de situations constitutifs de menaces contre la paix et cite les guerres interétatiques, les luttes pour l'autodétermination des peuples, les guerres civiles, les actes d'agression, les violations massives et systématiques des droits de l'homme, les troubles et les tensions intérieures et le terrorisme[687].

Ces conditions caractérisent bien sûr cette nécessité de la reprise régionale de l'action collective coercitive qui sort cette fois-ci du cadre étatique dans la réaction telle que prévu au chapitre VIII et prend en compte nécessairement le but principal des Nations civilisées contenu dans la Charte des Nations Unies à savoir le maintien de la paix et de la sécurité internationales.

Ayant donc à l'esprit l'émergence effective de ces situations, la région africaine n'est pas restée en marge de la réaction. Avec les mécanismes de la transformation de l'OUA en l'UA, cette dernière s'est donc montrée prompte dans la gestion effective et efficiente des conflits armés en Afrique en mettant en marche ses prérogatives consacrées dans le protocole du CPS et dans plusieurs documents de cet organe qui consacrent l'appropriation par les africains du maintien de la paix et de la sécurité régionales dans le continent.

Cette réappropriation marque, à n'en point douter, un dépassement du cadre juridique prévu par le chapitre VIII consacré au régionalisme et ses rapports avec l'ONU et ce, plus précisément dans sa restriction relative aux opérations de paix et à l'usage de la force.

---

[686]Les acteurs tels Aqmi, al Qaeda au Maghreb islamique, le MNLA, les Touaregs et ensardine au nord Mali, la secte boko Aram au Nigeria, les rebelles BABALADE en CENTRAFRIQUE, les forces négatives en RDC, joseph KONI en Ouganda et la LRA dans la région des grands lacs.

[687]TSHIBANGU KALALA, *Les Résolutions de l'ONU et les destinataires non étatiques*, éd. Larcier, Bruxelles, 2009, pp.24 et suivantes.

Pour nous en convaincre, il nous revient de passer en revue la promptitude avec laquelle l'Union Africaine a géré les conflits aux Comores, au Burundi, au Mali, en RCA, au Soudan et au Somalie auxquels nous ajoutons les initiatives aussi bien collectives avec l'ONU qu'individuelles contre les acteurs illégaux en Afrique d'une part et, de l'autre, dans une perspective de réforme, nous recadrerons de manière scientifique ce que pourrait être le nouveau chapitre VIII et les moyens d'y arriver tout en précisant les nouvelles perspectives qui doivent être prises en compte pour améliorer davantage les initiatives régionales.

Chapitre Ier : LES OPERATIONS DE MAINTIEN DE LA PAIX INITIEES PAR L'UNION AFRICAINE

A travers les mécanismes du Conseil de paix et de sécurité, l'Union Africaine s'est dotée d'un organe permanent et réactionnel en vue d'une gestion et d'un règlement rapide des conflits qui endeuillent l'Afrique.

L'action de cette organisation s'est révélée importante et salutaire dans la maîtrise de certaines situations. Une analyse minutieuse de celle-ci permet de faire observer des avancées réelles dans la construction de la doctrine du maintien de la paix et de la sécurité régionales.

Ce cadre d'action unilatérale de l'Union Africaine mais également lorsqu'elle agit en partenariat avec l'ONU en application de ses propres textes marque bien entendu un dépassement opérationnel du Chapitre VIII de la Nations unies.

Certains auteurs africains notamment Ndeshyo et Bakandeja pensent que l'Union Africaine devait emprunter, chemin faisant, le modèle des Nations Unies relatif aux opérations de maintien de la paix dont par ailleurs elle dépend, modèle issu de l'agenda pour la paix proposé par le Secrétaire général de l'ONU en 1992[688].

Ces opérations, selon Bakandeja, leurs formes dépendront de la situation sur terrain, elles seront appelées missions de maintien de la paix, de restauration de la paix, d'imposition de la paix, de construction de la paix, de consolidation de la paix, etc....[689].

A la lecture de la vision de ces auteurs, ils sont dans celle de l'Organisation des Nations Unies qui considère l'existence d'une véritable métamorphose du système de sécurité que pour l'Union africaine, cette pratique est véritablement très récente.

Sans se rendre compte, ils reconnaissaient cette pratique distincte et particulière dans le cadre de l'Union Africaine à travers les cas du Rwanda, du Burundi, de la RDC, du Soudan, de la Somalie, de Comores, de la Cote d'ivoire, de la Centrafrique, dont l'absence de recul et jurisprudence, selon eux, ne permet pas de faire de conclusions prédictives[690].

---

[688] O. NDESHYO RURIHOSE, « Le système africain de sécurité collective », in Annales de la faculté de droit, G. BAKANDEJA WA MPUNGU et O. NDESHYO RURIHOSE, édition spéciale droits de l'homme, commémoration du 59ième anniversaire de la déclaration universelle, éd. PUK, Kinshasa, 2007, p.169.

[689] A. MAZYAMBO MAKENGO, « La participation de l'ONU au processus de démocratique de la RDC : rôle particulier de la MONUC » in *BAKANDEJA WA MPUNGU et alii « Participation et responsabilité des acteurs dans un contexte d'émergence démocratique en RDC »*, éd. PUK, Kinshasa, 2007, p.155.

[690] O. NDESHYO RURIHOSE, *Op cit*, p.169.

Toutefois, depuis 2007, année de la parution de leur article à la date de la rédaction de ce travail, la pratique et la jurisprudence constantes qui se sont dégagées permettent de plus en plus de peaufiner des conclusions car, la fin de la guerre froide a mis en moule les orientations et visions premières de l'ONU en multipliant les facteurs de menaces à la paix, appelant ainsi la régionalisation de la riposte et de son action.

Section Ier : L'INTERVENTION DE L'UA DANS CERTAINS CONFLITS ARMES

Alors que les récents conflits sur le continent ont coûté la vie à des millions de personnes et en ont déplacé bien plus encore, les contraignant à fuir la violence, la maladie et la malnutrition ; réduire l'incidence des conflits armés demeure une priorité déterminante pour l'Afrique.

En effet, ces conflits ont traumatisé des générations entières d'enfants et de jeunes adultes, brisé les rapports de confiance et les structures d'autorité parmi et entre les communautés locales, détruit les systèmes d'éducation et de santé, perturbé les voies et infrastructures de transport et profondément endommagé l'écologie du continent, de la terre à la mer et de la faune à la flore.

Dans une perspective financière, les coûts directs et indirects de ces conflits dépassent largement la somme de 700 milliards de dollars US. Les Opérations de Maintien de la Paix sont un instrument crucial au service de la communauté internationale pour diminuer le nombre et la violence des conflits en Afrique[691].

L'actuelle résurgence des Opérations de Maintien de la Paix a démarré en 1999 avec les Missions de l'ONU en Sierra Leone et en République Démocratique du Congo (RDC), afin de pallier au retrait des troupes américaines de Maintien de la Paix du continent africain, conséquence directe de l'épisode de la « Chute du faucon noir » à Mogadiscio en octobre 1993[692].

Cette résurgence montre que les gouvernements d'alors (que ce soit en Afrique ou au-delà de ses frontières) considéraient les Opérations de Maintien de la Paix comme un outil de gestion de conflits, durable et efficace. À certains égards, cette perception était justifiée. Les Opérations de Maintien de la Paix ont ainsi permis à plusieurs Etats de réussir leurs périodes de transition de la guerre à la paix, ont facilité l'atténuation des crises humanitaires et la protection des civils, ont modifié les perceptions de la guerre et de la paix parmi les belligérants (parfois en faisant carrément pression sur les éléments perturbateurs), ont favorisé l'apaisement des parties aux conflits en favorisant la communication entre elles.

---

691 P.-D. WILLIAMS, « Enseignements tirés des Opérations de Maintien de la Paix en Afrique », in *Bulletin de la sécurité africaine*, une publication du centre d'études stratégiques de l'Afrique, n°3/avril 2010, pp.1-2.
692 *Idem.*

Elles ont contribué à éviter des incidents et échauffourées qui auraient pu dégénérer en conflit, et ont facilité le dialogue politique entre les groupes de belligérants. Cependant, nombre de ces opérations ont également suscité la controverse. Sur le terrain, les forces de maintien de la paix ne sont pas toujours parvenues à éteindre l'incendie de la guerre ou à en protéger les victimes civiles[693]. Un trop grand nombre de membres du personnel (militaire et civil) des diverses organisations ont été accusés d'incompétence, de corruption et d'exploitation sexuelle des personnes qu'ils étaient censés protéger.

Au niveau de l'ONU, certaines de ces missions ont fait naître des tensions car les pays occidentaux, en particulier, ont préconisé des missions de plus en plus ambitieuses exigeant beaucoup de personnel, mais ont fait preuve de réticence au moment de déployer leurs propres soldats ou de fournir le matériel nécessaire.

Ceci a conduit à un déséquilibre de plus en plus important entre les Etats décisionnaires au niveau stratégique et les Etats exécutants qui mettent en danger la vie de leur personnel sur le terrain. Enfin, en termes financiers, le coût de ces opérations a augmenté à un moment où la récente récession économique mondiale limitait les ressources.

Au niveau africain, les textes de l'Union Africaine ont permis de considérer que cette région se portait davantage sur la voie de la prise en charge effective de ses problèmes par des solutions africaines, c'est comme cela qu'après l'enrichissement de ses textes, elle s'est évertuée à déployer des opérations dont l'analyse permet de considérer qu'il y a un réellement dépassement du texte du Chapitre VIII qui constitue le cadre de coopération entre l'ONU et les mécanismes régionaux en matière de maintien de la paix. Les exemples du Comores, Burundi, Mali et RCA.

§1. L'intervention de l'Union Africaine au Comores et au Burundi

Ces deux Etats ont été parmi les premiers à recevoir les opérations de maintien de la paix dans leurs différentes facettes sous l'OUA et, avec l'UA. Celles- ci se sont déployées à la suite de plusieurs situations qui menaçaient l'intégrité de ces Etats et tendaient de fois à troubler les ordres internes de ceux-ci.

Pour une bonne orientation de ce point, nous allons nous focaliser dans un premier temps sur le Comores et, dans un second temps, sur le Burundi.

A. Les opérations déployées au Comores

La grande Comores est un Etat africain composé de plusieurs îles qui a connu une instabilité politique chronique héritée de la colonisation, laquelle mérite une

---

693 « Rapport du Groupe d'étude sur les opérations de paix de l'Organisation des Nations Unies », document des Nations Unies A/55/305–S/2000/809 (New York : UN, 2000).

attention particulière quant à son contexte, ses causes, ses acteurs et les différentes interventions de l'organisation régionale.

a. Contexte du conflit comorien

Il faut observer qu'il s'agit d'un conflit qui date de l'époque coloniale et a connu des développements récurrents à travers les temps dans lequel la France a joué un grand rôle tantôt fédérateur tantôt déstabilisateur

Devant la volonté de la France de traiter Mayotte d'une façon particulière, l'Anjouanais Ahmed Abdallah, président du gouvernement, proclamait unilatéralement l'indépendance de l'archipel le 6 juillet 1975. Les membres mahorais de l'assemblée territoriale avaient fait savoir qu'ils ne voulaient pas siéger à l'assemblée des Comores[694].

Dans le même contexte, le 17 juillet 1975, Ahmed Abdallah demandait l'évacuation des forces militaires françaises, qui s'exécutaient[695].

Le gouvernement français prenait dès lors acte de cette décision en faisant adopter la loi du 31 décembre 1975 relative aux conséquences de l'autodétermination des îles des Comores, qui stipulait que les îles de la Grande-Comore, Anjouan et Mohéli cessaient de faire partie de la République française, tout en prévoyant l'organisation d'un nouveau référendum à Mayotte[696].

Alors que tous les leaders comoriens dont Ali Soilih émettaient aussi des critiques vis-à-vis de cette prise d'indépendance, Said Ibrahim[697] considérait que l'attitude d'Abdallah ne pouvait que rendre la relation avec la France difficile.

Il considérait également qu'Abdallah ne respectait pas les termes de la consultation qui proposait une indépendance accompagnée et que dès lors il trompait la population[698].

Quelques jours après l'indépendance, le 3 août 1975, un mercenaire français impliqué dans de nombreux coups d'État en Afrique, Bob Denard, envahit la Grande Comores, organise un coup d'État avec cinquante hommes ; Ali Soilih prit alors le pouvoir. Bob Denard a probablement agi sous les ordres directs de l'ancien secrétaire général de l'Élysée aux affaires africaines et malgaches de 1960 à 1974 Jacques Foccart[699].

Ahmed Abdallah fut délogé de l'île d'Anjouan par une centaine de mapinduzi (militaires militants) encadrés par des mercenaires. Il part alors en exil en

---

694 S. MOHAMED DJOHAR., *Mémoires du président des Comores : Quelques vérités qui ne sauraient mourir*, Paris, éd. L'Harmattan, décembre 2012, p. 350.

695 *Idem.*

696 *Ibidem.*

697 E. VERIN et P. VERIN (dir.), *Histoire de la révolution comorienne : décolonisation, idéologie et séisme social,* Coll. « Institut national des langues et civilisations orientales, Paris, éd. L'Harmattan, Montréal (Québec), Centre d'études et de recherche sur l'océan Indien », 1999, p.158.

698 *Idem*, p.116.

699 Lire l'histoire du Comores, in *www.la documentationfrancaise.com*, consulté le 11/02/2016.

France. En février 1976, Mayotte vote à nouveau pour le maintien dans la république française. Les trois îles sont sous la responsabilité d'Ali Soilih, un révolutionnaire qui instaure un régime socialiste et indépendantiste. Les relations entre la jeune république et l'ancienne puissance coloniale se tendent rapidement.

Vers la fin du mois de décembre 1976, un pogrom se déclenche à Majunga et à Diego-Suarez, perpétré par les Betsimisaraka et des Antandroy, deux tribus malgaches, contre toute la population d'origine comorienne de Madagascar, par identification de leur nom à résonance musulmane ou de leur front noirci par la génuflexion lors des prières. Il serait parti d'un banal différend de mœurs et de voisinage. Les premières évacuations ont eu lieu début janvier 1977 par des bateaux Ville de Tuliéar et Ville de Manakara, enfin par la ligne aérienne belge Sabena. Ces Comoriens, bien souvent métissés, installés sur la côte nord-ouest de Madagascar depuis des générations, forment le cinquième groupe culturel constituant la population comorienne et sont appelés les « Sabénas »[700].

Dans une certaine mesure, l'on voit les origines assez lointaines du conflit des Comores qui sont intimement liées à l'élection du président de l'île d'Anjouan. Ce cadre des conflits permanents avait ouvert la voie à l'envoi par l'OUA des missions dans cette île.

La nouvelle Constitution de « l'Union des Comores » est adoptée par référendum le 23 décembre 2001. Cette Constitution crée un État fédéral composé de trois îles dotées d'une très large autonomie, avec une présidence tournante entre les îles de quatre ans.

Le colonel Azali est élu président de l'Union en avril 2002, en même temps que les présidents des îles d'Anjouan (Mohamed Bacar), de Mohéli (Mohamed Saïd Fazul) et de la Grande Comore (Abou Soulé Elbak).

Chaque étape de la mise en œuvre de l'accord de Fomboni donne lieu à des conflits sur la répartition des compétences entre l'Union et les îles (portant sur le contrôle des douanes, des sociétés publiques génératrices de recettes, des forces de sécurité). L'accord de Moroni conclu le 20 décembre 2003 sous l'égide de l'Afrique du Sud, précise les conditions d'application du « processus de Fomboni ».

Les élections législatives au niveau des îles et de l'Union ont lieu dans de bonnes conditions en mars et avril 2004. Les opposants au président Azali, favorables à une plus grande autonomie des îles, remportent ces élections et détiennent la majorité à l'Assemblée de l'Union, qui est installée en juin 2004.

Le président Azali s'efforce néanmoins de contrebalancer l'influence des îles autonomes, qui souhaitent faire adopter des lois organiques allant vers une plus grande décentralisation de l'État comorien et refuse même de promulguer certaines lois, telle que la loi organique sur les Forces de sécurité intérieure, adoptée en mai 2005. Celle-ci prévoit la création de forces de police dotées de

[700] Lire l'histoire du Comores, ..., *Op.cit.*

compétences similaires à celles de la gendarmerie et placées sous l'autorité des présidents des îles autonomes[701].

Le pays organise, conformément à la constitution, des élections en 2006, la présidence devant revenir, comme la constitution l'exige, à un Anjouanais. Cependant, Azali prétendant ne pas contrôler suffisamment Anjouan, fait appel à la communauté internationale pour organiser les élections dans des conditions acceptables. Malgré des irrégularités identifiées au premier tour, ces élections sont gagnées par Ahmed Abdallah Sambi (élu avec 58 % des voix6), un religieux sunnite surnommé l'« Ayatollah ». Sambi rencontre les mêmes difficultés qu'Azali dans la gestion de l'Union.

En 2007, chaque île doit élire à nouveau son président. Quelques semaines avant ces élections, le président d'Anjouan, Mohamed Bakar, est invalidé par le président de l'Union des Comores, arguant du fait que la date de validité de son mandat est dépassée.

Mohamed Bakar entre en sécession, et plusieurs épisodes d'intimidations réciproques aboutissent à un affrontement entre les gendarmes d'Anjouan et les forces militaires de l'Union des Comores. Les élections ont lieu en juin 2007 dans les trois îles, sans que les observateurs internationaux (notamment l'UA) puissent contrôler leur validité à Anjouan. Mohamed Bakar se déclare réélu mais cette élection est contestée par le gouvernement de l'Union. Les tensions entre Grande Comores et Anjouan persistent[702].

La seconde crise d'Anjouan s'est alors déclarée entre le président de la grande île et celui d'Anjouan et a ouvert la voie à des manœuvres politiques incessantes ainsi qu'à l'action de l'Union Africaine.

b. Causes et acteurs du conflit comorien

Ressortir les causes (1) qui ont milité au déclenchement de la crise comorienne et la présentation des acteurs (2) de ladite crise dans cette étude permettent une meilleure compréhension aux fins de mieux cerner la portée de la question.

1. *Les causes du conflit comorien*

L'Union des Comores est un ensemble d'îles (Grande comore, Anjouan, Mohélie, Mayotte) se trouvant dans l'océan indien qui a connu des opérations importantes de maintien de la paix. Celles-ci ne datent pas de l'Union africaine, il faut replacer leurs origines dans le cadre de l'OUA[703].

---

701 Lire l'histoire du Comores, in …., *Op.cit.*

702 J.-L. GUEBOURG, *La Grande Comores, des sultans aux mercenaires,* Paris, éd. L'Harmattan, 1993, p. 271.

703 J.-L. GUEBOURG, *Op.cit*, p.271.

Il a connu en clair au moins six opérations de maintien de la paix dont l'étude nous guide sûrement dans la démonstration du développement des capacités africaines de règlement des conflits; cette considération, avec ses différentes évolutions démontre à suffisance qu'il y a dépassement tant dans le fondement juridique qui permet la constitution de ces opérations que dans leur mise en œuvre qui va au-delà des limites conventionnelles du chapitre VIII de la Charte des Nations Unies surtout en ce qui concerne l'autorisation et l'usage de la force.

Elle a connu des opérations sous l'OUA et sous l'UA. D'où, une nécessité de passer en revue ces opérations puis voir la manière dont l'OUA et, le cas échéant, l'Union africaine, chacune en ce qui la concerne est intervenue dans le conflit. Mais il convient de savoir que c'est de besoin d'histoire que nous remontons aux missions créées sous l'OUA car il y a eu chevauchement avec l'avènement de l'UA et du CPS.

Pour mieux cerner cette opération, nous nous permettons d'en donner les acteurs du conflit, la nature de l'intervention de l'organisation régionale ainsi que les caractéristiques du dépassement.

2. ***Les acteurs du conflit comorien***

Le conflit comorien a connu l'existence de plusieurs acteurs tant locaux ou internes qu'extérieurs.

Parmi les acteurs locaux, l'on retrouve les présidents de différentes îles qui jouent des rôles divers dans les intrigues pour le renversement des uns et des autres. Compte tenu de leurs implications dans ces conflits, il est difficile de distinguer les acteurs internes au regard de leur nombre des acteurs externes.

Parmi les acteurs extérieurs, il faut citer prioritairement la France compte tenu de son poids colonial sur ces îles et de ses capacités d'élargir sa zone d'influence dans l'océan indien.

Les autres acteurs extérieurs se sont clairement affichés lorsqu'il fallait lancer les interventions. Il s'agit par exemple de l'Union Africaine et de certains Etats notamment le Soudan, la Tanzanie, le Burundi, etc[704].

Chaque acteur avait bien entendu ses raisons d'intervenir dans le conflit qui lui étaient propres.

L'Union Africaine par exemple entendait faire la preuve qu'elle était capable de trouver des solutions africaines aux problèmes africains en initiant l'Opération démocratie aux Comores.

Par ailleurs, les quatre pays qui ont participé à l'opération « démocratie aux Comores » ont perçu différemment leurs intérêts en vue des interventions.

La Tanzanie, chercherait à se positionner comme une puissance régionale, le Soudan à faire oublier le Darfour, la Lybie (qui a apporté son soutien

[704] J.-M. BALENCIE et A. DE LA GRANGE, *Mondes rebelles : L'encyclopédie des acteurs, conflits & violences politiques*, éd. Michalon, Paris, 2001, pp.677-809.

logistique) et le Sénégal (qui devait envoyer des soldats, jamais arrivés), considéraient tous que rien de ce qui se passait en Afrique ne leur était étranger[705].

Seule l'Afrique du Sud s'est exprimée contre l'intervention parce que, selon elle, elle considère que les Comores appartiennent à sa sphère d'influence. Il est vrai que l'Afrique du Sud s'était instantanément prononcée pour le dialogue et contre l'intervention armée et le président Thabo Mbeki s'était prononcé en ses termes à propos : « Il nous semble qu'il n'y avait pas besoin d'envoyer des troupes, puisque le gouvernement des Comores avait pris la décision de reprendre les élections en mai prochain ».

La position de la France comme actrice dans ce conflit avait été mise en exergue car elle avait fourni, non pas des hommes, mais des moyens de transport de troupes à l'Union Africaine, car elle a bien évidemment des intérêts sur l'île et voulait « se rapprocher de Moroni, tout en poursuivant sa politique de multilatéralisation des crises africaines pour éviter d'assurer en solo, un rôle de "gendarme" en Afrique »[706].

En plus de cette considération française, il faut relever et rappeler que la France ne devait qu'intervenir car Mayotte était « submergée de clandestins en provenance d'Anjouan », et que l'île disposait du seul port en eaux profondes de toute l'archipel des Comores. Elle représentait donc un enjeu économique de taille, puisque tous les porte-conteneurs sont obligés de s'y arrêter. La France ne pouvait que s'y intéresser pour contrôler les revenus.

C'est dans ce contexte compliqué et légendaire que les organisations régionales ont pris des initiatives d'envoyer les troupes dans les opérations de maintien de la paix tout en faisant remarquer que notre période d'étude couvre celle allant de 2000 à 2015. Si nous faisons la rétrospection sur les opérations organisées avant l'UA dans les Comores, c'est bien sûr pour des raisons d'histoire afin de nous rendre compte de l'évolution de ces opérations et de la cristallisation de la régionalisation du maintien de la paix au sens africain.

c. *Nature des opérations déployées aux Comores*

Ancienne colonie française, l'archipel des Comores est constitué de quatre îles qui disposaient d'une autonomie interne depuis 1961 : Grande Comore (Njazdja), Mohéli (Mwali), Anjouan (Nzwani) et Mayotte (Maoré). En 1975, les trois premières îles deviennent indépendantes suite à un référendum tandis que Mayotte opte plutôt pour le statut de territoire français d'outre-mer[707].

Il y a eu quatre Missions d'Observation aux Comores. La première s'est déroulée du 15 novembre 1997 au 15 juin 1999, la deuxième du 21 décembre

---

[705] Lire l'histoire du Comores, in …., *Op.cit.*

[706] *Idem.*

[707] M. GAZIBO, « L'Afrique subsaharienne entre baisses de tension, enlisements et nouvelles dynamiques », in FORTMAN (M.) et Alii, *Les conflits dans le monde, …, Op .cit*, p.124.

2001 à février 2002, la troisième du 7 mars au 31 mai 2002. La quatrième a été créée le 31 janvier 2004 par l'Organe central de l'OUA, décision MEC/AMB/COMM (XCVII). Elle s'est terminée le 2 juin 2004.

Depuis son accession à l'indépendance, l'histoire des Comores a été parsemée d'une vingtaine de coups et tentatives de coups d'État, d'où l'intérêt de l'UA/OUA pour l'unité et l'intégrité territoriale de ce pays insulaire.

A la suite de son indépendance en 1978, les Îles Comores sont secouées par des coups d'État et des crises politiques et militaires qui ont entraîné des interventions de l'OUA politiquement et militairement avec des missions créées à la suite de négociations et de tentatives de règlement sous son égide.

Ces missions visaient à superviser et observer l'organisation des élections. Les candidats qui se méfiaient les uns des autres ont saisi le secrétariat de l'OUA pour solliciter ce déploiement.

En autorisant par sa décision nommée Central organ/MEC/AMB/Comm. (LXXXI) le secrétariat général de l'OUA à dépêcher des telles missions, l'Organe central du mécanisme de l'OUA pour la prévention, la gestion et le règlement des conflits a donc satisfait aux requêtes des différents candidats[708].

En 1997, la crise politique et économique atteint son paroxysme lorsque les îles d'Anjouan et Mohéli déclarent leur indépendance, estimant qu'elles étaient marginalisées au sein du pays. À Anjouan, la population se prononce à 94,5% en faveur de l'indépendance au cours d'un referendum organisé par le gouvernement sécessionniste et dénoncé par l'Organisation de l'unité africaine (OUA), qui fait état de violences et intimidations. L'OUA impose des sanctions et recommande une action militaire pour mettre fin à la situation, tandis que les autorités d'Anjouan expulsent les opposants à la sécession. Devant la menace d'un blocus naval par l'Afrique du Sud, les parties acceptent toutefois de revenir à la table des négociations. Un accord de réconciliation nationale est conclu à Fomboni (Mohéli) le 17 février 2001 sur la base de l'accord-cadre d'Antananarivo

Le 9 août 2001, un « comité militaire » anti-sécessionniste dirigé par Mohammed Bacar prend le pouvoir à Anjouan lors d'un coup d'État et son chef deviendra officiellement président de l'île d'Anjouan après des élections en 2002. Des élections dans chacune des îles devant avoir lieu en juin 2007, Mohammed Bacar, malgré l'expiration de son mandat de cinq ans, décide de rester en poste avec l'appui de la gendarmerie, qui lui est fidèle. Au début du mois de mai, les gendarmes de l'île expulsent l'armée comorienne suite à des affrontements tuant deux personnes

En décembre 2001, après une médiation de l'OUA, un accord est conclu prévoyant l'institution d'un gouvernement et d'un président semi-autonomes dans les îles de la Grande Comores, Anjouan et Mohéli, ainsi que la rotation de

---

[708] Lire le communiqué de la 81ième session ordinaire de l'organe central du mécanisme de l'OUA pour la prévention, la gestion et le règlement des conflits au niveau des ambassadeurs, Addis Abeba, Ethiopie, lr 28/02/2002.

la présidence fédérale entre les trois îles. Cet accord mènera à une nouvelle Constitution, le nom officiel du pays devenant l'Union des Comores. Cette entente reste toutefois largement soumise à l'interprétation des acteurs et les crises politiques se poursuivent, notamment au niveau des responsabilités entre le gouvernement central et celui des différentes îles. C'est dans un tel contexte que la Mission de l'Union Africaine pour le soutien aux élections aux Comores (MUASEC) est déployée afin de surveiller les élections présidentielles de 2006 qui permettent l'accession au pouvoir d'Ahmed Abdallah Sambi[709].

À la demande du gouvernement comorien, la Mission de l'Union africaine pour le soutien aux élections aux Comores (MUASEC) a été approuvée par le Conseil de Paix et de Sécurité de l'Union africaine le 21 mars 2006. Dirigée par l'Afrique du Sud, composée de personnels militaires et policiers, la MUASEC avait pour mandat d'observer et de superviser le déroulement du processus électoral et de contribuer à créer un environnement stable avant, pendant et après la tenue des élections. La mission a pris fin le 9 juin 2006, deux semaines après l'investiture du nouveau président comorien, l'ayatollah Ahmed Abdallah Sambi[710].

Lors de sa 77e réunion le 9 mai 2007, le Conseil de Paix et de Sécurité (CPS) de l'UA décide de créer une mission d'assistance électorale et sécuritaire (MAES).

Devant la détérioration de la situation politique, elle mène une intervention armée en mars 2008 afin de restaurer l'ordre constitutionnel sur l'Île et porte assistance au gouvernement central de l'Union des Comores. Son mandat s'est terminé en octobre 2008.

La MAES, dont le déploiement devait commencer le 12 mai 2007 comptait des effectifs de 300 personnes et était chargée de trois grandes tâches :

- assister les forces comoriennes afin de permettre la tenue d'élections pour les présidents des îles ;
- s'assurer du rôle efficace des forces de sécurité comoriennes lors du scrutin;
- faciliter la restauration effective de l'autorité du gouvernement central dans l'île d'Anjouan.

Dans le contexte de ce déploiement, alors que l'Union Africaine s'efforçait d'avancer avec ce règlement, Mohammed Bacar organisa quant à lui ses propres élections en juin 2007 dans un scrutin qui ne sera reconnu ni par le gouvernement central ni par la communauté internationale.

Devant l'échec des différentes tentatives de sortie de crise, le CPS de l'UA, lors de sa 95e rencontre le 10 octobre 2007, imposera des sanctions contre le gouvernement d'Anjouan et modifiera le mandat de la MAES en envisageant le recours à la force afin de rétablir l'ordre constitutionnel sur l'île rebelle.

---

[709] Lire Conseil de paix et de sécurité, Rapport du Président de la Commission sur la situation aux Comores, PSC/PR/2 (XLVII), 47ème réunion, Addis-Abeba (Ethiopie), 21 mars 2006, p.7.
[710] Cf. *http://www.operationspaix.net*, consulté le 10/02/2016.

La MAES a eu comme objectifs de faciliter l'organisation d'une élection présidentielle sur Anjouan conforme à la Constitution comorienne, de superviser le cantonnement de la Gendarmerie anjouanaise, d'aider à la mise en place d'une force de sécurité intérieure et de faciliter la restauration de l'autorité de l'Union des Comores sur l'île.

La MAES, qui était initialement déployé sur l'île de Grande Comores, avait commencé donc des patrouilles navales autour de l'île d'Anjouan afin de faire respecter les sanctions. Une opération militaire conjointe entre les troupes africaines et comoriennes est lancée le 25 mars 2008. L'opération « Démocratie aux Comores », impliquant 1400 soldats dont 800 militaires tanzaniens et soudanais de la MAES, rencontre beaucoup moins de résistance que prévu de la part des 400 gendarmes et prend rapidement le contrôle de l'ensemble de l'île, forçant Mohamed Bacar à fuir vers Mayotte, sous contrôle français.

Le 30 avril 2008, le CPS a renouvelé le mandat de la MAES jusqu'à la fin octobre 2008, lui demandant de :

- effectuer la collecte d'armes et de munitions à Anjouan ;
- aider au bon déroulement des élections sur l'île ;
- soutenir la réorganisation des forces armées comoriennes ;
- agir au niveau de la gouvernance et dans d'autres domaines connexes ;
- appuyer les travaux concernant les compétences constitutionnelles entre l'Union et les îles autonomes, ainsi les arrangements institutionnels existants.

Il s'agit d'un contexte délicat de déploiement d'une opération par l'Union Africaine car, il ne fait l'ombre d'aucun doute qu'il s'agissait d'une situation qui perdurait dans le temps car commencée depuis la colonisation qu'il fallait régler à tout prix même par l'usage de la force.

d. *Caractéristiques du dépassement du chapitre VIII de la charte des Nations Unies*

L'analyse de cette opération permet de dégager le fait que la cristallisation du devoir de solidarité et de soutien de l'UA et des Etats membres à l'endroit de l'Union des Comores, l'initiative de la création, l'autorisation du déploiement, les forces déployées essentiellement africaines ainsi que le mandat coercitif sont des œuvres de l'organisation régionale en application de l'Acte constitutif de l'UA et du protocole du CPS.

Si sous l'OUA, les opérations déployées n'avaient qu'un rôle d'observation, il est à remarquer clairement que sous l'UA, la situation a changé dans la mesure où l'organisation dote l'opération créée d'un champ nécessaire à travers lequel elle peut faire usage de la force sans s'en référer à l'ONU et tout en précisant qu'elle serait informée.

Lorsque l'Union Africaine adopte, par sa décision PSC/MIN/Comm.1(LXXVII) à sa 77ième session à Durban, elle crée et autorise le déploiement de la Mission d'assistance électorale et sécuritaire au Comores pour une période initiale allant du 13 mai au 31juillet 2007 conformément à l'article 6.d *qui précise que le Conseil de Paix et de Sécurité assume des fonctions dans les domaines entre autres des opérations d'appui à la paix et interventions conformément à l'article 4(h) et (j) de l'Acte constitutif.*

Pour autoriser cet *usage de la force, elle s'était fondée sur le fait qu'en date du 02 Mai 2007, la gendarmerie d'Anjouan avait fait usage des armes de guerre contre les locaux de la présidence de l'Union à Anjouan et contre les éléments de l'armée comorienne présents sur le lieu*[711].

En vertu de ces mêmes pouvoirs, à la fin du mandat, elle s'est réunie et a prorogé d'un mois supplémentaire la force par sa décision PSC/PR/2(LXXXVII) du 31juillet 2007 lors de sa 84ième session.

Le contexte même de l'instabilité du Comores ne permet pas que l'on envisage une opération non coercitive. Ainsi, les termes du mandat de cette opération tels qu'appuyer les forces locales, créer les conditions requises et aider à la mise en place des forces de sécurité s'assurer que les élections se passent sans heurts et tant d'autres renvoient inéluctablement à envisager que l'opération est dotée des capacités réactives nécessaires pour faire usage de la force dans la survenance de l'un ou l'autre cas prévu à l'article 3 relatif aux objectifs du CPS.

Cette considération de la capacité de faire usage de la force en dépassement des termes de l'article 53 de la charte peut également s'expliquer par le fait que, pour les Comores, le président de la grande île avait sollicité et obtenu de l'Union Africaine, conformément aux articles 4. (j) de l'Acte constitutif relatif au droit des Etats membres de solliciter l'intervention de l'Union pour restaurer la paix et la sécurité et 3.k du CPS qui renvoie à l'article de l'Acte constitutif précité. Le droit d'intervention de celle-ci contre le colonel BACAR Mohamed de l'île d'Anjouan qui avait violé la constitution de la grande île pouvait également se justifier par l'application de l'article 4 (p) relatif et à la condamnation et au rejet des changements anticonstitutionnels de gouvernement.

L'Union Africaine avait adopté des mesures contraignantes notamment l'interdiction de sortie, le gel des avoirs des autorités illégales d'Anjouan conformément au paragraphe de sa décision PSC/PR/Comm/(XCV) adoptée lors de la 95ième réunion tenue le 10 octobre 2007 et, à la 111ème réunion, elle a prorogé de deux mois l'opération de la MAES et confirmé les mesures appropriées contre les mêmes autorités.

Dans ces considérations, compte tenu de la continuation de l'illégalité de ces autorités, l'UA avait décidé de renforcer le caractère coercitif de la MAES pour déloger et les autorités illégales notamment le colonel BACAR et de créer

---

711 Lire le Communique du président de la Commission de l'UA du 02/05/2007 et le rapport du président de la Commission africaine sur la situation aux Comores soumis au CPS et adopté sous décision PSC/PR/2(LXXXVII) en date 13 Août 2007 à Addis-Abeba.

l'opération Démocratie aux Comores sur base du plan d'intervention au cours de la réunion de Dar-es-Salam.

Cette opération s'est déployée le 11mars 2008 et était constituée des troupes tanzaniennes, soudanaises et les forces loyalistes de la grande île.

Il s'observe que cette capacité d'usage de la force est réellement un dépassement car, s'il faut s'en tenir à l'esprit de l'article 53 de la Charte des Nations unies, une autorisation était nécessaire pour une telle action mais le fait de l'accomplir conformément aux textes de l'UA sans contestation ni réserve aucune de l'ONU, nous assimilons cela à un dépassement de l'esprit et du texte du chapitre VIII mais également comme une affirmation de la régionalisation du maintien de la paix.

La doctrine africaine notamment des régionalistes reconnait d'ailleurs que cet article est une avancée considérable sur le plan de mise en œuvre des opérations de maintien de la paix dans le continent et se fonde sur celui-ci à travers la mise en place de cette opération en vue de déloger un régime inconstitutionnel d'une part et, d'autre part, rétablir la paix et la sécurité ; ces deux fonctions ne peuvent être analysées que comme un dépassement normatif et pratique du Chapitre VIII de la Charte des Nations Unies[712].

Certes, cette opération paraît simple ou encore classique dans le sens de celles des Nations Unies mais l'expérience africaine dans la capacité de prise en charge et de règlement des conflits au sens de l'Afrique n'était qu'à ses débuts et nécessitait un enrichissement. Les résultats voulus par la communauté africaine avaient été réalisés par la neutralisation du colonel BACAR et de ses troupes.

L'analyse d'une autre expérience dont les éléments attestent une évolution sensible du dépassement dans cette logique nous permet d'aborder l'exemple du Burundi qui est un cas important dans la régionalisation du maintien de la paix en Afrique.

B. Le déploiement des opérations au BURUNDI

Une approche et saisie du contexte dans lequel l'opération est déployée permet toujours d'appréhender la nature ainsi que le cadre constitutif du dépassement au regard du chapitre VIII de la Charte des Nations Unies en

[712] F. ZEGBE ZEGS dit a propos que le droit d'intervention de l'Union africaine dans certaines circonstances graves témoigne, d'un progrès normatif indéniable et poursuit en disant qu'alors que les Nations Unies débattent encore de la nécessité de couler en moule juridique le concept de la responsabilité de protéger en l'incorporant dans la Charte ou dans un autre instrument juridique onusien, le continent africain a , en théorie, réalisé un progrès normatif appréciable, la responsabilité de protéger les populations dans le contexte du droit international africain :droit d'ingérence humanitaire revisité in O. NDESHYO RURIHOSE (dir), Mélanges NGUYA-NDILA, *La République Démocratique du Congo :les défis récurrents de décolonisation ,de l'Etat de droit et du développement économique et social*, CEDESURK, coll. Droit, sciences sociales, politiques et administratives, Kinshasa,2012, pp.677-678.

examen. Le Burundi a connu un grave conflit datant de l'année 1993 jusqu'au début 2003 et 2004 ensuite, à la suite de la candidature contestée pour le troisième mandat de Pierre Nkurunziza, il s'est encore enfoncé dans une crise électorale qui a nécessité l'intervention de l'Union Africaine et des autres partenaires pour la paix dans cet Etat de l'Afrique de l'Est.

a. Contexte du conflit burundais

Depuis le début de la décennie 1990, plusieurs opérations de paix ont été déployées au Burundi, par l'OUA (Organisation de l'Union Africaine), puis par l'UA et les Nations Unies[713].

Suite aux assassinats du président hutu Melchior Ndadaye et de hauts dignitaires du régime le 21 octobre 1993, lors d'un coup d'Etat orchestré par des militaires tutsis, le pays plonge dans une guerre civile inter-ethnique. L'OUA déploie alors la MIOB (Mission d'observation au Burundi), à partir de novembre 1993. Composée de 67 observateurs, cette mission visait à promouvoir le dialogue entre les différentes parties au conflit, afin d'œuvrer pour la mise en œuvre d'un processus de réconciliation nationale devant permettre le retour à la paix[714].

Cependant, face à l'escalade de la violence et du fait des moyens extrêmement faibles dont elle disposait, la MIOB ne peut empêcher la détérioration de la situation dans les années suivantes. L'OUA retire donc sa mission en juillet 1996, suite au renversement du président Ntibantunganya[715].

La signature de l'Accord d'Arusha pour la paix et la réconciliation le 28 août 2000, et des accords de cessez-le-feu de 7 octobre et 2 décembre 2002, ont permis de mettre fin au conflit au Burundi. Dans l'attente du déploiement d'une opération onusienne, des troupes sud-africaines (701 hommes) sont déployées à partir d'octobre 2001 pour soutenir le processus de paix, avec l'accord du Conseil de sécurité (résolution 1375, 29 octobre 2001). L'UA prend le relais à partir de février 2003, en déployant la MIAB (Mission africaine au Burundi), afin de superviser la mise en œuvre des accords de cessez-le-feu et de faciliter le processus de DDR (désarmement, démobilisation et réinsertion).

La MIAB était composée de 2 645 hommes provenant d'Afrique du Sud, d'Éthiopie et du Mozambique, ainsi que de 43 observateurs militaires. La MIAB a ensuite été remplacée par l'ONUB (Opération des Nations Unies au Burundi) à partir de mai 2004. La mission de l'ONUB consistait à assurer le respect du cessez-le-feu, maintenir une situation sécuritaire stable, poursuivre le programme DDR et contribuer au bon déroulement du processus électoral. Elle

---

713 A. ESTEBAN, *Analyse des conflits et construction de la paix*, Master, Institut d'Etudes Politiques de Lille 30 septembre 2010, p.43.

714 V. FOUCHER et J.-H. JEZEQUEL, « L'Afrique subsaharienne en route vers la paix ? », in A. LEGAULT et Alii, *Les Conflits dans le monde 2005,* Québec, QC, Les Presses de l'Université Laval/Institut québécois des hautes études internationales, p.147.

715 D. LECOUTRE, Le Conseil de paix, ..., *Op.cit.*, pp.131-162.

a ainsi accompagné la mise en œuvre de l'accord sur le partage du pouvoir pour la période post transition, signé le 5 août 2004 sous l'égide de l'Afrique du Sud. Le mandat de l'ONUB s'est achevé en décembre 2006, faisant place à la création du BINUB (Bureau intégré des Nations Unies au Burundi) au 1er janvier 2007 (Résolution 1719,)[716].

La Guerre civile burundaise est un conflit ethnique qui éclate au Burundi le 21 octobre 1993 à la suite d'un coup d'État contre Melchior Ndadaye. Comme le génocide au Rwanda de 1994, il est marqué par l'opposition entre Hutus et Tutsis et s'étend au cours de la décennie dans les pays voisins (combats, camps d'entrainement, réfugiés…) Il se termine durant les années 2000, des violences sporadiques troublant néanmoins l'accord de paix de 2005.

En 1993 sont organisées les premières élections libres et pluralistes au Burundi depuis son indépendance en 1962, élections remportées par Melchior Ndadaye, candidat hutu du Front pour la démocratie du Burundi (Frodebu). Cette victoire cristallise les conflits entre les deux ethnies majoritaires, hutu et tutsi, surtout depuis les massacres à caractère génocidaire de 200 000 hutus par l'armée contrôlée par des Tutsis en 1972 ; les Tutsis acceptent mal la victoire d'un Hutu à la tête du pays. Le 21 octobre 1993, le gouvernement est victime d'un coup d'État mené par l'armée (constituée majoritairement de Tutsis). Melchior Ndadaye et plusieurs membres du Frodebu sont tués.

Rapidement, des Tutsis se font massacrer par des Hutus, dans le centre, le nord et l'est du territoire. Les militaires, quant à eux, contre-attaquent et massacrent des centaines de milliers de Hutu pour venger leurs frères tutsi tués par les Hutus en colère. Quelques mois après cette tragédie, causée par l'armée monoethnique tutsi, les Forces nationales de libération, la branche armée du Parti de libération du peuple hutu, et les Forces de défense de la démocratie, deux groupes hutus, prennent les armes[717].

Un accord du mois de janvier 1994, sous l'égide de l'ONU, établit un partage du pouvoir entre Hutus et Tutsis. Cyprien Ntaryamira, Hutu, devient Président tandis que le Tutsi Anatole Kanyenkiko devient Premier ministre. La mort de Cyprien Ntaryamira dans l'attentat du 6 avril 1994 au Rwanda complique le processus de paix. Au mois de septembre, le Hutu Sylvestre Ntibantunganya est nommé à la présidence.

Les massacres ethniques continuent pourtant, poussant à l'exil les Hutus vivants dans la capitale Bujumbura, tandis que les deux guérillas hutues s'en prennent à des camps de réfugiés tutsis et les FAB aux populations civiles hutu. Les Tutsis reprennent le pouvoir lors de deux coups d'État : en février 1995,

---

[716] D. LECOUTRE, « Les enjeux du Conseil de paix et de sécurité », in *Le Monde diplomatique, supplément Union africaine,* septembre 2009, pp.2-3. (Disponible dans sur www.monde-diplomatique.fr).

[717] Lire « l'histoire du Burundi », in *www.la documentation française.com,* consulté le 10/02/2016.

Antoine Nduwayo devenant Premier ministre, et le 25 juillet 1996, à la suite d'un massacre visant les Tutsis, Pierre Buyoya devenant Président.

En réaction à ce coup d'État, Julius Nyerere impose un embargo qui a été bien suivi par les pays voisins du Burundi. Malgré quelques progressions durant l'année 1996, les FNL et les FDD perdent peu à peu leurs bases arrière, à la suite des opérations du Rwanda, de l'Ouganda et des Forces armées burundaises contre les camps de réfugiés et de déplacés hutus. En 1998, de nouveaux pourparlers de paix sont entamés sous l'égide des présidents tanzanien et sud-africain, Julius Nyerere et Nelson Mandela, et le gouvernement s'ouvre aux Hutus. À la suite de l'ouverture de ces négociations, l'embargo est levé en janvier 2000[718].

En août 2000, un premier accord est signé, mais sans les FNL et les FDD. Une nouvelle Constitution, de transition, est promulguée le 28 octobre 2001, établissant une alternance « ethnique » du pouvoir, la présidence et la vice-présidence changeant tous les 18 mois, alternants Tutsi et Hutu. Malgré une activité militaire soutenue de la part des groupes armés hutus, une partie des FNL dépose les armes le 7 octobre 2002 et les FDD acceptent de participer au processus de paix le 8 octobre 2003, un accord final étant trouvé le 16 novembre, les FDD se transforment en parti politique.

Alors que ses militants doivent être intégrés à l'armée régulière, ils continuent à être actifs dans le pays contre les FNL et à recruter. En mars 2003, l'Union africaine envoie une mission de maintien de la paix, chargée du désarmement des groupes armés, pris en charge à partir du 21 mai 2004 par l'ONU dans le cadre de l'Onub. La dernière faction des FNL, menée par Agathon Rwasa entame des négociations en janvier 2004. Un accord de paix est signé le 15 mai 2005[719]. Des violences éclatent malgré ce traité, les FNL étant accusées de renforcer leur branche militaire[720]. Le 18 avril 2009, le chef des FNL, Agathon Rwasa, annonce renoncer à la lutte armée[721].

Plus le conflit politique actuel a perduré, plus les peurs, les rancœurs se sont accentuées et plus le risque de conflit ethnique s'était renforcé. C'est malheureusement en partie inscrit dans la logique de la radicalisation de la part du pouvoir qui joue cette carte. Ce qui a accentué cette tendance a été la peur, un élément irrationnel, excessif, presque paranoïaque, mais qui réveille des mémoires. Plus la crise politique dure, plus ce risque de régression ethnique sous-jacent a été grand.

Le Burundi, théâtre d'une tentative de coup d'Etat, est un petit pays d'Afrique des Grands Lacs, dont l'histoire post coloniale est marquée par des massacres interethniques et une longue guerre civile.

---

[718] Voir Accord d'Arusha pour la paix et la réconciliation au Burundi du 28/08/2000.

[719] T. BRUGVIN, *Les mécanismes des conflits néocolonialistes*, London, éd. The Book, 2009, p.3.

[720] *Idem*

[721] Voir Accord d'Arusha pour la paix, ... *Op.cit.*

Depuis les dernières élections en juin 2010, Nkurunziza a été réélu pour un second mandat lors d'une présidentielle où il était seul en lice ; la quasi-totalité de l'opposition boycotta le scrutin, arguant de fraudes. Le CNDD-FDD son parti obtint une très large victoire aux législatives et sénatoriales.

b. Causes et acteurs de la crise burundaise

L'on peut dans une certaine mesure se rendre compte du fait que les conflits africains ont presque toutes les causes liées à la tribalisation ou ethnicisation du pouvoir ou encore des conflits politiques entre acteurs qui dégénèrent en conflit armé ouvert ou asymétrique.

Le contexte du Burundi n'échappe pas à cette logique, il impose même d'aborder les causes (1) et les acteurs (2) de ce conflit.

c. Les causes de la crise

Le conflit politico-ethnique est à l'origine des événements sanglants qui ont endeuillé à plusieurs reprises le Burundi depuis l'indépendance. Ceux qui ne connaissent le Burundi qu'à travers les média et les autres moyens de communication se demandent si les tribus Bahutu et Batutsi ont toujours entretenu une haine depuis des siècles au point que cela soit une des causes permanentes de ce conflit[722].

Le fait établi par les historiens et les autres chercheurs est que toutes les composantes ethniques vivaient depuis longtemps en symbiose ; il n'est signalé nulle part un conflit ethnique entre hutu et tutsi au Burundi ou au Rwanda voisin, avant la première moitié du 20ème siècle. Ces deux composantes ethniques (Hutu et Tutsi) aujourd'hui en conflit avaient plutôt plusieurs valeurs communes que l'on peut relever à travers des éléments culturel et historique.

Force est de relever que le conflit burundais a un soubassement à caractère culturel dans la mesure où, depuis l'existence de la nation burundaise, les Bahutu, les Batutsi et les Batwa se reconnaissaient dans une communauté de langue qui véhicule un riche patrimoine culturel commun, la même sagesse, la même vision du monde, un facteur qui, de tout temps, a réuni des peuples entiers sous d'autres cieux[723] mais avec la colonisation, les colons ont repris à leur compte les avantages pour instrumentaliser et manipuler les autochtones[724].

Cette situation fait que, dans l'histoire du Burundi, le partage des pouvoirs dans cet Etat, était basé sur cette considération culturelle et un équilibre à préserver. Outre ce côté culturel, le conflit burundais est séculaire car, c'est

---

722 SESANGA HIPUNGU Dja KASENG, « L'Afrique du sud et la sécurité sous régionale des grands lacs », in *Actualité et droit international,* revue d'analyse juridique de l'actualité internationale, mars 2002 (http://www.ridi.org/adi).

723 A. ESTEBAN., Analyse des conflits et construction de la paix, *Op.cit.*, p.48.

724 *Idem.*

depuis des générations qu'il existe[725]. Cependant, certaines personnes estiment que son caractère séculaire résulte de l'instrumentalisation que les colonisateurs ont apporté dans cette situation.

Ce qu'il faut noter au sujet des conflits du Burundi est que la monarchie a connu des guerres princières avant la colonisation. Les conflits entre les tribus Bezi et Batare ont opposé des princes et certains chefs[726].

On pourrait également signaler le fait que la monarchie avait réservé beaucoup de privilèges aux princes de sang, alors que les 3/4 du pays étaient pratiquement aux mains des Batare et les Bezi, le reste étant partagé entre les Bahutu et les Batutsi parmi lesquels le roi recrutait ses conseillers.

Ainsi, dans ce contexte d'une société fortement tribalisée, le rôle de la colonisation a été important car elle a réussi à créer une vision stéréotypée de la société burundaise.

Les colons ont fait des études sur le Burundi dont l'objectif primordial n'était pas de diviser le Burundi mais qui ont constitué des germes d'un racisme dont le processus s'est construit avec une finesse remarquable[727].

Par ailleurs, il était affirmé d'abord la différence entre le groupe humain "du raciste" et les autres. Cette différence peut être n'importe quoi : la couleur de la peau, la région, l'ethnie, le nombre, l'école et puis, on affirmait la supériorité de son groupe par rapport aux autres. Son groupe est placé donc au sommet de la hiérarchie. Et plus tard, on revendique les privilèges liés à la supériorité : privilèges politiques, religieux, économiques ; c'est-à-dire qu'on estime avoir plus de droit.

On constate que dans certains milieux européens et même au Burundi, ces stéréotypes persistent. En effet, lors du génocide des Batutsi d'octobre 1993, plus précisément à Bubanza et à Rutegama, certains paysans hutus ont invité les Batutsi qu'ils étaient en train de massacrer à regagner leur terre natale d'Egypte "Misr" en jetant leurs cadavres dans des rivières car disaient-ils, au Burundi, ce n'était pas chez eux.

De ce fait, l'on se rend compte que le stéréotype et l'idéologie coloniale étaient encore présents dans les esprits et que ce sont ces préjugés qui alimentaient essentiellement l'idéologie d'un nouveau génocide à craindre à l'heure actuelle.

Le colonisateur s'était progressivement imprégné des caricatures pour caractériser les composantes de la société burundaise et s'en est largement servi dans la réforme administrative qui a eu lieu entre 1925 et 1933.

Dans sa vision, seuls les Baganwa confondus avec les Batutsi qui sont les seuls aptes à diriger. Les Bahutu étaient d'office qualifiés d'incapables. Les

---

725 *Ibidem.*

726 *Ibid.*

727 J.-M. BALENCIE et A. DE LA GRANGE, *Les Nouveaux Mondes rebelles*, Paris, 4ème éd. Michalon, 2005, p. 219-225.

chefs hutu et tutsi seront progressivement écartés du pouvoir au profit des Baganwa.

Ce déséquilibre se répercutera également dans les écoles si bien qu'une crise pointait déjà à l'horizon entre futurs intellectuels Tutsi et Hutu puisque ces derniers allaient se retrouver en majorité diplômés à côté des Hutus que le même pouvoir colonial n'allait pas tarder à dresser contre les Tutsis à l'approche de l'indépendance[728].

L'évolution générale du continent africain après la deuxième guerre mondiale, le développement du nationalisme, la conférence de Bandoeng et l'influence des partis politiques d'opposition à la colonisation dirigés par Kwame N'krumah au Ghana, Julius Nyerere au Tanganyika, Patrice Lumumba au Zaïre...n'allaient pas laisser la Belgique et l'élite intellectuelle burundaise indifférentes sur la question d'indépendance.

Dès 1956, le prince Louis Rwagasore réclame aux colonisateurs une constitution comme les autres pays. Le cours des événements à l'échelle continentale et mondiale sur la question coloniale poussera la Belgique à assouplir son régime en acceptant la démocratisation du Ruanda-Urundi[729].

En novembre 1959, le pouvoir colonial fit une déclaration dite de démocratisation des institutions dont la conséquence a été l'affaiblissement des chefs et sous-chefs que le colonisateur voulait empêcher de jouer un rôle politique dans le processus d'accession à l'indépendance.

Voyant la menace que représentait l'UPRONA qui, par son leader, le prince Louis Rwagasore, réclamait l'indépendance immédiate, l'administration coloniale a pris l'initiative de raviver les querelles princières entre les Bezi et les Batare en donnant son appui au PDC (Parti Démocrate-Chrétien), dont le chef Mutare Birori ne cessera de contrecarrer l'action de Rwagasore présumé être à la solde des Bezi. Le PDC refusait l'indépendance immédiate car il fallait selon lui que le Burundi se prépare suffisamment au pouvoir régi par des institutions modernes[730].

Sur le plan ethnique, le Gouverneur Général du Ruanda-Urundi, Jean-Pierre Harroy s'est mis à diviser le Burundi dès 1956 en déclarant ouvertement que les Batutsi possèdent en énorme majorité des richesses mobilières et immobilières, que la masse Hutu et Twa est démunie, qu'il faut l'aider[731].

Soulignons par ailleurs que la politique coloniale de division ethnique eut plus de répercussions au Rwanda qu'au Burundi. L'année 1959 fut marquée au Rwanda par des événements sanglants. Une soi-disant révolution sociale canalisée par l'élite politique Hutu décime systématiquement les Tutsis. Un

---

[728] J.-M. BALENCIE et A. DE LA GRANGE, *Op.cit*, p. 219-225.

[729] C. DE CONING, "Refining the African Standby Force Concept", in *Accord, Conflict Trend,* issue 2, 2004, pp.12-18.

[730] C. DE CONING, *Op.cit*, p.13.

[731] J. CILLIERS, « Force Africaine en Attente : Etat des progrès accomplis dans sa mise en place », in *Institute for Security Studies Paper issue* 160, 2008, pp22-28.

véritable génocide des Tutsis par des Hutu appuyés par l'administration coloniale belge est ainsi consommé au Burundi[732].

Désormais, les crises cycliques ultérieures (1972,1988, 1991, 1993) ne seront qu'une réédition du scénario de 1965 au Burundi : attaques des Tutsis par des extrémistes Hutu et répression par l'armée composée en majorité des Tutsis après 1972.

Malheureusement, seule la crise d'octobre 1993 a fait l'objet d'une enquête approfondie par une commission internationale d'enquête qui a qualifié les massacres d'actes de génocide contre la minorité Tutsi par les membres du FRODEBU, un parti à majorité Hutu qui avait gagné les élections en juin 1993.

Cependant, des voix s'élèvent aujourd'hui aussi bien dans les milieux Tutsi que Hutu pour signaler que ces enquêtes sont insuffisantes et qu'il faut continuer le même travail d'enquête sur toutes les crises que le pays a connu afin d'établir les responsabilités et de punir les responsables des crimes contre l'humanité et de génocide commis depuis l'indépendance du pays.

Il sied de noter que si le tableau général de la crise au Burundi peut être peint de cette manière, il convient de faire observer, c'est dans un contexte toujours de conflit que s'est construite l'action de l'OUA puis de l'UA. Avec l'action de l'OUA, il faut observer qu'elle a eu presque les mêmes acteurs mais les causes étaient différentes et sous l'UA, la cause reste le mandat présidentiel de Pierre Nkurunziza.

1. Acteurs de la crise burundaise

La crise du Burundi a connu deux temps forts comme il faut le rappeler, celui de 1993 et de 2015.

Pour la crise de 1993, l'accord d'Arusha pour la paix et la réconciliation au Burundi a identifié les acteurs suivants :

- Du Gouvernement de la République du Burundi,
- De l'Assemblée nationale,
- De l'Alliance Burundo-Africaine pour le Salut (ABASA),
- De l'Alliance Nationale pour le Droit et le Développement (ANADDE),
- De l'Alliance des Vaillants (AV-INTWARI),
- Du Conseil National pour la Défense de la Démocratie (CNDD),
- Du Front pour la Démocratie au Burundi (FRODEBU),
- Du Front pour la Libération Nationale (FROLINA),
- Du Parti Socialiste et Panafricaniste (INKINZO),
- Du Parti pour la Libération du Peuple Hutu (PALIPEHUTU),

[732] A. NTAWOGEZA, « Avis de mise en garde à l'opinion nationale et internationale », in *Benelux*, 30 octobre 2003, pp.23-38.

- Du Parti pour le Redressement National (PARENA),
- Du Parti Indépendant pour les Travailleurs (PIT),
- Du Parti Libéral (PL),
- Du Parti du Peuple (PP),
- Du Parti pour la Réconciliation du Peuple (PRP),
- Du Parti Social-Démocrate (PSD),
- Du Ralliement pour la Démocratie et le Développement Économique et Social (RADDES),
- Du Rassemblement du Peuple Burundais (RPB) et
- De l'Union pour le Progrès National (UPRONA),

Il s'agit des forces qui ont participé d'abord aux séries de pourparlers tenues à Mwanza en 1996 et, ensuite,[733] aux négociations tenues à Arusha en application de la Déclaration des participants aux négociations de paix sur le Burundi impliquant toutes les parties au conflit signée le 21 juin 1998 à Arusha («la Déclaration du 21 juin 1998»), sous la médiation de feu Mwalimu Kambarage, Julius Nyerere, puis de Monsieur Nelson Rolihlahla Mandela, au nom des Etats de la région des Grands Lacs et de la communauté internationale.

La crise récente du Burundi est celle de 2015 et liée à la candidature de Pierre Nkurunziza ou mieux à l'interprétation de la constitution burundaise sous les termes des mandats présidentiels issus de l'accession au pouvoir à la suite des accords d'Arusha.

Le Burundi est plongé dans une profonde crise politique depuis la candidature fin avril 2015 de Monsieur Pierre Nkurunziza à un troisième mandat, que l'opposition, la société civile et une partie de son camp jugent contraire à la Constitution et à l'Accord d'Arusha qui a mis fin à la guerre civile en 2006.

Les parties au conflit sont le gouvernement burundais, l'opposition regroupée au sein du CNARED et la société civile burundaise constituée de plusieurs ONG et associations sont là les protagonistes de la crise de 2015.

Le gouvernement a toujours refusé jusqu'ici de discuter avec le CNARED, accusant ses membres d'être impliqués dans une tentative de coup d'Etat du 13 et 14 mai 2015 et d'être lié aux groupes armés. Mais il a tout de même fait une concession en acceptant sa présence à Entebbe.

Ces acteurs s'opposent manifestement autour de la constitutionnalité du troisième mandat de Pierre Nkurunziza.

Pour l'opposition, il faut un déploiement immédiat de la mission de l'Union africaine (UA), avant un retour à la légalité constitutionnelle qui passe par un gouvernement de transition chargé d'organiser des élections libres et démocratiques tandis que, du côté du pouvoir, il ne tient même pas à s'asseoir sur une même table avec le CNARED qualifié de groupe criminel.

---

[733] Lire utilement l'Accord pour la Paix et la Réconciliation au Burundi signé à Arusha en Tanzanie le 28/08/2000.

L'Union africaine (UA) qui est également un acteur extérieur du conflit burundais avait annoncé le 18 décembre 2016 qu'elle allait déployer une Mission africaine de prévention et de protection au Burundi (MAPROBU), composée de 5.000 hommes, pour tenter d'enrayer le cycle des violences.

Mais le gouvernement burundais en a rejeté le principe et prévenu que si l'UA devait mener à bien ce déploiement sans son aval, cette mission serait considérée comme une "force d'invasion et d'occupation" et serait, par ricochet, seule responsable des cadavres des membres composant cette mission.

d. Nature de l'intervention par l'UA

Le Burundi a été depuis toujours un véritable champs et théâtre historiques d'opérations de paix.

Depuis le début de la décennie 1990, plusieurs opérations de paix ont été déployées au Burundi, par l'OUA (Organisation de l'Union Africaine), puis par l'UA et les Nations Unies.

Suite aux assassinats du président hutu Melchior Ndadaye et de hauts dignitaires du régime le 21 octobre 1993, lors d'un coup d'Etat orchestré par des militaires tutsis, le pays plonge dans une guerre civile inter-ethnique[734]. L'OUA déploie alors la MIOB (Mission d'observation au Burundi), à partir de novembre 1993. Composée de 67 observateurs, cette mission vise à promouvoir le dialogue entre les différentes parties au conflit, afin d'œuvrer pour la mise en œuvre d'un processus de réconciliation nationale devant permettre le retour à la paix.

Cependant, face à l'escalade de la violence et du fait des moyens extrêmement faibles dont elle dispose, la MIOB ne peut empêcher la détérioration de la situation dans les années suivantes. L'OUA retire donc sa mission en juillet 1996, suite au renversement du président Ntibantunganya.

La Mission Africaine au Burundi (MIAB) a été créée par l'Union africaine le 3 février 2003 par l'organe central à travers sa décision [Central Organ/MEC/AHG/Comm. (VII)]. Cette mission a pris fin le 1er juin 2004[735].

Il faut faire observer d'une part que nous pouvons justifier la création de cette opération par l'organe central de l'OUA sur le fait qu'en 2003,le CPS n'était pas encore très opérationnel quand bien même son acte constitutif avait déjà été adopté à Durban à la première conférence de l'Union Africaine le 09juillet 2002 et, de l'autre, cet organe à son point 15 de la déclaration de la conférence des chefs d'Etat et de gouvernement l'instituant lui a doté comme objectif principal de prévoir et de prévenir les conflits et, en cas de conflit, il a

---

[734] A. GNANGUENON, « Le rôle des Communautés économiques régionales dans la mise en œuvre de l'Architecture africaine de paix et de sécurité », in *Rapport d'étude auprès de la Délégation aux Affaires Stratégiques*, 2010, pp.12-26.

[735] Lire l'intégralité de la décision [Central Organ/MEC/AHG/Comm. (VII)] sur le siteb de l'Union africaine pour se rendre compte de certains aspects évolutifs des considérations sur le maintien de la paix en Afrique.

la responsabilité de rétablir et de consolider la paix en vue de faciliter le règlement[736].

La même disposition renchérit en précisant que l'Organe déploierait à cette fin des missions civiles et militaires de taille et de durée limitées.

En fixant cet objectif de gestion africaine de la paix, les Etats africains étaient convaincus qu'une action prompte et décisive de leur part dans ces domaines permettrait d'éviter l'éclatement des conflits et au cas où ils surviendraient, d'empêcher qu'ils ne dégénèrent en conflits intenses ou généralisés. Cette perception est déjà une marque de l'affirmation de la promptitude du régionalisme africain qui marquait déjà ses distances de l'action des Nations Unies dans ces circonstances. Elle s'affirme mieux au point 16 de la même déclaration lorsque les Etats Africains considèrent par ailleurs qu'au cas où les conflits dégénéreraient au point de nécessiter une intervention internationale collective, l'assistance, et dans la mesure du possible, les services des Nations Unies seraient sollicités conformément aux dispositions générales de la Charte.

Les dispositions analysées marquent à suffisance la volonté des Etats Africains d'utiliser tous les moyens en leur possession pour venir à bout de tout conflit surgissant sur son espace même l'usage de la force. Ce qui est une marque du régionalisme inversé caractérisé par la primauté de l'initiative régionale et le soutien de l'ONU en second lieu en cas de simple nécessité[737].

Déjà le texte, à travers les lignes, le prévoit suffisamment, ce qui constitue un dépassement et le mandat donné à une opération qui se fonde sur le dit texte ne peut qu'être couvert et teinté de cet aspect car les conflits qui ont surgi après la fin de guerre froide n'étaient plus essentiellement étatiques et, à la suite de leur prolifération, le Conseil de sécurité était de plus en plus débordé pour gérer efficacement toutes les situations constitutives de menace à la paix, de trouble ou de rupture à celle-ci.

Dans ce contexte, la MIAB a été déployée en vertu de cette disposition du point 15 de la Déclaration, en attendant la décision du Conseil de sécurité de créer l'ONUB, afin de superviser la mise en œuvre des Accords de cessez-le-feu des 7 octobre et 2 décembre 2002 et en vertu du point 16 de ladite déclaration.

Elle a été précédée par une mission africaine d'observateurs militaires. La MIAB avait pour objectifs de « fournir un appui aux initiatives relatives au désarmement et à la démobilisation ainsi que des conseils pour la réintégration des combattants ; [de] mettre tout en œuvre pour créer les conditions favorables à l'établissement d'une Mission de maintien de la paix des Nations unies ; [et de] contribuer à la stabilité politique et économique au Burundi »[738].

---

[736] H. BALDE, « L'Union africaine doit privilégier la prévention des conflits », in *Notes de recherche thinking africa,* NAP n° 4, 5 novembre 2013, p.2.

[737] A. GNANGUENON, « Le rôle des Communautés, … », *Op.cit*, p.16.

[738] F. BENEDIKT, "Competing Regionalism in Africa and the Continent's Emerging Security Architecture", in *African Studies Quarterly*, Vol. 9, issue 3, 2007, pp.54-77.

À la fin de l'année 2003, la MIAB comptait 2 645 hommes (866 fournis par l'Éthiopie, 228 par le Mozambique et 1 508 par l'Afrique du Sud) et 43 observateurs militaires (venus du Bénin, du Burkina Faso, du Gabon, du Mali et de la Tunisie)[739].

Elle s'est terminée le 1er juin 2004 avec le déploiement de l'ONUB. Le 21 mai 2004, le Conseil de sécurité, agissant en vertu du Chapitre VII de la Charte des Nations Unies, a décidé d'autoriser, pour une durée initiale de six mois, le déploiement de l'Opération des Nations Unies au Burundi (ONUB)[740].

Selon la résolution, l'Opération devait être déployée à compter du 1er juin 2004 afin de soutenir et d'accompagner les efforts entrepris par les Burundais pour établir durablement la paix et la réconciliation nationale dans leur pays, comme prévu par l'Accord pour la paix et la réconciliation au Burundi, signé à Arusha le 28 août 2000.

Adoptant la résolution 1545 (2004) à l'unanimité, le Conseil a également décidé que l'ONUB sera placée sous la direction du Représentant spécial du Secrétaire général, qui préside le Comité de suivi de l'application de l'Accord d'Arusha, et qu'elle sera initialement constituée des forces existantes de la Mission africaine au Burundi (MIAB). Il a prié le Secrétaire général, agissant en liaison avec l'Union africaine, d'assurer le transfert à son Représentant spécial pour le Burundi de l'autorité sur la MIAB[741].

Le Conseil a en outre décidé que l'ONUB comprendra un effectif maximum de 5 650 militaires, dont 200 observateurs et 125 officiers d'état-major, et jusqu'à 120 policiers civils, ainsi que le personnel civil approprié. Il a autorisé l'ONUB à utiliser tous les moyens nécessaires pour assurer le respect des accords de cessez-le-feu en surveillant leur mise en œuvre et en enquêtant sur leurs violations ; mener à bien les parties relatives au désarmement et à la démobilisation du programme national de désarmement, démobilisation et réinsertion des combattants ; et surveiller les mouvements d'armes illégaux à travers les frontières nationales[742].

Le mandat de l'Opération consiste également à contribuer à créer les conditions de sécurité nécessaires à l'acheminement de l'aide humanitaire et à faciliter le retour volontaire des réfugiés et des personnes déplacées, ainsi qu'à contribuer au bon déroulement du processus électoral prévu par l'Accord d'Arusha en veillant à assurer un environnement sûr pour la tenue d'élections libres, transparentes et pacifiques[743].

Se déclarant profondément préoccupé par les flux illicites d'armes livrées aux groupes et aux mouvements armés, en particulier à ceux qui ne sont pas parties au processus de paix, le Conseil a demandé à tous les États de mettre fin

---

739 *Idem*

740 *Ibidem.*

741 Lire « MUA », in *www.un.org,* consulté le 10/02/2016.

742 Lire les résolutions 1719 (2006), 1991 (2007), 1858 (2008) et 1902 (2009).

743 Lire le rapport (S/2010/608) du Secrétaire général sur le Bureau intégré des Nations Unies au Burundi.

à ces flux, sans que cela porte préjudice aux forces armées nationales et de police burundaise en cours d'intégration. Le Conseil a en outre prié le Secrétaire général de conclure des accords avec les États voisins du Burundi pour autoriser les forces de l'ONUB à franchir leurs frontières respectives à la poursuite de combattants armés, si nécessaire dans l'exécution de leur mandat[744].

Par ailleurs, le Conseil a prié le Secrétaire général de veiller à ce que ses Représentants spéciaux pour le Burundi et la République démocratique du Congo coordonnent les activités de leurs missions respectives, partagent les informations militaires à leur disposition, en particulier sur les mouvements transfrontaliers d'éléments armés et sur les trafics d'armes, et mettent en commun leurs moyens logistiques et administratifs en vue d'assurer à ces opérations la plus grande efficacité et d'en réduire les coûts.

Le Conseil a souligné qu'il importe d'appliquer intégralement et sans conditions l'Accord d'Arusha, et exigé que toutes les parties s'acquittent des obligations que celui-ci met à leur charge, de sorte que le processus électoral, et notamment les élections législatives, puissent se dérouler avant le 31 octobre 2004[745].

Le Conseil a réaffirmé également le besoin continu de promouvoir la paix et la réconciliation nationale, d'encourager la transparence et l'esprit de responsabilité comme le respect des droits de l'homme, et demandé instamment au Gouvernement, aux institutions spécialisées, aux autres organisations multilatérales, à la société civile et aux États Membres d'accélérer leurs efforts pour établir la Commission de vérité et de réconciliation telle que prévue par l'Accord d'Arusha.

Dans une déclaration publiée par son porte-parole, le Secrétaire général de l'ONU s'est félicité de la décision prise par le Conseil de créer l'ONUB et a indiqué que cette décision ouvrait un nouveau chapitre dans le processus de paix au Burundi. Le Secrétaire général a félicité le peuple burundais d'avoir fait des efforts décisifs pour poursuivre le processus de paix d'Arusha et à tous les Burundais et à leurs dirigeants de saisir cette occasion unique qui leur est offerte pour consolider la réconciliation nationale et faciliter la préparation des élections nationales[746].

Lorsque le mandat de l'ONUB est arrivé à son terme, le Secrétaire général a recommandé que le retrait de l'ONUB soit suivi par la création d'un petit bureau intégré des Nations Unies au Burundi (le BINUB) pour une période initiale de 12 mois débutant le 1er janvier 2007. Il est proposé que le bureau intégré soit dirigé par un Représentant exécutif du Secrétaire général, qui assurerait également les fonctions de coordonnateur résident et de coordonnateur de

---

[744] Lire le rapport (S/2010/608) du Secrétaire général, … *Op.cit.*
[745] *Idem.*
[746] Lire le rapport (S/2010/608) du Secrétaire général, … *Op.cit.*

l'action humanitaire des Nations Unies, de représentant résident du PNUD et de responsable des questions de sécurité[747].

La crise de 2015 a encore interpellé l'Union Africaine en ce qu'elle a, par le CPS, prie une décision une décision importante, en sa 565ème réunion tenue le 17décembre 2015, et au cours de laquelle la situation au Burundi a été examinée de fond en comble. Le Conseil de Paix et de Sécurité, dans sa démarche opérationnelle et justificative de sa capacité à créer une opération coercitive, a commencé par prendre note de la communication faite par la Commission sur l'évolution de la situation au Burundi et des déclarations faites par le représentant du Burundi, ainsi que par ceux de la Force en attente de l'Afrique de l'Est (EASF), de l'Ouganda, Médiateur désigné par la Communauté de l'Afrique de l'Est (CAE), et du Nigeria; Comme il était déjà de la question du Burundi.

Il a en outre réaffirmé ses prises de position antérieures sur la situation au Burundi, notamment les communiqués PSC/PR/COMM.(DLI) et PSC/PR/COMM.(DLVII) adoptés lors de ses 551ème et 557ème réunions, tenues respectivement le 17 octobre et le 13 novembre 2015, ainsi que l'attachement de l'UA au respect scrupuleux et de la lettre et de l'esprit de l'Accord pour la paix et la réconciliation d'Arusha d'août 2000, qui constitue la pierre angulaire de la paix, de la sécurité et de la stabilité au Burundi, et dont l'UA et des membres de la région sont Garants, aux côtés d'autres membres de la communauté internationale pour démontrer que la situation du Burundi s'empirait davantage et qu'il était saisi totalement de la question.

Cependant la situation continuait à se dégrader au point qu'il a réitéré la profonde préoccupation de l'UA face à l'impasse politique persistante au Burundi, ainsi que face à l'insécurité et à la violence croissantes dans ce pays et aux graves conséquences humanitaires qui en découlent, y compris les déplacements internes de populations et les flux de réfugiés en direction des pays voisins; et a réaffirmé la ferme condamnation par l'UA de tous les actes de violence, quels qu'en soient les auteurs, et la persistance de l'impunité, ainsi que les déclarations inflammatoires faites par des responsables politiques burundais[748].

Dans la même perspective, le Conseil a condamné fermement les attaques menées contre des camps militaires à Bujumbura et dans la province de Bujumbura rural qui fragilisaient l'action internationale, et a réitéré son rejet total du recours à la violence en vue de la réalisation d'objectifs politiques d'une part et, de l'autre, le Conseil a condamné tout aussi fermement les tueries perpétrées après les attaques ayant visé des camps militaires, et souligne que les auteurs et les commanditaires des attaques et des actes de représailles doivent

---

[747] *Idem*

[748] Lire le contenu de la décision du CPS créant la MAPROBU, in *www.unionafricaine.org*, consulté le 10/02/2016.

en rendre compte. Ce comportement montre à suffisance que le CPS ne ménage aucune partie au conflit[749]

Pour asseoir sa pertinence, il prend la première option par laquelle il a exigé de toutes les parties qu'elles mettent un terme immédiat à toutes les attaques, aux violations des droits de l'homme et autres exactions.

Dans la logique de cette opérationnalité, elle a noté les constatations préliminaires de la mission d'établissement des faits dépêchés par la Commission africaine des Droits de l'Homme et des Peuples (CADHP) au Burundi, en application du paragraphe 11 (iii) du communiqué PSC/PR/COMM. (DLVII), qui relèvent des violations des droits de l'homme et d'autres exactions en cours, notamment des exécutions arbitraires et des assassinats ciblés, des arrestations et des détentions arbitraires, des actes de torture, de suspension et de fermeture arbitraire de certaines organisations de la société civile et de média[750].

Il réitère dans ce cadre la détermination de l'UA à faire en sorte que les auteurs d'actes de violence et d'exactions, ainsi que tous ceux qui aggravent la situation par des déclarations inflammatoires, rendent compte de leurs actes.

Dans la mise en œuvre des pouvoirs, le CPS a même relevé qu'il se réjouissait de la mobilisation croissante de la communauté internationale en vue de la recherche d'une solution pacifique à la crise que connait le Burundi et du soutien apporté aux efforts conduits par l'Afrique, y compris l'adoption, le 12 novembre 2015, par le Conseil de sécurité des Nations unies, de la résolution 2248 (2015), dans laquelle il a salué le communiqué PSC/PR/COMM.(DLI) et les mesures proposées convenues à cette occasion, indiquant attendre avec intérêt qu'elles soient pleinement mises en œuvre, et a pris note de la décision de l'UA d'imposer des sanctions, y compris l'interdiction de voyager et le gel des avoirs, à l'encontre des parties prenantes burundaises qui, par leurs actes ou par leurs propos, concourent à la perpétuation de la violence et entravent la recherche d'une solution.

En dépit de cette action internationale, il a noté qu'en dépit de tous les efforts déployés à ce jour, la situation au Burundi ne cesse de se dégrader et qu'il existe aujourd'hui un risque réel de la voir dégénérer en violence généralisée aux conséquences désastreuses pour le Burundi et l'ensemble de la région et, ainsi, le Conseil souligne qu'il ne permettra pas une telle évolution.

Il réaffirme, dans ce contexte, sa détermination à assumer pleinement ses responsabilités, ayant à l'esprit les dispositions pertinentes du Protocole relatif à la création du Conseil de paix et de sécurité, en particulier celles portant sur la nécessité d'une réaction rapide pour maitriser les situations de crise avant qu'elles ne se transforment en conflits ouverts (article 4-b); le respect de l'État de droit, des droits de l'homme et des libertés fondamentales, du caractère sacré de la vie humaine, ainsi que du droit international humanitaire (article 4-c);

---

[749] *Idem*

[750] Lire le contenu de la décision du CPS créant la MAPROBU, *Op.cit.*

l'anticipation et la prévention de politiques susceptibles de conduire à des crimes contre l'humanité (article 7-1a) ; et le mandat de la Force africaine en attente (FAA), notamment le déploiement préventif afin d'éviter qu'un différend ou un conflit ne s'aggrave, qu'un conflit violent en cours ne s'étende à des zones ou États voisins, et la résurgence de la violence après que des parties à un conflit sont parvenues à un accord (article 13-3d).

Il a rappelé que, dans la Déclaration d'engagement en faveur de la paix et de la sécurité en Afrique [PSC/AHG/ST.(X)], adoptée lors du lancement solennel du Conseil de paix et de sécurité, le 25 mai 2004, à Addis Abéba les chefs d'État et de Gouvernement des États membres du Conseil de paix et de sécurité de l'UA se sont engagés à faire en sorte que l'Afrique soit toujours la première à agir face aux conflits sur le continent et ont exprimé leur détermination à ne pas reculer devant des actions décisives pour relever les défis auxquels le continent est confronté, soulignant qu'il n'y aura désormais plus de conflit sur le continent qui serait considéré comme étant hors du champ d'intervention de l'UA et qu'en cas de violations graves des droits humains et de crimes contre l'humanité, le Conseil se doit d'être le premier à condamner et à agir promptement, conformément à la lettre et à l'esprit de l'Acte constitutif de l'UA et des autres instruments pertinents auxquels les États membres ont souscrit.

C'est à la suite de ce contexte que le CPS a décidé, à la lumière de ce qui précède, des mesures ci-après :

a. Déploiement d'une Mission africaine- le Conseil :

- décide, sur la base du travail préparatoire accompli dans le cadre de la planification de circonstance entreprise par la Commission aux termes des dispositions pertinentes du communiqué PSC/PR/COMM.(DVII) adopté lors de sa 507ème réunion tenue le 14 mai 2015, ainsi que des communiqués PSC/PR/COMM.(DLI) et PSC/PR/COMM. (DLVII), d'autoriser le déploiement d'une Mission africaine de prévention et de protection au Burundi (MAPROBU), pour une durée initiale de six mois renouvelable ;
- décide également que la MAPROBU a pour mandat de : (a) prévenir toute détérioration de la situation sécuritaire, d'en surveiller l'évolution et de rendre compte des développements intervenant sur le terrain ; (b) contribuer, dans la limite de ses moyens et dans ses zones de déploiement, à la protection des populations civiles sous menace imminente; (c) contribuer à la création des conditions nécessaires à la tenue et à la réussite du dialogue inter-burundais et à la préservation des acquis enregistrés grâce à l'Accord d'Arusha pour la paix et la réconciliation au Burundi ; (d) faciliter, en collaboration, en tant que de besoin, avec d'autres acteurs internationaux, la mise en œuvre de tout accord auquel les parties burundaises parviendraient, y compris, mais

non limité à, le désarmement des milices et groupes illégaux, ainsi que la protection de personnalités politiques et d'autres acteurs dont la sécurité serait menacée, et (e) protéger le personnel de l'UA, ses biens et ses installations ;

- décide, en outre, que la MAPROBU a un effectif initial pouvant aller jusqu'à 5 000 personnels militaires et de police, y compris des unités de police constituées, avec une composante civile appropriée, qu'elle intègre les observateurs des droits de l'homme et les experts militaires déployés au Burundi en application des décisions pertinentes du Conseil, et qu'elle est placée sous l'autorité du Représentant spécial de la Présidente de la Commission. Le Conseil prie la Présidente de la Commission d'entreprendre immédiatement des consultations avec les Etats membres, y compris les pays de la région dans le cadre de l'EASF, pour générer les troupes et les éléments de police nécessaires pour atteindre rapidement l'effectif autorisé ;
- prie la Présidente de la Commission, en collaboration avec l'EASF et avec l'appui des
Nations unies et d'autres partenaires internationaux, de prendre les dispositions nécessaires pour l'élaboration urgente du concept d'opération de la MAPROBU et du budget estimatif pour son déploiement, étant entendu que le Conseil est disposé, au cas où la situation l'exigerait, à réviser à la hausse l'effectif initial autorisé ;
- prie les États membres d'apporter le soutien financier et autre requis en vue du déploiement effectif de la MAPROBU; et
- exhorte les partenaires internationaux à apporter le soutien technique, financier et logistique nécessaire pour faciliter le déploiement rapide de la MAPROBU et la mise en œuvre effective de son mandat. En particulier, le Conseil exhorte le Conseil de sécurité des Nations unies, au regard de sa responsabilité principale dans le maintien de la paix et de la sécurité internationales, de soutenir le déploiement de la MAPROBU et d'autoriser la mise en place urgente, en sa faveur, d'un dispositif d'appui logistique financé par les contributions mises à recouvrement au budget des Nations unies. Le Conseil prie la Présidente de la Commission de prendre toutes les initiatives requises pour permettre la mobilisation diligente de l'assistance internationale et de rendre compte au Conseil, dans un délai de sept (7) jours, de l'évolution des démarches entreprises en direction des partenaires internationaux, singulièrement le Conseil de sécurité des Nations unies.

b. Dialogue inter burundais-le Conseil :

- se félicite des dispositions prises par la Médiation ougandaise en vue du lancement imminent du dialogue inter-burundais, y compris la mise en place du Secrétariat et l'élaboration d'un budget, les consultations entreprises avec les parties burundaises, et avec la Commission, y compris la réunion entre la Présidente de la Commission, le Commissaire à la Paix et à la Sécurité et le Ministre ougandais de la Défense, Facilitateur du Dialogue, tenue à Addis Abéba, le 27 novembre 2015, ainsi que de l'appui financier et technique apporté par la Commission en vue de la tenue du dialogue inter-burundais ;

- réaffirme ses prises de position antérieures sur la nécessité pour le dialogue interburundais d'être véritablement inclusif, de porter sur toutes les questions faisant l'objet de divergence entre les parties prenantes burundaises et la tenue dudit dialogue en dehors du Burundi, en un endroit déterminé par la Médiation, afin de permettre la participation, dans les conditions de sécurité requises, de toutes les parties prenantes burundaises; et ;
- exhorte les États membres et la communauté internationale dans son ensemble à apporter le soutien financier et autre nécessaire pour le bon déroulement et le succès du dialogue inter-burundais.

c. Coopération des parties burundaises et sanctions-le Conseil :

- prie la Présidente de la Commission de lui communiquer, dans un délai de dix (10) jours, pour examen et approbation, une liste d'acteurs burundais devant faire l'objet de sanctions aux termes du paragraphe 12 du communiqué PSC/PR/COMM.(DLI) et du paragraphe 9 (i) du communique PSC/PR/COMM.(DLVII), aux fins de transmission subséquente immédiate aux États membres et à l'ensemble de la communauté internationale ;
- demande instamment au Gouvernement du Burundi de confirmer, dans les 96 heures suivant l'adoption du présent communiqué, son acceptation du déploiement de la MAPROBU et de coopérer pleinement avec la Mission en vue de l'accomplissement effectif de son mandat, en application de l'article 7(3) du Protocole relatif à la création du Conseil de paix et de sécurité, qui stipule que les États membres conviennent d'accepter et d'appliquer les décisions du Conseil de paix et de sécurité, conformément à l'Acte constitutif de l'UA ;
- demande instamment à tous les autres acteurs burundais de coopérer pleinement avec la MAPROBU, en vue de faciliter le déploiement de la Mission et l'exécution de son mandat, étant entendu que tout individu ou entité qui ferait obstacle aux opérations de la MAPROBU fera l'objet de sanctions tel que prévu par les communiqués pertinents du Conseil et d'autres mesures à convenir ; et
- exprime sa détermination à prendre toutes les mesures appropriées à l'encontre de toute partie ou acteur, quels qu'il soit, qui ferait obstacle

à la mise en œuvre de la présente décision. À cet égard, le Conseil décide, en cas de non-acceptation du déploiement de la MAPROBU, de recommander à la Conférence de l'Union, conformément aux pouvoirs qui lui sont conférés, conjointement avec la Présidente de la Commission, aux termes de l'article 7 (e) du Protocole relatif à la création du Conseil de paix et de sécurité, la mise en œuvre de l'article 4 (h) de l'Acte constitutif relatif à l'intervention dans un État membre dans certaines circonstances graves. Le Conseil décide, en outre, qu'en pareille hypothèse et sur la base d'une communication de la Présidente de la Commission confirmant la non-acceptation du déploiement, il recommandera à la Conférence de l'Union des mesures additionnelles, conformément à l'Acte constitutif. Le Conseil décide, enfin, que tous ceux dont l'action pourrait compromettre le dialogue inter-burundais, y compris les attaques menées par des groupes armés contre des installations gouvernementales et d'autres cibles, ainsi que le refus de répondre à l'invitation du Médiateur, feront l'objet de sanctions tel que prévu par les décisions pertinentes du Conseil et d'autres mesures à convenir.

e. *Caractéristiques du dépassement du Chapitre VIII*

L'expérience burundaise s'inscrit dans le cadre de la logique de consolidation et de l'écriture de nouveaux concepts de maintien de la paix et de la régionalisation de celles-ci[751].

L'analyse de cette opération nous met devant les évidences selon lesquelles l'organe central du mécanisme pour la prévention, la gestion et le règlement des conflits a créé et autorisé le déploiement de la mission africaine au Burundi sans référence aucune aux Nations unies moins encore aux mécanismes de coopération ou de subsidiarité prévus dans le contexte du chapitre VIII

La décision Central Organ/MEC/AMB/Comm.(XCI) prise au niveau des ambassadeurs de l'OUA/UA précise que cette opération sera déployée pour une période d'un an renouvelable par l'organe central et ce , en attendant le déploiement d'une force de maintien de la paix des Nations Unies qui, aux termes des accords, sera ultérieurement décidé par le Conseil de sécurité des Nations Unies .Or, dans certaines décisions de l'UA ou de l'OUA , celle-ci fait référence souvent au chapitre VIII en soulignant des termes du genre ayant à l'esprit « les dispositions pertinentes du chapitre VIII » dans son préambule.

[751] Conseil de paix et de sécurité, « Conceptualisation du maintien de la paix en Afrique (un guide complet du développement de la FAA) », in *www.africa-union.org/root/AU/AUC/.../PSC/.../ASF%20Framework_F.pdf*, du 1er janvier 2011. Dans le même sens, IGAD, Cadre politique pour la création de la Brigade en attente de l'Afrique orientale (EASBRIG), adoptée par la Réunion des experts gouvernementaux, tenue à Jinja (Ouganda), du 13 au 16 février 2004.

Cette considération constitue une nette inversion du chapitre VIII en ce que même la création ne fait pas référence au chapitre VIII de la Charte des Nations Unies.

En plus, la mise en œuvre de cette opération l'a été en vertu d'un mandat dont les termes renvoient à un caractère coercitif certain dans la mesure où elle a les fonctions entre autres de sécuriser les zones de rassemblement et de désengagement identifiées, de protéger les personnalités, de fournir un appui aux initiatives relatives au désarmement et à la démobilisation ainsi que des conseils pour la réintégration des combattants.

Ces tâches et fonctions ne peuvent en aucune manière être exécutées sans une dose du caractère coercitif car le mandat est assez robuste.

D'ailleurs, l'existence d'une composante militaire qui devait reprendre la composante Sud-africaine a été incorporée dans la force pour son opérationnalité et son implantation.

Cette opération a été essentiellement composée par les troupes africaines dans la perspective de la régionalisation effective du maintien.

La démarcation d'avec la logique onusienne est frappante dans cette opération car, même la gestion et la soumission des rapports ne passent que par l'UA et la décision prévoit que « le chef de mission et le commandant en chef de la MIAB doivent soumettre le premier rapport sur l'état d'avancement de l'exécution de son mandat dans les trois mois qui suivent la mise en place de la mission. Ils devront par la suite soumettre des rapports périodiques. Les rapports sur les activités de la mission devront être soumis à l'Organe central sur une base régulière et au moins une fois tous les six (6) mois[752].

L'inversion du chapitre se remarque davantage dans cette opération dans la mesure où, lorsque les accords d'Arusha ont été signés, l'ONU avait pris une part active dans ces négociations et il y était prévu qu'elle déploierait une opération pour rassurer les parties mais cela n'a point été possible le plus tôt. Il peut être relevé que l'ONU a donné un blanc-seing à l'UA car ses textes sont publiés par elle sans réserve au répertoire des Nations unies avec visa du Conseil de sécurité sur les dispositions touchant à la paix et la sécurité internationales et, en plus, l'article 53 du chapitre VIII de la Charte des Nations ne précise pas la forme de cette autorisation pour sa concession.

Lorsque le Conseil de sécurité approuve par son silence une opération dont le mandat a un caractère coercitif, ceci équivaut également à une autorisation mais qui vient après la décision et le déploiement de l'opération.

L'Union Africaine a pris l'initiative dans un contexte presque de recul de l'ONU en dépit de l'appel lui lancé par l'OUA dans la décision créant cette opération ; l'UA, avec le CPS, a pris la décision PSC/PR/Communiqué(VII) en date du 3 mai 2004 à sa session du Cap en Afrique du Sud dans laquelle elle renouvelle le mandat de la MIAB pour une période d'un mois soit du 02avril au 2 mai 2004 et a encore réitéré son appel au Conseil de sécurité pour que celui-

[752] Conseil de paix et de sécurité, « Conceptualisation du maintien de la paix, … *Op.cit.*

ci déploie son opération conformément à l'accord et au rapport du secrétaire général des Nations Unies du 16 mars 2004.

Cette lecture nous permet de constater que le Conseil de sécurité avait déjà commencé à tergiverser en dépit des larges pouvoirs qui lui sont conférés par la charte, c'est comme cela que certains ont considéré qu'il s'agit d'un abandon de l'africain qui appelait la prise en compte par les africains de leurs capacités de maintenir la paix et d'apporter les solutions africaines aux problèmes africains par les africains[753].

Quant à la MAPROBU, quand bien même elle n'est pas encore déployée, il ya lieu d'observer le CPS ne s'est fondé que sur les textes de l'organisation pour créer une opération dont la mission est entre autres de protéger les civils. La protection des civils implique, comme la pratique même des Nations Unies l'a démontré, l'usage de la force par ceux qui ont ce mandat.

Un exemple fondamental a existé avec la guerre contre KADAFFI (résolution 1973 du Conseil de sécurité des Nations unies est une résolution du Conseil de sécurité des Nations unies adoptée le 17 mars 2011[754]. Elle fait suite à la résolution 1970. Elle concerne la Jamahiriya arabe libyenne et la révolte alors en cours contre le régime de Mouammar Kadhafi, et permet aux pays qui le souhaitent de participer à une zone d'exclusion aérienne au-dessus de la Libye pour protéger la population civile, et de « prendre toutes mesures nécessaires, nonobstant le paragraphe 9 de la résolution 1970 (2011) (voir (e) Résolution 1970), pour protéger les populations et les zones civiles menacées d'attaque en Jamahiriya arabe libyenne*)*.

La protection des civils, comme le reconnaît Zegbe Zegs, est une avancée dans le cadre de l'Union [755]et nous considérons qu'étant exécutée dans le cadre d'une opération de maintien de la paix ou dans celui d'une action coercitive internationale, le résultat reste le même, c'est l'usage de la force au niveau d'une région seulement qui dépasse les termes du chapitre VIII en particulier le prescrit de l'article 53.

---

[753] Déjà ce sentiment se faisait ressentir au sein des communautés économiques qui tenaient, à tout prix, à se doter d'un système de sécurité collective qui servirait à prévenir les conflits et à rétablir la paix. Voir dans ce sens, J.-M. KUMBU-ki-NGIMBI., « L'efficience des institutions régionales et leurs interventions dans le domaine de la paix », in *Enjeux de la paix au III ème millénaire*, Kinshasa, Loyola, Avril 2000, p.95.

[754] Voir les développements importants sur cette résolution faits par J.-P. SEGIHOBE BIGIRA et J.-P. LUMVUTU MANDIANGU., « La légalité 1973 sur la LIBYE : entre légalité étriquée, légitimité douteuse et effectivité problématique », in NDESHYO RURIHOSE (dir*), Le nouvel élan du panafricanisme, l'émergence de l'Afrique et la nécessité de l'intégration, Acte des journées scientifiques consacrées à la commémoration de la journée de l'Afrique :2011-2012-2013-2014*, éd. CEDESURK, coll sciences sociales, politiques et administratives, KINSHASA, 2014, pp365-394.

[755] ZEGBE ZGS » La responsabilité de protéger les populations dans le contexte du droit international africain : droit humanitaire revisité ?» in O. NDESHYO RURIHOSE (dir*), Mélanges* C. NGUYA-NDILA*, la République démocratique du Congo : les défis récurrents de décolonisation*, de l'Etat de droit et du développement social, éd CEDESURK, Collection droit, sciences sociales, politiques et administratives, Kinshasa,2012, pp 693-695.

A ce stade, les considérations relatives à la démonstration du dépassement se confirment et permettent de nous orienter vers d'autres opérations dont les mandats ainsi que la mise en œuvre consolident notre position.

§2. Le déploiement des OMP au MALI et en RCA

Le Mali et la RCA ont connu des opérations de maintien de paix qui constituent une expérience enrichissante dans le domaine de la consolidation de la doctrine du maintien de la paix en Afrique.

Le contexte dans lesquels ces opérations ont été initiées, leur nature et tous les autres aspects de la mission permettent de concevoir et réaliser des nouvelles approches relatives au maintien de la paix en Afrique, lesquelles prennent en compte la nécessité de la régionalisation de celle en vue des réponses adéquates et idoines tirées du régionalisme africain.

Nous allons donc d'une part examiner le cas malien puis d'autre part celui de la RCA avant d'aborder les particularités du Soudan et de la Somalie.

A. Les opérations déployées au Mali

La guerre du Mali est arrivée à un moment où personne ne s'y attendait vraiment, mais les spécialités du Maghreb et du monde arabes prévoyaient un risque majeur de répercussion des conflits au Maghreb sur une partie de l'Afrique à cause des activités terroristes qui se déployaient en Lybie et dans d'autres pays à la suite de la chute du guide libyen.

Ainsi, il s'impose à nous méthodiquement d'analyser et présenter le contexte (a) dans lequel cette opération a été conçue, d'examiner les causes et les acteurs (b) de cette crise avant de voir la nature (c) de son mandat mais également les caractéristiques du dépassement du chapitre VIII (d) sous étude dans ce contexte.

a. Contexte du conflit malien

Le conflit est né dans un contexte des graves bouleversements dans le monde musulman plus précisément l'Afrique du Nord.

Il faut mettre ces bouleversements d'abord dans le cadre de la crise qui a frappé la Tunisie à la suite de la révolution du jasmin qui a emporté le président Ben Ali et qui s'est élargi à l'Egypte avec le départ également d'Hosni Moubarak et prise du pouvoir par les frères musulmans qui apparaissaient comme une organisation de bienfaisance du monde arabe.

Il y a également lieu d'observer que les voisins du Mali étaient presque tous dans une situation de qui-vive car non seulement le Nigéria était déjà ravagé par Boko Haram, la Mauritanie était presque sous la menace du vent des révolutions du printemps arabe et tant d'autres voisins également se préparaient eux aussi à affronter des situations terroristes presque similaires et se concentraient davantage sur leur sécurité intérieure que sur toute autre activité en ayant à l'esprit le caractère mondial et de légitime défense de la lutte contre le terrorisme

Pour s'en convaincre davantage, nous allons présenter, à la suite, les acteurs et causes de la crise malienne dans un point b.

b. Causes et acteurs de la crise malienne

Répondant à cette préoccupation, il sera question de voir dans un premier temps les causes (1) liées à la crise malienne et, dans un second temps, de relever les protagonistes (2) qui ont envenimé cette crise.

1. Les causes du conflit malien

Le Mali, longtemps considéré comme l'un des pays les plus stables d'Afrique de l'Ouest, a été secoué, le 22 mars 2012, par un coup d'État qui trouve ses racines dans la mauvaise gestion par les autorités maliennes de la crise touarèg dans le nord du pays. Si les touaregs se sont déjà soulevés au cours des dernières années dans cette région où les frontières poreuses favorisent les trafics de tout genre, c'est bien l'afflux d'hommes et d'armes suite à la chute du régime libyen de Mouammar Kadhafi en 2011 qui donne une autre dimension au poids militaire de la rébellion[756].

Les Touaregs s'allient en créant le Mouvement national pour la libération de l'Azawad (MNLA) et déclenchent en janvier 2012 une offensive avec pour objectif l'indépendance de l'Azawad, la partie nord du Mali. Dans le sillage du MNLA, quelques groupes islamistes tels qu'AQMI et Ansar Dine participent également à l'offensive[757].

Rapidement, plusieurs localités du nord, et les postes militaires censés les protéger tombent aux mains de ces groupes. Les soldats maliens réclament plus de moyens afin de contenir cette offensive menée par des forces mieux équipées. La grogne s'intensifie dans le rang au fil des revers face à l'inaction des autorités maliennes. Le 24 janvier 2012, 95 militaires maliens sont désarmés et sommairement exécutés d'une balle dans la tête à Aguelhok.

Le 31 janvier 2012, le chef d'état-major général des armées, le général Gabriel Poudiougou et les responsables politiques de la région sont rappelés à Bamako pour faire rapport aux autorités politiques, mais sur le terrain, les tensions montent toujours. Au cours du mois de février, les troupes maliennes continuent à perdre du terrain et le 10 mars 2012, Tessalit, près de la frontière algérienne tombe aux mains des groupes armés malgré l'intervention de l'aviation malienne.

---

[756] O. HANNE (dir.), *Mali, une paix à gagner ! Analyses et témoignages sur l'opération Serval*, éd. Lavauzelle, Paris, 3 décembre 2014, p.76. Voir le Mali écrit in *www.wikipedia.org*, consulté le 06/02/2016

[757] O. HANNE (dir.), *Op.cit*, p.74.

C'est donc la frustration face à ce qui est perçu comme une certaine passivité d'un gouvernement plus préoccupé par les élections à venir que par la gravité de la situation dans le nord du pays qui pousse plusieurs soldats maliens à se rebeller contre leurs supérieurs militaires et civils, provoquant la chute du gouvernement[758]. Le 22 mars 2012, quelques douzaines de soldats armés se rebellent dans le camp militaire Soundiata Keïta de Kati, en périphérie de Bamako, prennent le bâtiment de l'Office de radiodiffusion télévision du Mali (ORTM) avant de se diriger vers le palais présidentiel de Koulouba où se trouve le chef de l'État, Amadou Toumani Touré (ATT)[759].

Le palais est tombé rapidement entre leurs mains : la junte a formé un Comité national pour le redressement de la démocratie et la restauration de l'État (CNRDRE), a procédé à l'arrestation des principaux responsables politiques du pays et a suspendu la constitution. Les élections présidentielles, qui devaient avoir lieu le 29 avril 2012 et voir Amani Toumani Toure passer le relais à un successeur après deux mandats consécutifs, ont été annulées.

Le coup d'État du 22 mars 2012 est condamné de manière unanime par la communauté internationale, et la CEDEAO évoque dès le 28 mars 2012 une éventuelle intervention militaire afin de ramener l'ordre constitutionnel. De plus, une coalition de partis politiques maliens, le Front uni pour la défense de la République et de la démocratie (FDR), se forme pour s'opposer au coup d'État[760].

Pendant ce temps, les groupes armés ont profité du chaos régnant à Bamako pour prendre Kidal, Gao et Tombouctou plus au Nord, les trois principales villes du nord du pays. Le 1er avril 2012, le MNLA a déclaré de manière unilatérale l'indépendance de l'Azawad, alors que le chef de la junte, le capitaine Sanogo avait promis un retour prochain à l'ordre constitutionnel.

La CEDEAO et l'UA, saisies de la question par les instances propres, ont poursuivi leurs pressions sur les putschistes et décidé d'imposer des sanctions sur ceux-ci[761].

Le 6 avril 2012, devant les pressions de la CEDEAO, de l'UA et de la communauté internationale, le capitaine Sanogo annonça la signature d'un accord entre la junte et la CEDEAO. Cet accord prévoit notamment la désignation d'un Premier ministre et d'un président-poste qui sera occupé par

---

758 F. FLICHY, *Opération Serval au Mali : l'intervention française décryptée*, Paris, éd. Lavauzelle, 2013, p.46.
759 *Idem.*
760 B. BARRERA, *Opération Serval : Notes de guerre, Mali 2013*, Seuil, Paris, 2015, p.88. Voir également O. CORTEN et P. KLEIN, « L'action des nations unies en côte d'ivoire : jusqu'où le Conseil de sécurité peut-il intervenir dans l'ordre juridique interne des états ? », in M. KAMGA (sous la dir.), *Mélanges en l'honneur de Raymond RANJEVA*, éd. Pedone, Paris, 2013, pp.73-99.
761 T. FLICHY, *Opération Serval au Mali : l'intervention française décryptée,* Op.cit, p.48.

le président de l'Assemblée nationale, Dioncounda Traoré-et la tenue d'élections présidentielles et législatives, dans un délai d'au plus 40 jours[762].

En échange, les putschistes ont obtenu une amnistie ainsi que la levée des sanctions votées à leur encontre. Le 12 avril 2012, M. Traoré est investi président intérimaire du pays, alors que débutent des discussions sur l'adoption d'une feuille de route pour la transition entre les putschistes et le médiateur désigné par la CEDEAO et président du Burkina Faso, Blaise Compaoré. L'astrophysicien Cheick Modibo Diarra a été nommé le 17 avril 2012, Premier ministre par M. Traoré. M. Diarra nomme son gouvernement le 25 avril 2012, mais l'arrestation de plusieurs personnalités a laissé craindre une main-mise de la junte sur le pouvoir civil[763].

Dans ce contexte, la CEDEAO organise le 26 avril 2012 un sommet extraordinaire sur la situation au pays lors duquel les chefs d'État des pays membres décident d'envoyer une mission afin de surveiller la transition, qui doit s'échelonner sur 12 mois. Ils n'écartent toutefois pas, dans des termes quelque peu équivoques, que cette mission puisse être éventuellement renforcée par le déploiement d'unités combattantes.

Cependant, la Junte militaire avait rejeté les décisions de la CEDEAO et s'est dit trahie par l'organisation. La CEDEAO a dépêché le président du Burkina Faso et médiateur de la CEDEAO pour le conflit au Mali, Blaise Compaoré, afin de parvenir à une entente avec la junte militaire concernant la transition. Le 30 avril et 1er mai 2012, la junte avait fait échec à un contre coup d'État perpétré par des partisans de l'ancien président.

Deux jours plus tard, les chefs d'État de la CEDEAO se réunissent à Dakar et réitèrent leur demande pour une période de transition de douze mois. Au cours de la fin de semaine du 5 et 6 mai 2012, les membres de la junte militaire procèdent à l'arrestation de plusieurs hauts gradés de l'armée ayant participé à la tentative de contre coup d'État. Le médiateur de la CEDEAO quitte le Mali à la mi-mai, sans être parvenu à obtenir un accord sur la transition.

L'un des principaux points litigieux est la désignation du chef de la transition, les militaires privilégiant le capitaine Sanogo, mais la CEDEAO souhaitant plutôt voir le président par intérim rester à la tête du pays. Finalement le 19 mai 2012, plusieurs ministres des Affaires étrangères de la région se rencontrent à Abidjan et une délégation de la CEDEAO dirigée par le ministre burkinabé des Affaires étrangères, Djibrill Bassolé, arrive au Mali[764]. Le jour même, la CEDEAO annonce que les responsables de l'ex-junte militaire acceptent que M. Traoré continue de diriger la transition jusqu'à l'organisation d'élections alors que l'Assemblée nationale amnistie les putschistes[765].

---

762 *Idem*

763 T. FLICHY, *Op.cit*, p.48.

764 Lire à propos Marc LAVERGNE, « Les deux soudans après la sécession du sud : des lendemains qui déchantent », questions internationales, n°59, novembre décembre 2012 pp. 105-114.

765 *Idem.*

Deux jours plus tard, M. Traoré s'est blessé assez sérieusement par des manifestants qui protestaient contre la prolongation de son mandat pour toute la durée de la transition.

Alors que la CEDEAO continuait les négociations en vue de déployer une mission au Mali et de trouver une solution politique à la crise, la situation sur le terrain évolua très rapidement. Le 27 mai 2012, après plusieurs semaines de discussions parfois difficiles, la rebellions touareg du MNLA et le mouvement Islamiste Ansar Dine fusionnent et proclament la création d'un État islamique dans le nord du Mali[766].

Cependant, l'alliance des deux groupes rebelles est de courte durée et se dissout début juin en raison de différends irréconciliables. En effet, le MNLA, laïc, est opposé à la version stricte de la charia prônée par Ansar Dine alors que le groupe islamiste quant à lui cherche à imposer un État islamiste sur l'ensemble du territoire malien, et par conséquent rejette l'indépendance de l'Azawad. Dès le 8 juin, des affrontements éclatent entre les islamistes et les touaregs du MNLA.

Un autre groupe islamiste, le Mouvement pour l'Unicité et le Jihad en Afrique de l'Ouest (MUJAO), se joint à Ansar Dine pour combattre le MNLA. Le 27 juin, les combattants du MNLA sont expulsés de leur quartier général à Gao par le MUJAO et deux jours plus tard, Ansar Dine les chasses de Tombouctou. À peine un mois après le début des combats entre les Touaregs et les islamistes, le MNLA est totalement évincé du Nord-Mali qui est à partir de ce moment complètement sous le contrôle des groupes armés islamistes[767].

Ce développement change fondamentalement la dynamique du conflit qui n'est plus alimenté par des revendications nationalistes touarègues, mais s'inscrit désormais dans un registre de lutte contre le terrorisme et l'extrémisme islamiste. Après avoir pris le contrôle du Nord-Mali, les groupes islamistes, en particulier Ansar Dine, commencent à détruire les mausolées de Tombouctou faisant partie du patrimoine mondial de l'UNESCO et à imposer une version stricte de la charia dans les zones sous leur contrôle. La communauté internationale condamna vivement ces actions. La population du Nord-Mali organisa également plusieurs manifestations pour s'opposer aux islamistes, en particulier aux châtiments publics brutaux utilisés pour imposer leur version de la charia[768].

La communauté internationale, jusque-là principalement préoccupée par le rétablissement de l'ordre constitutionnel, chercha désormais davantage à rétablir l'intégrité territoriale du Mali et à chasser les islamistes armés du pays[769].

---

766 Y. JEANCLOS, « Minorités et conflits. Perspectives de sécurité internationale au XXème siècle », in M. MATHIEN (dir.), *L'expression de la diversité culturelle, un enjeu mondial*, Bruxelles, éd. Bruylant, 2013, pp. 377-392.

767 Y. JEANCLOS, *Op.cit*, p.378.

768 *Idem.*

769 *Ibidem*, p.380

Ainsi, le 7 juin 2012, des représentants de l'ONU, de l'UA et de la CEDEAO, se réunissent à Abidjan pour un sommet de l'Union économique et monétaire ouest-africaine (UEMOA) au cours de laquelle ils demandent à l'UA de déposer une requête formelle auprès du Conseil de sécurité de l'ONU afin de fixer le mandat précis d'une opération militaire au Mali.

Selon eux, il est nécessaire de mobiliser tous les moyens appropriés, y compris militaires, pour restructurer l'armée malienne, rétablir l'autorité étatique dans le nord du pays dans les plus brefs délais possibles et combattre les groupes armés qui ont pris le contrôle de la région. Le 16 juin 2012, plusieurs chefs d'état-major de pays de la CEDEAO se réunirent à Abidjan pour une réunion de travail visant à valider un concept d'opération élaboré par les militaires de la CEDEAO, avec l'assistance d'experts de l'ONU, de l'UA et des États-Unis[770].

À l'issue de cette réunion, les responsables militaires annoncèrent que la *CEDEAO envisageait de déployer une force militaire d'environ 3300 soldats au Mali afin de combattre les rebelles touareg et les islamistes armés dans le nord du pays. Ils précisent que la force servira à stabiliser et consolider les institutions de transition à Bamako, ainsi qu'à engager la reconquête du nord aux côtés de l'armée malienne*[771].

Le 29 juin 2012, un sommet ordinaire de chefs d'État de la CEDEAO a lieu à Yamoussoukro, en Côte d'Ivoire, afin de discuter des négociations en cours avec les groupes armés qui opèrent dans le nord du Mali et de l'envoi éventuel d'une force régionale en vue d'éviter un enlisement de la situation. Au début du mois de juillet 2012, les chefs d'État de la CEDEAO décident d'envoyer une mission technique au Mali dans le but de préparer l'envoi d'une force militaire ouest-africaine[772].

Cette mission technique, composée de responsables militaires et politiques, est dirigée par le médiateur de la CEDEAO, Blaise Compaoré. Lors de cette réunion, la CEDEAO demande également au Conseil de sécurité de l'ONU d'accélérer l'adoption d'une résolution autorisant le déploiement d'une force régionale dans le nord du Mali.

2. *Les acteurs de la crise malienne*

Les acteurs internes sont pluriels à côté de ceux externes. Parmi les acteurs internes prépondérants, il y a un président en fin de carrière surnommé le *"soldat de la démocratie"*, Amadou Toumani Touré (ATT) qui devait quitter

---

[770] R. COOLSAET, S. BISCOP. et J. COULMONT, « Mali: Another European intervention without the EU? », in *Egmont security policy brief*, n°42, Janvier 2013, p.1.

[771] I. LASSERRE, T. OBERLÉ, *Notre guerre secrète au Mali. Les nouvelles menaces contre la France*, Paris, éd Fayard, 2013, p.28.

[772] *Idem.*

le pouvoir après les élections prévues fin avril. Une fin de règne programmée qui explique en partie sa faible résistance au coup d'Etat du 22 mars 2012.

A côté de lui se trouvaient des militaires inconnus et inexpérimentés des casernes auteurs du coup d'Etat qui ont joué un rôle important par la création d'un mouvement qui devait diriger l'Etat après le coup d'Etat.

Lorsque le 21 mars 2012, le lieutenant Amadou Konaré annonce à la télévision publique le renversement d'Amadou Toumani Touré, son visage est inconnu des Maliens. Et pour cause : comme la majorité des dirigeants de la junte, il est un simple officier de l'armée avant de devenir le porte-parole d'un mystérieux Comité national pour le redressement de la démocratie et la restauration de l'Etat (CNRDR)[773]".

La raison de leur colère était entre autres qu'en guerre contre des indépendantistes du nord du pays, l'armée subissait des pertes.

En plus de cette raison, une grande partie des revendications était très sociale : la piétaille se fait massacrer au nord alors que la hiérarchie s'en mettait plein les poches[774]. Ces revendications ont permis aux mutins de rallier à leur cause une partie de l'opinion publique. Le 29 mars 2012, des manifestants pro-junte ont occupé avec succès le tarmac de l'aéroport de Bamako, empêchant les leaders de la Communauté économique des Etats d'Afrique de l'Ouest (CEDEAO) de se poser.

Cependant, l'inexpérience des mutins a été lourde de conséquences. *Dans la mesure où Jusqu'à présent, ils n'ont fait que du tort au Mali"*, car une certaine opinion a jugé ce coup d'Etat *"non seulement inepte mais très négatif pour le Mali"*[775].

De fait, la désorganisation de l'armée et de l'Etat a permis à la rébellion du nord de prendre les trois plus grandes villes de la région en trois jours. *"Et l'Oscar du putsch le plus inepte de la décennie est attribué à l'unanimité à... la junte malienne"*.

Un autre acteur de cette situation a été le Mouvement national de libération de l'Azawad, des rebelles organisés et déterminés qui a été le principal adversaire de l'Etat malien dans le Nord[776].

C'est lui qui était en position de force, au moins dans cette partie du pays. Sa revendication était simple : l'indépendance de l'Azawad, territoire de 800 000 km², soit plus de la moitié du Mali.

Il a été fondé en novembre 2010 et dirigé par Mahmoud Ag Ghali. Il est composé majoritairement de Touareg, mais aussi de Maures, de

---

773 Souligne Pierre BOILLEY. Leur chef, le capitaine Amadou Sanogo, est professeur d'anglais au sein de l'armée.

774 Lire à propos M. LAVERGNE, « Les deux soudans après la sécession du sud : des lendemains qui déchantent », in *Questions internationales,* n°59, novembre décembre 2012, pp.105-114.

775 M. LAVERGNE, *Op.cit*, p.106.

776 T. HERNAULT, *L'évolution de la doctrine d'utilisation des Forces spéciales françaises*, Paris, L'Harmattan, Février 2015, p.126.

Songhaïs et d'anciens des rébellions précédentes. Il est monté en puissance avec le retour des Touareg chassés de Libye par la chute de Mouammar Kadhafi, en 2011. Ces derniers ramènent dans leurs bagages des blindés légers et des missiles sol-sol. *"Ce groupe a constitué l'apport décisif pour la constitution de la branche armée du MNLA, fin décembre-début janvier"*, mais leur nombre pourrait avoir doublé pour atteindre 2 000 à 3 000 soldats[777].

Après la prise de Tombouctou et de Gao le 1er avril 2013, ils enregistrent de nombreux ralliements. Même chose avec les habitants de la région : *"Avec les succès, une majorité de gens sont manifestement derrière eux avec fierté"*[778].

Un autre acteur local est Ansar Dine, la minorité salafiste ; composé de salafistes touareg, Ansar Dine *"est un mouvement un peu hybride, à la fois salafiste et indépendantiste"*[779].

Minoritaire, ce mouvement ne partageait pas les mêmes objectifs que le MNLA. *"Ils voulaient libérer le territoire et ensuite établir la charia au Mali. Ce que rejettait le MNLA, qui parlait de l'établissement d'une république laïque."*

Sur le terrain, ses 200 à 300 hommes ont participé aux combats. *"Toutes les conquêtes l'ont été en collaboration*, où l'autre acteur puissant sur terrain fut Al-Qaïda au Maghreb islamique (AQMI). *Aqmi ne revendiquait rien"*, c'est juste un mouvement terroriste, les visées étaient ailleurs. Et pour cause,*"cette guerre n'est pas dans son intérêt, Aqmi n'a jamais revendiqué une quelconque conquête territoriale"*[780].

Le conflit pouvait même desservir l'organisation, qui n'a pas les faveurs du MNLA. "

Un autre acteur qui est venu se greffer au conflit malien, c'est l'inconnue du Mujao qui a été créé à Gao. Le Mouvement pour l'unicité et le jihad en Afrique de l'Ouest (Mujao) est venu sans nul doute un peu plus compliquer la situation[781]. Ce groupe se présentait comme une dissidence d'Aqmi. Il serait composé de jeunes Touareg séduits par l'idéologie islamiste et l'argent des rançons des prises d'otages.

Les acteurs du conflit montrent comment les alliances se faisaient et pouvaient se défaire à la suite des circonstances qui émaillaient les conflits au Mali

C'est ainsi qu'il y a lieu de voir comment l'Union Africaine s'est investie dans ce conflit.

---

777 *Idem.*

778 *Ibidem*

779 T. HERNAULT, *Op.cit*, p.134.

780 *Idem.*

781 *Ibidem.*

c. Nature de l'intervention de l'UA dans la crise malienne

Le Mali est un Etat de l'Afrique de l'Ouest et membre de la CEDEAO qui vivait paisiblement sa démocratie mais a été frappé par les retombées du printemps arabe notamment par les conquêtes des islamistes se réclamant de l'Azawad[782].

Ainsi elle a connu une présence militaire des troupes étrangères en vue de déloger et de mettre à néant les velléités de ces combattants tendant à la partition du pays

C'est ainsi qu'elle a connu la Mission internationale de soutien au Mali sous conduite africaine (MISMA), dont le nom dans les documents préparatoires a, un temps été la Mission de la CEDEAO au Mali (MICEMA), était une mission de l'UA, initialement menée par la CEDEAO, autorisée le 20 décembre 2012 par la résolution 2085 du Conseil de sécurité de l'ONU en vertu du Chapitre VII, qui visait à mettre fin à la crise politique et sécuritaire découlant du coup d'État du 22 mars 2012[783].

Cette mission avait pour mandat dans un premier temps de reconstituer la capacité de l'armée malienne, en étroite coordination avec les autres partenaires internationaux, en prévision de la reconquête du Nord-Mali, tombé aux mains de groupes armés après le coup d'État du 22 mars. Dans un deuxième temps, la mission devra aider les autorités maliennes à reprendre le contrôle du Nord et à réduire la menace posée par les organisations terroristes qui s'y trouvent[784].

La MISMA devait également aider à la sécurisation des institutions maliennes de transition en vue du rétablissement de l'ordre constitutionnel. Elle s'est terminée le 1er juillet 2013 avec la mise en place de la Mission intégrée des Nations unies pour la stabilisation au Mali (MINUSMA).

La Mission internationale de soutien au Mali sous conduite africaine (MISMA), dont le nom dans les documents préparatoires à un temps, était la Mission de la CEDEAO au Mali (MICEMA), fut une mission de l'UA, initialement menée par la CEDEAO, autorisée le 20 décembre 2012 par la résolution 2085 du Conseil de sécurité de l'ONU en vertu du Chapitre VII, qui

---

782 Lire comprendre le conflit au Mali, in *www.lemalirelief.com,* consulté le 11/02/2016. Voir également www.ritimo.org

783 J.-F. DAGUZAN, *La France, le Mali et la question diplomatique. Une guerre par défaut*, in AFRI, Vol. XV, 2014, pp.4-8 ; Voir aussi L.-A. THEROUX-BENONI, L'architecture sécuritaire internationale à l'épreuve de la crise malienne, centre de recherche en développement international du Canada (CRDI), Ottawa, 15 avril 2015, in Institute for security studies, *www.issafrica.org,* consulté le 12/02/2016. Voir également la résolution 2085 du Conseil de sécurité, *www.un.org*, consulté le 12/02/2016.

784 Lire Le conseil de sécurité autorise le déploiement d'une force internationale au Mali à sa 6898ème séance, in *www.un.org*, consulté le 12/02/2016 ; voir également Lettre datée du 13 décembre 2012, adressée au Président du Conseil de sécurité par le Secrétaire général (S/2012/926).

visait à mettre fin à la crise politique et sécuritaire découlant du coup d'État du 22 mars 2012[785].

Le 11 novembre, lors d'un sommet extraordinaire, les chefs d'État et de gouvernement de la CEDEAO adoptent à leur tour le concept opérationnel harmonisé. Ils précisent que la force militaire de 3300 soldats sera placée sous l'autorité de la CEDEAO et sera majoritairement composée par les pays membres, mais que des États non membres pourront également fournir des contingents[786]. Ils exhortent également le Conseil de Sécurité de l'ONU à procéder à l'examen diligent de ce Concept en vue d'autoriser le déploiement de la MISMA, sous chapitre VII, le plus rapidement possible[787].

Le Concept d'opération est finalement entériné deux jours plus tard par le Conseil de paix et de sécurité de l'UA (PSC/PR/COMM.2(CCCXLI)). La même journée, le président de la Commission de la CEDEAO, Kadré Désiré Ouedraogo, annonçait que la MISMA était prête à être déployée[788].

Le Concept harmonisé des Opérations, aussi intitulé « cadre opérationnel stratégique », est transmis au Conseil de sécurité de l'ONU le 15 novembre. Le 29 novembre, le Secrétaire général de l'ONU soumet au Conseil de sécurité un rapport (S/2012/894), en vertu de la résolution 2071, qui fait le point sur l'application de cette résolution, particulièrement en ce qui concerne l'appui apporté par l'ONU au processus politique malien et l'établissement de plans pour le déploiement éventuel de la force régionale.

Dans ce rapport, le Secrétaire général présente au Conseil le « cadre opérationnel stratégique » adopté par la CEDEAO et l'UA et définit les contours de l'opération envisagée. Dans la recommandation qu'il formule dans son rapport, le Secrétaire général reconnait qu'une opération militaire pourrait être nécessaire en dernier recours pour affronter les éléments extrémistes et criminels les plus intraitables dans le nord, mais souligne l'importance de prioriser une solution politique. La réticence du Secrétaire général a recommandé l'autorisation d'une force militaire et rapidement dénoncé par l'UA et la CEDEAO.

Ce n'est que le 20 décembre 2013 que le Conseil adopte, en vertu de l'article VII de la charte de l'ONU, la résolution 2085 autorisant le déploiement de la MISMA. Le texte de six pages, qui comprend un volet politique et un volet militaire, tente de prendre en compte tous les doutes qui entourent cette

---

[785] Lire Le conseil de sécurité autorise le déploiement d'une force internationale au Mali à sa 6898ème séance, in *www.un.org*, *op.cit,*

[786] Voir Communiqué officiel de la CEDEAO du sommet extraordinaire du 10-11 novembre 2010 à Abuja, in *www.ecowas.org*, consulté le 12/02/2016.

[787] *Idem.*

[788] Lire l'intégralité de la décision (PSC/PR/COMM.2(CCCXLI) du Conseil de paix et de sécurité sur le site *www.peaceau.org/fr,* consulté le 12/02/2016. Voir également le document département paix et sécurité de l'Union africaine sur mettre fin aux conflits, maintien de la paix, AMISOM, Somalie, Lybie, Soudan, Côte d'ivoire, Rwanda, Afrique du sud, ... in *www.peaceau.org/fr,* consulté le 12/02/2016.

intervention au Mali, notamment les risques humanitaires exprimés dans un rapport du Secrétaire général et les questions relatives au respect des droits de l'homme par les soldats maliens et africains[789].

Sur le plan politique, la résolution appelle Bamako, conformément à l'Accord-cadre signé le 6 avril 2012, à finaliser, grâce à un dialogue politique large et ouvert, une feuille de route pour la transition visant à rétablir pleinement l'ordre constitutionnel, notamment en organisant des élections présidentielles et législatives avant avril 2013. Elle invite aussi les autorités maliennes de transition à engager des négociations crédibles avec les groupes présents dans le nord du pays qui se désolidarisaient des groupes terroristes[790].

Au moment où cette décision de déployer cette opération, au 23 janvier, les Etats africains avaient promis les troupes pour cette opération. Il s'agit du Bénin (300 hommes de troupes), Burkina Faso (650 hommes troupes, 500 hommes autres contrôlent la frontière nord), Guinée (144 hommes de troupes), Sénégal (500 hommes de troupes), Niger (500 hommes de troupes), Nigeria (1 200 hommes de troupes), Tchad (2 000 hommes de troupes), Togo (500 hommes de troupes), Burundi (800 hommes de troupes)[791].

Par contre, l'Afrique du sud, Mauritanie, Rwanda, Ghana avaient seulement annoncé leur intention de participer. Mais il faut voir ces annonces, souvent, ont la nature de publicité et jouent sur l'opinion publique nationale et internationale ainsi que sur le prestige de l'Etat annonciateur[792].

Qu'à cela ne tienne, il convient de voir que cette opération constitue un vrai dépassement des termes et du cadre du chapitre VIII de la Charte des Nations Unies

d. Caractéristiques du dépassement du chapitre VIII de la Charte des Nations Unies

Cette opération nous présente des faits saillants importants à savoir l'initiative de la création, le mandat, la mise en œuvre des mécanismes africains sous régionaux et régionaux de maintien de la paix d'une part et, de l'autre, la solidarité africaine des Etats voisins du Mali

Par rapport à l'initiative, il convient d'observer que la CEDEAO qui est une organisation sous régionale a pris cette option lorsque l'ONU hésitait encore. Cette organisation est très expérimentée en matière de constitution des opérations coercitives[793].

789 Voir résolution 2085 du Conseil de sécurité, *Op.cit.*

790 Voir résolution 2085 du Conseil de sécurité, *Op.cit.*

791 R. MIELCAREK, « Guerre au Mali : les armées africaines peuvent-elles se mesurer aux djihadistes ? », in *www.slate.fr,* consulté le 12/02/2016.

792 *Idem*

793 Lire l'histoire de l'opération ECOMOG LIBERIA, in *www.operationspaix.net,* consulté le 12/02/2016.

Elle avait réussi au Liberia en 1990 à travers l'ECOMOG (groupe d'observateurs militaires) qui avait fini par assurer une fonction coercitive contre la faction du front national politique de libération du Liberia du général Charles Taylor[794]. Dans ce dernier cas, le Conseil de sécurité avait accueilli favorablement cette action et avait félicité la CEDEAO[795]. Ce qui constituait déjà un cas de reconnaissance de la licéité des initiatives coercitives régionales[796].

Il faut faire observer qu'il ne s'agit pas d'une pratique que certaines personnes considèrent de contra legem mais de la mise en œuvre d'un droit régional particulier contre lequel l'ONU ne s'est jamais plainte de l'existence. Il est faux d'affirmer comme le font certains du caractère contra legem de ces initiatives surtout qu'il n'y a aucune sanction assortie à ces genres des mesures au niveau de l'ONU[797].

Le cas malien est important dans la mesure où, lorsque nous suivons la chronologie des dates dans la prise de cette décision d'intervention.

D'abord, l'initiative régionale de la CEDEAO avait pris l'ascendance sur les initiatives africaines de l'UA mais également sur celles de l'ONU.

En effet, la CEDEAO a initié des pourparlers qui ont abouti à un accord du 06/04/2012 prévoyant l'élaboration d'une feuille de route en vue du rétablissement de l'ordre constitutionnel, le dialogue national sans exclusion et l'organisation d'une élection présidentielle libre, transparente et régulière dans le délai de 12 mois à compter de la signature dudit accord[798].

La CEDEAO a pris même des sanctions économiques, financières et diplomatiques à l'encontre de la junte à Bamako en décrétant un embargo total sur le pays[799]

En date du 01 septembre, les autorités maliennes l'ont saisi afin de demander une aide militaire pour réorganiser les forces armées, rétablir l'intégrité

---

794 R. DRAMAN et D. CARMENT, "Managing chaos in the west africa sub-region: assessing the role of ECOMOG LIBERIA", in *Occasional paper*, n°26, 2001, in *www.server.carleton.ca,* consulté le 12/02/2016.

795 La résolution créa la Mission des Nations unies au Libéria en dit long sur cet aspect.

796 F. WEISSMAN, Libéria, derrière le chaos, crise et intervrntion internationales, in Relations internationales et stratégiques, n°24, Paris, IRIS, 1996, in Centre de réflexion sur l'action et les savoirs humanitaires, *www.msf-crash.org*, p.4, consulté le 05/02/2016.

797 Y. NOUVEL, « La position du Conseil de sécurité face à l'action militaire engagée par l'Otan et ses membres contre la République fédérale de Yougoslavie »in *Annuaire français de droit international,* Année 1999, Vol 45, N°1, pp 292-307 ; voir également dans le même sens S. SUR, « Quelle légalité pour le conflit armé en droit international ? N°24, pp103-117, *URL : www.cairn.info*, consulté le 12/06/2016.

798 P. KALUME BEYA, « La résolution 2085 du Conseil de sécurité sur le Mali constitue-t-elle un engagement ou un désengagement au règlement militaire de ce conflit ? », in *Cahiers Africains des Droits de l'Homme et de la Démocratie*, 17ième année, n°039, Vol II, Avril-Juin 2013, p.68.

799 Le Mali-France, ONU in *http://www.franceonu.org,* consulté le 14/02/2016.

territoriale du pays dont le nord était occupé par des groupes terroristes et de lutter contre le terrorisme[800]

Il faut observer que la CEDEAO est un des mécanismes régionaux africains pour la prévention, la gestion et le règlement des conflits tels que consacrés par le protocole du CPS en son article premier et, en vertu, de l'article 16 du protocole instituant le CPS, elle entretient des rapports étroits avec le CPS et le président de la Commission et applique tout le droit de l'Union Africaine mais également son propre droit.

C'est ainsi que, considérant les dispositions pertinentes de l'Acte constitutif de l'UA notamment les articles 4(j) relatif au droit des Etats membres de solliciter l'intervention de l'Union et 4(h) relatif au droit de l'Union d'intervenir dans un Etat membre sur décision de la Conférence dans certains cas à savoir les crimes de guerre, le crime de génocide et les crimes contre l'humanité et ceux du protocole du CPS à savoir les articles 3 et 16 qu'il faut lire en liaison, nous pouvons considérer comme licite l'action de la CEDEAO de créer cette opération en date du 10 Octobre 2012 le concept stratégique pour la résolution des crises au Mali qui avait au départ le nom de la MICEMA.

Il s'ensuit que l'UA a adopté ce principe du caractère coercitif de cette opération en sa réunion du 24 Octobre 2012 et a envisagé que l'opération soit appelée MISMA.

Cet effort de prise en charge de la gestion du conflit par l'adoption d'une initiative régionale coercitive atteste à suffisance du changement de rôle dans le mécanisme de maintien de la paix. Ce que nous qualifions de régionalisme inversé, situation telle que les initiatives régionales interviennent avant celles des Nations Unies et cette organisation vient tout simplement les agréer sans complainte ni plainte. D'ailleurs dans la plupart de cas, elles les ont saluées et encouragées.

La situation du Mali a présenté les mêmes réalités voire un désengagement net et clair des Nations Unies ; cela s'observe par le fait que la situation au Mali s'empirait mais le Conseil de sécurité a pris en date du 05 juillet 2012 la Résolution 2056 qui n'avait qu'un caractère global et abordant la situation du sahel et les effets du printemps sur cette région[801] et plus tard la résolution 2100 du 25 avril 2013 qui abondait dans le même sens[802].

Lorsqu'il y a eu un coup d'Etat, le conseil ne s'est limité qu'à condamner et sans prendre des mesures dissuasives ; en date du 09/04/2012, il a adopté une déclaration de presse appelant la mise en œuvre immédiate de l'accord-cadre signé entre la CEDEAO et les mutins, ce qui équivaut à louer l'initiative de l'organisation alors qu'elle n'avait pris aucune mesure nécessaire.

---

[800] P. KALUME BEYA, *Op.cit*, p.68.

[801] Voir texte de la résolution

[802] Alors que sa résolution 2085 (2012) postphasée l'usage de la force après une année à partir de la résolution, la résolution 2100 en son paragraphe 6 salue l'intervention française et de la mission internationale de soutien au Mali sous conduite africaine pour rétablir l'autorité territoriale du pays

Le 11 mai 2012, au lieu de passer à la vitesse supérieure, elle a juste entendu monsieur Said Djinnit, représentant spécial du Secrétaire Général pour l'Afrique de l'Ouest sur la situation sans avancée concrète et a évoqué simplement la situation au Mali. Le 15 juin 2012, elle a réuni une délégation conjointe de l'Union Africaine et de la CEDEAO pour examiner les moyens et mécanismes de sauvegarder l'ordre constitutionnel au Mali ainsi que l'unité et l'intégrité du pays, notamment à travers une opération régionale.

Dans l'entretemps et en dépit de ces pertes de temps considérables de l'ONU, cette organisation qui constatait que les terroristes prenaient du terrain, elle ne décidait rien et malheureusement, elle finit par prendre la Résolution 2056 qui apporte son soutien aux efforts de la CEDEAO et l'Union Africaine pour résoudre la crise du Mali[803].

La situation qui continuait à se dégrader davantage sur terrain n'emballait même pas le Conseil de sécurité pour une action importante alors qu'il y avait une montée importante des acteurs illégitimes et illégaux notamment AQMI, le MUJAO, MNLA et les autres.

En date du 12/10/2012, le Conseil de sécurité a adopté la Résolution 2071 présentée par la France et le Royaume uni puis soutenue par le Togo, le Maroc, l'Afrique du sud, l'Inde et l'Allemagne appelant à dissocier les groupes armés au Nord du Mali des mouvements terroristes, sous peine des sanctions.

La lecture minutieuse de la Résolution 2071 dégage le fait que le conseil continuait à considérer la situation au Mali comme une menace contre la paix et la sécurité internationales, qualification plutôt souple qui n'apporte presque pas d'action d'envergure alors que la situation sur terrain était celle de la rupture de la paix et le Conseil a presque différé l'usage de la force que la CEDEAO et l'UA requéraient inutilement et préalablement et ce, sous le couvert d'un chapitre VIII largement dépassé par le texte de ces organisations.

Ainsi, l'on considère même que la pratique des OMP qui s'inscrivent dans une logique démocratique peuvent faire usage de la force[804], non seulement lorsque leurs mandats les autorisent mais également lorsque la restauration de l'ordre démocratiquement établi est une nécessité pour l'imposition des résultats[805].

Déjà dans la résolution 2071, le Conseil renvoyait les parties à la négociation et, même avec l'adoption en date du 20 décembre 2012 de la Résolution 2085 à l'unanimité des membres, l'on se rend compte que le Conseil autorise le déploiement d'une force africaine (MISMA) d'assistance aux forces maliennes dans la restauration de la sécurité de l'Etat malien mais laquelle opération ne

---

[803] P. KALUME BEYA, *Op.cit*, p.41.

[804] BALINGENE KAHOMBO, « Le démocratisation dans l'ombre de crises et violences politiques en Afrique : rétrospective et prospective sur le rôle des opérations de maintien de la paix », in O. NDESHYO RURIHOSE (dir), Mélanges NGUYA-NDILA… *Op.cit,* p.614.

[805] DOMINIQUE BANGOURA, « Les modalités d'intervention : deux cas de maintien de la paix (Libéria et Centrafrique) », in P. ANGO ELA, *La prévention des conflits en Afrique Centrale. Prospective pour une culture de la paix*, Paris, Karthala, 2001, pp.102-104.

devait se déployer qu'une année après l'adoption de la Résolution soit au second semestre 2013.

Cette position de l'ONU a été analysée comme simplement un désengagement[806]car cela s'est observé qu'après cette adoption soit 20 jours, les groupes terroristes avaient repris les offensives au nord et le Mali a recouru rapidement à la CEDEAO et aux Etats partenaires en vertu de ses accords de coopération qui se sont déployées rapidement sans attendre que l'ONU ne revienne sur sa résolution dans le but de demander aux Etats de se déployer sans délai.

Ce désengagement se lit encore à travers la conduite de cette opération qui est essentiellement africaine ; C'est ainsi que Sonia Legourelliec considère pour sa part que le désengagement de l'ONU en Afrique est effectif et irréversible dans la mesure où les opérations initiées sur ce continent par l'UA ou elle-même l'ONU sont toujours conduites par des combattants exclusivement africains[807].

La lecture du régionalisme parait plus juste dans ce contexte car c'est la France qui est venue soutenir rapidement le Mali à la suite de la déclaration de son président qui a abondé comme suit : *« le Mali fait face à une agression d'éléments terroristes, venant du Nord, dont le monde entier sait désormais la brutalité et le fanatisme, il en va donc, aujourd'hui, de l'existence même de cet Etat ami, le Mali, de la sécurité de sa population, et celle également de nos ressortissants. Ils sont là-bas à 6000.J'ai donc, au nom de la France, répondu à la demande d'aide du président du Mali appuyée par les pays africains de l'Ouest. En conséquence, les forces armées françaises ont apporté cet après-midi leur soutien aux unités maliennes pour lutter contre les éléments terroristes, … »*.

Nous pouvons donc relever aisément que le Mali lui-même en tant qu'Etat ne comptait même pas revenir à l'ONU pour sa défense mais plutôt sur la solidarité africaine et ses accords de défense ou d'amitié avec d'autres Etats.

Une fois de plus, nous pouvons observer que l'initiative régionale et, incidenciellement, la légitime défense collective sont venues au secours du Mali marquant encore un dépassement de la logique du chapitre VIII.

Nous ne pouvons clore cette analyse du Mali voire de la CEDEAO sans faire observer que cette organisation s'était même déployée en Guinée Bissau avec l'ECOMIB qui est le fruit d'une organisation régionale dont le mandat coercitif a été donné lorsqu'il fallait lutter contre les tentatives de déstabilisation de cet Etat. Ceci prouve concrètement que l'initiative connait des avancées qui constituent à n'en point douter des dépassements du cadre contextuel du

---

806 P. KALUME BEYA, La résolution 2085…, in *Op cit*, p.98.

807 S. LEGOURIELLEC, « l'ONU en Somalie : le refus de l'engagement ? », in *www.operationspaix.net*, consulté le 08février 2016, dans le même sens, HARSCH Ernest, constate que face au désengagement des grandes puissances, l'Afrique renforce ses capacités, in L'Afrique se dote de forces de maintien de la paix, *Afrique Relance*, Vol. 17#3, octobre 2003, p.1.

chapitre VIII ; cela s'explique encore mieux par la prolifération des situations nécessitant les interventions de l'ONU.

Nous ne saurons clore cette section sans évoquer la situation récente de la RCA qui marque nettement un dépassement du chapitre VIII de la Charte des Nations Unies.

B. Les opérations déployées en République Centrafricaine

La République centrafricaine est un Etat de l'Afrique centrale et se trouvant dans une sous-région qui a connu une instabilité chronique entre les années 1990 et 2000, laquelle a secoué presque tous les Etats de la sous-région[808].

Cependant, les problèmes et causes des conflits n'étaient pas les mêmes à travers les Etats.

Bien que les conflits aient presque les mêmes causes, chaque Etat les aborde à sa manière et les moyens mis en œuvre peuvent être différents. D'où d'ailleurs comprendre le contexte dans lequel le conflit a émergé permet de se rendre compte des mécanismes de son règlement par une étude polémologique.

La RCA a connu plusieurs types des conflits à des périodes variées, celui qui nous intéresse le plus connait ses débuts autour des années 2012.

a. Contexte du conflit en RCA

La Centrafrique a connu depuis le milieu des années 1990 un cycle de soulèvements politico-militaires qui ont profondément déstabilisé l'environnement politique du pays et qui ont grandement contribué à la détérioration des perspectives socio-économiques, déjà compromises, de la population centrafricaine[809].

En 1996, le président élu Ange-Félix Patassé a été en effet menacé par une série de trois mutineries au sein des Forces armées centrafricaines (FACA), qui l'a amené à demander l'intervention de l'armée française[810].

À partir de cette crise, l'instabilité était devenue progressivement chronique dans le pays. C'est dans ce contexte de crises politiques et économiques que l'ancien président André Kolingba (1981- 1993) a tenté un coup d'État contre le président Patassé le 28 mai 2001 ; l'intervention de la Libye et des soldats du

[808] J. KENFACK, A. KOAGNE ZOUAPET, « La CEEAC et les opérations de paix. Evolutions et bilan une décennie après la création du COPAX », in *Guide du maintien de la paix*, CERIUM, Université de Montréal, 2011, p.2.

[809] S. ESCOFIER, E. FERRIER, M.-M. OLSEN., M. SHUSTERMAN, M. NORKUTE, « Nature et formes de la violence, causes du conflit en RCA », in *Grenoble*, Février 2004, in *www.irenees.net*, consulté le 11/02/2016.

[810] P. GOURDIN, « République Centrafricaine : géopolitique d'un pays oublié », in *www.diploweb.com/République-centrafricaine.html,* consulté le 12/02/2016.

Mouvement de libération du Congo (MLC) a permis toutefois au président de se maintenir au pouvoir[811].

En réponse à cette instabilité politique chronique, la Communauté économique et monétaire d'Afrique Centrale (CEMAC) a mis en place, en décembre 2002, la Force Multinationale en Centrafrique (FOMUC). La FOMUC, qui a pour mandat initial d'assurer la sécurité du président Ange-Félix Patassé, la restructuration des forces armées et de surveiller le travail des patrouilles mixtes le long de la frontière avec le Tchad, s'est impliquée à partir de 2004 dans des tâches liées au processus électoral[812].

De plus, les problèmes récurrents au sein des FACA ont empêché le rétablissement de la sécurité en RCA. Les FACA, qui ne comptaient que 5 000 employés dont uniquement 1 500, ont été prêts au combat, avaient fait face à des problèmes majeurs de recrutement, d'équipement et de préparation au combat, une partie importante des effectifs ayant dépassé l'âge de la retraite[813].

La multiplication des factions armées, la prolifération des armes légères, l'ethnicisation progressive des violences, les retards dans les programmes de DDR, la généralisation du banditisme ainsi que du phénomène des « coupeurs de route » et les violations répétées des droits humains commises aussi bien par les groupes armés que par les forces de sécurité gouvernementales ont été autant de défis sécuritaires avec lesquels le gouvernement et les missions internationales présentes en Centrafrique ont dû composer[814].

En juin 2008, le gouvernement a signé les Accords de paix globaux de Libreville avec l'APRD, l'UFDR, le FDPC et l'Union des forces vives de la Nation (UFVN). Le MLCJ a signé pour sa part un accord de paix avec le gouvernement en décembre 2008. Le tout a mené à l'adoption d'une loi d'amnistie générale et d'un document-cadre pour le lancement du DDR en RCA[815].

Le CPCJ et le FDPC ont été les principaux absents du processus de paix de 2008. Les efforts du président Bozizé pour réamorcer le dialogue politique avaient porté néanmoins fruit en décembre 2008 avec l'ouverture du Dialogue politique inclusif qui s'est déroulé jusqu'en janvier 2009. Ce dialogue a réuni une vaste majorité des acteurs politiques et militaires du pays et ses conclusions avaient établies les principaux objectifs à atteindre et des échéances à respecter, notamment pour les élections présidentielles en vue de la normalisation de la situation politique.

---

[811] S. ESCOFIER, E. FERRIER, M.-M. OLSEN, M. SHUSTERMAN, M. NORKUTE, *Op.cit.*

[812] S. NDAYAMBAJE, « L'action internationale autour des enjeux de sécurité en Afrique centrale : le cas de la CEMAC dans le règlement du conflit centrafricain », in *www.only.nl,* pp.1-2, consulté le 12/02/2016.

[813] G. GAVEN, « Coup d'Etat en Centrafrique : le chef de la rébellion se proclame président », in *www.franceinfo.fr,* consulté le 12/02/2016.

[814] S. ESCOFIER, E. FERRIER, M.-M. OLSEN, M. SHUSTERMAN, M. NORKUTE, *Op.cit.*

[815] *Idem.*

b. Causes et acteurs de la crise en RCA

Deux points seront également explorés, à savoir : les causes du conflit (1) et les protagonistes (2) de la crise en RCA.

1. Les causes du conflit en RCA

Les causes du conflit en RCA trouvent leurs origines très loin dans l'histoire de ce pays ; cependant, l'on peut retrouver les causes immédiates dans les situations qui ont commencé en 2010 lorsque le processus de DDR a commencé à dérailler en janvier 2010, surtout avec l'APRD qui avait refusé d'être désarmée. Les autres groupes rebelles offrent également une collaboration très limitée aux activités de DDR[816].

En février, la Commission électorale indépendante (CEI) annonce que le premier tour des élections présidentielles et législatives aura lieu le 18 avril 2010 et le second tour le 23 mai. Les estimant irréalistes étant donné le manque de préparatifs, l'opposition dénonce aussitôt ces dates.

François Bozizé accepte finalement en mars de reporter les élections, mais estime qu'elles doivent se tenir avant le 10 juin 2010 afin d'éviter un vide juridique après la fin de son mandat. C'est ainsi qu'il propose la date du 16 mai, aussitôt rejetée par l'opposition. La CEI reporte de nouveau les élections, laissant entendre qu'elles pourraient avoir lieu en octobre. Entre temps, une loi autorise la prolongation du mandat présidentiel jusqu'aux élections. Finalement, le 30 juillet le président annonce que le premier tour des élections aura lieu le 23 janvier 2011[817].

À l'approche des élections, certains candidats de l'opposition, dont l'ancien président Ange Félix-Patassé et Jean-Jacques Démafouth, de l'APRD, réclament un nouveau report des élections. Malgré cela, les élections se déroulent finalement comme prévu le 23 janvier 2011 dans un calme relatif. L'ensemble des candidats de l'opposition dénoncent dès le lendemain le nombre élevé d'irrégularités ainsi que des cas d'abus et de fraudes.

Après la démission de sept de ses membres, la CEI annonce les résultats provisoires le 1er février attribuant 64 % des voix au Président sortant François Bozizé, tandis que le parti de ce dernier remporte la majorité des sièges aux législatives. Les partis d'opposition décident alors de ne pas participer au second tour du 20 mars 2011. Peu après la mort d'Ange Félix-Patassé dans un hôpital du Cameroun, un nouveau gouvernement est formé et plusieurs membres de

---

[816] A. MEYER, « Peace and Security cooperation in Central Africa, Developments Challengers and Prospects », in *Discussion Paper 56,* Nordiska Afrika institute, Uppsula, 2011, p.11.

[817] INTERNATIONAL CRISIS GROUP, "Les racines de la violence », Rapport Afrique numéro 230, Septembre 2015 in *www.internationalcrisisgroup.com,* consulté le 018/02/2016, p.21.

l'opposition ainsi que d'anciens mouvements rebelles rejoignent alors la majorité pour entrer au gouvernement[818].

Les violences armées se poursuivent après les élections, principalement du fait du CPJP dans la région de Ndélé. Ce dernier finit par signer un accord de cessez-le-feu au mois de juin suite à un remaniement du gouvernement afin d'y faire entrer des membres de l'opposition et d'anciens groupes rebelles. Le 27 juin, le président annonce le début des opérations de désarmement de 350 ex-combattants de l'APRD[819].

Un accord de paix est finalement signé entre une faction dissidente de la Convention des patriotes centrafricains pour la justice (CPCJ) et le gouvernement le 19 juillet. En octobre, un accord de cessez-le-feu met fin à des combats amorcés en septembre entre le CPCJ et l'UFRD autour de la ville de Birao. En mai 2012 l'APRD se dissout et cesse d'exister en tant que groupe politico-militaire ou en tant que rébellion[820].

Le 25 août 2012, la CPCJ, dernier groupe rebelle encore actif en Centrafrique, signe un accord de paix avec le gouvernement faisant suite à l'accord de cessez-le-feu de juin 2011 et se transforme en parti politique. Cependant, une faction dissidente du groupe, qui se donne le nom de CPCJ fondamentale, refuse l'accord et attaque les localités de Damara et Sibut, au nord de Bangui, à la mi-septembre. Un communiqué revendiquant l'attaque fait pour la première fois référence à l'alliance Séléka CPSK-CPJP[821].

Ce n'est cependant que le 10 décembre 2012 que la coalition rebelle Séléka, regroupant notamment le CPSK, le CPJP, l'UFDR et le FDPC, lance sa première offensive d'importance contre la ville de Ndélé occupée par la faction du CPCJ alliée au gouvernement[822]. Des hommes armés prennent d'assaut la ville et réussissent à occuper brièvement une partie du centre de la ville avant d'en être chassés par les forces gouvernementales. Le MICOPAX n'intervient pas dans ces affrontements.

Le jour suivant, des hommes armés de l'UFDR attaquent les villes de Sam Ouandja et d'Ouadda, dans le nord-est du pays. Ce groupe, dirigé par Michel Djotodia qui est également à la tête du Séléka, reproche au gouvernement de ne pas avoir suffisamment fait pour mettre en œuvre les accords de paix signés en 2008. Après deux jours d'affrontements, les rebelles réussissent à occuper Ndélé, Sam Ouandja et Ouadda. La coalition rebelle continue sa progression au cours des jours suivants, en prenant le contrôle de la ville minière de Bria et Kabo les 18 et 19 décembre 2012.

---

818 INTERNATIONAL CRISIS GROUP., « Art cit…"in *Op cit*, p.25.

819 S. ESCOFIER, E. FERRIER, M.-M. OLSEN, M. SHUSTERMAN, M. NORKUTE, *Op.cit*.

820 *Idem*.

821 J. BISSAKONOU, « Cours d'histoire pour comprendre la crise centrafricaine » in *www.grotius.fr*, consulté le 19/02/2016.

822 J. BISSAKONOU, *Op.cit*.

Pendant ce temps, l'armée tchadienne est déployée en Centrafrique suite à une demande formulée par le président Bozizé. Les rebelles poursuivent leur avancée vers la capitale et refusent de quitter leurs positions tant qu'ils n'obtiendront pas un dialogue sincère avec Bangui. Les rebelles réussissent ainsi à prendre la ville de Batangafo, mais l'armée reprend la ville de Kabo après de violents combats.

Les négociations entre le Séléka et le gouvernement devant se tenir au Tchad le 21 décembre, en marge d'un sommet extraordinaire de la CEDEAO, sont finalement reportées. Les rebelles annoncent néanmoins la suspension de leurs opérations afin de donner une chance au dialogue.

Cependant, le Séléka s'empare des villes de Ndassima et d'Ippy dès le lendemain, puis de Bambari, l'une des principales villes du pays le 23 décembre. Après la prise de Bambari, le Séléka demande au président Bozizé un cessez-le-feu pour favoriser le dialogue et déclare de nouveau l'arrêt de ses opérations. Malgré les appels au dialogue, le 29 décembre, la coalition capture sans combats la ville de Sibut, à 160 km de Bangui, les FACA et les troupes tchadiennes ayant quitté la ville la veille pour se repositionner à Damara.

Au début du mois de janvier, le président Bozizé annonce qu'il prend personnellement le contrôle du ministère de la Défense et qu'il limoge le chef des FACA pour ne pas avoir réussi à stopper l'offensive rebelle. Le 1er janvier, suite à un appel à l'aide lancé par le président, le Gabon, la République du Congo et le Cameroun envoient 120 soldats chacun pour renforcer la MICOPAX[823].

Le lendemain, le commandant gabonais de la MICOPAX annonce que la ville de Damara constitue une ligne rouge et que toute tentative de la part des rebelles pour prendre la ville sera considérée comme une déclaration de guerre contre les dix États membres de la CEEAC[824]. Le 6 janvier, l'Afrique du Sud annonce le déploiement de 400 soldats en Centrafrique afin de venir renforcer le contingent sud-africain déjà en place.

Les négociations entre le gouvernement et le Séléka s'ouvrent finalement le 9 janvier 2013 à Libreville sous l'égide de la CEEAC. Les négociations portent principalement sur la renégociation des accords de paix signés entre 2007 et 2011, notamment ceux de 2008. Dès le jour suivant, le Séléka donne son accord de principe, sous certaines conditions, pour un cessez-le feu de sept jours. Les rebelles conditionnent notamment le cessez-le-feu au départ des troupes sud-africaines et à la libération des prisonniers politiques.

Finalement, le 11 janvier le Séléka et le gouvernement signent un accord fixant les modalités pour l'arrêt des hostilités. L'accord prévoit que l'Assemblée nationale sera dissoute, que des élections législatives seront organisées dans 12

---

[823] CPS, "Lancement du processus de transition de la MICOPAX à la Mission internationale de soutien à la Centrafrique sous la conduite africaine ». Communiqué de presse de la 385ième du CPS de l'UA, le 19juillet 2013.

[824] A. MEYER, *Op.cit*, p.15.

mois et qu'un nouveau Premier ministre issu de l'opposition sera nommé afin de former un gouvernement d'union nationale dont le portefeuille de la défense devrait revenir au Séléka. Le président Bozizé est maintenu au pouvoir, mais l'accord précise qu'il ne pourra pas révoquer le nouveau Premier ministre au cours de la période de transition.

Le texte prévoit également le retrait de toutes les forces militaires étrangères du pays, à l'exception de la MICOPAX. Cette dernière est d'ailleurs chargée de l'application des accords de Libreville par la CEEAC.

Le 13 janvier, le porte-parole du Front pour l'annulation et la reprise des élections de 2011 (FARE-2011), Nicolas Tiangaye, est élu à l'unanimité par l'opposition centrafricaine au poste de Premier ministre. La candidature de M. Tiangaye est acceptée par le Séléka et le 17 janvier, le président Bozizé signe le décret officiel confirmant sa nomination. Malgré ces progrès dans la mise en œuvre de l'Accord de Libreville, plusieurs combattants du Séléka sont insatisfaits, notamment concernant la mise en œuvre des précédents accords signés par Bozizé.

C'est ainsi que le 22 janvier, une faction du Séléka attaque les villes de Dimbi et de Kembé. Le ministère de la Défense et la majorité présidentielle dénoncent immédiatement ces attaques comme une violation pure et simple des Accords de Libreville. À la fin janvier, le Séléka accuse le gouvernement de ne pas respecter certains termes des accords de paix, notamment en ce qui concerne la nomination d'un ministre de la Défense issu de l'opposition et le retrait des troupes étrangères. Le nouveau gouvernement est finalement formé le 3 février après plusieurs jours de tractations intenses.

Le président du Séléka, Michel Djotodia, obtient le portefeuille de la Défense et le poste de premier Vice-premier ministre. Les rebelles obtiennent aussi les ministères de la Communication et des Forêts, tandis que le ministère des Mines est confié à un ancien ministre jugé proche des rebelles. Le Séléka se dit néanmoins déçu par le nouveau gouvernement puisqu'il s'attendait à obtenir au moins trois ministères de plus.

À peine cinq jours après la formation du nouveau gouvernement d'union nationale, des membres du Séléka s'emparent de la ville de Mobaye dans le sud du pays. Cette nouvelle attaque est dénoncée par des hauts responsables du groupe qui affirment qu'il s'agit d'un moyen de chantage par des membres dissidents pour empêcher l'intégration des rebelles au gouvernement. En réaction à l'attaque, des soldats de la MICOPAX, des hommes du Séléka effectuent pour la première fois à la mi-février une mission conjointe de sécurisation dans les zones du centre et du sud. Cette mission permet notamment l'évacuation pacifique des éléments dissident du Séléka à Mobaye.

Début mars 2013, alors que débutent les opérations de cantonnement des forces rebelles, le Séléka contrôle encore sept villes, soit Kaga-Bandoro, Sibut, Alindao, Ndélé, Bria, Bambari et Soamoandja. Les rebelles affirment maintenir ces positions dans l'attente de la libération des prisonniers politiques et le départ des troupes étrangères. Le 11 mars, estimant que le gouvernement n'a pas répondu à leurs demandes, les rebelles rompent le cessez-le-feu et capturent les villes de Gambo et de Bangassou, dans le sud du pays, mettant en déroute les forces gouvernementales.

Les rebelles progressent ensuite rapidement vers l'est capturant la ville de Rafaï. Le 18 mars, le Séléka donne un ultimatum de 72 heures au gouvernement pour répondre à ses revendications. Le 20 mars, le président proclame deux décrets permettant de libérer des prisonniers politiques et de lever le couvre-feu, deux des revendications du Séléka. La rébellion se déclare toujours insatisfaite, revendiquant entre autres le départ des troupes étrangères et l'intégration des combattants rebelles au sein de l'armée, et annonce la reprise des hostilités. Le Séléka s'empare des localités de Bouka et de Batangafo le jour suivant, puis de la ville de Bossangoa. Le 22 mars, il force le barrage de la MICOPAX à Damara et prend le contrôle de la capitale le 24 mars, forçant le président Bozizé à fuir en RDC.

Deux jours avant la prise de Bangui, le président tchadien et président en exercice de la CEEAC, Idriss Déby, avait affirmé que les militaires de la MICOPAX étaient présents pour aider le gouvernement de transition, dont le Séléka fait partie, à mettre en place l'accord de Libreville et souligné que la mission n'avait pas pour mandat de tirer sur telle ou telle partie, ajoutant que les accords de Libreville restaient valables malgré l'offensive du Séléka et que la transition devait se poursuivre.

La validité des accords de Libreville est confirmée par le Séléka dans son premier message après la prise de Bangui, lorsqu'il fait part de son « attachement à une dynamique inclusive pouvant présider à la conduite de la transition » et annonce son intention de maintenir M. Tiangaye au poste de Premier ministre. M. Djotodia, autoproclamé président, fait toutefois savoir que les élections auront lieu d'ici trois ans, prolongeant ainsi la période de transition de deux ans.

Il contrevient également aux accords en proclamant la dissolution de l'Assemblée nationale et la suspension de la Constitution. Idriss Déby, le président en exercice de la CEEAC, dénonce ces violations de l'Accord dont la mise en œuvre justifie le maintien de la MICOPAX et l'appui de la Communauté internationale. Le 31 mars un nouveau gouvernement d'union nationale est formé. Ce gouvernement est composé de 34 ministres, dont neuf issus du Séléka, huit de l'ancienne opposition, un de l'entourage de l'ex-président et 16 de la société civile et de différentes formations politiques nationales. Affirmant que 16 des ministères ont en fait été attribués à des alliés du Séléka se faisant passer pour des militants de la société civile, l'opposition indique toutefois qu'elle ne soutiendra pas ce gouvernement.

Le 3 avril, Idriss Déby annonce à l'issue du sommet extraordinaire de la CEEAC à N'Djamena qu'il est impossible de reconnaitre la légitimité du président Djotodia. Selon lui, un collège élu par les forces vives de la Nation doit être à la tête de la transition pour jouer le rôle de l'exécutif et choisir le président de la transition, transition qui ne doit pas excéder 18 mois. La même journée, le commissaire de l'UA pour la paix et la sécurité, Ramtane Lamamra, déclare que le nouveau gouvernement centrafricain devra tenir des élections d'ici un an.

M. Djotodia approuve dès le lendemain les conclusions du sommet de N'Djamena et annonce le 6 avril la création d'un Conseil national de transition (CNT), qui a pour tâche d'élire un nouveau président pour un mandat de 18 mois, de rédiger un avant-projet de Constitution sur lequel la population sera amenée à se prononcer et de jouer à titre temporaire le rôle d'organe législatif. Ce Conseil est composé de membres issus des différents partis politiques, du Séléka, de la société civile et de la magistrature. Le 13 avril, le CNT élit Michel Djotodia au poste de président, donnant ainsi une certaine légitimité au nouveau régime.

Suite à la prise de Bangui, le pays, et en particulier la capitale, connaissent une recrudescence de l'insécurité. À peine trois semaines après la prise de pouvoir par le Séléka, OCHA avertit que la situation humanitaire en Centrafrique continue de se dégrader en raison de l'insécurité chronique causant des déplacements importants des populations à travers tout le pays.

Des affrontements violents entre la population et les rebelles font plusieurs morts à Bangui et de nombreux cas de pillages sont rapportés. Le 16 avril, le Secrétaire général de l'ONU, Ban Ki-moon, exprime sa vive préoccupation face à la détérioration rapide de la situation sécuritaire en Centrafrique, tout en saluant les efforts de la CEEAC et de l'UA et en exhortant ces deux organisations à prendre des mesures immédiates et urgentes pour répondre à la gravité de la situation. Le même jour, le président Djotodia annonce la mise en place de plusieurs mesures pour lutter contre l'insécurité à Bangui, dont l'ajout de 500 policiers et 500 gendarmes ainsi que le casernement des combattants du Séléka.

Il va même jusqu'à évoquer la possibilité de faire appel à l'armée tchadienne. Le Premier ministre Tiangaye demande de son côté l'aide de la France et de la FOMAC pour sécuriser le pays. Le gouvernement français fait savoir qu'il est prêt à appuyer tout effort pour faire revenir la stabilité à Bangui, à condition cependant qu'il y ait en place des autorités légitimement reconnues, ce qui n'est pas le cas du président actuel selon la France.

La CEEAC organise de son côté un quatrième sommet extraordinaire à N'Djamena, le 18 avril 2013, au cours duquel les chefs d'États reconnaissent l'élection de Michel Djotodia à la présidence[825]. Ils promettent également de déployer 1 500 soldats au sein de la MICOPAX en renfort aux 500 déjà présents et de doter la mission d'un mandat adéquat en vue d'accompagner les efforts du gouvernement de transition, tant dans le domaine de la sécurité que dans la restructuration des forces de défense et de sécurité.

---

[825] Lire Communiqué officiel de cette sur le site officiel de la CEEAC, *www.ceeac.org*, consulté le 12/02/2016.

Aucun échéancier n'est cependant fixé pour l'envoi des renforts ni pour la modification du mandat de la mission. Le Sommet requiert l'envoi d'une mission militaire d'évaluation de la MICOPAX et adopte la Déclaration dite « de Ndjamena ». Cette déclaration engage le Gouvernement de la RCA, la CEEAC, l'UA, l'ONU, l'UE et l'OIF à se consulter au sujet des mesures à prendre pour renforcer l'efficacité de la mission. La création du Groupe international de contact sur la RCA (GIC-RCA) est également convenue, dans le but de faciliter la transition[826].

Au cours de la première réunion du GIC-RCA, qui a eu lieu le 3 mai 2013 à Brazzaville, les participants réaffirment leur volonté d'accompagner la RCA dans la transition afin que le pays retrouve sa stabilité politique et exhorte l'ensemble des pays de la région à faire de même à travers l'« Appel de Brazzaville ».

2. *Les acteurs de la crise en RCA*

Le conflit en RCA présente une diversité d'acteurs. L'on peut citer le gouvernement, la Séléka : ex-rebelles musulmans, les partis politiques de l'opposition, les milices chrétiennes.

"Séléka" signifie "alliance" en sango, c'est une langue parlée en Centrafrique. La Séléka est une coalition d'hommes armés issus du Nord-Est de la Centrafrique. Région d'origine de Michel Djotodia, une région où les musulmans sont majoritaires alors qu'ils sont très minoritaires dans le reste du pays : ils représentent 15% de la population totale de la RCA.

Les Sélékas sont devenus les forces loyalistes depuis la prise du pouvoir en mars dernier. Coup d'Etat qui a entraîné l'éviction de François Bozizé et à l'arrivée de Michel Djotidia, leader de la Séléka, comme président auto-proclamé. C'est le premier chef d'Etat musulman en Centrafrique majoritairement chrétienne.

Les miliciens chrétiens sont un groupe qui s'est constitué à la suite des exactions commises par les musulmans sur les chrétiens. Etant les ennemis de la Séléka, ils sont devenus également très importants au conflit et qui agissaient en légitime défense aux attaques de la Séléka.

Il s'agit de combattants aussi appelés miliciens anti-Balaka. Ils sont venus reprendre la capitale Bangui le 5 décembre 2012. Ce sont des opposants armés au nouveau régime mis en place le 24 mars et soutenu par le Séléka.

Ils se définissent comme des groupes d'auto-défense face aux massacres perpétrés par la milice musulmane Séléka. Ils seraient bien organisés militairement, ayant réussi à conquérir rapidement une partie de la ville de.

---

[826] C. GUICHERD, "L'investissement de l'UE en Afrique centrale : un pari risqué », in *Institut de sécurité de l'UE*, Occasional Paper n°95, mai 2012, pp.23-26.

c. Nature de l'intervention de l'UA en RCA

La RCA a connu une expérience particulière de la mise des opérations de maintien de la paix au travers un mécanisme sous régional qui est la CEEAC, une des branches de l'architecture africaine de paix et de sécurité[827]. Cette expression de la volonté africaine de soutenir l'Union Africaine dans le cadre du concept de la régionalisation du maintien de la paix en vue de résoudre les problèmes africains par les africains.

C'est ainsi qu'elle a connu des opérations particulières dans le cadre de la CEEAC. Elle a connu la MICOPAX qui a débuté le 12 juillet 2008 et a pris fin le 15 décembre 2013 dans le cadre de cette architecture mais il faut admettre que l'initiative sous régionale avait bel et bien commencé un peu plus tôt[828].

Placée sous l'autorité de la Communauté économique des États d'Afrique centrale (CEEAC), la Mission de consolidation de la paix en Centrafrique (MICOPAX) a officiellement remplacé le 12 juillet 2008 la Force multinationale en Centrafrique (FOMUC), créée le 2 octobre 2002 par la Communauté économique et monétaire de l'Afrique centrale (CEMAC)[829]. Elle a été remplacée le 19 décembre 2013 par la Mission internationale de soutien à la Centrafrique (MISCA[830]).

La MICOPAX, qui était une mission de la Force Multinationale des États d'Afrique Centrale (FOMAC) s'inscrivant dans l'architecture de paix de la CEEAC, était dirigée par un représentant spécial du Gabon et bénéficiait du soutien financier de l'UE et logistique de la France. Elle avait pour mandat de consolider le climat de paix et de stabilité, d'aider au développement du processus politique de promouvoir le respect des droits de l'homme, de coordonner l'aide humanitaire et de prendre part à la lutte contre le VIH/SIDA. Son mandat a été modifié en 2013 pour inclure la mise en œuvre des accords de Libreville entre le gouvernement centrafricain et la coalition rebelle du Séléka.

En réponse à cette instabilité politique chronique, la Communauté économique et monétaire d'Afrique Centrale (CEMAC) met en place, en décembre 2002, la Force Multinationale en Centrafrique (FOMUC). La FOMUC, qui a pour mandat initial d'assurer la sécurité du président Ange-Félix Patassé, la restructuration des forces armées et de surveiller le travail des

---

827 P.-N. TAWA, « Interventions internationales et résolutions des conflits en Afrique noire :bilan et perspectives », *Notes d'analyse politique,* Thinkingafrica, NAP n°12, Août 2013, publié sur www.thinkingafrica.org, consulté le 04/01/2016 ; Dans le même sens , JEANCLOS Yves, Les conflits ne sont pas ce que les médias croient qu'ils sont au XXIème in Annuaire français des relations internationales, 2015, Vol XVI,

828 J.-D. BIYOQUE BI NTOUGOU et Z. TAMEKAMTA, « Dynamique des réponses sécuritaires de la CEEAC à la crise centrafricaine », in *Groupe de recherche et d'information sur la paix et la sécurité*, Note n°6 du 25 Mars 2014, p.4.

829 A. MEYER, *Op.cit.*

830 Lire in *www.operationspaix.com* sur la MISCA.

patrouilles mixtes le long de la frontière avec le Tchad, s'implique à partir de 2004 dans des tâches liées au processus électoral[831].

Au plus fort de sa présence, la mission militaire atteint 380 soldats du Gabon, de la République du Congo, du Tchad et du Cameroun. Y voyant une opportunité de renforcer son statut de chef de file régional et de réaffirmer son influence en RCA face à celle de Kadhafi, le Président du Gabon est le fer de lance de cette initiative. Par sa position à la tête du comité ad hoc qui a mis sur pied la mission, le Président gabonais est ainsi en mesure de s'assurer que les deux commandants à la tête de la FOMUC au cours de ses six années de déploiement soient Gabonais.

Le 15 mars 2003, le général François Bozizé, qui avait fui au Tchad le 9 novembre 2001 en raison de son implication dans le coup d'État de mai 2001, prend le pouvoir en Centrafrique grâce au soutien de certains groupes armés tchadiens. Ce coup d'État a lieu en dépit de la présence des 310 soldats africains de la FOMUC et de 300 militaires français, chargés entre autres choses de protéger le gouvernement et le président. Bozizé est élu président et prend la tête d'une coalition parlementaire majoritaire le 8 mai 2005 lors d'élections législatives et présidentielles simultanées. Sur le plan sécuritaire, les élections sont suivies d'une nouvelle période d'instabilité qui voit apparaitre l'éclosion de plusieurs rébellions armées[832].

C'est dans un contexte de graves crises politiques qu'au cours de l'été 2008, la CEMAC transfère les responsabilités de la FOMUC à la CEEAC.

Au cours de ses six premiers mois d'existence, alors que le processus de réconciliation politique franchit des étapes importantes, la MICOPAX tente de transformer la mission de paix relativement traditionnelle qu'était la FOMUC en mission intégrée de consolidation de la paix. L'existence à la fois de la CEEAC et de la CEMAC entraîne une problématique de duplication des mandats en matière de paix et de sécurité, d'autant plus que les deux organisations comptent les mêmes États membres[833].

Afin de rectifier ce problème, deux conceptions sont envisagées : soit une division des responsabilités (économiques pour la CEMAC et politiques/sécuritaires pour la CEEAC), soit la fusion des deux organisations afin de former une véritable communauté d'intégration régionale. La transmission au Conseil de paix et de sécurité de l'Afrique centrale (COPAX) des responsabilités assumées par la mission de la CEMAC s'inscrit donc directement dans le processus d'harmonisation et de coordination de deux organisations régionales[834].

---

[831] CENTRE D'ACTUALITES DE L'ONU, « Le Conseil de sécurité autorise le déploiement de la MISCA, avec l'appui des forces françaises »in *www.un.org*, consulté le 10/02/2016.

[832] E. MVIE MEKA, *Architecture de la sécurité et gouvernance démocratique dans la CEEAC*, Friedrich ebert stiftung, Presses universitaires d'Afrique, Yaoundé, 2007, p.23.

[833] E. MVIE MEKA, *Op.cit*, p.23.

[834] M. LUNTUMBWE, « APSA : contours et défis d'une Afrique de la défense », in *Note d'analyse du GRIP*, 15 janvier 2015, Bruxelles, pp.8-14.

La décision de transférer le maintien de la paix est prise en octobre 2007, lors du sommet des chefs d'État de la CEEAC à Brazzaville en République du Congo. Après une période de planification de plus de six mois, la FOMUC se transforme en MICOPAX en juillet 2008. Première mission sous l'autorité de la COPAX, la MICOPAX s'inscrit dans la nouvelle architecture de maintien de la paix de la CEEAC.

Bien que déployée dans le cadre de la FOMAC [1], la mission est dirigée par le Chef d'État gabonais par l'intermédiaire d'un Représentant spécial. Le président gabonais bénéficie de la collaboration de la conférence des chefs d'État de la COPAX, ainsi que du Secrétaire général de la CEEAC qui est responsable de la gestion administrative de la mission. Cet arrangement organisationnel de la mission confirme la primauté de l'influence gabonaise dans le maintien de la paix régional en Centrafrique, en continuité du rôle joué par cet État au sein de la FOMUC. La MICOPAX reste toutefois supervisée et régulièrement évaluée par la CEEAC.

Le mandat de la MICOPAX est notablement plus étendu que celui de la FOMUC, qui était initialement limité au domaine sécuritaire classique de protection du gouvernement. Ce mandat élargi est en fait une tentative de mettre en place une mission de paix régionale intégrée afin de mettre fin à la crise en Centrafrique. Le 12 juin 2008, la CEEAC adopte la « Décision N°02/CEEAC/CCEG/XIII/08 portant sur le mandat de la Mission de Paix du 12 juillet au 31 décembre 2008 et Mission de Consolidation de la Paix du 1er janvier 2009 aux environs de l'année 2013 du Conseil de paix et de sécurité de l'Afrique centrale en République centrafricaine », qui établit le mandat de la MICOPAX pour une période de six mois renouvelables jusqu'en 2013. La CEEAC confie à la mission les objectifs suivants :

- consolider le climat de paix et de stabilité ; notamment à travers l'aide au gouvernement pour le désarmement, la démobilisation et la réinsertion (DDR) des rebelles, la réforme du secteur de la sécurité (RSS) et le soutien aux forces nationales en matière d'ordre public, ainsi que la protection du personnel de l'ONU et des civils ;
- aider au développement du processus politique ; ceci inclut le soutien aux efforts du gouvernement pour le dialogue et la réconciliation, et à l'organisation des élections ;
- soutenir les efforts des gouvernements et des ONG pour assurer le respect des droits de l'homme ; et
- coordonner l'aide humanitaire et prendre part à la lutte contre les maladies, en particulier le VIH/SIDA.

La direction de la MICOPAX sur le terrain est assurée par le Représentant spécial du président du Gabon, qui est appuyé par une petite équipe de conseillers civils (moins d'une dizaine de personnes) composée d'experts politiques et juridiques et d'une cellule de communication. Outre sa direction, la MICOPAX est constituée de trois composantes : militaire, policière et civile.

À l'image des difficultés rencontrée par l'UA et d'autres organisations régionales africaines dans d'autres missions de paix intégrées, le déploiement de la composante civile de la MICOPAX s'avère problématique, celle-ci se limitant surtout à l'équipe de conseillers entourant le Représentant spécial même si elle est en charge des affaires concernant la justice, les droits humains, la question du genre, la prévention du VIH/SIDA et la protection des enfants[835].

Cette composante doit également se doter de conseillers en RSS, en affaires politiques et économiques. Les deux autres composantes sont responsables d'assurer la sécurité et la protection des civils, de maintenir l'ordre, d'appuyer les processus de DDR et de RSS, ainsi que de soutenir le processus politique, notamment l'organisation des élections.

La mission militaire d'évaluation, dirigée par l'UA et comprenant des représentants de la CEEAC, de l'ONU et de l'Organisation internationale de la Francophonie, se déroule du 2 au 7 mai 2013. Ses conclusions montrent que la situation sécuritaire et humanitaire s'est dégradée, en raison de la décomposition des Forces armées centrafricaines (FACA), dont seulement 10% des effectifs ont repris du service, créant un vide sécuritaire[836].

Malgré des efforts soutenus, la MICOPAX fait face à une inadéquation de son mandat au regard du contexte sécuritaire, à une absence de clarté dans sa chaine de commandement et dans le plan de sécurisation de Bangui, et à une insuffisance de moyens logistiques et financiers.

Afin de pallier la dégradation sécuritaire en RCA, la mission militaire d'évaluation préconise le renforcement de la présence sécuritaire fournie par la MICOPAX, afin de soutenir le Gouvernement de transition dans la restauration de la paix.

La CEEAC élabore ainsi un mandat et un budget pour la MICOPAX 2, sur la base d'un effectif de 2000 hommes et pour une durée de 20 mois et propose la mise en place d'une nouvelle mission, qui serait davantage en mesure de répondre à la situation en RCA[837].

Lors de sa 380ème réunion du 17 juin 2013, en dépit de la décision de la CEEAC de renforcer considérablement le mandat et les effectifs de la MICOPAX, le Conseil de Paix et de Sécurité de l'UA appuie le principe de la mise en place d'une Mission internationale de soutien à la République centrafricaine sous conduite africaine (MISCA), dont le concept d'opération doit être élaboré par des experts de l'Union Africaine[838].

Lors de sa 385ème réunion du 19 juillet 2013, le Conseil de Paix et de Sécurité de l'UA décide d'autoriser le déploiement, pour une période de six mois, de la MISCA, qui aura un effectif de 3652 personnels, dont 3500

---

[835] Lire « MICA, ... », in *Op cit.*

[836] France-ONU, « la RCA est présente à l'ordre du jour de la commission de consolidation de la paix »in *www.diplomatie.gouv,* consulté le 18/02/2016.

[837] Communiqué conjoint de presse UA-CEEAC du 02 septembre 2013.

[838] Lire « MISCA » in *www.micapeaceau.org*, consulté le 09/02/2016.

personnels en uniforme (2475 militaires et 1025 policiers) et 152 civils. Les troupes servant actuellement au sein de la MICOPAX constitueront les éléments centraux de cette mission. Ses objectifs sont :

- la protection des civils et la restauration de la sécurité et de l'ordre public.
- La stabilisation du pays et la restauration de l'autorité de l'Etat centrafricain.
- La réforme et la restructuration du secteur de la défense et de la sécurité.
- La création de conditions propices à la fourniture d'une assistance humanitaire aux populations dans le besoin.

La transition de la MICOPAX à la MISCA prend effet le 1er août 2013. Lors de sa 380ème réunion le 17 juin 2013, le CPS de l'UA a décidé de soutenir la mise en place d'une Mission internationale de soutien à la Centrafrique sous conduite africaine (MISCA). Cette décision est confirmée dans le Communiqué PSC/PR/COMM.2(CCCLXXXV) du Conseil le 19 juillet 2013 dans lequel les contours de la mission, qui doit englober les forces de la MICOPAX déjà présentes en Centrafrique, sont dessinés.

Originellement forte d'un effectif de 3 500 personnels en uniforme (2 475 pour la composante militaire et 1 025 pour la composante de police), elle comprendra aussi 152 civils. L'Union africaine a toutefois donné mi-décembre son feu vert au renforcement des effectifs de la MISCA à hauteur de 6 000 hommes.

La Mission internationale de soutien à la Centrafrique sous conduite africaine ou *MISCA* est une mission de maintien de la paix en République centrafricaine autorisée le 5 décembre 2013 par le Conseil de sécurité des Nations unies via la résolution 2127 demandée par la France[839]. Elle succède à la mission de consolidation de la paix en Centrafrique (MICOPAX).

Elle fait suite à la montée de la violence en République centrafricaine depuis le coup d'État en 2013 et à la résolution 2121 du conseil de sécurité des Nations unies. La mission se déploie à partir du 19 décembre 2013 sous la houlette de l'Union africaine et avec le soutien militaire de la France.

Elle doit compter 6000 hommes et durer 12 mois. Début décembre 2 500 militaires de l'Union africaine venant du Gabon, du Cameroun et du Tchad sont alloués à la mission, en plus des forces françaises, comptant 1600 militaires. Le 19 décembre, la MISCA succède officiellement à la FOMAC[840]. Ses effectifs sont alors de 4 500 hommes, dont 850 soldats du Burundi et 850 soldats du Tchad. Les effectifs montent à 6 000 hommes en février 2014.

---

[839] France-ONU, « la RCA, chronologie du conflit »in *www.diplomatie.gouv*,consulté le 06/02/2016.

[840] Lire « RCA-transfert d'autorité de la MISCA à la MINUSCA », (15/09/2014) in *www.diplomatie.gouv*, consulté le 06/02/2016.

d. Caractéristiques du dépassement du chapitre VIII de la Charte des Nations Unies

La mise en œuvre des textes régionaux et sous régionaux dans la construction de ce que nous appelons l'architecture africaine de paix et sécurité justifie le fondement juridique de ces opérations et met en évidence l'existence d'une forte initiative sous régionale et régionale.

Si la MICOPAX était une initiative sous régionale de la CEEAC, la MISCA est une initiative régionale de l'UA qui, à travers le CPS, a décidé de créer, par sa décision PSC/PR/COMM.2(CCCLXXXV) du 19 juillet 2013, sur la base du concept d'opérations jointes de la présidente de la Commission, la MISCA et d'autoriser son déploiement par la même décision.

La simple lecture de cette décision fait voir que cette opération, c'est une opération décidée par l'UA et non par l'ONU et cette décision ne se fonde que sur le texte régional sans référence ni allusion au texte de la Charte en son chapitre VIII.

L'analyse des pouvoirs de la MISCA nous démontre la volonté de l'UA de faire usage de la force car l'opération a entre autres le mandat de protéger les civils, de créer des conditions propices à la fourniture d'une assistance humanitaire aux populations dans le besoin et de restaurer la sécurité et l'ordre public. Ces types de mandat ne peuvent se concevoir que par l'utilisation proactive et permanente de la force.

Il s'agit d'une perspective de régionalisation du maintien de la paix en Afrique qui, en dépit de volonté affichée et caractérisée, connait diverses fortunes et évolue en colimaçon dans l'optique de parfaire la doctrine africaine de maintien de la paix et de la sécurité régionales qui se vend déjà bien dans les opérations décidées, créées et déployées en vertu des textes régionaux.

Les pouvoirs accordés à cette opération montrent à suffisance que leur mise en œuvre nécessite impérativement de considérer qu'elle est dotée des capacités coercitives nécessaires en vue d'exécuter efficacement le mandat.

L'action de cette opération sur terrain confirme donc la position du dépassement en ce que nous avons observé que les bataillons d'infanterie ont mené plusieurs actions coercitives contre soit le Séléka soit contre les autres groupes rebelles.

Il échait de faire remarquer que cette opération, en dépit de difficultés, a réussi à rassembler la multinationalité, les savoir-faire spécifiques des contingents et surtout à démontrer ce que pourrait faire l'Afrique en cas de réponses urgentes aux crises et cas spécifiques des problèmes africains

Si ces opérations ont été de taille réduite mais importantes sur terrain et les résultats attestés par la restauration de la paix ou encore par la maîtrise du conflit, il faut savoir que l'UA a déployé également des opérations que *nous pouvons qualifier de robuste*. L'organisation africaine reconnait qu'il s'agit des opérations particulières qu'elle a déployées dans des situations des conflits en cours et qui ont fait à des contestations internes multiformes dont l'analyse conforte davantage notre position selon laquelle le Chapitre VIII de la Charte des Nations Unies connaît un dépassement par le texte de l'organisation, ce que nous qualifions de régionalisme inversé.

La problématique du dépassement est une question donc qui se pose avec acuité même au Nations Unies mais seulement dans des termes souples pour éviter de prendre l'organisation de vitesse.

Ainsi, dans le cadre des réunions ordinaires du Conseil de sécurité dans lesquelles le Secrétaire général des Nations Unies est associé sur la coopération entre l'ONU et les mécanismes régionaux, la question revient de plus en plus avec acuité tel que le renseigne les différents rapports établis par le Secrétaire général notamment celui S/2015/599[841].

Au cours de celle du 15 Août 2015, le secrétaire général des Nations Unies avait reconnu que les organisations régionales avaient l'avantage de la proximité avec les situations des conflits dans leurs régions et sont mieux à même de les comprendre[842].

Le représentant de la Fédération de Russie a, pour sa part, évoqué que le développement de la coopération entre l'ONU et les organisations régionales « dans l'intérêt de la mise en œuvre de la Charte des Nations Unies et notamment de son Chapitre VIII était une bonne chose pour les partenaires ». Cette position sous-entend que le chapitre VIII en question pose problème de coordination et de mise en œuvre stricte car les membres participants ont reconnu les actions régionales et leurs apports dans les conflits régionaux avec toutes les initiatives qu'elles prennent entre autres l'usage de la force dans certaines opérations[843].

Dans le cadre de ce débat toujours, la représentante du Nigéria, madame U.JOY OGWU a même dit que la multiplication de nouvelles menaces et caractère transnational avaient ébranlé la sécurité mondiale[844] ; et, à ce propos, elle considère que nous avons besoin d'une action commune et si la responsabilité première revient au Conseil de sécurité, les acteurs régionaux peuvent éclairer ce dernier et favoriser un multilatéralisme efficace. Elle demanda même que les avantages comparatifs des organisations régionales soient mieux reconnus notamment les initiatives qu'elles mettent en place même à savoir coercitives dans les opérations de maintien de la paix.

En somme, plaidant pour une meilleure mise en œuvre du Chapitre VIII de la Charte, elle a appelé à un système plus décentralisé du maintien de la paix et de la sécurité internationales en relevant que la CEDEAO avait réalisé des progrès remarquables, en prenant en main les conflits au Libéria, en Guinée et

---

[841] Ce rapport est relatif au maintien de la paix et de la sécurité internationales. La question principale abordée fut : les organisations internationales et défis contemporains en matière de sécurité mondiale.

[842] Voir document CS/12011 du Conseil de sécurité du 18/08/2015.

[843] Le représentant de la Russie à cette session s'appelle PETER VILIICHEV.

[844] Le terme sécurité mondiale renvoie à celle que les Nations Unies devaient offrir à toute l'humanité à travers la mise en œuvre de la Charte des nations Unies.

en Sierra Léone, l'IGAD avait démontré sa valeur ajoutée et la CEEAC l'avait fait au Burundi.

Les questions posées dans ce conseil montrent que le problème du cadre juridique des actions régionales ne correspond plus à la réalité des organisations régionales sur terrain. En dépit du fait que dans un langage diplomatique, certaines représentations se sont réservées, il s'est dégagé néanmoins une perception commune d'un malaise profond qui abordé tantôt en termes de décentralisation tantôt en termes d'accroissement des capacités ou encore de collaboration étroite.

A côté de cet état des choses, l'Union Africaine s'est organisée pour répondre aux défis inestimables dans un contexte presque de retrait de la communauté internationale de certaines situations en Afrique et y a mené des actions qui, bien que controversées pour certaines, ont permis de mettre en évidence les capacités opérationnelles de l'organisation.

Il s'agit des opérations menées au Darfour soudanais et en Somalie. D'où la section deuxième de chapitre.

Section II^er : LES PARTICULARITES DE LA GESTION DES CONFLITS ARMES AU DARFOUR ET EN SOMALIE

La situation des conflits armés au Darfour, un des Etats fédérés du Soudan et en Somalie n'a pas échappé au regard à l'action de l'Union africaine. Ces deux situations sont des particularités par rapport à la complexité même des mécanismes de leurs gestions.

Si d'une part, dans le conflit au Darfour soudanais, il y a une action régionale dans le cadre de l'Union Africaine mise en place puis concertée ou hybride entre cette organisation et l'ONU, d'autre part, en Somalie, il n'a été observé que la présence d'une seule organisation et un désengagement total de l'ONU.

Les particularités de cette gestion sont reconnues comme telles à travers les documents importants de l'Union africaine.

Ceci nous pousse à nous pencher également sur ces cas, en plus de considérations que nous avons relevées à la section première pour nous persuader d'une manière évidente du dépassement opérationnel du Chapitre VIII.

§1. Dans le contexte des conflits au Darfour et en Somalie

Le Darfour va constituer notre premier champ d'analyse pour affirmer notre conviction du dépassement et la Somalie viendra en seconde position avec tous les problèmes qui se rapportent.

A. *Le cas du Darfour au Soudan*

Le Soudan, avant sa désintégration d'avec le Sud Soudan de Salva Kür, autrefois le plus grand pays d'Afrique, souffre de multiples divisions religieuses, ethniques et socio-économiques : entre musulmans et chrétiens, Arabes et africains, nomades et fermiers[845]. Le triple conflit Soudanais (dans le sud, dans le Darfour à l'Ouest et dans l'Est) reflète ces fractures accentuées par des luttes pour les ressources naturelles[846]. Malgré la découverte du pétrole dans le sud du pays en 1978, le peuple Soudanais reste désespérément pauvre.

Ainsi, pour pouvoir comprendre la manière dont s'est effectuée la gestion du conflit armé au Darfour par l'Union africaine, il a paru en premier lieu utile d'examiner préalablement la complexité de la situation au Darfour qui passe par l'examen des acteurs et causes du conflit. En second lieu, nous présenterons les mécanismes consacrés par l'Union africaine pour de telles situations avant d'apprécier leurs apports.

a. Un cadre complexe d'intervention

Le Darfour a toujours vécu des situations des troubles et tensions récurrents entre les peuples qui s'y trouvent Mais depuis février 2003, une guerre civile sévit dans la région du Darfour à l'Ouest du Soudan, provoquant une persistance de la violence et l'insécurité dont les niveaux sont restés élevés[847].

Le conflit du Darfour est complexe dans la mesure où il apparaît donc d'une part la pluralité d'acteurs tant internes qu'extérieurs qui y interviennent et, d'autre part, par l'existence de plusieurs causes entraînant opposition manifeste d'enjeux. Ainsi, cette complexité s'observe non seulement pour les initiatives contradictoires dans la gestion entre la partie gouvernementale et ses alliés mais aussi au niveau de différentes factions rebelles entre elles.

Il importe de savoir que le Soudan a comme voisins au Nord l'Egypte, au Nord-est l'Arabie saoudite, à l'Est l'Erythrée, l'Ethiopie et un peu de manière assez éloignée la Somalie qui est accolée à l'Ethiopie, au sud la RDC et le Kenya, le Sud Soudan et à l'Ouest le Tchad.

Le Darfour présente une kyrielle d'acteurs qui ont des revendications particulières qui se sont entremêlées au point que le conflit semble s'enliser à devenir endormi.

Les acteurs du conflit armé au Darfour doivent en réalité être appréhendés par rapport aux forces internes qui ont pris une part active aux activités et par rapport aux acteurs qui ne sont pas soudanais mais dont la présence a eu une influence notoire sur le déroulement des hostilités.

---

[845]CRISIS GROUP, « Le Soudan et sa guerre civile au Darfour, rapport de crisis group » disponible sur *www.crisisgroup.org,* consulté le 05/10/2009.

[846]*Idem*

[847] G. MVELLE, *Op.cit*, p.244.

1. *Les acteurs internes et les causes du conflit au Darfour*

1.1. *Les forces loyalistes et leurs alliés*

Lorsque le conflit a éclaté en ce temps-là, il était question d'affrontements ethniques entre les ethnies du Darfour, des milices générées par celles-ci et le gouvernement de Khartoum mais il a pris avec le temps des proportions d'un conflit international internalisé.

Les forces loyalistes dépendant de Karthoum et de leurs alliés, la milice Janjaweeds sont une composante importante du conflit au Darfour d'une part et, d'autre part, de grands mouvements rebelles du Darfour qui les combattent pour des revendications quelconques.

Nous analysons ici l'essentiel de ce que ces forces et leurs alliés sont constitués. Il convient de relever que le Soudan est un Etat qui connaissait déjà des conflits interethniques violents et ceux religieux entre les musulmans du nord, arabisés et les chrétiens du sud.

Ainsi donc, il y a lieu de faire remarquer que les forces gouvernementales sont en réalité un éventail non seulement des troupes combattantes mais aussi des services dont les agents peuvent à tout moment être envoyés au front. Ici, le front de prédilection est le Darfour étant donné qu'avec le sud Soudan, il y a une accalmie depuis la signature de l'accord de paix.

Le conflit au Darfour a consisté en une entreprise qualifiée de criminelle, quelque peu génocidaire au Darfour[848] car les forces loyalistes se sont associées aux milices et se seraient adonnées aux massacres des civils. Ainsi, en ce qui concerne les Janjaweeds, premièrement, il y a lieu de relever que le terme Janjaweeds à son origine[849] signifiait littéralement « des noirs armés à cheval »[850]. Il désigne à l'origine les bandits de grands chemins, relativement répandus au Darfour [851] dont l'activité principale était les crimes organisés.

Plus tard, ce terme a changé de consonance pour signifier « cavaliers armés de Kalachnikovs » ; ce sont des milices levées des tribus arabes du Tchad et du Darfour[852]. Leur apparition remonte à la première guerre civile au Darfour en 1986, ils sont les premiers successeurs des premières milices tribales arabes, les Mukaheleen qui existaient depuis longtemps[853].

Les Janjaweeds, dont le nombre a été estimé jusqu'à 70.000 hommes combattants, ont été souvent recrutés dans les petites tribus arabes ne disposant pas de terres (il y est recensé des criminels de droit commun), quelques tribus

---

848CENTRE D'ACTUALITES DE L'ONU, « Darfour, Ban préoccupé par les combats, appelle les parties en conflit à la retenue », service d'information des N.V, in *www.un.org* , consulté le 11/07/2009.
849*Idem*
850HUMAN RIGHTS WATCH, *Défendre les droits humains au Darfour*, avril 2006, vol.20.
851*Idem.*
852*Ibidem.*
853CENTRE D'ACTUALITES de l'ONU, *Op, cit*, p.14.

africaines et même des mercenaires arabes étrangers venus du Tchad, du Niger ou de Mauritanie. Equipés en armes légères et des montures de chevaux ou rameaux, ils attaquent surtout des civils[854]. Aussi, sont-ils recrutés parmi les tribus Arabes.

Les milices Janjaweeds sont connues et s'affichent comme pro gouvernementales, elles luttent depuis le début des conflits aux côtés de l'armée soudanaise contre les forces rebelles[855].

De tout ce qui précède, il se dégage que le terme Janjaweeds renvoie bien indifféremment aux vraies milices et à d'autres qui collaborent avec le gouvernement. C'est ainsi que dans son rapport, au regard de cette situation, la Commission de l'ONU a identifié trois grandes catégories de membres selon la nature de leur lien avec le gouvernement soudanais et confirme qu'il ne s'agit pas en tout cas d'une structure cohérente[856].

La première catégorie entretient des relations peu étroites avec le gouvernement et a bénéficié des armes et d'autres fournitures de l'Etat relevant d'une direction tribale et même des attaques à la demande du gouvernement. Toutefois alors, la Commission les soupçonne de petites organisations des pillages pour gain personnel[857].

La deuxième catégorie est celle des missions organisées en unité paramilitaire sur le modèle de force régulière notamment de groupes dénommés « force de frappe » « Monoyahidin » ou « fusion ». Certains de ces groupes seraient dirigés par les officiers de l'armée régulière tout en étant sous le contrôle des chefs de tribus. Ces milices obéissent à une hiérarchie bien définie et agissent en marge de la loi.

La troisième catégorie comprend des forces de défense populaire et des services de renseignement à la frontière qui ont un fondement juridique et politique aux côtés des forces régulières[858].

En vue d'établir le lien étroit qui existe entre les milices et le pouvoir de Khartoum, la Commission a attesté que les milices entretiennent des relations étroites avec les forces de défense populaire, une institution créée par la loi. Ces milices reçoivent auprès de celles-ci des armes et approvisionnements qui leurs ont été distribués dans certains cas par les forces de défense populaire au détriment d'autres milices[859].

Depuis que la communauté internationale a pris conscience des agissements des Janjaweeds consistant en des violations systématiques du DIH, la réaction du gouvernement consiste, elle, à nier l'existence des liens entre l'Etat et les

---

854 HUMAN RIGHTS WATCH, *Défendre …Op.cit.*

855 P. KALUME BEYA, *L'organisation des Nations Unies, l'Union Africaine et le conflit armé au Darfour*, PUIC, Kinshasa, 2013, p.27.

856 D. SARA, « Darfour, leur tragédie, notre honte : l'appel pour stopper le massacre », in *Nouvel observateur*, mars 2007, p.40.

857 D. SARA, *Op.cit*, p. 41.

858 P. KALUME BEYA, *L'Organisation, … Op cit*, p.28.

859 *Idem*

Janjaweeds. Le gouvernement du Soudan ne parle pas d'une même voix avec les autorités du Darfour. Les différents responsables donnent chacun sa propre interprétation du statut de Janjaweeds et des liens avec l'Etat.

Ce qui reste une évidence dans le cadre du conflit au Darfour est le fait que ces milices sont pro gouvernementales et l'ont affiché publiquement et c'est ce qui suffit à dire qu'ils entretiennent des relations en vue de la commission des atrocités et derrière des revendications identitaires. Pour le président Omar el Béchir, l'engagement qu'il a pris le 19/06/2004 de désarmer les Janjaweeds ne visait que les bandits populaires et non les membres des autres tribus que l'Etat a armé pour combattre les rebelles et dans tous les cas d'espèces, rien n'a été fait à ce jour. La situation est restée dans un statu quo ante et entre presque dans l'oubli de la communauté internationale.

1.2. Les mouvements rebelles et leurs alliés

Le premier groupe d'acteurs internes importants ayant été présenté, il y a lieu de préciser aussi qu'il existe au Darfour l'autre groupe d'acteurs internes composés essentiellement des rebelles du Darfour, hostiles au régime de Khartoum et leurs alliées.

La doctrine définit la rébellion comme une résistance[860] avec violence et voie de fait contre les autorités[861]. Très souvent, il s'agit dans les constitutions internes des Etats, d'une infraction à l'ordre constitutionnel établi par le recours aux armes[862]. Elle peut être la résultante d'une subversion menée[863] par un Etat autre contre un Etat quelconque ou encore une initiative d'une partie de la population dans le contexte des revendications sociales, politiques et économiques qui dégénèrent en affrontements armés.

La complexité de la situation du conflit au Darfour permet de faire observer que lorsque le conflit armé a commencé en février 2003 au Darfour, des négociations de paix avaient déjà débuté en juillet 2002 au Kenya d'une part entre le gouvernement central soudanais représenté par le vice-président Ali Osman Taha et, d'autre part, les rebelles du sud Soudan (Soudan People's libération Army) représentés par John Garang[864] en vue du règlement d'un de plus vieux conflits du continent ou encore du Soudan entre le nord et le sud.

---

860 G. BASUE BABU KAZADI, *Op.cit*, p.213.

861 H. BALDE, « Le bilan de l'OUA dans le domaine du maintien de la paix et de la sécurité en Afrique ; groupe d'étude des questions de paix et sécurité internationales en Afrique », in *www.ridi.org;* consulté le 03/03/2009.

862 En droit congolais par exemple, la loi n°024/2002 du 18/11/2002 portant code pénal militaire prévoit et punit l'infraction de rébellion en ses articles 91 et 92 en ces termes : « constitue une rébellion, toute attaque, toute résistance avec violence et voie de fait commise par un militaire ou un individu de nature à mettre en péril les institutions de la République ou à porter atteinte à l'intégrité du territoire national ».

863 La subversion consiste en la commission de toute violence visant les mêmes fins que la rébellion.

864 CENTRE D'ACTUALITES DE L'ONU, *Op.cit.*, p.14.

C'est ainsi que pour figurer à la table des négociations, alors que ces mouvements existaient mais n'étaient plus actifs, ils ont lancé une rébellion avec des conséquences atroces en espérant profiter du règlement de la situation et ainsi, espérer avoir un Etat propre qui s'appellerait Darfour.

Actuellement, il existe environ une quinzaine de groupes armés issus du MJE ou du MLS qui font des alliances et des contre alliances au gré des évolutions de la situation et des négociations dans le cycle de Doha. Cependant, en 2003, lorsque le drame actuel au Darfour éclate au grand jour, en ce moment, seuls deux mouvements rebelles étaient présents. Il s'agissait du mouvement armé de libération du Soudan (M/ALS) et du Mouvement pour la justice et l'égalité[865].

En dépit des évolutions intervenues sur le terrain, nous allons donc examiner le SLM, le MJE principalement puis subsidiairement et sommairement les autres mouvements car, les deux premiers restent les plus importants de tous.

En ce qui concerne le mouvement de libération du Soudan, celui-ci est l'une de deux principales organisations rebelles au Darfour qui est le premier en termes d'effectifs et de champ d'activités géographiques et est composé essentiellement de Zaghawas, fours, massalits ainsi que certains membres des tribus arabes, jadis appelés front de libération du Darfour qui étaient partisans de la sécession du Darfour[866].

Lorsque la guerre a repris totalement en 2003, le front de libération du Darfour, par une déclaration rendue publique en mars 2003, a changé de nom pour devenir le mouvement de libération du Soudan et armée de libération du Soudan en lançant un appel en faveur d'un Soudan démocratique, uni et de la séparation de l'Etat et la religion[867].

L'argument fondamental du SLM pour justifier sa rébellion est qu'il soutient que tous les gouvernements soudanais qui se sont succédés depuis l'indépendance ont mené une politique de marginalisation, de discrimination raciale, d'exclusion, d'exploitation et de division du Darfour. Cette politique a mis à mal la coexistence pacifique entre les communautés africaines et arabes et, dans cette revendication, émargeait l'idée et la volonté de faire du Darfour un Etat à part.

Ainsi, lorsque le SLM a eu à faire sa déclaration de politique générale, il s'est voulu un groupe politique acquis aux mêmes idées relatives à la construction d'un Soudan démocratique, uni sur base des qualités nouvelles et d'opération d'une redistribution et une décentralisation totales du pouvoir en vue de réaliser un développement harmonieux, le pluralisme culturel et politique ainsi que la prospérité morale et matérielle[868]d'une part.

---

865 *Idem.*

866 P. KALUME BEYA, *L'Organisation, ...Op.cit*, p.29.

867 P. KALUME BEYA, *L'Organisation, ...Op.cit*, p.29.

868Le communiqué de presse date du 14/03/2003, il est disponible sur

De l'autre et dans ce même contexte, un autre mouvement rebelle dit ASLM soutient qu'il défend une politique nationale et non un groupe d'intérêts tribaux. Il s'oppose fermement au pouvoir de Khartoum qui se sert de certaines tribus arabes et d'organisations comme l'alliance arabe et Quresh pour imposer son hégémonie au détriment des arabes comme des non arabes[869].

Il y a lieu de faire remarquer que l'A/SLM appelé le mouvement/ l'Armée de libération du Soudan (faction Abdel Wahid au Noud) a été fondé par ce dernier en 1992 lorsqu'il faisait ses études de droit à l'Université de Khartoum[870]. Elle demeure la faction la plus importante numériquement qui revendique en plus un Etat démocratique, libéral, fédéral et laïc dans lequel tous les citoyens seraient égaux quelles que soient leurs convictions religieuses, politiques et leurs traditions culturelles[871].

Le MLS est composé d'une branche politique dénommée mouvement et d'une branche militaire qui est l'armée. C'est en 2003 que ces réformes ont été initiées à travers lesquelles une structure a été dégagée. Il s'agissait d'un chef militaire, un secrétaire général et une équipe chargée des négociations aux pourparlers avec le gouvernement[872].

Aussi, est-il que le mouvement dont question est divisé en trois groupes et essentiellement composé des fours. Il opère sur les pentes du djebel Mara situé au centre du Darfour[873]. Son Leader, Abdul Wahid Mohamed el Nour, est membre de la communauté des fours. Il est considéré par bon nombre des personnes comme le chef rebelle le plus populaire au Darfour car entre autres, il avait refusé de prendre part au processus de paix tant que la Mission hybride des Nations Unies et de l'Union africaine (MINUAD) n'aurait pas été déployée au Darfour[874].

Il convient de savoir aussi que les informations ne sont pas assez fournies en ce qui concerne l'organisation et l'effectif réel de la branche armée. Cependant, le MLS a obtenu l'essentiel de son armement en pillant les garnisons et en recourant à l'aide extérieure[875].

Le deuxième grand mouvement rebelle du Darfour est le MJE, mouvement pour la justice et l'égalité qui a vu le jour en 2001 et est dirigé par Khalil Ibrahim, ancien ministre de l'Etat qui s'est allié à Hassan el Tourabi[876] lorsque

---

www.Soudan/presse/postor, consulté le 14/07/2009.

[869]Le communiqué de presse, *Op.cit*

[870] CENTRE D'ACTUALITES DES N.U, *Op.cit*, p.14

[871] CENTRE D'ACTUALITES DES N.U, *Op.cit*, p.14

[872] P. KALUME BEYA, *L'Organisation.... Op.cit.* p.30.

[873]*Idem*

[874]*Ibidem*

[875]UA, Darfour : « Comment redynamiser le processus de paix », *Rapport Afrique n°125 du 30/04/2007.*

[876]Leader politico religieux qui a joué un rôle important. Né à KASSALA en 1932, il a soutenu OMAR EL BECHIR lors du coup d'état contre NEMEIRI. Il a dès lors œuvré aux cotés de Béchir jusqu'en 1995, année à laquelle il a été élu Président du Parlement Soudanais. En 199, le parlement fut dissout. Il fut incarcéré et le 30 juin 2005, à l'occasion du 16 anniversaire de

celui-ci a formé le Congrès national populaire en 2000. Dirigé par M.Khahil Ibrahim, un Zaghawa apparenté à Idriss Deby, le président tchadien, le MJE est réputé avoir une idéologie islamique. Bien que ceci soit nié par le MJE et Tourabi, ce mouvement est aussi accusé d'être lié à Hassan el-Tourabi, un islamiste et ancien chef des frères musulmans[877].

Le MJE est composé exclusivement des Zaghawa et avait boycotté les pourparlers de Syrte (Lybie) pour protester contre la présence des mouvements de résistance qui, prétend-t-il, n'ont aucune influence et ne sont pas présents sur terrain, au Darfour[878].

Le MJE opérait principalement au Darfour Ouest jusqu'au début du mois de mai 2005 lorsqu'il s'est scindé en deux factions dont la première est dirigée par Khalil Ibrahim et la seconde par le Colonel Gibril[879].

Dans la configuration actuelle des données sur terrain, le MJE reste le deuxième grand mouvement du Darfour à la suite duquel d'autres mouvements se sont créés. Il s'agit des mouvements qui se sont créés pour la plupart de la dislocation des mouvements importants que nous venons d'examiner. Il est compté parmi ceux-ci le mouvement de libération du Soudan, faction Minni Minnawi. Cette faction s'est séparée du MLS originaire en novembre 2005. Minni Minnawi ; occupant le poste de chef militaire du MLM avant sa désolidarisation du leader politique Abdul Wahid Mohammed. Presque entièrement composé de Zaghawas (l'ethnie de Minni Minnawi, c'est la seule faction qui a accepté de signer l'accord de paix d'Abuja. A la suite de cet accord, Minni Minnawi va être nommé au poste de conseiller présidentiel sur le Darfour[880].

A côté de ces mouvements importants, il y avait aussi l'Alliance démocratique fédérale au Darfour (ADPS/ avec à sa tête, Ahmed Ibrahim dira qui, lui, n'est issu ni du MJE ni de l'ALS contrairement à la plupart d'autres groupes armés. Dans ce même ordre d'idées de relever les groupuscules armés, il y a aussi le front des forces révolutionnaires démocratiques (FFRD) qui est mené par Salah Abdurahman Abu Surrah.

En dernier lieu, nous retrouvons le mouvement de libération du Soudan Al Ikhtyar Al Hur (MLS- libre choix) qui a à sa tête M Abderrahman Moussa et est composé de représentants de petites tribus du Darfour telles que les tribus Tunjurs et Daffus[881].

---

son pouvoir, Béchir libéra les prisonniers y compris TOURABI.

[877]CENTRE D'ACTUALITES DE N.U, *Op.cit*, p.15, voir aussi Darfour new security reality, in *Africa report n°134 du 26/11/2007.*

[878]*Idem.*

[879] G. LAYLA, « Les rivalités impérialistes derrières la crise du Darfour », in *www.Allafrica.com*, consulté le 07/06/2009.

[880] P. KALUME BEYA, *L'Organisation, ...Op cit*, p.33.

[881] P. KALUME BEYA, *L'Organisation, ...Op cit*, p.33.

A la suite de l'esquisse dans ces pages de l'essentiel de groupes armés qui opèrent au Darfour c'est à dire ses acteurs internes, il importe d'analyser et présenter les acteurs externes.

2. Les acteurs extérieurs et leur degré d'implication dans le conflit du Darfour

En rapport avec les forces externes du conflit au Darfour, il convient de connaître les Etats qui interviennent directement ou indirectement dans les conflits. Il y a lieu que nous puissions démontrer en quoi ils sont des acteurs en présence.

En ce qui concerne les Etats, nous allons analyser le rôle joué par le Tchad, la Chine et les Etats Unis qui sont impliqués par procuration[882] au Soudan.

Le Tchad est voisin direct et important du Soudan à partir du Nord Darfour avec comme capital Chamal en passant par le Darfour occidental ayant pour capital Gharb provincial jusqu'au Sud Darfour et voit des Tribus qui se chevauchent entre les deux Etats, c'est le cas de la tribu Zaghawa.

En vertu de ce lien sociologique, le président s'est impliqué tant militairement que politiquement en vue du règlement de ce conflit et son pays a participé à toutes les négociations surtout en impulsant le dialogue qui avait abouti à un accord de cessez- le- feu signé en Avril 2004 à N'Djamena mais n'avait jamais été respecté[883].

Pour comprendre comment le Tchad s'est davantage retrouvé dans le conflit du Darfour, il faut prendre en compte la conjonction de plusieurs paramètres notamment l'instrumentalisation par les régimes tchadien et soudanais comparables à l'effet de domino qui a caractérisé l'évolution des conflits en Afrique de l'Ouest[884].

Dans ce microcosme des conflits et d'acteurs, il y a eu deux autres Etats qui ne sont pas africains mais qui interviennent sensiblement dans le conflit. Il s'agit de la Chine et des USA.

En ce qui concerne la Chine, cet Etat s'est allié toujours sur l'idéologie soviétique mais avec cette rupture, la Chine a commencé à jouer le rôle d'une puissance en Asie et sur la scène internationale[885] car sa puissance s'est accrue et elle s'est retrouvée en quête des matières premières pour son industrie et s'est vite intéressée aux concessions gazières et pétrolières du Soudan.

---

[882] *Idem ;* le terme procuration doit être perçu comme renfermant l'idée selon laquelle ces Etats se faisaient la guerre par les noirs interposés. Ils arment les parties au conflit pour essayer de mettre la main sur les richesses du Soudan.

[883] B. SUGAR, « Description de la guerre du Darfour par les spécialistes de l'Afrique », in *www.un.org*, consulté le 29/11/2009.

[884] S. MASSEY et R. MAY, « The crisis in Tchad », in *African Affairs, vol 105, n°420, 2006*, p.443.

[885] Z. BREZINSKI, *Illusion dans l'équilibre des puissances,* Paris, éd. L'hermès, 1997, p.168.

Quant aux USA, forts de sa politique extérieure reposant sur l'impérialisme qui s'est manifesté par la domination politique et économique d'une part et, d'autre part, par la doctrine d'endiguement, ils se sont retrouvés dans la quête des gisements pétroliers et dans la lutte contre le terrorisme.

La lutte contre le terrorisme a permis aux USA de s'attaquer à tout Etat qui sert de terreau à ce phénomène et c'est comme cela qu'ils avaient à bombarder le Soudan.

Les USA ont joué un grand rôle dans le conflit du Darfour car ils ont qualifié l'action des Janjaweeds de génocide, exigé des sanctions commerciales internationales contre le Soudan et parlé même d'une intervention militaire[886]. Ils ont décrété un embargo contre les armes en direction de Khartoum et du Darfour d'une part et, d'autre part, ont initié des résolutions au niveau du Conseil de sécurité sur le Darfour[887].

Après avoir développé les considérations relatives aux Etats ayant participé ou participant encore au conflit sous examen, il y a lieu d'analyser les organisations qui se sont mobilisées pour tenter de le résoudre.

b. Nature et caractéristique de la gestion africaine dans le cadre de l'UA

La situation des civils du Darfour, en particulier celle des personnes déplacées reste dramatique ; Amnesty international a toujours demandé sans relâche que les civils du Darfour puissent bénéficier d'une véritable protection[888]. Cette revendication a toujours été formulée depuis que l'Union Africaine s'était mise à s'intéresser au règlement de ce conflit et ce, depuis 2004.

Mais ce qu'il faut relever est le fait que le règlement de ce conflit a connu une approche globale dans le cadre des initiatives d'une politique africaine de défense et de sécurité commune qui prône entre autres le règlement pacifique des différends et voire même le recours à la force.

1. Une approche globale de règlement par les Etats et les mécanismes régionaux

Dans cette approche, une gestion dans le cadre de l'IGAD qui est une composante de cette politique commune avait été initiée puis reprise dans le cadre du Conseil de paix et de sécurité de l'UA qui nous intéresse.

En ce qui concerne l'IGAD[889], il convient de prime abord de relever que son apport a été très significatif dans la mesure où elle s'est intéressée au conflit du Soudan depuis celui du nord contre le sud jusqu'à celui du Darfour.

---

[886] CENTRE D'ACTUALITES DE L'ONU *Op.cit.* p.17.

[887] *Idem.*

[888] I. KHAN, « Lettre ouverte aux membres du Conseil de paix et de sécurité de l'Union africaine », Londres, le 15 septembre 2006, *in www.amnesty.org*, consulté le 07 juin 2012.

[889] Autorité intergouvernementale pour le développement, organisation sous régionale regroupant les Etats du sahel.

Ainsi, le protocole de Machakos du 20 juillet 2007 conclu en 6 documents et les textes sur le partage du pouvoir, le partage de richesses, les arrangements de sécurité et le règlement du conflit dans le Kordofan méridional, les monts Nouba, le Nil bleu et la région d'Abyei[890] en constituent la base essentielle.

C'est dans ce contexte que l'IGAD a, dans un premier temps, soutenu et accompagné les efforts de paix dans la partie du Sud Soudan qui affrontait le nord. Elle a amené les parties au conflit a signé le protocole d'accord sur la cessation des hostilités le 15/10/2002 et elles ont signé aussi à partir de 2003 plusieurs accords essentiels aboutissant à leur attachement à un accord de paix global[891].

Il y a lieu de relever que sous l'impulsion de l'IGAD, les parties ont signé la déclaration sur la conclusion des négociations pour la paix au Soudan, laquelle a été prise à Nairobi le vendredi 19/11/2004. Dans celle-ci, elles reconnaissaient tous les documents signés entre parties avant le 19/11/2004, c'est à dire le protocole de Machakos, repris dans la déclaration de Nairobi en date du 05/06/2004 comme constituant et formulant l'accord de paix de base[892].

Alors que l'IGAD se penchait à régler le conflit Nord-sud, il éclatait en 2003 le conflit du Darfour.

Les Etats de l'IGAD ont été présents tout au long des négociations en tant qu'entités indépendantes entre le pouvoir de Khartoum et les rebelles du Darfour jusqu'à la signature le 08/04/2004 de l'accord de N'Djamena. L'organisation elle-même était aussi représentée. Son implication et de celle de ses Etats membres ont abouti à l'accord complémentaire du 28/05/2004 qui a été aussi signé ainsi que la déclaration de Nairobi du 5/06/2004[893].

Par ailleurs, dans le cadre de l'UA, il faut relever qu'en avril 2004, dans la foulée de l'accord de Ndjamena[894], accord dit de cessez-le-feu qui fut signé par le gouvernement du Soudan, l'Armée, Mouvement de Libération du Soudan (A/MLS) et le mouvement pour la justice et l'égalité (MJE), l'UA créa la Mission de l'Union Africaine au Soudan[895].

Cette mission s'est établie en deux phases ; la première a été constituée par le déploiement d'une force internationale de 60 observateurs militaires africains (MILOBS) chargés d'assurer le respect de l'accord de cessez-le-feu humanitaire

---

[890]Annexe à la Rés. 1574 (2004) adoptée par le Conseil de sécurité, à sa 5082e séance le 19/11/204 à Nairobi in *www.un.org*, consulté le 01/03/2009.

[891] Ces accords ont été signés pour le pouvoir de Khartoum par Dr Ali Osman Toha, premier vice-président du Soudan et pour la rébellion du sud par Dr John Garang de Mabor.

[892]Annexe à la Rés. 1574, … in *Op.cit.*

[893]Rapport du Secrétaire Général et du Président de la Commission de l'Union africaine sur l'opération hybride au Darfour, S/2007/307/ Rev.1, in *www.un.org,* consulté le 01/05/2009.

[894] M. LIEGEOIS, « Darfour, mission impossible pour la MINUAD ? les rapports du GRIP », 2009, p.6, in *www.grip.org*, p.8 consulté le 07 juin 2012.

[895] W. ASSANVO, « L'Afrique à l'épreuve du maintien de la paix, réseau d'analyse et d'information sur l'activité internationale », 13 mai 2007, in *www.multipol.org*, p.2 consulté le 08 juin 2012.

décidé et signé le 08/04/2004 par les parties soudanaises et de 300 militaires chargés d'assurer leur protection[896].

Toutefois, face à la situation sécuritaire et humanitaire qui ne cessait de se détériorer, et malgré la décision de la 3èmesession ordinaire de la conférence de l'UA[897] de porter à 80 le nombre des observateurs militaires, il était très vite devenu clair que la force présente était peu nombreuse et insuffisamment repartie sur le terrain pour mener à bien son mandat[898].

Cette réalité a conduit à une seconde phase qui s'est notamment manifestée par la demande faite par le CPS de l'UA lors de sa 13ème réunion tenue le 27/07/2004 au président de la Commission de l'UA de préparer un plan global sur la meilleure façon de renforcer l'efficacité de la mission avec la possibilité de transformer en une opération de maintien de la paix à part entière dotée du mandat et des effectifs requis pour assurer la mise en œuvre effective de l'accord de cessez-le-feu[899].

Ce plan a été approuvé par le CPS lors de sa 17ème réunion du 20/10/2004 qui avait décidé de porter les effectifs de la MUAS à 3420, comprenant 2341 personnels militaires dont 450 observateurs, 815 policiers civils[900]. Dans la même lancée, la 28ème réunion du 28/04/2005 a décidé de porter à 6171 éléments l'effectif de la composante militaire de l'AMIS, et jusqu'à 1560 éléments de police civile[901].

Cette transformation a permis de passer de la MUAS I à la MUAS II qui a reçu pour mandat similaire en plusieurs points à celui de la première phase, à savoir de surveiller et assurer le respect de l'accord de cessez-le-feu humanitaire du 08/04/2004 et de tous les autres accords futurs, d'aider à la restauration de la confiance et de contribuer à l'instauration d'un environnement sécurisé pour permettre l'acheminement de l'aide humanitaire et, au de là, le retour des personnes déplacées et des réfugiés en vue de renforcer le respect de l'accord de cessez-le-feu humanitaire par toutes les parties et de contribuer au renforcement de la sécurité au Darfour[902].

Face à ces considérations relatives à ces opérations, il importe d'analyser intrinsèquement leurs approches par rapport aux éléments et conditions prévues au chapitre VIII.

896Session tenue à Addis-Abeba, Ethiopie du 06 au 08 juillet 2004.

897UNION AFRICAINE, MUAS, « Réseau francophone, recherche sur les opérations de paix » in *http://www.opérationpaix.net*, consulté le 19 juin 20012.

898Voir rapport du président de la commission sur la situation au Darfour (Soudan), PSC/PR/2CXLV), Conseil de paix et de sécurité, 45ème réunion, 12 janvier 2006, Addis-Abeba, *in www.unionafricaine.org,* consulté le 10 juin 2012.

899 W. ASSANVO, *Op.cit,* p.2.

900Voir Rapport du président, … *Op.cit.*

901*Idem.*

902 UNION AFRICAINE, « Rapport du président de la commission sur le partenariat entre l'Union africaine et les Nations unies dans le domaine de la paix et de la sécurité : vers une plus grande cohésion stratégique et politique », in *307ème réunion du Conseil de paix et de sécurité,* Addis-Abeba, Ethiopie, 09 janvier 2012, p.26.

Le rôle le plus important des organisations régionales et sous régionales dans le maintien de la paix et de la sécurité internationales est un élément majeur du paysage sécuritaire international de la période qui a suivi la guerre froide[903]. Les organisations régionales occupent aujourd'hui une position centrale dans l'architecture de la sécurité internationale ; elles sont devenues des piliers indispensables du multilatéralisme[904]. Cette évolution est particulièrement remarquable en Afrique où des institutions qui ont été créées à des fins d'intégration économiques sont, à l'heure actuelle, intensément mises à contribution dans la gestion des défis liés à la paix et à la sécurité sur le continent. En raison de ses très larges implications sur la scène internationale, la transformation de l'OUA en UA est sans doute le développement le plus notable en Afrique[905]. Ayant adopté une architecture de sécurité complète, l'UA, en collaboration avec les CER/MR, joue désormais un rôle central dans la gestion de la sécurité sur le continent[906].

La compatibilité de ce rôle repose sur l'article 52 point 1 de la Charte des Nations unies qui prévoit l'existence d'accords ou d'organisations régionales destinées à régler les affaires qui, touchant au maintien de la paix et de la sécurité internationales, se prêtent à une action de caractère régional, pourvu que ces accords ou ces organismes et leurs activités soient compatibles avec les buts et les principes des Nations unies[907].

La Charte encourage les institutions régionales à accorder la priorité à la recherche des solutions pacifiques aux conflits, cependant qu'elle réserve au Conseil de sécurité le droit d'autoriser des mesures coercitives[908]. L'article 53 point 1 dispose qu' « aucune action coercitive ne sera entreprise en vertu d'accords régionaux ou par des organismes régionaux sans une telle autorisation ». Ces organisations ont l'obligation de tenir le Conseil informé de leurs actions[909].

Ce principe, largement respecté au cours des quatre premières décennies des Nations unies, a été mis à l'épreuve au début des années 1990, lorsque plusieurs organisations régionales et même sous régionales ont entrepris des actions militaires sans autorisation explicite du Conseil de sécurité.

Cette esquisse porte à se demander si ces initiatives prises par l'UA sont conformes au chapitre VIII tel que consacré par la Charte des Nations Unies depuis 1945 d'une part et, de l'autre, ne portent-elles pas atteinte ou préjudice au rôle du Conseil de sécurité des Nations unies ? En outre, permettent-elles de cristalliser la nécessité d'articuler la légitimité et la légalité internationales des

---

903 UNION AFRICAINE, *Op.cit*, p.39.
904 *Idem.*
905 *Ibidem.*
906 *Ibid.*
907 *Id.*
908 Lire article 52 de la Charte des Nations unies.
909 Lire article 52 de la Charte des Nations unies.

Nations Unies avec les avantages du régionalisme qui est consacré au chapitre VIII ?

Ainsi, la gestion même du conflit au Darfour par une organisation sous régionale puis par l'organisation continentale et un plus avant avec la CEDEAO qui avait initié l'ECOMOG au Libéria d'une part et, de l'autre, partout en Afrique où les organisations sous régionales ont agi puis celle continentale a pris le relai et vice versa par des initiatives coercitives porte à croire que le dépassement du chapitre VIII est irréversible et irrévocable car il ne fait plus l'ombre d'aucun doute et le Conseil de sécurité ne s'en plaint pas. Déjà, il faut faire observer que le dépassement de l'esprit et de la lettre de la Charte n'est pas nouveau, il a été abordé avec la Résolution Dean Achesson, la 377(V) du 3 novembre 1950 qualifiée « Union pour le maintien de la paix » bien que sa constitutionnalité soit restée contestée.

En effet, les initiatives de paix entreprises sous les auspices de l'IGAD en 2002 avaient enregistré des progrès notables dans le cadre du conflit entre le Nord et le Sud. Elles ont permis de signer le protocole de Machakos[910].

Le 20/07/2002, les parties au conflit ont signé le protocole Machakos dans lequel elles sont parvenues à un accord précis sur un cadre général, définissant les principes de gouvernance, le processus de transition et les structures du gouvernement, ainsi que le droit à l'autodétermination pour le peuple du Soudan, sur l'Etat et sur la religion[911].

Les parties ont convenu de poursuivre les pourparlers sur les questions pendantes du partage du pouvoir, des richesses, sur les droits de l'homme et l'application d'un cessez-le-feu et afin d'intensifier les efforts de paix et de tirer parti de la dynamique des progrès accomplis notamment la signature de l'accord sur le partage des richesses ; le 07/01/2004, l'IGAD s'est encore investie et a obtenu la signature du protocole relatif au partage du pouvoir le 26/05/2004.

Les initiatives rencontrent profondément le prescrit de l'article 52.1 de la Charte des Nations Unies en ce qu'il prescrit essentiellement le règlement pacifique avec accord explicite prévu par le même article[912].

Pour le Darfour spécifiquement, la violence avait atteint un niveau sans précédent, suite aux attaques menées à partir de février 2003 sur des cibles gouvernementales par le A/PLS et MJE et à la décision du gouvernement de répondre en déployant ses forces armées nationales et en mobilisant la milice nationale.

La paix et la sécurité régionales étaient également menacées par le cycle de terreur initié au Darfour par les acteurs illégaux et le gouvernement au point que plusieurs organisations sollicitaient une plus grande intervention car elles estimaient qu'il s'agissait d'un génocide[913].

---

910 *Idem*

911 H. SABA, *Op.cit,* p.153.

912 I. KHAN, *Op.cit*, p.1.

913 UNION AFRICAINE, « Note d'information sur le renouvellement du mandat de l'AMIS, 20

Pendant de nombreuses années, l'UA a initié et dirigé des actions internationales unilatérales visant à trouver une solution à la crise du Darfour.

Parmi celles-ci, l'on retient celles qui entrent dans le cadre d'un règlement pacifique à travers les mécanismes politiques et celles qui prennent en compte les options liées à un recours aux opérations de maintien de la paix et à l'usage de la force.

Les mécanismes politiques de règlement enclenchés ont consisté en la mise en œuvre d'un comité de médiation sous l'égide de l'Union africaine.

En effet, le 08/04/2004, sous les auspices du président Idris Deby Itno mandaté par l'Union Africaine comme médiateur et président de la Commission, et en présence des observateurs et facilitateurs internationaux, les parties soudanaises ont signé un accord de cessez-le-feu humanitaire sur le conflit du Darfour et un protocole sur la mise en place de l'assistance humanitaire au Darfour. Conformément à l'accord de cessez-le-feu humanitaire, les parties ont, entre autres, convenu de cesser les hostilités et de proclamer un cessez-le-feu, de mettre en place une Commission de cessez-le-feu qui fera rapport à une Commission conjointe, de faciliter l'acheminement de l'aide humanitaire au Darfour et de conjuguer leurs efforts en vue d'établir une paix globale et définitive au Darfour.

Dans la même perspective, les initiatives ont continué en dépit du fait que le tout premier accord n'était pas totalement respecté. Elles ont amené en date du 19/11/2004 la signature d'un mémorandum d'accord entre le Gouvernement et l'un de principaux mouvements, dans lequel ceux-ci s'engageaient à conclure un accord définitif avant la fin de l'année 2005.

Mais entre ces deux accords, d'autres initiatives importantes sous l'égide de l'Union Africaine ont été prises.

En application de l'accord du 08/04/2004, une mission de reconnaissance conduite par l'Union Africaine et incluant tous les partenaires avait visité le Darfour du 07 au 16 mai 2004 et des recommandations avaient été faites pour la mise en place de la Commission de cessez-le-feu et le déploiement d'observateurs militaires et éléments militaires pour assurer leur protection[914].

En date du 09 novembre 2004, sous l'égide de l'UA toujours, des protocoles d'Abuja sur la situation humanitaire, la sécurité ont été signés par les parties à savoir le gouvernement soudanais, le Mouvement/armée de libération du Soudan (SLM/A) et le Mouvement pour la justice et l'égalité[915].

---

octobre 2005 », in *www.unionafricaine.org,* consulté le 14 juin 2012, p.3.

[914]Conseil de sécurité, Rés. 1590 adoptées à sa 5151ème session du 24 mars 2005.

[915]Il fait distinguer qu'il existait deux régions des conflits à savoir le Nord et Sud dont l'accord de paix global a été signé le 09 janvier 2005 à Nairobi entre le Gouvernement Soudanais et le Mouvement/Armé populaire de Libération du Soudan SPLM/A tandis que le conflit du Darfour n'avait pas encore eu son accord global.

L'ensemble des protocoles d'Abuja constituaient ainsi un début d'un processus qui devait amener à faire aboutir à la conclusion d'un accord de paix global pour le Darfour[916].

Ce processus avait été repris entre 2005 et 2006 par Monsieur Olusegun Obasanjo, président du Nigéria de l'époque, qui avait consenti des efforts importants en accueillant les pourparlers de paix inter soudanais à Abuja sous l'égide de l'Union Africaine représentée aux pourparlers par M. Denis Sassou Nguesso, président du Congo et président en exercice de l'Union Africaine qui était accompagné par Salim Ahmed Salim, envoyé spécial de l'Union Africaine aux pourparlers sur le Darfour et médiateur en chef[917].

Il faut relever que l'accord de paix au Darfour a été signé en premier lieu en date du 05 mai 2006 entre le gouvernement soudanais et la faction du principal mouvement rebelle, l'armée de libération du Soudan (ALS). Les rebelles signataires de cet accord s'étaient joints aux forces gouvernementales pour combattre ceux qui avaient refusé d'y prendre part, en particulier le MJE et la faction minoritaire du M/ALS[918]. Le 08 juin 2006, une trentaine de commandants et de représentants politiques des branches dissidentes de la faction minoritaire du Mouvement/ Armée de Libération du Soudan (SLM/A) et du Mouvement pour l'égalité et la justice (JEM) s'étaient joints à l'accord et avaient signé une déclaration d'engagement en faveur de l'accord de paix sur le Darfour[919].

Mais bien avant cet accord global pour le Darfour, il faut noter qu'il avait existé l'accord de Tripoli du 08 février 2006 sous l'égide de l'Union africaine[920]. Celui-ci seul était le précurseur de celui-là car il soutenait qu'un juste règlement du problème du Darfour et une amélioration des relations entre le Soudan, le Tchad et la République Centrafricaine contribueraient à la paix et à la stabilité à long terme dans la région.

Cet accord faisait suite aux accusations mutuelles entre le Soudan et le Tchad sur le soutien respectif aux rebellions internes.

Cette situation entre le Soudan et le Tchad était évoquée plus souvent lors de plusieurs rencontres internationales, entre autres lors du 8ème sommet de la CEMAC, tenu à Ndjamena du 24 au 25 avril 2007 où une déclaration spéciale de soutien au Tchad et à la RCA avait été adoptée[921].

916Voir Rés. 1679 du 16mai 2006 adoptée par le Conseil de sécurité à sa 5439ème séance en son paragraphe 6.

917 X. ZEEBROEK, P. SEBAHARA et F. SANTOPINTO, « Darfour, Tchad, Centrafrique, processus de paix à l'épreuve de feu, note d'analyse du groupe de recherche et d'information sur la paix et la sécurité du 12 février 2008 », *in www.grip.org,* p.5, consulté le 12 juin 2012.

918 X. ZEEBROEK, P. SEBAHARA et F. SANTOPINTO, *Op.cit,* p.5.

919Voir Rés. 1778 adoptée par le Conseil de sécurité à sa 5748ème séance du 25 septembre 2007 en son paragraphe 7.

920UNION AFRICAINE, Note, … *Op.cit*, p.2.

921UNION AFRICAINE, Rapport du président de la commission sur la situation au Tchad, PSC/PR/2 (CX) présente à la 110ème réunion du CPS du 18 février 2008, p.2.

Egalement, une réunion sur le Darfour qui avait eu lieu à Tripoli vers la fin du mois d'avril 2007 avait encouragé les deux pays à continuer leurs efforts pour la mise en œuvre de l'accord de Tripoli du 08 février 2006[922]. Et enfin, le 3 mai 2007, à Ryad, sous l'égide du Roi d'Arabie Saoudite, les présidents Idris Deby Itno et Omar el Béchir avaient signé un accord dans lequel ils s'étaient engagés à travailler avec l'UA et les Nations Unies afin de mettre fin au conflit au Darfour et dans l'Est du Tchad[923].

Toujours dans la même perspective d'un règlement politique du conflit au Darfour, il faut intégrer le fait que vers le second semestre de l'année 2006 et le premier semestre de l'année 2007, il avait été initié des consultations à haut niveau entre l'UA et l'ONU en vue de l'établissement d'une opération hybride au Darfour[924].

De tout ce qui précède, ces initiatives purement africaines sous l'égide de l'organisation continentale qui est l'UA reposent d'une part sur l'article 4.e qui porte sur le règlement pacifique des conflits entre les Etats membres de l'Union par les moyens appropriés qui peuvent être décidés par la conférence de l'Union africaine. D'autre part, sur l'article 4 points a et d qui prescrivent le règlement pacifique des différends et des conflits et la réaction rapide pour maitriser les situations de crise avant qu'elles ne se transforment en conflits ouverts.

Ces articles se couplent avec le paragraphe 5 du préambule du protocole relatif à la création du Conseil de paix et de sécurité de l'Union Africaine qui rappelle qu'ayant à l'esprit les dispositions de la Charte des Nations unies conférant au Conseil de sécurité la responsabilité principale du maintien de la paix et de la sécurité internationales, ainsi que celles relatives au rôle des accords et organismes régionaux dans le maintien de la paix et de la sécurité internationales, ... d'une part et, de l'autre, avec le paragraphe 6 du même préambule qui rappelle que les Etats africains reconnaissent la contribution des mécanismes régionaux africains pour la prévention, la gestion et le règlement des conflits,...

Ces initiatives sont donc licites juridiquement dans la mesure où ni le chapitre VIII, ni l'Acte constitutif et le Protocole sur le CPS ne s'opposent à de telles orientations.

Dans une approche juridique, l'on observe qu'en matière de maintien de la paix, l'article 52 attribue une compétence aux organismes régionaux et son paragraphe 2 fait obligation aux membres des Nations Unies qui sont parties à des accords ou organismes régionaux de connaitre les différends d'ordre local

---

[922]*Idem.*

[923]*Ibidem*, p.2.

[924]Voir et lire PSC/PR/Communiqué (LXVI) adopté lors de la 66ème réunion tenue à Abuja le 30 novembre 2006, la déclaration du président du Conseil de sécurité publié le 19 décembre 2006, le communiqué du Conseil des ministres du Gouvernement du Soudan du 3 décembre 2006 entérinant aussi bien les conclusions de la consultation de haut niveau d'Addis-Abeba que la décision d'Abuja et le rapport du président de la commission et du secrétaire des Nations unies sur l'opération hybride au Darfour entériné par le CPS sous [PSC/PR/2 (LXXIX)].

et de faire tous leurs efforts pour les régler de manière pacifique avant de les soumettre au Conseil de sécurité[925].

Le différend dont il est question s'aperçoit comme exclusivement intervenant entre Etats alors que la nature de la situation du Darfour était manifestement une guerre civile qui sort presque de l'écriture du chapitre VIII de la Charte et de l'article 4.e de l'acte constitutif de l'UA.

Ces initiatives reposent plus aisément sur l'article 4.a du Protocole sur le CPS qui explicite que cet organe est guidé en particulier par le règlement pacifique des différends et des conflits.

Il s'analyse dès lors que ce Protocole prend en compte certes la dimension des différends. Ce qui est clairement sous-entendu comme les différends qui interviendraient entre les Etats d'une part et, de l'autre, la dimension du conflit. Cette approche africaine paraît inclure en compte toutes les situations qui mettraient aux prises un Etat africain à une rébellion interne ou à toute autre situation qui viendrait à perturber la paix et la sécurité régionales.

Cette acception se justifie effectivement en ce que déjà l'article 2.1 du protocole définissant la nature du CPS dit qu'il constitue un système de sécurité collective et d'alerte rapide visant à permettre une réaction rapide et efficace aux situations de conflit et de crise en Afrique.

Et par ailleurs, l'article 3 relatif aux objectifs en son point b rapporte que les objectifs du CPS sont entre autres d'anticiper et de prévenir les conflits et lorsque les conflits éclatent, le CPS aura la responsabilité de rétablir et de consolider la paix en vue de faciliter le règlement de ces conflits.

Il est donc heureux de conclure qu'initier ces actions diplomatiques en vue d'un règlement pacifique du conflit au Darfour non seulement sous cet angle des dispositions de l'Acte constitutif de l'UA mais aussi du Protocole du CPS est licite et constituent un dépassement juridique et pratique du cadre du chapitre VIII de la Charte.

2. L'intervention de l'Union africaine

Si les initiatives diplomatiques attestent effectivement des avancées retracées ci-haut, il convient à présent de voir les mêmes initiatives sous l'angle de l'envoi d'une opération de maintien de la paix au Darfour.

Ainsi, le conflit du Darfour (Ouest du Soudan) avec ses conséquences au Tchad et en Centrafrique mettait à nouveau en évidence les hésitations et les limites des actions de la communauté internationale dans la gestion des crises[926].

La problématique de l'étude étant le chapitre VIII, il y a lieu de préciser déjà que l'article 52, tout en ne faisant pas de problème, se trouve dépassé comme démontré tandis que l'article 53 dans son intégralité, dispose : « qu'aucune action coercitive ne sera entreprise en vertu d'accords régionaux

[925] J.-P. COT et A. PELLET, *Op.cit*, p.803.

[926] X. ZEEBROEK, P. SEBAHARA et F. SANTOPINTO, *Op.cit,* p.1.

ou par des organismes régionaux sans l'autorisation du Conseil de sécurité » mais même après une telle autorisation, ces organisations ont l'obligation de le tenir informé de leurs actions.

Il se pose même déjà là la question de la légalité d'une opération de maintien de la paix initiée par une organisation régionale et plus particulièrement par l'Union Africaine et surtout lorsque celle-ci peut être appelée à initier une action coercitive aussi bien dans le cadre d'une opération de maintien de la paix que par rapport à une action collective et coercitive internationale en l'absence de toute opération de maintien de la paix.

Dans le contexte du Darfour, il faut relever que l'Union Africaine est la première à s'être engagée sur le terrain pour tenter de contribuer au retour à la paix. A la suite de la signature, le 28 mai 2004, d'un accord sur les modalités de la mise en place d'une Commission de cessez-le-feu, elle a décidé d'envoyer une mission d'observation, la mission de l'Union Africaine au Soudan (MUAS I)[927]. De cette mission d'observation à l'origine, elle est par la suite devenue une mission de maintien de la paix avec un mandat plus large que toutefois, un peu faible et ne lui permettant pas de s'affirmer dans un rôle d'imposition de la paix[928].

Il convient dès lors d'essayer de comprendre si les actions de construction d'une opération de maintien de la paix sont licites et conformes à l'article 53 de la Charte en ce qui concerne surtout l'autorisation du Conseil de sécurité.

Dans le cadre du déploiement de la MUAS I, nous nous apercevons que le mécanisme de la première phase de l'article 53 sur le rapport entre l'organisation universelle et l'organisme régional avait été inversé, ce n'était pas le Conseil qui décidait d'utiliser l'Union mais c'était cette dernière qui prenait l'initiative d'appliquer les mesures coercitives décidées par elle[929].

Dans la logique de la Charte en son chapitre VIII, elle devait alors demander l'autorisation du Conseil de sécurité.

Il se relève donc impérieux à ce stade de préciser le caractère coercitif des opérations de l'Union Africaine par rapport à l'autorisation du Conseil de sécurité car, il a été prouvé que toutes les mesures coercitives n'ont pas nécessairement besoin d'autorisation surtout que la forme de l'autorisation parait être ambiguë et dépassée.

La question qui se pose ici est celle de savoir quelles sont les opérations qui nécessitent ou pas l'autorisation du Conseil et, à cet effet, les articles 41 et 42 de la Charte nous amènent à séparer les mesures coercitives non militaires des autres[930].

---

[927]Pour l'historique de la MUAS, voir le site web de l'Union africaine *(http://www.africa-union.org/2005/ua/undex.htm/et* du réseau francophone de recherche sur les opérations de paix *(http://www.operationpaix.net*, consulté le 10 juin 2012.

[928]UNION AFRICAINE, Note, … *Op.cit*, p.3.

[929]JURISGABY, « Régionalisme inversé en Afrique : cas du Darfour et maintien de la paix, ONU, Union africaine, autorisation », in *www.jurisgaby.org*. consulté le 10.05.2013.

[930]L'article 41 de la Charte dispose que le Conseil de sécurité peut décider quelles mesures

Il s'avère que l'expression « coercitive » de la deuxième phrase de l'article 53 pourrait s'entendre comme concernant essentiellement les seules actions militaires prévues par l'article 42[931].

Dès lors, une autorisation du Conseil de sécurité pourrait être nécessaire pour des actions non militaires si celles-ci sont illicites en droit international général[932].

L'autorisation viendrait ainsi surmonter l'illicéité mais en dehors de cette hypothèse, il n'est pas nécessaire d'avoir une autorisation du Conseil de sécurité pour des mesures non militaires[933].

Depuis belle lurette, cette position avait été clairement affirmée par le Conseil de sécurité dans l'affaire relative à la crise du Cuba de 1962.

En janvier 1962, la question s'était posée lorsque l'OEA décida d'exclure le Cuba de l'organisation, cet Etat avait demandé au Conseil de sécurité de solliciter un avis consultatif à la Cour internationale de justice au sujet de la compétence de l'OEA et de la signification d'actions coercitives. Le Conseil avait dit cependant que son autorisation n'était pas nécessaire pour des mesures n'impliquant pas l'emploi de la force armée[934].

---

n'impliquant pas l'emploi de la force armée doivent être prises pour donner effet à ses décisions et, peut inviter les membres des Nations unies à appliquer. Celles-ci peuvent comprendre l'interruption complète ou partielle des relations économiques et des communications ferroviaires, maritimes, aériennes, postales, télégraphiques, radiologiques et des autres moyens de communication, ainsi que la rupture des relations diplomatiques et l'article 42 dispose si le Conseil de sécurité estime que les mesures prévues à l'article 41 seraient inadéquates ou qu'elles se sont révélées telles, il peut entreprendre, au moyen de forces aériennes, navales ou terrestres, toute action qu'il juge nécessaire au maintien ou au rétablissement de la paix et de la sécurité internationales. Cette action peut comprendre des démonstrations, des mesures de blocus et d'autres opérations exécutées par des forces aériennes, navales ou terrestres des membres des Nations unies.

931 R. KOLB, "Article 53", in A. PELLET et J.-P. COT, Commentaire…, Op.cit, p.1500 et ss ; dans le même sens BATYAH SIERPINSKI, « La légitime défense en droit international : Quelques observations sur un concept ambigu », in Revue Québécoise de droit international, (2006), 19.1, pp.79-121.

932 JURYSGABY, Art.cit, in *Op.cit*, p.5.

933 *Idem*.

934 Voir DOC S/5095/CS du 23 mars 1962, l'OEA se définissant exclusivement par son opposition au communisme ne pouvait aller dans ce sens (7ème réunion de consultation des ministres des affaires étrangères, San José, août 1960) ; aussi les résolutions de la 8ème réunion de consultation à Punta Del Este qui ont eu pour motif essentiel la lutte contre le communisme ; pour des plus amples détails lire AG/NU (XV) résolution 1616 sur la décision du 20 décembre 1961 à propos d'une plainte de Cuba par sa lettre du 8 août 1961 et la résolution 144 du Conseil de sécurité du 14 mars 1962 à propos de la lettre du 8 mars 1962 du représentant du Cuba concernant la décision du Punta Del Este. Voir également, D. MATHY, « Les mesures économiques américaines et de l'OEA contre Cuba », in *Revue belge de droit international*, 1984-1985, 1, pp.183-194, lire en ligne sur www.rdbi.bruylant.be.

Ainsi, par rapport à cette approche, l'Union Africaine n'avait pas eu besoin d'autorisation pour des mesures non militaires[935].

Dans le même sens, parfois des organisations régionales s'étaient adressées au Conseil de sécurité pour demander non pas son autorisation mais plutôt son appui[936].

Si, sous l'angle des mesures n'impliquant pas l'emploi de la force, la licéité est établie, il importe alors de voir les mesures reliées à l'emploi de la force dans le cadre des MUAS I et II.

Somme toute, ces mesures reliées à la force ne sont pas homogènes. Elles peuvent être reliées à l'emploi de la force dans le cadre des opérations de maintien de la paix ou d'une intervention humanitaire ou encore dans une situation de légitime défense.

Dans le cadre de l'UA avec la MUAS I et II, il faut relever que le maintien de la paix est la mission principale de l'ONU mais la notion d'opération de maintien de la paix (OMP) n'est pas expressément prévue par la Charte, ni dans le chapitre VII et encore moins dans le chapitre VIII. Monsieur Boutros Boutros Ghali soulignait d'ailleurs, à propos du maintien de la paix, qu'on peut dire à juste titre qu'il a été inventé par l'Organisation des Nations unies[937].

L'invention du concept date de la crise de Suez de 1956. Le Conseil de sécurité se retrouvant bloqué par le double veto de la France et du Royaume uni n'avait pas pu condamner leur intervention en Egypte. L'affaire a été alors portée devant l'Assemblée générale. L'A.G avait d'abord demandé un cessez-le-feu, puis adopté une résolution créant « une force internationale d'urgence des N.U, FUNU, chargée d'assurer et de surveiller la cessation des hostilités ».

---

[935]Le Conseil de paix et de sécurité de l'Union africaine a pris un certain nombre des décisions dans ce sens en suspendant par exemple le Madagascar des instances de l'organisation continentale le 20 mai 2009 suite à l'éviction du président démocratiquement élu, M. RAVALOMANANA par A. RAJOELINA, aidé par une partie de l'armée qui avait pris le pouvoir le mercredi 18 mai 2009.

La sanction imposée au Gouvernement malgache avait été prise conformément à l'article 30 de l'acte constitutif de l'Union africaine sur la suspension qui dispose « les Gouvernements qui accèdent au pouvoir par des moyens anticonstitutionnels ne sont pas admis à participer aux activités de l'Union » lequel se lit avec l'article 4.P qui dispose entre autres comme principes de l'Union « condamnation et rejet des changements anticonstitutionnels de gouvernement ». La mesure n'étant pas militaire, le Conseil de paix et de sécurité n'avait pas besoin d'une autorisation du Conseil de sécurité des Nations unies.

L'Union avait également suspendu la Mauritanie et la Guinée pour des faits presque similaires.

[936]L'exemple de la CEDEAO durant la crise du Libéria constitue un bel exemple en la montée car cette organisation sous régionale avait décidé, le 20 octobre 1992, un embargo d'armes vers le territoire du Libéria contrôlé par le Front national patriotique du Libéria et par sa lettre du 28 octobre 1992, cette communauté demandait au CS l'assistance des NU pour l'application de ces sanctions de la communauté internationale et le Conseil accepta cette requête par la Rés. 788 du 19 novembre 1992.

[937] B. BOUTROS GHALI, Agenda pour la paix, §46 sur les opérations de maintien de la paix entreprises par les organisations régionales.

Pour le secrétaire général de l'époque, Dag Hammarskjold, le fondement juridique de ce nouveau genre d'opération se trouve entre le chapitre VI et le chapitre VII[938].

En application du premier, les OMP possèdent un caractère non contraignant et sont obligées d'obtenir le consentement des belligérants. Le coté du chapitre VII de ces opérations de maintien de la paix réside dans la possibilité d'imposer des mesures coercitives, sans le consentement des parties[939].

Dans ses rapports avec l'Union africaine, le CS peut l'utiliser pour la mise en œuvre de toutes les mesures coercitives qu'il s'agisse de celles prévues à l'article 41 ou celles de l'article 42.

Cependant, il ressort de ces analyses que les opérations de maintien de la paix classiques sont basées sur le consensualisme, l'interposition et la neutralité, et qui n'ont recours à la force que par mesure de légitime défense. Dans cette hypothèse déjà, serait-il fondé de dire que nous sommes là devant des actions coercitives nécessitant l'autorisation du Conseil de sécurité ?

En réalité, en anglais, on parle souvent de peace-building, de peace-keeping et de peace-enforcement et la réponse à donner varie en fonction de la mission[940].

S'il s'agit de peace-keeping classique, avec une force d'interposition acceptée par les parties au conflit, il ne s'agit pas d'une force militaire coercitive et une autorisation du CS serait superfétatoire[941].

A propos du peace-keeping, Boutros Boutros Ghali donnait cette définition dans son agenda pour la paix du 17juin 1992 comme le maintien de paix consiste à établir une présence des Nations unies sur le terrain, ce qui n'avait jusqu'à présent été fait qu'avec l'assentiment de toutes les parties concernées, et se

---

938 J. COMBACAU et S. SUR, *Op.cit*, p.657. Voir également M. FLORY, « L'Organisation des Nations unies et les opérations de maintien de la paix », in *Annuaire français de droit international*, Volume 11, 1965, pp.446-468. Dans le même sens, G. DE LACHARRIERE, « La polémique sur les opérations de maintien de la paix des Nations unies », in *Politique étrangère*, Volume 31, n°4, 1966, pp.319-339.

939 Lire Rapport de groupe d'étude sur les opérations de paix de l'ONU, 21 août 2000, A/55/305 ; S/2000/809. Disponible sur le site des Nations unies : *www.un.org*. U. PALWANKAR, « Application du droit international humanitaire aux forces des Nations unies pour le maintien de la paix », in *Revue internationale de la Croix-Rouge*, n°801, mai-juin 1993, pp.245-259. M. SAHNOUN, « Les interventions de type mixte en Somalie et dans la région des Grands Lacs », in J. MOORE (éd.), *Des choix difficils : les dilemmes moraux de l'action humanitaire,* Gallimard, Paris, 1998, p.459, pp.147-158.

940 K.-A. ANNAN, « Maintien de la paix, intervention militaire et souveraineté nationale dans les conflits armés internes », in J. MOORE (éd.), *Des choix difficiles : les dilemmes moraux de l'action humanitaire*, Gallimard, 1998, p.459, pp.105-124. LAGRANGE (E), G. BASTID BURDEAU, P.-M. EISMANN et J. COMBACAU, *Les Opérations de maintien de la paix et le chapitre VII de la Charte des Nations unies*, Paris, éd. Montchrestien, 1999, p.181, J.-P. COT (dir), *Opérations des Nations unies. Leçons de terrains, Symposium* « Enseignements des experts de l'ONU », Paris, FED, 1995

941 UGO VILLANI, « Les rapports entre l'ONU et les organisations régionales dans le domaine du maintien de la paix », in The Hague/Boston/London, Martinus Nijhoff Publishers, in *RCADI., Tome 290, 2001*. p.392 et ss.

traduisait normalement par un déploiement d'effectifs militaires et/ou de police des Nations Unies ainsi dans bien de cas, que de personnel civil[942].

Cette définition présente trois caractéristiques du peacekeeping : d'abord le consensualisme, c'est-à-dire que toutes les parties au conflit doivent consentir à l'intervention de la force constituée.

Dans le contexte de l'Afrique, les conflits étant de plus en plus intra-étatiques, l'assentiment de toutes les parties signifie que les opérations de maintien de la paix exigent aussi le consensus des factions et des groupes en lutte et non seulement les gouvernements effectifs[943].

Une seconde caractéristique des opérations classiques de maintien de la paix réside dans leur fonction conservatoire. Elles doivent rester neutres, le contraire fausserait toute l'opération en ce que la partie contre laquelle on se serait prononcé pourrait refuser son consentement. Enfin, les forces militaires constituant l'opération ne peuvent pas employer les armes pour accomplir leur tâche. Et, en ce sens, l'Union peut bien envoyer une telle force sans l'aval du Conseil de sécurité, cette position est d'ailleurs soutenue par un arrêt de la Cour internationale de justice dans l'affaire de certaines dépenses où la cour avait considéré que les « opérations de la FUNU et de l'ONUC ne sont pas des actions coercitives rentrant dans le cadre du chapitre VII de la Charte… »[944].

En revanche, si la mission glisse vers le peace-enforcement et qu'il y a utilisation de la force pour mener à bien la mission impartie, l'autorisation du Conseil est nécessaire. Bien souvent, les opérations de maintien de paix s'éloignent du modèle classique de caractère non coercitif et deviennent des opérations d'imposition de la paix. Un glissement des fonctions coercitives peut être dû non seulement à l'absence d'une définition juridique précise des opérations pour le maintien de la paix, mais aussi à une certaine ambigüité du mandat des opérations, en particulier en ce qui concerne l'admissibilité du recours à la force armée.

A ce propos, l'étude de la lesson learned unit sur la cooperation entre les Nations Unies et les organisations régionales soulignait que: « *it is important that the UN and regional organization use the some terminology of peace-keeping and have the same understanding of the terminology, that they understand each other and avoid misunderstanding that could undermine the other's efforts*"[945].

---

[942] B. BOUTROS GHALI, *Op.cit.* §20.

[943] JURISGABY, *Op.cit*, p.12. Voir également COMBACAU (J) et SUR (S), *Op.cit*, p.667. B. TRAORE, "L'Afrique dans les operations de maintien de la paix : Evaluation d'une participation de plus en plus importante", in *Rev hist archéol afr* (GODO GODO), 2012, pp.1-14.

[944] Voir Avis consultatif du 20 juillet 1962 sur certaines dépenses des Nations unies (Charte, article 2 §2), in *www.un.org*, consulté le 09/07/2014.

[945]Lesson Learned unit. §3 ; Dans le même sens aborde SANTIAGO VILLAPANDO, « L'évolution des relations entre les Nations unies et les organisations régionales de la Charte à nos jours », *in European Society of International Law, ConferencePaper N°. 15/2012, 5th BiennialConference, Valencia (Spain), 13-15 Sept 2012, Electronic copy availableat :*

Cependant, dans la pratique, les opérations régionales de maintien de la paix, pourvues des pouvoirs coercitifs, ne se sont pas toujours déroulées avec l'autorisation du Conseil de sécurité ; l'organisation régionale prend parfois l'initiative d'instituer une opération de maintien de la paix sans demander l'autorisation, bien que l'opération risquait d'impliquer l'emploi de la force armée dans une fonction coercitive[946].

Si sous l'angle du chapitre VIII, les arguments relevés attestent que la MUAS I et II étaient licites et avaient le pouvoir de faire usage de la force et ce, au regard de graves violations des accords et de la nécessité d'une plus grande protection des civils, il importe d'apprécier cette situation par rapport aux pouvoirs du CPS.

A ce stade, aux termes de l'article 7.c du protocole, le CPS autorise l'organisation et le déploiement des missions d'appui à la paix.

Rien que par cet article, la création d'une opération de maintien de la paix, du genre MUAS I est licite par rapport au droit régional africain, lequel est compatible avec les prescrits de la Charte des Nations Unies en son chapitre VIII et voire même par rapport à la pratique qui s'est créée avec la naissance des opérations qui connaissent une cristallisation des normes au cas par cas et sur les tas.

Il faut donc considérer ce problème du chapitre VIII en son article 53 et plus précisément de l'autorisation comme ne valant plus pour plusieurs motifs entre autres l'absence d'une forme claire d'autorisation et la précision du moment de l'autorisation et surtout son inadéquation avec la réalité des situations sensées être gérées par ces dispositions.

Par rapport au premier motif retenu, le principe d'une autorisation est qu'elle intervienne en des termes clairement définis, or, la politique des opérations de maintien de la paix a démontré qu'il existe les autorisations blanc-seing, les autorisations implicites voire même le cas du silence ou de l'inactivité du Conseil de sécurité[947].

---

http://ssrn.com/abstract=2193762, consulté le 1 Octobre 2013

[946]On l'a vu par exemple avec l'intervention de la CEDEAO au Libéria en 1990 et en Sierra Léone en 1997 grâce au groupe d'observateurs militaires (ECOMOG). Encore que dans cette affaire, le Conseil avait donné son approbation pendant le déroulement des opérations.

A la suite des opérations qui ont eu lieu vers les années 90, beaucoup d'auteurs s'alignaient sur le fait que la prise en charge du conflit libérien pour la CEDEAO reposait en réalité sur le principe de subsidiarité entre les organisations régionales et l'ONU, selon l'esprit du chapitre VIII de la Charte des Nations unies. Dans ce sens également BAKARI TRAORE, « La contribution africaine au maintien de la paix onusien : enjeux et dessous d'un engagement croissant », *note d'analyse du GRIP, 30 Août 2013, Bruxelles, URL : http://www.grip.org*, consulté le 02/10/2013.

L'année d'après l'ECOMOG intervenait dans les mêmes circonstances en Guinée-Bissau avec une autre organisation, la Communauté des pays des langues portugaises (CPLP). Là encore, l'intervention a été formellement approuvée par le Conseil par la Rés. 1216 du 21 décembre 1998.

[947] R. KOLB, "Article 53", in A. PELLET et J.-P. COT, *Commentaire…, Op.cit*, p.1500 et ss ; dans le même sens BATYAH SIERPINSKI, « La légitime défense en droit international, … »

Quant au fait à l'autorisation blanc-seing, elle désigne l'acte par lequel le Conseil viendrait à donner compétence à l'Union Africaine de manière généralisée d'utiliser la force dans l'avenir selon sa propre appréciation. L'Union peut être utilisée par le Conseil de sécurité, elle peut également initier des mesures coercitives[948].

Il est à constater que le blanc-seing du Conseil de sécurité est donné à l'Union Africaine dans la mesure où l'acte constitutif de l'UA ainsi que le protocole du Conseil de paix et de sécurité ont été déposées conformément aux dispositions de la Charte et plus précisément à l'article 102 au secrétariat de l'ONU[949].

L'enregistrement et la publication des traités ont pour conséquence de permettre au secrétariat de transmettre par une procédure administrative interne surtout pour ceux contenant des dispositions relatives au maintien de la paix et de la sécurité les traités au Conseil de sécurité en vue d'examiner la conformité surtout en ce qui concerne effectivement les objectifs du maintien de la paix. La prise d'acte que l'ONU accorde aux instruments juridiques des organisations régionales ainsi qu'à leurs protocoles de défense et de sécurité constitue bel et bien des autorisations blanc-seing voire des autorisations implicites.

Cette vision et acception du blanc-seing et autorisation implicite du Conseil de sécurité permet de conforter la thèse d'une sécurité collective régionalisée et enlève ce qui pourrait être considéré comme à juste titre illicéité des textes et des actions à entreprendre en vertu de ces instruments là et cadre bien avec la nécessité du maintien de la paix et de la sécurité et le régionalisme du chapitre VIII tel que réinventé.

Par rapport à ce qui peut être considéré comme des autorisations purement implicites, il convient de faire observer que c'est une logique nettement balayée par l'argument précédent car l'autorisation est très explicite à travers la licéité reconnue aux textes des organisations régionales telles que prévus par le chapitre VIII de la Charte.

Toutefois, dans la pratique du Conseil de sécurité, le caractère implicite s'entend souvent par le simple silence de cet organe voire ses inactions manifestes devant certaines situations[950]. Ce qui permet de parler d'autorisation

---

in *Op.cit*, p.79-121.

[948] G. AMVANE, *Les rapports entre l'ONU et l'UA en matière de paix et de sécurité sur le continent africain,* Paris, éd. Publibook, Droit et sciences politiques, Politiques étrangères, 2012, p.38 ; A. NOVOSSELOFF, « Chapitre VII et le maintien de la paix : une ambigüité à déconstruire », in *Bulletin du maintien de la paix*, n°100, Octobre 2010, pp.1-4.

[949]Tout traité ou accord international conclu par un membre des Nations unies après l'entrée en vigueur de la présente Charte sera, le plus tôt possible, enregistré au secrétariat et publié par lui ; aucune partie à un traité ou accord international qui n'aura pas été enregistré conformément aux dispositions du paragraphe 1 du présent article ne pourra invoquer ledit traité ou accord devant un organe de l'organisation.

[950]La situation la plus accueillante est celle où le Conseil peut se féliciter d'une action et même remercier ou recommander l'organisme qui l'entreprend. Les exemples les plus éloquents en la matière sont ceux de la CEDEAO au Libéria et de la MUAS au Darfour. En 1990, la CEDEAO

implicite ici, c'est l'attitude du Conseil de sécurité par exemple dans la résolution 788 du 19 novembre 1992. A travers cette résolution, le Conseil exprime clairement son approbation de l'action de la CEDEAO en ce qu'il avait rappelé les dispositions relatives au chapitre VIII et avait remercié la CEDEAO pour les efforts qu'elle avait fournis pour rétablir la paix, la sécurité et la stabilité au Libéria[951].

Cette attitude du Conseil de sécurité démontrait plus clairement que cet organe avait pleinement approuvé l'emploi de la force de la part de CEDEAO. Elle équivalait donc à une reconnaissance valant autorisation de l'article 53 au sens de la Charte et en constituait déjà un dépassement.

Ici, en principe, le contraire aurait été une condamnation ou réprobation qui appellerait que désormais cette organisation ne puisse plus prendre une telle initiative sans l'autorisation du Conseil de sécurité.

L'exemple de la MUAS rentre aussi dans cette hypothèse à tous égards et permet davantage de lire dans le passage de la MUAS I à la MUAS II l'attestation de cette volonté d'imposer la paix par tous les moyens nécessaires.

La réalité a été telle que malgré les violations du cessez-le-feu, les lignes de front ne bougeaient plus et des actions contre les forces illégales, en vue de la protection des civiles étaient de plus en plus entreprises.

Les décisions prises par l'Union Africaine aussi bien dans celle du déploiement que de la gestion de cette opération traduisent bel et bien ce souci des correctifs relatifs aux dispositions de la Charte qui sont prises en tenaille par les intérêts de grandes puissances. Celles-ci sont lourdes à autoriser, par une résolution, ce genre d'opérations et ce, compte tenu de ce qui a été annoncé à la première partie de cette étude d'une part et, d'autre part, au regard même de l'existence d'un système de coercition adéquat prévu dans le cadre du Conseil de paix et de sécurité et de la politique africaine de défense commune.

Tout ce cadre rend licites ces opérations et le recours à la force surtout que la pratique elle-même est en constante et perpétuelle mutation et surtout que personne ne s'y oppose.

---

avait constitué une force de maintien de la paix au Libéria appelée Groupe d'observateurs militaires (ECOMOG). Cette force a fini par assurer une fonction coercitive contre la faction du Front national politique de Libéria du général Charles Taylor. Comme on le sait, le Conseil de sécurité n'avait pas du tout donné d'autorisation expresse à cette action, ni avant, ni après l'intervention.

Tout ce qu'on peut dire, c'est qu'il avait été informé de la situation et avait exprimé son approbation pour l'action de l'ECOMOG.

[951]Le Conseil de sécurité avait répondu favorablement à la demande de la CEDEAO en décidant que tous les Etats appliquent immédiatement un embargo général et complet à tous les livraisons d'armes et matériel militaires au Libéria. En plus, il donne son appui à l'action militaire de la communauté, non seulement en condamnant par la même Rés. Les attaques armées au front national contre la CEDEAO, mais encore, avec la Rés. 866 du 22 septembre 1993, il avait constitué la mission d'observation des Nations unies au Libéria (MINUL). Il y était dit que la MINUL devait travailler de concert avec l'ECOMOG dans l'exercice de ses fonctions propres (§3h).

Rien ne saurait justifier dès lors l'illicéité des mesures prises par une organisation régionale dans le domaine du maintien de la paix.

De ce qui précède, il convient de voir cette volonté laudative de l'Union Africaine dans le cadre d'une autre expérience qu'est la Somalie.

B. Dans le cadre de la Somalie

Etudier les efforts à la fois de l'ONU et de l'Union Africaine dans le cadre de la Somalie est un périlleux exercice car l'implication des forces en présence et les initiatives prises par les parties sont très complexes et difficiles à comprendre.

Toutefois, dans l'optique de présenter la force du régionalisme dans la gestion efficiente et effective des conflits surtout en Afrique, l'exemple de la Somalie à côté de celui du Darfour semblent les mieux indiqués car ils permettent de comprendre notre thèse sur le recadrage du chapitre VIII par la nécessité d'abandon de certaines acceptions et par l'urgence de l'insertion des idées claires et nettes sur la gestion des initiatives en ce qui concerne le maintien de la paix.

Pour en fait comprendre toutes les péripéties organisées par les organisations internationales, il est important de préciser le contexte d'intervention de ces organisations d'une part et, de l'autre, analyser les initiatives prises par chacune d'elles pour essayer d'en tirer soit la conformité d'avec les dispositions du chapitre VIII soit encore le dépassement de celui-ci.

a. Un cadre complexe des conflits

De prime abord, entendu au sens large, le nom de la Somalie s'applique presque à tout le grand triangle que forme la corne de l'Afrique c'est-à-dire à l'Etat actuel de la somalie[952], à l'Etat de Djibouti[953]et à la province de l'Ogaden qui appartient à l'actuelle Ethiopie

Pendant longtemps, l'histoire de la Somalie s'est surtout écrite le long de ses cotés car on la fait remonter à celle du pays de Pount (punt) mentionnée par les égyptiens.

Au VIIème siècle, ces entités ont subi une islamisation de la région côtière à partir des comptoirs commerciaux arabes et persans car la Somalie était propice et constituer une plaque marchande importante grâce à sa position stratégique.

Beaucoup plus tard, par rapport à cette position, elle a connu la construction du canal de suez vers les années 1859-1869 et autours des années 1880 s'était

[952]Il s'agit de la réunion de l'ancienne Somaliland britannique et de l'ancienne Somalia italienne.

[953]Ancienne côte française des Somalis.

créée une politique d'appropriation de la région par les anglais, les français et les italiens[954].

1. La diversité d'acteurs et de causes du conflit somalien

Cette irruption des européens avait changé toute la corne de l'Afrique et s'est constatée après l'ouverture du canal de Suez. Le contrôle de la route vers l'océan indien était devenu un enjeu stratégique pour les grandes puissances européennes qui commençaient à y exercer leur emprise.

Après que l'Egypte y avait abandonné son contrôle, le Royaume uni exerçait le sien à partir de 1884 sur la partie nord du triangle (golfe d'Aden) sur le territoire qui correspond plus ou moins à celui que l'on suppose avoir été celui du pays de Pount, la France prenait position alors à Obok en 1881 et à Tadjourah, puis à Djibouti en 1885 qui était en fait un meilleur port[955].

L'Italie s'installa en Erythrée d'abord à Assab en 1882 et Massaoua en 1885 puis dans la partie orientale du triangle somalienne où quelques points d'appui côtiers étaient occupés et allaient servir par la suite à la pénétration vers l'intérieur[956].

Quant à l'Allemagne, à partir de 1885, elle s'est implantée plus au sud où elle était devenue concessionnaire de tout le littoral jusqu'à jebel karoma et s'était déclarée protectrice de ses habitants et en 1887, l'Angleterre établit le protectorat sur la côte Somalie et en fixa par un accord avec la France du 03 février 1888 la limite occidentale[957].

En 1891 (le 24 mai et 14 avril) et le 05 mai 1894, un traité avec l'Italie partageait entre les deux puissances toute la région englobant harrar et l'Ethiopie[958]. La défaite des italiens par Ménélik à Adoua entraina la réduction de la Somalie anglaise ou Somaliland et les nouvelles limites de cette dernière furent établies par un traité anglo-éthiopien[959].

En 1898, le protectorat (Somalie coast protectorat) qui dépendait du résident à Aden fut placé directement sous la juridiction du foreing office, avec un administrateur spécial, résidant à Berbera.

Quant enfin aux ambitions de l'Italie, elles étaient toujours durables dans la région et expliquaient son engagement en 1915 dans la première guerre mondiale aux cotés des alliés, engagement en échange duquel elle espérait des compensations territoriales dans la corne[960]. L'accord n'eut pas de suite après le

[954]Lire L'histoire de la Somalie in *Imago mundi,* encyclopédie gratuite en ligne, p.1.
[955]Lire L'histoire de la Somalie..., *Op.cit*, p.1.
[956]*Idem.*
[957]*Ibidem.*
[958]*Ibid.*
[959] *Id,*
[960] G. BERTINI, « ofm, évêque de Djibouti, administrateur apostolique de Mogadiscio, le conflit civil en Somalie », in *www.ofm.org,Djibouti*, le 29 mars 2004, p.2.

conflit mais en 1935 Mussolini parvient à obtenir de Pierre Laval, mandaté par la France, la promesse de la cession de la côte française des somalis[961].

Lors de la seconde guerre mondiale, l'Italie, cette fois-ci opposée aux alliés, lança une nouvelle offensive en Ethiopie et sur la côte française des somalis mais fut vaincue par les troupes britanniques du Somaliland qui en profitèrent d'ailleurs aussi pour s'emparer de Djibouti[962].

Au lendemain de la seconde guerre mondiale, on y retrouvera une situation quelques années plus tard proche du statu quo ante. La côte de somalis est rendue à la France, le Somaliland reste britannique et l'ONU confie à l'Italie l'administration du territoire qu'elle occupait auparavant[963].

A la suite de ces développements, il faut relever que dans sa configuration, la Somalie se trouve bel et bien dans cette partie l'Afrique orientale appelée « Corne de l'Afrique » avec une superficie de 638.000 Km² et plus de 9.000 Km de littoral avec une population d'ethnie somali à 85 pourcents.

Suite à la colonisation européenne (France, Grande Bretagne et Italie et à celle africaine (Ethiopie) à la fin de 1880, le peuple Somali s'est trouvé réparti en cinq réalités politiques diverses : la Somalie italienne, le Somaliland britannique, la cité française des somalis, l'Ethiopie et le Kenya.

La Somalie est donc cet Etat avec principalement deux fleuves le Juba et shebelle qui sont de plus en plus souvent à sec, un climat semi-aride au nord et plus tropical au sud mais qui devient de plus en plus sec ; elle a un problème de sécheresse qui entraine des famines de plus en plus fréquentes[964].

Sa population est composée de 85 pourcents issus de l'ethnie des somalis qui est également présente en Ethiopie dans la région de l'Ogaden et sont divisés en plusieurs clans. Et les 15 pourcents restant se répartissent entre différents autres petits groupes ethniques non somali dont notamment les bantous et 30.000 arabes et elle connait une forte islamisation car l'islam est la seule religion[965].

Dans la même perspective de la compréhension du cadre dans lequel les organisations internationales sont intervenues, il faut noter que les guerres sous la période coloniale étaient fréquentes du fait du contrôle de l'entité par plusieurs puissances et avaient connu une accalmie avant l'indépendance.

En effet, ce qu'il convient de savoir est le fait que le conflit qui gangrène la Somalie dans sa configuration actuelle et qui a fait intervenir plusieurs organisations tire ses origines depuis 1960.

Celui-ci a comme genèse l'indépendance de la Somaliland britannique au nord le 26 juin 1960 et l'ex-Somaliland italien cinq jours plus tard qui ont eu pour conséquence que, le premier juillet 1960, les deux territoires s'étaient unis

---

961 *Idem.*

962 G. BERTINI, *op.cit,* p.2.

963 Centre d'actualités de l'ONU, « Somalie : l'ONU autorise l'UA à maintenir sa mission jusqu'en octobre 2012 », in *www.un.org,* consulté le 13mars2012.

964 Lire le conflit en Somalie : synthèse in *www.wikinet.org*, consulté le 14/06/2012, p.1.

965 *Idem*

pour former la république de la Somalie[966] .Elle adopta par referendum populaire le 20 juillet 1961 une nouvelle constitution.

Avec cette indépendance, un gouvernement avait été formé avec Osman Adbullah comme président et Adbirashid Ali Shermake comme premier ministre qui était devenu président soit de 1967 à 1969.

L'histoire donc de guerres et de luttes claniques date et est congénitale à la naissance de l'Etat en question car depuis sa création en 1960, la Somalie est le lieu d'incessants conflits armés qui commencèrent d'abord avec son voisin l'Ethiopie relativement au contrôle de l'Ogaden, soit une région éthiopienne où l'on retrouvait plus de quatre millions d'habitants d'origine ethnique somalienne[967].

La dispute territoriale entre les deux pays leur avait servi de trame de fond à deux guerres en 1964 et 1977, en plus de divers affrontements sporadiques ayant pris fin en avril 1988 avec la signature des accords de paix.

En 1969, suite à l'assassinat du président Shermake, un gouvernement militaire avait pris le pouvoir après un coup d'état qui avait amené le général Siad Barre à la présidence de la Somalie jusqu'en 1991, quand il a été évincé par des forces claniques du nord et du sud combinées[968].

Suite à ce coup d'état de Mohamed Siad Barre en 1969, il s'était accentué entre somalis le désir de former un Etat unique, la « grande Somalie » qui, en plus des parties déjà unies en 1960, devait unir et inclure aussi les zones du Kenya, de l'Ethiopie et du Djibouti habitées par les somalis ; ce qui amena des guerres et conflits entr'eux et surtout avec l'Ethiopie[969].

Cet avènement de Siad Barre lui a permis de gérer des mains de fer la Somalie qui, comme plusieurs pays africains, fut fortement impliquée dans la guerre froide opposant les Etats unis à l'URSS.

Dans ce contexte, la sécheresse, la grande pauvreté et le conflit amenèrent la Somalie à se doter tour à tour du soutien de l'Union soviétique pendant les années 70, puis des Etats unis avec lesquels elle signa un accord de coopération militaire en1980.Au cours des années, les Etats unis avaient apporté une aide autant humanitaire que militaire à la Somalie, et ce, en échange de l'utilisation de l'ancienne base navale soviétique de Berbera, sur la côte nord du pays[970].

La période socialiste de Monsieur Siad Barre (1969-1991), après les gestes positifs du début (introduction de la langue somalie écrite, campagne d'alphabétisation, promotion de la femme, etc) se termina en guerre civile, parce que le dictateur, pour continuer à régner, s'appuya de plus en plus sur certains clans et en particulier sur le sien, en se servant aussi d'abondantes divisions là où il y avait seulement, pour une grande part, des différences claniques.

---

[966] *Ibidem.*

[967] Lire le conflit en Somalie, *Op.cit*, p.1

[968] *Idem*

[969] G. BERTINI, Art cit in, *Op cit*, p.1.

[970]Lire « Regard, », in *Op cit*, p.2.

Le modèle d'Etat et des gouvernants qu'ils avaient eus incita de plus en plus les factions claniques à rechercher le pouvoir non pas au service de bien commun de tout un peuple mais pour servir son clan et les clans amis comme l'avait fait en partie Monsieur Siad Barre.

Avec l'écroulement de l'Etat, les factions claniques les plus fortes se sont partagées dans la violence ce qui subsistait de l'Etat : armes, constructions, ports, aéroports, zones agricoles, ponts, écoles, hôpitaux, etc.

Dans cette situation de trouble, les personnes les mieux préparées avaient dû chercher refuge à l'extérieur ou avaient tout simplement été tuées, appauvrissant ainsi encore plus le futur de la Somalie abandonnée à l'emprise de chefs de bandes et de commerçants sans scrupules[971].

En 1986, le général Barre était réélu, mais l'opposition se faisait de plus en plus vive jusqu'en 1991 lorsqu'il se devait de quitter le pays suite à son renversement par des clans rivaux[972].

Depuis ce temps, la Somalie est privée de gouvernement central et était devenue le lieu de luttes sanglantes entre les chefs de guerre rivaux entrainant, avec la chute du régime Barre, ainsi de centaines de maux résultant autant de violents combats entre les factions rivales que de la famine et de la chute de l'économie[973].

2. *Apparition de nouveaux acteurs*

Ce nouveau spectre fit apparaitre des nouveaux acteurs aussi bien internes qu'externes.

Sur le plan interne, tout en relevant qu'il n'existait plus un gouvernement, il eut émergence de plusieurs milices armées parmi lesquelles l'union des tribunaux islamiques, groupe d'islamistes radicaux somaliens qui voulait prendre le pouvoir en Somalie pour y instaurer un pays basé sur les lois musulmanes. Ils sont apparus juste lors de la chute de Siad Barre en 1991.

De 1991 à 2000, la Somalie était divisée en plusieurs régions contrôlées par des factions militaires qui se combattaient et la crise tendait à sombrer dans l'oubli au sein d'une communauté internationale pansant les plaies de son intervention avortée[974].

Et le deuxième grand acteur interne apparait lui en 2000 après l'échec d'une douzaine d'accords de paix lors d'une conférence de paix pour la Somalie en la même année, un gouvernement transitoire avait été mis sur pied par divers

---

[971] G. BERTINI, *Op cit*, p.2.

[972] G. BERTINI, *Op cit*, p.2.

[973] *Idem.*

[974] Voir regard historique, *Op.cit*, p.2, également suite à ce retrait internationale, les chefs de guerres continuaient de se disputer le contrôle de portions de territoire Somalien dont la capitale Mogadiscio voir historique de l'opération AMISOM en *www.opérationpaix.net*, p 2, consulté le 15 juin 2012.

leaders claniques élisant du même coup Abdiqasim Salad Hassan à la tête du pays[975].

Dans la même foulée, quatre ans plus tard, soit en janvier 2004, alors que le mandat du chef de l'Etat prenait fin sans avoir apporté l'accalmie dans les hostilités, un accord entre les principaux chefs de guerre avait permis la création d'un nouveau parlement de transition. Il s'agissait du gouvernement national de transition et du conseil de la restauration et de la réconciliation somalienne qui, en se réconciliant et en acceptant de travailler ensemble, avaient ainsi ouvert la porte à l'établissement d'un gouvernement central fonctionnel[976].

En janvier de cette même année, le président Ougandais et président de l'autorité intergouvernementale pour le développement (IGAD) Yoweri Museveni, avait négocié un accord dans lequel les partis s'entendaient sur la création d'un gouvernement fédéral de transition[977].

Le 22 Août 2004, un parlement de transition de 275 membres était investi et, le 29 Octobre, le président du parlement de la puntland, Abdallah Yusuf Ahmed était élu président intérimaire de la Somalie par le parlement de transition[978].

En raison de la situation sécuritaire en Somalie toujours chaotique, ces deux institutions siégeaient au Kenya jusqu'en 2006, lorsqu'ils déménagèrent à Baidoa.

Ces institutions bénéficiaient d'une certaine reconnaissance auprès de la population, effectuaient d'importants progrès sur le plan du renforcement des institutions en créant notamment le conseil national de la réconciliation, la cour suprême ou les conseils de district mais, avec le manque suffisant des moyens et de capacité institutionnelle, ces organes n'arrivaient pas à étendre leur contrôle à l'ensemble du territoire et de la population et à consolider les acquis[979].

En dépit du fait que la situation sécuritaire était toujours précaire, en 2006, pour la première fois depuis sa création, le TFG avait réussi à siéger dans la ville de Baidoa, à 260 Kilomètres au nord Est de la capitale et le même mois, un acteur important interne était créée. Il s'agissait de l'alliance pour la restauration de la paix et contre le terrorisme (ARPCT) créé par un regroupement des chefs de guerre, d'hommes d'affaires et des membres du TFG dans le but de cerner l'influence grandissante de l'union des tribunaux islamiques, (UTI), un groupe composé de 15 tribunaux islamiques somaliens souhaitant instaurer la charia en Somalie[980].

---

975 Voir regard historique, *Op.cit*, p.2,

976 A.-M. DIAS, « l'AMISOM comme catalyseur d'une intervention Onusienne en Somalie » in *www.opérationpaix.net,* p.1, consulté le 6 juin 2012.

977 *Idem.*

978 *Ibidem.*

979 S. LEGOURIELLEC, « L'ONU en Somalie, le refus de l'engagement », in *www.opérationpaix.net,* consulté le 16 septembre 2012, p.1.

980 *Idem.*

L'UTI comportait des éléments modérés dont Sharif Sheik Ahmed qui avait été élu président fin 2008, mais aussi les radicaux : le groupe AL SBEBAB qui émergea ainsi de la branche armée et radicale de l'union[981].

Bien que fortement décentralisée, l'UTI réussissait à se coordonner de manière à faire respecter un ordre civil relatif dans les territoires sous leur contrôle et devenait un des groupes les mieux organisés, si bien qu'au début de l'année 2006, l'union des tribunaux islamiques était devenue le principal acteur de l'opposition au TFG et les affrontements sporadiques autour de Mogadiscio entre l'ARPCT et l'UTI augmentaient rapidement en intensité et une bataille urbaine meurtrière pour le contrôle de la capitale avait eu lieu de mars à mai 2006.

Cette bataille avait occasionné l'entrée en jeu de plusieurs forces et constituait le début de plusieurs initiatives extérieures.

En ce qui concerne alors ces acteurs externes, il faut en premier lieu citer l'Ethiopie Celle-ci possède la région de l'Ogaden qui est à la base du conflit actuel car il y a eu une majorité de somalis dans cette région de l'Ogaden.

De plus, l'Ethiopie a pris part au conflit actuel (soutenu par les Etats unis) en occupant et attaquant militairement les islamistes et avait fini par retirer ses troupes en janvier 2009[982].

L'Ethiopie prend une part active dans le règlement de ces conflits en raison de plusieurs facteurs historiques qui unissent ces Etats.

Elle a soutenu particulièrement toutes les négociations inter claniques en vue de l'instauration d'un gouvernement central à travers lesquelles son candidat était nommé président[983].

En second lieu, le groupe de l'ONU et l'UA s'est intéressé à cet Etat comme acteurs externes à ce conflit. De 1992 à 1995, l'ONU avait essayé sans succès de stopper les conflits et d'aider la population mais, très vite, elle s'était désintéressée et était contrainte et forcée d'y prêter attention avec l'augmentation des actes de piraterie dans le golfe d'Aden. Avec l'accord de Djibouti, l'ONU a tout de même apporté une nouvelle aide à la mise en place d'un processus de paix et de stabilisation du pays depuis 2006.

Quant à l'Union africaine, elle s'est investie dans le règlement de ce conflit au moment où l'ONU avait presque failli et oublié cette partie de la corne de l'Afrique. Cette organisation y a déployé deux opérations de maintien de la paix dont les développements sont réservés au point B du présent paragraphe.

En troisième lieu, il faut citer les Etats unis qui vont surtout intervenir après le 11 septembre 2001 dans leur lutte antiterroriste et, pour cela, ils vont soutenir

---

[981] *Ibidem.*

[982] P.-J. SCHRAEDER, « La présence américaine dans la corne après la fin de la guerre froide : ruptures et permanences », in Présence, 2010, pp.59-74, in *www.politique-africaine.com,* consulté le 15/02/2016. Aussi A. TALBOT, « Les USA soutiennent l'invasion de la Somalie par l'Ethiopie », in *www.wsws.org,* consulté le 15/02/2016.

[983]C'est lors de la quatorzième tentative de négociations que le commandant soutenu par l'Ethiopie a été désigné et accepté.

les attaques éthiopiennes en Somalie et se sont vus intéressés par la position stratégique de la Somalie.

De manière très particulière et en dernier lieu, il faut citer le Kenya qui, dans la lutte contre le terrorisme surtout contre les actes criminels et terroristes commis par le groupe Al Shebab sur son territoire, surtout l'enlèvement et la mise à mort de Dame…[984], cet Etat a initié une course poursuite contre les Shabab sur le territoire somalien sans l'autorisation de cette dernière ni de l'UA et sous le prétexte d'un droit de poursuite et d'une légitime défense individuelle en 2011.

Le Kenya avait déployé plusieurs unités combattantes en vue de cette poursuite et, c'est suite à plusieurs condamnations notamment de la Somalie et de l'UA qu'il va accepter de passer sous la bannière de l'UA au regard de l'unicité des objectifs qui restent la lutte contre les tribunaux islamiques, groupe terroriste affilié à Al Qaida et la protection et le soutien du GFT[985].

De tout ce qui précède, il convient de faire observer qu'en dépit de toutes les initiatives de ces acteurs, la situation ne faisait que se détériorer. Mais pour l'ensemble, il faut considérer la gestion de ce conflit sous deux angles, celui de l'ONU et celui de l'UA avec ses mécanismes régionaux. D'où, d'ailleurs le point B de ce paragraphe.

b. La gestion du conflit somalien

Lorsque Barre et ses partisans ont été évincés de Mogadiscio, ils s'étaient retirés dans le sud jusqu'en 1992 provoquant ainsi une autre instabilité alors que Mogadiscio était dévasté complètement par les combats.

Toutes ces situations avaient perturbé l'agriculture et la distribution alimentaire dans le sud de la Somalie, provoquant une famine et la mort de près de 300.000 personnes[986].

1. La gestion de l'ONU et son désengagement du conflit Somalien

Face à cette situation de dégradation, la communauté internationale à travers l'ONU avait réagi puis l'UA était intervenue plus tard, après presque les échecs de l'organisation universelle. Dans cet ordre, nous allons voir dans un premier temps les différentes interventions de l'ONU puis dans un second temps, celles de l'Union Africaine avec ses différents démembrements.

En ce qui concerne l'ONU, il faut observer qu'après la guerre froide, elle avait relancé le zèle de l'organisation en rapport avec sa mission primaire qui

---

[984]UNION AFRICAINE, le Kenya a signé un protocole d'entente avec la commission de l'UA en tant que pays contributeur des troupes et des ressources à la Mission de l'Union africaine en Somalie le 02 juin 2002 in *www.unionafricaine.org*, communiqué de presse de la commission du 02 juin 2012.

[985]UNION AFRICAINE, le Kenya a signé un protocole… , *Op.cit.*

[986]Voir regard historique, *Op.cit*, p.2

est le maintien de la paix et de la sécurité internationales et, c'est ainsi qu'elle intervenait tant soit peu dans toutes les situations caractéristiques de l'article 39 de la Charte.

Ainsi, les efforts de l'Organisation des Nations Unies pour mettre fin à l'insurrection du peuple somalien contre le président Syad Barre qui avait pris une tournure de guerre civile s'étaient enclenchés le 23 janvier 1992 par la résolution 733 de l'ONU[987].

Par cette résolution, le Conseil de sécurité avait appelé au cessez le feu et posait, en vertu du chapitre VII de la Charte de l'ONU, un embargo sur l'envoi des armes à destination de la Somalie.

Ces interventions de l'ONU se sont déroulées sous commandement direct de l'ONU avec l'ONUSOM I et II et sous celui des Etats unis opérant en conformité avec des résolutions de l'ONU[988].

Certains auteurs notamment J.L Hirsch et R.B Oakley, face à la façon dont ces interventions ont été menées jusque presqu'à leurs échecs, ont considéré que la Somalie constituait pour les opérations sous la responsabilité médiate ou immédiate de l'ONU « un pays laboratoire pour l'application des nouvelles théories en matière de maintien de la paix »[989].

A l'égard même de recours à la force, l'action de l'ONU en Somalie avait traversé toutes les gammes des mesures et des pouvoirs qui sont reconnus à l'ONU.

Elle a commencé effectivement, outre la résolution susdite, celle numéro 733, par l'adoption de la résolution 751 du 24 avril 1992 du Conseil de sécurité[990]. La résolution avait décidé de créer et d'établir une opération des Nations Unies en Somalie[991].

En examinant cet acte du Conseil de sécurité, l'on s'aperçoit que la Somalie avait saisi le Conseil de sécurité pour voir cet organe examiner la situation de ce pays et celui-ci s'évertuait déjà à trouver des voies de sortie à travers ses résolutions 733 et 746 des 23. 01 et 17 mars 1992.

Dans le même contexte, il avait instruit le secrétaire général d'obtenir des rapports sur l'évolution de la situation sécuritaire et des faits, sur terrain en Somalie.

Pour permettre au Conseil d'arriver à la création de l'ONUSOM I, il avait été observé qu'il y avait la signature à Mogadishu le 3 mars 1992 des accords

---

[987] J.-P. BRODEUR, « Maintien et imposition de la paix en Somalie (1992-1995) partie 1 » cultures et conflits, 29-30, automne-hiver 1998 (en ligne, mis en ligne le 16 mars 2006) *URL:http://conflits.revues.org/index686.html*,p175-193,p1,consulté le 19 mars 2012.

[988] Il s'agit de l'UNITAF, unitedtask force.

[989] J.-L. HIRSCH et R.-O. OAKLEY, *Somalia and restore hope, unitedstates,*institute of peacepress, Washington D.C,1995, p110; Adopté à sa 69ème séance, le 24 avril 1992 et le Conseil de sécurité avait décidé d'inviter le représentant de la Somalie à participer sans droit de vote à la discussion de la question intitulée « la situation en Somalie ».

[990] Voir point 2 de la Rés.

[991] *Idem.*

sur l'application du cessez le feu y compris des accords pour la mise en œuvre des mesures visant à stabiliser le cessez le feu au moyen d'une mission de surveillance de l'Organisation des Nations Unies d'une part et, de l'autre, la signature à Mogadishu, Hargeisa et Kismayu des lettres d'accord relatives aux mécanismes de surveillance de cessez-le-feu et aux arrangements visant à assurer une distribution équitable et efficace de l'aide humanitaire à Mogadishu et aux environs[992].

Dans cette approche de l'initiative de l'ONU, l'on remarque qu'il y avait déjà un travail de proximité qui a été pris en compte tel qu'effectué par les organisations internationales, régionales et non gouvernementales en vue d'apporter une aide humanitaire et autres secours au peuple Somali[993].

La coopération de ces organisations avait comme fondement juridique le chapitre VIII de la Charte des Nations unies en son article 52. Surtout que le chapitre VIII en question montre que l'Organisation des Nations Unies ne prétend pas au monopole de l'action dans la poursuite des buts de la Charte[994].

En instituant l'ONUSOM I, le Conseil de sécurité avait également demandé au secrétaire général, dans le cadre de celle-ci, de faciliter la cessation immédiate et effective des hostilités et le maintien d'un cessez le feu dans l'ensemble du pays afin de promouvoir le processus de réconciliation et de règlement politique en Somalie et de fournir une aide humanitaire[995].

Cette mission du point 7 constituait la seule principale tâche délicate dont elle était revêtue.

Elle était déployée le 26 avril 2001et comptait environ 960 membres dont 53 observateurs militaires et trois représentants spéciaux successifs[996].

Le 10 septembre 1992, elle s'est retrouvée au sud du pays mais déjà en août, le mandat avait été élargi de manière à lui permettre de protéger efficacement les convois humanitaires et les centres de distribution dans l'ensemble de la Somalie, touchée par une crise humanitaire de grande ampleur[997].

---

[992] P.-M. JOANA, Rôle des organisations régionales et sous régionales, Panel 2 : la régionalisation des questions de paix et de sécurité, in *Séminaire sur les principaux enjeux, défis et opportunités liés aux opérations de paix sur le continent africain organisé par l'organisation internationale de la francophonie, groupe des ambassadeurs francophonies d'Addis-Abeba et le réseau francophone de recherche sur les opérations de paix de l'Université de Montréal, Addis-Abeba, le 07 juin 2010*, p.2 et 3.

[993]Le CICR était très impliqué pour la distribution de l'aide alimentaire tandis que l'OUA, la LIGUE ARABE et l'Organisation de la conférence islamique ont apporté une coopération substantielle à l'ONU en vue de résoudre le problème somalien.

[994] SANTIAGO VILLALPANDO, *Op.cit,* p.3.

[995] Voir point 7 de la Rés. 751 du 24 mars 1992.

[996] UNION AFRICAINE, Historique de l'opération, ...in *Op.cit*, p.1 et la Rés. 775 qui avait autorisé le renforcement urgent de l'ONUSOM 1 sans toutefois préciser quelle ampleur elle devait prendre dans ce renforcement.

[997] UNION AFRICAINE, Historique de l'opération, ...in *Op.cit,* p.1.

En dépit de l'élargissement de son mandat, l'ONUSOM ne parvenait pas à rétablir la situation, à remplir sa mission première et, dans l'entretemps, la situation sécuritaire et humanitaire s'était fortement détériorée.

En examinant de très près cette résolution, il se dégage qu'elle appelait toutes les parties au conflit à conclure un accord de cessez-le-feu et en invoquait déjà le chapitre VII de la Charte dans sa résolution 733 qui était réaffirmée dans tous ses termes dans la résolution 751 pour inviter les pays membres de l'ONU à mettre un terme à toute livraison d'armes aux belligérants Somali[998].

Et en fait, cette opération créée en vertu de la résolution 751 était précédée par la Résolution 746 du 17 mars 1992 qui sanctionnait l'envoi d'une équipe technique en Somalie devant faire un rapport sur les besoins de cette population Somali et sur les meilleures façons de lui venir en aide[999].

L'équipe envoyée par l'ONU fut dirigée par Mohamed Shannon, un diplomate algérien qui était devenu le chef de la première mission de l'ONU en Somalie.

Cette mission dirigée par ce diplomate algérien était près d'obtenir un accord de paix lorsqu'il fut contraint de démissionner[1000].

Les difficultés de cette mission ne pouvaient qu'être effectives car l'opération était fondée sur une présupposition illusoire que les parties au conflit somalien s'entendraient pour un accord de cessez-le-feu et ne prévoyait en conséquence que des moyens dérisoires pour mettre un terme au conflit[1001].

L'ONUSOM I ne représentait donc d'aucune manière une force de dissuasion propre à inciter les factions internes ennemies à négocier, au besoin, à imposer une solution politique au conflit[1002].

De tout ce qui précède, la première action de l'ONU était marquée par des ambiguïtés qui ont eu à caractériser ses activités pendant la guerre froide et son inexpérience dans la gestion efficiente et efficace du règlement des conflits.

Les ambigüités donc dans l'ONUSOM I se manifestent par le fait qu'elle était en théorie une opération de maintien de la paix et ceci installait une ambigüité profonde dès le départ.

Certes, les opérations d'intervention de l'ONU par rapport à la Somalie reposaient sur les résolutions 733 (23 janvier 1992), 751 (24 avril 1992), 767 (27 juillet 1992) et 775 (28 août 1992). Or, la première de ses résolutions s'autorise du chapitre VII de la Charte de l'ONU, le chapitre qui porte sur le règlement des conflits par des moyens autres que pacifiques, pour réclamer un embargo sur l'exploitation d'armes en Somalie, cette résolution ne crée pas encore une force d'intervention. Celle-ci sera progressivement créée par les

[998] J.-P. BRODEUR, *Op cit*, p 4.

[999] *Idem*.

[1000] Il s'agissait bien en fait d'une rumeur mais il était vrai que l'ONUSOM I rencontrait des difficultés très considérables sur le terrain car, déjà 50 observateurs étaient bloqués par les belligérants dans le port de Mogadiscio.

[1001] J.-P. BRODEUR, *Op cit*, p 5.

[1002] R. MARCHAL, « Somalie : autopsie d'une intervention », Op.cit, pp.191-208.

résolutions subséquentes : on enverra d'abord une équipe technique en mission d'observation en Somalie sous la direction d'un coordinateur (RES. 746) ; l'ONUSOM I sera créée par la résolution 751, selon laquelle cinquante observateurs et une force de sécurité, dont l'envergure ne sera pas précisée, seront déployés en Somalie, sous l'autorité d'un représentant spécial du Secrétaire général ; la résolution 767 porte sur la création d'un pont aérien pour acheminer l'aide humanitaire divise la Somalie en quatre zones d'intervention et envoie une seconde équipe en mission d'observation ; La résolution 775 autorise le renforcement urgent de l'ONUSOM I, sans toutefois préciser quelle ampleur prendra le renfoncement.

Aucune des résolutions postérieures à la résolution 733, qui invoquait elle-même le chapitre VII de la Charte, ne mentionna l'un ou l'autre des deux chapitres sur la résolution des conflits (VI ou VII)[1003].

Il se dégage en conséquence que le mauvais présage de l'échec était réalisé par le simple fait que les opérations n'étaient pas régies par le chapitres VI comme il en était des précédentes opérations de l'ONU d'une part et, de l'autre, au regard du faible nombre des forces déployées, il ne pouvait en être autrement et surtout qu'il importe de souligner que le seul chapitre de la Charte de l'ONU mentionné explicitement par la résolution initiale concernant la Somalie fut le chapitre VII et non pas le chapitre VI.

Le 3 décembre 1992, après une nouvelle détérioration de la situation sécuritaire et humanitaire en Somalie et surtout l'incapacité d'accomplir sa mission du point 7 de la résolution 751, le Conseil de sécurité avait adopté la Résolution 794 qui autorisait les Etats membres à créer la force d'intervention unifiée (UNITAF) qui pouvait employer tous les moyens nécessaires pour instaurer aussitôt que possible des conditions de sécurité pour les opérations de secours humanitaires en Somalie.

C'est le problème du pillage de l'aide alimentaire qui avait fait l'objet d'une grande couverture médiatique et qui avait déterminé les Etats-Unis à prendre la tête de l'opération Restore Hope (rendre l'espoir) pour laquelle cette coalition dite UNITAF fut créée.

Elle est en clair la résultante de l'offre faite par les USA aux Nations Unies à travers la lettre du Secrétaire Général au Conseil en date du 29 novembre 1992 concernant l'établissement d'une opération en vue de l'instauration de ces conditions de sécurité[1004].

En agissant en vertu du chapitre VII de la Charte des Nations unies, le Conseil de sécurité avait ainsi autorisé le secrétaire général et les Etats membres qui coopéraient à la mise en œuvre de l'offre américaine visée au paragraphe 8 de la résolution 794 à employer tous les moyens nécessaires pour les opérations de secours humanitaires en Somalie[1005].

[1003] Les Rés. 746 et 751 mentionnent toutefois le chapitre VIII de la Charte.
[1004] Voir (S/24868) du 29/11/1992 et point 8 de la Rés. 794.
[1005] Voir Point 10 de la Rés. 794.

Créée le 3 décembre 1992, l'opération officielle UNITAF connue sous le nom de code restore Hope avait débuté le 9 décembre 1992 avec le déploiement rapide sur le terrain de près de 25000 militaires US et d'une forte logistique à Mogadiscio en à peine trois jours[1006]. A son plus haut niveau, l'UNITAF avait compté environ 40000 membres, dont 30000 membres américains.

Et même dans le cadre de cette force d'intervention unifiée créée par la résolution 794, en son point 16, le Conseil de sécurité, agissant en vertu des chapitres VII et VIII de la Charte, avait demandé aux Etats, à titre national ou dans le cadre d'organisations ou d'arrangements régionaux, de recourir aux mesures qu'ils jugeront nécessaires pour assurer l'application rigoureuse du paragraphe 5 de la résolution 733 (1992).

Il s'agissait bien évidemment d'une autorisation à faire usage de la force contre des parties en conflit qui n'étaient pas des Etats mais plutôt des acteurs illégaux non prévus dans le cadre des chapitres VII et VIII.

Ce glissement visant à autoriser les Etats et les organisations à recourir aux mesures qu'ils jugeront nécessaires pour faire appliquer une résolution peut être considéré comme une coopération s'il visait les Etats mais, dans le cadre des acteurs illégaux non étatiques, celui-ci commençait à constituer l'ébauche d'une pratique nouvelle autorisant clairement les organisations régionales à faire usage de la force.

Le cadre juridique de l'action du Conseil étant lui-même dépassé lorsqu'il s'agit de telles actions et surtout qu'il relève d'une pratique, l'on ne saurait non plus reprocher à une organisation régionale de faire usage de la force ou d'organiser une telle opération qui contribue au maintien de la paix et de la sécurité régionales.

Dans le contexte de Restore Hope, il faut observer que dans sa première phase, l'opération était une réussite, tant au plan du secours aux populations que de celui de la reconstruction des infrastructures (plus de 1000 km de routes refaits, construction ou réhabilitation de nombreux hôpitaux, écoles, orphelinats, etc.).

En revanche, les autres missions, réconciliation et règlement politique ne progressaient pas, et la guerre civile qui était freinée un moment, reprenait de plus belle après que, à l'instigation de Bill Clinton, devenu président des USA en janvier 1993, l'opération Restore Hope fut arrêtée en mai 1993, réduisant à moins de 2000 le nombre des soldats de l'UNITAF sur place, cette fois-là sous mandat direct de l'ONU[1007].

1006 Lire Opérations restore hope, in *www.un.org*, consulté le 17 juin 2012.

1007 Sous l'angle politique, l'UNITAF avait réussi à réunir les deux grands protagonistes à savoir le général AIDEED et le président par intérim ALI MADHI à quelques reprises et un cessez le feu précaire semblait être mis en vigueur. Ces réunions ont abouti à plusieurs accords :accords en sept points entre AIDEED et ALI MADHI(11décembre 1992) ,accord général d'Addis Abeba du 08/01/1993 sur un cessez le feu et la tenue d'une conférence de réconciliation nationale le 15 mars suivant, accord d'Addis Abeba sur la réconciliation nationale et la création d'un conseil national de transition (transitional national Council),

Suite à la décision de Bill Clinton, le 26 mars 1993, le Conseil de sécurité dans la résolution 814 décide de mettre fin à l'ONUSOM I et de créer une deuxième opération des Nations Unies en Somalie (ONUSOM II) forte de 8000 hommes et chargée de reprendre les activités de l'UNITAF. Cette dernière s'était vue réduite de ces effectifs à moins de 2000 soldats à partir de mai 1993, quand la première phase de l'opération Restore Hope prenait fin[1008]. La deuxième phase de l'opération américaine, appelée Continue Hope, était ensuite mise en place afin d'appuyer l'ONUSOM II dans son mandat[1009].

Conformément à la résolution 814, les troupes restantes de l'UNITAF étaient alors placées sous le commandement ancien[1010].

C'est en mai 1993 que la seconde phase, Continue Hope, s'était mise définitivement en place, mais très rapidement, l'ONUSOM II devait faire face à des attaques et à un retour de la violence à Mogadiscio même qui s'est soldé le 5 juin 1993 par la mort de 24 soldats pakistanais lors de l'inspection d'une cache d'armes. Très rapidement, on identifie les troupes de Mohammed Farrah Aidid comme étant les auteurs de cette action et, le 21 juin de cette même année, les troupes des Etats-unis et de l'ONUSOM II, sur autorisation du Conseil de sécurité[1011] ont lancé une vaste action contre ce groupe qui s'est terminée le 26 juin sans résultats tangibles. Trois jours après, l'amiral Howe, de l'US Navy, a annoncé une prime de 25000$ pour toute information permettant l'arrestation de Mohammed Aidid, sans suite.

Ensuite, la situation n'a cessé de se dégrader : le 12 juillet 1993, outrepassant la mission confiée par l'ONU, une unité d'hélicoptères de combats a détruit plusieurs immeubles, tuant de nombreux somaliens ; en réponse, une foule a battu à mort quatre journalistes venus observer l'attaque.

Dans les jours qui suivent, des attaques répétées ont visé les forces de l'ONUSOM II, principalement des Américains, quatre d'entre eux ont été tués et plusieurs gravement blessés. A partir du 8 Août 1993, les Etats-unis ont redéployé des troupes de rangers hors commandement de l'ONU, afin de pouvoir lancer des attaques lourdes contre les factions somaliennes, au-delà des limites du mandat de l'ONUSOM II. Cette nouvelle phase, menée sous le nom de code Opération Gothié Serpent, et visant toujours à capturer ou éliminer Mohamemd Aidid, a culminé avec « la bataille de Mogadiscio », les 3 et 4 octobre 1993, se soldant par la mort de 19 soldats (18 rangers et membres de la Delta Force et 1 Malaisien) et de plusieurs centaines de somaliens combattants et civils) et avec 82 blessés graves parmi les soldats (73 rangers, 7 malaisiens,

---

détenteur de l'autorité souveraine en Somalie (27mars1993) ;toutefois, aucun de ces accords ne fut véritablement appliqué.

[1008] UNION AFRICAINE, « historique, … », in *Op cit*, p1.

[1009] Lire « Opération restore hope, … », in *Op cit*, p3.

[1010] Rés. 837 du 06 juin 1993, NATIONS UNIES, Somalie-ONUSOM II, Nations unies, maintien de la paix, préparé par le département de l'information des Nations unies, pas doc.off in *www.un.org,* consulté le 19 mars 2012, p.3.

[1011] *Idem.*

2 pakistanais), plus de 3000 parmi les somaliens. Bataille qui encore une fois ne parvint pas à son objectif principal.

Les mois suivants, la situation se dégrada encore, encore bien que l'ONUSOM II ait vu la durée de sa mission initialement prévue jusqu'au 31 octobre 1993, prolongée d'abord au 18 novembre 1993[1012], puis au 31 octobre 1994[1013]. Cette mission fut encore prolongée plusieurs fois[1014] ; la dernière résolution, dans son article 11, a décidé de proroger le mandat d'ONUSOM II pour une dernière période allant jusqu'au 31 mars 1995. Mais le pays fournisseurs des principaux contingents, au premier chef des Etats Unis, constatant leur incapacité à « restaurer l'espoir », et moins encore la paix, avaient commencé à retirer leurs troupes et à limiter leurs actions et la mission bien avant cette échéance. Les casques bleus ont perdu 140 hommes, les Etats unis plusieurs dizaines.

A la suite de cette débâcle, le Conseil de sécurité, à travers la résolution 954 du 4 novembre 1994, comme d'ailleurs dans la plupart de ses résolutions, concluait sur la formule, le Conseil de sécurité « décide de rester saisi de la question ».

Or, il se passera jusque sept ans avant que, par sa résolution 1356 du 19 juin 2001, il se penche de nouveau sur le sujet et le dernier article de cette résolution rappelle encore « de rester saisi de la question », puis encore un an et la résolution 1407 du 3 mai décide de « constituer , dans un délai d'un mois à compter de l'adoption de cette résolution, en préparation de la création d'un groupe d'experts, une équipe d'experts composée de deux membres pour une période de 30 jours, chargée de présenter au comité un plan d'action énonçant en détail les ressources et compétences dont le groupe d'experts aura besoin pour produire des informations sur les violations et pour améliorer l'application de l'embargo sur les armes et les équipements militaires ».

Deux mois et demi plus tard, la résolution 1425 du 22 juillet 2002 décidait de constituer, dans un délai d'un mois à compter de l'adoption de cette résolution (...), un groupe d'experts composé de trois membres qui sera installé à Nairobi pour une période de six mois, et sera chargé de produire des informations sur les violations de l'embargo sur les armes à titre de progrès dans l'application et le renforcement de l'embargo ».

Mais entretemps, la guerre civile a continué. Le gouvernement officiel et ce qui restait du parlement étaient en exil en Tanzanie ou au Kenya. Les rébellions du nord (Somaliland, Puntland) et du sud (Jeebbaba) avaient consolidé leurs positions et leur sécession se consolidait. En 2006, et malgré les « groupes d'experts » tunisiens, la situation reste assez similaire à celle qui s'instaura environ un an après la fin de l'ONUSOM II, avec une Somalie « officielle »

[1012] Rés. 878 du 29 octobre 1993 ; également chérif OUAZZANI, 9 décembre, lancement de l'opération restore hope in *www.jeuneafrique.com,* consulté le 16 juin 2012, p1.

[1013] Rés. 886 du 18 novembre 1993.

[1014] Rés.s 897, 923, 946,953 et enfin 954, en 1994.

réduite à Mogadiscio et sa province, une partition de fait qui semble, pour le nord difficilement réversible, et des combats récurrents entre les provinces sécessionnistes pour les zones contestées.

Ce retrait international de l'ONU et des forces sur terrain n'avait pas laissé indifférent les communautés régionales et les Etats voisins.

2. *La reprise de la gestion par l'UA et ses mécanismes régionaux du conflit Somalien*

Entre 2000 et 2006, des initiatives ont été entreprises aussi bien par l'IGAD que par l'UA.

En ce qui concerne l'IGAD, elle avait décidé de créer une mission de soutien à la paix en Somalie (IGASOM) afin d'appuyer l'action du gouvernement fédéral de transition et de leur permettre d'exercer un contrôle sur l'ensemble du territoire, à l'exception du Somaliland[1015]. Ainsi, une force de 10.000 hommes devrait être envoyée sur le terrain en préalable à l'envoi d'une force de l'UA[1016].

Les premières estimations du colonel Peter Maruwa, chef des opérations de maintien de la paix à l'IGAD, prévoyaient de déployer les premiers éléments de la force de maintien de la paix en Somalie avant la fin du mois de septembre 2006[1017]. Il s'agit d'un déploiement de huit bataillons devant aider au rétablissement de la paix comprenant au total 6800 hommes. L'Ouganda et le Soudan ont été pressentis pour envoyer des troupes, car n'étant pas limitrophes de la Somalie.

Ces deux pays auraient envoyé les deux premiers bataillons dans la ville Kenyane de Garissa à la frontière avec la Somalie d'où les bataillons se seraient déployés ensuite à Baidoa, au nord-ouest de Mogadiscio, ville où siègent les institutions gouvernementales de transition[1018].

Le déploiement initial de l'IGASOM a toutefois été retardé par la réticence du Conseil de sécurité de lever l'embargo sur les armes imposé depuis 1992. Cette levée de l'embargo risquait, pensait-on, d'aggraver la situation. Pourtant, selon un rapport du secrétaire général des Nations unies daté du novembre 2006, l'embargo était loin d'être effectif.

A cette date, l'apparition d'un nouvel acteur, l'union des tribunaux islamiques a commencé à menacer le peu de légitimité des institutions gouvernementales de transition.

Depuis juillet 2006, sortis vainqueurs des combats qui les ont opposés aux seigneurs de guerre soutenus par les Etats unis, les combattants des tribunaux

---

[1015] Cette opération porte le nom de l'IGAD support mission in Somalia.
[1016] S. LEGOURIELLEC, *Op.cit*, p 2
[1017] Réseau Francophone de recherche sur les opérations de paix, historique de l'opération IGASOM in *htt //www.opérations paix.net/*AMISOM -1, pp 1et 2, consulté le 19juin 2012
[1018] *Idem.*

islamiques ont peu à peu étendu leur contrôle dans le sud du pays restaurant un semblant d'ordre, notamment par l'instauration de la sharia. Devenant un acteur politique majeur, les tribunaux islamiques ont entrepris de négocier avec le gouvernement transitoire, mais ces négociations, sous l'égide de la Ligue des Etats Arabes sont menacées par la régionalisation du conflit : l'Ethiopie soutenant le gouvernement transitoire, et l'Erythrée, soutien précieux des tribunaux islamiques, s'apprêtent à mener en Somalie une guerre par procuration alors qu'un différend frontalier oppose toujours ces deux pays[1019].

Devant les risques d'escalade, le Conseil de sécurité a voté officiellement la levée de l'embargo et autorisé le déploiement de l'IGASOM, une décision critiquée par les tribunaux islamiques qui menacent tout soldat étranger de représailles[1020]. La décision du Conseil de sécurité qui semble prendre fait et cause pour le gouvernement transitoire au détriment du dialogue entre parties au conflit semble avoir aggravé la crise, ce alors même que le déploiement de l'IGASOM demeure hypothétique. En effet, des rares pays membres de l'IGAD et susceptibles de déployer une force (non limitrophes de la Somalie), seul l'Ouganda s'est déclaré prêt à déployer 800 hommes entrainés par les Etats unis alors que le Soudan qui avait donné son accord en 2005 s'y oppose en fin de compte, réticent à accepter un pareil déploiement au Darfour[1021].

Face à l'avancée des combattants des tribunaux islamiques, l'Ethiopie, décidée à protéger le gouvernement transitoire qu'elle a aidé à établir et à éviter l'instauration d'un gouvernement islamique en Somalie déploie ses troupes en terre somalienne. L'affrontement entre les troupes éthiopiennes soutenant les forces gouvernementales et celles des tribunaux islamiques tournait rapidement en faveur des premières[1022].

Après une dizaine de jours de confrontations réelles, les tribunaux islamiques abandonnent leurs dernières positions à Jilib et à Kismaayo le premier janvier 2007[1023]. La fin des combats ne signifie cependant pas la fin de la guerre et au vu du regain d'insécurité dans les rues de Mogadiscio, une force internationale d'envergure s'avère nécessaire. Toutefois, l'IGAD n'est plus en mesure de fournir une telle force qu'elle ne l'était auparavant, c'est donc dans le cadre de l'Union Africaine que se produira le déploiement d'une mission africaine en Somalie[1024].

En effet, depuis une dizaine d'années, le régionalisme sécuritaire était devenu une réponse à la régionalisation des conflits[1025]. Il était prôné par les

---

[1019] Réseau Francophone de recherche sur les opérations de paix, … *Op.cit.*
[1020] S. LE GOURIELLEC, *Op cit*, p 2.
[1021] *Idem.*
[1022] R. MARCHAL, « Somalie : un nouveau front antiterroriste », in *Les études du CERI*, n°135 juin 2007, p.17.
[1023] *Idem.*
[1024] Lire AMISOM *in http://www.opérationspaix.net.*
[1025] S. LE GOURIELLEC, *Op.cit*, p 3.

puissances extérieures qui lui attribuaient et continuent à le faire dans le cadre des appropriations africaines une rapidité réactionnelle[1026].

Dans ces considérations, lorsque le gouvernement fédéral de transition était établi en Octobre 2004, la situation sécuritaire l'avait obligé à s'établir au Kenya et son président Abdullah Yusuf Ahmed appelait alors à la création d'une mission d'imposition de la paix[1027]. Cette demande n'a donc pas été formulée à l'ONU mais plutôt à l'UA ; donc, les pratiques en la matière étaient reconnues licites et légitimes et, sous-entendu comme autorisées par le chapitre VIII.

Une fois saisie de cette demande, alors que l'intervention éthiopienne était effective, l'Union Africaine a mis en place l'AMISOM conformément à l'article 4.k du Protocole relatif au CPS.

Le parcours de cette opération commence irréversiblement avec les efforts entrepris par l'UA et plus particulièrement par le CPS. Cela s'aperçoit déjà en janvier 2006 soit le 24 lorsqu'à Khartoum, la conférence des chefs d'Etat et de gouvernement prenait note du rapport sur les activités du Conseil de Paix et de Sécurité et sur la situation de la paix et de la sécurité en Afrique[1028].

La conférence avait donc félicité le CPS pour son travail et sa contribution à la promotion de la paix et de la sécurité en Afrique et l'exhortait à redoubler d'efforts en vue de régler la question de la résurgence des conflits et enfin lui demandait de mettre un accent particulier sur la prévention des conflits et la reconstruction post conflit[1029].

C'est dans cette optique que le CPS avait chargé le président de la Commission de l'UA d'initier un rapport sur la situation en Somalie[1030] et faire des recommandations avec le comité d'état-major sur le déploiement d'une mission de l'UA en Somalie. Il décide donc de créer l'AMISOM en date du 19 janvier 2007[1031].

Il s'agit, en cette date, de l'acceptation du déploiement d'une force de paix en Somalie lorsque durant cette session, il s'est prononcé en faveur du déploiement d'une force de paix en Somalie pour une période de 6 mois et au terme de laquelle l'ONU devrait prendre le relais[1032].

1026 *Idem.*

1027 UNION AFRICAINE, Conseil de paix et de sécurité « rapport du président de la commission sur l'appui de l'UA aux institutions de transition de la Somalie » PSC/PR/2(XXII), 5 Janvier 2005 (en ligne) consulté le 06 juin 2012 *in www.africaunion.org* adrew MC. GREGOR « War lords of conter terroriste : US intervention in Somalia », in *Terroriste focus* vol 3 n°21, 2006.

1028 UNION AFRICAINE, Déclaration sur les activités du CPS et sur la situation de la paix et de la sécurité en Afrique, Assembly (AV/DECL/3/VI) en son point 1 du 24 janvier 2006, p 1

1029 *Idem* ; et point 3.il faut déjà relever que le Conseil de paix et de sécurité avait déjà mis en place l'AMIS au Soudan.

1030 *Ibidem.*

1031 Voir PSC/PR/2CLXIX) communiqué de la 69 réunion du CPS.

1032 Réseau francophone de recherche sur les opérations de paix, historique,…in op cit, p4 ;Voir également R. MARCHAL, intervention dans le cadre du point 3 : études des cas :DARFOUR et SOMALIE, les opérations de paix sur le continent africain : état des lieux ,enjeux et

En autorisant le déploiement de l'AMISOM, le CPS lui a donné mandat d'apporter un soutien aux TFIS dans leurs efforts en vue de la stabilité de la situation dans le pays et de la promotion du dialogue et de la reconstruction, de faciliter l'acheminement de l'aide humanitaire, et de créer les conditions favorables à la stabilisation, à la reconstruction et au développement à long terme de la Somalie[1033].

Cette opération devait accomplir les tâches liées à soutenir le dialogue et la réconciliation en Somalie en collaboration avec toutes les parties prenantes, assurer comme il se doit, la protection des TFIS et de leurs principales infrastructures, afin de leur permettre de s'acquitter de leurs responsabilités, appuyer la mise en œuvre du plan national de sécurité et de stabilisation de la Somalie, en particulier la reconstitution effective et la formation des forces de sécurité somalienne inclusives, tout en ayant à l'esprit les partenaires bilatéraux et multilatéraux de la Somalie, apporter dans la limite de ses capacités et comme il se doit, un soutien technique et autres efforts de désarmement et de stabilisation suivis dans les zones de déploiement de ses forces, de l'évolution de la situation sécuritaire, faciliter tel que requis et dans la limite de ses capacités, les opérations humanitaires y compris le rapatriement et la réinsertion des réfugiés et la réinstallation des personnes déplacées, et protéger son personnel, ses installations et son équipement, y compris le droit à l'autodéfense.

La force devait initialement être composée d'un effectif de neuf bataillons d'infanterie de 850 hommes chacun, appuyés par des composantes maritime et aérienne ainsi que de 270 policiers et d'une composante civile appropriée.

Après plusieurs débats portant sur les aspects financiers et l'hésitation de nombreux pays africains à envoyer des troupes, l'AMISOM s'était concrétisée avec l'engagement de nouveaux pays tels que le Nigeria, le Burundi, le Malawi, le Ghana et l'Ouganda et la phase opérationnelle avait débuté le 12 février 2007.

A la lecture de cette décision du CPS, il faut observer qu'en son point 16, il a demandé au président de la Commission d'assurer le suivi de tous les aspects de cette décision et de lui faire rapport régulièrement et il a demandé en outre, au président de la Commission de maintenir une liaison étroite avec l'IGAD, la Ligue arabe, les Nations Unies ainsi qu'avec les autres parties prenantes pour assurer un appui effectif et coordonné aux efforts visant à renforcer la paix et la réconciliation en Somalie.

En créant l'AMISOM donc à une période où il n'y avait pas encore un accord entre parties et le dotant entre autres comme fonction celle de protection militaire des institutions de transition, il s'agissait bien non pas d'une mission traditionnelle de maintien de la paix mais plus de l'autorisation manifeste de

perspectives, AddisAbeba in *Séminaire sur les principaux enjeux, défis et opportunités liés aux opérations de paix sur le continent africain organisé par l'OIF, le groupe des ambassadeurs francophones d'AddisAbeba, le 07juin 2010*,p2.

[1033]Voir pour le point 8 du communique PSC/PR/comm (LXIX).

l'usage de la force qui ne pouvait être autorisé que par le Conseil de sécurité dans le sens du chapitre VIII remodelé[1034].

En fait, en Somalie, l'AMISOM devait de facto sinon de jure rendre compte de la victoire militaire éthiopienne et consolider une normalisation acquise difficilement. Ce qui permet, face à cette description, d'affirmer que cette opération constitue aussi un dépassement du cadre du chapitre VIII de la Charte, c'est également le fait qu'après la création de l'opération, le Conseil de sécurité, le 20 février 2007, a autorisé l'Union Africaine à déployer une mission de maintien de la paix et de la sécurité avec un mandat de 6 mois, par l'adoption de la résolution 1744[1035].

Ce qu'il faut relever dans cette résolution est qu'elle intervient après celle de l'UA prise par le CPS lors de sa 17ème réunion tenue le 19 janvier 2007 qui avait décidé non seulement de constituer mais également de déployer une opération de maintien de la paix à fonction coercitive.

Ceci constitue même l'inversion pure et parfaite du régionalisme prévu au chapitre VIII.

Il s'observe que l'autorisation du déploiement était quelque peu superfétatoire dans cette résolution de l'ONU.

Ce qu'il faut encore remarquer est que dans cette résolution, le Conseil de sécurité prend note du communique du CPS de l'Union Africaine du 19 janvier 2007 annonçant que l'UA déploie pour une durée de 6 mois une mission en Somalie (AMISOM) chargée essentiellement de concourir à la phase initiale de stabilisation en Somalie et que cette mission est appelée à devenir une opération des Nations Unies d'appui à la stabilisation à long terme et au relèvement de la Somalie une fois la paix restaurée d'une part.

D'autre part, la résolution du Conseil de sécurité rencontre même le mandat prévu par l'Union Africaine et habilite l'AMISOM à prendre toutes mesures nécessaires pour s'acquitter de son mandat.

Dans le contexte du conflit permanent qui sévissait en Somalie surtout avec les affrontements de 2006 qui opposaient l'alliance pour la restauration de la paix contre le terroriste (ARPCT) créée par un regroupement des chefs de guerre, d'hommes d'affaires et des membres du TFG contre l'union des tribunaux islamiques, l'emploi des termes « toutes mesures nécessaires » renvoyait de manière cachée à l'usage de la force entre autres en vue de s'acquitter de son mandat[1036].

L'usage de la force autorisée par l'Union Africaine avant même l'intervention de l'ONU n'a été que confirmée dans toutes les résolutions de l'ONU. Il en est tel du cas de la résolution 2036 dans laquelle le Conseil de

---

[1034] R. MARCHAL, "Intervention, …"*in Op.cit*, p.3.

[1035]Rés. adoptée à la 5633 ième séance ; également C. DEHESDIN, « ONU19 ans de maintien de la paix difficile en Afrique » in *www.state.fr*, publié le 29 avril 2011 mis à jour le 29 avril 2011, consulté le 19 juin 2012, p.1.

[1036] C. DEHESDIN, « ONU….. », in *Op.cit*, p 2.

sécurité priait l'Union Africaine à passer l'effectif de l'AMISOM de 12.000 à 17.731 hommes et considérait que l'AMISOM devait s'établir dans les quatre secteurs définis dans le concept stratégique et y prendrait en coordination avec les forces de sécurité somaliennes, toutes les mesures nécessaires pour faire reculer la menace que représentaient Al Shebab et les autres groupes armés de l'opposition afin d'instaurer dans toute la Somalie des conditions propices à une gouvernance efficace et légitime[1037].

Cette nécessité de l'usage de force répondait à la déclaration d'Al Shebab d'avoir rejoint Al Qaida et soulignait qu'il ne saurait y avoir de place pour le terrorisme ou l'extrémisme violent en Somalie.

L'attitude, de ce fait, du Conseil de sécurité traduisait donc un certain désengagement de l'ONU et de la communauté internationale car, tout le monde se rappelait encore du bourbier somalien de 1992 à 1995.

Ce désengagement s'est traduit même par les réactions de Conseil de sécurité car, il répétait à plusieurs reprises son intention de déployer une mission de paix pour prendre le relais de l'AMISOM, comme initialement prévu dans la résolution 1744, le 21 aout 2007 ; s'il a prorogé pour la première fois le mandat de l'AMISOM, il a prié le secrétaire général de débuter les procédures pour que des casques bleus prennent la relève en Somalie[1038].

Le 2 septembre 2007, l'ancien secrétaire général de l'ONU Kofi Annan avait estimé toutefois que les conditions politiques et sécuritaires ne permettaient pas un déploiement réaliste et viable et s'opposait ainsi au déploiement d'une force de paix en Somalie pour remplacer l'AMISOM[1039].

Le nouveau secrétaire général de l'ONU, Ban Ki-Moon a présenté malgré tout le 14 mars 2008 un rapport dans lequel il a élaboré divers plans d'action pour une éventuelle mission intégrée de maintien de la paix en Somalie[1040].

Comme si ces hésitations ne suffisaient pas, le 26 janvier 2009, en se confortant dans son désengagement, le Conseil de sécurité avait adopté la résolution 1865 dans laquelle il réaffirmait son intention de prendre en charge la suite de l'AMISOM et prier le secrétaire général de lui soumettre un rapport sur l'établissement d'une telle mission[1041] .

[1037]Voir Rés. 2036 (2012) adoptée le 20 février 2012 à sa 6718ème séance dans laquelle le Conseil de sécurité priait l'UA de porter l'effectif de l'AMISOM de 12.000 à 17.731 hommes ; voir aussi les résolutions 2106 (2013), 2104 (2013) adoptée à sa 6970ème séance par le Conseil de sécurité du 29/05/2013, 2113 (2013) en son point 2 adoptée par le Conseil de sécurité à sa 7013ème séance du 13 juillet 2013.

[1038]UNION AFRICAINE, « Historique... », in *Op.cit*, p 3

[1039] *Idem*

[1040]Rapport S/2008/178 de secrétaire général qui recommandait d'intégrer les trois volets de l'action de l'ONU en Somalie soit le volet politique, le volet sécuritaire et le volet pragmatique.

[1041]Ce dernier a envoyé donc une mission d'évaluation technique en Somalie et a rendu son rapport le 9 mars 2009 ; le 16 avril, il fit parvenir au Conseil de sécurité un rapport spécial (S/ 2009 /210) pour l'informer de la situation en Somalie et de ses recommandations concernant le mandat d'une éventuelle mission de l'ONU.

Le rapport qu'il a ainsi soumis au Conseil de sécurité trahissait ces hésitations car il prévoyait quatre options d'intervention pour l'ONU en Somalie à savoir : option A : une transition de l'AMISOM à une opération de maintien de la paix de l'AMISOM tout en mettant de nouvelles forces, option B : maintenir le cap : renforcer l'AMISOM tout en mettant en place les organismes de sécurité somaliens, option C : maintenir le cap en optant pour une « empreinte légère » en Somalie, option D : engagement sans présence sécuritaire internationale[1042].

De tout ceci, l'ONU n'a créé que l'UNSOA par la résolution 1863. Il s'agit d'un bureau d'appui des Nations Unies à l'AMISOM en Somalie avec pour mandat d'offrir un dispositif d'appui logistique, notamment en matériel et en services, afin de garantir les capacités opérationnelles de la mission et en préparation du déploiement d'une éventuelle mission de l'ONU[1043].

L'UNSOA fournit entre autres efforts considérables pour améliorer les conditions de vie des soldats de l'AMISOM et ses activités sont financées par des contributions des Nations Unies et par l'intermédiaire du fonds d'affectation spéciale créé à la demande du Conseil de sécurité au cours de la conférence des donateurs en Somalie le 23 avril 2009[1044].

Ce qu'il faut mettre en plus à l'actif de l'ONU, c'est son implication dans la lutte contre la piraterie qui trouve ses origines dans l'instabilité politique et sociale de la Somalie et au cours de l'année 2008, les résolutions 1816, 1838, 1846 et enfin 1851 ont créé un cadre juridique autorisant les Etats participant à la lutte contre la piraterie. Ce cadre juridique a été successivement renouvelé pour un an par la résolution 1897 du 30 novembre 2009. Ce cadre juridique a été achevé par la résolution 1950 de novembre 2010.

A la suite de cette dernière résolution, a suivi celle de l'Union Européenne qui a lancé en décembre 2008 l'opération EU NAVFOR-ATALANTA[1045]. Soutenue dans cette action par la résolution 1846 du Conseil de sécurité, le mandat de l'opération a été prolongé pour deux ans jusqu'en 2012[1046].

En plus de cet aspect, il faut remarquer que certains Etats membres permanents du Conseil de sécurité notamment les USA et la France soutiennent d'autres forces africaines qui combattent les Al Shebab au nom de la lutte contre le terrorisme en Somalie. Il s'agit de l'Ethiopie et du Kenya.

[1042]Pour le secrétaire général, ces options ne s'excluaient pas nécessairement et étaient prévues pour faire partie d'une force d'action échelonnée.

[1043]UNION AFRICAINE, « Historique… », in, *Op.cit*, p 2

[1044] *Idem* ; M. LIEGEOIS, intervention dans le cadre de panel 3 : études des cas : Darfour et Somalie, les opérations de paix sur le continent africain : état des lieux, enjeux et perspectives in Séminaire *sur les principaux enjeux, défis et opportunités liés aux opérations de paix sur le continent africain* organisé par l'OIF, groupe, p.7.

[1045]Lire La France à l'ONU, représentation permanente de la France auprès des Nations unies à New York sur la Somalie, p.4.

[1046]Voir décision 2008/918/CFSP de l'EU.

Ces deux Etats opéraient sans mandat indépendamment des troupes du gouvernement de transition somalien et de l'AMISOM, la mission de l'UA mais avec leur aval obtenu plus tard[1047].

Quant au Kenya, suite au raft de ses ressortissants par les Shebab sur son territoire, il a lancé l'opération Linda Nchi[1048]. Il en invoque l'article 51 de la Charte des Nations Unies pour cette opération militaire présentée comme de la légitime défense[1049].

Quand bien même l'objectif de cette opération était d'éliminer la menace que posait Al Shebab pour la sécurité nationale du Kenya, les actions militaires planifiées étaient : nettoyer le sud de la Somalie jusqu'à la rivière Juba, prendre la ville côtière de Kismayo, véritable centre névralgique du mouvement Al Shebab et enfin établir une zone tampon d'une centaine de Kilomètre qui permettrait de limiter les actions de la milice Shebab tout en désengageant les camps militaires situés au nord du Kenya.

Quant à l'Ethiopie, en venant en Somalie le 20 novembre 2011, elle allégua que c'était officiellement pour soutenir le Kenya contre Al Shebab. Elle a reçu pour cette fin, l'aval de l'IGAD pour participer aux opérations en Somalie.

De toute évidence donc, il appert que le Kenya et l'Ethiopie avaient contrevenu d'une part aux résolutions de l'ONU qui excluaient la présence armée des pays limitrophes, pourtant, l'augmentation des effectifs de l'AMISOM devait induire l'intégration des forces kenyanes et djiboutiennes en son sein et même une participation éthiopienne était discutée tandis que, d'autre part, de toutes les façons, Addis-Abeba semblait cependant peu encliné à faire encadrer ses opérations[1050].

Ce qu'il convient en dernier lieu de faire observer par rapport à l'implication de l'AMISOM en Somalie à part l'usage de la force en appui aux opération contre les Shebab , c'est le fait qu'il y a eu développements politiques et sécuritaires importants dont notamment d'une part les accords de Djibouti issus des pourparlers du 31mai et le 9 juin 2008 entre le TFG et l'ARS, le retrait des troupes éthiopiennes de Mogadiscio le 15 janvier 2010 qui fut

---

[1047]La première intervention éthiopienne est de 2006 et la deuxième est de 2911 ; Lire utilement LE CONSEIL DE L'UNION EUROPEENNE, « Action commune du Conseil portant amendement de l'action commune 2005/557/PESC du Conseil concernant l'action de soutien civilo-militaire de l'Union européenne à la mission de l'Union africaine dans la région soudanaise du Darfour en ce qui concerne l'inclusion d'un élément de soutien militaire à la création de la Mission de l'Union africaine en Somalie (AMISOM), in *www.senat.fr,* consulté le 10 janvier 2014.

[1048]La traduction est « protégée le pays ».

[1049] R. LALANNE, « Le Kenya en Somalie : les raisons d'une intervention risquée le nouvel observateur » in *http://leplus.Nouvel.com,* consulté le 17juin 2012.

[1050] Entre autres la résolution 1725 du Conseil de sécurité qui approuvait les dispositions du plan de déploiement de l'IGAD selon lesquelles les Etats limitrophes de la Somalie ne déploieraient des troupes dans ce pays, excluant de fait les forces éthiopiennes. V. RICCIARDI, « En Somalie, un conflit ouvert », in *www.géopolitiqueconflits.org*. le monde, consulté le 23 juin 2006.

tombé sous les mains, dans un premier temps, des combattants Al Shebab et d'autres groupes d'opposition dont HIZBUL ISLAM jusqu'à l'été 2011 puis récupérer par une offensive de l'AMISOM qui les fut battre en retrait en dehors de la ville.

Et d'autre part, il y a eu un renforcement de l'AMISOM très considérable illustré par le fait qu'après les offensives contre les Shebab et les victoires militaires de 2011, le 5 janvier 2012, le CPS de l'UA avait approuvé un nouveau concept stratégique[1051] pour les futures opérations de l'AMISOM élaboré par les ministres de la défense des pays contributeurs des troupes à l'AMISOM et au renforcement des gains réalisés sur terrain[1052].

Toutes les manifestations permettant donc en plus d'indiquer beaucoup plus clairement et d'affirmer que la soupape qui était mise en place par les rédacteurs de la Charte en son article 53 du chapitre VIII consistant en l'autorisation du Conseil de sécurité pour de telles opérations venait de sauter dans le contexte de l'Union africaine. Ceci se justifie encore plus par la coopération qu'a offerte l'ONU qui se place dans la perspective d'une coopération pure et simple et non d'une subordination suspensive des actions de maintien de la paix de l'UA à des autorisations préalables.

La coopération s'observe même lorsque le Conseil de sécurité adoptait, à l'unanimité de ses 15 membres la résolution 2010, il priait l'Union Africaine de renforcer d'urgence l'effectif de la mission en le portant à 12.000 agents en tenue, afin de leur donner des moyens accrus de s'acquitter de son mandat[1053].

Aux termes de cette résolution, le Conseil de sécurité a invité aussi l'ONU à collaborer avec l'Union Africaine pour constituer dans les limites de l'effectif autorisé de l'AMISOM une garde de taille appropriée pour assurer la sécurité et la protection du personnel international, notamment les fonctionnaires des Nations unies.

L'usage donc des verbes prier et inviter exclut toute idée d'injonction dans une relation hiérarchique et consacre celle de coopération avec capacité pour chaque partenaire de prendre des initiatives dont la finalité serait la réussite du maintien de la paix et de la sécurité internationales.

Ainsi, pour nous convaincre de la réinvention du chapitre VIII qui se lit dans une optique d'une plus large coopération avec primauté fonctionnelle et organisationnelle de l'organisation régionale, il nous revient de voir ce qui s'est passé dans le cadre de la MINUAD.

[1051] Ce nouveau concept stratégique a été développé par les pays contributeurs des troupes et d'autres pays de la région, l'IGAD, L'UA et les Nations unies pour les futures opérations en Somalie. Elle exige pour sa mise en œuvre la disponibilité d'un appui renforcé à la mission.

[1052] UNION AFRICAINE, Communiqué de la 302ème réunion du Conseil de paix et de sécurité, PSC/PR/COMM.(CCCLL) du 2 décembre 2012, Addis-Abeba, Ethiopie.

[1053] Lire la résolution du Conseil de sécurité, S/2010/382 du 14 juillet 2010 en ses paragraphes 20-33. Déjà la résolution 1881 adoptée le 06/08/2009 qui prolongeait jusqu'au 31 juillet 2010 la mission de la MINUAD le précisait fort bien.

§2. Gestion conjointe UA- ONU de la MINUAD

La coopération entre l'ONU et les organisations régionales a très souvent été évoquée comme moyen de solution possible pour régler les affaires touchant au maintien de la paix et de la sécurité internationales dans les régions concernées. Sur le continent africain, la pratique des relations entre l'ONU et l'OUA puis l'UA et la coexistence des compétences respectives illustrent la volonté d'harmoniser action régionale et action universelle tout en constituant manifestement un dépassement du cadre du chapitre VIII censé régler le problème de coopération entre l'ONU et les accords régionaux dans le domaine du maintien de la paix.

La paix et la sécurité sont donc dans le contexte de l'Afrique une condition préalable et indispensable pour le développement de l'Afrique et son caractère durable[1054].

La MUAS fut une opération essentiellement africaine dans la conception et la mise en œuvre. La MINUAD par contre est une opération conjointe menée entre l'UA et l'ONU. Le passage de la première vers la deuxième dans le contexte de la régionalisation des opérations de maintien de la paix présente des aspects juridiques et techniques qui retiennent notre attention mais aussi la conduite des actions de cette opération hybride dans le règlement du conflit armé au Darfour atteste de l'existence des avancées importantes sur les considérations relatives au maintien de la paix en Afrique.

A. Le passage de la MUAS à la MINUAD

Sous le couvert de cet intitulé, nous allons analyser dans un premier temps le fondement juridique de cette transformation qui prend en compte les décisions importantes ayant permis ce passage tant au niveau de l'Union Africaine que l'ONU et, dans un second temps, nous passerons en revue les implications techniques de cette situation hybride.

a. Le fondement juridique du passage de la MUAS à la MINUAD

Nous sommes en face de deux organisations internationales ayant des mécanismes importants de sécurité collectives qui ont commencé à œuvrer conjointement pour une solution au conflit du Darfour. Pour éviter la dispersion d'actions et d'objectifs, il est apparu juste que certaines initiatives soient menées de concert entre elles.

Il paraissait dès lors indiquer de passer en revue les mécanismes à travers lesquels l'opération avait vu jour. Ceux-ci passent par le travail important réalisé par les deux secrétariats de ces organisations.

[1054]Voir déclaration du sommet du G8 de Heiligendam: croissance et responsabilité en Afrique, point relatif à la promotion de la paix et de la sécurité en Afrique.

1. *L'établissement des rapports communs sur l'opération*

Pour mieux comprendre cet exercice, nous allons relever les fondements juridiques de cette opération conjointe dans l'analyse de quelques rapports à savoir : les recommandations de la mission d'évaluation technique conjointe UA-ONU de juin 2006, le rapport du secrétaire général du 28 juillet 2006/S/2006/991/ du 31/08/2006, le communiqué du conseil des ministres du gouvernement soudanais du 3 décembre 2006, la déclaration du président du Conseil de sécurité publiée le 19 décembre 2006 (S/PRST/2006/55), le communiqué du CPS adopté lors de sa 66ème réunion tenue à Abuja le 30/11/2006 (PSC/PR/Comm(LXVI), les consultations de haut niveau sur le Darfour tenues à Addis-Abeba le 16 novembre 2006 et les consultations techniques de haut niveau Union africaine/Nations Unies sur l'opération hybride tenues à Addis-Abeba le 11 et 12 juillet 2007[1055].

A ce stade, il y a deux orientations à savoir les rapports de deux organisations mieux leur contenu sur la force hybride d'une part et, de l'autre, la décision de l'Union Africaine PSC/PR/Comm.(LXXIX) de la 79ième réunion du CPS sur la création de la force et résolution 1769 du Conseil de sécurité relative à la même opération.

Dans la gestion de ce conflit, il convient de faire observer qu'il était dans un premier temps géré sur terrain par l'UA mais l'ONU s'y intéressait toujours à travers le représentant spécial du Secrétaire Général qui soumettait à son chef, le secrétaire général, les détails sur la situation du Darfour sans grande interpellation du Conseil de sécurité qui les recevait mensuellement.

Il faut noter que le secrétaire général avait effectivement soumis plusieurs rapports mais nous mettrons l'accent sur ceux qui ont amené à la résolution 1769.

Certes, il faut noter que l'ONU affichait un intérêt particulier pour le Soudan au point qu'il a été décidé que certaines missions soient faites conjointement entre celle-ci et l'UA.

Cette gestion commune dont il est question a été consacrée par la résolution 1678 (2006/du Conseil de sécurité) qui demandait à l'Union Africaine et à l'Organisation des Nations Unies de se concerter pour se mettre d'accord sur les ressources à prévoir pour donner à la Mission de l'Union Africaine au Soudan (MUAS) les moyens d'appliquer les arrangements de sécurité de l'accord de paix pour le Darfour[1056].

Aussi, lui demandait-elle, après le retour de la mission d'évaluation technique conjointe de l'Union Africaine et de l'ONU, de saisir le Conseil des

---

[1055] P. KALUME BEYA, *L'Organisation…*Op cit, p.79.

[1056] Rapport du Secrétaire Général sur le Darfour adressé au Conseil de sécurité en date du 29/07/2006 en son paragraphe 1.

recommandations sur tous les aspects pertinents du mandat de l'opération des Nations Unies au Darfour[1057].

Ainsi, dans le cadre de celle-ci, le secrétaire général fit un état détaillé de la situation évolutive du conflit au Darfour dans son rapport du 25/07/2006 où il relève les efforts considérables fournis par l'UA en vue du règlement de celui-ci.

A ce stade, le secrétaire général des Nations Unies relève que l'UA a lancé les négociations de paix inter-soudanais à Addis-Abeba en juillet 2004 et elles se sont poursuivies sous le nom des pourparlers d'Abuja dans cette ville du Nigeria qui ont abouti à la signature le 5 mai 2006 de l'accord de paix pour le Darfour.

A la suite, le CPS a entériné l'accord de paix à sa 51ème réunion tenue le 15 mai 2006 tout en regrettant que le groupe de l'armée de libération du Soudan, dirigé par Abdel-Wahid al-Nur et le MJE, dirigé par Khalil Ibrahim n'aient pas signé l'accord et les a instamment invités à le faire le 31 mai 2006 au plus tard, faute de quoi il envisagerait des mesures, notamment des sanctions contre les dirigeants et les membres de ces deux groupes[1058].

Le 8 juin 2006 cependant, certains membres de ces mouvements ont manifesté leur appui à l'accord de paix au Darfour et ont accepté d'être liés par ses dispositions et de participer pleinement à sa mise en œuvre en acceptant le déploiement courageux de la première opération de l'UA dite MUAS 1.

Pour consolider cet acquis dans le règlement, l'UA a assuré l'accroissement mieux le renforcement de ses mandats et effectifs, entre autres, avec l'élargissement de l'opération dans la décision du 30 septembre 2006 lors de la 46ème réunion du Conseil de paix et de sécurité de l'Union Africaine quand bien même les difficultés ont persisté.

Dans ce contexte, l'UA a, à ses 45ème et 46ème réunions, le 12 janvier et 10 mars 2006, par le CPS, respectivement, appuyé puis décidé, en principe, une transformation de la MUAS en une opération des Nations Unies au Darfour[1059].

C'est déjà dans ce rapport que le secrétaire général a relevé que, conformément aux communiqués du Conseil de paix et de sécurité de l'Union Africaine et des résolutions du Conseil de sécurité, les Nations Unies et l'UA ont mené les préparatifs en vue d'entreprendre une mission d'évaluation conjointe au Soudan pour déterminer les besoins de renforcement de la MUAS et dresser un plan pour la relève de celle-ci par une opération multiforme des Nations Unies au Darfour[1060].

De cette optique du relèvement de la MUAS par une force de maintien de la paix des NU, les parties intervenantes se sont consultées en vue d'aplanir des divergences au 25 juin 2006 pour discuter, avec le gouvernement soudanais, de

---

[1057] *Idem.*

[1058] Rapport du Secrétaire Général, ..., *Op.cit.*

[1059] P. KALUME BEYA, *L'Organisation*....Op cit, p.81.

[1060] *Idem*

cette relève et du déploiement de la mission d'évaluation. Les politiques soudanaises n'ont pas accepté l'idée d'une relève mais ont autorisé l'Union Africaine et l'ONU à entreprendre, à Khartoum et au Darfour, une évaluation technique conjointe[1061].

De tous ces contacts qui sont allés même jusqu'au Tchad, il a été constaté que la population, au Darfour, avait des opinions très partagées sur la performance de la MUAS et la nécessité d'une opération de paix des Nations unies.

A ce stade, il convient de faire remarquer que c'est cet accord de paix du Darfour qui constituait le cadre de référence pour toute proposition de renforcer la MUAS et pour une place de relève par une opération des Nations unies[1062].

Il s'est dégagé manifestement la nécessité de renforcer soit de relever la MUAS car, il a été observé sur terrain que cette opération faisait face à plusieurs problèmes et entraves au regard des obstacles y rencontrés à savoir : le couvre-feu très contraignant et d'autres restrictions[1063]imposés par le pouvoir de Khartoum.

Ainsi, trois idées essentielles ont émargé des discussions parmi lesquelles une première tentative qui considère nécessaire de renforcer les activités de la MINUS à l'ensemble du Darfour en faisant d'elle une force d'appui à l'action de la MUAS qui aurait pour but principal de créer un environnement stable et sûr pour protéger les populations civiles et appuyer la mise en œuvre de l'accord de paix[1064]alors qu'au niveau du rapport, il n'était envisagé qu'une relève totale non la création d'une force hybride.

Toutefois, les parties prenantes ont conçu l'ébauche de ses pouvoirs qui était presque formalisée dans le rapport en ce qui concernait essentiellement les aspects sécuritaires[1065].

Il faut aussi relever le fait qu'au regard du non-respect du cessez-le-feu imposé par l'accord d'Abuja du 5 mai 2006 et des difficultés rencontrées par la MUAS, le Conseil de sécurité avait adopté le 31 août 2006 la résolution 1706[1066]. Celle-ci organise le passage de la MUAS à une opération de maintien de la paix organisée sous l'égide des NU, laquelle sera un élargissement de la MINUS à la hauteur de 17300 soldats soutenus par 3300 policiers[1067]. Il s'agit

---

[1061] CONSEIL DE PAIX ET DE SECURITE, Communiqué sur la situation au Darfour, PSC/PR/ Comm (LXXIX), 79ème réunion du 22 juin 2007, Addis Abeba, Ethiopie.

[1062] P. KALUME BEYA, *L'Organisation*....p.82.

[1063]Lire les paragraphes 35, 36 et 40 du rapport du Secrétaire général des Nations Unies, ...*Op.cit.*

[1064]Mission des Nations unies au Soudan.

[1065]Voir les paragraphes 71 à 96 qui décrivent l'essentiel des pouvoirs que l'ONU devrait accorder à une force qui serait totalement sous son contrôle et voire même l'organisation et les options à retenir. C'est comme cela que la première option entrevoit une force d'au moins 17300 hommes, la deuxième option avec 18600 hommes et la troisième avec 15300 soldats.

[1066]Cette Rés. n'a jamais été appliquée.

[1067] P. KALUME BEYA, *L'Organisation,* ...Op cit, p.84.

d'une résolution s'inspirant de la première option reprise dans le rapport du secrétaire général sur le Darfour du 28 juillet 2006 en ses paragraphes 84 et 85.

La nécessité d'une telle transition avait été admise dans son principe par le Conseil de paix et de sécurité de l'Union Africaine dès le 12 janvier 2006, et cette proposition fut depuis lors réaffirmée par celui-ci[1068].

Lorsque cette résolution a été prise au niveau du Conseil de sécurité, le Gouvernement soudanais mené par le président OMAR AL BASCHIR l'a rejeté en bloc et a promis de considérer que toute force des Nations Unies qui se déploierait sur son sol sans son consentement serait assimilée à une ingérence dans les affaires intérieures du Soudan et partant comme puissance ennemie et occupante.

A partir du blocage occasionné par le refus du gouvernement soudanais, sous l'égide de l'UA, se sont ouvertes des consultations de haut niveau sur le Darfour tenues à Addis-Abeba le 16/11/2006 auxquelles participèrent l'ancien secrétaire général Kofi Annan, les cinq membres permanents du Conseil de sécurité, les représentants du gouvernement soudanais ainsi que d'autres Etats membres et organisations ayant une influence politique dans la région, le département des opérations de maintien de la paix des Nations unies. En effet, de ces consultations, il a été élaboré et mis en œuvre au Darfour une stratégie en trois volets en vue non seulement d'augmenter l'effectif de la mission de l'UA au Darfour mais aussi d'y déployer la première opération de maintien de la paix conjointe UA/ONU[1069].

Celles-ci ont permis de constater certaines avancées qui ont amené le secrétaire général de l'ONU, Ban Ki-Moon et au président de la Commission de l'Union africaine, Alpha Oumar Konaré à avoir des consultations techniques[1070] en vue d'un rapport à adresser au président du CS sur l'opération hybride au Darfour.

Ainsi, en date du 05 juin 2007, ce rapport fut transmis à qui de droit et a amené des décisions dans chaque organisation.

2. *L'ONU et l'UA prennent chacune la décision de créer la même opération par acte distinct.*

Nous nous retrouvons en face de deux organisations qui ont chacune un modèle de fonctionnement distinct qui prend des initiatives particulières en vue de la réalisation et la mise en œuvre de la même opération de maintien de la paix.

[1068]Le 24 mars 2005, la Rés. 1590 du CS met en place la mission des NU au Soudan. Cette mission avait pour objectif la mise en œuvre de l'accord de paix global signé le 9 janvier 2005 entre le Gouvernement soudanais et l'armée populaire de libération du Soudan.

[1069]Lire les consultations de haut niveau sur le Darfour tenues à Addis-Abeba le 16/11/2006 in *www.operationspaix.net*consulté le 12/02/2010.

[1070]Il a été en fonction et représenté par Jean Ping.

L'Union Africaine est restée la première organisation impliquée totalement dans le processus de règlement du conflit au Darfour. Ainsi, elle a, au cours de sa 79ème réunion du CPS, tenue le 22/06/2007, adopté la décision sur l'opération hybride Union africaine-Nations Unies au Darfour et la prolongation du mandat de la mission de l'UA au Soudan (MUAS)[1071].

Dans le processus d'adoption de la décision sur cette opération, le CPS de l'Union Africaine s'est fondé sur le rapport du président de la Commission et du secrétaire général des Nations Unies sur l'opération hybride au Darfour (PSC/PR/2/LXXPX), les consultations de haut niveau sur le Darfour du 16/11/2006 telles qu'entérinées par le communiqué adopté lors de sa 66ème réunion tenue à Abuja le 30/11/2006 (PSC/PR/Comm/LXVI), sur les autres consultations techniques et sur les explications et éclaircissements des 11 et 12 juillet 2007.

En considération des contraintes qui seraient liées à la mise en place de l'opération de maintien de la paix, le CPS a décidé dans le même communiqué de prolonger le mandat de la MUAS pour une période supplémentaire n'excédant pas six mois jusqu'au 31 décembre 2007[1072] en vue de permettre ce passage en douceur.

C'est dans la suite des accords exprès exprimés par les deux organisations et la volonté expresse du gouvernement soudanais que le Conseil de sécurité a décidé par la résolution 1769 du 31 juillet 2007 de créer la MINUAD qui est une opération hybride NU-UA.

De tout ce qui précède, il a été observé qu'avant le 31 avril 2007 soit en date du 12 juin 2007, à Addis-Abeba, l'Union Africaine (UA), a annoncé, dans une déclaration commune avec l'ONU et le gouvernement soudanais que le Soudan avait accepté le déploiement de 17 à 19 mille casques bleus au Darfour[1073] en vue du déploiement de la MINUAD pour réaliser la mission.

Dans cette résolution[1074], le Conseil de sécurité qualifie la situation au Darfour comme celle qui continue de faire peser une menace sur la paix et la sécurité internationales.

A la lecture de cette résolution, il s'observe que le Conseil de sécurité a décidé, en vue de faciliter la mise en œuvre rapide et effective de l'accord de paix pour le Darfour et des résultats des négociations envisagées au paragraphe 18, d'autoriser et de prescrire la mise en place, pour une période initiale de 12 mois, d'une opération hybride UA/ONU au Darfour (MINUAD) selon les

[1071] P. KALUME EBYA, *L'Organisation*, ….Op ci, p.85.

[1072] Lire le §12 du PSC/PR/COMM (LXXIX) du 22/06/2007.

[1073] Le 24 mars 2005, la Rés. 1590 du CS met en place la mission des NU au Soudan. Cette mission avait pour objectif la mise en œuvre de l'accord de paix global signé le 9 janvier 2005 entre le Gouvernement soudanais et l'armée populaire de libération du Soudan.

[1074] Ban ki-Moon qualifie d'historique l'adoption à l'unanimité de la Rés. 1769 (2007) qui crée la mission de maintien de la paix la plus importante au monde in département de l'information, in *www.un.org,* consulté le 17/02/2010.

modalités prévues dans la résolution 1769 et dans le rapport du secrétaire général et du président de la Commission de l'UA en date du 5 juin 2007.

Il a décidé en outre que le mandat de la MINUAD sera celui qui est décrit aux paragraphes 54 et 55 du rapport du Secrétaire Général et du président de la Commission de l'UA en date du 5/06/2007, lesquels ont été pris en commun en vue de permettre la matérialisation de cette opération.

L'analyse minutieuse de cette résolution nous présente le fait que le mandat envisagé dans le cadre convenu par l'UA et l'ONU pour l'opération hybride comporte divers éléments qui sont tirés de l'accord de paix pour le Darfour, du mandat actuel de la MUAS, du rapport du secrétaire général sur le Darfour daté du 28 juillet 2006 CS/2006/591, des communiqués pertinents du CPS de l'UA et des résolutions pertinentes du CS.

Le mandat donné à cette opération cherche principalement à contribuer au rétablissement des conditions de sécurité nécessaire à l'apport d'une aide humanitaire en toute sécurité et faciliter un accès sans entrave de l'aide humanitaire à tout le Darfour,

Elle vise encore la protection des populations civiles immédiatement menacées de violences physiques et à empêcher les attaques contre les civils, dans les limites de ses moyens et dans les zones de déploiement, sans préjudice de la responsabilité du gouvernement soudanais puis à suivre et vérifier l'application des divers accords de cessez-le-feu signés depuis 2004 et observer s'ils sont bien respectés, et apporter une aide à la mise en application de l'accord de paix pour le Darfour et de tous les accords ultérieurs, à apporter une aide à la recherche d'une solution politique de manière que celle-ci n'exclut aucune partie, et apporter un appui à l'équipe conjointe UA-ONU d'appui à la médiation dans les efforts qu'elle déploie pour élargir et affermir l'engagement en faveur du processus de paix[1075].

Il se dégage à la lecture de cette résolution que les pouvoirs principaux accordés à l'opération visaient tout simplement à contenir les ardeurs des belligérants, à les orienter et les garder définitivement sur la ligne des négociations quand bien même ceux sont restés dans la logique de la belligérance.

Dans la même perspective, cette opération cherche à contribuer à instaurer un environnement favorable à la reconstruction économique et au développement, ainsi qu'au retour durable des déplacés et des réfugiés dans leurs foyers, à œuvrer pour le respect et la protection des droits de l'homme et

[1075] Lire les paragraphes 3 à 6 du Rapport S/2007/307/Rev.1 rendu le 5 juin 2007 et adressé au président du Conseil de sécurité et de celui du Conseil de paix et de sécurité portant sur l'opération hybride au Darfour. Également les paragraphes 54.1 du Rapport du Secrétaire général et du président de la Commission de l'UA. Également, la résolution 1769. Ce mandat de protection nécessaire des individus était déjà suggéré par la doctrine notamment E. DECAUX, « La crise du Darfour. Chronique d'un génocide annoncé », protection internationale des droits de l'homme, in *Annuaire français de droit international*, Volume 50, 2004, pp.731-754.

des libertés fondamentales au Darfour, à aider à promouvoir l'Etat de droit au Darfour, notamment en apportant un appui au renforcement d'un système judiciaire et d'un système pénitentiaire indépendant, ainsi qu'à développer et consolider le cadre juridique, en consultation avec les autorités soudanaises compétentes, à suivre la situation en ce qui concerne la sécurité aux frontières du Soudan avec le Tchad et avec la République Centrafricaine et faire rapport à ce sujet[1076].

Ainsi, pour réaliser ces objectifs généraux, les termes du paragraphe 55 déterminent les tâches que l'opération accomplira au Darfour en les résumant dans un premier cadre en l'appui au processus de paix et bons offices[1077].

Cet aspect voudrait que l'opération apporte un appui à la mission de bons offices du représentant spécial conjoint UA/ONU pour le Darfour et aux efforts de médiation des envoyés spéciaux de l'UA et de l'ONU, suive l'application de l'accord de paix pour le Soudan et des accords ultérieurs et y apporte un appui. Elle doit participer à l'exécution du mandat des principaux organes créés par l'accord de paix pour le Soudan et tous les autres accords ultérieurs et notamment apporter à ces organes une assistance technique et un appui logistique[1078].

Elle doit également faciliter les préparatifs et la conduite du dialogue et de la consultation Darfour-Darfour, comme le stipule l'accord de paix pour le Darfour, apporter une aide à la préparation des référendums prévus dans l'accord de paix pour le Darfour, fasse en sorte que tous les accords de paix au Soudan soient appliqués de façon complémentaire, en particulier en ce qui concerne les dispositions nationales, et que la constitution nationale de transition soit respectée, se tienne en rapport avec la MINUS, le bureau de liaison de l'Union Africaine pour l'application de l'accord de paix global et les autres acteurs pour faire en sorte que la MINUS, le bureau de liaison de l'UA et l'opération hybride au Darfour s'acquittent de leurs mandats respectifs de façon complémentaire[1079].

Dans le même contexte, cette résolution détermine, du point de vue sécuritaire, les objectifs assignés à la mission car il est à relever que la mission favorisera le rétablissement de la confiance, découragera les violences et aidera à suivre et vérifier l'application des dispositions de l'accord de paix pour le Darfour concernant le redéploiement et le désengagement, notamment en assurant la sécurité pour l'organisation de patrouilles robustes dans les zones de redéploiement et les zones tampons, en contrôlant le retrait des armes de longue portée et en déployant des forces de police hybrides, y compris des unités constituées, dans les zones de concentrations de personnes déplacées, dans les

---

1076 Lire les paragraphes 21 à 28 du Rapport S/2007/307/Rev.1.

1077 Lire le point V sur la mise en œuvre des conclusions d'Addis Abeba et des décisions d'Abuja du Rapport S/2007/307/Rev.1

1078 P. KALUME BEYA, *L'Organisation,*....Op cit, p.90.

1079 Lire les articles 30 à 34 du Rapport S/2007/307/Rev.1

zones démilitarisées et dans les zones tampons, le long des principales voies de migration et autres lieux d'importance capitale, comme le prévoit l'accord de paix pour le Darfour[1080].

Par ailleurs, par l'intermédiaire de la Commission du cessez-le-feu et de la Commission mixte, elle suivra les violations de l'accord de paix pour le Darfour et des accords de paix complémentaires conclus ultérieurement, fera rapport et enquêtera sur ces violations, et aidera les parties à trouver une solution à celles-ci[1081].

Ensuite, elle suivra, vérifiera et assurera la promotion des actions visant à désarmer les Janjaweeds et autres milices, coordonnera le soutien logistique non militaire aux mouvements, apportera une aide à la mise en place du programme de l'accord de paix pour le Darfour, contribuera à l'instauration des conditions de sécurité nécessaires à l'apport d'une aide humanitaire et facilitera le retour durable et librement consenti des réfugiés et des déplacés dans leurs foyers[1082].

Dans le même contexte, la MINUAD a reçu mandat dans les zones de déploiement de ses forces et dans les limites de ses capacités où elle protégera le personnel, les locaux, installations et matériels des Nations unies , assurera la sécurité et la libre circulation du personnel de la Commission du bilan et de l'évaluation, empêchera toute perturbation de la mise en œuvre de l'accord de paix pour le Darfour par des groupes armés et, sans préjudice de la responsabilité du gouvernement soudanais, protégera les civils immédiatement menacés des violences physiques et empêchera les attaques et les menaces contre des civils[1083].

Par ailleurs, elle contrôlera au moyen de patrouilles dynamiques les activités de police des parties dans les camps de personnes déplacées, dans les zones démilitarisées et les zones tampons et dans les zones de contrôle et apportera un soutien, en coordination avec les parties et comme prévu dans l'accord de paix pour le Darfour, à la création et à la formation d'une police communautaire dans le camps de personnes déplacées, et apportera un soutien au renforcement des capacités de la police du gouvernement soudanais au Darfour, dans le respect des règles internationales relatives aux droits de l'homme et au principe de responsabilité et un soutien au développement institutionnel de la police du mouvement[1084].

[1080] Voir les paragraphes 28 à 38 du Rapport du secrétaire général des Nations unies sur le Darfour du 27 juillet 2007, rapport rendu sur base de celui S/2007/307/Rev.1, publié le 5 juin 2007 qui fonde le mandat de cette opération. Il est à considérer la prévision d'une démarche à trois temps comportant un module d'appui initial de l'ONU à la MUAS, un module d'appui renforcé de l'ONU à la MUAS et la mise en œuvre place d'une opération hybride au Darfour. (Point 40 du Rapport S/2007/307/Rev.1). Mais c'est le dernier format qui a été retenu.

[1081] Lire point 55 du Rapport S/2007/307/Rev.1

[1082] *Idem.*

[1083] P. KALUME BEYA, *L'Organisation,*….,p.92.

[1084] P. KALUME BEYA, *L'Organisation,* ….,p.92.

Toujours dans le cadre de rendre effectif le retour de la paix et l'application effective de l'accord, la mission a été aussi dotée des objectifs d'une part, de soutenir les efforts déployés par le gouvernement soudanais et la police du mouvement pour maintenir l'ordre public, et renforcer les capacités des services de la police soudanaise au moyen d'une formation spécialisée et d'opérations conjointes, d'apporter des conseils techniques à la lutte anti-mine et coordonner l'action dans ce domaine[1085]. Elle doit fournir des moyens de déminage à l'appui de l'accord de paix pour le Darfour et vérifier la mise en place de l'Etat de droit, la bonne gouvernance et le respect des droits de l'homme[1086].

D'autre part, elle est appelée à apporter une aide à l'application des dispositions relatives aux droits de l'hommes et à l'Etat de droit figurant dans l'accord de paix pour le Darfour et tous accords ultérieurs et contribuer à l'instauration d'un environnement favorable au respect des droits de l'homme et de l'Etat de droit dans lequel tous se voient assurer une réelle protection, d'aider toutes parties prenantes et les autorités locales, en particulier dans les efforts qu'elles déploient pour transférer équitablement des ressources du gouvernement fédéral vers les Etats et les accords en vigueur ainsi que tous accords ultérieurs concernant les termes et les questions relatives aux indemnisations, d'aider les parties à l'accord de paix pour le Darfour à restructurer et développer les services de police au Darfour, notamment en assurant un suivi, une formation et un encadrement, en s'installant dans les mêmes endroits et en effectuant des patrouilles conjointes[1087].

Enfin, en dernier lieu, elle a reçu comme objectifs d'aider à promouvoir l'Etat de droit, notamment en développant les institutions et en renforçant les moyens disponibles localement pour lutter contre l'impunité, d'assurer une présence, des moyens et des compétences suffisants au Darfour dans les domaines des droits de l'homme et de l'égalité des sexes afin de contribuer aux efforts visant à protéger et promouvoir les droits de l'homme au Darfour, en particulier à l'intention des groupes vulnérables d'une part[1088].

D'autre part, elle doit contribuer à permettre aux femmes de participer au processus de paix, y compris par la représentation politique, le pouvoir d'action économique et la protection contre la violence sexiste, d'apporter un soutien à l'application des dispositions relatives à la protection des droits de l'enfant figurant dans l'accord de paix pour le Darfour et tous les accords ultérieurs ; c'est dans ce dernier contexte qu'elle a été dotée d'un objectif humanitaire tendant à faciliter l'apport effectif d'une aide humanitaire et accès sans entrave aux personnes dans le besoin[1089].

1085 Lire point 55 du Rapport S/2007/307/Rev.1.
1086 *Idem.*
1087 Lire les articles 54 et 55 du Rapport S/2007/307/Rev.1, Op.cit.
1088 *Idem.* Dans le même sens, le président de la Commission de l'UA avait rendu au Conseil de paix et de sécurité le même rapport avec toutes ces précisions pour une décision de ce dernier. Voir le Rapport…/PSC/PR/2 (LXXIX).
1089 Rapport…/PSC/PR/2 (LXXIX), *Op.cit.*

En plus de ce mandat détaillé qui a pris en compte les précisions données par le rapport conjoint du SG de l'ONU et du président de la Commission de l'UA, il y a lieu de faire remarquer que l'ONU crée une opération de maintien de la paix de type particulier dans un premier temps et agit dans la même résolution en vertu du chapitre VII de la Charte[1090].

Ainsi, dans le cadre de ses pouvoirs tirés du chapitre VII, le Conseil de sécurité décide d'autoriser la MINUAD à prendre toutes les mesures requises, dans les secteurs où ses contingents seront déployés et dans la mesure où elle juge que ses capacités le lui permettent pour premièrement protéger le personnel, ses locaux, ses installations et son matériel et pour assurer la sécurité et la libre circulation de son personnel et des agents humanitaires[1091]. Deuxièmement, pour faciliter la mise en œuvre rapide et effective de l'accord de paix pour le Darfour, en empêcher toute perturbation, prévenir les attaques armées et protéger les civils, sans préjudice de la responsabilité du gouvernement soudanais[1092].

Toujours dans la logique de ces pouvoirs mis en place, le Conseil de sécurité prie le Secrétaire Général en consultation avec le président de la Commission de l'UA et le gouvernement soudanais, de conclure dans un délai de 30 jours un accord sur le statut des forces pour la MINUAD, prenant en considération la résolution 58/82 de l'Assemblée générale sur la portée de la protection juridique offerte par la convention sur la sécurité du personnel des Nations Unies et du personnel associé et sa résolution 61/133 sur la sécurité et la sûreté du personnel humanitaire et la protection du personnel des NU, et décide qu'en attendant la conclusion d'un tel accord, le modèle d'accord sur le statut des forces du 09/10/1990 CA/45/594/ s'appliquera à titre provisoire au personnel de la MINUAD opérant au Soudan[1093].

La conduite de ce genre d'opérations comme le reconnaît la doctrine notamment Cherif Jones nécessite l'usage de la force pour arriver à l'exécution du mandat[1094].

1090 P. KALUME BEYA, *L'Organisation*,….p.93.
1091 P. KALUME BEYA, *L'Organisation*,….p.93.
1092 Lire les points 1 et 2 du §15 de la Rés. 1679.
1093 *Idem*
1094 J. CHERIF, *Evolving Models of Peacekeeping. Policy Implications and Reponses*, New York, 2004, p.2. Commission internationale de l'intervention et de la souveraineté des Etats, *La responsabilité de protéger*, Ottawa, décembre 2001, disponible sur http://www.iciss.ca/pdf/Rapport-de-la-Commission.pdf (consulté le 18 janvier 2008). Sur le Rapport et sa mise en œuvre voir notamment : WILLS, « Military Interventions on behalf of Vulnerable Populations : *The Legal Responsibilities of States and International Organizations Engaged in Peace Support Operations"*, in *Journal of Conflict and Security Law*, 2004, p. 387 ; BOISSON DE CHAZOURNES, CONDORELLI, « De la *« responsabilité de protéger »*, ou d'une nouvelle parure pour une notion déjà bien établie », in *Revue Générale de Droit International Public*, 2006, p. 11 et ss. BREAU, "The Impact of the Responsibility to Protect on Peacekeeping", in *Journal of Conflict and Security Law*, 2007, p. 429 et ss.

A la suite de ces considérations relatives aux aspects juridiques liés à la transformation de la nature de l'opération, il convient à présent d'analyser les aspects techniques y relatifs.

b. Les considérations techniques et financières relatives au fonctionnement de la MINUAD

Une opération de maintien n'implique pas seulement l'énumération des pouvoirs et tâches à mettre en place mais aussi des conditions de l'exécution de ceux-ci. De la sorte, parler des aspects techniques et financiers revient à présenter les mécanismes à travers lesquels les forces qui étaient sur place à savoir celles de l'Union Africaine passeraient sous l'égide à la fois de l'ONU et de l'UA[1095]. Ainsi, pour mener à bien ce point, nous analyserons d'une part les aspects liés à la constitution de la MINUAD en prenant en compte l'existence d'une opération sur terrain essentiellement africaine et au commandement et, d'autre part, ceux liés au financement.

1. La constitution et le commandement de la MINUAD

Il convient de savoir qu'avant la décision de l'UA et la résolution 1769 autorisant le déploiement de la MINUAD, seule la MUAS appuyée sporadiquement par la MINUS occupait le lieu.

Ces instruments juridiques ont permis l'avènement et la cristallisation de certains termes dans le cadre de la coopération et la mise en œuvre des stratégies de maintien de la paix entre l'ONU et l'UA. Il s'agit par exemple des expressions « de la cogestion » et « de la codirection ».

Dans la résolution de l'ONU, il est prescrit que « le Conseil de sécurité décide que la MINUAD, qui absorbera le personnel de la MUAS et celui des dispositifs d'appui initial et d'appui renforcé des Nations Unies à la MUAS, sera doté d'un effectif militaire de 19555 personnels au maximum, dont 360 observateurs militaires et officiers de liaison, et d'une composante civile de taille appropriée composée au maximum de 3772 personnels de police et de 19 unités de police constituées, comportant chacune un effectif maximum de 140 personnes[1096].

En ce qui concerne le module d'appui initial, il vise l'appui de l'ONU à la MUAS que le gouvernement soudanais a ultérieurement approuvé par une lettre adressée au secrétaire général par le président Al-Béchir le 23 décembre 2006[1097]. Il s'agissait en réalité d'aider la MUAS à mettre en place une structure de commandement intégrée, à mieux coordonner ses opérations et à les rendre

---

[1095] P. KALUME BEYA, *L'Organisation*...Opcit, p.94.

[1096]Lire les points 1 et 2 du §15 de la Rés. 1679, *Op.cit*.

[1097] Voir point 40.a du rapport conjoint du 05/06/2007 qui explique l'entendement à donner au module d'appui initial.

plus efficaces. Le module prévoit la mise à disposition de la mission de matériel et de personnel spécialisés, dans quatre domaines d'appui : logistique et matériel, personnel militaire, conseils à la police civile et appui civil (luttes anti-mines, liaisons humanitaires, informations, appui à la mission et application de l'accord de paix pour le Darfour)[1098].

Ce premier module a été mis en œuvre partiellement car, comme il faut le reconnaître, le principal obstacle à l'exécution intégrale du module d'appui initial a demeuré les problèmes de sécurité et l'insuffisance de l'infrastructure au Darfour et dans les camps de la MUAS[1099].

Quant au module d'appui renforcé, tel que convenu par l'UA et l'ONU, il comprenait des militaires, des policiers, du matériel et du personnel d'appui, ainsi que du personnel civil servant dans divers domaines : affaires civiles, liaison humanitaire, information, lutte anti-mine et appui à la recherche d'une solution politique au Darfour[1100].

Le module comprend 2250 militaires affectés au transport, au génie, aux transmissions, à la logistique, à la surveillance, à l'aviation et aux services médicaux : 301 policiers et 3 unités de police constituées, et 1136 civils, dont 74 membres du personnel des services organisés et 78 membres du personnel d'appui devant servir la MUAS et 984 membres du personnel d'appui à la mission pour le déploiement du personnel militaire et du personnel de police[1101].

Dans ces échanges en vue de l'option à prendre pour une mission si importante, le Gouvernement Soudanais n'avait émis aucune réserve en ce qui concerne le déploiement de ce module[1102] moins encore sur la reconfiguration de certains éléments du module en vue du déploiement de l'opération hybride ou conjointe au Darfour[1103].

Il est à remarquer que le Conseil de sécurité, au paragraphe 8 de la résolution, décide que la force et les effectifs seront constitués et administrés suivant les modalités énoncées aux paragraphes 113 à 115 du rapport du secrétaire général et du président de la Commission de l'UA en date du 5/06/2006.

Dans le même cadre, les paragraphes 113 à 114 concernés dans le rapport conjoint de deux secrétaires de ces organisations internationales précisent que, conformément aux conclusions d'Addis-Abeba et au communiqué du Comité directeur permanent de l'UA en date du 30/11/2006, tout sera fait pour que la force de maintien de la paix soit à prédominance africaine[1104]. Ce qui est

---

[1098] P. KALUME BEYA, *L'Organisation,...*Op cit, p95.

[1099]*Idem*

[1100]*Ibidem*

[1101] P. KALUME BEYA, *L'Organisation,...*Op cit, p.95.

[1102]Lire le rapport du SG sur le Darfour du 23/02/2007 CS/2007/104.

[1103]Le gouvernement soudanais avait refusé le déploiement d'une force qui ne serait pas constituée dans sa majorité par les troupes des Etats africains.

[1104] Rapport conjoint du 05/06/2007. L'intégralité de ce communiqué peut être consultée sur *www.unionafricaine.org*.

manifestement une avancée dans la doctrine même de maintien de la paix car très souvent, nous étions habitués à voir des troupes d'autres continents voir des Etats ennemis opérer dans des contingents de l'ONU sans s'entendre. Aussi, les offres de pays d'Afrique fournisseurs d'effectifs militaires ou de police seront-elles examinées en priorité, dès lors qu'elles correspondent aux exigences des Nations Unies et de l'Union Africaine. Néanmoins, si les pays d'Afrique ne parviennent pas à satisfaire les besoins de la force, d'autres offres seront examinées. Tout compte fait, le choix final des pays fera l'objet d'un accord entre l'UA et l'ONU après que le gouvernement soudanais aura été dûment consulté. Les deux organisations ont retenu néanmoins que la constitution des effectifs militaires et de police serait faite selon les règles édictées par l'Assemblée Générale des Nations Unies.

En ce qui concerne le personnel civil de l'opération de la MINUAD, le rapport précise qu'il serait recruté sous contrat de travail avec l'ONU, après les consultations appropriées entre l'UA et l'ONU, sa sélection et son engagement s'étant faits selon les directives, normes et procédures de l'organisation[1105]. Par souci d'uniformisation et d'efficacité, tout le personnel de l'ONU et de l'UA déployé avec l'opération sera administré selon les règles et règlements, politiques, directives et instructions administratives de l'ONU et selon ses consignes permanentes, y compris notamment celles relatives au travail, à la conduite et à la discipline[1106].

En plus de cet aspect lié à la constitution, il est à préciser qu'il y en a aussi des dispositions relatives au commandement reprises dans le cadre de la structure de la force hybride.

Ainsi donc, après des consultations conjointes, le Conseil de paix et de sécurité a annoncé[1107] que l'opération hybride sera dirigée par un représentant spécial pour le Darfour commun à l'UA et à l'ONU.

Les deux organisations ont réussi à nommer un représentant spécial conjoint en la personne de Mr Rodolphe Adada qui devrait assurer la direction générale de la mission de maintien de la paix et veiller ainsi à son bon fonctionnement. Les organisations ont convenu que l'adjoint du représentant spécial serait nommé conjointement. Ces 2 personnes se baseraient à El Fasher, au Darfour, et feront rapport au président de la Commission de l'Union Africaine et au secrétaire général de l'ONU par l'intermédiaire du Commissaire à la paix et à la sécurité de l'UA et du secrétaire général adjoint aux opérations de maintien de la paix, respectivement[1108].

Dans la perspective de la régionalisation de la force, l'ONU et l'UA avaient convenu que le commandant de la force, conformément au communiqué d'Abuja, sera africain, et de même que le chef de la police de l'opération qui

---

[1105] P. KALUME BEYA, *L'Organisation, …*Op cit, p.97.

[1106] *Idem*

[1107]Ceci a été fait dans son communiqué du 30/11/2006.

[1108] P. KALUME BEYA, *L'Organisation, ….*Op cit, p98.

devront être nommés par l'Union Africaine en consultation avec l'ONU et feront tous deux rapports au représentant spécial conjoint.

Elles ont prévu également un quartier général intégré qui est chargé de faire appliquer les directives d'opération consacrés dans le rapport mais aussi dans la doctrine des opérations de maintien de la paix et comporte une division de l'appui à la mission ayant à sa tête un directeur de l'administration qui est fonctionnaire de l'ONU chargé d'assurer l'administration[1109].

Dans la fonctionnalité de cette opération, le commandant de la force exerce sa tâche et son contrôle sur les moyens aériens par l'intermédiaire du centre d'opération conjoint et sur les moyens de la mission par l'intermédiaire du centre d'opérations logistiques conjoint et du chef du service d'appui intégré tandis que la direction générale de l'opération sera assurée conformément à la pratique établie et aux règles et principes de l'ONU[1110].

Il convient de faire observer que les deux organisations ont tenu a préciser que les activités de l'opération hybride dite MINUAD seront distinctes de celles de la MINUS et du bureau de liaison de l'UA pour l'application de l'accord de paix global mais elles ont prévu un important élément de liaison entre ces trois organismes, de manière que les efforts de l'UA et de l'ONU visant à l'application de l'accord de paix pour le Darfour et de l'accord de paix global se complètent en vue de faciliter l'appui logistique assuré par l'ONU.

Dans la cogestion de cette opération, l'ONU et l'UA se sont entourées de grandes précautions pour ne surcharger la MINUAD par rapport à tous les problèmes du Soudan et au Darfour en ce qu'elles ont tenu et arrêté conjointement de distinguer les opérations humanitaires en cours au Darfour coordonnées par le représentant spécial adjoint du secrétaire général coordonnateur résident/Coordonnateur de l'action humanitaire de la MINUS, avec l'appui du Bureau de la coordination des affaires humanitaires, dans le respect des principes humanitaires reconnus, du droit international humanitaire et des instruments relatifs aux droits de l'homme des opérations de la MINUAD.

En somme, la MINUAD ne s'était pas seulement constituée sur la base d'une action militaire. C'est comme cela qu'il convient de faire savoir qu'il y a aussi des composantes qui viennent en soutien aux dispositifs militaires et policiers.

Dans ce cadre, l'on retrouve la composante d'appui au processus de paix et bons offices, des affaires civiles, de la sécurité et affaires militaires, de la sécurité et police, de la sécurité et désarmement, démobilisation et réintégration, de la protection et promotion des droits de l'homme, de l'Etat de droit, de la liaison avec la communauté humanitaire, de la protection des enfants, de la

---

[1109]Cet aspect est précisé dans le document cadre UA-ONU sur l'opération hybride communiqué au gouvernement soudanais le 6 mars 2007 in *www.sauverledarfour.fr*, consulté le 30 janvier 2010.

[1110] P. KALUME BEYA, *L'Organisation*… Op cit, p 98.

situation des femmes, du VIH/SIDA, de la lutte antimine, de l'information, de la sûreté et sécurité, et de la conduite du personnel.

Ces composantes ont contribué largement et de manière très concrète dans l'appui et la stabilisation de plusieurs situations par l'établissement des rapports qui ont eu des répercussions visibles sur les protagonistes car certains ont fait susciter même des procédures judiciaires à l'encontre de certaines personnalités.

2. *Les considérations liées au financement de la MINUAD*

S'il est admis que l'argent est le nerf de la guerre, il convient d'étendre cette option aux relations politiques en général et internationales en particulier, la politique est la continuation de la guerre par d'autres moyens ; l'arme économique est le recours quotidien de la plupart des Etats dans leurs relations réciproques[1111].

La gestion financière des opérations de maintien de la paix pose des problèmes énormes à toute l'organisation mais également aux pays qui doivent contribuer en vue d'assurer la réussite de l'opération et surtout de relever le défi du maintien de la paix car, la constitution, le déploiement, l'entretien et le transport de plusieurs milliers d'hommes équipés militairement, en provenance de tous les continents, pendant plusieurs années, posent un problème financier délicat qui se chiffre de fois en millions de dollars et en appelle à une détermination croissante des Etats contributeurs et des organisations associées[1112].

Dans l'histoire des Nations Unies, les deux premières opérations de maintien de la paix avaient été financées au titre des « dépenses obligatoires », notée par l'Assemblée générale au titre de la contribution obligatoire et ont apporté d'importantes questions par rapport au fonctionnement de l'organisation en ce que cette difficulté de contribution avait conduit la France et l'URSS à refuser de contribuer à l'ONUC, estimant que c'étaient des opérations qui se situaient en dehors de la Charte[1113].

Par rapport au financement de la MINUAD qualifiée d'opération hybride au Darfour, il faut relever que le secrétaire général des Nations Unies proposait que celle-ci serait financée au moyen de quote-part mise en recouvrement par l'ONU et régies par le règlement financier et les règles de gestion financière de l'organisation pour lesquels des mécanismes adéquats de gestion financière et

---

[1111] G. BASUE BABU KAZADI, « L'action internationale en faveur de la démocratie » in G. *BAKANDEJA wa MPUNGU, A. MBATA BETUKUMESU, R. KIENGE-KIENGE INTUDI (SD), in Participation et responsabilité des auteurs dans un contexte d'émergence démocratique en RDC,* PUK, Kinshasa, 2007, p.187.

[1112] NGUYEN QOUC DINH, P. DAILLER et A. PELLET, *Op.cit*, p.972.

[1113] C'est à propos du financement qu'une demande d'avis consultatif a été adressée à la CIJ en 1961 ; le 20/07/1962, elle rend l'avis consultatif sur certaines dépenses des Nations unies en soulignant que lesdites dépenses entraient dans la catégorie de celles prévues à l'article 17 de la Charte (voir S. BULA-BULA, *Op.cit*, p. 308).

de contrôle seraient mis en place à cette fin en vue d'éviter des problèmes étant donné que cette opération était sous le régime de la cogestion entre deux organisation qui étaient censées recevoir également des rapports financiers.

Le budget de la MINUAD a été pendant une période déterminée le plus élevé des opérations de maintien de la paix car il fallait rapidement rendre opérationnelle la force en vue de contenir les esprits sur terrain. L'exemple l'a démontré lorsque la cinquième Commission[1114] a examiné le budget de maintien de la paix le plus élevé dont elle a été saisie, celui de l'opération hybride UA-ONU au Darfour[1115]. Les ressources sollicitées pour la période allant du 1er juillet 2009 au 30 juin 2009 totalisaient 169 millions de dollars.

Le contrôleur des Nations unies, M. Warren Sach avait alors à cette occasion rappelée que le budget approuvé pour la période allant du 1er juillet 2007 au 30 juin 2008 était de 127.600.000 millions de dollars[1116]. Le budget 2008-2009 représentait une augmentation de plus de 13%, l'écart s'expliquant par le fait que la MINUAD avait été créée en août 2007 et que le premier budget de cette mission comprenait les ressources nécessaires pour un déploiement progressif, entamé sur le terrain au 1er janvier 2008[1117].

Ainsi, pour le cas de la MINUAD, il a été sollicité que la moitié de cette somme seulement soit mise en recouvrement auprès des Etats membres afin de couvrir les besoins de la mission du 1er juillet au 31 décembre 2008. Le budget proposé prend donc pour hypothèse le fait qu'il faut déployer certaines forces, transformer d'autres à la moitié de l'année ; ce qui fait la nécessité d'un recouvrement pouvant permettre à celle-ci de poursuivre ses travaux comme décrit dans le rapport conjoint présenté par le président de la Commission de l'UA et le secrétaire général (S/2007/307/Rév.1) et ce, conformément aux décisions prises par le Conseil de sécurité[1118].

B. L'action de la MINUAD dans le règlement du conflit armé au Darfour

La MINUAD est cette opération particulière et conjointe mise en place par deux organisations internationales à savoir l'ONU et l'UA qui a pris le relais de la MUAS le 31 décembre 2007. Au regard de ses prérogatives et champs d'action, il est très possible de faire une évaluation de son action. Ainsi, il est indiqué de considérer la nature même de cette opération qui est manifestement une opération de maintien de la paix à caractère coercitif et, dans ce contexte, il nous revient d'analyser ces actions en prenant la MINUAD comme OMP particulière c'est-à-dire chargée de mettre certains mécanismes en œuvre pour

---

[1114]Elle est chargée des questions administratives et budgétaires.
[1115] P. KALUME BEYA, *L'Organisation*...Op cit, p101.
[1116] *Idem*
[1117] *Ibidem*
[1118] *Ibid*

la paix d'une part et, d'autre part, présenter les autres actions réalisées en exécution de son mandat principal.

a. Les actions de la MINUAD en exécution de son mandat principal

La MINUAD appelée aussi opération conjointe ONU –UA ou encore hybride voit l'essentiel de ses actions reposer sur la décision du CPS de 2007, la résolution 1769 de 2007 d'une part et, de l'autre, sur les paragraphes 54 et 55 du rapport. La lecture de ces instruments juridiques nous fait voir en clair que les actions de la MINUAD devaient être perceptibles par rapport à la facilitation de la mise en œuvre rapide et effective de l'accord de paix pour le Darfour, en empêcher toute perturbation, prévenir les attaques armées et protéger les civils sans oublier la protection de son personnel, ses locaux, ses installations et son matériel[1119].

De la sorte, les actions liées à la mission principale seront analysées avant celles considérées dans le cadre du chapitre VII et du protocole instituant le CPS car il prescrit l'usage de la force dans certain car au niveau africain.

1. L'entreprise des actions par la MINUAD sans recours à la force

La MINUAD a été investie d'un mandat essentiel sinon principal, celui de faciliter la mise en œuvre de l'accord de paix au Darfour ; celui-ci doit être effectif dans le cadre d'une composante, dite d'appui au processus de paix et bons offices qui avait été institué au moment de la création de l'opération par les deux organisations[1120].

La composante affaires politiques de l'opération a reçu mandat d'appuyer le représentant spécial conjoint concernant l'application de l'accord de paix au Darfour et de tous les autres accords ultérieurs ; elle soutiendra également l'action conjointe UA-ONU des envoyés spéciaux afin que la paix soit ouverte à tous et pour élargir la base de l'accord[1121]. Cette tâche a été très ardue car les groupes rebelles ont connu plusieurs émiettements rendant la participation difficile aux accords et entrainant une légitimité moyenne de ceux-ci entre parties.

Dans la matérialisation de cette tâche, cette composante affaires politiques assura la liaison avec toutes les parties prenantes au processus de paix au

---

[1119] Voir les détails de ce pouvoir sur les paragraphes 54 et 55 du Rapport susdit.

[1120] Lire MINUAD, « Protéger les civils, faciliter l'aide humanitaire et aider le processus politique au Darfour », in *www.un.org,* consulté le 30 juin 2014. Voir également A. NOVOSSELOFF, « Le maintien de la paix des Nations unies à nouveau en crise ? », in *Grotius international. Géopolitique de l'humanitaire*/Idée du 29 mars 2009.

[1121] Voir Résolution 1769 du Conseil de sécurité et le rapport conjoint du 05/06/2007 (S/2007/307/Rev.1) qui présente les détails sur le rôle de cette composante.

Darfour, suivra l'évolution du processus et exercera des fonctions d'alerte rapide et d'analyse des conflits[1122].

Par ailleurs, elle a eu en outre pour fonction d'établir des rapports au secrétaire général et au président de la Commission de l'UA, au Conseil de sécurité et au Conseil de Paix et de Sécurité de l'Union Africaine car les organisations espéraient arriver à un règlement rapide du conflit tout en évitant qu'il dégénère davantage. Son rôle était tellement accru qu'elle devrait donner des orientations politiques à toutes les autres composantes et elle se chargeait de veiller à ce que les initiatives en matière de réconciliation soient coordonnées avec les activités au Darfour dans les domaines de la sécurité, du redressement et du développement[1123].

Elle a assuré par ailleurs l'application complémentaire de tous les accords de paix au Soudan et suivra en particulier une approche compatible avec les dispositions nationales de l'accord global de paix[1124].

Cette composante importante est assistée par celle des affaires civiles, de la sécurité et affaires militaires, de la sécurité et police, de la sécurité et désarmement, démobilisation et réintégration.

Lorsque cette composante s'est mise à l'œuvre, la médiation a poursuivi ses consultations avec les groupes armés et le gouvernement sur les sujets qui les préoccupent, mais les efforts visant à reprendre les négociations de paix entre les parties n'ont pas abouti car la SLA/AW et le JEM ont refusé d'engager des négociations de fond avec le gouvernement soudanais.

Dans ce contexte difficile, les pourparlers avaient même été interrompus et n'ont repris qu'après avoir été examinés dans le cadre de plusieurs réunions internationales de haut niveau sur le Darfour parmi lesquelles la réunion tenue le 23 septembre 2009 au Pays bas, le 24 septembre 2009 à Dakar sous la conduite de la ligue Arabe et l'Union africaine, en marge de l'Assemblée Générale, et une autre tenue les 6 et 7 octobre 2009 accueillie par la fédération de Russie, à Moscou[1125].

Il faut dès lors noter dans le cadre de ses consultations avec les parties prenantes soudanaises au conflit du Darfour et les partenaires internationaux, la médiation s'est efforcée de consolider le consensus émergent selon lequel une participation et une représentation appropriées du Darfour aux élections d'avril 2010 seraient considérablement facilitées par la conclusion d'un règlement

[1122] Voir Résolution 1769 du Conseil de sécurité, *Op.cit.*

[1123] P. KALUME EBYA, *L'Organisation…*Op cit, p103.

[1124] *Idem*

[1125] Lire CONSEIL DE SECURITE « Darfour : des progrès considérables ont été faits dans les négociations de Doha, mais de nombreux défis se posent encore », CS/10336, in *www.un.org,* consulté le 04 Février 2014. Lire également, M. LIEGEOIS, « Les capacités africaines de maintien de la paix. Entre volontarisme et dépendance », in Bulletin du maintien de la paix, n°97, 11 mai 2011, pp.23-29. Voir aussi K. LEGARE et R. GARON, « Introduction. La diversification des pratiques internationales et l'évolution des opérations de paix dans l'après-guerre froide », in *Etudes internationales*, Volume 42, n°3, 2011, pp.271-288.

politique pour le Darfour, complétant l'accord de paix global[1126] et cette composante a ainsi travaillé dans cette optique et réaliser cette volonté par la signature de cet accord.

Dans le même cadre d'appui et de soutien à la mise en œuvre de l'accord de paix, c'est à Doha au Qatar que sera insufflé un vent nouveau entre le 12 et le 14 octobre 2009 lors d'un atelier international au niveau d'experts qui s'y est tenu car les autorités de ce pays ont permis et réussi à relancer les cycles de négociations qui ont abouti à la conclusion de plusieurs accords entre partie au conflit[1127].

C'est ainsi que les participants à cet atelier international sur le Darfour notamment : la médiation[1128], les experts de l'ONU, de l'UA, de la ligue arabe, de la MINUS, de la MINUAD et des partenaires internationaux ont examiné l'élaboration et le contenu d'un processus de consultation de la société civile qui devait être participatif en vue de réguler dans les moindres détails les causes sous-jacentes de ce conflit pour son règlement global et définitif.

Dans cette logique pacifiste, le groupe international de haut niveau de l'Union africaine, présidé par l'ancien président sud-africain Thabo Mbeki, s'est rendu au Darfour pour la première et dernière série des consultations qui s'est déroulée du 26 au 29 septembre 2009 entre les parties en conflit en présence d'une forte présence internationale des Nations Unies et de l'IGAD[1129]. Le 09 octobre 2009, le président Mbeki a communiqué le rapport final du groupe au président de la Commission de l'UA, Jean Ping qui a été officiellement présenté au sommet des chefs d'Etat du CPS de l'UA à Abuja, le 29 octobre 2009 et a constitué un cadre important de travail et de concertation en vue de la relance des pourparlers au Darfour et dans une perspective lointaine le soubassement explicatif d'une possibilité à long terme de l'usage de la force en cas de blocage manifeste[1130].

C'est ainsi que dans cette optique de soutenir ces initiatives en vue d'assurer la mise en œuvre de l'accord qui passait par l'organisation des élections générales en 2010 soit au mois d'avril, la MINUAD a continué d'appuyer la division des affaires électorales de la MINUS, principalement par la fourniture

---

1126 Lire CONSEIL DE SECURITE « Darfour... », *Op.cit*, pp.23-29.

1127 CONSEIL DE PAIX ET DE SECURITE, « Rapport du président de la Commission sur la situation au Darfour », PSC/PR/2 (CCLXXXVI), 286ème réunion du 18 juillet 2011. Lire les points 2 et 3

1128 Il s'agit des représentants du Secrétaire Général et de la Commission de l'Union africaine, les experts de l'ONU, de l'UA, de la ligue des Etats Arabes, de la MINUS, de la MINUAD et des partenaires internationaux ont examiné l'élaboration et le contenu d'un processus de consultation de la société civile.

1129 CONSEIL DE PAIX ET DE SECURITE, « Rapport sur les activités du groupe de mise en œuvre de haut niveau de l'Union africaine sur le Soudan du Sud et d'autres questions connexes », PSC/AHG/4 (CCCXCVII), 397ème réunion du 23 septembre 2013. Lire les points 2 à 6 du Rapport.

1130 CONSEIL DE PAIX ET DE SECURITE, *Op.cit.*

d'un soutien logistique qui devrait permettre de réussir la participation de tous les habitants du Darfour à cet exercice démocratique.

De tout ce qui précède, la MINUAD a hiérarchisé ses activités en fonction des exigences de la médiation et des élections. Elle s'est attachée à fournir un appui substantiel au médiateur en chef adjoint pour lui faciliter la tâche et intensifier sa collaboration et ses contacts avec les parties prenantes du Darfour, y compris la société civile, pour faire en sorte que leurs voix soient désormais représentées dans les négociations[1131].

Ces actions ont été suivies de celles considérées dans le cadre du chapitre VII.

2. Les actions entreprises par la MINUAD avec recours à la force

Ces actions ont eu un double fondement. D'une part, le chapitre VII de la charte des Nations Unies qui a permis la prise de la résolution 1769 dont le paragraphe 15 prescrit que le Conseil de sécurité, agissant en vertu du chapitre VII de la Charte des Nations Unies décide d'autoriser la MINUAD à prendre toutes les mesures requises, dans les secteurs où ses contingents seront déployés et dans la mesure où elle juge que ses capacités le lui permettent pour protéger son personnel, ses locaux, ses installations d'une part et, d'autre part, son matériel pour assurer la sécurité et la libre circulation de son personnel et des agents humanitaires. De l'autre, ces actions se fondent également, pour l'Union Africaine, sur la décision PSC/PR/Comm (LXXIX) publié à la 79 ième réunion du CPS prise en vertu du protocole instituant le CPS qui prescrit la possibilité du recours à la force en vue de l'exécution de son mandat

Les actions dans le cadre de ces deux actes visaient généralement à faire usage de la force. Cependant, il faut relever que ces actions commencent naturellement avec le déploiement des troupes de l'opération hybride dans toutes les régions du Darfour, Etat fédéral dont elles ont pris position et étaient bien souvent en alerte maximale. Elles ont réussi à occuper l'espace au point de contenir les assauts et être en mesure de protéger efficacement les civils mais surtout de riposter conséquemment à chaque fois que les forces de l'opération conjointe étaient prises à partie par les feux des deux groupes. Il faut savoir que cette opération était investie du mandat de faire non seulement usage proactif de la force mais aussi offensif et défensif en cas de protection de civils et de la protection de la mission elle-même.

Dans ce contexte, l'opération a maintenu le niveau d'alerte à la phase IV du plan de sécurité de l'ONU dans l'ensemble du Darfour, à l'exception des villes d'El Fasher, Nyala et Zalingei, où elle est passée au niveau III[1132].

[1131] P. KALUME BEYA, *L'Organisation….Op cit,* p105.

[1132] CONSEIL DE SECURITE, Rapport du secrétaire général sur l'opération hybride Union africaine – Nations unies au Darfour, S/2009/592, in *www.un.org,* consulté le 03/03/2010.

Lorsqu'il y a eu une recrudescence de la violence et des combats à l'arme lourde qui ont même atteint des membres des agences humanitaires, la MINUAD a usé de la force à Kutum (Darfour-Nord), le 3 juillet 2009 en attaquant les assaillants et en réussissant la protection efficacement la protection des civils et de la mission ainsi que des autres agences humanitaires qui se sont retrouvées ciblées par les balles des groupes rebelles et de l'armée régulière.

La MINUAD a établi un plan de travail très opérationnel en vue d'améliorer et instaurer un climat de sécurité et de stabilité à la suite duquel elle est intervenue militairement dans presque toutes les parties du Darfour telles à El Sereif et Garrah Azawia où elle a mis en déroute des criminels qui s'en prenaient aux civils en pillant et incendiant leurs maisons[1133].

Par ailleurs, elle a continué d'entreprendre les activités nécessaires en vue de contribuer à la réalisation de l'objectif général qui est d'instaurer un climat de sécurité et de stabilité au Darfour. Elle a ainsi poursuivi les patrouilles, notamment en renforçant et en augmentant le nombre de celles-ci des jours comme des nuits, puis elle a renforcé la sensibilisation aux dangers des mines dans tout le Darfour, maintenu à tout moment une présence dans les camps pour personnes déplacées tout en renforçant les activités de police de proximité et élargi la partie des activités de formation et de renforcement des capacités de la police du gouvernement et des officiers de liaison de la police des mouvements[1134].

b. Les actions secondaires au mandat principal de la MINUAD

La MINUAD, outre le mandat d'assurer l'application des accords de paix et la protection des civils et de la mission par l'usage de la force, avait été investie d'autres tâches qui se sont avérées et secondaires mais importantes à l'exécution de son mandat principal.

Ainsi, ces actions ont été exécutées dans des domaines très variés qui sont ici passés en revue par rapport aux spécificités.

1. Les actions secondaires en matière de renforcement des droits des populations du Darfour

Toute opération de maintien de paix intervient toujours dans des domaines connexes qui complètent le mandat ou permettent d'intervenir davantage au profit des personnes vulnérables et des populations concernées. Ainsi, elle agit souvent dans les domaines prioritaires qui sont la protection et promotion des droits de l'homme, la protection de l'enfant et la situation des femmes.

1133 NATIONS UNIES, « Darfour : la MINUAD fait état d'un recul des violences intercommunautaires dans la zone de Jebel Amer », in *www.un.org*, consulté le 23/12/2013.

1134 *Idem*

Ces actions ont été réalisées dans le cadre de la composante droits de l'homme de l'opération qui a aidé non seulement les parties à appliquer les dispositions pertinentes de l'accord de paix et de tout accord ultérieur mais aussi les populations à se prendre en charge dans la promotion de leurs droits élémentaires, ceci suppose l'exécution d'une large gamme d'activités de protection et de promotion exécutées conformément au droit international relatif aux droits de l'homme ainsi qu'aux autres normes internationales pertinentes, en étroite coopération et coordination avec les parties, tout en venant compléter les activités de l'équipe de pays des Nations unies .

En plus de l'intégration de la division des droits de l'homme à l'opération conjointe au Darfour, la composante droits de l'homme a mené ainsi de nombreuses activités de surveillance, d'enquête, d'établissement de rapports, de protection et de conseil, ainsi que de renforcement des capacités et des institutions, et notamment fournira un soutien pour la création d'une Commission nationale des droits de l'homme, conformément aux principes de Paris et comme prévu dans l'accord de paix[1135].

Cette composante est entré en contact avec les autorités fédérales et locales, les autres parties à l'accord de paix ainsi que les entités des Nations Unies et les organisations non-gouvernementales intéressées afin d'identifier les violations des droits de l'homme qui se commettaient au Darfour et les mesures idoines et appropriées à prendre pour mettre fin aux violations des droits de l'homme et des libertés fondamentales et, à long terme, prévenir ou empêcher de telles violations en collaboration avec les populations concernées qui ont eu pour rôle la dénonciation .

Cette composante n'est pas restée sur un travail au niveau administratif car elle a travaillé en synergie avec les autres composantes en vue de maximiser la protection des enfants car ceux-ci étaient très exposés au dommages du conflit et se retrouvaient très vulnérables d'une part et, d'autre part, elle a fourni des directives et des orientations importantes en matière d'intégration des principes d'égalité des sexes non seulement au niveau des institutions officielles mais aussi de mouvements associatifs féminins, elle a assuré une formation dans ces domaines et facilité l'organisation des réunions, ateliers et séminaires de sensibilisation à ces questions dans le cadre de l'opération conjointe et des mouvements des femmes.

Dans la conception de cette opération et au regard de tous les rapports que les organisations internationales avaient établis, il a été prévu l'institution de la composante protection civile de la mission hybride, celle-ci a poursuivi de nombreuses tâches déjà engagées et notamment la coordination et l'appui des différents intervenants afin d'assurer une action préventive cohérente et globale adaptée à la situation de conflit au Darfour.

Ainsi, dans toutes ces actions liées à la promotion et protection des droits de l'homme, de l'enfant et de la femme, la MINUAD a dégagé les avancées en

---

[1135] P. KALUME BEYA, *L'Organisation....Op cit*, p107

ces termes : la MINUAD a contribué au fonctionnement d'institutions publiques efficaces et performantes, y compris les autorités nationales et locales et les institutions chargées de la sécurité et de la justice, qui assurent l'application de la loi et le maintien de l'ordre sans discrimination, conformément aux normes internationales relatives aux droits de l'homme et aux principes de la bonne gouvernance, dans tout le Darfour[1136].

En clair, la MINUAD a réalisé plusieurs actions en faveur de la promotion et la protection des droits de l'homme, de la femme et des enfants car cette opération a établi même des indicateurs visant à évaluer le niveau atteint et qui ont permis par la suite d'attester qu'avec l'installation de cette force, outre le mandat principal, celle-ci a réussi de compléter et assurer les tâches lui dévolues par les deux organisations

2. *Les autres actions secondaires menées par la MINUAD*

Par autres actions secondaires, il faut entendre, à la lecture de la résolution 1769, celles visant à assurer un bien être ou encore à rendre le milieu vivable. Elles sont à considérer dans le cadre de la composante VIH/SIDA et lutte anti-mine.

Pendant le déroulement des hostilités, la population est très souvent exposée aux risques énormes qui peuvent être l'œuvre des parties au conflit ou tout simplement des épidémies. Ainsi, dans le mandat confié à la MINUAD, il a été constitué la composante VIH/SIDA qui agirait en coopération et coordination étroite avec les autres entités spécialisées de l'équipe des pays de l'ONU dont le programme commun des Nations Unies sur le VIH/SIDA (ONU SIDA), le fonds des Nations Unies pour la population (FNUAP) et l'organisation mondiale de la santé (OMS).

Cette composante s'est attachée exclusivement et essentiellement à la mise au point des programmes de sensibilisation au VIH/SIDA sur toute l'étendue du Darfour et d'un programme global de prévention du VIH/SIDA à l'intention du non seulement du personnel de l'opération conjointe mais également des populations du Darfour. Il a été nécessaire, au regard de la situation sur terrain, de laisser la conduite des activités de programme concernant la lutte contre le VIH à l'équipe de pays des Nations unies qui évoluait déjà au Soudan et plus particulièrement au Darfour.

Dans la poursuite de ses tâches, la composante VIH/SIDA a assuré, en collaboration avec l'ensemble du système des Nations Unies, un soutien technique, dans les limites de ses moyens, à l'Autorité régionale de Transition au Darfour afin que la prévention du VIH/SIDA soit prise en compte sur toute l'étendue du Darfour.

La MINUAD a eu à intégrer des questions liées au VIH/SIDA dans les activités de DDR ainsi qu'à l'appui des stratégies de sensibilisation et de

---

[1136] P. KALUME BEYA, *L'Organisation….Op.cit,* p107

prévention dans le cadre des activités de formation et de renforcement des capacités de la police communautaire dans les camps des personnes déplacées au regard évidemment du nombre d'infections qui a été comptabilisé dans l'ensemble de ce territoire.

Dans le cadre des activités de déminage, après enquête sur terrain, la MINUAD a rendu un rapport selon lequel la menace posée par les mines terrestres était peu importante au Darfour car les parties en conflit n'utilisait pas très souvent ces types d'armes mais elle a considéré qu'il pourrait y avoir des armes à sous munitions non explosées et des mines posées qui pourraient faire des victimes notamment parmi les enfants, les déplacés qui veulent rentrer et les rapatriés qui n'ont plus une connaissance claire du Darfour à leur retour. Toutefois, la MINUAD a initié certaines activités de déminage et de destruction de ces bombes partout dans l'Etat fédéral du Darfour. Ces opérations ont été réalisées par la MINUAD en vue de faciliter les déplacements du personnel de la mission et la mise en œuvre des projets humanitaires de la mission et des ONG tant nationales qu'internationales qui devaient profiter aux populations qui tentaient de reprendre une vie ordinaire après ces étapes des conflits récurrents[1137].

CONCLUSION DU PREMIER CHAPITRE DE LA DEUXIEME PARTIE

La planète terre connaît de situations sans précédent depuis qu'elle est habitée par l'être humain. Au nombre des continents qu'elle abrite, l'Afrique reste le continent presque le seul qui connaît une expansion et explosion d'acteurs illégaux et illégitimes ainsi que des graves situations qui troublent et rompent la paix, nonobstant la multiplicité des stratégies que l'esprit humain, à travers des inventions, s'emploie énergiquement à mettre en place.

Le tableau que l'Afrique présente de principaux types récurrents de situations constitutives des menaces contre la paix telles que glosées dans le cadre de cette étude a consacré le paradoxe de l'action du Conseil de sécurité dans la gestion de celles-ci puis justifié plus tard le nécessité de la floraison de la réaction collective à plusieurs niveaux notamment dans un régionalisme revigoré et réorienté.

Sans remettre en cause les mécanismes du Conseil de sécurité des Nations Unies, l'Union Africaine s'est dotée d'un organe permanent et réactionnel en vue d'une gestion et d'un règlement rapides des conflits aux fins d'arrêter l'hémorragie des atrocités auxquelles le peuple africain est soumis.

L'action de cette organisation s'est révélée importante et salutaire dans la maîtrise et gestion de certaines crises qui naissent au sein du continent.

[1137]CENTRE D'ACTUALITES DE L'ONU, *Op.cit* p.20.

Force est de souligner que cette gestion unilatérale de l'Union Africaine et même lorsqu'elle agit en partenariat avec l'ONU conformément à ses propres textes constitue bien entendu un dépassement opérationnel du Chapitre VIII de la Charte des Nations unies.

Il sied de noter que sur le plan doctrinal, certains auteurs africains opinaient déjà sur cet avantage comparatif du système africain mais se réservaient d'en donner des conclusions.

Sans se rendre compte, ils reconnaissaient cette pratique distincte et particulière dans le cadre de l'Union Africaine à travers les cas des Comores, du Burundi, du Mali, de la RCA, du Soudan et de la Somalie constitue une absence de recul et jurisprudentiel pouvant permettre de faire de conclusions prédictives.

La pratique des actions de maintien de la paix dans le contexte de ces opérations a permis de faire observer que les initiatives ont été régionales dans le cadre de l'Union Africaine et de ses mécanises régionaux et ont précédé effectivement la réaction de l'ONU et permirent d'endiguer l'expansion des conflits armés sur le continent.

Les interventions de l'UA ont été effectuées dans des contextes de graves crises et, plus particulièrement, d'absence d'accords de paix. Ceci a bien justifié le concept de la régionalisation du maintien de la paix qui, à bien d'égards, a consolidé celui de création de la paix.

Les opérations de l'Union Africaine telles que étudiées permettent aujourd'hui de tirer des conclusions parmi lesquelles le régionalisme est renversé, le texte de l'organisation régionale est plus précis que celui des Nations Unies, l'usage de la force est un acquis et n'entraîne aucune sanction de la part de l'ONU, cet usage est d'ailleurs prévu dans le texte régional en vue de réaliser le but des Nations Unies et ceux de la région.

Chapitre IIème :
PERSPECTIVES EVOLUTIVES DU CHAPITRE VIII DE LA CHARTE DES NATIONS UNIES

Ces dernières années, de nombreux conflits qui ont éclaté dans le monde étaient de nature nationale, ethnique ou religieuse de plus en plus marqués. Ceux-ci se sont couplés de plusieurs transformations des acteurs et des situations qui requièrent une place d'attention de la communauté internationale et ce, à tous les niveaux soit de l'universelle ou du régionalisme.

Ces menaces à la paix internationale se sont soldées par une multiplication rapide des opérations de maintien de la paix menées par les Nations Unies ou par les organisations régionales dont bon nombre se présentent sous des formes diverses et variées.

Au fur et à mesure que ces opérations prenaient de l'ampleur et que les mandats s'étendaient, l'ONU a vu sa capacité de mener à bien des activités de maintien de la paix mise à rude épreuve[1138]. Dans le même temps, l'approche globale qu'exigeait « le maintien de la paix et de la sécurité internationales » se répercutait inévitablement sur l'efficacité avec laquelle l'ONU devrait s'acquitter de ses devoirs.

Le moment est donc venu maintenant pour elle de partager voire céder textuellement dans le cadre d'une révision de la Charte ou de partager avec d'autres organisations les responsabilités qu'elle assume en matière de sécurité collective.

A la lumière de ces considérations, la participation des organisations régionales à la sécurité collective au titre du chapitre VIII de la Charte des Nations Unies qui invite les Etats membres à faire tous leurs efforts pour régler d'une manière pacifique, par les moyens des organisations régionales, les différends d'ordre local avant de les soumettre au Conseil de sécurité, suscite de plus en plus d'intérêt surtout qu'il ne correspond plus à la réalité et aux contextes de plus en plus compliqués des champs d'opérations d'une part et, de l'autre, un cadre plus adapté avec les hypothèses juridiques du chapitre VIII lui-même.

C'est ainsi qu'il appert, au regard même de cas concrets examinés dans cette étude, une nécessité de la réforme du chapitre VIII dans un premier temps et puis examiner les perspectives de consolidation des organisations régionales en matière de maintien de la paix en vue d'assurer l'autonomie d'initiatives et d'actions efficaces et efficientes des organisations régionales.

[1138] F.-K. BOUAYAD-AGHA et B.-P. KRASULIN, *Op.cit*,p 5.

Section Ière : LA NECESSITE DE LA REFORME DU CHAPITRE VIII

Plusieurs études aussi bien aux Nations Unies qu'en dehors de cette organisation ont toujours considéré, sans ménagement, que la primauté de la Charte ou des Nations Unies resterait telle que définie dans la Charte en toute circonstance[1139].

Si sur le plan de la lecture stricte de la Charte sans égard aux textes et autres documents résultant de sa mise en œuvre , ils peuvent avoir raison, il n'en demeure pas moins vrai que l'autre analyse qui vise à considérer l'examen de la compatibilité des textes des organisations régionales à celui de la Charte d'une part et, de l'autre, l'analyse minutieuse de la pratique des actions de ces organisations dans les cas examinés, attestent non seulement qu'il y a dépassement des considérations juridiques prévues au chapitre VIII mais également une nécessité de conformer les nouvelles pratiques des organisations régionales à ce que serait le droit nouveau du chapitre VIII.

Ne dit-on pas que les faits précèdent le droit ?

D'où, d'ailleurs, il se pose le problème de la prise en compte de nouveaux facteurs sur la scène internationale qui peuvent influencer, à coup sûr, l'initiative et de l'autorité de la révision du chapitre VIII.

§1. Les nouveaux facteurs d'évolution du droit des Nations unies

S'il demeure vrai que le droit des Nations Unies était consacré pour prévenir entre autres le fléau de la guerre qui, en l'espèce d'une vie humaine, a causé d'indicibles souffrances à l'humanité, il est à constater que le cadre juridique dans lequel il est placé ne correspond plus à la réalité du monde censé être régulé par lui.

Le droit international tel que consacré dans la Charte des Nations Unies n'a eu pour sujet que les Etats et les Organisations internationales. Il s'est évertué, dans sa cristallisation, à ne gérer que le phénomène étatique dans sa globalité et ses manifestations en ignorant presque certaines réalités parmi lesquelles la démocratie, l'individu, les entités et puissances émergentes, les nouveaux pôles d'influence commerciaux, le terrorisme, ...

Ces facteurs se sont développés, pour certains, en dehors du cadre d'une quelconque organisation tout en influant sur celle-ci et, pour d'autres, leur développement s'est effectué dans le contexte des Etats tout en ayant une répercussion certaines sur le droit des Nations unies, les Etats eux-mêmes et les organisations tant universelles que régionales.

[1139] Voir B. BOUTROS GHALI, An agenda for peace report of the secretary general pursuant to the statement adopted by the summit meeting of the security council on 31january 1992, Voir également supplement à l'agenda pour la paix, A/RES/47/120 B, 20 septembre 1993; Voir aussi M. LIEGEOIS, "Le role des organisations….".*Op cit*, p.3et 4.

Comme il faut s'en rendre compte, à n'en point douter, ces éléments factoriels peuvent être regroupés en facteurs économiques et financiers d'une part et, de l'autre, en facteurs politiques et militaires.

A. Les facteurs économiques et financiers

Nous visons tout simplement à examiner ces facteurs qui peuvent influer sur la nécessité de revoir le chapitre VIII.

1. Le facteur économique principal : la mondialisation

L'un de plus grands facteurs économiques et financiers est la mondialisation, que certains définissent comme un moteur du rapprochement des économies du monde entier[1140] ou comme une vague « de libéralisation des échanges, des investissements et des flux de capitaux ainsi que l'importance croissante de tous ces flux et de la concurrence internationale dans l'économie mondiale tout en traduisant surtout une intensification des échanges économiques entre les principaux pôles de croissance que sont l'Amérique du Nord, le Japon, l'Europe occidentale[1141].

La mondialisation implique d'une part, un essor des échanges socioculturels entre les différentes régions de la planète, la prolifération d'ONG, d'autre part, elle est également associée aux conséquences néfastes de l'industrialisation, dont les risques technologiques et les pollutions transfrontalières portent atteinte au climat de la planète et menacent la sécurité des peuples[1142].

Ce facteur connait fortunes diverses en ce qu'il remonte presqu'au XIXe siècle lorsque l'Angleterre entama sa croisade libre échangiste, à contre-courant du protectionnisme qui se répand en Europe dans les années 1880[1143].

Sous ce départ, l'Europe s'est affirmée ainsi comme la première zone commerciale du monde. Mais cette réalité a connu bien des changements avec les développements économiques des plusieurs zones d'influences en Europe et partout dans le monde.

A la création de l'ONU, il s'était dégagé une nette volonté de la reconstruction de l'Europe par la puissance victorieuse de la deuxième guerre mondiale.

[1140]Voir « les Nouveaux acteurs de la coopération en Afrique, dossier : Africa 50 years of independance international developpement policy », in *revue internationale de politique de developpement, institut des hautes études internationales et du développement, the graduate institute/geneva/2010 (Poldev.revue.ord).*

[1141] Y. EL KADIRI, M. RICHIR, L. SOMVILLE, F. TOSELLI, M. VASSEUR, Rapport du module Environnement Mondialisation, Décembre 2003-Avril 2004, Ecole nationale supérieure des mines, Saint Etienne, p.3.

[1142]*Idem.*

[1143]Voir le Fonds Monétaire International, in *www.linternaute.com,* p.1, consulté le 10 Juin 2013.

C'est ainsi par exemple que le FMI avait été créé en décembre 1944 avec pour vocation de permettre la conversion entre elles des différentes monnaies nationales[1144].

Il garantit la mise à disposition de ses ressources aux Etats membres qui connaissaient des difficultés financières lorsque la quantité de monnaie qui sortait du pays était plus importante que celle qui y entrait[1145]. Il est devenu à la longue alors essentiellement un instrument d'aide aux pays en développement dont les missions principales sont la promotion de la stabilité économique, la prévention des crises, la contribution à leur résolution, la promotion de la croissance et la réduction de la pauvreté.

À côté de cet instrument, c'est la Banque mondiale qui avait été instituée. Elle a été créée en 1944 avec l'objectif de relever l'Europe de la guerre[1146]. Elle était connue sur le modèle d'une banque classique, elle accordait des prêts aux pays dans le besoin.

De manière très générale, elle fournit des fonds pour reconstruire des infrastructures et réformer les systèmes économiques ou sociaux des pays en voie de développement. Il s'agit également d'alléger les dettes des pays pauvres, d'améliorer l'hygiène et l'approvisionnement en eau des populations, de soutenir des programmes de vaccination, de soutenir les organisations de la société civile, de lancer des initiatives à limiter les émissions des gaz à effet de serre et de favoriser la lutte contre la corruption. Ces deux organes constituent les facteurs financiers.

2. *Les facteurs financiers*

Le FMI et la Banque Mondiale sont des institutions du système des Nations unies. Elles poursuivent un même but qui est de relever le niveau des vies des populations des pays membres. Leurs approches à cet égard sont complémentaires : l'action du FMI est centrée sur les questions macroéconomiques tandis que la Banque mondiale se consacre au développement économique à long terme et à la lutte contre la pauvreté[1147].

Ces instruments, il faut le relever, n'ont pas pu rendre effectif le développement prôné par la Charte des Nations Unies et sortaient presque de ces considérations pour ne rester que des instruments du néo impérialisme.

A la suite, avec le concours de la mondialisation, phénomène non prévu par la Charte des Nations unies, tous les pays du monde ont commencé à renforcer

---

[1144]C'est-à-dire par exemple, pouvoir échanger des dollars contre des francs ; ce qui n'était plus possible depuis la dépression des années 30.

[1145]Voir « Le Fonds Monétaire International », *Op.cit*, p.2.

[1146] Voir « Une Banque Mondiale, à quoi ça sert », in *www.linternaute.com,* p.3, consulté le 10 Juin 2013.

[1147] Voir « Une Banque Mondiale, à quoi ça sert », Op.cit, p.3.

leurs capacités industrielles pour asseoir une base solide et durable de leur économique devenue mondialisée[1148].

Les nouveaux rythmes de croissance économique mondiale viennent alors de l'Asie avec la Chine, la Malaisie, l'Indonésie, le Singapour, l'Inde, la Thaïlande et la Turquie principalement ; de l'Amérique latine, il y a le Brésil, le Mexique, l'Argentine, le Chili et, l'Europe de l'Est, nous retrouvons la Hongrie, la Pologne et la Russie. En Afrique, on peut inclure l'Egypte et l'Afrique du sud.

Cette considération atteste que le monde se désoccidentalise à une très grande vitesse. Le monde économique devient ainsi multipolaire.

En devenant ainsi, la compétitivité mondiale est de plus en plus assise sur les coûts de revient de mise à disposition des produits aux clients finaux. Cette compétitivité se remarque également par les coûts induits des problèmes sociaux en occident[1149].

La multipolarité de l'économie nous fait remarquer également que le monde est de plus en plus soumis aux dumpings. Après dans le dumping social, connu des pays d'Afrique et sud-est asiatique, où le salaire des employés sont très dérisoires, l'on assiste à une nouvelle forme de compétitivité par le dumping monétaire et diplomatique[1150].

Beaucoup d'Etats et d'organisations ont de plus en plus pour ambition d'établir un cadre de coopération et de développement économique qui jetterait les bases d'une économie mondiale plus stable et plus prospère.

Les situations et les activités économiques étant en constantes évolutions, ces Etats et organisations voient également leurs activités en constantes évolutions pour répondre aux sollicitations et aux nouveaux enjeux de l'économie mondiale.

Certaines organisations, étant des institutions spécialisées de l'Onu, en principe, elles sont censées collaborer étroitement avec les organes des Nations Unies et les autres objectifs figurant dans la Charte et dans la DUDH en vertu du chapitre X de la Charte et sont mises sous le contrôle de l'ECOSOC.

[1148] E. NKUNZUMWAMI, « Les nouvelles puissances économiques des pays émergents : le monde devient multipolaire », in *www.nouvelle-dynamique.org*, p.3, consulté le 16 Juin 2013.

[1149] Dès lors que les multinationales des pays émergents imposent le rythme de la compétitivité, sachant que les coûts des matières premières et de main-d'œuvre sont très bas dans leurs pays d'origine, comment adapter les coûts de la main-d'œuvre occidentale in E. NKUNZUMWAMI, *Op.cit*, p.3.

[1149] *Idem*

[1150] Le dumping monétaire est pratiqué par les pays qui « laissent » volontairement se dévaluer leur monnaie par rapport au dollar institué comme monnaie de référence dans des échanges internationaux. Ainsi, les exportations deviennent compétitives sur les marchés extérieurs par la baisse corrélative des prix de vente à leur monnaie sans que le comptable et leurs salariés de pays d'origine enregistrent une quelconque modification des valeurs de leurs rentrées d'argent. Le Dumping diplomatique est, quant à elle, la nouvelle et très dangereuse déstabilisatrice du monde.

Parallèlement à cette évolution du cadre juridique, de nouveaux pôles économiques et financiers parme lesquels le BRICS (Brésil, Russie, Chine, Inde et Afrique du sud) en tant qu'organisation et les Etats individuellement ont de plus en plus du poids et leurs activités nécessitent que l'organisation s'y penche pour créer un environnement économique international favorable au développement de toutes les régions.

Les organisations internationales, par leur diversité et champ d'action, interviennent dans cette politique économique et financière que voulait l'ONU. Chacune d'elles conçoit des politiques propres de développement, de croissance et d'intégration au point, de plus en plus impérieux, que cette dynamique soit prise en compte par cette organisation dans la perspective de la réforme.

D'un point de vue géopolitique, le monde d'aujourd'hui n'a plus aucun rapport avec celui d'avant la chute du mur de Berlin en 1989. Le système international a connu de profondes modifications depuis lors. Par ailleurs, le monde actuel encourt actuellement sept risques majeurs identifiés par l'ONU. Ceux-ci apparaissent inéluctablement comme des facteurs ou enjeux sérieux nécessitant cette prise en compte particulière dans la refonte. L'organisation les classe comme suit : trois sont de nature socio-économique (pauvreté ; épidémies et maladies ; détérioration environnementale), deux sont de caractère militaire (conflits interétatiques ; prolifération d'armes bactériologiques, chimiques et nucléaire) et les deux derniers sont le terrorisme et la criminalité[1151].

B. Les facteurs politiques et militaires

Il existe sur la scène internationale une certaine hiérarchie politique et militaire de gestion des affaires du monde qui se retrouve bien évidemment consacrée également dans la Charte des Nations unies , c'est-à-dire une gestion par les puissances victorieuses de la deuxième guerre mondiale ou encore l'expression la plus idoine est celle du chapitre V de la Charte qui crée un Conseil de sécurité, organe restreint aux pouvoirs discrétionnaires et autoritaires qui s'appuie sur l'entente entre les Cinq Grand pour maintenir la paix et la sécurité internationales[1152].

1. Les facteurs politiques

Cette approche a connu des atténuations dans la mesure où la guerre froide avait bloqué l'élan de ces grandes puissances. Celui-ci n'a repris qu'avec la chute du mur de Berlin.

[1151] R. BONDEFOY, « La paix, jeux et enjeux diplomatiques », in *www.paxchristi.com*, p.1, Wallonie-Bruxelles, consulté le 19 Juin 2013.

[1152] P. HUGON, « les Nouveaux acteurs de la coopération en Afrique, dossier : Africa 50 years of independance International développement policy », *in Revue internationale de politique de développement, Institut des hautes études internationales et du développement, the graduate institute/geneva/2010 (Poldev.revue.ord),* p.91.

Cette situation a fait apparaître des nouvelles puissances politiques et militaires dont les actions doivent être prises en compte dans la marche de l'organisation.

Ainsi, l'aide et la coopération font partie de jeux d'influence des puissances tout en se situant dans des rapports asymétriques. De nouveau concepts tels des contraintes politiques, de conditionnalité démocratique, de politique d'aide, de déférence profonde aux droits de l'homme, le renforcement des capacités et tant d'autres font leur apparition et s'installent dans ce monde multipolaire[1153].

Ces nouvelles politiques s'assoient presque toutes sur le développement économique et financier, politique et militaire des Etats ou organisations qui s'en servent.

C'est ainsi par exemple que l'Union Européenne qui n'a pas d'ambition de jouer le gendarme du monde même si son potentiel tant financier que politique et militaire est énorme, entend jouer un rôle stratégique mondial[1154]. Cette volonté s'est affirmée surtout depuis le lancement de la politique européenne de sécurité et de défense dont l'objectif central est de renforcer la capacité de l'UE à agir sur le plan externe à travers le développement de ses capacités civiles et militaires en matière de prévention des crises et conflits internationaux[1155].

Outre ce fait, il faut faire remarquer qu'il existe également un facteur important sur lequel l'ONU doit revenir de temps en temps. Il s'agit bien entendu de la capacité militaire de certains Etats qui est de plus en plus grandissante

Car, il ne fait l'ombre d'aucun doute qu'un des critères importants en rapport avec le but principal de l'ONU à savoir le maintien de la paix et de la sécurité internationales est la contribution aux efforts de l'ONU en vue de cette tâche.

2. *Les facteurs militaires*

L'idée ici est de voir les Etats faire des apports aux initiatives politiques et aux opérations de maintien de la paix. Ceci passe par l'envoi des troupes, du matériel et des moyens financiers.

De plus en plus, des Etats, fort de leurs revendications révisionnistes de la Charte, mettent en évidence leurs capacités militaires et volonté à contribuer aux opérations de maintien de la paix. Il s'agit par exemple de l'Inde, du Pakistan, du Qatar, ... qui s'illustrent sur plusieurs opérations des Nations unies.

Il est cependant à comprendre à ce stade que les mutations qui s'effectuent sur la scène internationale telles que regroupées dans ce travail ne permettent

---

1153 G. BASUE BABU KAZADI, *L'action, ..., Op.cit*, p.215.

1154 C. ZORGBIBE, *L'avenir de la sécurité internationale*, Paris, Presse des sciences politiques, 2003, p.134.

1155 *Idem*

plus de justifier le maintien du cadre juridique de la seule Charte des Nations dans sa conception de 1945.

Les lignes des actions de l'ONU ayant sensiblement bougé à travers bien entendu les différentes configurations des opérations de maintien de la paix à savoir (observation, maintien, imposition de la paix, protection), il convient d'intégrer tous ces facteurs dans un cadre évolutif conséquent qui permettra de relever le profil de l'ONU face aux enjeux nouveaux qui apparaissent et favorisent ainsi la cristallisation textuelle de nouvelles normes qui se sont consolidées sur des pratiques acceptées comme le droit.

Tous ces éléments que nous évoquons emportent même, à notre sens, revisitation du chapitre VIII.

Cette perspective entend donc amener sur la problématique de l'initiative et de l'autorité de la révision.

§2. L'initiative et l'autorité de la révision du chapitre VIII

L'Afrique aujourd'hui est en mesure et entrain de démontrer qu'elle est à même de mener à bien, surtout avec les exemples de l'AMISOM, de l'AMIS et de la MINUAD, les opérations de soutien à la paix sous le coup du chapitre VI de la Charte, voire d'imposition de la paix sous celui du chapitre VII tout en relevant qu'hormis ces fondements juridiques, cette organisation peut légitimement et valablement invoquer les dispositions pertinentes de l'acte constitutif de l'UA et du protocole instituant le CPS.

Les rédacteurs de la Charte ont eu une vision des pouvoirs exorbitants du Conseil de sécurité lorsqu'ils élaboraient la Charte constitutive de l'Organisation des Nations unies. Ils lui ont non seulement accordé la charge principale du maintien de la paix et de la sécurité internationales mais aussi l'ont doté de moyens énormes en vue de la réalisation de ce but.

Consécutivement aux pouvoirs de cet organe tels que signalés précédemment, il s'est développé dans la pratique des Nations Unies une mutation des pouvoirs de cet organe à chaque fois qu'il n'a pas su mettre réellement en branle ceux-ci face aux situations de crise qui transgressent le maintien de la paix et de la sécurité internationales.

Dans la prévision des pouvoirs du Conseil de sécurité, en dépit des critiques véhémentes de quatre grandes puissances à savoir les Etats-Unis, l'URSS, la grande Bretagne et la Chine, il s'est dégagé le consensus sur la reconnaissance des organismes régionaux[1156].

La licéité des accords régionaux est reconnue par l'article 52 de la Charte, sous certaines conditions. Les activités de ces organismes régionaux doivent être « compatibles avec les buts et principes de Nations unies » et elles doivent

[1156]NGUYEN QUOC DINH, P. DAILLIER et A. PELLET, *Op.cit,* p. 961.

être destinées « à régler les affaires qui, touchant au maintien de la paix et de la sécurité internationales, se prêtent à une action de caractère régional[1157].

En soi, il s'agit là d'une affirmation importante : la création d'une organisation universelle qui se veut « un centre où s'harmonisent les efforts des Nations vers ces fins communes »[1158] n'exclut pas une participation de mécanismes du niveau régional pour la poursuite des valeurs partagées par la communauté internationale dans son ensemble.

Ces derniers sont non seulement préférables à l'action unilatérale ou inorganique, en ce qu'ils assurent une légitimité et une meilleure coordination desdits efforts, mais ils pourraient également présenter des avantages par rapport aux mécanismes universels.

Les institutions régionales peuvent, en effet, mettre à profit la solidarité plus étroite et immédiate des Etats d'une région, qui partagent souvent la même perception des valeurs communes et sont plus directement en relation avec la situation qui pourrait nécessiter une action collective sur le terrain.

Cette vision était présente dans une proposition égyptienne à la Conférence de San Francisco qui, dans sa définition des accords ou organismes régionaux, identifiait la « proximité, la communauté d'intérêts ou les affinités culturelles, linguistiques, historiques ou spirituelles » des Etats membres comme étant à l'origine de leur responsabilité commune pour le règlement pacifique des différends, le maintien de la paix et la sécurité dans leur région et le développement de leurs relations économiques et culturelles[1159].

Cette superposition des pouvoirs est source des controverses entre auteurs. Il en est ainsi de Ndeshyo qui dit qu'il s'agissait d'un fédéralisme ou d'une fédération des pouvoirs[1160], dans la même perspective, Nguyen Quoc Dinh estime que le chapitre VIII de la Charte règle les rapports entre le Conseil de sécurité et les Organisations régionales créées par les Etats membres[1161], il établit une sorte de fédéralisme plus fonctionnel qu'institutionnel, dont le

---

[1157]Voir art. 52 et 53 de la Charte.

[1158]Article 1, paragraphe 4, de la Charte des Nations unies.

[1159]Voir Documents de la Conférence des Nations unies sur l'organisation internationale, San Francisco, 1945, tome XII, pp.854-855 et 859-860. Et voir également les propositions de Dumbarton Oaks relatives à l'établissement d'une organisation internationale, chapitre VIII, section C, dans Documents de la Conférence des Nations unies, Op.cit, p.16-17. A lire utilement sur *www.un.org*.

[1160] O. NDESHYO RURIHOSE, *Cours de droit international public*, Cycle de DES, Faculté de Droit, UNIKIN, 2007-2009, inédit. Pour des commentaires éloquents aux dispositions de ce chapitre, voir notamment : W. HUMMER et M. SCHWEITZER, « Article 52 » et « Article 54 », in B. SIMMA et al. (dir.), *The Charter of the United Nations*: A Commentary, 2ème éd. 2002, vol. I, respectivement pp.807-853 et 890-895; G. RESS et J. BROHMER, "Article 53", dans *ibid.*, pp.854-890 ; E. KODJO et H. GHERARI, « Article 52 », in J.-P. COT, A. PELLET et M. FORTEAU (dir.), *La Charte des Nations unies : Commentaire article par article*, 3ème éd., 2005, vol. II, pp.1367-1402 ; R. KOLB, « Article 53 », dans *ibid.*, pp.1403-1437 ; M. GUEUYOU, « Article 54 », pp.1439-1445.

[1161]NGUYEN QUOC DINH, P. DAILLIER et A. PELLET, *Op.cit*, p.967.

Conseil de sécurité occupe le sommet[1162]. Par contre, Basue suggère d'orienter la réflexion sur ce partage des compétences en vertu du principe actuel de subsidiarité[1163].

Considérant ces avancées du régionalisme et la nécessité d'une approche différente dans le maintien de la paix et de la sécurité régionales au regard de la charge qui pèse sur l'ONU et de ses balbutiements dans l'action d'une part et, de l'autre, en se fondant sur la nécessité de la réorientation, il se pose le problème de connaitre l'entité qui prendrait cette initiative et l'autorité qui assurerait cette révision.

A. L'initiative de la révision

Nous sommes sans ignorer que les problèmes qui touchent à la refonte de la Charte vise essentiellement le chapitre VII avec les prescrits des articles 23 et 27[1164]. S'il est vrai qu'il n'ya jamais eu des débats sur les pouvoirs du chapitre VI, il appert que le chapitre VIII suscite un débat silencieux qui s'observe à travers certains actes juridiques et pratiques des organisations.

De toute évidence, la réforme de la Charte ou encore des articles 23 et 27 tient bien à des causes avérées à la suite desquelles des projets ont été soumis.

En ce qui concerne les causes de la réforme, une analyse minutieuse permet de distinguer les causes structurelles de celles de nature plus conjoncturelle.

1. Les causes structurelles pouvant amener la révision

Il existe de causes profondes incitant à la réforme du Conseil de sécurité, lesquelles ont des effets induits sur le chapitre VIII.

En effet, par exemple, la composition du Conseil de sécurité ne paraît plus correspondre à la réalité stratégique actuelle ; si en 1963, avait été pris en compte l'accroissement du nombre de nouveaux Etats, les modifications de l'équilibre géopolitique international intervenues dans ces deux dernières décennies n'avaient pas eu des conséquences sur la composition de cet organe[1165].

A l'époque où cette situation se réalisait, il faut observer par exemple que les organisations régionales qui existaient étaient plus européennes et n'avaient nullement une vocation offensive ou défensive et, au niveau africain, était mise en place effectivement et conformément au chapitre VIII une organisation continentale qui n'avait nullement une vocation d'intervention.

1162 *Idem*

1163 G. BASUE BABU KAZADI, *Cours des organisations internationales,* Cycle de DES, 2007-2009.

1164 Ces articles touchent à la composition du Conseil de sécurité et modalités de vote ou mieux encore à l'aspect du veto.

1165 T. JOIE, « La réforme du Conseil de sécurité de l'ONU », fiche pédagogique virtuelle, séance n°5, Faculté de Droit Virtuelle, Université de LYON 3 in *www.facdedroit-lyon3.com,* consulté le 03 /08/2012.

Cette situation était tout à fait acceptable jusqu'à ce qu'on avait appelé de façon rapide la fin de la guerre froide qui a changé l'équilibre du monde tel qu'issu de la seconde guerre mondiale.

Or, la composition du Conseil de sécurité avec ses gammes des prérogatives était fondée sur cet équilibre[1166].

Cet équilibre ainsi conçu et matérialisé avait créé des dispositions hégémoniques qui caractérisaient l'ascendance presqu'irréversible de la volonté de quelques Etats à assurer seuls le maintien de la paix et de la sécurité mondiales et, pour y arriver, il fallait à tout prix contenir les velléités du régionalisme combattif de l'époque. D'où d'ailleurs, l'existence même des dispositions du chapitre VIII avec une ambigüité teintée d'hypocrisie sur une prétendue incapacité de prise des mesures coercitives et de l'usage de la force.

Une autre cause est le fait que de nouvelles puissances économiques, à défaut d'être politiques, avaient vu le jour depuis 1945 que ce soit le Japon, l'Allemagne mais aussi l'Inde et le Brésil et, parallèlement, certaines des puissances présentes au Conseil de sécurité avaient sans doute perdu de leur prestige aussi bien économique que politique[1167].

Ceci est d'autant plus vrai que ces nouveaux Etats devenus des puissances régionales incontournables ambitionnaient eux aussi d'assurer et de changer l'orientation de la gestion des affaires du monde en ce qui concernait le maintien de la paix et de la sécurité internationales[1168].

Etant puissances régionales et se fondant sur la licéité du chapitre VIII, elles ont initié des accords régionaux visant le maintien de la paix et de la sécurité régionales, couplant ainsi l'aspect économique de leurs relations à la nécessité d'assurer une sécurité collective.

La dernière cause structurelle réside dans le fait que certains membres de l'ONU, notamment ceux ayant accédé à l'indépendance sans être des puissances au même titre que les pays ayant créé l'ONU, souhaitaient voir leurs positions mieux prises en compte au sein du Conseil de sécurité.

Cette situation impliquait que la légitimité du Conseil de sécurité soit entamée car sa composition n'était plus adéquate avec le monde contemporain. Ses décisions perdent autant de légitimité or, sa position fondamentale dans l'organisation de l'ONU ne permet pas que perdure une telle situation qui pourrait entraîner à long terme un refus croissant des membres de l'ONU de se plier aux décisions prises par le Conseil de sécurité[1169].

Ainsi, de la légitimité des décisions du Conseil de sécurité, on est arrivé à s'interroger aussi sur l'efficacité de cet organe et de son mode de

---

[1166]L'équilibre créé par le directoire de 4 grands.

[1167]Notamment la France et le Royaume uni

[1168] On peut citer utilement le Nigeria et tant d'autres au niveau de l'Afrique de l'Ouest, l'Afrique du sud et certains Etats en Afrique Australe, …

[1169] T. JOE, « Article… », *Op.cit*, p.5.

fonctionnement, notamment sur l'exercice du droit de veto des membres permanents.

Ce dernier tableau traduit bel et bien l'ambigüité de la réaction de cet organe surtout dans le continent africain où les menaces à la paix sont de plus en plus diversifiées et croissantes telles que relevées à la première partie de cette étude.

Cette situation d'ambigüité atteint même les pouvoirs de cette organisation en vertu du chapitre VIII et tente même de justifier la montée de régionalisme et constitue un motif ou une cause sérieuse de la réforme du chapitre VIII en vue de permettre aux organisations régionales de sortir définitivement de cet embrigadage.

A ces causes structurelles s'ajoutent des causes plus conjoncturelles qui impliquent pourquoi la réforme du Conseil de sécurité est redevenue d'actualité. On doit ainsi remarquer que, depuis quelques années, les différents soubresauts dans le monde créent de fortes tensions au sein de l'ONU et certains groupes d'Etats ceux qui se contentaient du statu quo ont manifesté l'envie d'un profond changement. C'est le cas des pays africains.

En effet, ce continent, bien que profondément divisé, cherche souvent à présenter des positions communes prises au sein de l'Organisation de l'Unité Africaine. Jusque dans les années 1990, la plupart de ces Etats se contentaient de la situation car, l'équilibre international, notamment le conflit est/ouest, leur permettait d'échapper aux foudres éventuelles du Conseil de sécurité. La fin de la guerre froide a changé cette donne. En outre, depuis la guerre du Golfe, le sentiment que le Conseil de sécurité est trop favorable à l'Occident voire aux seuls Etats Unis a crû.

Les attentats du 11 septembre 2001 et la guerre en Irak en remettant les problèmes de sécurité au cœur des préoccupations géopolitiques internationales, ont relancé d'autant la nécessité de réformer l'ONU. Enfin, le soixantième anniversaire de l'ONU semblait une excellente occasion pour le secrétaire général, Koffi Annan, pour proposer une série de réformes, dont celle du Conseil de sécurité. Cette réforme lui tenait d'autant plus à cœur que son image est ternie par des scandales récents ayant secoué l'ONU. Réussir la réforme du Conseil de sécurité lui aurait inscrit son nom de façon définitive dans l'histoire.

Ces causes connues, relevées supra ont et présentent des effets induits sur les pouvoirs du Conseil de sécurité en ce qui concerne le chapitre VIII.

Toutefois, il faut faire voir que la refonte des articles 23 et 27 et du chapitre VII ne peut en aucune manière bloquer celle du chapitre VIII qui est un dispositif qui met en place un mécanisme de coopération entre deux organisations.

Ainsi, par une analyse très pragmatique, les parties chargées de mettre en œuvre le chapitre VIII sont bel et bien d'une part l'ONU et de l'autre, les organisations régionales entre autres l'UA. Il se pose dès lors l'idée de l'autorité qui prendrait l'initiative de la révision.

La révision des dispositions de la Charte est une notion sensible qui est réglementée par les articles 108 et 109.

L'article 108 dispose : « les amendements à la présente Charte entreront en vigueur pour tous les membres des Nations Unies quand ils auront été adoptés à la majorité des deux tiers des membres de l'Assemblée générale et ratifiés, conformément à leurs règles constitutionnelles respectives, par les deux tiers des membres de l'organisation, y compris tous les membres permanents du Conseil de sécurité ».

L'article 109 quant à lui dispose : « une conférence générale des membres des Nations unies, aux fins d'une révision de la présente Charte, pourra être réunie au lieu et date qui seront fixés par un vote de l'Assemblée générale à la majorité de deux tiers et par un vote de neuf quelconques des membres du Conseil de sécurité ; chaque membre de l'organisation dispose d'une voie à la conférence. Si cette conférence n'a pas été réunie avant la dixième session annuelle de l'Assemble générale qui suivra l'entrée en vigueur de la présente Charte, une proposition en vue de la convoquer sera inscrite à l'ordre du jour de cette session, et la conférence sera réunie, s'il en est ainsi décidé par un vote de sept quelconques des membres du Conseil de sécurité ».

2. *Les entités pouvant prendre l'initiative de la révision et intérêt à agir*

A considérer que les perspectives de la révision du chapitre VIII trouvent bien effectivement écho et fondement dans la Charte à l'article 109, il se dégage que le mécanisme pour y arriver est très délicat car, il se remarque de prima facie par toutes les agitations, projets et tentatives et échecs de la révision des chapitres relatifs aux pouvoirs et composition du Conseil de sécurité.

Quand bien même l'on peut considérer à juste titre que les deux chapitres ne portent pas sur la même matière fondamentalement, l'on peut aisément relever que ces matières sont intimement liées au point que la réforme de l'une aurait nécessairement des répercussions sur l'autre.

En cela par exemple, les projets de réforme qui ont visé le chapitre VII ou le Conseil de sécurité touchent le nombre de membres pour améliorer la représentativité, l'augmentation du nombre de membres permanents et le problème du veto[1170].

Les projets en présence pour ces réformes sont très nombreux et ont plusieurs facettes, ils datent presque de 1969[1171]. En outre, il y a ceux du G4, de l'Afrique, le rapport du groupe de personnalités et le rapport de mars 2005.

Le projet de G4 composé de 4 Etats considérés comme les candidats les plus sérieux pour obtenir un siège permanent[1172] ont publié une proposition dans laquelle le Conseil de sécurité s'élargirait à six nouveaux membres permanents

---

[1170] Voir utilement le Rapport des sages de 2004 (Rapport Panyarachun), le projet du G4, les pays rassemblés au groupe pour le consensus, le consensus d'Ezulwini.

[1171]Voir Rapport Jackson, étude de capacité du système des Nations unies pour le développement, 1963

[1172]L'Allemagne, le Japon, l'Inde et le Brésil.

comprenant eux-mêmes et deux Etats Africains, ils reportaient la question d'un éventuel droit de veto pour les 15 prochaines années[1173].

Quant à la position africaine[1174], revue par une proposition alternative dite « consensus d'ELZUWINI », elle visait une large représentativité de ce continent au sein du Conseil de sécurité.

Ces Etats africains entendaient obtenir de nombreux sièges en leur faveur et qui porterait à 26 le nombre des membres du Conseil de sécurité ; et dans les 11 nouveaux membres, 2 permanents seraient africains et trois non permanents aussi. En outre, ces deux membres permanents disposeraient du droit de veto reconnu aux membres permanents historiques[1175].

Par rapport au rapport du groupe de personnalités, Kofi Anan avait confié en 2004 à un groupe de travail[1176] composé d'experts internationaux[1177]une mission de réflexion sur les problèmes de sécurité que les événements marquants le début du XXIéme siècle posaient[1178].

Ce rapport était divisé en quatre parties consacrées respectivement au nouveau consensus sur la sécurité (première partie), à la sécurité collective et le défi de la prévention (deuxième partie), à la sécurité collective et à l'usage de la force (troisième partie) et à une organisation plus efficace pour le XXème siècle (quatrième partie).

Les avancées relevées dans le rapport de ce groupe consistaient à faire observer que les normes et règles gouvernant l'utilisation de la force dans les relations internationales devraient être plus précises et plus détaillées, notamment en cas de génocide et autres tueries massives.

Prenant en compte non seulement la légalité de l'emploi de la force, mais aussi sa légitimité, le groupe considérait que le Conseil de sécurité, lorsqu'il

---

[1173]Intitulé « position africaine commune », elle a été adoptée lors d'un sommet des chefs d'Etat et de gouvernement de l'OUA en juin 1997 par une déclaration sur la position de l'Afrique par rapport à la reforme.

[1174]Intitulée d'abord « position africaine commune », elle a été adoptée lors d'un sommet des chefs d'Etat et du gouvernement de l'O.U. A en juin 1997 par une déclaration sur la position de l'Afrique par rapport à la réforme puis ce consensus fut revu et adopté lors du sommet de l'Union africaine de Syrte le 6 juillet 2005.

[1175] T. JOE, « Article... », *Op.cit*, p.7.

[1176]Compose de seize éminentes personnalités, parmi lesquelles d'anciens chefs d'Etat ou ministres des affaires étrangères, des spécialistes de la sécurité, des militaires, des diplomates et des spécialistes des questions de développement.

Le président était un ancien premier ministre de Thaïlande M. ANAN PANYARACHUN. On peut citer certains des membres du groupe, comme Robert BADINTER, ancien ministre français de la justice, Mme GRO HARTEM BRUTTALND, ancien premier ministre de Norvège, M. GARETH EVAUS président d'international Crisis group et ancien ministre des affaires étrangères d'AUSTRALIE, le général SATISH NAMBIAR, ancien général de corps d'armée de l'armée Indienne et ancien commandant de la FORPRONU, et M. YEVGUENI PRIMAKOV, ancien premier ministre de Russie.

[1177]Ce groupe de travail fut un organe indépendant nommé par le Secrétaire général.

[1178] P. TAVERNIER, « Soixante ans après : la réforme du conseil de sécurité des Nations unies est-elle possible ? », in *www.ridi.org*2005, p.5.

autorise ou approuve un tel emploi, devrait tenir compte d'un certain nombre de critères.

Il avait estimé que « ces directives » régissant l'usage de la force devraient être consignées dans des résolutions déclaratoires du Conseil de sécurité et de l'Assemblée générale pour que tous les Etats membres y souscrivent[1179].

Par ailleurs, il recommande la création par le Conseil de sécurité d'une Commission de consolidation de la paix afin de combler « un vide institutionnel » résultant de l'absence dans tout le système des Nations Unies d'une « entité ayant pour mission de prévenir la déliquescence des Etats et la descente vers la guerre ou d'aider les pays à réussir leur transition de l'état de guerre à la paix[1180].

Le rapport avait servi de base à celui établi en mars 2005 « intitulé dans une liberté plus grande vers le développement, la sécurité et les droits de l'homme pour tous ». Cette phase justifie que les tentatives de réforme à travers le projet soumis avaient été couronnées avec le projet des pays unis pour le consensus comprenant notamment l'Italie, Pakistan, Mexique, Canada, Corée du sud et l'Argentine qui a proposé un élargissement du Conseil de sécurité à 10 membres non-permanents.

Ce qu'il faut observer en dernier est le fait qu'aucun projet sur la réforme n'a abouti et ce, suite à plusieurs facteurs parmi lesquels les positions africaines et la résistance de la Chine[1181].

Toutes ces réticences ont conduit à un résultat inachevé avec le blocage de 2005.

Mais celui-ci a commencé à être surmonté avec les travaux de l'Assemblée générale qui avaient été relancés par sa présidence en février 2007 avec la nomination des facilitateurs qui avaient indiqué dans deux rapports successifs qu'une réforme intérimaire permettrait de sortir de l'impasse[1182]. Ces documents remis en juin 2007 à la présidente de l'Assemblée générale des Nations unies misaient sur une approche intermédiaire, c'est-à-dire un arrangement provisoire qui s'efforcerait de trouver un compromis entre les différentes positions existantes, en prévoyant une clause d'examen obligatoire qui ouvrirait la voie à de nouvelles mesures de réforme[1183].

Le principe d'une réforme intérimaire avait été repris dans la déclaration conjointe franco-britannique du 27 mars 2008 adoptée par le président Nicolas

[1179]Voir Document A/59/565, §§ 208 et 209.

[1180]Voir Document A/59/565, §§ 261 et S, le groupe recommande également la création au sein du département de maintien de la paix d'un bureau d'appui à la consolidation de la paix.

[1181]ANDRE FAYE, « Afrique et la question de la réforme du Conseil de sécurité des Nations unies », in *http://www.unies-reins.fr/*CERI/article André Faye.html, consulté le 03 juillet 2012.

[1182]Ces rapports prévoyaient une phase transitoire (10-15 ans) par exemple, dans laquelle il sera permis d'élire des membres non-permanents pour un mandat prolongé et reconductible, ayant vocation à devenir à la fin de la période transitoire permanents.

[1183] G. ONDIAS OKUMA, « Les arrangements intérimaires relatifs à la réforme du Conseil de sécurité », Chronique en ligne, in *www.un.org,* consulté le 11/07/2014.

Sarkozy et le premier ministre britannique Gordon Brown et avaient fait l'objet d'une audience croissante en ce qu'elle présentait notamment l'avantage de permettre de tester les paramètres d'une réforme du Conseil de sécurité.

De tout ceci, une étape importante avait été formellement franchie dans la réforme du Conseil de sécurité avec la décision prise par l'Assemblée générale, le 19 février 2009 d'engager des négociations intergouvernementales ; pour autant, les positions des Etats membres sont encore très éloignées sur les principales questions liées à la réforme à savoir : nombre de nouveaux membres, droit de veto, question de la représentation régionale, etc.

En observant les débats sur la réforme du Conseil de sécurité, l'on relève que les initiatives viennent des Etats individuellement ou en groupe et quelquefois des organes propres de l'ONU à savoir : l'Assemblée Générale ou le Conseil de sécurité.

De toutes ces considérations et, par rapport incidentiellement à la réforme du chapitre VIII, il se pose inéluctablement un problème d'initiative pour engager les débats sur la réforme d'une part et, de l'autre, celui de l'intérêt qu'aurait un tel Etat, groupe d'Etats, une organisation régionale ou l'ONU elle-même.

Le chapitre VIII de la Charte des Nations unies, en son pristine état de 1945, définissait clairement les rôles des organismes régionaux qui sont appelés à intervenir à deux niveaux : le règlement pacifique des différends et l'action coercitive.

Si, pour le règlement pacifique des différends, fondamentalement, aucun problème ne se pose, il se pose effectivement un réel problème par rapport à l'action coercitive car, les rédacteurs de la Charte considéraient que ce traité conférait un rôle subsidiaire aux organes régionaux lorsqu'il s'agissait d'une action coercitive.

L'article 53 du chapitre VIII de la Charte indique à cet effet que le Conseil de sécurité « utilise » les organismes régionaux « pour l'application des mesures coercitives prises sous son autorité ». Il appartient dès lors au Conseil de sécurité de décider donc qu'il est nécessaire de prendre des mesures coercitives et peut faire appel aux organismes régionaux pour les appliquer et en déduire que les institutions régionales ne peuvent pas cependant se lancer dans une action coercitive sans l'autorisation du Conseil de sécurité[1184].

Et l'on considère qu'elles agissent en quelque sorte comme le bras armé du Conseil de sécurité sous réserve de la fin de l'alinéa 1 de l'article 53 ainsi que son alinéa 2 qui posent l'exception du recours à une action coercitive contre un Etat ennemi.

[1184] ANA PEYRO LOPIS, *Force, ONU et organisations régionales. Répartition des responsabilités en matière coercitive*, éd. Bruylant, Bruxelles, 2012, p.10. Voir également, M. BETTATI, *L'usage de la force par l'ONU*, Paris, éd. Le seuil, 2004, p.111.

Ces dispositions ne sont à l'évidence plus à l'ordre du jour car les Etats perdant de la deuxième guerre mondiale ont adhéré à l'ONU et renoncé à toute politique nouvelle d'agression.

En revanche, s'il est admis et se trouve à l'abri de toute difficulté le rôle primordial des organisations régionales dans le règlement pacifique des différends, rôle salué par le Conseil de sécurité dans le cadre de la consolidation de la paix, du relèvement, de la construction et du développement au lendemain d'un conflit, il est donc admis que ces organisations régionales peuvent également déployer des missions dans des pays en sortie de crise pour soutenir leur reconstruction, sans autorisation préalable de Conseil de sécurité[1185].

Dans ce même ordre d'intervention, la situation est ambigüe lorsque des organisations régionales déploient des opérations à visée coercitive, entrant clairement dans le cadre du chapitre VII de la Charte des Nations unies[1186].

Cette ambigüité dans les rapports permet de faire observer que le cadre même du chapitre VIII en ce qui concerne cette dernière notion relative à l'initiative d'une action coercitive régionale parait inappropriée et totalement désuète.

Ainsi, les Etats et les organisations intéressées par l'initiative d'une action coercitive régionale qui vise la mise à néant de toute situation susceptible d'être une menace à la paix récurrente pourraient prendre cette initiative aux fins de proposer une résolution visant à faire amender ou réviser le prescrit du chapitre VIII.

Dès lors, les Etats africains, à travers l'UA, ayant surtout manifesté leur volonté unanime, dans les textes de cette organisation et leurs pratiques conformes, de venir à bout de tout différend ou conflits surgissant sur le continent par tous les moyens à leur disposition, y compris l'action coercitive, peuvent initier une proposition visant à réviser la Charte.

L'intérêt d'une telle démarche peut résider dans l'appropriation et la définition des priorités par l'Afrique pour une application souple et novatrice du principe de subsidiarité, du respect mutuel et de l'adhésion au principe des avantages comparatifs et enfin sur une division du travail reposant sur la complémentarité.

Quant au premier intérêt, il est essentiel, s'agissant des questions de paix et de sécurité sur le continent, de soutenir et de promouvoir l'appropriation et la définition des priorités par l'Afrique[1187].

Il ne fait l'ombre d'aucun doute que les africains ont été en mesure de définir clairement leurs propres problèmes de paix et de sécurité et ont les

---

[1185] C. DELICE, « Chapitre VIII », UNIDIR 2006. Article révisé le 23/08 /2011 repris sur le réseau francophone de recherche sur les opérations de paix, in *www.opératiopaix.org*, p.6, consulté le 26 juin 2012.

[1186] *Idem*

[1187] UNION AFRICAINE, « Rapport, … », in *PSC/PR/2 (CCCVII)*, p.29.

solutions à y apporter. La promotion donc de cet intérêt pourrait participer au renforcement du partenariat stratégique entre l'UA et l'ONU.

Le fait que l'UA et les CER aient développé des approches holistiques pour la gestion des conflits sur le continent, identifiant dans ce contexte spécifique de l'Afrique, les questions prioritaires, offre une bonne base pour une plus grande synergie qui laisserait davantage d'initiatives dans l'action coercitive.

De même, des consultations permanentes et plus étroites entre les organes de décision de ces deux institutions, en particulier entre le CPS et le Conseil de sécurité permettraient d'assurer le respect de l'appropriation et de la définition, par l'Afrique, de ses priorités.

Par rapport au second intérêt relatif à une application souple et novatrice du principe de subsidiarité, il faut observer que l'entendement des rédacteurs de la Charte limitait ou assujettissait toute initiative de l'usage de la force à la décision du Conseil de sécurité. Or, il a été démontré que le fonctionnement même du Conseil et sa promptitude à la réaction étaient sujets à caution car, embrigadés par les intérêts de ses membres permanents.

La subsidiarité qui est donc au centre du chapitre VIII telle que conçue dans la Charte comprend au moins trois éléments implicites à savoir la prise de décision concertée, la division du travail et la répartition des charges entre l'ONU et l'UA.

Or, la pratique concordante et non équivoque de l'UA a décelé des prises des décisions unilatérales en vue d'assurer le maintien de la paix et de la sécurité régionales avec par exemple le cas de l'AMISOM et de la MUAS.

En emportant donc la prise de décision concertée, il s'avère que les Etats ou organisations concernées ont effectivement un intérêt à solliciter et initier une réforme pour obtenir clairement l'initiative non seulement du recours au règlement pacifique des différends mais également de l'usage de la force en premier et ce, en rendant plus subsidiaire effectivement l'intervention de l'ONU.

Cette affirmation est même confortée par de nouvelles formules qui se créent en la matière : le relèvement, le Co-déploiement, ...

Dans l'optique de favoriser une meilleure cohérence politique entre les Nations unies et l'UA, ces deux organisations devraient alors se mettre d'accord pour cette réforme car, à ce jour, il s'observe qu'il n'existe même pas de consensus sur l'application de ces deux premiers éléments implicites à savoir la prise de décision concertée et la division du travail.

Il serait donc important que l'on arrive à la reforme car, dans un premier temps, elle permettra d'adopter une approche novatrice et audacieuse du chapitre VIII en rapport avec l'action coercitive.

En d'autres termes, les questions de légitimité, de division de travail et de répartition des charges seraient clarifiées dans le cadre du texte du chapitre VIII de la Charte si ce principe de subsidiarité inversée est accepté et appliqué dans les relations entre les Nations Unies et les organisations régionales.

Il s'agit ici donc d'un aspect très important qui devait être pris en compte dans les efforts visant à parvenir à la réforme du texte de la Charte en son chapitre VIII d'une part et, de l'autre, à créer le cadre et conditions juridiques du renforcement du partenariat stratégique entre les Nations Unies et les organisations régionales et plus particulièrement l'UA.

Si les efforts visant à parvenir à la cohérence juridique politique et pratique entre les actions de l'ONU et des CER ne sont pas pris en compte dans les projets de réforme de l'architecture de la Charte, toute entreprise initiée dans ce sens serait vaine car, elle n'arriverait pas à résoudre le sérieux problème non écrit des intérêts des Etats et de l'organisation en rapport avec la question de maintien de la paix et de la sécurité internationales.

Un autre intérêt et le troisième que pourraient avoir les Etats et les organisations régionales à solliciter une réforme du chapitre VIII se trouve dans la recherche du respect mutuel et d'adhésion au principe des avantages comparatifs.

En effet, l'ONU et les organisations régionales sont des personnes morales de droit international distinctes les unes des autres mais une politique hégémonique et impérialiste du directoire de quatre grandes avalisées dans la Charte a fait que les organisations régionales soient mises en position de subsidiarité par rapport à l'usage de la force face aux Nations unies.

La subsidiarité de 1945 pouvait se justifier dans la mesure où le règlement des conflits interétatiques ou infra étatiques n'avait pas été prévu par la Charte[1188], or, pendant toute sa marche, l'organisation mondiale était donc amenée à faire face à une série des problèmes qui n'avaient pas été prévus par la Charte[1189].

Les évolutions du système international après la deuxième guerre mondiale lui avaient amené des changements et bouleversements radicaux entre 1982 et 1992 engendrés par la chute du mur de Berlin et du rideau de fer, par la dislocation de l'empire soviétique et par l'accélération de la mondialisation ont été aussi fondamentales qu'importantes que celles engendrées par les deux guerres mondiales[1190].

[1188] A. NOVESSSELOFT, « La réforme des Nations unies, enjeux et perspectives », *in www.opérationspaix.com.*

[1189] R.-J. PONCIO, « beyond 1995 » : « négotiating a new UN trough article 109 » Fletcher forum of world affairs, 20 (1) hivers/printemps 1996, P.152,il relève que les mots populations, migrations, famine, pauvreté et environnement n'apparaissent pas dans la Charte de 1945, pas plus d'ailleurs que le mot développement; toutefois, la Charte évoque déjà la nécessité de favoriser le progrès social (l'article 1 paragraphe 3 exprime la nécessité de réaliser la coopération internationale en résolvant les problèmes internationaux d'ordre économique, social, intellectuel ou humanitaire).

[1190]Ainsi que le déplore J. DELORS en disant que la culture de la guerre froide n'a pas été remplacée par une culture réaliste du monde nouveau. Par conséquent, un grand travail intellectuel est devant nous. Il le dit dans son ouvrage intitulé *L'unité d'un homme*, éd. Odile Jacob, Paris, 1994, p197.

Dans le même contexte, le processus de globalisation et de fragmentation, l'augmentation des disparités entre riches et pauvres entres les Nations mais aussi au sein même des sociétés[1191] et des particularismes religieux, ethniques, culturels, les changements quant à la nature des conflits et l'élargissement des concepts de sécurité et de développement[1192], l'atténuation du caractère naguère encore absolu de la notion de souveraineté étatique, la crise de l'Etat nation, la prévalence des logiques de force, la révolution de l'informatique et de la communication sont autant des phénomènes qui concourent irréversiblement au remodelage de la conception de la sécurité collective sous l'angle du chapitre VIII.

Ces situations grandissantes constituent manifestement un impératif caractéristique d'anticipation en vue de l'adaptation[1193].

Profitant de cette acceptation, surtout avec la montée des conflits régionaux, les organisations régionales ont un avantage comparatif important dans la promotion de la paix et de la sécurité dans leurs régions en raison de leur proximité d'avec les théâtres de conflit et, à cet effet, elles sont souvent en meilleure position pour intervenir en Afrique[1194].

Dans ce contexte, deux aspects de ce principe peuvent être identifiés pour conforter la logique de la subsidiarité inversée du chapitre VIII. Il s'agit de la légitimité politique et de la flexibilité[1195].

En ce qui concerne le premier principe, la légitimité politique des actions externes s'avère controversée dès lors que les conflits d'abord interétatiques, deviennent intra-étatiques.

Pour une série des raisons liées notamment à la souveraineté, à des considérations historiques et à des perceptions en termes d'impartialité, les acteurs nationaux appréhendent avec réticence les interventions extérieures. C'est là que les organisations régionales et sous régionales ont montré leur avantage comparatif. Elles ont élaboré des instruments de gestion des conflits couvrant un large éventail d'aspects allant de la prévention à la reconstruction post-conflits, notamment les crises et les conflits liés à la gouvernance y compris les changements anticonstitutionnels de gouvernement.

En outre, leur familiarité avec les dynamiques de conflits et les parties concernées leur offre des points d'entrée et, surtout, une certaine influence sur ces acteurs.

Même là où elles ne jouissent pas de la pleine confiance de toutes les parties, leur rôle est souvent moins controversé que celui d'autres acteurs externes, principalement parce que leurs actions sont ancrées dans les normes et principes auxquels leurs membres ont souscrit.

[1191]Voir PNUD, rapport mondial sur le développement humain 1996 et 1997 *in le monde* du 18 juin 1996.
[1192]Voir Chapitre II et III du rapport mondial sur le développement humain.
[1193] A. NOVOSSELOFF, *Op.cit,* p.6.
[1194]UNION AFRICAINE, Rapport..., *Op.cit*, p.29.
[1195] *Idem.*

Dans le fond, les organisations régionales jouissent d'un degré élevé de légitimité politique.

La façon dont les deux institutions gèrent cet état de fait sera déterminante dans le succès des efforts régionaux et internationaux pour relever les défis sécuritaires actuels et émergents sur le continent.

Par rapport au second principe qu'est la flexibilité, l'on conviendrait que les organisations régionales se révèlent être plus flexibles et adaptables que les autres organisations internationales face aux défis sécuritaires dans leurs régions. Au plan pratique, l'UA dispose d'instruments qui offrent la base juridique nécessaire pour répondre aux différentes formes des conflits sur le continent.

La flexibilité dans l'approche de l'UA se manifeste dans sa capacité à convoquer des réunions urgentes de son CPS au niveau des ambassadeurs, des ministres et des chefs d'Etat et de gouvernement. La mise en place de plusieurs groupes de haut niveau de l'UA sur le Darfour (GUAD), transformés en groupe de mise en œuvre de haut niveau de l'UA est une illustration éloquente de la façon dont cette doctrine est appliquée.

Par rapport au quatrième et dernier intérêt qui est la division du travail reposant sur la complémentarité, cette recherche montre que l'enjeu du maintien de la paix aussi bien dans sa considération mettant le Conseil de sécurité comme organe dont la mission principale est le maintien de la paix et de la sécurité internationales que dans la situation d'une subsidiarité et ou régionalisme inversé, il se dégage la nécessité d'une division de travail reposant sur la complémentarité car, il est tout aussi important de s'assurer que les rôles envisagés de deux institutions seraient flexibles et adaptables aux circonstances souvent fluctuantes et difficiles sur le terrain.

Dès lors, le rôle des communautés économiques régionales dans la gestion des conflits dans leurs sous régions et régions met en relief la nécessité de clarifier, conventionnellement, surtout par voie de révision du chapitre VIII, la nécessité de clarifier la question de la division de travail.

Toutes ces considérations faites, les communautés économiques régionales sont plus à même d'être les premières à agir et sont plus au fait maîtresses des développements dans leurs zones de responsabilités respectives.

B. L'autorité de la révision

La Charte des Nations Unies fixe en son chapitre XVIII le titre relatif aux amendements. Celui-ci recoupe les articles 108 et 109.

Ces articles prévoient d'une part une gradation en ce qui concerne les circonstances qui peuvent amener à la révision et, d'autre part, les organes ainsi que les mécanismes en vertu desquels l'on arrive à l'amendement ou la révision de la Charte.

En fait, la révision de la Charte est spécifique tant du point de vue matériel en ce qu'elle affecte l'acte fondateur des Nations unies, que du point de vue formel en ce que toute modification doit être recommandée par un organe, la conférence générale de révision réunie spécialement à cet effet[1196].

Eric Cleroy montre secondairement que la procédure d'entrée en vigueur des modifications adoptées est rigide du fait des ratifications nécessaires et du rôle de l'Etat dans la procédure de révision de la Charte des Nations unies[1197].

La lecture donc des articles 108 et 109 fait apparaitre en quelque sorte une procédure délicate pour voir arriver une quelconque révision de la Charte au point que certains auteurs notamment Emile Giraud semble constater malheureusement que la révision de la Charte prévue aux articles 108 et 109 parait être une tâche impossible dans le climat actuel des relations internationales[1198].

Cette pensée de Emile Giraud a gardé de sa verdeur à travers le temps et est reprise par plusieurs autres auteurs dont notamment George Dube qui voient dans les mécanismes prévus au niveau de ses articles comme une tâche difficile[1199].

Il convient également d'observer qu'une fois cette étape franchie, il ne fait l'ombre d'aucun doute qu'il y aura des incidences sur les pouvoirs de chaque organisation.

1. Les dispositions aux apparences verrouillées

Les dispositions des articles 108 et 109 de la Charte des Nations Unies entrent dans la logique de celles dont le contenu semble être infranchissable en ce qu'elles comportent plusieurs conditionnalités dans leur mise en œuvre. Certes, il ne s'agit que d'une apparence dans la mesure où un texte quelconque, à partir du moment où il prévoit des conditions en vue de sa révision, ce qu'il admet qu'il peut être révisé et l'on peut effectivement arriver à cette révision-là d'autant plus que la procédure elle-même est prévue à travers les mécanismes consacrés.

Ainsi, l'analyse de cette disposition traduit la volonté des rédacteurs d'alourdir la révision de la Charte en vue de décourager les Etats qui auraient ou les organisations qui tenteraient de prendre telle ou telle autre initiative. L'option retenue par les rédacteurs de la Charte ne prenait pas en compte l'usure de temps qui peut jouer contrer ou pour une disposition quelconque dans son maintien ou dans son inopportunité avec pour conséquence, sa révision

---

1196 E. CLEROY, « Rigidité de la Charte des Nations unies et concertation des Etats : spécificités et difficultés de la procédure de révision », in *Centre d'études rémois des relations internationales*, France, 2000.

1197 E. CLEROY, *Op.cit*

1198 E. GIRAUD, « La révision de la Charte de l'ONU », in *Recueil des cours de l'ACDI*, 1956, II, p.307.

1199 G. DUBE, « Les sanctions du droit international public dans la Charte des Nations unies », *in Les cahiers de droit,* vol 5, n° 1 1962, p.98-103.

éventuelle. Les dispositions de ces articles ne font nullement exception en ce que la longueur de la procédure ne procède en réalité que d'un verrou apparent.

Il convient à présent de passer en revue la procédure de révision elle- même tout en voyant ce qui s'est déjà passé aux Nations Unies avec ce problème de révision qui met en exergue le rôle accru de l'Assemblée Générale comme autorité de révision puis la question de celle du chapitre VIII très particulièrement.

1.1. La procédure et l'état de la révision de la Charte des Nations Unies

L'article 108, dans son exégèse, fait apparaître l'intervention de l'Assemblée générale, des Etats selon leurs règles constitutionnelles respectives et l'accord de tous les membres permanents du Conseil de sécurité.

En effet, en vertu de l'article 108, une telle révision suppose l'adoption et la ratification du projet de réforme par les deux tiers des membres de l'ONU, y compris les 5 membres permanents du Conseil de sécurité[1200].

La pratique montre qu'un projet de résolution portant amendement de la Charte peut être soumise directement à l'Assemblée générale par un Etat ou un groupe d'Etats[1201].

Dans la pratique de l'Assemblée générale, la procédure d'amendement prévue à l'article 108 avait été invoquée lorsque celle-ci avait inscrit à l'ordre du jour de sa onzième session les points relatifs à l'amendement à apporter à la Charte des Nations unies, en vue d'augmenter le nombre des membres non permanents du Conseil de sécurité et le nombre de voix requises pour les décisions de cet organe, l'amendement en vue d'augmenter le nombre des membres du Conseil économique et social et de celui de l'article 69 du statut de la CIJ en vue d'augmenter le nombre de ses membres.

Ainsi, saisie de toutes ces questions conformément à la procédure de l'article 108, il s'est observé que cet organe avait inscrit ces points plutôt à sa dernière session puis les avait renvoyées à la Commission politique spéciale.

Considérant plus particulièrement la réforme du Conseil de sécurité, les motivations des Etats auteurs des résolutions étaient la nécessité de tenir dûment compte de la contribution de ceux des Etats membres de l'ONU qui n'étaient pas membres permanents du Conseil de sécurité au maintien de la paix et de la sécurité internationales et aux autres fins de l'organisation, et aussi d'une répartition géographique équitable.

A cet effet, ils ont proposé d'amender la Charte de la façon suivante, au paragraphe 1 de l'article 23 de la Charte, de remplacer le mot onze par treize

---

1200 E. GIRAUD, *Op.cit*, P 307.

1201Voir Assemblée Générale, annexes, Vol 2, points 56,57et 58, p4. Egalement A/3446 dans laquelle 18 Etats ont soumis un projet de Rés. pour amender la Charte. Il s'agit de la Bolivie, le Brésil, la Chili, la Colombie, le Costa Rica, el Salvador, l'Equateur, l'Espagne, le Guatemala, l'Haiti, le Honduras, le Nicaragua, Panama, le Paraguay, le Pérou, la République dominicaine, l'Uruguay et le Venezuela.

dans la première phase et le mot « six » par le mot huit dans la troisième phase ; à l'article 29, ajouter le nouveau paragraphe 4 comme suit : « des deux nouveaux membres non permanents qui seront élus pour la première fois après l'entrée en vigueur de l'amendement qui porte de onze à treize le nombre des membres du Conseil de sécurité, l'un sera remplacé lors de la première élection ordinaire suivante, et l'autre, lors de la deuxième élection, et leurs mandats expireront en un temps que ceux des autres membres non permanents qui seront remplacés lors de ces élections.

Ce projet continue en proposant au paragraphe 2 de l'article 27 de remplacer le mot sept par le mot huit et au paragraphe 3 du même article, de remplacer le mot « sept « par le mot « huit » et poursuit en relevant que ces amendements ne prendront effet que si, dans les trois années qui suivent la date de leur approbation par l'Assemblée générale, ils sont ratifiés dans les conditions prévues par la Charte pour leur entrée en vigueur.

Il conclut en priant tous les Etats membres de l'Organisation des Nations Unies de ratifier les amendements précédents, conformément à leurs règles constitutionnelles respectives et dans les plus brefs délais.

Outre ce projet, un autre fut présenté par seize pays[1202] avec presque les mêmes buts mais en considérant en outre que, pour augmenter de façon adéquate et appropriée le nombre des membres du Conseil de sécurité, il est nécessaire d'amender la Charte et de concilier diverses vues, importantes, ce qui peut être fait au mieux après que les études et discussions nécessaires aient eu lieu.

Ce qu'il faut relever est le fait que l'Assemblée générale, vers les années 1956 et 1957, avait tout simplement décidé de créer un comité de quinze membres chargés d'étudier le problème sous tous ses aspects, compte tenu des délibérations de l'Assemblée générale et de lui rendre compte.

En vertu donc de l'article 108 de la Charte des Nations unies , il s'observe que c'est l'Assemblée générale qui est investie de ce pouvoir d'initier un amendement à l'une quelconque des dispositions de la Charte et ce, plus particulièrement et conformément à ses pouvoirs consacrés à son article 10 comme suit « l'Assemblée générale peut discuter toutes questions ou affaires rentrant dans le cadre de la présente Charte ou se rapportant aux pouvoirs et fonctions de l'un quelconque des organes prévus dans la présente Charte, et sous réserve des dispositions de l'article 12, formuler sur ces questions ou affaires des recommandations aux membres de l'ONU, au Conseil de sécurité, ou aux membres de l'organisation et au Conseil de sécurité ».

Ce qu'il faut savoir sur cette question de l'amendement en dernier ressort est le fait que, par rapport à la problématique sur ce Conseil de sécurité,

[1202]Voir Assemblée Générale (XI), Annexes, points 56,57 et 58,p4.A/3468/ Rév.1.Il s'agit de l'Afghanistan, l'Arabie Saoudite, la Birmanie, le Ceylan, l'Egypte, l'Inde, l'Irak, la Jordanie, le Liban, le Maroc, le Népal, le Soudan, la Syrie et le Yémen.

l'Assemblée générale avait adopté sa résolution 1991 (XVIII) en date du 16 septembre 1963 qui est entrée en vigueur le 17 décembre 1965[1203].

La composition du Conseil de sécurité prit sa configuration actuelle le 1er janvier 1966 en vertu de l'amendement prescrit par l'article 108 de la Charte.

Si pour la procédure de l'article 108, les choses sont celles-ci, il faut faire observer que pour la révision de l'article 109, l'Organisation des Nations unies sort de la logique d'une session ordinaire au cours de laquelle la question de l'amendement est inscrite par un Etat ou groupe d'Etats et va vers celle d'une convocation d'une conférence générale aux fins d'une révision de la Charte.

La procédure de l'article 109 permet de mettre en exergue le rôle de l'Assemblée générale et du Conseil de sécurité.

La saisine de l'Assemblée générale aux fins d'une révision présente trois temps importants. Le premier est celui qui apparaît avant la dixième session annuelle de l'Assemblée générale qui suivait l'entrée en vigueur de la Charte.

Le deuxième temps intervient, au cas où le premier temps n'était pas réalisé, par une inscription à l'ordre du jour d'une quelconque session une proposition en vue de convoquer la conférence générale aux fins de révision de la Charte par un vote de la majorité de l'Assemblée Générale et par un vote de sept quelconques des membres du Conseil de sécurité.

Le troisième temps est celui qui intervient juste par une convocation de l'Assemblée générale à la suite d'un vote de deux tiers de ses membres et de neufs quelconques des membres du Conseil de sécurité.

Il s'observe que dans le cadre de l'article 108, l'Assemblée générale a le pouvoir de créer un comité chargé des dispositions touchant une conférence aux fins d'une révision de la Charte, de fixer le mandat de la conférence et a une compétence en matière de travaux préparatoires.

Les pouvoirs de l'Assemblée générale en ce qui concerne la convocation d'une conférence générale aux fins de la révision découlent bel et bien d'une part des dispositions des articles 10 et suivants de la Charte des Nations Unies sur les fonctions et pouvoirs et, d'autre part, s'affermissent dans sa pratique car, par exemple, dans sa résolution 1196 (XII), elle avait prié le secrétaire général de poursuivre les travaux visés au paragraphe 4 de la résolution 992[1204].

De la lecture des activités des Nations Unies en rapport avec la question de la révision, il nous a été permis d'observer que les représentants sont souvent d'avis qu'en cas d'une conférence générale de révision, il faut toujours différer la fixation de la date et du lieu de la réunion d'au moins un maximum de deux ans à partir de la saisine de l'Assemblée Générale car, estiment-ils qu'il faille rechercher le moment opportun et la situation internationale favorable[1205].

1203 P. VINCENT, « Pour une meilleure gouvernance mondiale: la réforme du Conseil de sécurité des Nations unies », *Pyramides* (en ligne) 2005, mis en ligne le 07 décembre 2011, Consulté le 06 juillet 2012, URL *: http://pyramides.revues.org*, p.365.

1204 Cette Rés. 992 (x) de l'AG créait le comité chargé des dispositions touchant une conférence aux fins d'une révision de la Charte qui est composé de tous les membres de l'organisation.

1205 Voir dans le supplément 2, sous l'article 23, section II A, la discussion relative à ces deux

D'autres représentants ont pour leur part estimé que s'il s'avérait nécessaire dans l'intervalle d'apporter certains amendements à la Charte, ils pouvaient suivre la procédure définie à l'article 108 qui ne nécessite pas la convocation d'une conférence générale[1206].

Dans ce même cadre, au cours des débats sur la question de la modification de la Charte ou de la convocation d'une conférence générale aux fins de sa révision, plusieurs représentants ont fait valoir qu'en vertu des dispositions des articles 108 et 109, aucune modification ni aucun remaniement de la Charte ne pouvait prendre effet sans avoir été ratifié par tous les membres permanents du Conseil de sécurité[1207].

Il s'agit bien là d'un mécanisme de blocage voulu ainsi par les rédacteurs de la Charte en 1945 qui s'accordaient ainsi un veto diffus qui était voilé par l'acceptation de l'insertion d'une possibilité de reformer la Charte qui ne toucherait substantiellement leurs pouvoirs.

Cela s'est manifesté même avec les conditions d'adoption de la résolution 1991 (XVIII) qui ne laissaient pas présager une issue favorable à la demande de révision et pourtant, à la dernière minute, les cinq permanents votèrent en faveur de celle-ci[1208].

Il se dégage que les Etats, individuellement ou en groupes, restent les maîtres d'une quelconque initiative de révision de la Charte, il en demeure exact que l'autorité de révision reste, elle, l'Assemblée générale qui peut soit associer la sixième Commission qui est celle des questions juridiques[1209] ou s'associer au comité chargé des dispositions touchant une conférence aux fins d'une révision de la Charte.

L'Assemblée Générale reste donc cet organe prépondérant qui peut permettre de réussir la révision en coopérant avec le Conseil de Sécurité qui en constitue un verrou manifeste.

Il convient donc de voir ce qui peut se passer pour le chapitre VIII tant au niveau de l'Assemblée Générale que du Conseil de sécurité.

1.2. Les particularités de la révision dans le contexte du Chapitre VIII

Dans le contexte cette fois de cette étude, il apparaît deux faits qui retiennent notre attention particulière. Il s'agit de considérer la pratique fondée sur les textes de l'Union Africaine que nous avons systématisé comme étant le droit et ainsi laisser les choses à leur pristine état soit obtenir formellement une nouvelle écriture du chapitre VIII qui extirperait de celui-ci toutes les ambigüités relatives

---

projets de Rés..

[1206]Voir A/AC.81/SR.1 ;A/A/C.81/SR.2C polycopie/AG (XVIII), plénière 705ième séance, par, 3-6 ; AG(XIII), com.pol.spec par.1è21 ; AG(XIII), com.pol.spec, 114ième, 115ième et 116 séances, AG (XII), suppl. N°3(A(3848), par 26-28

[1207]Voir par exemple AG (XIII) plénière 783[éme] par 17.

[1208] P. VINCENT, *Op.cit*, p.93.

[1209] S. DREYFUS, *Op cit*, p.226.

à l'usage de la force et à la prise de quelconque initiative d'une opération coercitive.

Nous estimons que dans l'optique du premier cas, le dépassement du cadre du chapitre VIII a déjà été réalisé et implique nécessairement le franchissement du deuxième cas.

A ce stade, il faut observer que les membres permanents ne pourraient pas bloquer cette initiative au niveau de l'Assemblée car, eux-mêmes, ont déjà initié plusieurs études à travers lesquelles ils préfèrent parler d'une coopération plus large dont les termes laissent entrevoir un désengagement effectif de toutes les situations qui leur font dépenser leur argent.

C'est ce qui a entrainé le secrétaire général de l'ONU, par exemple, à recommander au Conseil de sécurité, dans son rapport du 7 avril 2008, d'éclaircir plusieurs questions relatives aux dispositions du chapitre VIII, telles que la définition du rôle des organisations régionales en matière de paix et de sécurité internationales ou, élément plus important encore, la définition et la répartition des responsabilités[1210].

Il ajoute que « toute tentative de renforcer les liens entre l'ONU et les organisations régionales au titre du chapitre VIII devra reposer sur une définition plus claire de la base et des mécanismes de la coopération en question[1211].

Il s'observe même que l'ONU et les organisations régionales et, en particulier l'UA, parlent de partenariat avec beaucoup de risques de malentendus et d'erreurs d'interprétation quant à la signification et à la portée de ce partenariat

Pour montrer davantage que cette initiative ne saurait être bloquée par les permanents, nous relevons qu'en 2007, le Conseil de sécurité se félicitait de la volonté de ses dirigeants d'examiner et de régler les conflits sur le continent africain et souligne que conformément à l'article 54 de la Charte des Nations unies, l'UA doit de le tenir à tout moment pleinement informé de ces efforts de manière globale et coordonnée[1212].

Et le Conseil de sécurité a constaté au cours de cette séance que les organisations régionales étaient bien placées pour appréhender les causes profondes de nombreux conflits qui sont proches d'elles et peser sur leurs prévisions ou règlements, parce qu'elles connaissent la région.

Ces attitudes traduisaient inéluctablement un désengagement des puissances occidentales à s'engager militairement et efficacement dans le règlement des problèmes africains et ne s'estimaient prêts qu'à ne venir qu'en soutien.

[1210] C. DELICE, *Op.cit*, p.8.

[1211] *Idem.*

[1212] Conseil de sécurité : « question intitulée relations entre l'ONU et les organisations régionales, en particulier, l'Union africaine, aux fins du maintien de la paix et de la sécurité internationales examen à sa 5649éme séance, le 28 mars 2007, également la déclaration du président du Conseil de sécurité S/PRST/2007 DU 28 mars 2007.

Cinq ans plus tard, soit le 17/12/2012, à travers la résolution 2083, le Conseil de sécurité a renforcé son attitude de désengagement et se complait seulement dans son rôle de coordination car, il déclare qu'il se félicite de la contribution croissante de l'Union Africaine aux initiatives tendant à régler les conflits sur le continent africain, à exprimer son soutien aux initiatives de paix conduites par l'Union Africaine et par l'intermédiaire des organisations sous régionales africaines, et à souligner, conformément à l'article 54 de la Charte des Nations unies , que les organisations régionales et sous régionales doivent, en tout temps, le tenir pleinement au courant de ces initiatives de manière globale et coordonnée[1213].

Ce paragraphe de cette résolution traduit de manière claire le désengagement des puissances qui avaient créé l'ordre de Yalta au profit du régionalisme inversé d'une part tandis que de l'autre elles affirment sans ambigüité leur volonté de ne point s'opposer aux initiatives ainsi qu'aux moyens mis en œuvre par ces organismes pour régler les conflits.

Cette position sous-entend même une réécriture de l'article 53 du chapitre VIII car, en fin de compte, le Conseil de sécurité, mieux les puissances s'y trouvant ne demandent qu'à être informées des initiatives conformément à l'article 54 du chapitre VIII de la Charte.

Pour davantage caractériser leur désengagement et leur volonté de ne point constituer un obstacle au cas où un tel projet de résolution serait soumis à l'Assemble Générale, les puissances membres du Conseil de sécurité ont rappelé l'acte constitutif de l'Union Africaine de 2000 et son protocole portant création du Conseil de Paix et de Sécurité de l'Union Africaine de 2002 et a exprimé son soutien à l'architecture de paix et de sécurité de l'Union Africaine qui se met actuellement en place[1214].

L'analyse même des actes que le Conseil de sécurité a rappelés prouve à suffisance que cet organe, non seulement a approuvé tout ce qui y est inscrit mais également admet son désengagement au profit de la structure régionale et réaffirme qu'il ne lui viendrait qu'en soutien[1215].

[1213] La résolution 2083 adoptée lors de la 6890ème séance du Conseil de sécurité porte sur les menaces contre la paix et la sécurité internationales résultant d'actes de terrorisme.

[1214] Voir les résolutions 1769 et 1778 adoptées par le Conseil de sécurité le 31 Juillet 2006 et le 25 Septembre 2007. Lire également dans le même sens ERO Confort, « Le sommet de l'Elysée et le problème des solutions africaines », in *Jeune Afrique*, 05 Décembre 2013.

[1215] M. LUNTUMBWE et O. PADONU, « Apsa : contours et défis d'une Afrique de la défense », in *Note d'analyse du GRIP*, 15/01/2014, pp.7-8, Bruxelles ; URL : http://www.grip.org/fr, consulté le 23/09/2014. Voir également le contenu des résolutions citées à la note 1050. Dans le même sens, lire UNION EUROPEENNE : « Le partenariat Afrique-UE, 2 unions, 1 vision », Partenariat Afrique-UE, 2013. L'appui à l'opérationnalisation de L'APSA s'inscrit dans le cadre de la facilité de soutien à la paix en Afrique (APF) qui est le principal instrument de financement des priorités du partenariat Afrique-UE en matière de paix et de sécurité. Très récemment en 2012 sous la présidence de l'Afrique du sud, le Conseil de sécurité a adopté sans vote la résolution 2033 dans laquelle il s'est déclaré résolu apprendre des mesures efficaces pour resserrer encore les relations entre l'ONU et l'UA et soutenir davantage

Déjà à travers son soutien à l'architecture de paix et de sécurité de l'Union africaine, ceci caractérise son soutien même aux initiatives coercitives que prendrait l'organisation régionale africaine, car, les mécanismes mis en place par cette organisation ont, entre autres, comme fonctions les opérations coercitives en urgence dans certaines circonstances reprises dans le protocole.

Tous ces développements portent à croire que les puissances membres du Conseil de sécurité, dans l'hypothèse d'une session ordinaire de l'Assemblée Générale ou de celle d'une conférence générale chargée de la révision initiée et convoquée par la même Assemblée Générale, ne viendraient que pour donner une forme juridique à ce qu'elles font déjà en pratique.

Ces comportements traduisent donc le fait qu'elles ne voteront que pour la révision. Ainsi, il appert de voir donc la façon dont les prérogatives de ces deux organisations seraient réorientées dans le cadre de la Charte des Nations unies.

En obtenant la révision de ce chapitre VIII, il faut relever en clair que certaines dispositions ne changeraient pas fondamentalement telles que les articles 52 et 54.

Cela découle du fait que les rédacteurs de la Charte avaient une vision des pouvoirs exorbitants lorsqu'ils élaboraient la Charte constitutive de cette organisation des Nations unies. Ils lui ont non seulement accordé la charge principale de maintien de la paix et de la sécurité internationales mais aussi l'on doté des moyens énormes en vue de la réalisation de l'objectif principal qui est le maintien de la paix et de la sécurité internationales.

La Charte de San Francisco organise donc les relations entre l'ONU et les organismes régionaux sur la base de deux postulats dont le fondement s'avère aujourd'hui réversible : l'autonomie de ces derniers s'agissant du règlement pacifique des différends locaux art 52 al 2 et 33 al 1 et la responsabilité principale du Conseil de sécurité en matière de maintien de la paix et de la sécurité internationales.

S'il est admis que le chapitre VIII met l'accent sur le rôle des accords régionaux dans l'accomplissement du but fondamental de l'organisation mondiale qui est de maintenir la paix et la sécurité internationales, une autre lecture doit permettre de contourner l'ambigüité même de l'action du Conseil de sécurité en vue de la réalisation de ce but d'une part et, de l'autre, l'impérieuse nécessité qui découle d'un équilibre à établir sur la relation que la Charte construit entre l'ONU et les entités régionales[1216].

De ce fait, en rééquilibrant pour faire face à cette ambigüité et répondre efficacement aux enjeux du maintien de la paix et de la sécurité régionales, il importe qu'on élargisse le rôle qui leur revient, on peut et on doit, en même

---

l'architecture africaine de paix et de sécurité (APSA).

[1216]Voir DOC. ONU A/2663 et le répertoire de la pratique suivie par les organes des Nations unies, 1956, Vol II, p. 480.

temps, préserver le droit que les Etats membres ont de se faire entendre conformément à la Charte[1217].

A ceci, il s'aperçoit de la lecture du chapitre VIII, à son état originel, que les attributions suivantes découlent « le règlement pacifique des différends d'ordre local par les organismes régionaux et la responsabilité principale du Conseil de sécurité pour le maintien de la paix et de la sécurité internationales ». Cette répartition des tâches entre l'ONU et les organismes régionaux est de plus en plus moins évidente du fait des difficultés d'interprétation au point que de nouvelles pratiques sont observées et viennent en correctif de ce qui paraît inappropriés pour régir les rapports. Ceci vaut plus pour l'article 53 de la Charte.

D'où, le jeu des compétences et des prérogatives doit être clairement réussi et passe par la redéfinition des termes de coopération régionale d'une part et la réorientation des actes du Conseil de sécurité et du Conseil de paix et de sécurité.

Le chapitre VIII considéré dans son écriture de 1945 place manifestement les organisations régionales comme le bras armé dont le maniement dépend de l'ONU. Dans la revisitation, la redéfinition même de la coopération régionale s'impose.

Les pouvoirs du Conseil de sécurité tels que voulus par les rédacteurs de la Charte des Nations Unies ont connu des mises en œuvre difficiles caractérisées par l'ambigüité des intérêts des Etats permanents au sein de l'organisation.

A la suite, il s'est développé dans la pratique des Nations Unies diverses mutations des pouvoirs de son organe qui est le Conseil de sécurité à chaque fois qu'il n'a pas su mettre réellement en branle ceux-ci face aux situations de crise qui transgressaient le maintien de la paix et de la sécurité internationales.

Ainsi, au regard de la croissance fulgurante des organisations régionales et sous régionales à travers les différentes parties du monde d'une part et, de l'autre, la montée aussi croissante de l'ambigüité de l'attitude du Conseil de sécurité face à la kyrielle des menaces à la paix et à la sécurité internationales, il se dégage irréversiblement la nécessité grandissante d'une profonde consolidation de la réorientation de prérogatives entre l'ONU et les organisations régionales qui passe par une redéfinition des termes de coopération régionale.

De ce fait, le chapitre VIII est considéré par la doctrine dominante et alignée comme réglant les rapports entre le Conseil de sécurité et les organisations régionales établies par les Etats membres en y créant une sorte de fédéralisme.

Dans l'étude sous examen, il se dégage que la primauté de la Charte et de ses dispositions[1218] ont été remises en cause par la montée de l'organisation

[1217] DIATECI, « OUA, l'ONU et le règlement pacifique des conflits interafricains » in *Annales africaines*, éd. *Pedone,* Paris, 1976, p.10.

[1218] L'article 103 de la Charte des Nations unies disposent « en cas de conflit entre les obligations des membres des Nations unies en vertu de la présente Charte et leurs obligations en vertu de tout autre accord international, les premières prévaudront ».

régionale appelée l'UA dans la gestion des conflits aux Comores, au Burundi, en République centrafricaine, au Mali, au Soudan et en Somalie.

Dans le cas d'espèce, il faut relever que les obligations de règlement des différends locaux dans leur version tant pacifique que coercitive n'entre point en contradiction avec celles des Nations Unies car, celles-ci ont agréé les textes constitutifs de l'UA et du CPS qui prévoient toutes ces éventualités dans la gestion de la paix et de la sécurité régionales.

Tout en ne trouvant pas de contradiction aux Comores, au Burundi, les Nations Unies vont même plus loin lorsqu'elles s'intéressent aux conflits au Darfour et en Somalie. Elles commencent par féliciter l'Union Africaine et prend acte de ce qu'elle fait[1219].

Ainsi, la redéfinition des termes de coopération régionale est, sous cet angle, entrevue comme un des moyens de la réorientation des pouvoirs du Conseil de sécurité par rapport au Conseil de Paix et de Sécurité et passe de ce fait par la revisitation même du chapitre VIII qui aura sans nul doute des incidences sur les actions de ces deux organisations.

Par rapport au fédéralisme revisité du chapitre VIII de la Charte des Nations Unies qui traite des accords régionaux[1220], celui-ci règle le problème de la comptabilité et la coordination entre l'opération coercitive régionale et la compétence des Nations unies en matière de maintien de la paix et de la sécurité internationales[1221].

Dans ce chapitre, certaines dispositions reconnaissent aux organisations régionales le pouvoir de mettre sur pied des actions en vue d'assurer le maintien de la paix et de la sécurité régionales sous certaines conditions et en établissant un certain ordre des rapports entre cette action et la compétence qui doit être reconnue à l'organisation universelle dans le domaine de la sécurité collective, cette responsabilité ultime de l'ONU[1222].

Eu égard aux considérations relatives à l'Union Africaine évoquées précédemment, aux termes du chapitre VIII de la Charte et de son article 52 §1, l'organisation peut entreprendre toute action de caractère régional en matière de maintien de la paix et de la sécurité internationales. De même, au paragraphe 2, les Etats membres de l'organisation régionale doivent régler les différends d'ordre local de manière pacifique, avant de les soumettre au Conseil de sécurité.

Dans le cadre de l'article 53 § 1, les actions coercitives des organisations régionales sont soumises à l'autorisation du Conseil de sécurité et, dans le cas d'un Etat ennemi, cette autorisation n'est pas requise.

[1219]Voir Rés. 1556 (Conseil de Sécurité) du 30 juillet 2004, Rés 1564 du 18 juillet 2012 Rés 1590 du 24 mars 2005, Rés 1591 du 29 mars 2005, Rés 1778 du 25 septembre 2007, Rés. 1769 du 30 juillet 2006 sur le Darfour.

[1220] J. COMBACAU et S. SUR, *Op.cit*, p.640.

[1221] A. MAMPUYA KANUNK'A TSHIABO, « Désuétude... », *Op.cit*, p.118.

[1222] A. MAMPUYA KANUNK'A TSHIABO, « Désuétude... », *Op.cit*, p.118.

Aux termes enfin de l'article 54, les organisations régionales doivent informer en tout temps et pleinement de toute action entreprise ou envisagée par elles.

Il s'agit bien des points relatifs aux organisations régionales dans leur collaboration avec l'ONU dont la réorientation par la voie de la revisitation nous intéresse.

En ce qui concerne l'entreprise de toute action régionale relative au maintien de la paix et de la sécurité internationales, il convient de savoir que le Conseil de sécurité, depuis son désengagement dans les conflits africains, reconnait de plus en plus dans ses œuvres qu'en déployant des opérations de maintien de la paix dans le cadre de l'UA ou autorisées par lui, l'Union Africaine contribue au maintien de la paix et de la sécurité internationales conformément aux dispositions du chapitre VIII de la Charte des Nations unies[1223].

De la lecture de la constance qu'affiche le Conseil de sécurité à accepter postérieurement une opération de maintien de la paix créée par l'UA comme c'est le cas aux Comores, au Burundi, en République centrafricaine, au Mali, au Soudan et en Somalie, à vocation coercitive, marque en réalité une abrogation personnelle et unilatérale du régime de l'autorisation préalable consacrée à l'article 53 de la Charte des Nations unies.

Cette abrogation ou mieux remise en cause unilatérale ne signifie pas que le Conseil de sécurité serait désormais dénué de tous les pouvoirs car le l'article 34 de la Charte des Nations unies l'autorise à intervenir, s'il le juge nécessaire, avant même que les organisations internationales régionales aient épuisé leurs ressources de règlement pacifique des différends régionaux.

Cet article doit tout simplement être interprété de manière extensive avec cumul de l'article 24 qui attribue le maintien de la paix et de la sécurité internationales au Conseil de sécurité. C'est qui équivaut à un pouvoir d'initiative à tout moment.

Ce régime d'autorisation a été totalement inversé dans la pratique comme cela a été démontré dans le règlement des conflits aux Comores, au Burundi, en République centrafricaine, au Mali, au Soudan et en Somalie qui atteste que l'Union Africaine s'est saisie d'office du règlement de ces conflits régionaux et a créé des missions de maintien de la paix[1224].

Cette réalité porte à croire que l'Union Africaine est passée outre la barrière de sécurité relative à l'action touchant au maintien de la paix et de la sécurité internationales qui passe par l'autorisation préalable et vaut prérogative exclusive du Conseil de sécurité de l'ONU.

[1223]Voir Rés. 1556 de 2004 où le Conseil de sécurité a approuvé, voir Rés. 1379 (2001, 1612 (2006), 1882 (2002), 1998 (2011) Rés. 2033 (2012) dans lesquelles le Conseil de sécurité encourage les initiatives prises dans le cadre des organisations et des mécanismes régionaux et sous régionaux et se félicite de leurs contributions croisées aux initiatives tendant à régler les conflits.

[1224]MUAS I et II, au Darfour, AMISOM en Somalie.

S'il convient d'admettre que ce chapitre VIII, en son état initial, attribue à l'Union africaine, le pouvoir de connaitre, en premier, des différends d'ordre local et en surplus, il lui fait obligation de régler les différends mais uniquement par des voies pacifiques d'une part et, de l'autre, que seul le Conseil de sécurité peut autoriser une opération de maintien de la paix susceptible de faire usage de la force, il faut donc admettre que cette condition du chapitre VIII a été mise en défaut par toutes les initiatives prises par l'Union Africaine en ce qui concerne la création et l'autorisation des déploiements des opérations de maintien de la paix de caractère coercitif.

Cet argumentaire revisite même le monopole du Conseil de sécurité que lui consacre la Charte dans l'autorisation du recours à la force, hors cas de légitime défense[1225].

Il a également démenti le fait que toute intervention d'une organisation régionale ou sous régionale impliquant l'usage de la force devait requérir une autorisation et un mandat explicité du Conseil de sécurité afin de conjurer le risque d'une fragmentation de la sécurité collective dont la vocation est d'être universelle[1226].

La pratique même de l'Union Africaine est entrain de démontrer que le système devait plutôt être fondamentalement remodelé pour éviter tous les blocages occasionnels qui interviennent dans la prise de l'initiative d'une action collective coercitive au niveau du Conseil de sécurité.

Il serait donc loisible d'entrevoir cette perspective de la réorientation des pouvoirs du Conseil de sécurité car, en analysant bien le début de la mise en œuvre de son action, tout passe par la qualification prévue à l'article 39 de la Charte des Nations unies.

Lorsque cette qualification est faite, le Conseil peut soit agir lui-même soit encore autoriser l'organisation régionale à créer une opération dotée d'un pouvoir coercitif bien précis.

Mais à voir de près, les caractéristiques reconnues aux Etats membres permanents du Conseil de sécurité à travers les jeux d'intérêts qui s'y prêtent dans la prise de résolution, il devient souvent difficile d'arriver à cette décision le plus rapidement possible.

La revisitation permettrait donc d'aller au-delà du simple niveau d'ordonner le règlement pacifique conformément au chapitre VI de la Charte ou aux dispositions permanentes de l'acte constitutif de l'Union Africaine pour intégrer la reconnaissance explicite de l'initiative de création d'une opération coercitive régionale et l'usage pur et clair de la force.

Il y a à relever le fait pour l'Union africaine, au terme de l'article 53 paragraphe 1, de recevoir l'autorisation du Conseil de sécurité en vue d'une

---

[1225]Lire l'intervention de Monsieur Edouard COURCIAL, Secrétaire d'Etat chargé des français de l'étranger au Conseil de sécurité sur la coopération entre les Nations unies et l'Union Africaine en matière de paix et sécurité le 12 janvier 2012.

[1226]*Idem.*

action coercitive de maintien de la paix, pourrait constituer un retard dans le rétablissement de la paix car, très souvent, les décisions de cet organe coercitif sont assujetties aux intérêts, voire aux caprices des grandes puissances. Elles peuvent toujours d'une manière ou d'une autre bloquer l'action en vue du maintien de la paix.

Et l'Union africaine, ayant compris et considéré une approche globale et locale de règlement des conflits, surtout le fait que les contextes dans lesquels les opérations de maintien de la paix autorisées et déployées par elle sont souvent caractérisés par la présence de milices, de bandes criminelles et d'autres facteurs des troubles locaux qui essayent de perturber le processus de paix ou qui constituent une menace à la population civile, a réagi en se dotant d'un mécanisme de réaction rapide coiffé par le CPS.

Dans ce type d'environnement connu des africains eux-mêmes, l'Union africaine, à travers le CPS, crée des opérations de maintien de la paix et autorise leur déploiement avec un mandat robuste qui leur permet « d'employer tous les moyens nécessaires » pour prévenir toute tentative de troubler le processus de paix, pour protéger les civils en cas de menace imminente d'atteinte à l'intégrité physique des personnes ou pour aider les autorités nationales à maintenir l'ordre public[1227].

L'usage proactif de la force pour défendre le mandat a permis à ces opérations de maintien de la paix d'améliorer la situation sécuritaire et à créer un environnement propice à la consolidation de la paix dans les pays où elles sont déployées[1228].

L'Union Africaine a su effectivement assurer un dosage harmonieux aussi bien dans son protocole sur le CPS que dans sa pratique entre le maintien de la paix robuste et l'imposition de la paix.

Le maintien de la paix robuste qui s'écarte de celui traditionnel implique l'emploi de la force au niveau tactique avec l'autorisation du CPS et le consentement du pays hôte et/ou des principales parties au conflit. En revanche, leur consentement n'est pas une exigence pour l'imposition de la paix qui peut impliquer l'emploi de la force armée au niveau stratégique ou international.

L'Union Africaine peut donc autoriser une opération sans l'accord explicite des parties au conflit, s'il croit que le conflit représente une menace à la paix et à la sécurité internationales. Cette intervention devient une opération d'imposition de la paix.

Cette Organisation a également le pouvoir de décider et d'autoriser une action d'imposition de la paix pour des raisons humanitaires de protection, dans le cas où il n'y a pas de processus politiques et/ou la possibilité d'obtenir le

---

[1227]NATIONS UNIES, Département des opérations de maintien de la paix, département de l'appui aux mission opérations de maintien de la paix des Nations unies, principes et orientations, one United nations plaza, New York, 2010, p.37-38.
[1228] *Idem.*

consentement des principales parties au conflit est mince mais où les populations civiles souffrent abondamment.

Les exemples de l'AMIS, la MINUAD et de l'AMISOM sont donc très illustratifs de cette volonté de l'Union Africaine de se démarquer profondément du Conseil de sécurité de l'ONU dans la réaction prompte contre ces menaces à la paix d'un genre particulier.

En créant les MUAS I et II, devancières de la MINUAD, l'Union Africaine a fixé les besoins opérationnels essentiels qui ont été définis comme suit : forte capacité militaire pour décourager la violence, y compris à titre préventif[1229] et lorsque le Conseil de sécurité intervient postérieurement dans le cadre de la MINUAD, il décide d'autoriser la MINUAD à prendre toutes les mesures requises, dans les secteurs où ses contingents seront déployés et dans la mesure où elle juge que ses capacités le lui permettent : pour prévenir les attaques armées[1230].

Il serait utile d'avaliser ou de préciser par une consécration dans le chapitre VIII une approbation ultérieure et non une autorisation préalable avant toute entreprise d'une action coercitive régionale.

Cette perspective parait plus que judicieuse car l'ONU elle-même précise à travers plusieurs de ses résolutions que : « l'ONU sait que les partenariats avec les organisations régionales sont essentiels pour répondre aux impératifs des opérations de maintien de la paix modernes[1231].

Le secrétaire général affirme à ce propos que l'Union Africaine a montré qu'elle « avait la capacité nécessaire de déployer rapidement des missions de maintien de la paix et des missions de médiation » pour enrayer l'escalade d'un conflit et limiter les souffrances humaines et qu'elle a « pu déployer des troupes rapidement, malgré des ressources limitées »[1232].

Quant enfin en ce qui concerne l'information, la compréhension de ce qui est de l'article 54 ne peut se faire qu'en considérant les prescriptions contenues çà et là dans la Charte des Nations Unies quant aux rapports entre le Conseil de sécurité et les organismes régionaux tels qu'envisagés en 1945 et ce, sans considération des pratiques évolutives ultérieures.

Dans l'entendement des rédacteurs de la Charte en 1945, il s'agissait d'une part en matière de règlement pacifique des différends, d'une exigence de coopération et de coordination compte tenu des possibilités offertes aux organismes régionaux par la Charte (article 33 et 52 alinéa 1 et 2) et, dans cette optique, l'information du Conseil de sécurité qui n'est alors qu'une obligation

---

1229 L. PINESCHI, « L'emploi de la force dans les opérations de maintien de la paix des Nations unies « robustes » conditions et limites juridiques », in *www.opérationspaix.com,* consulté le 10/03/2012.

1230 Voir Rés. 1769 (2007) paragraphe 15.

1231 Lire Rapport du secrétaire général sur l'opération hybride UA et ONU (S/2009/470).

1232 M. GUEUYOU, « Article 54 », in A. PELLET, P. DAILLIER et M. FORTEAU (SD*), La Charte des Nations unies, commentaire article par article*, 3émie édition, LGDJ, Paris, 2005, p.1999.

relative, répond à une nécessité pratique concernant ses rapports avec les organismes régionaux[1233].

D'autre part, en cas de recours aux mesures coercitives, le Conseil de sécurité étant l'initiateur unique de cette perspective, son information impérative permettra soit de donner des éléments utiles à sa décision d'autoriser le recours à ces mesures, soit de prendre connaissance de la poursuite des événements préalablement autorisés par lui (article 53, alinéa 1)[1234].

Dans une dernière vision des rédacteurs de la Charte, il s'agissait du moyen pour les organismes régionaux de soumettre le différend à l'appréciation du Conseil, en sa qualité de responsable principal du maintien de la paix et de la sécurité internationales[1235].

En érigeant en obligation impérative le régime de l'information en cas d'actions coercitives, deux problèmes se posaient déjà consistant à distinguer une action déjà entreprise et une action simplement envisagée[1236].

L'on pourrait même aller plus loin en distinguant encore une action coercitive n'impliquant pas l'usage de la force et celle impliquant effectivement cet usage-là.

La pratique telle que nous l'avons examinée nous a permis de remarquer que, dans le cadre de l'AMISOM, de la MUAS et de la MINUAD, les initiatives de création des opérations et de l'usage de la force dans ces opérations ont été ratifiées bien plus tard par le Conseil de sécurité. Ce qui ne correspond en rien à une supériorité juridique mais une satisfaction personnelle d'une organisation dont la non expression du consentement de l'acceptation à l'origine de ces initiatives et l'acquiescement plus tard n'ont pas remis en cause la détermination de l'Union Africaine à agir avec promptitude réelle.

Celui-ci, dans ses résolutions, ne manifeste aucun regret par rapport aux initiatives prises par l'Union Africaine et s'évertuait tout simplement à solliciter qu'il soit informé conformément à l'article 54. Cette prise de position claire se fondant sur l'article 54 prouve à suffisance que le Conseil de sécurité accepte aussi bien les actions déjà entreprises et celles simplement envisagées.

Ceci traduit tout simplement le fait que l'Union Africaine et ses sous – organisations n'attendent presque plus l'autorisation du Conseil de sécurité pour se rendre sur terrain.

Nous estimons donc que la revisitation de cet article n'est pas très déterminant car les organisations tant régionales que sous–régionales expriment très souvent leur déférence profonde à l'organisation universelle dans les textes constitutifs, ce qui sous-entend une obligation d'information au regard de la fonction principale de celle-ci qui est le maintien de la paix et de la sécurité

1233 M. GUEUYOU, « Article 54 », *Op.cit*, p.1999.

1234*Idem*

1235*Ibidem.*

1236Voir le § 80 du supplément à l'Agenda pour la paix rapport de situation présenté par le secrétaire général à l'occasion du cinquantenaire de l'ONU, DOC-ONU A/50/60/S/1995/1 du 25 janvier 1995.

internationales que nous estimons, en étant a priori ou a posteriori, ne remettrait nullement en cause les avancées en rapport avec l'initiative et le déploiement d'une opération coercitive.

Dans la même perspective de cette redéfinition, nous gardons le fait que le chapitre VIII, comme le dit Boutros Boutros Ghali, définit le rôle que les organismes régionaux peuvent jouer dans le maintien de la paix et de la sécurité[1237].

La coopération entre l'Organisation des Nations unies et ces organismes peut prendre des formes diverses : consultations, appuis diplomatiques, appuis opérationnels, déploiements communs et opérations communes[1238].

Cette coopération telle qu'elle s'est développée influe même sur les pouvoirs relatifs à l'ONU dans le cadre du chapitre VIII.

Ainsi, le chapitre dont question reconnait au Conseil de sécurité les pouvoirs de reconnaitre d'une part les accords régionaux et d'accepter les différends lui soumis par l'organisation régionale ; ceci parait normal dans la mesure où les Etats parties à un accord régional doivent, conformément aux dispositions de la Charte, déposer leur acte au Secrétariat Général de l'organisation.

C'est en vertu, non seulement de ce mécanisme de l'article 103 mais également de la responsabilité principale de l'article 24 qu'a le Conseil de sécurité en matière de maintien de la paix et la sécurité internationales que l'ONU a le devoir d'accepter le règlement d'un différend local lui soumis.

C'est ce qui a été le cas aux Comores, au Burundi, en République centrafricaine, au Mali, au Soudan et en Somalie.

D'autre part, le Conseil de sécurité encourage le développement du règlement pacifique des différends, il peut utiliser l'organisation régionale pour l'application des mesures coercitives prises sous son autorité et a le devoir de recevoir toute information lui transmise par une organisation régionale.

De la lecture intégrale du chapitre VIII, il s'avère que l'ONU a plus d'obligations que des droits. Cette ascendance s'expliquant par la nature même de sa fonction principale.

La nouvelle perspective de la réorientation des pouvoirs de ces deux organisations aura sans nul doute une présentation différente de la Charte aussi bien pour l'écriture du texte que pour la mise en œuvre de ces pouvoirs.

Les faits précédant le droit, il nous est loisible de constater que le chapitre VIII lui-même est la résultante des faits qui ont précédé l'adoption de la Charte notamment la guerre mondiale de 1940-1945 qui a vu naitre un nouveau pôle des puissances avec une volonté de gérer toutes les affaires mondiales touchant à la paix et à la sécurité Internationales.

1237 B. BOUTROS GHALI, *Relever les nouveaux défis, rapports annuels sur l'activité de l'Organisation, Nations unies*, New York, 1995, p.240.
1238 *Idem*

Ceci était une volonté manifeste de reconquérir toutes les velléités régionales combattantes au profit d'un universalisme qui pensait être à même de quantifier rapidement les problèmes et d'apporter la solution idoine.

Mais depuis lors, il s'est observé d'une part que les problèmes de sécurité internationale résolus dans la Charte des Nations unies ont connu des accroissements inattendus et il a été de l'autre observé la naissance des problèmes non prévus dès le départ du nouvel ordre mondial établi.

C'est ainsi qu'il a été rencontré dans la pratique des Nations Unies et des organisations régionales une nette volonté non écrite de revisiter la Charte qui aura des incidences sur la marche de deux organisations.

Dans la gestion des conflits armés aux Comores, au Burundi, en République centrafricaine, au Mali, au Soudan et en Somalie, cette volonté s'est exprimée clairement.

Cependant, la pratique des opérations de maintien de la paix avec vocation coercitive a démontré qu'au niveau régional, surtout en Afrique, il s'est développé des opérations autonomes[1239].

En ce qui concerne particulièrement l'Union africaine, il faut faire remarquer que son espace géographique constitue la première destination des opérations de maintien de la paix décidées dans le cadre des Nations Unies et, d'autre part, une zone d'expansion des opérations de portée régionale.

Cette situation lui vaudrait à notre sens des pouvoirs spécifiques qui lui permettront de mener à bien toutes ces opérations.

Cette approche est saluée par le Conseil de sécurité au travers ses représentants. Celui de la chine M. Liu Zhen Min a rappelé que 60% des questions traitées au Conseil de sécurité sont consacrées à l'Afrique et près de la moitié des opérations de maintien de la paix autorisées par le Conseil de sécurité sont situées en Afrique. Il a reconnu le rôle croissant que jouait l'UA dans la résolution des conflits. Il a conclu en estimant qu'il fallait renforcer les capacités institutionnelles de l'UA[1240].

Quant au représentant de la Croatie, M. Ranko Vilovic, il a appuyé la participation des organisations régionales dans la prévention des conflits, cela en vertu du chapitre VIII de la Charte des Nations unies[1241]. Il a ainsi estimé que l'augmentation du nombre des demandes pour des opérations de maintien de la

---

[1239]Ces actions autonomes sont liées à la présence des Etats puissants dans ces régions. Il est ainsi de la présence des USA dans l'OEA, de la présence de la côte d'Ivoire et du Nigeria dans la CEDEAO, … A la suite de ces actions, le Conseil se limite à prendre acte. Lire dans ce sens J. COMBACAU et S. SUR, op.cit, p.666.

[1240]Conseil de sécurité, LIU ZHEN MIN, le Conseil de sécurité entend maintenir ouvertes toutes les options de financement des opérations de maintien de la paix de l'Union africaine, CS/9776, département de l'information, service des informations et des accréditations in *www.un.org,* consulté le 26/10/2009.

[1241]CONSEIL DE SECURITE, M. KANKO VILOVIC, …in *www.un.org*, consulté le 26/10/2009.

paix en Afrique exige une révision de la coopération stratégique entre les deux principaux acteurs sur le terrain que sont l'ONU et l'UA.

Pour le représentant tunisien, A. Guazi Jomaa qui s'exprimait au nom du groupe des Etats d'Afrique, il a rappelé que, si le Conseil de sécurité porte la responsabilité principale du maintien de la paix et de la sécurité internationales, chacun sait que les organisations régionales jouent un rôle croissant dans la promotion de la paix, de la sécurité et de la stabilité dans leurs régions respectives[1242].

Dans ce même débat, la déclaration présidentielle s'est résumée d'une part en ce que le Conseil rappelle qu'il a, en vertu de la Charte des Nations unies , la responsabilité principale de maintien de la paix et de la sécurité internationales et qu'une coopération avec les organisations régionales et sous régionales portant sur les questions touchant au maintien de la paix et de la sécurité internationales, conforme aux dispositions du chapitre VIII de la Charte des NU, est de nature à améliorer la sécurité. D'autre part, Il se félicite que l'Union Africaine poursuive ses efforts importants et qu'elle joue, avec ses organisations sous régionales, un rôle plus actif visant à prévenir et régler par la médiation les conflits sur le continent africain, conformément à ses résolutions et décisions.

Il en découle qu'il y a une reconnaissance presque expresse des pouvoirs importants au profit de l'UA en cette matière. Ceci traduit une perspective à forte incidence sur les pouvoirs des organisations régionales qui sont sur terrain.

Il serait donc souhaitable qu'il soit précisé l'initiative motus proprio expresse dans la gestion des conflits. S'il peut y avoir des réticences de la part des puissances permanentes de l'ONU, cela l'est en marge de l'autonomie reconnue aux organisations régionales car, la pratique de celles-ci atteste cette initiative aussi bien dans le cadre non-coercitif que dans celui coercitif[1243].

Si la pratique est considérée comme étant le bon droit, il est donc question de ne point maintenir à l'état le texte à partir duquel s'est forgée celle-ci.

Ce pouvoir doit en outre être indubitablement prévu car la pratique de l'UA confortée par le texte relatif au protocole sur le CPS montre qu'il y est créé un système continental d'alerte rapide[1244] et une force africaine prépositionnée[1245].

Cette particularité pourra permettre à l'UA de parer à l'éventualité d'un veto d'un membre du Conseil de sécurité[1246].

[1242]CONSEIL DE SECURITE, A. GUAZI JOMA a tenu ces propos au cours de la même séance du Conseil de sécurité.

[1243]L'exemple de l'UA contre le Colonel BAKAR est illustratif et ses initiatives au Darfour.

[1244]Art. 12 du protocole sur le CPS.

[1245]Art. 13 du protocole sur le CPS.

[1246]Dans la plupart des cas, le veto des membres permanents est guidé par les intérêts qu'ils peuvent avoir sur terrain. Et si l'on arrive à faire accepter que les Organisations Internationales Régionales ont atteint une capacité de réaction efficace et rapide, il serait alors judicieux de faire recours à la force sans le préalable de l'autorisation. Ceci parait d'autant évident car, face à l'information préalable, le CS doit prendre une Rés. qui peut subir un veto.

Aussi, conviendrait-il d'affirmer au regard de cette réorientation que le groupe d'expression « en tout temps » du texte de l'article 54 de la Charte de l'ONU serait sans objet car l'organisation africaine dont l'acte est compatible ne pourra que mener des actions licites dans le cadre du maintien de la paix et de la sécurité internationales.

Il pourrait être conçu de rendre compte à la fin de l'opération, étant entendu la responsabilité principale du Conseil de sécurité dans cette matière.

Au regard du fait qu'il est admis que certains Etats de l'Union Africaine ont acquis des potentialités militaires en vue de maintenir la paix à travers le monde d'une part et, d'autre part, considérant le fait que cette organisation a atteint une maturité politique nécessaire, l'action du Conseil de sécurité serait rendue superfétatoire[1247]. L'organisation ayant le droit d'initiative propre.

Si nous admettons la perspective de ces pouvoirs sous cet angle au regard de la croissance actuelle du régionalisme, il est en fait logique de concevoir et de penser à leur incidence sur une réorientation éventuelle au profit de ces organisations.

Ainsi, lorsque le fédéralisme du chapitre VIII est revisité comme nous le souhaitons, il sera important d'entrevoir son incidence sur les prérogatives exorbitantes du Conseil de sécurité.

2. *Incidence de la révision sur les pouvoirs de chaque organisation*

Il ne fait l'ombre d'aucun doute que la revisitation du régionalisme aura non seulement incidence sur les prérogatives du Conseil de sécurité mais également sur les actes que celui-ci et le Conseil de Paix et Sécurité de l'Union Africaine devraient désormais prendre.

La Charte des Nations Unies en ses articles VI, VII et VIII attribue principalement au Conseil de sécurité la compétence de maintenir la paix[1248].

Le chapitre VIII se subdivise en quelque sorte en un chapitre VI constitué de l'article 52 relatif au règlement des différends d'une manière pacifique et en un chapitre VII formé des articles 53 relatif au règlement par la force et 54 précisant les relations entre le Conseil de sécurité et les organisations régionales en ce qui concerne les mesures en application des articles 52 et 53[1249].

La doctrine constante des auteurs du droit international public considère que le chapitre VIII organise un fédéralisme entre les compétences de l'ONU et celles des organisations régionales[1250].

Admettant cette considération, il importe de préciser que le fédéralisme est particulièrement complexe puisqu'il associe et superpose des collectivités

---

[1247]Art. 53§1 in fine stipule que toutefois, aucune action coercitive ne sera entreprise en vertu d'accords régionaux ou par des organismes régionaux sans l'autorisation du Conseil de sécurité…

[1248] Y. PETIT, *Op cit*, p.69.

[1249] *Idem*.

[1250] J. COMBACAU et S. SUR, *Op.cit*, p.666.

étatiques distinctes, à l'étage inférieur des Etats membres ou fédérés à l'étage supérieur l'Etat fédéral[1251]. Il doit donc réaliser un équilibre harmonieux entre le principe d'autonomisation et le principe d'association, auxquels il fait également appel[1252].

Considérant cette approche et l'appliquant à l'universalisme et au régionalisme dans le cadre de la sécurité internationale admise par l'ONU, il convient de relever certaines considérations en rapport avec la réorientation des pouvoirs de l'ONU sur les prérogatives exorbitantes du Conseil de sécurité.

Dans la logique aussi bien de la décentralisation que du fédéralisme, le Conseil de sécurité se doterait de plus larges pouvoirs étendus caractérisés par l'application immédiate des mesures coercitives en face d'une des situations prévues à l'article 39 de la Charte et qualifiée comme telle. Aussi, conviendrait-il de faire savoir que ce pouvoir peut l'être dans le cadre d'une opération de maintien de la paix.

Dans ce cadre plus particulièrement des opérations de maintien de la paix, nous faisons savoir que « depuis la fin de la guerre froide, le Conseil de sécurité est de plus en plus libéré du blocage constant qu'engendrait la confrontation de deux superpuissances, il retrouve du même coup une marge de manœuvre nouvelle dans la mesure où les membres permanents s'entendent, se voient maintenant dotés d'une véritable capacité d'action diplomatique et militaire[1253].

Cette puissance potentielle engendre une responsabilité à l'égard du maintien de la paix et de la sécurité internationales[1254] mais qui connait toujours une léthargie voulue par les puissances elles-mêmes et consacrent une dérobade de leurs responsabilités.

Cette réorientation permettra au Conseil de sortir de la conception ancienne et traditionnelle des opérations de maintien de la paix qui comporte dans son principe aucune forme de coercition[1255], qui nécessite le consentement des parties, l'impartialité et le non recours à la force[1256] vers des opérations d'imposition de la paix[1257].

Cette opération d'imposition de la paix présentera un caractère d'absence de neutralité ; logiquement, elle ne peut pas reposer sur le consentement des

[1251] P. PACTET, F. MELIN-SOUCRAMANEN, *Droit constitutionnel,* Paris, *éd.* Sirey-Dalloz, 2006. Dans le même sens E. MPONGO BOKAKO BAUTOLINGA, *Institutions politiques et droit constitutionnel,* Kinshasa, EUA, 2001, p.136. Il dit l'Etat fédéral se présente comme une modalité élaborée, voire raffinée d'Etats composés régie par les principes d'organisation ci-après : la superposition, l'autonomie et de participation.

[1252] *Idem*

[1253] Y. PETIT, *Op cit,* p.69.

[1254] M. LIEGEOIS, *Maintenir la paix et la diplomatie coercitive, l'organisation des Nations unies à l'épreuve des conflits de l'après-guerre,* éd. Bruylant, Bruxelles, 2003, p.347.

[1255] E. LAGRANGE, *Les opérations de maintien de la paix et le chapitre VII de la Charte des Nations unies,* Paris, éd. Montchrestien, 1999, p.89.

[1256] Y. PETIT, *Op.cit,* p.51.

[1257] *Idem*

belligérants[1258]. Ainsi, avant de l'obtenir soit par négociation soit par une aide aux populations victimes, le maintien de la paix doit se muscler car le recours à la force se justifie ainsi pour imposer la paix.

Une opération de ce genre ne pouvant alors être décidée que sur les limites d'une résolution, laquelle ne peut pas être soumise au consentement de l'Etat hôte[1259].

La pratique du Conseil de sécurité a été significative en la matière à plus d'un titre. Comme l'illustre la création de l'UNISOM II, opération qui leur est imposée, créée sur base de l'UNISOM I dont la création l'a été avec l'assentiment des parties[1260].

Cette voie pouvait être suivie en ce qui concerne le Darfour car il est à remarquer qu'elle aurait apporté une solution imposée au règlement du conflit. Ce qui s'avérerait faisable dans la mesure où le Conseil de sécurité agirait pleinement en vertu du chapitre VII et non de manière sélective pour des domaines ciblés. Cela permettra à la force ou mieux aurait permis à la force d'appliquer les mesures coercitives dans leur plénitude et non en considération de quelques situations.

Les pouvoirs qui s'intercalent de cette façon permettent d'appréhender la réalité des actes qui résulteront de cette réorientation car il est important de saisir ainsi les contenus de ce que seraient les actes en question.

Dans le cadre de cette perspective de la réalisation des actes du Conseil de sécurité et du Conseil de Paix et de Sécurité, il convient de faire remarquer que l'objectif est d'une part de permettre au Conseil d'afficher clairement ses pouvoirs et de les mettre en œuvre et, d'autre part, affermir textuellement et davantage les pouvoirs du Conseil de paix et de sécurité en vue d'éviter toute ambigüité dans l'interprétation de ceux-ci.

De prime abord, en ce qui concerne le Conseil de sécurité de Nations unies, nous relevons qu'il peut prendre des résolutions facultatives ou obligatoires dans le cadre de son pouvoir d'action directe.

Les résolutions facultatives du Conseil de sécurité trouvent leur fondement juridique sur les articles 36 et 39 de la Charte des Nations Unies qui prévoient respectivement que : « le Conseil de sécurité, à tout moment de l'évolution d'un différend de la nature mentionnée à l'article 33 ou d'une situation analogue, recommande les procédures ou méthodes d'ajustement appropriées[1261].

[1258] P. MANIN, *L'ONU et le maintien de la paix, le respect du consentement des Etats,* Paris éd. LGDJ, 1971, p.158.

[1259]Le Secrétaire Général fait de la continuité une condition de succès de l'ONUSOM II : « (…) le passage de la force d'intervention unifiée à l'ONUSOM doit se dérouler sans heurt, ni comporter aucune solution de continuité que les factions aux bandes armées pourraient exploiter pour compromettre les conditions de sécurité instaurées par la force d'intervention unifiée (…), Rapport du secrétaire général présenté conformément aux §18 et 19 de la Rés. 799 (1992 du Conseil de sécurité, §34 S/24992 du 19 décembre 1992.

[1260] E. LAGRANGE, *Op.cit.,* p.89.

[1261]Voir document S/96/Rév. 7 sur le règlement intérieur provisoire tel qu'il est employé.

De même, si le Conseil de sécurité constate l'existence d'une menace contre la paix, d'une rupture de la paix ou d'un acte d'agression et fait des recommandations ou décide quelles mesures prises conformément aux articles 41 et 42 pour maintenir ou rétablir la paix et la sécurité internationales, une résolution pourra également être adoptée par cet organe restreint.

En ce qui concerne les résolutions obligatoires du Conseil de sécurité, ce sont celles qui, en réalité, justifient l'exercice de sa fonction directe sur les Etats et les entités non-étatiques.

Le fondement de celles-ci découle des dispositions de l'article 25 de la Charte des Nations unies qui dispose que « les membres de l'organisation conviennent d'accepter et d'appliquer les décisions du Conseil de sécurité conformément à la présente Charte ». En outre, l'article 40 stipule des mesures provisoires qui s'adressent aux parties intéressées et incluent les entités non étatiques[1262].

Les résolutions obligatoires du Conseil de sécurité sont considérées comme des ordres ou des commandements de faire ou de ne pas faire quelque chose que le Conseil de sécurité peut adresser aux Etats comme aux entités non étatiques. Il s'agit d'un acte imputable à l'organisation et qui crée des obligations à la charge de ses destinataires, qu'ils soient soumis à l'ordre juridique interne de l'organisation (auto-normateur) ou que ces destinataires opèrent de l'ordre juridique interne de l'organisation internationale (acte hétéro-normateur)[1263].

Le caractère obligatoire est décelé par l'emploi des verbes tels que « décider », « exiger », « réclamer », etc. au présent (ou même au futur) de l'indicatif qui ne laisse guère de doute sur la vocation impérative de l'acte tandis que « recommander », « souhaiter », « envisager » or, l'emploi du mode conditionnel implique son caractère facultatif[1264].

En dotant le Conseil de sécurité d'un pouvoir exorbitant et clair relatif à l'usage du chapitre VII par l'entremise d'un pourvoir coercitif dans le maintien de la paix et de la sécurité internationale, les rédacteurs de la Charte ont assujetti l'exercice de cet attribut essentiel à la qualification de l'article 39 de la Charte[1265]. La gradation de la constatation du Conseil de sécurité est fort importante, puisqu'elle devrait articuler avec les réponses adéquates en fonction du conflit en présence.

En dépit de l'élargissement des notions prévues à l'article 39 et de la flexibilité de la qualification dans la pratique, il se constate une avancée du fait de l'existence des qualifications particulières et appropriées des situations.

1262 P. WECKEL, *Op.cit*, p.185.

1263 J. SALMON, *Op.cit*, pp.297-298.

1264 E. DAVID, *Droit des organisations internationales*, Bruxelles, éd. Bruylant, 2002, p. 224.

1265 L'article 39 de la Charte parle de l'action du Conseil de sécurité en cas de menace contre la paix, rupture de la paix ou acte d'agression.

La panoplie des gammes d'actions à la disposition du Conseil de sécurité permet à cet organe de prendre des décisions et mesures autres parmi lesquelles les recommandations[1266].

C'est dans ce même contexte que ce pouvoir exorbitant du chapitre VII a une originalité et un objet essentiel résidant dans les pouvoirs d'édicter des sanctions dont l'exécution par les membres est régie par les articles 41 et 48[1267].

Le caractère contraignant peut même s'étendre à toute partie intéressée dans un conflit comme il en est le cas pour les mouvements rebelles.

La perspective de qualification évidente a été observée dans la gestion de la situation au Darfour en ces termes : « considérant que la situation qui règne dans la région du Darfour continue à faire peser une menace sur la paix et la sécurité internationales[1268].

Cette flexibilité constatée ne réduit en rien les pouvoirs exorbitants du Conseil de sécurité mais trahissent en réalité la fragilité de la vision de puissances permanentes sur l'imposition de la paix par l'ONU.

A la suite de ces considérations relatives à la qualification des situations dans le cadre de ces deux organisations qui peut permettre d'accroître ou mieux de réorienter les pouvoirs du Conseil de sécurité, il importe d'analyser et de préciser ce que pourraient être les résolutions de cet organe principal qui créeraient une opération hybride de maintien de la paix en collaboration avec l'Union africaine.

Si le terme « résolution » en lui-même et fondamentalement ne pose aucun problème, il est certes vrai de remarquer que, de plus en plus, c'est le contenu de cet acte qui renferme de plus en plus d'ambigüités et laisse place à plusieurs interprétations presque contradictoires.

Les exemples des interprétations ont été rencontrés effectivement dans l'histoire de cette organisation. Tel est le cas de la Lybie avec la résolution 1973 prescrivant une zone d'exclusion aérienne mais qui a été interprétée comme une nécessité de mettre à néant le régime de Kadhafi.

De même, lorsque la Russie et la Chine sous entendaient qu'il ne s'agissait que de créer une zone d'exclusion aérienne contre l'armée de l'air libyenne et laisser les Libyens résoudre leurs propres problèmes, les américains, français et leurs alliés se représentaient légitimement et légalement autoriser à mettre à néant l'armée libyenne par la même résolution.

Il faut donc relever que les termes utilisés dans cet acte renferment en eux-mêmes des germes de conflictualité et surtout que nous y retrouvons cette latitude que le Conseil de sécurité laisse aux Etats et aux organisations de faire usage des moyens nécessaires à leur disposition en vue de faire respecter la ou les résolutions.

[1266] J. COMBACAU et S. SUR, *Op.cit,* p.641.

[1267] D. ALLAND, *Op.cit,* p.959.

[1268] Rés. 1769 du Conseil de sécurité autorisant le déploiement de la force hybride Union africaine-ONU au Darfour.

Si tous les mécanismes peuvent, avec l'effort de l'interprétation extensive, se comprendre en ce qui concerne le chapitre VI et VII, il y a nécessité de réorienter l'acte surtout son contenu en rapport avec le chapitre VIII, en particulier ses mécanismes de coopération avec les organisations régionales, car, avec la revisitation obtenue du chapitre VIII, il y a des implications à attendre.

Parmi celles-ci, il faut s'attendre à ce que l'acte extirpe ou mieux le Conseil de sécurité extirpe du contenu de celui-ci les idées de l'autorisation préalable, de l'assujettissement de l'usage de la force à sa seule volonté et d'une nécessité absolue de l'information.

Cette dernière extirpation rendrait cette nécessité relative et facultative et non plus obligatoire.

Toutefois, il faut admettre que si, sur le plan du texte de la Charte et plus particulièrement du chapitre VIII, l'on ne soit pas encore arrivé à cette revisitation, sur le plan de la pratique, dans les actes du Conseil de sécurité, il est déjà ainsi car, il est plus facile de plus en plus de se rendre compte du fait que ces idées qui valaient leur pesant d'or en 1945 ont été renversées par la pratique même du Conseil de sécurité.

La motivation qui est la nôtre par rapport à notre démarche ne vise pas à restreindre les pouvoirs exorbitants du Conseil de sécurité mais bien au contraire, ils se retrouvent renforcer car les interventions de l'ONU en cas de menace contre la paix à l'intérieur d'un Etat peuvent être la violation des droits de l'homme, une violation grave du droit international humanitaire ou la démocratie[1269].

Face à ces genres des situations, le Conseil a généralement tendance à prescrire des comportements obligatoires à l'endroit de tous les Etats parties et toutes les parties intéressées. En ce domaine, le recours à la force armée ne pose pas les mêmes difficultés juridiques : une seule et même qualification fonde le mandat et l'exécution de l'opération de maintien de la paix[1270].

Cette restauration des pouvoirs exorbitants passerait par exemple bien entendu dans le cadre d'une opération hybride par une résolution prise entièrement dans le cadre du chapitre VII.

En second lieu, en ce qui concerne l'UA, il est constant dans le cadre de cette étude que c'est le Conseil de Paix et de Sécurité qui gère la paix et la sécurité régionales en vertu du protocole le créant adopté par la première session ordinaire de la Conférence de l'Union Africaine à Durban le 09/07/2002.

Ce texte traduit en effet l'impérieuse nécessité de circonscrire toutes les actions ainsi que les contextes dans lesquels elles peuvent être menées.

Une lecture approximative peut faire croire qu'aucune disposition de cet instrument ne précise expressément les cas en vertu desquels le CPS peut mettre en œuvre ses compétences régionales en matière de maintien de la paix.

1269 Y. PETIT, *Op.cit,* p.51.

1270 E. LAGRANGE, *Op.cit,* p.106.

Une telle approche serait manifestement minimaliste alors qu'avec une réelle attention soutenue dans la lecture, l'on peut découvrir que l'article 9 dispose : « le Conseil de Paix et de Sécurité prend les initiatives et conduit les actions qu'il juge appropriées concernant les situations de conflit potentiel ainsi que celles des conflits dit déjà éclatés… »

Une approche nettement globale de ce protocole permet d'apercevoir le fait que le CPS est également doté des pouvoirs exorbitants régionaux car l'article 6 détaille en fait les fonctions que le CPS assume dans les domaines de la paix et de la sécurité régionales.

Ce domaine implique les différends et les conflits, le respect de l'Etat de droit, des droits fondamentaux de l'homme et des libertés, la vie humaine, le droit international humanitaire, le développement socio-économique, les circonstances graves à savoir les crimes de guerre, le génocide, les crimes contre l'humanité.

L'éventail des domaines prévus à l'article 6 est complété par d'autres se trouvant à l'article 7 du protocole tel que la lutte contre le terrorisme, les actes d'agression, le mercenariat et des catastrophes naturelles.

Ce souci d'une plus grande précision atteste de la ferme volonté des Etats d'extirper toute ambigüité dans les actes par rapport aux actions à entreprendre.

En dépit du fait que cet organe prend des actes dont l'intitulé est « communiqué », ceux-ci s'analysent comme des actes renfermant une très nette précision en rapport avec chaque situation sur laquelle le CPS se penche et ne renferme que, pour la plupart, des décisions applicables directement par les Etats en vertu de l'article 7 en ses points 2 et 3[1271].

Il faut donc faire remarquer qu'il y a aussi une nette nécessité de réorienter juste un peu le contenu des actes du CPS en y extirpant cette marque de crainte révérencielle que cet organe manifeste à l'endroit du Conseil de sécurité de l'ONU.

Cela est d'autant plus vrai car le CPS a le pouvoir de créer, de déployer une opération de paix et également de proroger son mandat mais à chaque fois essayer de se rabattre sur l'ONU.

Tel est le cas par exemple lors de la 80ième session du Conseil de paix et de sécurité de l'Union Africaine sur la situation en Somalie où le CPS décide de prolonger le mandat de l'AMISOM pour une période supplémentaire de six mois[1272] et, dans le même communiqué, manifeste encore sa crainte révérencielle à l'égard de l'ONU en soulignant, encore une fois, la nécessité du déploiement d'une opération de maintien de la paix des Nations unies , qui prendrait le relais de l'AMISOM et appuierait la stabilisation et la

[1271]Les Etats membres reconnaissent qu'en s'acquittant de ses devoirs au terme du présent protocole, le conseil de paix et de sécurité agit en leur nom et les Etats membres conviennent d'accepter et d'appliquer les décisions du CPS, conformément à l'acte constitutif.

[1272]Voir Paragraphe 15 du communique de la 80ème réunion du CPS de l'UA sur la situation en Somalie du 18 juillet 2007.

reconstruction post-conflit à long terme de la Somalie, et réitère son appel au Conseil de sécurité des Nations Unies qui a la responsabilité principale du maintien de la paix et de la sécurité internationales, pour qu'il prenne d'urgence les mesures nécessaires en vue du déploiement d'une telle opération[1273].

A observer de près, tout ce que le CPS a sollicité de l'ONU ne s'est pas réalisé depuis 2007 à ce jour, hormis l'idée d'un soutien matériel[1274].

C'est ce qui fait dire à William Assanvo que le régionalisme connaît une nouvelle approche dont le contenu est irréversible[1275].

Dans ce même contexte, même sous la 214ième réunion soit 134 réunions plus tard après celle de la 79ème réunion du CPS, le désengagement de l'ONU a augmenté sensiblement au regard des résultats obtenus sur terrain[1276].

Toutes ces situations portent à croire que la réorientation des actes du Conseil de paix et de sécurité nous renvoie à y intégrer cette dimension tout en ne gardant que ces formes de coopération admises par les partenaires qui sont les deux organisations internationales.

En troisième lieu, il se dégage que la retouche quant à la forme et au fond des actes de ces deux organes permet effectivement d'entrevoir des perspectives meilleures de consolidation des organisations régionales en matière de maintien de la paix.

De tout ce qui précède, cette étude s'était proposée de donner une nouvelle écriture au chapitre VIII de la Charte des Nations unies. L'article 52 dans son écriture est maintenue car il vise essentiellement le règlement pacifique des différends, il pourra toutefois intégrer aux points 2 et 3 les termes « et situations ».

Ces points pourront avoir cette écriture :

« … Les membres des Nations unies qui concluent ces accords ou constituent ces organismes doivent faire tous leurs efforts pour régler d'une manière pacifique, par le moyen desdits accords ou organismes, les différends ***et situations*** *d'ordre local, avant de les soumettre au Conseil de sécurité ».*

Le Conseil de sécurité encourage le développement du règlement pacifique des différends ***et situations*** *d'ordre local par le moyen de ces accords ou de ces organismes régionaux, soit sur l'initiative des Etats intéressés, soit sur renvoi du Conseil de sécurité ».*

[1273]Voir Paragraphe 12 du même communique.

[1274]Les Nations unies apportent aide en deçà par l'intermédiaire du bureau d'appui des Nations unies pour l'AMISOM (voir §8 du communique de la 214ième réunion du CPS.

[1275] W. ASSANVO, *Op.cit*, p. 10.

[1276]Le Conseil de paix et de sécurité, 134 réunions plus tard, a réitéré son appel au Conseil de sécurité des Nations unies pour qu'il prenne des mesures nécessaires afin que les Nations unies jouent un rôle qui soit à la mesure de la gravité et de la complexité de la situation sur le terrain y compris au moyen de la transformation de l'AMISOM en une force de maintien de la paix des Nations unies et de tous autres arrangements juridiques, budgétaires, logistiques et opérationnels susceptibles de renforcer de manière efficace l'opération internationale en Somalie (voir § 1 du communiqué de la 214 réunion du CPS sur la Somalie du 8 Janvier 2010.

Pour l'article 53, il pourra avoir cette écriture : « Le Conseil de sécurité ***peut utiliser****, s'il y a lieu, les accords ou organismes régionaux pour l'application des mesures coercitives prises sous son autorité. Toutefois,* ***les organisations régionales peuvent entreprendre une action coercitive en vertu de leurs accords régionaux*** *».*

Quant à l'article 54, son écriture pourra être lue comme suit : « le Conseil de sécurité ***peut*** *être tenu pleinement au courant de toute action entreprise ou envisagée, en vertu d'accords régionaux ou par des organismes régionaux, pour le maintien de la paix et de la sécurité internationales* ».

C'est ce qui nous conduit à la section deuxième de ce chapitre qui nous permettra de constater les mécanismes facilitant la flexibilité du chapitre VIII de la Charte des Nations unies.

Section IIème : LES PERSPECTIVES DE CONSOLIDATION DES ACTIONS DE L'UNION AFRICAINE EN MATIERE DE MAINTIEN DE LA PAIX

Les perspectives de paix et de sécurité sous l'angle des Nations Unies en Afrique sont décourageantes. Les Etats africains continuent malheureusement à traîner encore le fardeau du colonialisme. La fin de la guerre froide a créé un vide au sommet qui est propice à la montée et à l'extension de la violence interne.

Les anciens et quelques nouveaux dirigeants ont contribué aussi à créer les problèmes auxquels sont confrontés leurs peuples[1277]. Les Etats tant africains que non africains ont de plus en plus mal à soutenir la gageuse que présente la recherche des solutions aux problèmes économiques, sociaux et de sécurité auxquels ils se heurtent[1278]. Certains d'entre eux ont déjà « échoué » dans cette tâche et, pour d'autres, le déclin et la faillite sont bien amorcés.

La prolifération des armes, en particulier les armes légères, ainsi que la migration et le déplacement d'importants groupes humains sont des facteurs ayant contribué à la diffusion des conflits armés[1279].

Dans plusieurs pays, les conflits internes ont débordé sur les pays voisins, quand ils n'ont pas gagné toute une région[1280].

[1277] E. BERMAS et K.-E. SAMS, *Op.cit*, p.26.

[1278] *Idem.*

[1279] D. LILLY, « La privatisation du maintien de la paix : les perspectives et réalités » dossier sur le maintien de la paix : évolution ou extinction ? », in *Forum du désarmement, UNIDIR, Genève, n° 3, 2000,* p.57- 67. Egalement L. REYCHLER, T. PAFFENHOLTZI, « Construire la paix sur terrain. Mode d'emploi », *GRIP édition complexe, Bruxelles, 2002, CF : chapitre ONG et gestion de la paix*, p. 397- 409.

[1280] E. BERMAS et K.-E. SAMS, *Op cit*, p.26.

Toutes ces situations ont aussi marqué la faillite de l'ONU qui avait connu une expansion exponentielle de ses actions après les années 1990 qui ont tout de même connu pas mal d'échecs[1281].

Quoi qu'il en soit, après les difficultés rencontrées par les Nations Unies en 1993, en Somalie, le Conseil a, pour l'essentiel, abandonné les opérations de maintien de la paix à facettes multiples et à grande échelle pour les remplacer par des missions de surveillance plus modestes et plus spécialisées[1282].

Cette attitude a marqué en réalité un désengagement de l'ONU dans les situations africaines au profit d'une primauté régionale africaine sur terrain entourée par des appuis de formes diverses.

C'est ainsi qu'à partir de la décennie 90 et celle écoulée, les Etats africains ont fourni de grands efforts pour assurer la charge capitale de promouvoir la paix et de défendre la sécurité[1283].

Ils sont de plus en plus conscients de graves dangers qui menacent leur sécurité et de la réticence du Conseil de sécurité à se retrouver impliquer dans des conflits sur le continent.

Le système africain a répondu efficacement à ce défi aussi bien dans le cadre de l'OUA, de l'UA que de celui des communautés économiques régionales africaines[1284] qui ont fini par constituer une architecture de sécurité et défense commune.

Ces diverses coalitions ponctuelles d'Etats africains s'efforcent d'acquérir davantage d'autonomie pour ce qui est de faire face aux conflits armés et aux urgences humanitaires complexes auxquelles elles se trouvent confrontées. Elles se sont d'ailleurs montrées de plus en plus disposer à se préparer et à entreprendre des actions militaires et diplomatiques.

La pratique donc des actions dans le cadre de l'Union Africaine permet d'y retrouver la cristallisation de nouvelles politiques en la matière par rapport à l'ONU, d'une part, tandis que de l'autre, il se dégage cette nécessité de consolider adéquatement les moyens techniques, humains et financiers dans les opérations de maintien de la paix africaines en vue de leur optimisation.

[1281] BERKMANS HOLT, « The impossible mandate? Military preparedness, the responsability to protect and modern peace opérations », septembre 2006, disponible en version française sur *http:// www.stemon.org* PDF consulté le 17 Juillet 2012.

[1282] E. HEARSCH, « L'Afrique se dote de forces de maintien de la paix » in *Afrique relance*, vol 17, n°3 Octobre 2003, p.21.

[1283] A. RAINAUD, « L'usage de la force et le droit : théorie et pratique » réflexion sur l'usage de la force, le droit et les opérations de maintien de la paix, institut du droit de la paix et développement, Nice, 10 décembre 2003, page 2 in perspectives *internationales et Européennes n°1 mis en ligne le 21 juillet 2005 ; URL : http://revel.unice.fr/pie/index.html.*

[1284] CEDEAO, SADC, CEEAC, CEMAC, IGAD.

§1. Les nouvelles politiques circonscrites en vertu du nouveau chapitre VIII

Dans la conduite des opérations de maintien de la paix initiées et autorisées par elles aux Comores, au Burundi, en République centrafricaine, au Mali, au Soudan et en Somalie, l'Union Africaine a développé des nouvelles politiques théoriques qui, sans nul doute, cadrent effectivement avec l'idée de la revisitation du chapitre VIII.

Ce qu'il faut relever d'emblée est le fait que ce cadrage correspond à l'idée de circonscription et d'effectivité optimales d'un Chapitre VIII déjà revisité par la pratique des parties en présence en ce qui concerne les opérations de maintien de la paix et surtout par rapport à leur gestion tant sur le plan des textes que sur terrain.

Dans la gestion, l'Union Africaine a recréé les normes même de conduite des opérations, entre autres, par l'usage de la force et par la partialité affichée au profit d'un camp, la gestion des personnes civiles non combattantes et par l'amélioration d'une convergence stratégique entre partenaires. Ces normes sont donc regroupées en deux points. Il s'agit de ceux consacrant les principes relatifs au maintien de la paix suivis de ceux relatifs à la mise en œuvre.

A. Les nouveaux principes africains des opérations de maintien de la paix

L'étude que nous avons menée sur ce chapitre VIII de la Charte a permis de lire, dans la pratique de l'Union africaine, l'émergence des principes presque nouveaux qui, pour certains, renforcent ceux des Nations Unies et, pour d'autres, les remodèlent carrément.

Pour effectivement les comprendre, l'exercice requiert la présence des perspectives que donne l'Union Africaine sur l'écriture du Chapitre VIII à savoir un chapitre qui reconnait et affirme l'usage de la force par le régionalisme et plusieurs autres assouplissements relevés dans le corps de ce travail.

1. Les principes inversés de conduite des opérations de maintien de la paix de l'UA

Les principes dont il est question semblent contraster avec ceux de l'ONU mais c'est en apparence car, en pratique, l'ONU tend à les préciser en ce qui la concerne et à les justifier.

Si pour l'ONU, les OMP ont été reconnues comme un instrument essentiel du maintien de la paix et de la sécurité internationales et, par conséquent, du système de sécurité collective marquée par un grand empirisme qu'a fait l'objet d'un vaste débat sur le plan juridique, mais assoupli, il leur est généralement reconnu que leur légitimité se fonde sur le respect de trois principes fondamentaux à savoir : le consentement des parties, l'impartialité et le non usage de la force, sauf en cas de légitime défense[1285].

Toutefois, l'Organisation des Nations Unies révèle qu'une codification de ces principes et de leurs contenus n'a jamais été achevée et, parmi les trois principes, le dernier reste le plus problématique et ambigu dans son contenu et dans sa mise en œuvre[1286].

Face à ceux-ci, l'UA a développé plutôt les principes contraires à savoir : la non pertinence du consentement, la partialité, l'usage de la force et les nouvelles méthodes de protection des civiles.

Ainsi, pour bien comprendre en quoi ces principes sont nouveaux et constituent une démarcation nette avec l'ONU et valent une originalité africaine, il nous revient de voir la conception même que se fait l'ONU par rapport aux principes qu'elle a consacrés dans sa pratique.

Par rapport au consentement, l'ONU consacre le fait que ces opérations se déploient avec le consentement des principales parties au conflit[1287].

En principe, cela implique l'adhésion des parties à un processus politique et leur consentement à la présence de l'opération de maintien de la paix qui est censée appuyer ce processus.

L'accord des principales parties paraît donc permettre aux opérations de maintien de la paix des Nations Unies d'avoir la liberté d'action politique et physique dont elles ont besoin pour accomplir les fonctions prévues par leur mandat.

Dans l'optique de ces opérations de la première génération, le défaut de consentement faisait courir le risque à l'opération de se voir impliquée dans ce conflit et de s'éloigner de sa vocation première qui est le maintien de la paix.

L'impératif dans ce cas semble être la nécessité de préserver le consentement des principales parties au conflit, tout en assurant l'avancement du processus de paix.

Ce qu'il faut savoir est que le consentement des principales parties au niveau stratégique n'implique ni ne garantit l'existence d'un consentement au niveau local ou tactique, surtout lorsque les parties sont parcourues par de divisions internes ou possèdent une structure de commandement et de contrôle faible[1288].

[1285] L. PINESHI, *Op.cit*, p.1.

[1286]Le problème a été abordé avec succès par le comité spécial des opérations de la paix, qui, en 1977, a rédigé un projet de lignes directrices mais plusieurs points sont restés entre crochet. Voir notamment et utilement draft formulac for articles of agreed guideline for United Nations peace-keeping operations report of the special committee on peace-keeping, eleventh report of the working group, UN, UNDOC. A/32/394, Annexe II, Appendix I, du 2 décembre 1997.

[1287]*Idem*, UN, UNDOC. A/32/394, Annexe II, …, *Op.cit.*

[1288] Nations unies, Opérations, ….*Op.cit,* p.35.

Il s'observe que l'universalité du consentement est encore moins probable dans un milieu hostile caractérisé par la présence de groupes armés incontrôlés ou d'autres facteurs de troubles[1289].

Donc, tout en surveillant et analysant son environnement de manière constante afin d'anticiper et de devancer tout fléchissement du consentement, l'OMP se doit d'être dotée des capacités politiques et analytiques, des ressources opérationnelles et de la volonté nécessaire pour gérer l'absence ou l'érosion du consentement au niveau local. Ce n'est qu'en dernier ressort que l'usage de la force peut s'avérer nécessaire pour faire face à l'absence du consentement au niveau local[1290].

De tout ceci, c'est qui est important est le fait de faire voir que le Conseil de sécurité peut autoriser une opération sans l'accord explicite des parties au conflit, s'il croit que le conflit représente une menace à la paix et à la sécurité internationales. Cette intervention devient alors une opération d'imposition de la paix et peut également décider d'autoriser une action d'imposition de la paix pour des raisons humanitaires ou de protection, dans les cas où il n'y a pas de processus politique et la possibilité d'obtenir le consentement des principales parties au conflit sont nuls mais où les populations civiles souffrent[1291].

S'agissant en deuxième lieu de l'impartialité, il est requis qu'une opération de maintien de la paix s'acquitte de son mandat sans faveur envers ni préjudice à l'égard de l'une ou de l'autre des parties[1292].

L'impartialité ici est essentielle pour préserver le consentement et la coopération des principales parties.

Pour autant, elle ne doit pas se confondre avec la neutralité ou l'inaction ; cette notion d'impartialité n'implique pas le même traitement à toutes les parties, abstraction faite du respect effectif des engagements pris par les accords de paix[1293].

Il est à relever qu'une mission dans le cadre de l'ONU ne peut pas transiger dans l'application stricte du principe d'impartialité par crainte de malentendus ou de rétorsions.

S'agissant en troisième lieu du non recours à la force sauf en cas de légitime défense ou de défense du mandat, il y a lieu de savoir qu'il a été introduit au moment du premier déploiement des « casque bleus » armés en 1956.

1289 *Idem*, Egalement rapport du groupe d'étude sur les opérations de paix de l'Organisation des Nations unies, UN doc. A/55/305-S/2000/809 du 21 aout 2000 appelé rapport BRAHIMI (rédigé par un groupe de haut niveau présidé par LAKHDAR BRAHIMI, chargé par le secrétaire général d'évaluer les insuffisances du système actuel et de faire des recommandations franches, précises et réalistes sur les moyens d'améliorer l'aptitude des Nations unies à mener des OMP efficace.

1290 Nations unies, Opérations, … *Op.cit*, p.56.

1291 Voir Rapport du groupe d'étude sur les opérations, … *Op.cit.*

1292 *Idem.*

1293 L. PINESHI, *Op.cit*, p.8.

Par la suite, ce principe a été élargi pour inclure la résistance aux tentatives d'empêcher, par la force, une opération de la paix d'accomplir les tâches mandatées par le Conseil de sécurité.

Dans son aspect traditionnel, les OMP de l'ONU ne constituaient pas des outils d'imposition de la paix quand bien même il leur était reconnu qu'elles puissent utiliser la force au niveau tactique, avec l'autorisation du Conseil de sécurité, pour se défendre ou défendre leur mandat[1294].

De la sorte, les contextes dans lesquels les opérations de maintien de la paix des Nations Unies sont déployées sont souvent caractérisés par la présence des milices, des bandes criminelles et d'autres facteurs de troubles locaux qui essayent de perturber le processus de paix ou qui constituent une menace à la population civile[1295].

Plusieurs opérations de maintien de la paix des Nations Unies déployées dans ce type d'environnement ont reçu un mandat « robuste » du Conseil de sécurité les autorisant à « employer tous les moyens nécessaires » pour prévenir toute tentative de troubler le processus de paix pour protéger les civils[1296].

Cependant, le maintien de la paix robuste tend à se confondre avec l'imposition de la paix telle qu'elle est définie au chapitre VII de la Charte des Nations Unies bien que sur terrain il puisse y avoir des similitudes.

L'emploi de la force vise donc la crédibilité des Nations Unies car les tâches doivent être accomplies[1297].

Il y a évidemment nécessité pour l'ONU que ses OMP soient autorisées à employer la force au-delà de l'exercice de la légitime défense et, également, qu'elles disposent des moyens nécessaires pour achever les buts découlant des mandats d'une manière efficace[1298].

Cela veut dire que les mandats devraient préciser qu'une opération donnée est autorisée à employer la force et cela implique des forces plus nombreuses, souvent équipées et plus coûteuses, mais aussi capables d'avoir un effet plus dissuasif que la présence symbolique et non menaçante qui caractérise les opérations de maintien de la paix classiques[1299].

En dernier lieu, deux autres principes subsidiaires à savoir la légitimité et la crédibilité interviennent dans ces opérations de l'ONU.

La légitimité internationale est un des principaux états de ces opérations car elles tirent leur légitimité du fait qu'elles avaient été créées sur la base d'un

---

[1294]Voir Paragraphe 5 du Rapport du secrétaire général sur la mise en œuvre de la Rés. du Conseil de sécurité 340 (1974) de 20/10/1973/S/1105/Rév.1.

[1295]ONU, Opérations, … in *Op.cit*, p.37.

[1296] L. PINESHI, *Op cit*, p.9.

[1297]Une fois qu'une mission a été mise en place, les soldats de la paix des Nations unies doivent pouvoir s'acquitter de leurs tâches avec professionnalisme et remplir leur mission, ce qui signifie que les unités militaires de l'ONU doivent être en mesure de se défendre, de défendre d'autres composantes de la mission et d'assurer l'exécution du mandat celle-ci, in *Rapport BRAHIMI*, Op.cit, p.49.

[1298]ONU, Opération, … in *Op. cit*, p.38.

[1299]Rapport BRAHIMI, paragraphe 7.

mandat octroyé par le Conseil de sécurité des Nations Unies qui détient la responsabilité du maintien de la paix et de la sécurité internationales d'une part et, de l'autre, sur le fait qu'elles sont placées sous la direction du Secrétaire Général des Nations unies , une figure internationale impartiale respectée et vouée à la défense des buts et des principes de la Charte des Nations unies [1300].

La crédibilité quant à elle dépend directement du niveau de confiance dont elle jouit au sein de la communauté internationale et de la population locale puis des ressources mises à sa disposition, de son efficacité et de sa capacité de gérer et répondre aux attentes[1301].

Toutes ces élucubrations des opérations de maintien de la paix de l'ONU ne sont, initialement, qu'une pratique onusienne sans concepts formellement définis, mais plutôt certes évolutive avec la transformation d'une part des relations internationales dans la communauté internationale et, d'autre part, de la nature des conflits qui opposent les parties[1302].

En conséquence, c'est l'analyse de ces pratiques qui permet de théoriser de lege ferenda et de faire apparaître les principes directeurs[1303].

2. *Mise en œuvre des principes inversés dans la pratique des OMP de l'UA*

La pratique des opérations de maintien de la paix de l'Union Africaine que nous avons examinée à travers l'AMISOM et la MUAS et la MINUAD, la MIAB, la MAPROBU, la MISMA, la MICOPAX, ... profondément déterminée par le contexte et le jeu des acteurs, conduit alors vers des principes eux-mêmes en transformation, enrichis par les expériences plus ou moins heureuses des considérations des missions de maintien de la paix africaines.

La pratique africaine comme relevée contraste singulièrement avec celle de l'ONU tout en se complétant sur certaines acceptions.

C'est ainsi par exemple avec l'AMISOM, le principe de consentement prôné par l'ONU n'a pas été pris en compte pour autoriser le déploiement de cette opération.

Cette constatation résulte du fait que la situation de la Somalie n'avait pas encore connu un accord de paix ni global ni partiel entre le gouvernement fédéral de transition et l'union des tribunaux islamiques.

Par rapport cette fois-ci au Darfour, l'on peut tenter de croire que la MUAS a été créée lorsqu'il y avait effectivement un accord de paix global mais l'observation tranquille de la situation laisse voir le fait que dans le conflit, il y

---

1300 A.-S. MILLET DEVALLE, « L'évolution des opérations de maintien de la paix en Afrique », in *Revue Arès, n°50, volume XX,* fascicule 1 janvier 2003, p.16.

1301 S. SUR, « Vers la marginalisation de l'ONU dans le domaine du maintien de la paix ? », in *Revue Arès, n°41, volume XVII, fascicule 1* Octobre 1999, p.17.

1302 A. RAINAUD, *Op cit*, p.9.

1303 *Idem.*

a eu plusieurs accords de cessez-le feu signés depuis 2004 lorsque le conflit atteignait son paroxysme.

Mais entre ces accords et l'accord de paix pour le Darfour de 2006, le conflit a fait émerger plusieurs acteurs internes qui ont presqu'entamé la légitimité des accords et opposé les factions rebelles au point que celles qui étaient principalement signataires se sont retrouvées sans pignon sur rue et presque sous représentées[1304].

Ce contexte tumultueux marquait sans nul doute la difficulté d'obtenir le consentement de toutes les parties et caractérisait, dès lors, l'absence de l'impartialité et de la neutralité car il fallait riposter aux attaques sans cesse des factions qui assimilaient les signataires des accords aux complices de la MUAS et vice versa.

En ce qui concerne la partialité, l'AMISOM avait reçu comme pouvoirs, entre autres, de soutenir le gouvernement fédéral de transition dans sa lutte pour la restauration d'un climat favorable pour sa propre sécurité et ainsi favoriser les conditions de paix nécessaires dans la Somalie.

Cette lecture ressort effectivement de la décision de l'UA, à travers le CPS, adoptée à sa 69ième réunion tenue le 19 janvier 2007 sur la situation en Somalie et le déploiement d'une mission de soutien à la paix de l'UA dans ce pays dont les lignes et les orientations trahissaient la partialité en faveur des institutions fédérales de transition et du gouvernement fédéral de transition.

Dans l'optique où l'on considérerait que cette opération devait être impartiale, les préalables auraient été entre autres la négociation et la signature d'accord de paix avec l'union des tribunaux islamiques qui a toujours été un acteur important du conflit somalien.

S'il est bien entendu que les missions sont définies par l'organe soit des Nations unies soit de l'Union Africaine qui crée la force et les autres Etats territorialement concernés l'appuient, il doit être admis que dans le cas d'espèce, en autorisant le déploiement alors que le conflit était en cours[1305], l'on ne constituait pas une opération impartiale.

La nature totalement partiale en faveur du gouvernement fédéral de transition et contre l'union des tribunaux s'est remarquée dans la conduite des opérations qu'a menées l'UA en soutien au gouvernement fédéral de transition contre les tribunaux islamiques.

A ce stade, en dépit des spécificités inhérentes aux opérations, il s'était dégagé sous l'ONU, l'apparition des principes spécifiques communs caractéristiques des OMP de la première génération (1956-1989) à savoir que « leur déploiement exige le consentement préalable des belligérants, la mission

---

[1304]L'accord de cessez-le- feu de 2004 fut signé par le gouvernement de libération du Soudan (AIMLS) et le mouvement pour la justice et l'égalité et l'accord de paix pour le Darfour, dit accord d'ABUJA, fut obtenu de haute lutte et au prix de la défection d'une part significative des factions rebelles. Voir dans ce sens M. LIEGEOIS, « Darfour, mission, … » *Op.cit,* p.8.

[1305] P. DAILLIER et A. PELLET, *Traite de droit international*, Paris, éd. LGDJ, 1999, p.270.

est impartiale et la neutralité des forces est reconnue ; les contingents ne sont pas organisés en unités de combat, sont légèrement armés et n'ont pas de pouvoirs coercitifs ; la mission est déployée alors que se tient en parallèle un processus de paix : le contingent est essentiellement composé de personnel militaire ;le personnel militaire n'est pas fourni par les grandes puissances, mais par des Etats de petites ou moyennes puissances[1306].

Le renversement du chapitre VIII vient donc de nous offrir une nouvelle lecture de ces principes qui encadraient ces opérations sous l'ONU et qui ont connu des améliorations dans le cadre de l'Union africaine.

Cette nouvelle perception fait dire à certains auteurs notamment Laura Pineshi et Josiane Tercinet que les opérations de maintien entraient irréversiblement dans la seule et unique phase d'imposition de la paix[1307].

Dans la même logique de l'examen du chapitre VIII inversé, nous avons également observé que le non recours à la force sauf en cas de légitime défense a été revu par l'approche faite par l'Union Africaine aussi bien en Somalie qu'au Darfour.

L'abandon de ce principe au profit du caractère manifestement coercitif s'explique par le fait qu'il s'agissait d'un conflit en cours en premier lieu pour lequel il n'était pas opportun de déployer une force sans moyens de se protéger soi-même et de protéger les civils.

Deuxièmement, l'hostilité des acteurs et leur nombre aussi bien dans le cas soudanais que dans celui somalien dans le contexte des conflits interétatiques trop souvent incontrôlables, faisant courir de grands risques, non seulement à la paix internationale, mais également sur les populations civiles et les organisations humanitaires[1308] oblige manifestement l'Union Africaine à autoriser la mission à faire usage de la force pour se défendre, défendre d'autres composantes de la mission et assurer l'exécution du mandat de celle-ci[1309].

En troisième et dernier lieu, l'autorisation du recours à la force résulte dans les deux cas à savoir de la Somalie et du Darfour des termes mêmes des décisions d'une part et, l'autre, de la robustesse des opérations.

[1306] L. BALMOND et I. CHOUKRI, « La sécurité internationale en 2000-2001 : la continuité ? », in *Revue Arès* n°49, volume XIX, fascicule, Mai 2002, p.105 et également JALILOSSOLTAN (N), « Les Nations unies et le maintien de la paix après la fin de la guerre froide », in *Revue Arès volume XVIII*, n°45, fascicule 2 (mai 2000), voir aussi NICKY HITHCOT, « Les opérations de maintien de la paix : le rôle des spécialités dans la réhabilitation post-conflit », cours ACP -UE, n°198, mai - juin 2003, p.38 et suivantes.

[1307] L. PINESHI, *Op cit*, p.32 ; J. TERCINET, « Les Nations unies et la sécurité internationale en 1998 », in *Revue Arès volume XIX, n° 47*, fascicule 1 (avril 2001), « Les Nations unies et la sécurité internationale en 1997 », in *Revue Arès volume XVIII, n° 44*,fascicule 1 (février 2000), « Les Nations unies et la sécurité internationale en 1997 », *in Revue Arès volume n°43 fascicule 3,* (Juillet 1999), « Les Nations unies et la sécurité internationale en 1995 et 1996 », in *Revue Arès volume XVII, n°42,* fascicule 2 (mars 1999), « Les politiques nationales en matière de maintien de la paix », in *Revue Arès volume XVII, n° 41*, fascicule 1 (Octobre 1998).

[1308] A. RAINAUD, *Op cit*, p.9.

[1309]Voir *Rapport BRAHIMI* au point n°49, p.10.

Par rapport au cas du Darfour, l'Union africaine, en créant la MUAS I et II, lui a donné comme mandat, entre autres, de contribuer au rétablissement des conditions de sécurité nécessaires à l'apport d'une aide humanitaire en toute sécurité, faciliter un accès sans entrave de l'aide humanitaire à tout le Darfour, de contribuer à la protection des populations civiles immédiatement menacées de violences physiques et empêcher les attaques contre les civils, dans les limites de ses moyens et dans les zones de son déploiement sans préjudice de la responsabilité du gouvernement soudanais et d'œuvrer pour le respect et la protection des droits de l'homme et des libertés fondamentales au Darfour.

Par rapport à l'AMISOM, l'UA l'a investie du pouvoir d'apporter un soutien aux institutions fédérales de transition dans leurs efforts en vue de la stabilisation de la situation dans le pays et de la promotion du dialogue et de la réconciliation, de faciliter l'acheminement de l'aide humanitaire, et de créer les conditions favorables à la stabilisation, à la reconstruction et au développement à long terme de la Somalie[1310].

L'Union Africaine précise également qu'à cet effet, l'AMISOM qui doit être équipée de manière adéquate pour projeter la posture appropriée, accomplira les tâches consistant principalement à soutenir le dialogue et la réconciliation en Somalie, en collaboration avec toutes les parties prenantes, à assurer, comme il se doit, la protection des institutions fédérales de transition et de leurs principales infrastructures afin de leur permettre de s'acquitter de leurs responsabilités.

En plus, l'Union Africaine instruit de manière impérative l'AMISOM d'appuyer la mise en œuvre du plan national de sécurité et de stabilisation de la Somalie, en particulier la reconstruction effective et la formation des forces de sécurité somaliennes inclusives, tout en ayant à l'esprit les programmes actuellement mis en œuvre par un certain nombre de partenaires bilatéraux et multilatéraux de la Somalie.

Dans ce même contexte, l'Union Africaine lui demande d'apporter dans la limite de ses capacités et comme il se doit, un soutien technique et autres aux efforts de désarmement et de stabilisation et, au même moment, suivra dans la limite de ses capacités et comme il se doit, un soutien technique et autres aux efforts de désarmement d'une part et, de l'autre, l'évolution de la situation sécuritaire dans les zones de déploiement de ses forces.

En dernier lieu, l'Union Africaine a investi la mission de la tâche de faciliter, tel que requis et dans la limite de ses capacités, les opérations humanitaires, y compris le rapatriement et la réinsertion des réfugiés et la réinstallation des personnes déplacées, et protéger son personnel, ses installations et son équipement, y compris le droit à l'autodéfense.

A lire de près, il s'agit donc de vastes pouvoirs qui ne peuvent être mis en mouvement que par une opération coercitive. C'est ainsi qu'ayant considéré qu'il s'agissait d'une opération robuste caractérisée par l'usage permanent de la

---

[1310]Voir Paragraphe 9 du PSC/PR/comm. (LXIX).

force, l'Union Africaine a décidé en outre que l'AMISOM comprendrait initialement 9 bataillons d'infanteries, comprenant chacune 850 hommes, appuyés par des composantes maritimes et aériennes, ainsi que par une composante civile appropriée y compris une équipe de formation de la police[1311].

A ce stade, dans le cadre africain, il faut le relever aussi bien dans les textes qui créent l'Union et le CPS que dans sa pratique des opérations de maintien de la paix, une évolution claire s'est présentée dans l'appréhension de cette question.

Le principe initial était fondé sur le rejet de l'usage de la force, mais la pression des événements et le changement de la nature des conflits africains ont conduit irréversiblement à reconnaitre celle-ci comme une composante parfois nécessaire de l'opération[1312].

En ce qui concerne l'usage de la force dans les opérations robustes de maintien de la paix telles la MINUAD et l'AMISOM et ici, plus particulièrement dans la première, il faut relever que l'usage des termes « recours à tous les moyens nécessaires dont dispose la mission » permet d'y inclure l'hypothèse de la force en vue d'assurer l'exécution du mandat[1313].

Dans le cadre de la MINUAD, opération qualifiée d'hybride[1314], l'Union Africaine l'a investie d'un mandat similaire à la MUAS[1315].

Et même lorsque l'ONU qui intervenait dans un processus a agi, elle a pris la précaution par le Conseil de sécurité, compte tenu d'une proposition explicite du secrétaire général, d'autoriser carrément l'emploi de la force à titre préventif et ce, en ces termes, le Conseil de sécurité décide d'autoriser la MINUAD à prendre toutes les mesures requises dans les secteurs où ses contingents seront déployés et dans la mesure où elle juge que ses capacités le lui permettent : pour prévenir les attaques armées[1316].

[1311]Voir Paragraphe 9 du PSC/PR/comme (LXIX).

[1312] A. RAINAUD, *Op cit*, p.8.

[1313]Une disposition similaire apparait clairement dans le contexte de l'ONU à travers la Rés. 1289 (2000) au paragraphe 10 sur la MINUSIL : « les mesures nécessaires pour assurer (…) à l'intérieur de ses zones d'opérations et en fonction de ses moyens, la protection des civils immédiatement menacés de violences physiques, ou tenant compte de la responsabilité du gouvernement Sierra léonais, la Rés. 1565 (2004), paragraphe 4(b) sur la MONUC d'assurer la protection des civils, y compris le personnel humanitaire, sous la menace imminente de violences physiques et par la Rés. 1528 (2004) en son paragraphe 6 (i) où le Conseil de sécurité a autorisé l'ONUCI à utiliser tous les moyens nécessaires pour « assurer la protection du personnel, des installations et de matériel des Nations unies et, sans préjudice de la responsabilité du gouvernement de réconciliation nationale, protéger les civils en danger immédiat de violence physique, dans la limite de ses capacités et dans les zones de déploiement de ses unités ».

[1314]Le terme hybride est contesté par M. LIEGEOIS qui estime que le caractère hybride suppose la mise en commun de deux espèces différentes.

[1315]Voir PSC/PR/Comme (LXXIX) sur la situation au Darfour.

[1316]Voir Rés. 1762 (2007) du 31 juillet 2007 en son paragraphe 15.

Par rapport à l'AMISOM, le recours à l'emploi de la force est même presque sorti des limites traditionnelles qui sont reconnues à savoir la nécessité, la proportionnalité et le respect des obligations découlant des normes pour la protection des droits de l'homme[1317].

La nécessité et la proportionnalité supposent pour l'une l'absence des moyens alternatifs à l'emploi de la force, parce que tous les moyens de persuasion pacifiques ont échoué[1318]et, pour l'autre, l'emploi de la force doit être réduit au minimum étroitement en rapport à la menace qu'on doit affronter et il ne doit se prolonger au-delà des limites strictement nécessaires pour atteindre l'objectif donné[1319].

La nature de l'engagement de l'Union Africaine sur terrain a démontré qu'elle est allée manifestement au-delà de ces limitations traditionnelles car la complexité de la situation le justifiait ainsi et le permettait en vue d'atteindre les objectifs fixés parmi lesquels défaire les Shebab de l'Union des Tribunaux Islamiques en renforçant sérieusement les troupes loyalistes somaliennes entretenues par le gouvernement fédéral de transition.

Quant alors en ce qui concerne le respect des obligations découlant des normes pour la protection des droits de l'homme, il faut à première vue relever qu'à ces principes la circulaire du secrétaire général sur le respect de droit international humanitaire par les forces des Nations Unies de 1999 ajoute le respect des principes du droit international humanitaire lorsque les forces des Nations unies sont déployées et précise que « les principes et règles fondamentaux du droit international humanitaire énoncés dans la présente circulaire sont applicables aux forces des Nations Unies lorsque dans les situations de conflit armé, elles participent activement aux combats, dans les limites et pendant la durée de leur participation».

Il s'avéré que ces principes et règles s'appliquent donc dans les interventions de contrainte et dans les opérations de maintien de la paix quand l'emploi de la force est autorisé dans l'exercice de la légitime défense[1320].

Ces principes tels que consacrés et voulus dans le cadre des Nations Unies constituent une ébauche pour l'Union Africaine qui entend les améliorer dans le contexte des opérations de soutien de la paix qu'elle initie.

C'est ainsi qu'elle a élaboré, sachant qu'elle autorise sur son continent des opérations à vocation coercitive, des directives pour la protection des civils dans les opérations de soutien de la paix de l'UA.

[1317] L. PINESHI, *Op cit*, p.26.

[1318]Dans la notion de nécessité s'inscrit quand même l'obligation d'un avertissement préalable chaque fois que c'est possible. Voir Aide-mémoire concernant certaines questions relatives au rôle et au fonctionnement de la force des Nations unies chargée du maintien de la paix à Chypre, UN ad S/5653 du 11 Avril 1964, paragraphe 10.

[1319]« (…) le feu ne durera pas plus longtemps que cela est nécessaire pour atteindre le but immédiat ». Voir Aide-mémoire, *Op.cit,* paragraphe 19.

[1320]Voir Circulaire du secrétaire général sur le respect du droit international humanitaire par les forces des Nations unies, UN doc ST/SGB/1999/13 du 06 aout 1999.

Circonscrivant son apport en la matière, l'Union Africaine a relevé qu'elle avait, depuis 2003, déployé des opérations de soutien à la paix au Burundi (Mission africaine au Burundi-MIAB), au Soudan (Mission de l'Union Africaine au Soudan-MUAS) puis MINUAD, en Somalie (Mission de l'Union Africaine en Somalie-AMISOM) et aux Comores (Mission d'assistance électorale et sécuritaire aux Comores-MAES).

Les opérations de soutien à la paix en Afrique se sont de plus en plus assignées des tâches relatives à la protection des civils et la capacité de ces opérations à exécuter leur mandat à cet égard est de plus en plus liée à leur légitimité et leur crédibilité.

Les opérations de soutien à la paix au Soudan et en Somalie ont été des laboratoires de mise au point des règles car l'amélioration de la conduite des opérations de soutien à la paix et la mise en œuvre de la protection nécessitaient qu'un accent accru soit placé sur la sécurité et les droits des personnes affectées par les conflits.

Ainsi, ayant reconnu les menaces diverses auxquelles sont confrontées les populations civiles dans les zones de conflit en Afrique, et le rôle central des opérations de soutien à la paix de l'Union Africaine dans la protection des populations civiles dans les zones de conflit, ainsi que l'importance que revêt une protection efficace en ce qui concerne la conduite effective et la légitimité des opérations de soutien à la paix, l'Union africaine, par la voie de la Commission, a donné priorité au développement d'une approche de la protection des civils pour ses opérations de soutien à la paix.

Dans les directives pour la protection des civils, l'UA a réitéré son attachement au respect du caractère sacro-saint de la vie humaine tel qu'articulé dans l'acte constitutif de l'organisation, et, s'agissant plus particulièrement de ses efforts en Somalie, au Darfour et dans d'autres régions, a réitéré et réaffirmé son engagement à respecter pleinement le droit international humanitaire dans les opérations[1321].

Outre en fait les principes et directives qui sont traditionnels et presque reconnus partout dans les organisations qui initient le maintien de la paix[1322], l'Union africaine, après avoir élaboré un rapport sur les retours d'expériences dans les Etats où elle avait déployé ses missions, a conçu un mécanisme d'identification des menaces à la protection, des vulnérabilités et des indicateurs de risques par la mise en place du système continental d'alerte rapide (CEWS)[1323].

[1321]UNION AFRICAINE, Rapport de la commission sur la situation en Somalie soumis à la 245ème réunion du Conseil de paix et de sécurité tenue le 15 Octobre 2010.

[1322]Entre autres de l'engagement à respecter et à faire respecter le droit international humanitaire, l'intégration de ses règles et principes dans les directives opérationnelles, la protection des civils, la formation en droit de l'homme et en DIH.

[1323]UNION AFRICAINE, Rapport intérimaire du président de la commission sur l'élaboration des directives pour la protection de soutien de la paix et l'UA adopté par le Conseil de paix et de sécurité en date du 18 Mai 2011 en sa 279 réunion, p.5.

Ce système a pour tâche essentielle aussi bien en temps de paix que de guerre le suivi des menaces émergentes à la protection des civiles, des vulnérabilités et risques[1324].

Son objectif est de suivre les situations de conflits qui émergent sur le continent africain et de fournir une information pertinente en temps opportun ainsi que des analyses à la mission sur terrain, au Conseil et à d'autres parties prenantes au niveau du département paix et sécurité afin de permettre une prise de décision efficace.

Le CEWS a également pour objectif de fournir des informations et des analyses pertinentes aux groupes de travail sur la gestion des conflits (CMTFS), lorsque ceux-ci sont mis en place pour planifier les interventions mandatées par les organes compétents de l'Union africaine, ainsi que les données dans la planification et dans la phase opérationnelle des opérations de soutien à la paix.

L'élaboration d'indicateurs pour aider le CEWS dans le suivi des menaces à la protection des civils, des risques et vulnérabilités est donc cruciale pour permettre au CEWS d'analyser et de communiquer les informations requises sur la protection des civils aux décideurs tant dans la planification de prise en charge que dans la phase opérationnelle d'une opération de maintien de la paix.

De ce qui précède, c'est plus particulièrement les opérations de l'Union Africaine au Soudan et en Somalie qui ont mis en relief l'importance de la protection des civils pour la réussite d'ensemble des efforts de paix sur le terrain et ont mis en lumière les défis rencontrés.

Cette approche nouvelle constitue ni plus ni moins des avancées que l'on découvre dans l'Union Africaine à la suite de l'étude du régionalisme inversé du chapitre VIII.

Toutes ces positions appellent donc à projeter les perspectives de l'amélioration d'une convergence stratégique entre les partenaires qui interviennent dans ces opérations ou qui interviendront.

B. L'amélioration d'une convergence stratégique entre partenaires

Cet aspect constitue bel et bien un moyen de la consolidation des actions de l'Union Africaine en matière de maintien de la paix initiées par cette organisation car elle se penche sous deux angles : politique et opérationnel.

1. La convergence stratégique politique

La convergence stratégique relève de la nécessité de parvenir à la cohérence politique car, celle-ci est un impératif déterminant pour guider les deux organisations dans la définition d'un partenariat fondé sur le respect mutuel.

[1324]UNION AFRICAINE, *Op.cit*, p.5.

Par conséquent, il est important sous cet angle d'accepter et de percevoir le partenariat dans son contexte stratégique général afin d'assurer la convergence entre les deux institutions.

Dans son aspect pratique, le partenariat doit être perçu sous l'angle de l'utilisation des avantages comparatifs des Nations Unies et de l'Union Africaine pour optimiser les résultats et ne doit pas être envisagé à partir du prisme étroit des ressources, au risque d'en compromettre la raison d'être, en particulier la reconnaissance des avantages comparatifs des uns et des autres.

Ainsi, de façon plus significative, le partenariat devrait se renforcer mutuellement et non amoindrir le rôle de l'Union Africaine dans la gestion de la paix et de la sécurité sur le continent ou usurper la responsabilité principale des Nations Unies dans le maintien de la paix et de la sécurité internationales.

Cette convergence stratégique entre partenaires passe par la coopération à un triple niveau à savoir stratégique, opérationnel et sur les questions transversales.

En ce qui concerne la coopération au niveau stratégique, il faut faire observer que l'application de l'esprit nouveau du chapitre VIII sur la base d'une reconnaissance mutuelle et l'acceptation du caractère incontournable des organisations régionales dans l'ordre mondial contemporain aura des implications sur la conceptualisation du partenariat au plan stratégique[1325].

Et pour arriver au renforcement des relations existantes au niveau stratégique, les mesures pouvant adéquatement y contribuer par l'approfondissement du partenariat stratégique sur la base du nouveau chapitre VIII passent par le renforcement du dialogue sur les principes qui sous- tendent le partenariat sur les questions structurelles entre le CPS et le Conseil de sécurité.

Sous le premier aspect, il est important pour les deux organisations d'avoir une acception commune de l'esprit et de la lettre du nouveau chapitre VIII dans le cadre du système de sécurité collective des Nations unies.

Cela permettrait bien sûr de situer le partenariat dans un contexte politico-stratégique approprié.

En termes pratiques, il importe d'avoir irréversiblement une lecture plus novatrice et audacieuse de l'esprit du chapitre VIII qui prépare le terrain pour le partenariat stratégique et ce, en reconnaissant d'une part le rôle des organisations régionales dans la gestion de la sécurité dans leurs régions et, d'autre part, en appelant les organisations régionales à interagir avec le Conseil de sécurité dans leurs efforts de gestion de la paix et de la sécurité dans leurs régions respectives.

Sous le second aspect, dans le cadre des efforts visant à consolider le nouveau partenariat, l'Union Africaine et les Nations Unies devraient engager un dialogue sur les principes qui devront sous-tendre leur partenariat stratégique.

[1325]UNION AFRICAINE, « Rapport du président, ... », *Op. cit*, p. 31.

Dès lors, un tel dialogue aiderait les deux institutions à harmoniser leurs approches et méthodes de gestion des conflits sur le continent et pourrait également aider les deux conseils à échanger sur les éléments constitutifs d'une menace à la paix et à la sécurité internationales.

Sous le troisième aspect, une consultation plus structurée entre le CPS et le Conseil de sécurité permettrait de renforcer l'interaction entre les organes et faciliterait de résoudre la question doctrinale concernant le déploiement des soldats de la paix car, les Nations unies et l'Union Africaine doivent réconcilier leurs approches relatives au déploiement des opérations de maintien de la paix.

Ceci s'avère important car, les Nations Unies semblent être guidées par la pratique visuelle de plusieurs décennies qui consiste à ne pas déployer des soldats de la paix en l'absence d'accords de paix et, l'Union africaine, pour sa part, apparaît plus disposée à prendre des risques, comme le démontrent ses décisions de déployer des opérations en l'absence d'une paix à maintenir[1326].

Cette acception de l'Union Africaine résulte de l'inversion du chapitre VIII de la Charte et paraît acceptable dans la mesure où, dans certaines situations, la paix doit être créée avant d'être maintenue.

Ce qui, au demeurant, est confirmé par sa politique de non –indifférence.

Il s'agit bien là d'une divergence doctrinale de fond qui doit faire l'objet des discussions politiques plus larges, car elle a un impact pratique direct sur la division du travail et la répartition des charges.

2. La convergence stratégique opérationnelle

En ce qui concerne la coopération au niveau opérationnel, la coopération au niveau de sièges de deux organisations et sur le terrain serait considérablement renforcée, si les mesures proposées pour les relations au niveau stratégique étaient mises en œuvre

Point n'est besoin pour nous de souligner que le succès de la coopération au niveau opérationnel sera déterminé par le degré de cohérence politique entre les Nations unies, l'Union Africaine et les Communautés Economiques Régionales.

Et aux fins de consolider les relations au niveau opérationnel, les deux organisations doivent se mettre d'accord pour renforcer le soutien aux programmes de prévention de l'Union Africaine qui pourrait passer par l'effort à la mise en œuvre intégrale et rapide de différentes composantes de l'architecture continentale de la paix et au renforcement des capacités de l'Union africaine, améliorer les réponses du Conseil de sécurité aux requêtes de l'Union africaine, apporter un appui intégral et multidimensionnel aux opérations de la paix conduites par l'Union africaine, améliorer la planification

[1326]UNION AFRICAINE, Campagne « agissons pour la paix », in *www.makepeacehappen.net* consulté le 06 Juin 2012.

conjointe des OSP[1327], assurer une étroite coordination en cas de Co-déploiement[1328], établir des liens plus étroits dans le domaine de la réforme du secteur de la sécurité[1329] et nouer des liens pour relever les défis transitionnels[1330].

En ce qui concerne en dernier lieu la coopération sur les questions transversales et dans le cadre du partenariat stratégique, il convient d'avoir un regard sur les questions liées au financement[1331] et au renforcement des capacités dans le contexte politico-stratégique d'ensemble des relations entre les deux institutions.

Et pour y arriver, il importe d'assurer la prévisibilité, la pérennité et le décaissement rapide des ressources promises, combler le déficit conceptuel dans l'approche du renforcement des capacités avec les priorités de l'Union Africaine et des Communautés Economiques Régionales.

De tout ce qui précède, l'amélioration d'une convergence stratégique entre partenaires s'avère être une nécessité qui passe par les domaines que nous venons d'évoquer.

Ceci est d'autant vrai car l'Union Africaine fait face à un contexte sécuritaire international en constante évolution avec de sérieuses répercussions sur son continent et les conflits actuels en Afrique ont tendance à être des crises internes ayant des causes liées essentiellement à la gouvernance et un impact régional marqué[1332].

A cet égard, l'Union Africaine et les CER qui ont fait la preuve de leur détermination renouvelée à relever, de façon holistique, les défis à la paix et à la sécurité sur le continent, sont bien placées pour jouer un rôle de premier plan,

---

[1327]Compte tenu de la probabilité de transformation des opérations de l'Union africaine en opération des Nations Unies ou de la mise en place d'opérations hybrides à l'avenir, il est important pour les deux conseils de s'engager dans une planification sérieuse lorsqu'une opération de paix est envisagée.

[1328]Une coordination et collaboration étroites sont essentielles lorsque les deux institutions sont co- déployées sur le même théâtre. A ce titre, le forum consultatif sur le Soudan qui regroupe l'UA, les NU et d'autres membres de la communauté internationale a été un mécanisme utile à travers lequel ces acteurs se sont rencontrés pour résoudre des questions politiques importantes et dégager un consensus sur la voie à suivre.

[1329]Des efforts doivent être déployés pour établir des liens plus étroits dans le domaine de la réforme du secteur de la sécurité. L'UA et les CER considèrent la réforme du secteur de la sécurité comme une question politique majeure pour laquelle elles disposent d'avantages comparatifs au plan politique et peuvent assurer le leadership requis dans le cadre plus large de l'agenda pour la gouvernance.

[1330]Les Nations Unies et l'Union africaine doivent également renforcer leurs liens pour mieux faire face aux défis transnationaux tels que le terrorisme, la drogue et autres trafics illicites ainsi que le changement climatique ; une coopération renforcée est indispensable compte tenu de la nature transfrontalière de ces défis.

[1331]UNION AFRICAINE, « Campagne »,... in *Op.cit.*

[1332]UNION AFRICAINE, voir les observations du président de la commission de l'UA dans le rapport sur le partenariat entre l'UA et les NU dans le domaine, ... *Op cit,* p.36.

tant d'un point de vue institutionnel que normatif et partant, contribuer au renforcement du système de sécurité collective[1333].

Ainsi, les défis complexes de notre monde contemporain appellent une interprétation dynamique et revitalisée du chapitre VIII de la Charte des Nations unies[1334].

Une telle interprétation devrait être irrévocablement fondée sur la pleine reconnaissance du rôle crucial des organisations régionales, telles que l'UA, s'agissant du maintien de la paix et de la sécurité internationales qui participe pleinement de la sécurité collective

Cette acception confirme celle de l'amélioration du partenariat tel que le reconnaît l'UA : « Nous avons besoin d'un partenariat novateur et renforcé pour relever les défis actuels et nous doter des capacités requises pour affronter les incertitudes de demain »[1335].

A ce stade, l'Union Africaine a fait passer l'idée selon laquelle le partenariat était un acquis et que la relation ne serait point désormais ce qu'elle a été toujours car elle avance.

Ces perspectives sur le partenariat permettent ni plus ni moins que de consolider les actions de maintien de la paix initiées par l'Union Africaine mais celles-ci ne peuvent davantage être consolidées que par l'accroissement des moyens techniques, humains et financiers. D'où, le paragraphe II de cette section.

§2. La consolidation des opérations de maintien de la paix africaines par l'accroissement des moyens techniques, humains et financiers.

Comme relevé supra, l'Union Africaine s'est engagée irréversiblement et irrévocablement dans ces opérations de grande envergure de maintien de la paix dans sa région. Cela est prouvé par les opérations menées en Somalie et au Darfour.

Il est également admis que ce soit dans le cadre purement de l'ONU que dans celui des autres organisations régionales que ces opérations ne peuvent être menées avec les seuls moyens de l'organisation qui les initient.

Cette volonté d'interagir montre que nous sommes dans une situation d'interdépendance qui concourt à la réalisation du but commun qui est le maintien de la paix et de la sécurité internationale.

Depuis la naissance de l'Union Africaine en 2002 et la création en 2004 de son Conseil de paix et de sécurité, inspiré du Conseil de sécurité, l'organisation africaine a attiré vers elle des partenaires importants aux fins de soutenir pleinement ses efforts pour développer ses capacités de maintien de la paix[1336].

1333 UNION AFRICAINE, *Op.cit*, p.36.

1334 Comme l'a si justement relève le secrétaire général dans son rapport d'octobre 2010.

1335 *Idem*

1336 A. GNANGUENON, « Le cadre du partenariat ONU/ organisations régionales et sous

Ces nouvelles politiques visant à consolider les opérations de maintien de la paix initiées par l'Union Africaine passent par le développement et l'accroissement des moyens techniques, humains et financiers avec des partenaires tels que l'ONU, l'UE et d'autres Etats à titre individuel.

A. L'accroissement des moyens techniques de l'UA

Ce premier développement passe par le rapport existant entre l'Union Africaine et ses partenaires traditionnels et actuels.

1. Les moyens techniques des partenaires traditionnels

De ces partenaires, l'ONU reste le plus important. Les rapports entre celle-ci et l'UA s'appuient, tout d'abord, sur différents mécanismes de coordination et de consultation mis en place par les instances onusiennes auprès de l'UA.

Le rapprochement entre les deux organisations se fait dans le cadre des réunions conjointes entre le Conseil de sécurité et le CPS

Ces deux organes ont décidé des consultations périodiques afin de renforcer leur coopération dans le domaine de la prévention et de la gestion des conflits.

En outre, les deux parties ont signé une déclaration portant sur « le renforcement de la coopération entre l'Organisation des Nations Unies et l'Union Africaine : cadre du programme décennal de renforcement des capacités pour l'Union Africaine »[1337].

Cette proposition avait déjà été faite en 2005 dans le cadre de la résolution 1625 du Conseil de sécurité.

Le développement de la coopération s'applique notamment à la prévention et à la médiation, au désarmement et à la non-prolifération, à la consolidation de la paix, des droits de l'homme et dans le domaine de l'action humanitaire[1338].

Le but ultime de l'ONU est et reste bel et bien de permettre à l'Union Africaine d'agir au nom de la communauté internationale pour promouvoir la paix et la sécurité en Afrique.

Le département des opérations de maintien de la paix a ainsi créé une équipe composée d'experts civils, militaires et policiers afin de fournir des avis techniques à la Commission de l'Union africaine[1339].

---

régionales », in *Revue du centre d'étude en sciences sociales de la défense*, France, 16 Octobre 2008, p 8 repris par le Réseau francophone de recherche sur les opérations de paix sous le titre organisations régionales et sous régionales in *www.opérationpaix.net* consulté le 09 Avril 2012, p.4.

[1337] ODZOLO MODO (M), « Paix et sécurité : la coopération entre l'ONU et l'UA », le 24 Novembre 2009 publié sur *http://www.opérationspaix.net et www.grotius.fr* consulté le 25 Juin 2012.

[1338] *Idem.*

[1339] *Ibidem*

Le renforcement des capacités de l'Union Africaine est accru par le fait que les deux organisations recourent de plus en plus aux opérations conjointes.

De cette situation, l'Union Africaine a créé en février 2003, la mission de l'Union Africaine au Burundi qui a été remplacée par une opération des Nations Unies en fin 2004.

Il s'agissait en l'occurrence de la première mission de maintien de la paix de l'Union africaine.

Le théâtre d'opérations somalien n'a, quant à lui, jamais cessé d'être un laboratoire d'expérimentation, depuis l'engagement de l'ONUSOM I et II en 1992 qui ont été succédé, sous l'Union africaine, engagée dans le cadre de l'AMISOM, depuis janvier 2007[1340].

Le partenariat technique sur le terrain a aussi pris la forme d'une force UA/ONU dite hybride déployée au Soudan depuis juillet 2007.

A propos même de cette coopération, le commissaire Ramtane Lamamra du Conseil de paix et de sécurité de l'Union Africaine a estimé qu'il s'agissait d'une expérience qui devait se renouveler et, peut-être, s'ériger en modèle pour l'avenir[1341].

Michel Liégeois, pour sa part, estime qu'il s'agit d'une coopération séquentielle entre deux organisations qui pourra servir de modèle pour l'avenir qui doit plutôt être appelée opération conjointe[1342].

Cette coopération a mis en exergue des concepts nouveaux tels la codirection stratégique car le mandat de la mission est attribué conjointement par le Conseil de sécurité de l'ONU et par le Conseil de paix et de sécurité, la Co- désignation de principaux responsables politiques et militaires de la mission jusqu'au niveau des adjoints et en dernier lieu, c'est le mécanisme de coordination établi avant le déploiement[1343].

C'est dans ce contexte même que l'ONU, en commémorant la journée internationale des gardiens de la paix de l'année 2012, le thème y consacré, celui du « maintien de la paix, un partenariat mondial » rend compte avec justesse de la nature de la signification et de la coopération entre les Nations Unies et l'UA dans le domaine de la paix et de la sécurité[1344].

[1340] A. GNANGUENON, *Op cit*, p.4.

[1341] *Idem*.

[1342] M. LIEGEOIS, « Intervention dans le cadre du panel 3, étude des cas : Darfour et Somalie », ... *Op cit*, page et parle en utilisant le terme conjoint car il pense que c'est une opération qui a été décidée conjointement par l'ONU et l'UA qui exercent conjointement la direction stratégique de cette opération selon des modalités pratiques qu'elles ont définies lors de négociations tenues en Novembre 2006 au siège de l'UA.

[1343] P.-M. JOANA, « La régionalisation des questions de paix et de la sécurité », in *Séminaire sur les principaux enjeux, défis et opportunes liés aux opérations de paix sur le continent africain organisé par l'OIF, le groupe des ambassadeurs francophones d'Addis-Abeba, in Réseau francophone de recherche sur les opérations de paix de l'université de MONTREAL, Addis-Abeba, le 7juin 2010.*

[1344] J. PING, « Allocution du président de la commission de l'UA, à l'occasion de la célébration la journée internationale des gardiens de la paix », Addis-Abeba, Union africaine, 29 mai 2012,

Il met en évidence la vision stratégique partagée sur laquelle l'ONU et l'UA sont en mesure de mettre à contribution leurs avantages comparatifs respectifs : la capacité de l'UA à apporter une réponse rapide, grâce à sa proximité et sa connaissance fine des réalités du terrain et la capacité de l'ONU à assurer une présence prolongée pour relever les défis de la prévention, la gestion et la résolution des conflits sur le continent[1345].

Ainsi, cette vision qui se développe dans le creuset d'un consensus politique encourage la complémentarité entre les deux organisations et assure que toutes les parties travaillent à l'unisson.

Cette vision stratégique partagée est mieux illustrée par l'opération emblématique qui est la mission hybride Union africaine/ ONU au Darfour (MINUAD) ainsi que la mission de l'Union Africaine en Somalie (AMISOM)[1346].

La MINUAD parait donc être un témoignage éloquent de l'importance du partenariat UA/ONU et de la créativité politique et professionnelle qui l'a portée.

Au demeurant, l'UA est convaincue que les opérations de paix hybrides et d'autres approches novatrices pour le soutien, le rétablissement et la consolidation de la paix paraissent comme une voie d'avenir en ce qu'elles tirent profit à la fois du caractère universel de l'ONU et des avantages d'une mobilisation continentale effective[1347].

Les œuvres de paix qui sont donc l'UNAMID et l'AMISOM paraissent comme une nouvelle génération de mission de paix et à ceci MARIA NZOMO[1348] dit « en ce qui concerne la gestion de ses propres affaires, l'Afrique accède à la maturité, ou a maintenant le sentiment que l'Afrique devrait arbitrer elle-même ses propres conflits[1349].

Une autre technique que développe l'ONU en faveur de l'Union Africaine est le coparrainage. Tel est le cas, dans le cadre de la consolidation de la paix par l'UA et l'ONU qui ont coparrainé la conférence internationale sur la région des grands lacs.

---

p.2.

[1345]*Idem*

[1346]*Idem* ; voir également propos de LUIS GORGULHO (L) du Brésil à la 6561 séance du Conseil de sécurité sur la paix et sécurité en Afrique : les membres du Conseil saluent l'action du bureau de l'ONU auprès de l'UA pour renforcer la coopération des deux entités in *www.un.org,* consulté le 23 juillet 2012.

[1347] D. BANGOURA, « L'Union africaine face aux enjeux de paix et de sécurité et de défense », projet de recherche de l'observation politique et stratégique de l'Afrique, CRIS, Université de PARIS I Panthéon, Sorbonne, paris, Avril, 2002.

[1348] M. NZOMO, professeur et directrice de l'institut de diplomatie et d'études internationales de l'université de NAIROBI.

[1349]Propos repris par HARSCH (E), *Op cit*, p.7.

2. *Les moyens techniques des partenaires actuels*

A côté de l'ONU, un autre partenaire important qui développe des moyens techniques en faveur de la consolidation des opérations de maintien de la paix en Afrique est l'UE.

En effet, au-delà des querelles autour de la construction Européenne, l'UE apparait de nos jours comme la forme la plus avancée des organisations régionales du monde en terme d'organisation institutionnelle et de coopération communautaire d'une part, de l'autre, d'un point de vue historique, elle est la seule organisation internationale existante aujourd'hui par laquelle des Etats nations décident de mettre en commun des « pans entiers de souveraineté[1350]».

Depuis l'entrée en vigueur du traité d'Amsterdam le 14 Mai 1999 et le conseil de Cologne les 3 et 4 juin de la même année, l'UE a renforcé sa politique étrangère et de sécurité commune (PESC) en se dotant d'une politique européenne de sécurité et de défense (PESD), un outil sensé donner un contexte stratégique et opérationnel à l'intervention de l'UE au-delà de ses frontières.

Il s'agit de la première technique de coopération aussi bien avec l'ONU qu'avec les autres organisations régionales qui a, entre autres, pour objectif avec la politique étrangère et de sécurité commune de compléter l'intégration et la puissance économique de l'UE mais aussi d'apporter un appui stratégique aux autres outils disponibles : économiques, commerciaux, humanitaires et de développement[1351].

C'est pour cette raison qu'elle articule les dimensions civiles et militaires dans ses interventions[1352].

De ce point de vue, le continent africain a pris une place importante dans l'agenda extérieur de l'UE depuis le sommet UE-Afrique de 2000 à la suite duquel elle a inscrit au centre de ses réflexions « l'architecture de la sécurité africaine, les responsabilités et les ressources du maintien de la paix dans les zones des conflits, le défi constant du développement et la réalisation des objectifs du millénaire pour le développement, la recherche d'une combinaison équilibrée entre construction de la paix et développement»[1353].

L'ONU a accepté ces interventions notamment en ce qui concernent les solutions multilatérales apportées aux problèmes qui se posent aujourd'hui dans le monde et l'Union Européenne, en définissant sa stratégie européenne de

1350 S. NGUEMBOCK, « Quel bilan pour la politique européenne de sécurité et de défense (PESD/ en Afrique centrale ? Évaluation et bilan des activités de la PESD en Afrique centrale depuis 2003 » in *www.iteness.net,* consulté le 25 juillet 2012).

1351 J.-M. GUEHENNO, « Maintien de la paix : les nouveaux défis pour l'ONU et le Conseil de sécurité » in *Politique étrangère* n°3-4, 2003, 68ème année, page 689- 700, voir aussi sur *http:// www.persee.fr*.

1352 S. NGUEMBOCK, *Op cit*, p.2.

1353 Les interventions Européennes en Afrique en général et en Afrique centrale en particulier, correspondent à certains domaines retenus dans le document final du sommet mondial de 2005 des Nations unies.

sécurité, réaffirme la place de choix qu'occupe le continent africain dans ses priorités en matière de politique étrangère à partir de 2003[1354].

L'action de l'UE s'inscrit effectivement dans le cadre de la coopération en matière de paix et de sécurité avec l'UA et les Communautés Sous Régionales notamment la CEEAC pour un soutien politique à la construction de l'architecture de sécurité africaine qui se met progressivement en place sous l'égide de l'UA[1355].

Cette architecture consiste à développer des pôles de sécurité dans les différents sous-ensembles géopolitiques du continent africain notamment en Afrique de l'Ouest et en Afrique Centrale afin de doter le continent d'une structure et d'une capacité de prévention et de gestion de crise par les africains eux-mêmes et de renforcer le dispositif de la force africaine en attente[1356].

La politique européenne en matière de consolidation de la paix trouve aussi son fondement suite au traité de Maastricht qui a remplacé la coopération politique européenne (CPE)[1357] par une politique étrangère et de sécurité commune[1358].

Ce traité définissait cinq objectifs fondamentaux de la politique extérieure de l'UE et établissait le cadre qui permettrait d'élaborer des politiques ayant des implications dans le domaine de la défense en ayant recours à l'Union de l'Europe Occidentale dont la structure en matière de défense et de sécurité sera par la suite intégrée à l'UE[1359].

Dans le contexte de l'Europe comme acteur également prépondérant dans la consolidation des opérations de maintien de la paix africaines, la mise sur pied par elle d'une PESC a permis, plus tard, en ce qui concerne les relations UE-Afrique, d'articuler les trois piliers de l'accord de partenariat UE-ACP (Union Européenne-Afrique, caraïbe, pacifique) qui, avec l'accord de Cotonou, reposent sur la coopération économique et commerciale, la coopération

---

[1354] L.-A. SICILIANOS, « L'autorisation par le Conseil de sécurité de recourir à la force : une tentative d'évaluation », in *Revue générale de droit international public*, tome 106, n°1, 2002, page 5-50.

[1355] B. DELCOURT, « L'usage de la force et promotion des valeurs et normes internationales : fondement (1) pour la politique européenne de sécurité et de défense », in *Études internationales*, volume XXXIV, n°1, mars 2003, page 5-24. Egalement S. NGUEMBOCK, *Op cit,* p.2.

[1356] S. NGUEMBOCK, *Op cit,* p.2.

[1357]La CPE a été initiée en 196. Elle visait l'échange d'informations et la concertation entre les Etats membres. Sa mise en œuvre à mis à jour les ambigüités du positionnement des européens en matière du recours à la force.

[1358]La PESC, elle a entre autres comme objectifs cités et repris à l'article 11 du TUE (version consolidée) le développement et le renforcement de la démocratie et de l'Etat de droit ainsi que le respect des droits de l'homme et des libertés fondamentales.

[1359] J.-M. GUEHENNO, « L'Afrique concentre trois quarts des opérations de maintien de la paix » propos recueillis lors de la conférence de presse par vidéo conférence organisée le 16 Octobre 2011 par l'organisation de la presse africaine, in *Allafrik.com.*, consulté le 24 juillet 2012. Egalement S. NGUEMBOCK, *Op cit,* p.2.

technique et financière et la dimension politique qui permet de dépasser le cadre traditionnel de la coopération au développement[1360].

La stratégie de l'UE pour l'Afrique adoptée lors du conseil européen de décembre 2005 constitue la première initiative pour définir une approche inter-piliers de l'action de l'UE en Afrique[1361].

Elle manifeste la priorité accordée à l'Afrique et vise d'une part, à mieux coordonner les interventions en Afrique des Etats membres et de la Commission et, d'autre part, à établir un partenariat stratégique « eurafricain » fondé notamment sur le renforcement des capacités africaines de prévention et de gestion des conflits[1362].

Cette stratégie vise en particulier le volet sécurité qui comporte trois actions prioritaires à savoir : le renforcement du dialogue sur les enjeux de paix et de sécurité, le financement des opérations africaines de maintien de la paix et la pleine opérationnalité de l'architecture africaine de paix et de sécurité[1363].

C'est dans le cadre de cette dernière action que l'UE s'est appropriée le concept EURORECAMP qui reprend le principe d'un cycle d'entrainement, combinant séminaires et ateliers et se concluant par un exercice de poste de commandement.

Elle a même initié, dans la même perspective, le cycle Baptisé AMANI AFRICA, conduit en partenariat avec l'UA qui s'est achevé en octobre 2010 par un exercice qui a consacré « l'initial opération a capability » du comité de crise situé au sein de la Commission paix et sécurité de la Commission de l'UA.

Dans l'analyse de cette contribution européenne au maintien de la paix, force est de relever que l'Europe s'allie totalement sur les « peace support opérations » qui se sont justifiées par l'affaiblissement de la solidarité internationale caractérisée par les faiblesses des ambitions et les ambiguïtés de la communauté internationale dans les opérations de maintien de la paix[1364].

Dans l'étude que nous menons, il serait incohérent de limiter cette approche de renforcement des moyens techniques par l'apport des partenaires traditionnels car il importe d'intégrer une nouvelle dimension qui est celle des pays donateurs.

Il est fait allusion aux techniques apportées par les USA, par la France, la grande Bretagne et tant d'autres.

1360 S. PFISTER, *Les avantages comparatifs de l'UE dans la gestion des crises et la sortie des conflits*, institut européen de l'université de Genève, septembre 2004, page 23 et suivants.

1361L'UE et l'Afrique vers un partenariat stratégique document 15961/05 du 19 décembre2005.

1362 A.-E. GUILLAUD, Centre interarmées des concepts, des doctrines et d'expérimentations et du renforcement des capacités africaines de maintien de la paix, in *Lettre de promulgation n°179/DEF/EMA/CICDE/NP*, Paris, le 22 décembre 2012, p.18.

1363 A.-E. GUILLAUD, *Op.cit,* p.18.

1364 B. STERN, « Les évolutions récentes en matière de maintien de la paix par l'ONU », in *Observateur des Nations unies,* n°5, 1998, p.1-27. Voir également T. TARDY, *La France et la gestion des conflits yougoslaves (1991-1995), Enjeux et leçons d'une opération de maintien de la paix de l'ONU*, Bruxelles, éd. Bruylant, 1991, p.112.

Les américains ont initié plusieurs initiatives coordonnées par AFRICOM. La création de l'AFRICOM COMMAND, commandement régional dédié à l'Afrique, a été décidée en février 2007 pour mieux coordonner les actions des acteurs publics[1365] et privés[1366].

Les Britanniques ont mis en œuvre le programme ACPP (african conflit prévention programme). Cette politique de prévention des conflits en Afrique est coordonnée au sein du conflict prévention pool, structure interministérielle centralisant le financement de toutes les opérations visant à la prévention des conflits.

Dans ce domaine d'initiatives étatiques de consolidation des moyens techniques des opérations africaines de maintien de la paix, la France a développé le principe d'une approche globale des questions de sécurité en Afrique caractérisée par une expression initiale dite RECAMP[1367] pour permettre aux pays africains de participer aux opérations de maintien de la paix.

Ce concept a progressivement évolué jusqu'à englober une large part du spectre des actions de coopération, tant structurelle qu'opérationnelle, conduites par la France.

Ainsi, le constat d'un engagement croissant de l'UE, souligné par le discours du cap en 2008 mais patent depuis 2005, date de la publication de la stratégie africaine de l'UE, a conduit la France à proposer que l'UE assure la pleine responsabilité du partenariat avec l'UA, pour tout ce qui concerne la montée en puissance des outils de gestion de crise à la disposition du Conseil de paix et de sécurité de l'UA[1368].

Ce concept développe la stratégie nationale de soutien à la paix et à la sécurité en Afrique et s'inscrit dans le cadre d'un vrai partenariat entre la France et des Etats ou organisations agissant dans tout le continuum prévention-crise-sortie de crise, et porte également une vision stratégique des enjeux de paix et de sécurité sur le continent africain à l'horizon 2015.

Il apparaît donc comme un fédérateur d'initiatives, sorte de boite à outils conceptuelle qui met en synergie des programmes, par ailleurs pertinents quand ils sont utilisés isolement, et qui contribuent à la réalisation des trois objectifs à savoir le soutien à l'AAPS[1369] en particulier les forces de la FAA[1370], le soutien des contributeurs africains aux OMP dans toutes les étapes de leur engagement, constitution d'une force, exécution de ses missions, voire soutien logistique et le renforcement des capacités spécifiques de certains Etats vulnérables dans un cadre bilatéral.

En dernier lieu, le RECAMP repose sur le volontariat des Etats et organisations (africains et partenaires) pour contribuer au renforcement des

---

1365Pentagone, département d'Etat, USAID.
1366ONG, sociétés civiles locales.
1367Ce concept a été lancé par la France en 1997.
1368 A.-E. GUILLAUD, *Op cit*, p.19.
1369Architecture africaine de paix et de sécurité.
1370Force africaine en attente.

capacités africaines, sur l'appropriation africaine qui vise à permettre aux africains de pouvoir assurer par eux-mêmes la sécurité de leur continent, la globalité de l'approche et spécificité des actions et la recherche des partenariats en dehors et hors Afrique d'une part et, de l'autre, il a retenu comme champs d'action la mise en œuvre des moyens humains, financiers et techniques de la coopération structurelle et de la coopération opérationnelle pour atteindre les objectifs prévus et suivant les modalités liées à la formation individuelle des cadres, le soutien à l'entrainement ou l'organisation des états-majors, des unités et des institutions qui interviennent dans l'architecture de paix et sécurité et le soutien opérationnel aux contingents engagés dans des OMP[1371].

Cet aspect relatif aux moyens techniques atteste à suffisance que l'effectivité des opérations de maintien de la paix africaines a attiré d'autres partenaires et a créé d'autres moyens techniques de coopération qui amènent la réalisation de la consolidation de ceux-ci en vue effectivement de les maximiser.

Se limiter à la seule dimension que nous évoquons serait limitatif de la vision du chapitre VIII inversé. C'est ainsi qu'il faut voir l'autre dimension qui a trait à l'accroissement des moyens humains et financiers. D'où, le point B.

B. L'accroissement des moyens humains et financiers

Les conflits intra-étatiques qui ravagent l'Afrique impliquent des missions de paix aux tâches multiples, effectuées dans un contexte de violence significative et où les parties aux conflits sont nombreuses[1372]. Ce sont autant de variables qui entraînent la création des missions à forts effectifs militaires[1373].

1. Des contingents essentiellement africains

S'il est vrai que les Etats africains sous la guerre froide n'avaient pas assez d'effectifs ni d'argent pour faire face à ce genre d'opérations initiées sous l'ONU, la donne a changé après la guerre froide et surtout avec l'UA qui a voulu identifier la paix et la sécurité du continent africain comme une des conditions préalables à son développement économique[1374]. Cette priorité est largement

[1371] J. TERCINET, « L'UE et la gestion des crises », in *Actes du colloque, la défense européenne organisée le 01 février 2002. Centre d'études européennes (faculté de droit Lyon III) et centre des recherches sur l'Europe et le monde contemporain (faculté JEAN MONNET, Paris XI)* éd. Bruylant, Bruxelles, 2003, p 119 – 142, lire également A. POLITI, « nouveaux risques transnationaux et sécurité européenne », Cahiers de CHAILLOT, n°29, Paris, 1997 (consultable sur le site *www.weu.int*), Institut /Chaillot/ chai 29, lire également P. DUBOIS, « l'Union Européenne et le naufrage de la YOUGOSLAVIE(1991 - 1995) », in *Relations internationales*, N°104, hiver 2000, pp.464-485.

[1372] M. TESSIER et T. GONGORA, *Op. cit*, p.3.

[1373] *Idem*

[1374] M. KLEIN, *Op. cit*, p.2.

ainsi inscrite dans l'acte constitutif de l'UA[1375] et dans les documents relatifs au NEPAD.

C'est alors que dans une démarche dynamique que celle de l'OUA, l'UA a voulu valoriser le volet « gestion des crises et a, à la suite, institué une force africaine pré positionnée dans le cadre du CPS.

La mise en commun de ces efforts montre à suffisance que l'organisation régionale africaine est en mesure de mobiliser d'une part les troupes nécessaires par ses propres Etats contributeurs et, d'autre part, de l'argent nécessaire afin d'assurer ces opérations.

Cette double politique a été assurée dans le cadre de la MINUAD et de l'AMISOM et n'a sollicité qu'à être soutenue par d'autres partenaires.

Cette acceptation de l'accroissement des moyens humains et financiers comme perspective de la consolidation des opérations de maintien de la paix et de la sécurité régionale africaine est aujourd'hui largement acceptée.

Elle s'est observée pour l'AMIS par exemple qui avait un effectif de 7031 personnels comprenant 4915 pour la force de protection, 726 observateurs militaires et 1390 personnels de police civile[1376] et constituait uniquement des troupes venues des Etats africains initialement.

Plus tard, d'autres Etats également africains avaient décidé de suppléer les forces. Il s'agissait de l'Afrique du Sud avec 100 personnels militaires et de sécurité qui s'était proposée de fournir un bataillon additionnel[1377].

Les pays contributeurs de troupes africains ont continué, pendant tout le mandat, à fournir le personnel, les armes et les munitions, les équipements individuels et d'unités, ainsi que les unités renforcées spécialisées pour le service d'appui.

Et même lorsqu'il a été question d'une transition de l'AMIS en une opération des Nations Unies et, plus tard, le principe du caractère essentiellement africain de la force a été réaffirmé par toutes les parties d'une part et, de l'autre, celui de renforcement des capacités par d'autres partenaires[1378].

[1375]Les chefs d'Etats africains sont « conscients du fait que le fléau des conflits en Afrique constitue un obstacle majeur au développement socio-économique du continent et de la nécessité de promouvoir la paix, la sécurité et la stabilité comme condition préalable à la mise en œuvre de notre agenda dans le domaine du développement et de l'intégration.

[1376]UNION AFRICAINE, Rapport du président de la commission soumis conformément au paragraphe 5 du communique PSC/ PR/comme (XLV) du 12 janvier 2006 du CPS sur la situation au Darfour adopté par le CPS à sa 46ème réunion du 10 mars 2006 sous PSC/MIN/2 (XLVI) à AddisAbeba, Ethiopie.

[1377]*Idem.*

[1378]Voir Déclaration du président du Conseil de sécurité sous S/PRST/2006/5, le rapport du président de la commission sur l'état de mise en œuvre de la décision du Conseil de paix et de sécurité de 10 mars 2006 sur la situation au Darfour et la conclusion des pourparlers de paix d'ABUJA adopté par le CPS à 51ème réunion du 15 mai 2006 à Addis Abeba sous PSC/MIN/22CLI).

Et lorsque d'une part l'UA et, d'autre part, l'ONU autorisent chacune le déploiement de la MINUAD avec un effectif d'au moins 20.600 militaires, le caractère essentiellement africain est resté confirmé[1379].

La mise en second plan de l'ONU s'est illustrée effectivement lorsqu'en aout 2006, elle a voté unilatéralement le déploiement de 20.600 sous mandat exclusivement de l'ONU sur le territoire du même Darfour mais le gouvernement soudanais avait refusé.

Dans le cadre de l'AMISOM, la situation du caractère africain de l'opération s'est davantage confirmée avec l'envoi et le déploiement des troupes essentiellement africaines composées des contingents ougandais, kenyans, burundais et éthiopiens et dirigées par eux-mêmes.

2. *Les apports financiers*

Par rapport au financement, il faut relever trois niveaux à savoir celui de l'UA en premier lieu, de l'ONU et l'UE en second lieu et des Etats tiers en particulier en troisième lieu.

De manière un peu plus générale, cinq mécanismes ont permis de financer les opérations de maintien de la paix de l'UA. Il s'agit des contributions statutaires de l'UA, les contributions versées par divers fournisseurs des contingents à l'UA, des contributions volontaires, des plans de soutien financés au moyen des contributions mises en recouvrement par l'Organisation des Nations Unies et la combinaison de divers mécanismes.

En ce qui concerne l'UA, elle vise ses contributions statutaires. Lorsqu'elle a créé le Conseil de paix et de sécurité en 2002, elle a également constitué un fonds africain pour la paix devant fournir les ressources financières pour les missions d'appui à la paix et d'autres activités opérationnelles liées à la paix et à la sécurité.

Ce fond est alimenté par des crédits représentant 6 % du budget ordinaire de l'UA (y compris les arriérés des contributions), des contributions volontaires versées par des Etats membres et des donateurs ainsi que d'autres sources en Afrique, notamment le secteur privé, la société civile et des particuliers.

Ce fond a été porté de 6% à 12 % à la session extraordinaire tenue à Tripoli[1380].

Outre ce fond, les opérations de maintien de la paix vivent aussi des contributions volontaires des Etats au fonds.

[1379]Voir Rés. 1769/2007 du 31 Juillet 2007 et voir la Rés. 1706 du 31 aout 2006 dans laquelle l'ONU voulait prendre la relève de l'UA et faire passer l'effectif de casques bleus à 17300 hommes, laquelle Rés. a été constetée par le Soudan.

[1380]Voir Déclaration sur l'élimination des conflits en Afrique et la promotion durable de la paix (SP/ASSEMBLY/PS/ DECL (I) du 31 aout 2009.

En ce qui concerne les contributions des pays fournisseurs de contingents, ceux-ci fournissent des ressources considérables pour les opérations de maintien de la paix ainsi que celles de ses communautés économiques régionales[1381].

Quant aux contributions volontaires, elles ont effectivement facilité le déploiement et l'exécution des opérations de maintien de la paix de l'UA.

Ces contributions ont été d'un grand apport en ce qui concerne la MUAS et l'AMISOM car les donateurs sont aussi internes qu'externes.

En dépit du fait que ces contributions existaient, l'ONU par exemple a initié les plans de soutien financés au moyen de contributions mises en recouvrement par elle en vue d'assurer la continuité des opérations et faciliter à terme le transfert de la responsabilité d'une opération à l'ONU[1382].

Ces plans autorisaient la mise en recouvrement des contributions pour financer tel ou tel aspect, dans le cadre des dispositions d'appui limité et renforcé pour la MUAS et du dispositif de soutien logistique pour l'AMISOM.

Par rapport à la combinaison de divers mécanismes, celle-ci s'est illustrée dans le cadre de l'AMISOM car il a été observé la mise en commun de trois mécanismes au même moment à savoir un plan de soutien logistique des Nations Unies financé par des contributions mises en recouvrement par l'ONU, le versement des contributions volontaires par le biais d'un fond d'affectation spéciale des Nations Unies et des modalités de financement et d'appui à l'échelon bilatéral.

Les sources multiples de financement ainsi obtenues ont exigé une coordination étroite afin de réduire au minimum les hiatus et les doubles emplois.

Ces sources multiples de financement ont aussi créé des structures de gestion et de responsabilité parallèles. Pour la même opération, étant donné que l'UA met en place sa propre capacité de gestion administrative et financière, les sources multiples de financement et les structures parallèles auront probablement un incident sur le programme de renforcement des capacités à long terme de l'UA.

Dans le même contexte de la consolidation des opérations de maintien de la paix africaines, l'UE et les Etats tiers ont mis en commun leurs efforts.

L'UE a conçu la facilité de soutien à la paix, un instrument qui vise à appuyer à long terme les initiatives africaines en matière de prévention des

---

[1381]L'Afrique du sud a apporté une importante contribution en jouant le rôle de chef de fil au Burundi, sous la direction de l'UA, tout comme l'ont fait le Nigeria et plusieurs pays fournisseurs de contingents de l'Afrique de l'Ouest, en Sierra Léonne et au Libéria sous la conduite de la Communauté économique des Etats de l'Afrique de l'Ouest (CEDEAO).

[1382] M. ODZOLO MODO, « Paix et… », in *Op.cit*, p.2 ; également Nations unies, Assemblée générale et Conseil de sécurité , appui aux opérations de maintien de la paix de l'UA autorisées par l'ONU, Assemblée générale, soixante quatrième session point 34 et 142 de l'ordre du jour provisoire, étude d'ensemble de toutes les questions des opérations de maintien de la paix sous tous leurs aspects administratifs et budgétaires du financement des opérations de maintien de la paix des Nations unies ;Conseil de sécurité, soixante quatrième session du 18 septembre 2009, doc.off. A/64/359 - S/2009/470/, p.10.

conflits et de maintien de la paix pour l'Afrique qui est financée par elle et a offert un important mécanisme de financement qui a fourni plus de 400 millions d'Euro entre 2004 et 2007 et 300 millions d'Euros de 2008 à 2010 pour appuyer la paix et la sécurité en Afrique (200 millions d'Euros aux opérations d'appui à la paix, 65 millions d'Euros au titre de renforcement des capacités de l'architecture africaine de paix et de sécurité, 15 millions d'euros en faveur des mécanismes d'intervention rapide et 20 millions d'euros pour les imprévus[1383].

Et en ce qui concerne le Darfour par exemple sous la MINUAD, la facilité de soutien à la paix en Afrique mise en place par l'UE a débloqué plus de 250 millions d'euro.

Quant enfin aux appuis particuliers, relevons que l'initiative américaine en faveur des opérations de paix dans le monde de 660 millions de dollars a procuré un financement considérable à l'opération africaine, y compris celles de l'UA au Darfour[1384].

L'Allemagne a affecté environ 42 millions d'euros au renforcement des capacités en matière de paix et de sécurité des institutions régionales africaines[1385].

La France a versé 72 millions d'euros aux institutions sous- régionales et à leurs Etats membres pour appuyer des programmes portant notamment sur le renforcement des capacités en matière d'opérations de soutien à la paix[1386].

Et pour clôturer cette liste, d'autres pays comme le Canada avec une affectation de 190 millions à l'AMISOM, le Royaume-Uni avec 132 millions pour le Soudan et le Japon a déboursé 100 millions de dollars dans l'optique de cette consolidation[1387].

Cette attitude des occidentaux traduit irréversiblement l'acceptation et la reconnaissance de la licéité et de la légitime des initiatives prises par l'UA en matière de maintien de la paix et de la sécurité régionales et augure de nouvelles perspectives d'une nouvelle forme d'acceptation de chapitre VIII révisé qui se traduit par une réappropriation régionale du maintien de la paix et de la sécurité internationales.

De tout ce qui précède, il ne fait plus l'ombre d'aucun doute que le cadre aussi bien technique que juridique et financier est planté pour permettre à l'UA d'accomplir effectivement sa tâche de maintien de la paix et de la sécurité régionales.

[1383]Voir document A/64/359 et S/2009/470, également le document A/61/630 de l'Assemblée générale des Nations unies adopté le 12 décembre 2006 à soixante et unième session sur la coopération entre l'Organisation des Nations unies et les organisations régionales ou autres : coopération entre l'ONU et l'UA.

[1384]Voir « Plan d'action pour l'Afrique », in *Rapport conjoint des représentants personnels pour l'Afrique sur l'état d'avancement des travaux du G8*. Le G8 a adopté, au sommet de KANANASKIS en 2002, un plan d'action pour l'Afrique. Ils ont examiné les progrès réalisés au sommet d'EVIAN en 2003.

[1385] *Idem.*

[1386]*Ibidem*

[1387]*Ibid.*

CONCLUSION DU DEUXIEME CHAPITRE DE LA DEUXIEME PARTIE

Le goût de prestige, de positionnement, de leadership et les velléités de certains Etats ont constitué le fondement du développement, au cours de ces dernières années, de nombreux conflits qui ont éclaté dans le monde et qui étaient de nature nationale, ethnique ou religieuse de plus en plus marqués. La matérialisation de cette conception a reçu le bénéfice de plusieurs transformations des acteurs et des situations auxquelles une attention de la communauté internationale s'est avérée inéluctable et ce, à tous les niveaux soit de l'universelle soit du régionalisme.

Répondant à ces menaces à la paix internationale, une multiplicité des opérations de maintien de la paix menées par les Nations unies ou par les organisations régionales dont bon nombre se présentent sous des formes diverses et variées ont été créées à cette fin.

Le renforcement normatif et qualitatif par les organisations internationales de ces opérations a considérablement fragilisé l'ampleur de la plus grande organisation mondiale. Dans le même temps, l'approche globale qu'exigeait « le maintien de la paix et de la sécurité internationales » se répercutait inévitablement sur l'efficacité avec laquelle l'ONU devrait s'acquitter de ses devoirs conformément à la Charte des Nations unies.

Longtemps tenue pour exclusivement activité onusienne, le maintien de la paix et de la sécurité a cessé de l'être. Aussi bien sur le plan théorique que pratique, l'ONU n'est plus désormais la seule actrice de ce champ. D'innombrables intervenants échappent à présent largement à son contrôle souverain et peuvent même parfois la mettre en échec dans l'accomplissement de ses principales fonctions régulatrices ayant pour mission de préserver la paix et la sécurité internationales ; de nos jours, ce monopole se trouve entamé par l'action, voire l'activisme de nouveaux acteurs capables d'élaborer des normes internationales. Ceux-ci, qui étaient encore fragmentaires et intermittents, ont réussi à s'accroître et ont, d'ores et déjà, des effets qui contraignent l'ONU à développer des stratégies de mise à distance, de contournement ou bien au contraire de réappropriation.

Le moment est donc venu maintenant pour elle de partager voire céder textuellement dans le cadre d'une révision de la Charte ou de partager effectivement avec d'autres organisations les responsabilités qu'elle assume en matière de sécurité collective.

En effet, la participation des organisations régionales à la sécurité collective, au titre du chapitre VIII de la Charte des Nations unies, qui invite les Etats membres à faire tous leurs efforts pour régler d'une manière pacifique, par les moyens des organisations régionales, les différends d'ordre local avant de les soumettre au Conseil de sécurité, suscite de plus en plus d'intérêt surtout qu'il ne correspond plus à la réalité et aux contextes de plus en plus compliqués des champs d'opérations d'une part et, de l'autre, un cadre plus adapté avec les hypothèses juridiques du chapitre VIII lui-même.

De ce fait, il appert, au regard même de cas concrets examinés dans cette étude, de comprendre que l'on peut effectivement considérer que l'Afrique a mis en place une pratique de maintien de la paix dont les contours permettent d'expliquer et d' asseoir la réécriture ou à la réforme du chapitre VIII de la Charte des Nations unies à travers une perspective de consolidation des organisations régionales en matière de maintien de la paix en vue d'assurer l'autonomie d'initiatives et d'actions efficaces et efficientes des organisations régionales. Ceci semble logique car, le cadre normatif par exemple de l'Union Africaine constitué de l'acte instituant l'Union Africaine, du protocole créant le CPS et de tous les mécanismes de sécurité collective des organisations sous régionales faisant partie de l'architecture africaine de paix et de sécurité autorise l'organisation d'initier des opérations à caractère coercitif sur le continent alors que, selon le prescrit de la Charte des Nations Unies et plus particulièrement du chapitre VII et de l'article 53 du Chapitre VIII, le pouvoir de faire usage de la force et d'autoriser celui-ci est le monopole du Conseil de sécurité des Nations Unies mais les faits au niveau régional de l'Afrique contredisent bien la réalité.

L'on peut s'apercevoir donc que les insuffisances ou encore les tares du système de sécurité collective des Nations unies justifient totalement l'ascension des mécanismes régionaux dotés des systèmes de sécurité collective en vue d'assurer le maintien de la paix et de la sécurité régionales.

Le foisonnement même de ces organisations au niveau de tous les continents nous met en présence des forces centrifuges et centipèdes influent sur le mécanisme universel et appelle une nouvelle lecture.

CONCLUSION DE LA DEUXIEME PARTIE

Les différentes étapes de la pensée dans la démonstration de ce dépassement du chapitre VIII de la Charte des Nations Unies et les voies d'exploration qui en résultent dans le contexte des conflits armés en Afrique nous montrent bien que l'on peut stigmatiser que les principaux types de situations constitutives de menaces contre la paix, de rupture de la paix parmi lesquelles on cite les guerres interétatiques, les luttes pour l'autodétermination des peuples, les guerres civiles, les actes d'agression, les violations massives et systématiques des droits de l'homme, les troubles, les tensions intérieures et le terrorisme ne permettent plus de considérer que l'ONU est la seule actrice capable de répondre à toutes ces situations de manière prompte et idoine en vue de réaliser son objectif principal.

Ces situations caractérisent bien sûr cette nécessité de la reprise régionale de l'action collective coercitive qui sort cette fois-ci du cadre étatique dans la réaction telle que prévu au chapitre VIII de la charte des Nations unies et prend en compte nécessairement le but principal des Nations civilisées contenu dans la Charte des Nations Unies à savoir le maintien de la paix et de la sécurité internationales et s'efforce d'anticiper, prévoir et régler les situations de conflits qui interviennent dans les régions spécialement en Afrique avec l'APSA qui est un mécanisme englobant région et sous régions.

L'initiative régionale n'est pas sortie du néant. Il faut lire l'émergence de celle-ci depuis les années 90 lorsque l'OUA, actuellement l'Union Africaine, en vertu du mécanisme pour la prévention, la gestion et le règlement des conflits de 1993 adopté par la conférence des chefs d'Etat sous la décision AHG/Décl(XXIX), a décidé d'autoriser des opérations de maintien de la paix au Comores et au Burundi à caractère presque coercitif. Elle a atteint sa maturité conceptuelle avec l'UA qui a consacré le mécanisme du Conseil de paix et de sécurité et a aussi réussi à mettre en branle des opérations de maintien de la paix essentiellement et spécifiquement coercitives en application du principe d'indifférence qui voudrait que l'UA soit en mesure de se déployer partout en vue de la création de la paix. Les exemples illustratifs sont ceux du Comores, du Mali, de la RCA, du Darfour au Soudan et de la Somalie où l'UA a réussi à déployer des opérations lorsque l'ONU reculait. Celles-ci ont ramené des résultats positifs en ce que concerne la protection des civils mais bien plus l'écriture de nouveaux principes de maintien de la paix propres à l'Afrique qui complètent mieux ceux retenus dans le cadre des opérations de maintien de la paix aux Nations unies, lesquels sont en perpétuelles mutations et applications à la suite de la singularité de chaque opération.

Le contexte régional africain reste donc ce laboratoire des opérations de maintien de la paix qui a accru et maximisé l'opérationnalité de l'organisation régionale à travers des déploiements des forces essentiellement africaines et sous commandement régional. Celles-ci s'emploient à contenir des situations d'extrêmes violences dont les auteurs ne sont pas essentiellement étatiques. Ces nouveaux acteurs influent largement, par leur comportement belliqueux, sur la paix et, l'UA s'est investie totalement à endiguer les menaces qui pèsent sur le continent.

Cette montée de la régionalisation du maintien de la paix s'est justifiée dans la mesure où, les Etats africains ont réalisé donc à l'esprit l'émergence effective de ces situations qui troublent effectivement la paix et la sécurité régionale lorsque l'ONU tarde à réagir et la région africaine n'est pas restée en marge de la réaction. Avec les mécanismes de la transformation de l'OUA en l'UA, cette dernière s'est donc montrée prompte dans la gestion effective et efficiente des conflits armés en Afrique en mettant en marche ses prérogatives consacrées dans le protocole du CPS et dans plusieurs documents de cet organe qui consacrent l'appropriation par les africains du maintien de la paix et de la sécurité régionales dans le continent.

Cette réappropriation marque, à n'en point douter, un dépassement du cadre juridique prévu par le chapitre VIII consacré au régionalisme et ses rapports avec l'ONU et ce, plus précisément dans sa restriction relative aux opérations de paix et à l'usage de la force.

CONCLUSION GENERALE

La Charte des Nations Unies, à l'occasion de la mise en œuvre de ses dispositions, a suscité plusieurs types de débats ; les uns portant sur le Chapitre VI, les autres sur le Chapitre VII, d'autres encore sur des articles pris singulièrement conduisant ainsi à plusieurs prises de position sur le maintien de la paix et de la sécurité internationales.

Cette étude, quant à elle, intéresse le Chapitre VIII de la Charte des Nations unies en tant qu'il crée un débat silencieux dans les actes juridiques des organisations plus particulièrement de l'ONU et de l'UA et met en opposition le régionalisme et l'universalisme.

Le débat sur le régionalisme dans le contexte de la montée et de l'ambigüité de l'universalisme, mieux de l'action collective des Nations unies, paraît correspondre à d'autres tel celui de l'intégration en Afrique dans sa double dimension sous régionale et régionale.

Pour qu'elle atteigne ce niveau, elle a dû créer un organe spécifique de gestion de la paix et de la sécurité à savoir le CPS en correctif du mécanisme de 1993. Cet organe se retrouve bien comme le pivot dans l'architecture africaine de paix et sécurité.

Cet organe s'est construit dans le cadre d'une grande refonte du système de sécurité collective en Afrique en traduisant ainsi la matérialisation de la régionalisation du maintien de la paix.

La réaction de l'UA trouve donc un fondement juridique qui est le protocole de 2002 instituant le CPS ainsi que le pacte de non-agression et de défense commune de 2004.Ces instruments marquent une rupture de taille avec l'interétatisme qui a caractérisé l'OUA, organisation dans laquelle plusieurs initiatives de décision revenaient aux chefs d'Etat alors que dans celui-ci c'est un organe constitué des représentants des Etats qui siègent en permanence en vue de régler rapidement les situations des conflits.

Cet organe a réagi de façon prompte et rigoureuse contre les défis nouveaux d'un genre particulier qui se sont présentés au continent africain car il est chargé de la mise en œuvre effective et efficace surtout des décisions prises dans les domaines de la prévention des conflits , du rétablissement de la paix, des opérations d'appui à la paix et de l'intervention, ainsi que la consolidation de la paix et de la reconstruction après les conflits, conformément aux dispositions pertinentes de l'acte constitutif de l'UA notamment l'article 5(2).

Cet organe s'est intéressé très tôt au règlement des conflits en Afrique tant par l'application des règles pacifiques dans certains cas que par l'usage de la force dans d'autres.

C'est ainsi que ses interventions dans la gestion de la paix et de la sécurité notamment aux Comores, Burundi, Mali, en RCA, au Soudan et en Somalie sont une illustration éloquente de la nouvelle politique de réaction rapide conçue par l'Union africaine. Cette étude a démontré que l'UA s'était bien comportée car elle avait réussi à créer et autoriser le déploiement des opérations de maintien robustes et dotées des capacités coercitives nécessaires en vue de la maitrise des conflits et de leur règlement.

Les conflits aux Comores, Mali, Burundi et RCA ont eu une particularité en ce que l'UA a autorisé le déploiement des opérations réduites mais à vocation coercitives, c'est-à-dire avec capacité de faire usage de la force. Cet usage de la force par l'inscription des termes tels que la protection des civils et de la mission. Celle-ci ne peut être réalisée que lorsque la mission peut utiliser légalement la force or, celle-ci trouve son fondement dans un texte d'une organisation régionale ou sous-régionale comme cela l'a été avec l'ECOMOG au Libéria dans le cadre de la CEDEAO.

Elle a ainsi et dans cette perspective créée la MUAC qui a exécuté tout son mandat conformément aux dispositions pertinentes de l'OUA puis de l'UA en faisant usage de la force autorisée par l'organisation régionale.

Le Burundi a connu la MIAB et la MAPROBU. Si la première n'avait pas un mandat coercitif clair, la seconde par contre est bien spécifiée sur l'usage de la force par l'organisation régionale dans l'optique de la régionalisation du maintien de la paix en Afrique. L'exemple burundais traduit la ferme volonté de résoudre les problèmes africains par eux-mêmes car l'organisation est partie avec la mise en œuvre d'un règlement pacifique jusqu'à la création d'une opération de maintien de la paix à caractère coercitif.

La RCA et le Mali ont connu également ces opérations à savoir MISMA, la MICOPAX et la MISCA dans un contexte d'une guerre civile pour le premier Etat et de la lutte contre le terrorisme pour le second. Le terrorisme étant inéluctablement une menace urgente qui a nécessité une réaction rapide devant laquelle l'UA et la CEDEAO ont été en mesure de réaliser dans l'architecture africaine de paix et de sécurité (APSA) des actions coercitives en vue de maintenir la paix.

Le Soudan et la Somalie constituent à bien d'égards des exemples de réussite de l'UA dans la gestion de la paix et de la sécurité régionale car cette organisation est arrivée à créer et autoriser le déploiement des opérations dites robustes dans un contexte d'absence d'accord de paix.

Le déploiement de l'AMISOM par exemple a permis de reconstituer l'Etat de la Somalie dont les autorités siégeaient au Kenya alors que l'ONU s'était désengagée complètement à la suite de la débâcle de l'ONUSOM I et II. Il s'agit d'une réussite sans précèdent car, jusqu'à ce jour, l'ONU n'ose pas revenir militairement en Somalie. Ceci consolide le fait que l'Union Africaine avec ses mécanismes régionaux ont atteint une maturité qui reste à consolider avec tous les partenaires car, sur le plan opérationnel, les forces sont essentiellement africaines et gérées par des commandants africains par contre, l'exemple de la MUAS atteste de cette volonté d'apporter la solution régionale à un problème régional en attendant que l'ONU qui a la responsabilité première du maintien ne vienne jouer son rôle.

Le contexte de la MINUAD met en exergue la reconnaissance de la maturité de l'organisation régionale par l'ONU car elle déploie en conjonction avec celle-ci une opération de maintien de la paix alors que chacune d'elles a créé par acte séparé la même opération.

La mise en commun des résultats de ces opérations tant dans la conception que sur terrain traduit bien la justification de l'hypothèse du dépassement du chapitre VIII de la charte car, l'on observe bien le fait que ces opérations ont été créées sans la sollicitation de l'autorisation auprès de l'ONU pour faire usage de la force dans la conduite de celles-ci.

Notre position consacrée par ce que nous appelons le régionalisme inversé se justifie davantage dans la mesure où, après chaque création et autorisation de déploiement des forces essentiellement africaines, l'ONU revenait à la charge pour certaines saluer les initiatives, les encourager et, pour d'autres, autoriser les mêmes forces à se déployer et dans les mêmes termes que l'organisation régionale avait décidé.

Tout ceci fait dire à l'auteur de cette dissertation que le régionalisme est inversé. Le mécanisme de la Charte semble connaître une lourdeur justifiée par les enjeux et inégalités de puissance et de fait en ce qui concerne la promptitude de la réaction par rapport aux situations en Afrique. Ceci marque, bien sûr, la léthargie souvent décriée de l'organe universel.

La lecture de la conduite de ces opérations fait observer des situations importantes : la relève par l'ONU et la cogestion dans le cadre des opérations hybrides au Darfour, au Mali et en RCA. Ces considérations paraissent éloquentes dans la mesure où la primauté d'initiatives est laissée à l'organisation régionale.

Dans tous les cas, une particularité est à relever, c'est celle du caractère essentiellement africain des forces dans les opérations ; les forces Tchadiennes par exemple ont réussi à stabiliser le Mali qui était rongé par les terroristes venus de la Libye.

Cette position de l'Union Africaine acceptée par l'ONU aussi bien dans le cadre de la relève que de la cogestion dans l'opération dite hybride au Darfour puis au Mali et en RCA marque toujours cette tendance du régionalisme inversé où, désormais, l'organisation régionale africaine décide avant et l'ONU suit après et se plie à cette décision.

A la lumière de ce qui précède, la Charte des Nations Unies continuera, si nous ne prenons garde, à nous révéler des insuffisances qui se trouvent être ainsi par le temps qui passe et qui nous amènent des situations nouvelles nécessitant une réponse adéquate.

La réaction de l'UA que nous saluons dans cette dissertation à ces nouveaux défis marque inéluctablement la maturité politique et la capacité africaine de faire face au désengagement des occidentaux dans le règlement des situations sécuritaires africaines.

Le désengagement de l'occident voire de l'ONU à déployer les troupes de certaines nations à proprement parler européennes dans des situations fort complexes de conflits et d'acteurs marginaux et illégitimes ouvre une brèche importante aux nations émergentes tant africaines qu'américaines de se positionner clairement dans la perspective de la réalisation d'un des buts principaux des Nations unies, à savoir le maintien de la paix et de la sécurité internationales et celle de la revendication des places de membres permanents du Conseil de sécurité et ce, en dépit de toutes les contingences politiques, juridiques et économiques observées.

Les opérations déployées se sont effectivement bien déroulées jusqu'à maîtriser ces situations d'extrême violence face aux acteurs illégaux et illégitimes voire terroristes.

Il s'agit, dès lors, d'un effort croissant à faire par les pères africains pour se prendre en charge en vue de se positionner et d'être compétitifs pour s'affirmer dans la gestion de la paix et de la sécurité régionales. Il y a donc nécessité de pérenniser ces acquis pour le bonheur de l'Afrique.

A n'en point douter, le basculement de l'action collective coercitive de l'organe universel vers l'action collective coercitive régionale notamment celle de l'Union Africaine à travers le Conseil de paix et de sécurité marque, d'une part, la montée du régionalisme combattif recherché par les nouvelles générations des dirigeants africains et, d'autre part, ainsi l'affranchissement par rapport au pouvoir centralisé des Nations unies.

L'action des Nations unies était considérée par bon nombre d'observateurs soit comme une forme de néo-colonialisme soit comme une centralisation disproportionnée du pouvoir dans la gestion de la paix et de la sécurité internationales.

Le foisonnement des centres et pôles de décisions, d'influences et d'actions au niveau des régions, à lire de près, ne permet pas de penser que l'on peut moralement, politiquement et juridiquement laisser à la seule Organisation des Nations unies le monopole inébranlable de la gestion de la paix et de la sécurité internationales tout en lui reconnaissant la prééminence.

L'Union africaine, à travers ses actes juridiques et ses organes en matière de maintien de la paix et de la sécurité internationales, constitue un exemple éloquent de cette marque de prise en charge par chaque région de sa destinée en cette matière.

Cette réappropriation augure l'ère de nouveaux concepts tels que développés dans cette dissertation notamment la non pertinence du consentement, la partialité de la force, le coparrainage, l'accroissement de moyens techniques et financiers en vue de la consolidation des opérations de maintien de la paix, la convergence stratégique, politique et opérationnelle entre acteurs africains et partenaires extérieurs et tant d'autres. Ils nécessiteront un enrichissement scientifique qui permettra d'affirmer les théories conçues et écrites par l'Union Africaine dans la régionalisation du maintien de la paix.

Il faudra donc retenir que le dépassement normatif et institutionnel du chapitre VIII est une réalité au niveau de l'Union Africaine avec l'article 4.h et j de l'acte constitutif, le protocole relatif au Conseil de Paix et de Sécurité et les mécanismes sous régionaux qui ont construit des dispositifs coercitifs faisant partie intégrante de l'architecture africaine de paix et de sécurité car la mise en œuvre de ces opérations de maintien de la paix traduit le régionalisme inversé qui voudrait tout simplement dire que l'organisation régionale agit en premier et fait même usage de la force et l'ONU viendra plus tard alors que le prescrit du chapitre VIII aurait voulu que l'usage de la force soit assorti d'une autorisation préalable. C'est en cela même qu'il convient de dire que la régionalisation du maintien de la paix est manifestement irréversible dans la mesure où, avec plus de douze années d'expérience de maintien de la paix en Afrique et par les africains eux-mêmes, il est possible d'écrire une doctrine africaine propre de maintien de la paix et de la sécurité régionale sur la base des principes qui se sont cristallisés dans chacune de ces opérations et qui, à coup sûr, peuvent influencer le niveau universel qui a connu trop de problèmes et dont l'architecture de mise en œuvre qui est le Conseil de sécurité est tiraillé par des difficultés liées aux enjeux de puissances entre les membres.

BIBLIOGRAPHIE

I. Documents conventionnels de l'ONU et de l'UA

1. Charte des Nations Unies adoptée le 26 juin 1945
2. Charte de l'OUA adoptée le 25 mai 1963
3. Acte constitutif de l'Union Africaine adopté le 11/07/2000
4. Protocole relatif à la création du Conseil de paix et de sécurité de l'Union Africaine adopté le 9 juillet 2002

II. Documents officiels de l'ONU sur la coopération

1. Rapport JACKSON, étude de capacité du système des Nations Unies pour le développement, 1963.
2. Assemblée Générale, rapport du secrétaire général sur l'activité de l'organisation, agenda pour la paix, A/47/277, S/24111, le 17/06/1992.
3. Rapport du groupe d'étude sur les opérations de paix de l'Organisation des Nations unies, UN doc. A/55/305-S/2000/809 du 21 aout 2000 appelé rapport BRAHIMI (rédigé par un groupe de haut niveau présidé par LAKHDAR BRAHIMI, chargé par le secrétaire général d'évaluer les insuffisances du système actuel et de faire des recommandations franches, précises et réalistes sur les moyens d'améliorer l'aptitude des Nations unies à mener des OMP efficaces.
4. Assemblée Générale, A/61/630, Coopération entre l'organisation des Nations Unies et les organisations régionales ou autres : coopération entre l'ONU et l'UA ; lettre du secrétaire général datée du 11/12/2006 adressée à la présidente de l'Assemblée Générale par le secrétaire général, avec son annexe sur la déclaration sur le renforcement de la coopération entre l'ONU et l'UA : cadre du programme décennal de renforcement des capacités pour l'UA.
5. Nations unies, Assemblée Générale et Conseil de sécurité, document A/64/359-S/2009/470 sur l'étude d'ensemble de toute la question des opérations de maintien de la paix sous tous les aspects, aspects administratifs et budgétaires au financement des opérations de maintien de la paix de l'Union Africaine autorisées par l'ONU,18 septembre 2009.

III. Documents officiels sur les Comores

1. Communique du président de la Commission de l'UA du 02/05/2007 et le rapport du président de la Commission africaine sur la situation aux Comores soumis au CPS et adopté sous décision PSC/PR/2(LXXXVII) en date 13 Août 2007 à Addis Abbeba.

2. Conseil de paix et de sécurité, Rapport du Président de la Commission sur la situation aux Comores, PSC/PR/2 (XLVII), 47ème réunion, Addis-Abeba (Ethiopie), 21 mars 2006.
3. Décision [Central Organ/MEC/AHG/Comm. (VII)] sur le site b de l'Union Africaine pour se rendre compte de certains aspects évolutifs des considérations sur le maintien de la paix en Afrique.

IV. Documents officiels sur le Burundi

1. Accord pour la Paix et la Réconciliation au Burundi signé à Arusha en Tanzanie le 28/08/2000.
2. Décision PSC/PR/COMM. (DLXV) du 17/12/2015 CPS créant la MAPROBU, in www.unionafricaine.org.
4. Rapport (S/2010/608) du Secrétaire général sur le Bureau intégré des Nations Unies au Burundi.
3. Réunion des experts gouvernementaux sur l'IGAD, Cadre politique pour la création de la Brigade en attente de l'Afrique orientale (EASBRIG), tenue à Jinja (Ouganda), du 13 au 16 février 2004.

V. Documents officiels sur le Mali

1. Communiqué officiel de la CEDEAO du sommet extraordinaire du 10-11 novembre 2010 à Abuja, in www.ecowas.org.
2. Décision (PSC/PR/COMM.2(CCCXLI) du Conseil de paix et de sécurité sur le site www.peaceau.org/fr.
3. Lettre datée du 13 décembre 2012, adressée au Président du Conseil de sécurité par le Secrétaire général (S/2012/926).

VI. Documents officiels sur la RCA

1. Communiqué conjoint de presse UA-CEEAC du 02 septembre 2013.
2. Communiqué officiel de cette sur le site officiel de la CEEAC, www.ceeac.org.
3. Document département paix et sécurité de l'Union Africaine pour mettre sur mettre fin aux conflits, maintien de la paix, AMISOM, Somalie, Lybie, Soudan, Côte d'ivoire, Rwanda, Afrique du sud, RCA… in www.peaceau.org/fr.

VII. Documents officiels de l'ONU sur le Darfour

1. Résolution 1564 adoptée par le Conseil de sécurité le 18 juillet 2004
2. Résolution 1556 adoptée par le Conseil de sécurité le 30 juillet 2004
3. Résolution1576 adoptée par le Conseil de sécurité le 19 octobre 2004
4. Résolution1590 adoptée par le Conseil de sécurité le 24 mars 2005

5. Résolution 1591 adoptée par le Conseil de sécurité le 29 mars 2005
6. Résolution 1769 adoptée par le Conseil de sécurité le 31 juillet 2006
7. Rapport du secrétaire général sur le Darfour du 28 juillet 2006
8. Déclaration du président du Conseil de sécurité, S/PRST/2006/55 du 19 décembre 2006.
9. Rapport du secrétaire général et du président de la Commission de l'Union Africaine sur l'opération hybride, S/2007/307/Rév.1 du 05 juin 2007.
10. Rapport de la Mission du Conseil de sécurité à Addis-Abeba, Khartoum, Accra, Abidjan et Kinshasa du 14 au 21 juin 2007, S/2007/421 du 11 juillet 2007.
11. Résolution 1778 adoptée par le Conseil de sécurité le 25 septembre 2007
12. Résolution 1828 adoptée par le Conseil de sécurité le 31 juillet 2009
13. Rapport du Secrétaire général sur l'opération Hydride UA-ONU au Darfour S/2009/592 du 16 novembre 2009.

VIII. Documents officiels de l'UA sur le Darfour

1. Accord de cessez-le-feu humanitaire signé le 08 avril 2004
2. Accord entre les parties soudanaises sur les modalités de l'établissement de la Commission du cessez-le-feu et sur le déploiement des observateurs au Darfour du 28 mai 2004
3. Décision de l'Assemblée de l'UA sur le Darfour adoptée à la 3ème session ordinaire du 6-8/07/2004
4. Accord global de paix pour le Darfour signé à Abuja du 05/05/2006,
5. PSC/AHG/Comm.(LXVI) publié à la 66ème réunion du CPS tenue à Adis Abeba sur le Darfour le 30/06/2006
6. PSC/PR/Comm.(LXXIX) sur le Darfour publié à la 79ème réunion du 22 juin 2007
7. PSC/PR/2 (CX) publié à la 110ème réunion du CPS tenue à Addis Abeba sur le Tchad du 18 février 2008

IX. Documents officiels de référence de l'ONU sur la Somalie

1. Résolution 733 (1992) du 23 janvier 1992 sur l'instauration des sanctions.
2. Résolution 764 (1992) du 17 mai 1992 sur la situation en Somalie
3. Résolution 751(1992) du 24 avril 1992 sur création du comité des sanctions.
4. Résolution 767 (1992) du 27 juillet 1992 sur la situation en Somalie.
5. Résolution 794 (1992) du 3 décembre 1992 sur la détérioration exceptionnelle de la situation en Somalie.
6. Résolution 1516 du 6 décembre 2003 sur la création du groupe de contrôle sur la Somalie.

7. Résolution 1744 (2007) du 20 février 2007 sur l'autorisation du déploiement de l'AMISOM.
8. Résolution 1853 (2008) du 19 décembre 2008 sur la prolongation du mandat du groupe de contrôle établi à la suite de la résolution 1519.
9. Communique de la réunion consultative entre les membres du Conseil de sécurité des Nations Unies et du Conseil de Paix et de Sécurité de l'Union Africaine du 16/05/2009 sur les situations en Somalie et au Soudan.
10. Résolution 1897 (2009) du 30 novembre 2009 sur le renouvellement du cadre juridique sur la lutte contre la piraterie.
11. Résolution 1907 (2009) du 23 décembre 2009 sur les sanctions contre l'Erythrée.
12. Résolution1920 (2010) du 28 avril 2010 engageant les Etats à ériger la piraterie en infraction pénale.
13. Déclaration du président du Conseil de sécurité-S/PRST/2010/16 du 25 août 2010 sur la situation en Somalie.
14. Résolution 1950 du 23 novembre 2010 sur la situation en Somalie.
15. Résolution 1964 du 22 décembre 2010 sur le renforcement de l'AMISOM.
16. Résolution 2010 du Conseil de sécurité renouvelant pour 12 mois le mandat de l'AMISOM du 29 mai 2014.
17. Résolution1976 du 11 avril 2011 sur le traitement juridictionnel et pénitentiaire des pirates.
18. Déclaration du président du Conseil de sécurité sur la Somalie du 11 mai 2011.
19. Résolution 2015 du 24 octobre 2011 condamnant la piraterie aux larges des côtes somaliennes.
20. Résolution 2036 du 22 février 2012 sur la demande du Conseil de sécurité à l'UA pour une augmentation du nombre de troupes de l'AMISOM de 12.000 à 17. 731 hommes.

X. Documents de référence de l'OUA

1. Charte de l'OUA du 25 mai 1963.
2. Protocole créant la Commission de médiation, d'arbitrage et de conciliation de l'OUA de 1964.
3. AHG/Rés.17(I) sur le financement des opérations des Nations Unies en faveur de la paix issue de la première session du 17octobre au 21juillet 1964.
4. AHG/Rés.16(I) sur les litiges entre africains au sujet des frontières issue de la première session du 17 au 21 juillet 1964.
5. AHG/Décl.1 (XXIX), la déclaration du Caire à l'occasion du trentième anniversaire de l'OUA de 1993 du 28 au 30 juin 1993.

6. AHG/Décl.2 (XXIX), déclaration des chefs d'Etat et de gouvernement de l'OUA sur la situation en Angola du 28 au 30 juin 1993.
7. AHG/Décl 3 (XXIX), déclaration de la conférence des chefs d'Etat et de gouvernement sur la création d'un mécanisme pour la prévention, la gestion et le règlement des conflits du 28 au 30 juin 1993.
8. Résolution AHG/RES. 218 (XXIX), résolution sur la communauté économique africaine du 28 au 30 juin 1993.
9. Décision prise par la 35ème session ordinaire du sommet des chefs d'Etat et de gouvernement de l'OUA de proclamer l'année 2000 l'année de la paix, de la stabilité, de la sécurité et de la solidarité du 12 juillet 1999.
10. Déclaration de Syrte de la 4ème session extraordinaire de la Conférence des chefs d'Etat et de gouvernement de l'OUA du 9 septembre 1999 relative à la mise en œuvre d'un mécanisme de sécurité, de stabilité de développement et de coopération pour l'Afrique le plus tôt.

XI. Documents officiels de la communauté économique des Ede l'Afrique centrale

1. Traité instituant la Communauté économique des Etats de l'Afrique centrale (CEEAC) du 18octobre 1983.
2. Pacte de non-agression de Yaoundé du 8 juillet 1996 portant engagement des Etats membres à renoncer au recours à la force comme mode de règlement de leurs différends.
3. Décision n°001/Y/février des chefs de gouvernement de l'Afrique centrale créant un mécanisme de promotion, de maintien et de consolidation de la paix et de la dénommé « Conseil de paix et de sécurité de l'Afrique centrale » en abrégé COPAX, lors du sommet tenu à Yaoundé, Cameroun, le 25 février 1999.
4. Décision n°001/CCEG/X/99 des chefs d'Etat et de gouvernement de la CEEAC prise le 26 juin 1999 à MALABO, d'intégrer le COPAX au sein de la CEEAC protocole relatif au Conseil de paix et de sécurité de l'Afrique Centrale (COPAX) du 24 février 2000.

XII. Les principaux instruments juridiques de référence de la diplomatie préventive de la CEDEAO

1. Traité instituant la Communauté économique des Etats de l'Afrique de l'Ouest du 28 mai 1975.
2. Pacte de non-agression du 22 avril 1978.
3. Traité révisé de la CEDEAO du 23 juillet 1993.
4. Déclaration des principes politiques du 6 juillet 1991.
5. Déclaration du moratoire sur l'importation, l'exploitation et la fabrication des armes légères en Afrique de l'Ouest du 31 août 1998.

6. Programme de coordination et d'assistance pour la sécurité et le développement de 1998.
7. Protocole relatif au mécanisme de prévention, de gestion, de règlement des conflits, de maintien de la paix et de sécurité du 10 décembre 1999.
8. Conseil de médiation et de sécurité du 10 décembre 1999.
9. Code de conduite pour la mise en œuvre du moratoire sur l'importation, l'exportation et la fabrication des armes légères du 10 décembre 1999.

XIII. Les principaux instruments de la conférence internationale sur la région des grands lacs

1. Déclaration de Dar-es-Salam du 19 au 20 novembre 2004 sur l'organisation du premier sommet des chefs d'Etat des pays membres de la conférence internationale sur la région des grands lacs.
2. Rapports de la réunion du comité interministériel régional tenue à Kigali au Rwanda, du 14 au 15 février 2005 transformant la déclaration en projet concrets et réalisables, et programmes d'action et protocoles.
3. Pacte sur la sécurité, la stabilité et le développement dans la région des grands lacs du 15 décembre 2006 à Nairobi.
4. Rapport de la session extraordinaire du Comité interministériel de la Conférence internationale sur la Région des Grands Lacs (CIRGL) sur la situation sécuritaire à l'Est de République Démocratique du Congo du 11 juillet 2012.

XIV. Documents officiels du CPS sur la Somalie

1. Communiqué de la 69ème réunion du CPS (PSC/PR/COMM (LXIX)) publié le 19 janvier 2007 sur la situation en Somalie à Addis Abeba en Ethiopie.
2. Communiqué de la 69ème réunion du CPS/PSC/PR/comme (LXIX) sur la situation en Somalie et le déploiement d'une mission de soutien à la paix de l'OUA dans ce pays du 19 janvier 2007.
3. Communiqué de presse de CPS/PR/PS(CXXII)) sur la situation en Somalie et l'état du déploiement de la mission de l'UA en Somalie (AMISOM) de 19 mars 2007 à Addis Abeba en Ethiopie
4. Communiqué sur la situation au Darfour publié à la 79ème réunion du CPS/PSC/PR/COMM (LXXXIX)) du 22 juin 2007 à Addis Abeba en Ethiopie.
5. Communiqué sur la situation en Somalie à l'issue de 80ième réunion du CPS/PSC/PR/COMM (LXXX)) du 19 juillet 2007 tenue à Addis Abeba en Ethiopie.
6. Communiqué de presse sur la situation en Somalie publié par le CPS (PSC/PR/BR (CIV) (C2)) à sa 104ème réunion du 20 décembre 2007 tenue à Addis Abeba Ethiopie.

7. Communiqué du CPS (PSC/PR/COMM (CV)) à sa 105ème réunion sur l'adoption de la décision sur la situation en Somalie adopté le 18 janvier 2008 à Addis Abeba Ethiopie.
8. Communiqué de presse du CPS (PSC/PR/BR (XVI)) publié à la 16ème réunion du CPS du 18 mars 2008 à Addis Abeba en Ethiopie.
9. Communiqué de la 123ème réunion du CPS (PSC/PR/COMM (XXIII) publié le 29 avril 2008 à Addis Abeba en Ethiopie adoptant la décision sur la situation en Somalie.
10. Communiqué de la presse 132ème réunion du CPS (PSC/PR/ BR (CXXXII)) publié le 29 mai 2003 sur le premier round des pourparlers techniques inter-somaliens tenus à Djibouti du 10 au 16 mai 2008.
11. Communiqué de la 139ème réunion du CPS (PSC/HSG/COMM (CXXXIX) publié le 29 juin à 2008 à Sharm el Sheikh en Egypte sur l'état et les perspectives de processus de paix et de réconciliation en Somalie.
12. Communiqué de presse de la 146ème réunion de CPS (PSC/PR/BR (CLVI) du 08 août 2008 sur une communication de la Commission sur la situation en Somalie.
13. Communiqué de presse de la 156ème réunion du CPS (PSC/PR/BR (CLVI) sur la situation en Somalie publié le 11 novembre 2008 à Addis Abeba en Ethiopie.
14. Communiqué de la 163ème réunion du CPS (PSC/MIN/COMM. 4 (CLXIII)) du 22 décembre 2008 tenue le 22 décembre 2008 à Addis Abeba en Ethiopie adoptant une décision sur la situation en Somalie.
15. Communiqué de presse de la 167ème réunion du CPS (PSC/PR/BR (CLXVII)) du 21 janvier 2009 tenue à Addis Abeba en Ethiopie sur le suivie des communications de la Commission des représentants du gouvernement fédéral de transition de l'Ethiopie et des représentants du secrétaire de l'IGAD et des Nations Unies sur les récents développements de la situation en Somalie.
16. Communiqué de presse de la 170ème réunion du CPS (PSC/PR/BR(CLXX)) du 18 février 2009 tenue à Addis Abeba en Ethiopie sur le suivi et adoption des communications du représentant spécial du président de la Commission de l'Union Africaine pour la Somalie, du commandant des forces de l'AMISOM, ainsi que ses représentants de la Somalie, de l'Ethiopie et des Nations Unies sur la situation actuelle dans ce pays.
17. Communiqué de presse de la 171ème réunion du CPS (PSC/PR/BR (CLXX) du 27 février 2009 à Addis Abeba en Ethiopie sur l'attaque perpétré contre l'AMISOM (la Mission de l'UA en Somalie)
18. Communiqué de la 177ème réunion du CPS/PR/COMM (CLXXVII)) du 11 mars 2009 à Addis Abeba adoptant la décision sur la situation en Somalie.

19. Communiqué de la 190ème réunion du CPS (PSC/PR/COMM (CXC)) tenue le 22 mai 2009 à Addis Abeba en Ethiopie sur la situation en Somalie.
20. Communiqué de la 194ème réunion du CPS/PSC/PR/COMM(CXCIV)) tenue le 15 juin 2009 à Addis Abeba en Ethiopie sur la situation en Somalie.
21. Communiqué de la 214ème réunion du CPS/PSC/PR/2 (CXIV) tenue à Addis Abeba en Ethiopie le 08 janvier 2010 sur la situation en Somalie.
22. Communiqué de presse de la 239ème réunion du CPS/PSC/PR/BR (CCXXXIX)) tenue à Addis Abeba en Ethiopie le 24 août 2010.
23. Communiqué de presse de la 241ème réunion du CPS/PR/BR (CXXXXI) tenue à la 241ème réunion tenue à Addis Abeba en Ethiopie du 23 septembre 2010
24. Communiqué de la 258ème du CPS (PSC/PR/COMM.3(CCLVII) sur le renouvellement du mandat de l'AMISOM pour une période de 12 mois à partir du 17 janvier 2011 du 20 janvier 2011.
25. Communiqué de la 260ème réunion de CPS (PSC/PR/COMM(CCLXVII) sur la situation en Somalie du 16 février 2011.
26. Communiqué de la 267ème réunion du CPS (PSC/PR/BR(CCLXVII) sur le dernier développement de la situation en Somalie du 18 mars 2011 à Addis Abeba en Ethiopie
27. Communiqué de la 289ème réunion du CPS (PSC/PR/2 (CCLXXXIX) sur les derniers développements de la situation en Somalie du 16 août 2011 tenue à Addis Abeba en Ethiopie

XV. Documents de la commission de l'Union Africaine sur la Somalie

1. UNION AFRICAINE, réunion d'experts sur les relations entre l'UA et les mécanismes régionaux pour la prévention, la gestion et le règlement des conflits, sur la feuille de route pour la mise en place de la force africaine en attente, (EXP/AU-RECS/ASF/4 (I), à Addis Abeba en Ethiopie, 22, 23 mars 2005.
2. NEPAD, cadre politique de reconstruction post-conflits en Afrique, secrétariat du NEPAD, programme pour la gouvernance, la paix et la sécurité, juin 2005.
3. Déclaration sur les activités du Conseil de Paix et de Sécurité de l'UA et sur la situation de la paix et de la sécurité en Afrique, Assembly/AU/D2CL. 3(VI) du 24 janvier 2006 à Khartoum.
4. Rapport du président de la Commission soumis conformément au paragraphe 5 du communiqué PSC/PR/COMM (XLV) du 12 janvier 2006 du CPS sur la situation au Darfour présenté et adopté par le CPS (PSC/MIN/2 (XLVI) à sa 46ème réunion du 10 mars 2006 à Addis Abeba en Ethiopie

5. UNION AFRICAINE, réunion d'experts gouvernementaux sur l'alerte rapide et la prévention des conflits sur relever le défi de la prévention des conflits en Afrique vers la mise en œuvre opérationnelle du système continent d'alerte rapide, document de discussion n°1 er profit de feuille de route pour la mise en œuvre opérationnelle du système continental d'alerte rapide, PSD/EW/EVP/3(1) Kempton Park, Afrique du sud, 17-18 décembre 2006.
6. UNION AFRICAINE, cadre pour la mise en œuvre opérationnelle du système continent d'alerte rapide tel qu'adopté par la réunion des experts gouvernementaux sur l'alerte rapide et la prévention des conflits, tenue à KEMPTON PARK, (Afrique du Sud) du 17 au 19 décembre 2006.
7. Rapport du président de la Commission et du secrétaire général des Nations Unies sur l'opération hybride au Darfour présenté et adopté au CPS à sa 79ème réunion du 22 juin 2007 à Addis Abeba en Ethiopie.
8. UNION AFRICAINE, déclaration sur le programme frontalier de l'UA et les modalités de sa mise en œuvre telle qu'adoptée par la conférence des ministres africains chargés des questions de frontière, tenue à Addis Abeba en Ethiopie, le 27 juin 2007.
9. Rapport du président de la Commission sur la situation en Somalie présenté au Conseil de paix et de sécurité à sa 80ème réunion (PSC/PR/2 (LXX)) tenue à Addis Abeba en Ethiopie le 8 juillet 2007.
10. Rapport du président de la Commission sur la situation en Somalie présenté et adopté par le CPS (PSC/PR/2 (CC) à sa 105ème réunion du 18 janvier 2008 tenue à Addis Abeba en Ethiopie
11. Rapport du président de la Commission sur l'état et les perspectives du processus de paix et de réconciliation en Somalie présenté et adopté à la 139ème du CPS (PSC/HSG/3/(CXXXVIII)) à Sharm el Sheikh en Egypte tenue le 29 juin 2008.
12. Rapport du président de la Commission de l'UA sur la situation en Somalie présenté et adopté par le CPS à sa 214ème réunion (PSC/PR/2 (CCXIVI)) du 8 janvier 2009.
13. Rapport du président de la Commission sur la situation en Somalie adopté à la 177ème réunion de CPS/PSC/PR (CLXXVII)) tenue à Addis Abeba en Ethiopie le 17 mars 2009.
14. Rapport du président de la Commission sur la situation en Somalie présenté et adopté par le CPS à sa 194ème réunion (PSC/PR/COMM.2 (CXCIVI) tenue à Addis Abeba en Ethiopie le 15 juin 2009.
15. UNION AFRICAINE, session sur l'examen et le règlement des conflits en Afrique, tripoli, grande Jamahiriya arabe libyenne populaire en Socialiste, 31 août 2009.
16. Rapport de président de la Commission sur la situation en Somalie présenté et adopté à la 245ème réunion du CPS (PSC/MIN/ (CCLXLV)) tenue le 15 octobre 2010 à Addis Abeba en Ethiopie

17. NEPAD (MCR-AFRIQUE), rapport de la onzième réunion du mécanisme de coordination des Nations Unies opérant en Afrique en appui à l'UA et au NEPAD du 14 au 15 novembre 2010 à Addis Abeba en Ethiopie
18. UNION AFRICAINE, communiqué POW/PR/COMM (X) de la 10ème réunion du groupe des sages du 12 mai 2011 à Addis Abeba en Ethiopie
19. Rapport de président de la Commission sur la situation en Somalie présenté au conseil de paix et de sécurité à sa 293ème réunion (PSC/PR/2 (CCXCII)) tenue à Addis Abeba en Ethiopie le 13 septembre 2011.
20. Rapport intérimaire du président de la Commission sur l'élaboration des directives pour la protection des civils dans les opérations de soutien de la paix de l'UA présenté et adopté le CPS/PSC/PR/2 (CCLXXIX) du 18 mai 2011.
21. Rapport du président de la Commission sur le partenariat entre l'UA et les Nations Unies dans le domaine de la paix et de la sécurité : vers une plus grande cohérence stratégique et politique présenté et adopté par le CPS à sa 307ème réunion (CPS/PR/2 (CCCVII) du 9 janvier 2012 à Addis Abeba en Ethiopie.

XVI. Ouvrages

1. A. AYISSI., *Coopération pour la paix en Afrique de l'Ouest ; agenda pour le 21ème siècle,* Genève, éd. Unidir, Nations unies, 2001, 169p.
2. A. GAZANO, *L'essentiel des relations internationales*, Paris, éd. Gualino, 2005, 108p.
3. A. MAMPUYA KANUNK'A TSHIABO, *Conflit armé au Congo-Zaïre, ses circonstances et sa gestion sous l'angle du droit des Nations unies*, Nancy, éd. Ama, 2001, 172p.
4. A. MAMPUYA KANUNK'A TSHIABO, *Désuétude du système de sécurité* collective, Kinshasa, éd. PUZ, 1986, 287p.
5. A. NOVOSSELOFF, *Le Conseil de sécurité et la maîtrise de la force*, Bruxelles, éd. Bruylant, 2001, 660p.
6. A. PELLET et J.-P. COT, *La Charte des Nations Unies commentaire article par article*, Paris, 2ème éd. Economica, 1991, 1571p.
7. A. PELLET et J.-P. COT, *La Charte des Nations Unies commentaire article par article*, Paris, 3ème éd. Economica, 2005, 2364p.
8. A. TCHAMENI, *Les évolutions du régionalisme africain, le fonctionnement des communautés économiques régionales*, Paris, Etudes africaines, L'Harmattan, 2013, 494p.
9. B. BADIE., *Essai sur le désordre international et sur l'utilité sociale du respect*, Paris, éd. Fayard, 1995, 213p.
10. B. BARRERA, *Opération Serval : Notes de guerre, Mali 2013*, Paris, éd. Seuil, 2015, 435p.

11. B. BOUTROS GHALI, *Agenda pour la paix, diplomate préventive, rétablissement de la paix et maintien de la paix*, New York, NU, 1995, 26p.
12. B. BOUTROS GHALI, *Contribution à l'étude des ententes régionales*, Paris, éd. Pedone, 1949, 247p.
13. B. BOUTROS GHALI, *L'Organisation de l'Unité Africaine, bilan et perspectives*, Kinshasa, Afrique édition, 1986, 32p.
14. B. BOUTROS GHALI, *L'Organisation de l'Unité Africaine*, Paris, éd. Armand- Colin, 1969, 196p.
15. B. BOUTROS GHALI, *Relever les nouveaux défis, Rapport annuel sur l'activité de l'organisation*, New York, NU, 1995, 30p.
16. B. DROZ et A. ROWLEY, *Histoire générale du XX siècle*, Paris, éd. du Seuil, 1987, 517p.
17. B. HELDT and A. WALLENSTEEN, *Peacekeeping operations: global patterns of intervention and success, 1948-2004*, Swede, 27ème éd. Folk Bernadotte academy publications, 2006, 62p.
18. B. HOFFMAN, *Le mécanique terroriste*, Paris, éd., Calman-Levy, 1999, 302p.
19. B. PASCAL, *Atlas des relations internationales,* Paris, éd. Hatier, 2003, 176p.
20. C. ANTA DIOP., *L'unité culturelle de l'Afrique noire*, Paris, éd. Présence africaine, 1960, 219p.
21. C. DENIS, *Le pouvoir normatif du Conseil de sécurité des Nations unies, portée et limites*, Bruxelles, éd. Bruylant, 2004, 381p.
22. C. REGIS et A. PELLET, *La Charte des Nations unies, constitution mondiale ?* coll. Cahiers internationaux, n°20, Paris, éd. Pedone, 2006, 237p.
23. C. ROCHE, *L'essentiel du droit international public et du droit des relations internationales*, Paris, éd. Economica, 2001, 120p.
24. D. ALLAND., *Droit international public*, Paris, éd. PUF, 2000, 958p.
25. D. BACOT., M.-P. JOUBERT, M. PLANTIX et CLAUDE, *La sécurité internationale d'un siècle à l'autre*, Paris, éd. L'harmattan, 2001, 412p.
26. D. BANGOURA et E. FIDIECK A BIDIAAS (SD), *« L'Union Africaine et les acteurs sociaux dans la gestion des crises et des conflits armés »,* Paris, éd. L'Harmattan, 2005, 254p.
27. D. BOURMAUD, *La politique en Afrique*, Paris, éd. Montchrestien, 1997, 160p.
28. D. COLLARD, *Les relations internationales de 1945 à nos jours*, Paris, 5ième éd. Masson, « coll. droit, sciences économiques », 1993, 392p.
29. D. RUZIE, *Droit international public*, Paris, 17ème éd. Dalloz, 2004, 280p.
30. E. BOU-ASSI, *La « détente » et les conflits périphériques*, Paris, éd. PUF, 1993, 105p.

31. E. DAVID, *La consolidation de la paix*, Paris, L'Harmattan, 1997, 152p.
32. E. KWAM KOUASSI, *Les organisations internationales africaines*, Paris, Berger Levraut, 1987, 485p.
33. E. LAGRANGE, *Les opérations de maintien de la paix et le chapitre VII de la Charte des Nations unies*, Paris, éd. Montchrestien, 1999, 623p.
34. E. MPONGO BOKAKO BAUTOLINGA, *Institutions politiques et droit constitutionnel*, Kinshasa, EUA, 2001, 337p.
35. E. MVIE MEKA, *Architecture de la sécurité et gouvernance démocratique dans la CEEAC, Friedrich ebert stiftung*, Yaoundé, éd. Presses Universitaires d'Afrique, 2007, 253p.
36. E. VERIN et P. VERIN (dir.), *Histoire de la révolution comorienne : décolonisation, idéologie et séisme social*, Montréal (Québec), Coll. « Institut national des langues et civilisations orientales, Centre d'études et de recherche sur l'océan Indien », Paris, éd. L'Harmattan, 1999, 160p.
37. E.-G. BERMANN and K.-E. SAMS, *Peacekeeping in Africa: capabilities and culpabilities*, Genève, UNIDIR, institute for security studies, United Nations, 2000, 355p.
38. E.-K. KOUASSI, *Organisations internationales africaines*, Paris, éd. Berger levraut, 1987, 485p.
39. ELIKIA MBOKOLO, *Afrique noire, histoires et civilisations*, Paris, éd. Hatier, 1992, 587p.
40. ELIKIA MBOKOLO, *L'Afrique au XXe siècle : le continent convoité,* Paris, éd. du Seuil, 1983, 393p.
41. F. BOUCHET SAULNIER, *Dictionnaire pratique du droit humanitaire*, version actualisée et enrichie, Paris, éd. La Découverte, 2006, 460p.
42. G. BALANDA MIKUIN LELIEL., *Le droit des organisations internationales*, Kinshasa, éd. Cedi, 2006, 638p.
43. G. BASUE BABU KAZADI, *Vie internationale*, Kinshasa, éd. PUIC, 2004, 215p.
44. G. BASUE BABU KAZADI, *Droit international public*, Kinshasa, éd. PUIC, 2013, 242p.
45. G. MVELLE, *L'Union Africaine : fondements, organes, programmes et actions*, Paris, éd. L'harmattan, 2005, 466p.
46. G. PARMENTIER, *Le retour de l'histoire. Stratégie et relations internationales pendant la guerre froide*, Bruxelles, éd. Complexe, 1993, 293p.
47. G. PRUNIER, *Le Darfour, un génocide ambigu,* Paris, éd. La table ronde, 2005, 267p.
48. HOUCHANG HASSAN YARI et ABDELKERIM OUSMAN, *Régionalisme et sécurité internationale*, Vol 6, Bruxelles, éd. Bruylant, 2009, 278p.

49. I. LASSERRE et T. OBERLE, *Notre guerre secrète au Mali. Les nouvelles menaces contre la France*, Paris, éd. Fayard, 2013, 252p.
50. I. SEMUHIRE, *Les organisations internationales, le régionalisme international, le régionalisme international africain : présentation générale, évolution et perspectives d'avenir*, Frankfort, éd. Publications Universitaires Européennes, Bern, Berlin, 1996, 430p.
51. J. COMBACAU et S. SUR, *Droit international public*, Paris, 5ème éd. Montchrestien, 2001, 815p.
52. J. COMBACAU, *Le pouvoir de sanction de l'ONU, étude théorique de la coercition non militaire*, Paris, éd. Pedone, 1974, 394p.
53. J. DUCHATEL et F. ROCHA, *ONU droits pour tous ou lois des plus fort*, Genève, éd. CETIM, 2005, 426p.
54. J. MBEMBE ACHILLE, *Les jeunes et l'ordre politique en Afrique noire*, Paris, éd. L'harmattan, Coll. Logique sociale, 1992, 245p.
55. J. SALMON, *Dictionnaire du droit international public*, Bruxelles, éd. Bruylant, 2001, 1200p.
56. J.-B. DUROSELLE et A. KASPI, *L'histoire des relations internationales de 1994 à nos jours,* Paris, éd. Armand Colin « classic », 2002, 685p.
57. J.-J. ROCHE, *Chronique des relations internationales de 1945 à nos jours*, Paris, éd. Montchrestien, 1997, 204p.
58. J.-J. ROCHE, *Droit international contemporain*, Paris, éd. Gualino, 2005, 430p.
59. J.-L. GUEBOURG, *La Grande Comores, des sultans aux mercenaires*, Paris, éd. L'Harmattan, 1993, 272p.
60. J.-M. BALENCIE et A. DE LA GRANGE., *Mondes rebelles : L'encyclopédie des acteurs, conflits & violences politiques*, Paris, éd. Michelon, 2001, 562p.
61. J.-M. BALENCIE. et A. DE LA GRANGE., *Les Nouveaux Mondes rebelles*, Paris, 4ème éd. Michelon, 2005, 582p.
62. J.-P. CHAUVEAU, *Afrique contemporaine : sans dossiers : « jeunes ruraux » et « Darfour »*, Bruxelles, éd. de Boeck Université, 2005, 207p.
63. KAREL VASAK, *Les dimensions internationales des droits de l'homme*, Paris, éd. UNESCO, 1978, 780p.
64. KOFFI ANNAN, *Prévention des conflits armés, rapport du secrétaire général*, New York, éd. Nations unies, 2002, 13p.
65. L.A ALEDO., *Le droit international public*, Paris, éd. Dalloz, 2005, 141p.
66. L.-A. DU PLAISIR, *La 2ème guerre mondiale a commencé*, Paris, éd. Cyrille Godefroid, 2003, 121p.
67. M. BERTRAND, *L'ONU*, Paris, 2ème éd. La découverte, 1994, 111p.
68. M. BERTRAND, *L'ONU*, Paris, 3ème éd. La Découverte, 2000, 122p.

69. M. DEYRA, *L'essentiel du droit des conflits armés*, Paris, éd. Gualino, 2002, 130p.
70. M. LAVERGNE, *Le Soudan contemporain*, Paris, éd. Karthala, 1989, 471p.
71. M. LIEGEOIS, *Maintien de la paix et diplomatie préventive à l'épreuve des conflits de l'après-guerre froide*, Bruxelles, éd. Bruylant, 2003, 71p.
72. M. MERLE, *L'Afrique noire contemporaine*, Paris, éd. Armand-Colin, 1998, 456p.
73. M. VAÏSSE, C. BARBIER et Alii, *Dictionnaire des relations internationales au XXième siècle*, Paris, éd. Armand colin, coll. dictionnaire, 2000, 298p.
74. M.-C. SMOUTS, *Dictionnaire des relations internationales,* Paris, éd. Dalloz, 2003, 506p.
75. M.-C. SMOUTS, *L'ONU et la guerre : la diplomatie en kaki,* Bruxelles, éd. Complexe, 1994, 159p.
76. M.-H. LABBE, *L'arme économique dans les relations internationales*, Paris, éd. PUF, 1994, 127p.
77. MUTOY MUBIALA, *Coopérer pour la paix en Afrique centrale, institut des Nations Unies pour la recherche sur le désarmement,* Genève, éd. Nations unies, 2005, 308p.
78. MUTOY MUBIALA, *Coopérer pour la paix en Afrique centrale*, New-York, éd. Unidir, Nations unies, 2003, 276p.
79. NGUYEN QUOC DINH, A. PELLET et P. DAILLIER, *Droit international public*, Paris, 7ème éd. LGDJ, 2002, 834p.
80. O. CORTEN, *Méthodologie du droit international public*, Bruxelles, éd. Université de Bruxelles, 2009, 291p.
81. O. FLEURENCE, *La réforme du Conseil de sécurité : l'Etat du débat depuis la fin de la guerre froide*, Bruxelles, éd. Bruylant, 2000, 371p.
82. O. HANNE (dir.), *Mali, une paix à gagner ! Analyses et témoignages sur l'opération Serval,* Paris, éd. Lavauzelle, 2014, 260p.
83. O. NDESHYO RURIHOSE (sd), *Mélanges NGUYA-NDILA, La République Démocratique du Congo : les défis récurrents de décolonisation, de l'Etat de droit et du développement économique et social*, Kinshasa, CEDESURK, coll. Droit, sciences sociales, politiques et administratives, 2012, 1257p.
84. O. NDESHYO RURIHOSE, A. NTUMBA LUABA LUMU et DHENDONGA DHEBA, *L'antidérive de l'Afrique en désarroi*, Kinshasa, éd. PUZ, 1985, 473p.
85. O. NDESHYO RURIHOSE, *L'héritage de l'OUA à l'OUA : la quête permanente de l'unité africaine*, Kinshasa, EUA, 2010, 698p.
86. O. NDESHYO RURIHOSE, *Manuel de droit communautaire africain*, tome 1, Kinshasa, éd. Etat et société, 2011, 566p.

87. ONU, *Département des opérations de maintien de la paix et, département de l'appui aux missions, opération de maintien de la paix des Nations Unies, principes et orientations,* New York, éd. Nations Unies, janvier 2008, révisé en janvier 2010, 128p.
88. P. ANGO ELA., *La prévention des conflits en Afrique centrale*, Paris, éd. Karthala, 2001, 222p.
89. P. BONIFACE, *Atlas des relations internationales*, Paris, éd. Hatier, 2003, 160p.
90. P. D'ARGENT, *Les réparations de guerre en droit international public : la responsabilité internationale des Etats à l'épreuve de la guerre*, Paris, éd. LGDJ, 2002, 904p.
91. P. DAILLIER, M. FORTEAU et A. PELLET, *Droit international public*, Paris, 8ème éd. LGDJ, 2009, 1708p.
92. P. DE SERNACLENS, *La crise des Nations unies,* Paris, éd. PUF, 1998, 234p.
93. P. GROSSER, *Pourquoi la seconde guerre mondiale ?* Bruxelles, éd. Complexes, 1999, 742p.
94. P. MANIN, *L'ONU et le maintien de la paix, le respect du consentement des Etats*, Paris, éd. LGDJ, 1971, 341p.
95. P. MOREAU DEFARGES, *L'ordre mondial*, Paris, éd. Armand-Colin, 2000, 85p.
96. P. PACTET, F. MELIN SOUCRAMANEM, *Droit constitutionnel*, Serap, Paris, éd. Dalloz, 2006, 639p.
97. P. TEIXEIRA, *The security council at the dawn of the twenty first century. To what extent is et willing and able to maintain international peace and security,* Genève, éd. Unidir, Ifri, United Nations, 2003, 125p.
98. P. VELLAS, *Le régionalisme international et l'organisation des Nations unies*, Paris, Pedone, *1948,* ouvrage en ligne, 166p.
99. P.-F. GONIDEC, *L'OUA trente ans après,* Paris, éd. Karthala, 1993, 133p.
100. P.-F. GONIDEC, *Les relations internationales africaines*, Paris, éd. Karthala, 1996, 210p.
101. Ph. BRAILLARD et M.-R. DJALILI, *Les relations internationales*, Paris, 7ème éd. PUF, coll. Que sais-je, 2004, 128p.
102. R. BAZENGUISSA, B. NANTET, *L'Afrique, mythes et réalités d'un continent,* Coll. « document », Paris, éd. Le cherche midi, 1995,225p.
103. R. CHEMAIN et A. PELLET, *La Charte des Nations unies, constitution mondiale ?* Paris, éd. Pedone, 2006, 237p.
104. R. GUILLIEN et J. VINCENT, *Lexique des termes juridiques*, Bruxelles, éd. Bruylant, 1999, 407p.
105. R. KOLB, *Théorie du jus cogens international, Essai de relecture du principe,* Genève, éd. PUF, collection des publications de l'IMAEI, 2001, 402p.

106. R. YAKEMTCHOUK, *L'ONU, la sécurité régionale et le problème du régionalisme*, Paris, éd. Pedone, 1955, 310p.
107. S. BERMANN, *Guide des Nations unies,* Paris, éd. de la Francophonie, 2001, 448p.
108. S. DREYFUS, *Droit des relations internationales, éléments de droit international public*, 3ème édition revue et complétée, Paris, éd. CUJAS, 1987, 537p.
109. S. ELLIS, *L'Afrique maintenant*, Paris, éd. Karthala, 1995, 488p.
110. S. KIRSCHBAUM, *Terrorisme et sécurité internationale*, Bruxelles, éd. Bruylant, 2004, 240p.
111. S. MOHAMED DJOHAR, *Mémoires du président des Comores : Quelques vérités qui ne sauraient mourir,* Paris, éd. L'Harmattan, 2012, 344p.
112. S. SUR, *Le Conseil de sécurité dans l'après 11 septembre*, Paris, éd. LGDJ, 2004, 162p.
113. SINDJOUN, *Les sociologies des relations internationales Afrique*, Paris, éd Karthala, 2002, 243p.
114. T. OSLSON et P. CASSIA, *Le droit international, le droit européen et la hiérarchie des normes*, Paris, éd. PUF, 2006, 56p.
115. T. TARDY, *La France et la gestion des conflits yougoslaves (1991-1995), Enjeux et leçons d'une opération de maintien de la paix de l'ONU*, Bruxelles, éd. Bruylant, 1991, 485p.
116. Th. FLICHY, *Opération Serval au Mali : l'intervention française décryptée*, Paris, éd. Lavauzelle, 2013, 124p.
117. Th. HERNAULT., *L'évolution de la doctrine d'utilisation des Forces spéciales françaises*, Paris, éd. L'Harmattan, 2015, 188p.
118. TSHIBANGU KALALA, *Les destinataires des résolutions du Conseil de sécurité autres que les Etats*, Bruxelles, éd. Larcier, 2009, 351p.
119. TSHIYEMBE MWAYILA et BUKASA MAYELE, *L'Afrique face à ses problèmes de sécurité et de défense*, Paris, éd. Présence africaine, 1989, 263p.
120. Y. PETIT, *Droit international de maintien de la paix*, Paris, éd. LGDJ, 2000, 216p.
121. Z. BRZEZINSKI, *Illusion dans l'équilibre des puissances*, Paris, éd. L'hermès, 1977, 282p.
122. Z. CERVENKA, *The organisation of african unity and its charter*, London, éd. chrust&company, 1969, 318p.

XVII. Articles

1. A. AYISSI, « Ordre militaire et désordre politique en Afrique », in *Le monde diplomatique,* Janvier 2003, pp.20-21.

2. A. BOURGI, « L'Union Africaine entre les textes et la réalité », in *Annuaire Français des relations internationales,* 2005, vol VI, pp.327-344.
3. A. FAYE, « Afrique et la question de la réforme du Conseil de sécurité des Nations Unies », in *Cahiers rémois*, n°2, in *http://www.univ-reins.fr*, 2000, pp.18-43.
4. A. FOGUE TEDOM, « RCA. Crises et guerres civiles. Essai non encore concluant pour l'Architecture Africaine de Paix et de Sécurité (AAPS) de l'Union Africaine (UA) », in *www.diploweb.com*, consulté le 12/02/2016.
5. A. GNANGUENON, « Le rôle des Communautés économiques régionales dans la mise en œuvre de l'Architecture africaine de paix et de sécurité », in *Rapport d'étude auprès de la Délégation aux Affaires Stratégiques*, 2010, pp.12-26.
6. A. GNANGUENON, « Organisations régionales et sous régionales », Réseau francophone de recherche sur les opérations de paix, in *www.opérationpaix.net,* 16 octobre 2008, pp.1-10.
7. A. GNANGUENON, « Partenariat entre l'ONU et les Organisations régionales africaines *»,* in *http : www.operationpaix.net,* 2012, pp.1-13.
8. A. MAZYAMBO MAKENGO, « La participation de l'ONU au processus de démocratisation de la RDC : rôle particulier de la MONUC », in G. BAKANDEJA WA MPUNGU et Alii, *Participation et responsabilité des acteurs dans un contexte d'émergence démocratique en RDC*, Kinshasa, éd. PUK, 2007, pp.401-419.
9. A. MBAYE, « Les opérations de paix sur le continent africain, état des lieux, enjeux et perspectives », in *Séminaire sur les principaux enjeux défis et opportunités liés aux opérations de paix sur le continent africain organisé par l'OIF, le groupe des ambassadeurs francophones d'ADDIS ABEBA et le réseau francophone de recherche sur les opérations de paix de l'université de Montréal,* ADDIS ABEBA, *www.opérationspaix.net*, le 7 juin 2010, pp.1-10.
10. A. MEKINDA BENG, « Le droit des peuples à disposer d'eux-mêmes dans la conjoncture institutionnelle actuelle des Etats du tiers monde en mutation », in *Revue trimestriel des droits de l'homme,* (58/2004), pp.503-527.
11. A. MEYER, « Peace and Security cooperationin Central Africa, Developmens Challengers and Prospects », in *Discussion Paper 56*, Nordiska Afrikainstitutet, Uppsula, 2011, p.11.
12. A. NILS, « Les Nations unies, d'un monde bipolaire à un monde unipolaire », in *www.rinoceros.org, 2009, pp.1-14.*
13. A. NOVOSSELOFF et P. SARTRE, « La pratique de l'usage de la force, Réflexions sur un maintien de la paix « robuste », in J. COULON (dir), *Guide du maintien de la paix,* Montréal, Athéna édition, 2009-2010, pp.112-147.

14. A. NOVOSSELOFF, « L'ONU ou la réforme perpétuelle », in *Annuaire français de droit international,* Volume 50, n°50, 2004, pp.535-545.
15. A. NOVOSSELOFF, « La coopération entre l'Organisation des Nations Unies et les institutions européennes de sécurité : principes et perspectives », in *Annuaire français de relations internationales,* Volume 2, 2001, pp.594-612.
16. A. NOVOSSELOFF, « La coopération entre l'Organisation des Nations unies et les organisations régionales africaines », in *www.unidir.org,* 2012, pp.594-612.
17. A. NOVOSSELOFF, « La réforme des Nations unies : enjeux et perspectives », in *Revue Agir,* n°22, Mai 2005, pp.70-77.
18. A. NOVOSSELOFF, « Le chapitre VII, le recours à la force et le maintien de la paix », in Jocelyn COULON (dir), *Guide du maintien de la paix 2007-2008,* Athéna édition, Montréal, 2008, pp.85-102.
19. A. NOVOSSELOFF, « Le maintien de la paix des Nations Unies à nouveau en crise ?», in *Grotius international*, le 29 mars 2009, pp.1-13.
20. A. NOVOSSELOFF, « Les missions spéciales du Conseil de sécurité des Nations Unies », in *Annuaire français de droit international,* Volume 49, 2003, pp.165-175.
21. A. NTAWOGEZA., « Avis de mise en garde à l'opinion nationale et internationale », in *Benelux,* 30 octobre 2003, pp.23-38.
22. A. POLITI, « Nouveaux risques transnationaux et sécurité européenne », in *Cahiers de CHAILLOT,* n°29, Paris, 1997, pp.1-67.
23. A. RAINAUD, «Réflexion sur l'usage de la force, le droit et les opérations de maintien de la paix», Article tiré d'une communication lors d'une journée d'études sur le thème « *usage de la force et le droit : théorie et pratique »,* in *www.revel.unice.fr* et sur *www.123people.fr.,* 21 juin 2005, pp.1-41.
24. A.-M. DIAS, « L'AMISOM comme catalyseur d'une intervention onusienne en Somalie », in *http://www.opérationspaix.net,* 18 Février 2009, pp. 480-506.
25. A.-R.-E. MVELLE, « La force africaine en attente à l'ère de la responsabilité de protéger », Tribune n°221, in *Revue de la défense nationale*, *www.défnat.fr,* 2012, pp.221-242.
26. A.-S. MILLET DEVALLE, « L'évolution des opérations de maintien de la paix en Afrique », in *Revue Arès,* n°50, vol XX, fascicule1, Janvier 2003, pp.11-25.
27. A.-Y. CHOUALA, « Puissances, résolution des conflits et sécurité collective à l'ère de l'UA, théorie et pratique », in *Annuaire français des relations internationales*, Volume VI, 2005, pp.288-306.
28. AMNESTY INTERNATIONAL, « Les civils sont toujours menacés », Document public, in *Bulletin* n°108, Londres, le 13/10/2007, pp.1-2.
29. AMNESTY INTERNATIONAL, « Soudan, qui arme les auteurs de graves violations ? », in *Bulletin d'information* n°284/2004, pp.1-4.

30. B. BOUTROS GHALI, « Les nouveaux développements de l'organisation de l'Unité Africaine », in *Problèmes actuels de l'UA*, colloque d'Alger, 25 mars au 12 avril 1971, faculté de droit et des sciences économiques et institut d'études politiques de l'Université d'Alger, société nationale d'édition et de diffusion, Alger, pp.1-43.
31. B. DELCOURT, « L'usage de la force et promotion des valeurs et normes internationales : fondement (1) pour la politique européenne de sécurité et de défense *»,* in *Etudes internationales*, volume XXXIV, n°1, mars 2003, 5-24.
32. B. GUIGUE, « Le Darfour et ses faux amis », in *www.crisisgroup.org*, 27/03/2007, pp.1-5.
33. B. KOUCHNER, « L'avenir s'est éclairci pour le Darfour », in *www.afrik.com,* 2007, pp.11-14.
34. B. LAGAN, « Description de la guerre du Darfour par les spécialistes de l'Afrique *»,* in *www.wikipedia.org*, 2006, pp.1-5.
35. B. STERN, « L'évolution du rôle des Nations unies dans le maintien de la paix et de la sécurité internationales », in *Le droit international comme language des relations internationales,* Proceedings of the United Nations Congress on Public International Law, New-York, 13-17 March 1995, La Haye, Kluwer, 1996, pp.58-84.
36. B. STERN, « Les évolutions récentes en matière de maintien de la paix par l'ONU », in *Observateur des Nations unies*, n°5, 1998, pp.15-36.
37. C. CLESTENE, F. KANA et C. ANTA DIOP, « Le panafricaniste : un repère pour l'Afrique et la jeunesse ?», in *Ethiopiques*, n°87, Littérature, philosophie et art, 2ème semestre 2011, publié sur http://éthiopiques.fr.
38. C. DEHESDIN, « ONU 19 ans de maintien de la paix et difficile en Afrique », in *www.slate.fr/story.* , 2008, pp.1-2.
39. C. DELICE, « Chapitre VIII », in *Institut des Nations Unies pour la recherche sur le désarmement,* Genève (en ligne), *www.opérationpaix.net*, Paris, le 23 aout 2011, pp.1-10.
40. C. GUICHERD, "L'investissement de l'UE en Afrique centrale : un pari risqué », in *Institut de sécurité de l'UE, Occasional Paper* n°95, mai 2012, pp.23-26.
41. C. JONGE OUDRAT, « L'ONU, les conflits internes et le recours à la force armée », in *Annuaire français des relations internationales*, Volume 1, 2000, pp.817-830.
42. C. OUAZZANI, « 9 décembre 1992, lancement de l'opération restore hope », in *www.jeuneafrique.com,* 1993, pp.5-9.
43. C. SALIBA-COUTURE, « La privatisation du maintien de la paix et le rôle des sociétés militaires privées : Regards critiques sur un débat loin du consensus », in *4ème Conférence internationale du réseau francophone des associations de science politique*, Bruxelles, 20-22 avril 2011, pp.1-4.

44. C. ZORGBIBE, « L'OUA à l'Union africaine », in *Géopolitique africaine*, n°1, 2000-2001, pp.91-108.
45. CENTRE DE NOUVELLES de l'ONU, « Darfour : la MINUAD a un an et 12374 soldats déployés », in *www.un.org*, 2007, pp.1-7.
46. D. BANGOURA, « Les modalités d'intervention : deux cas de maintien de la paix (Libéria et Centrafrique) », in P. ANGO ELA, *La prévention des conflits en Afrique Centrale. Prospective pour une culture de la paix*, Paris, éd. Karthala, 2001, pp.102-104.
47. D. BANGOURA, « L'Union Africaine face aux enjeux de paix et de sécurité et de défense », in *Projet de recherche de l'observation politique et stratégique de l'Afrique,* Paris, CRIS, Université de PARIS I Panthéon, Sorbonne, Avril, 2002, pp.1-13.
48. D. LECOUTRE, « La médiation de l'OUA dans le conflit entre l'Ethiopie et l'Erythrée (1998-2000) », in *Annales d'Ethiopie*, vol XXI année 2005, pp.31-72.
49. D. LECOUTRE, « Le Conseil de paix et de sécurité de l'Union africaine, clef d'une nouvelle architecture de stabilité en Afrique », *in Afrique contemporaine* (n° 212), *URL : www.cairn.inf revue-Afrique contemporaine*-4/2004, pp. 131-162.
50. D. LECOUTRE, « Les enjeux du Conseil de paix et de sécurité », in *Le Monde diplomatique*, supplément Union africaine, septembre 2009, pp.2-3. (Disponible dans sur www.monde-diplomatique.fr).
51. D. LILLY, « La privatisation du maintien de la paix : les perspectives et réalités » dossier sur le maintien de la paix : évolution ou extinction ? », in *Forum du désarmement*, éd. Unidir, Genève, n° 3, 2000, pp.53-62.
52. D. LILLY, « The Privatisation of Peace: an Unikely Prospect », in *Conflict, Security & Development*, Volume 2, n°3, 2002, pp.139-144.
53. D. MAKHTAR, « Mondialisme et régionalisme, le « nouveau régionalisme » en Afrique, in *CODESRIA-Bit,* Août 2002, pp.1-18.
54. D. MORIN, « Opération restore Hope, le parcours solitaire de la Somalie » in *Politique africaine*, n°23, éd. Karthala, Paris, 1986, pp.57-66.
55. D. POIRIER et H. TAINTURIER, « *Darfour : les sources de la crise* », in *www.radiocanada.ca*, 22 septembre 2004, pp.1-2.
56. D. SARA, « Darfour, leur tragédie, notre honte, l'appel pour stopper le massacre », in *Nouvel observateur,* 201, mais 2007, pp.1-2.
57. D. TOROU, « Le conflit du Darfour : ses conséquences sur le Tchad et le Soudan », in *Allafrica.com*, 2008, pp.1-14.
58. D. TRACHSLER, « L'Afrique du Sud : une puissance régionale limitée », in *Politique de sécurité* : analyses du Center for Security Studies (CSS), ETH Zurich, n°102, *www.CSS.ethz.ch,* Octobre 2011, pp.1-4.
59. D.-M. MILLIOT, « Le transrégionalisme, nouvelle frontière du régionalisme », in *Mapage.diplomatie.gouve.fr et Annuaire français*

des relations internationales, vol V, 2004, sur *www.afri-ct.org* et sur www.*lapersee.fr*., pp.34-50.
60. DE CONING, Cedric, "Refining the African Standby Force Concept", in *Accord, Conflict Trend*, issue 2, 2004, pp.12-18.
61. DIATE IBOU, « OUA, l'ONU et le règlement pacifique des conflits interafricains », in *Annales africaines*, Pedone, Paris, 1976, pp.9-34.
62. E. DECAUX, « La crise du Darfour. Chronique d'un génocide annoncé », in *Annuaire français de droit international*, Volume 50, 2004, pp.731-754.
63. E. GARETH, « Une résolution qui laisse le Darfour en sursis », in *Le Figaro* du 13/08/2007, pp.1-2.
64. E. GHASSINE WANE, « Les opérations de paix sur le continent africain, intervention dans le cadre du panel 1 état des lieux. Enjeux et perspectives », in *Séminaire sur les principaux enjeux défis et opportunités liés aux opérations de paix sur le continent africain organisé par l'OIF, le groupe des ambassadeurs francophones d'ADDIS ABEBA et le réseau francophone de recherche sur les opérations de paix de l'université de Montréal, ADDIS ABEBA, in www.opérationspaix.net*, le 7 juin 2010, pp.1-11.
65. E. GHASSINE WANE, « Paix et bonne gouvernance, la conditionnalité les pratique et les contraintes », in *Acte de la table ronde préparatoire* n° 3 : la bonne gouvernance : objet et condition du financement, *www.iss.co.la/af/reorg.twenty.to,* pp.135-141.
66. E. HARSCH, « Constate que face au désengagement des grandes puissances, l'Afrique renforce ses capacités », in *Afrique Relance*, L'Afrique se dote de forces de maintien de la paix, Vol. 17#3, octobre 2003, p.1.
67. E. HARSCH, « L'Afrique se dote de forces de maintien de la paix », in *Afrique relance,* vol 17, 3/octobre 2003, pp.100-115.
68. E. JOUANNET, « Les travaux préparatoires de la Charte des Nations Unies », in *http://cerdin.univ-paris1*, pp.1-13.
69. E. KODJO et H. GHERARI, « Article 52 », in J.-P. COT et A. PELLET, « *La Charte des Nations unies, commentaire article par article* », Paris, 3ème éd. Economica, 2005, pp.1367- 1402.
70. E. NKUNZUMWAMI, « Les nouvelles puissances économiques des pays émergents : le monde devient multipolaire », in *www.nouvelle-dynamique.org,* Novembre 2007, pp.1-7.
71. E.-G. BERMANS et K. SAMS, « Le maintien de la paix en Afrique », in *Revue de l'institut des Nations Unies pour la recherche sur le désarmement et institut for security studies,* Genève, 2008, pp.23-34.
72. ELISA, « Comment expliquer l'échec du traité de Versailles », in *Centre Thucydide,* 2009, pp.1-4.

73. F. BENEDIKT, “Competing Regionalism in Africa and the Continent’s Emerging Security Architecture”, in African Studies Quarterly, vol. 9, issue 3, 2007, pp.54-77.
74. F. BORELLA, « Le régionalisme africain en 1964 », in *Annuaire français de droit international*, année 1964, vol.10, n°10, pp.621-637.
75. F. BORELLA, « Le régionalisme africain en crise (1965 et 1966) », in *Annuaire français de droit international*, année 1966, vol.12, n°12, pp.756-783.
76. F. BORELLA, « Le régionalisme africain et l’organisation de l’unité africaine », in *Annuaire français de droit international*, année 1963, vol.9, n°9, pp.838-865.
77. F. DALA DIANA et P. SUNDI MBAMBI, « Organisations régionales, conflits armés et missions de paix en Afrique : défis et perspectives », in *Congo Afrique*, n°407, CEPAS, Kinshasa, septembre 2006, 43-59.
78. F. RAACH, « La compétence externe du Conseil de sécurité ou les forces nouvelles du droit international », in *Esta obra forma parte del acervo de la Biblioteca Juridica Virtual del Instituto de Investigaciones Juridicas de la UNAM, www.juridicas.unam.mx*, 2013, pp.407-431.
79. F. SCHMEID, « La collaboration du Conseil de sécurité des Nations Unies et de l’UA dans la gestion de la crise du Darfour », in *Civitas Europe* n°18 juin 2007, pp.17-30.
80. F. WEISSMAN, « Libéria, derrière le chaos, crise et intervention internationales », in *Relations internationales et stratégiques*, n°24, Paris, IRIS, 1996, in Centre de réflexion sur l’action et les savoirs humanitaires, www.msf-crash.org, p.4.
81. F.-J. AIVO, « La communauté des Etats sahélo-sahriens (CEN-SAD) : Acteur complémentaire ou concurrentiel de l’Union Africaine ? », in *Annuaire français de droit international*, Volume 55, n°55, 2009, pp.469-495.
82. F.-K. BOUAYAD-AGHA et B.-P. KRASULIN, « Rapport sur les partages des responsabilités en matière de maintien de la paix entre l’Organisation des Nations Unies et les organisations régionales », in *UNIDIR*, Genève, 1995, pp.1-53.
83. G. BASUE BABU KAZADI, « L’action internationale en faveur de la démocratie », in G. BAKANDEJA wa MPUNGU, A. MBATA BETUKUMESU, R. KIENGE-KIENGE INTUDI (SD), in *Participation et responsabilité des auteurs dans un contexte d’émergence démocratique en RDC,* Kinshasa, éd. PUK, 2007, pp.181-221.
84. G. BERTINI, « Le conflit civil en Somalie », in *www.ofm.org,* 2007, pp.34-45.
85. G. DARIER et J.-M. DARIER, « Les relations internationales de l’après-guerre froide : quel ordre mondial », in *www.grenoble.fr, www.Diplomatiegouv.org,*2006, *pp.11-40.*

86. G. DE LACHARRIERE, « La polémique sur les opérations de maintien de la paix des Nations unies », in *Politique étrangère*, n°4, 31ème année, 1966, pp.319-334.
87. G. DUBE, « Les sanctions du droit international public dans la Charte des Nations Unies », in *Les Cahiers de droit*, vol 5, n°1,1962, pp.98-103.
88. G. FISCHER, « Article 47 », in J.-P. COT et A. PELLET, *La Charte des Nations unies, commentaire article par article,* Paris, 2ème éd. Economica, 1991, pp.705-716.
89. G. FOURESTIER, « L'Organisation de l'Unité Africaine », in *www.rabac.com,* 2002, pp.1-4.
90. G. GAVEN, « Coup d'Etat en Centrafrique : le chef de la rébellion se proclame président », in *www.franceinfo.fr*, consulté le 12/02/2016.
91. G. LAYLA, « Les rivalités impérialistes derrières la guerre du Darfour », in *Allafrica.com,* le 04/01/2000, pp.1-20.
92. G. PRUNIER, « Darfour, la chronique d'un génocide ambigu », in *www.lemondediplomatique.fr*, 2007, pp.16-17
93. H. BALDE, « L'Union Africaine doit privilégier la prévention des conflits », in *Notes de recherche thinking africa*, NAP n° 4, 5 novembre 2013, p.2.
94. H. BALDE, « Les mécanismes de prévention, de gestion et de règlement des conflits des organisations africaines », in *www.ridi.org/adi* Actualités et Droit international, 2001, Commission européenne, développement et coopération européenne et renforcement des capacités in *ec.europa.org*, pp.1-6.
95. HABIB AYEB, « L'Egypte et le Soudan au lendemain de la guerre du golfe in Hérodote, revue de géographie et de géopolitique, Afriques noires », in_*Afriques blanchies,* 2 et 3e semestre, n°65/66 juillet-septembre 1992, pp.78-89.
96. INTERNATIONAL CRISIS GROUP « Tchad, vers le retour de la guerre » in *Africa rapport* n°111 du 01/06/2006, pp.1-4.
97. J. BOULDEN, « Le Conseil de sécurité des Nations Unies et les conflits ethniques », in R. PANOSSIA, B. BERMAN et A. LINSCOTT, *Gouvernance et diversité des solutions démocratiques pour des sociétés multiculturelles,* Paris, 2010, pp.17-38.
98. J. CILLIERS, « Force Africaine en Attente : Etat des progrès accomplis dans sa mise en place », in *Institute for Security Studies Paper* issue 160, 2008, pp.22-28.
99. J. COHEN, « Article 39 », in J.-P. COT et A. PELLET, *La Charte des Nations Unies commentaire article par article,* Paris, 2ème éd. Economica, 1991, pp.645-665.
100. J. DYSON, « Irresponsabilité au Darfour », in *www.mondediplomatique.fr*, juin 2006, pp.7-11.

101. J. GUILHEM BARGUES et N. GUTIERREZ, « Biographies reliées à l'AMISOM et mandat de l'opération », in *Réseau francophone de recherche sur les opérations de paix, http://www.opérationspaix.net*, 2006, pp.12-24.
102. J. GUILHEM BARGUES et N. GUTIERREZ, « Historique de l'opération AMISOM », in Réseau francophone de recherche sur les opérations de paix *http://opérationpaix.net,* 22 juillet 2013, pp.1-15.
103. J. KAZADI MPIANA, « L'UA face à la gestion des conflits, cas des changements anticonstitutionnels de gouvernement », in *Revue québécoise de droit international*, Volume 25.2, 2012, pp.101-141.
104. J. KENFACK et A. KOAGNE ZOUAPET, « La CEEAC et les opérations de paix. Evolutions et bilan une décennie après la création du COPAX », in *Guide du maintien de la paix*, CERIUM, Université de Montréal, 2011, p.2.
105. J. LEMAIRE, « La responsabilité de protéger : un nouveau concept pour de vielles pratiques ?», in *Note d'analyse du groupe de recherche et d'information sur la paix et la sécurité,* Bruxelles, 31 janvier 2012, pp.9-12.
106. J. PRENDERGAST, « Soudan: divide and destroy in Darfour », in *Allafrica.com*, le 07/06/2006, pp.1-5.
107. J. RULAND, « The EU as an inter-and Transregional actor: the Asia Europe meeting », in *Papier présenté à la conférence internationale,* « Asie-Europe on the Eve of the 21 st Century », Université de chilalong Korn, Bangkok, 19-20 août 1999, pp.1-9.
108. J. TERCINET, « Le pouvoir normatif du Conseil de sécurité : le Conseil de sécurité peut-il légiférer ? », in *Revue Arès*, Volume XXI, n°55, mai, pp.69-86 et in *Revue belge de droit international*, n°2,2004, pp.528-551.
109. J. TERCINET, « L'Union Européenne et la gestion des crises », in *Actes du colloque,* la défense européenne organisée le 01 février 2002 par le Centre d'études européennes (faculté de droit Lyon III) et le Centre des recherches sur l'Europe et le monde contemporain (faculté JEAN MONNET, Paris XI) éd. Bruylant, Bruxelles, 2003, pp.21-36.
110. J. TERCINET, « Le soldat de la paix : un legs du XXème siècle », in B. DECRIAUT, M.-P. JOUBERT et M.-C. PLANTIX, « La sécurité internationale d'un siècle à l'autre », in *L'Harmattan,* Paris, 2001, pp.21-36.
111. J. TERCINET, « Les Nations Unies et la sécurité internationale en 1998 », in *Revue Arès,* volume XIX, n° 47, fascicule 1 (avril 2001), pp.20-25.
112. J. TERCINET, « Les Nations Unies et la sécurité internationale en 1997 », in *Revue Arès,* volume XVIII, n° 44 fascicules 1 (février 2000), pp.15-19.

113. J. TERCINET, « Les Nations Unies et la sécurité internationale en 1997 », in *Revue Arès,* volume n°43 fascicules 3 (Juillet 1999), pp.12-20.
114. J. TERCINET, « Les Nations Unies et la sécurité internationale en 1995 et 1996 », in *Revue Arès,* volume XVII, n°42, fascicule 2 (mars 1999), pp.30-38.
115. J. TERCINET, Les politiques nationales en matière de maintien de la paix », in *Revue Arès,* volume XVII, n° 41 fascicules 1 (Octobre 1998), pp.20-42.
116. J.-D. BIYOQUE BI NTOUGOU et ZOZIME TAMEKAMTA, « Dynamique des réponses sécuritaires de la CEEAC à la crise centrafricaine », in *Groupe de recherche et d'information sur la paix et la sécurité*, Note n°6 du 25 Mars 2014, p.4.
117. J.-F. DAGUZAN, « La France, le Mali et la question diplomatique. Une guerre par défaut », in *Annuaire français des relations internationales*, Vol. XV, 2014, pp.4-8.
118. J.-H. GUAY, « Renversement du président centrafricain Ange Félix Patassé », in Perspective.usherbrooke.ca, version 10.7.2015, consulté le 16/02/2016.
119. J.-J. PATRY, « Nations unies et stabilité : transformer les conflits armés », in *Notes de la fondation pour la recherche stratégique,* Paris, 16 septembre 2007, pp.1-18.
120. J.-M. GUEHENNO, « L'Afrique concentre trois quarts des opérations de maintien de la paix », in *www.afrik.com,* 2007, pp.1-7.
121. J.-M. GUEHENNO, « Maintien de la paix : les nouveaux défis pour l'ONU et le Conseil de sécurité », in *Politique étrangère* n°3-4, 68ème année, 2003, pp.1-12.
122. J.-M. GUIEU, « L'insécurité collective ». « L'Europe et la société des Nations dans l'entre-deux-guerres », in *Bulletin* n°30, institut Pierre Renouvin, le 06/10/2009, pp.21-44.
123. J.-M. KUMBU-KI-NGIMBI, « L'efficience des institutions régionales et leurs interventions dans le domaine de la paix », in *Enjeux de la paix au III ème millénaire*, Kinshasa, Loyola, Avril 2000, p.95.
124. J.-M. THOUVENIN, « Article 103 », in J.-P. COT et A. PELLET, « *La Charte des Nations unies, commentaire article par article* », Paris, 3ème éd. Economica, 2005, pp.2133-2147.
125. J.-N. BACH et R. ESMENJAUD, « Innovations normatives, résilience des pratiques : A quoi et (à qui) sert l'AMISOM ? », in *Sécurité globale*, hivers 2011-2012, pp.1-18.
126. J.-P. BRODEUR, « Maintien et imposition de la paix en Somalie (1992-1995) partie 3 », in *Culture et conflit* n°29-30, Nouveau paradigme de la violence, automne-hiver 1998, pp.210-222.

127. J.-P. BRODEUR, « Nouveau paradigme de la violence. Maintien et imposition de la paix en Somalie (1992-1995) partie 2 », in *Culture et conflit,* n°29-30, automne-hiver 1998, pp.194-209.
128. J.-P. BRODEUR, « Un nouveau paradigme. Maintien et imposition de la paix en Somalie (1992-1995) partie 1 », in *Culture et conflit* n°29-30, Automne-hiver 1998, pp.175-193,
129. J.-P. COLIN, « L'Union Africaine et les crises : un dispositif en progrès », in *http : www.diplomatie.gouve.fr,* 2009, pp.13-27.
130. J.-P. JACQUE, « Article 102 », in J.-P. COT et A. PELLET, « *La Charte des Nations unies, commentaire article par article* », Paris, 3ème éd. Economica, 2005, pp.2117-2132.
131. J.-P. MAUREY, « Comparaison de l'ONU et du pacte de la SDN, 6 organes », in *www.gil conflit.org,* Article inséré le 30/01/2010, pp.23-46.
132. J.-P. MAUREY, « L'accord de YALTA », in *www.universalis.fr et sur http:// unit-perg.fr.*, 2008, pp.17-30.
133. J.-P. MAUREY, « Traité de Versailles de 1919 », Digithèque MSP, in *www.Genevedécouverte.ch, 2009, pp.1-23.*
134. J.-P. RITTER, « La protection diplomatique à l'égard d'une organisation internationale », in *Annuaire Français de droit international,* VIII, Centre national de la recherche scientifique, Volume 8, n°8, Paris, 1962, pp.427-456.
135. K. BAYRAMZADEH, « Le régionalisme international : regards croisés, Europe, Asie et Maghreb », in *http://popuqs.ulg.al.be,* Volume 11, n°2, 2011-2012, pp.40-55.
136. K. BAYRAMZADEH, « Le rôle des organisations internationales dans le processus d'intégration régionale : le cas du monde arabe », fédéralisme, régionalisme, in *http://popups.ulg.al.be//fédéralisme/document.php,* Volume11, 2011, pp.1-15.
137. K. LEGARE et R. GARON, « Introduction. La diversification des pratiques internationales et l'évolution des opérations de paix dans l'après-guerre froide », in *Etudes internationales,* Volume 42, n°3, 2011, pp.271-288.
138. L. BALMOND et I. CHOUKRI, « La sécurité internationale en 2000-2001 : la continuité ?», in *Revue Arès* n°49, Vol XIX, fascicule 3, mai 2002, pp.103-125.
139. L. PINESHI, « L'emploi de la force dans les opérations de maintien de la paix des Nations Unies « robustes » condition et limites juridiques », in *www.opérationspaix.com,* 2009, pp.1-41.
140. L. REYCHLER et T. PAFFENHOLTZI, « Construire la paix sur terrain. Mode d'emploi », Chapitre ONG et gestion de la paix, in *Notes de GRIP*, éd. Complexe, Bruxelles, 2002, pp.246-248.

141. L.-A. SICILIANOS, « L'autorisation par le Conseil de sécurité de recourir à la force : une tentative d'évaluation », in *Revue générale de droit international public,* tome 106, n°1, 2002, pp.5-50.
142. L.-A. THEROUX-BENONI, « L'architecture sécuritaire internationale à l'épreuve de la crise malienne », in *Centre de recherche en développement international du Canada* (CRDI), Ottawa, 15 avril 2015, in Institute for security studies, www.issafrica.org, consulté le 12/02/2016.
143. M. CHEMILLIER GENDREAU, « L'Etat souverain aurait-il peur du droit international ?», in *Le monde diplomatique,* mai, 1989, pp.24-25.
144. M. FLORY, « L'Organisation des Nations unies et les opérations de maintien de la paix », in *Annuaire français de droit international,* Volume 11, 1965, pp.446-468.
145. M. FORTMAN et J. GAULAND, « L'obsolescence des guerres interétatiques ? », une relecture de John MULLER, Raisons politiques 1/2004 (n°13), in URL : *www.cairn.info/revue-raison-politiques*, 2004, pp.79-96.
146. M. GUEUYOU, « Article 54 », in J.-P. COT, A. PELLET et M. FORTEAU, *La Charte des Nations unies, commentaire, article par article*, Paris, 3ième édition, LGDJ, 2005, pp.1436-1445.
147. M. JULIA, « L'évolution de la coopération entre l'ONU et les organisations régionales. L'exemple de l'organisation internationale de la francophonie », Communication présentée lors du colloque international sur la francophonie sous l'angle des théories des relations internationales, in *Institut des relations internationales de Hanoi,* (VIET NAM), 12 février 2007, pp.1-45.
148. M. KAMTO, « Constitutions et principes de l'autonomie constitutionnelle », in *Constitutions et droit international, Recueil des cours,* Vol.8, Académie internationale de droit constitutionnel, Tunis, Centre de publication universitaire, 2000, pp.127-178.
149. M. KLEIN, « Les forces de présence françaises : des outils stratégiques majeurs adoptés à la situation internationale africaine », in *Note de la fondation pour la recherche stratégique,* n°01/2008, pp.1-12.
150. M. LAVERGNE, « Les deux soudans après la sécession du sud : des lendemains qui déchantent », in *Questions internationales*, n°59, novembre décembre 2012, pp. 105-114.
151. M. LAVERGNE, « Darfour : impacts ethniques et territoriaux d'une guerre civile en Afrique », *in www.wikipedia.org*, 16/01/2010, pp.1-20.
152. M. LIE ONANA, « Maintien et consolidation de la paix dans les post colonies africaines, démobilisation et réinsertion des combattants en contexte de transition », in *Annuaire français de relations internationales,* vol VI Bruxelles, 2005, pp.307-322.

153. M. LIEGEOIS, « Le rôle des organisations régionales dans le maintien de la paix et de la sécurité internationales, éléments pour une approche comparative », in *www.uclouvain.be/cps/ucl/doc*, pp.1-20.
154. M. LIEGEOIS, « Les opérations, intervention dans le cadre du panel 5 : étude des cas : Darfour et Somalie, état des lieux, enjeux et perspectives », in *Séminaire sur les principaux enjeux défis et opportunités liés aux opérations de paix sur le continent africain organisé par l'OIF, le groupe des ambassadeurs francophones d'ADDIS ABEBA et le réseau francophone de recherche sur les opérations de paix de l'université de Montréal*, ADDIS ABEBA, *www.opérationspaix.net,* le 7 juin 2010, pp.1-11.
155. M. LIEGEOIS, « Opérations de paix. La question de la régionalisation », in J. COULON (dir), *Guide du maintien d la paix*, Montréal, éd. Athéna, 2005, pp.18-33.
156. M. LIEGOIS, « Darfour, mission impossible pour la MINUAD ? », in *Les rapports du groupe de recherche et d'information sur la paix et la sécurité*, Bruxelles, 2009/6, pp.1-31.
157. M. LUNTUMBWE, « APSA : contours et défis d'une Afrique de la défense », in *Note d'analyse du GRIP*, 15 janvier 2015, Bruxelles, pp.8-14.
158. M. MAZIERE, « Les frontières en Afrique, absurdité ou enracinement ? », in *www.grighgc.org*, 2004, pp.1-17.
159. M. ODZOLO MODO, « Fiche d'information de l'organisation : Union africaine », in *Réseau francophone de recherche sur les opérations de paix, www.opérationspaix.net*, 12 mai 2010, pp.1-10.
160. M. ODZOLO MODO, « Paix et sécurité : la coopération entre l'ONU et l'UA », in *http:// www.opérationpaix.net et www.grotius.fr*, 29 Novembre 2010, pp.1-15.
161. M. ROGER, « Les dynamiques au sein du Conseil de sécurité de l'ONU et les pays émergents », Cercle étudiant en relations internationales et stratégiques, in *Cercle-eris.over-blog.fr*, 2012, pp.1-2.
162. M. TESSIER et T. GONGORA, « Une Afrique Bousculée en voie de réorganisation sécuritaire ? », in *Institut Québécois des hautes études internationales,* Université LAVAL, Bulletin n°44, janvier 2000, pp.1-4.
163. MOUSTAPHA SOURANG, « Faut-il modifier la Charte d'Addis Abeba du 25 mai 1963 », in *Annales africaines* 1987, pp.3-16.
164. MUTOY MUBIALA, « Les droits des peuples en Afrique, le droit des peuples à disposer d'eux-mêmes : un droit collectif à la démocratie… et rien d'autre », in *Revue trimestrielle des droits de l'homme, (*60/ 2004), pp.987-1000.
165. MUTOY MUBIALA, « L'Afrique dans les relations internationales », in *Congo-Afrique* n°396, éd. CEPAS, Kinshasa, juin-juillet-août 2005, pp.241-255.

166. N. BAGAYOKO, « L'Union Européenne et la réforme des systèmes de sécurité », Note d'analyse, in *Groupe de recherche et d'information sur la paix et la sécurité,* 17 décembre 2008, pp.1-11.
167. N. HITHCOT, « Les opérations de maintien de la paix : le rôle des spécialités dans la réhabilitation post-conflit », in *Cours ACP -UE,* n°198, mai - juin 2003, pp.60-83.
168. N. JALILOSSOLTAN, « Les Nations Unies et le maintien de la paix après la fin de la guerre froide », in *Revue Arès volume XVIII,* n°45, fascicule 2 (mai 2000), pp.183-215.
169. NATIONS UNIES, « Mission préparatoire des Nations Unies au Soudan », in *www.un.org,* 2005, pp.1-2.
170. O. CORTEN et P. KLEIN, « L'action des nations unies en côte d'ivoire : jusqu'où le Conseil de sécurité peut-il intervenir dans l'ordre juridique interne des états ? », in M. KAMGA (sous la dir.), *Mélanges en l'honneur de Raymond RANJEVA*, Paris, éd. Pedone, 2013, pp.73-99.
171. O. NDESHYO RURIHOSE, « Le système africain de sécurité collective », in G. 172. G. BAKANDEJA wa MPUNGU et O. NDESHYO RURIHOSE, (dir), *Annuaire de la faculté de droit,* Edition spéciale droits de l'homme. Commémoration du 59ème anniversaire de la Déclaration Universelle, Kinshasa, PUK, 2007, pp.161-189.
173. O. YOSHIO, « Les problèmes juridiques posés par la participation de Japon à des opérations conduites par les Nations unies, notamment de maintien de la paix », in *Annuaire français de droit international*, vol 39, 1993, pp.468-479.
174. ONU, « L'ONU déconseille le déploiement d'une mission en Somalie à l'heure actuelle », in *Centre d'actualités de l'ONU, www.onu.org*, 2010, pp.1-2.
175. ONU, « Sécurité : une force d'intervention rapide pour répondre à la situation en Afrique », in *www.un.org*, 2012, pp.1-5.
176. P. DUBOIS, « L'Union Européenne et le naufrage de la Yougoslavie (1991 -1995) », in *Relations internationales*, n°104, hiver 2000, pp.464-485.
177. P. ENGELMARD, « Vers un développement à l'africaine », in *Manière de voir,* Mai-juin 2000, pp.53-57.
178. P. GOURDIN, « République Centrafricaine : géopolitique d'un pays oublié », in *www.diploweb.com/République-centrafricaine.html*, consulté le 12/02/2016.
179. P. KALUME BEYA, « La résolution 2085 du Conseil de sécurité sur le Mali constitue-t-elle un engagement ou un désengagement au règlement militaire de ce conflit ? », in *Cahiers Africains des Droits de l'Homme et de la Démocratie*, 17ème année, n°039, Vol II, Avril-Juin 2013, p.68.

180. P. OUEDRAGO, « Le panafricanisme, histoire mythique ou profits politiques », 2009, in *www.thomassankara.net*, consulté le 03 décembre 2015.
181. P. TAVERNIER, « Soixante ans après : la réforme du Conseil de sécurité des Nations Unies est-elle possible », in *Actualités et droit international*, http:// www.ridi.org/adi, Août 2005, pp.1-10.
182. P. VINCENT, « Pour une meilleure gouvernance mondiale : la réforme du Conseil de sécurité des Nations Unies », Pyramides (en ligne) 2005, mis en ligne le 07 décembre 2011, in *http:// www.pyramide.revues.org*, pp.69-86.
183. P.-D. WILLIAMS, « Enseignements tirés des Opérations de Maintien de la Paix en Afrique », in *Bulletin de la sécurité africaine*, une publication du centre d'études stratégiques de l'Afrique, n°3/avril 2010, pp.1-2.
184. P.-D. WILLIAMS, « Les opérations de paix en Afrique : Enseignements tirés depuis 2000 », in *Bulletin de la sécurité africaine du centre d'études stratégiques de l'Afrique,* n°25/2013, pp.1-8.
185. P.-M. EISEMAN, « Article 41 », in J.-P. COT et A. PELLET, *La Charte des Nations unies, Commentaire article par article,* Paris, 2ème éd. Economica, 1991, pp.683-704.
186. P.-M. JOANA, « Le rôle des organisations régionales et sous régionales, panel n°2 sur la régionalisation des questions de paix et de sécurité », in *Séminaire sur les principaux enjeux défis et opportunités liés aux opérations de paix sur le continent africain organisé par l'OIF, le groupe des ambassadeurs francophones d'ADDIS ABEBA et le réseau francophone de recherche sur les opérations de paix de l'université de Montréal,* ADDIS ABEBA, *www.opérationspaix.net,* , le 7 juin 2010, pp.1-5.
187. P.-N. TAWA, « Interventions internationales et résolutions des conflits en Afrique noire : bilan et perspectives », in *Notes d'analyse politique, Thinkingafrica*, NAP n°12, Août 2013, pp.12-25.
188. R. ADJOVI, « La politique africaine de la France », in *www.diplomatie.jour.fr* et *Annuaire français des relations internationales*, Volume 2, 2002, pp.1-12.
189. R. COOLSAET, S. BISCOP et J. COULMONT, « Mali: Another European intervention without the EU? », in *Egmont security policy brief*, n°42, Janvier 2013, p.1.
190. R. DRAMAN et D. CARMENT, "Managing chaos in the west africa sub-region: assessing the role of ECOMOG LIBERIA", in *Occasional paper,* n°26, 2001, in www.server.carleton.ca, consulté le 12/02/2016.
191. R. KOLB, « Article 53 », in J.-P. COT et A. PELLET, « *La Charte des Nations unies, commentaire article par article* », Paris, 3ème éd. Economica, 2005, pp.1403- 1437.

192. R. LALANNE, « Le Kenya en Somalie : les raisons d'une intervention risquée », Le nouvel observateur, in *http://le plus.Nouvel.com*, 2009, pp.1-10.
193. R. MARCHAL, « Les opérations, intervention dans le cadre du panel 3 : étude de cas : Darfour et Somalie, état des lieux. Enjeux et perspectives », in *Séminaire sur les principaux enjeux défis et opportunités liés aux opérations de paix sur le continent africain organisé par l'OIF, le groupe des ambassadeurs francophones d'ADDIS ABEBA et le réseau francophone de recherche sur les opérations de paix de l'université de Montréal,* ADDIS ABEBA, *www.opérationspaix.net,* le 7 juin 2010, pp.1-7.
194. R. MIELCAREK, « Guerre au Mali : les armées africaines peuvent-elles se mesurer aux djihadistes ? », in *www.slate.fr,* consulté le 12/02/2016.
195. R. REED, « Qu'est-ce que l'ONU et quelles en sont les limites », in J. DUCHATEL et F. BOCHAT, *ONU, Droits pour tous, Loi du plus fort*, Genève, CETIM, 2005, pp.60-81.
196. R. SABEL, « La question des armes livrées aux groupes non étatiques : vers une réaffirmation des principes des traités de Westphalie ? », in *www.unidir.org*, Avril 2008, pp.5-16.
197. REPRESENTATION FRANÇAISE A L'ONU, « Le rôle des organisations régionales dans l'ONU le maintien de la paix et de la sécurité », Nations unies, New York, in *www.un.org,* 06 aout 2013, pp.1-10.
198. RESEAU FRANCOPHONE DE RECHERCHE SUR LES OPERATIONS DE PAIX, « *Historique de l'opération/IGASOM* », in *http://www.opérationspaix.net*, 2011, pp.1-7.
199. S. DU MOULIN, « Comprendre ce qui se passe au Darfour », in *www.urgencedarfour.org*, 2006, pp.15-37.
200. S. DUJARDIN, « Le panafricanisme et les études africaines : bilan et perspectives, le panafricanisme continent en action : état des savoirs de l'OUA à l'UA », in *Etudes africaines/ état des lieux et des études africaines en France,* 29, 30, Paris, novembre et premier décembre 2006, pp.1-3.
201. S. ESCOFIER, E. FERRIER, M.-M. OLSEN, M. SHUSTERMAN, M. NORKUTE, « Nature et formes de la violence, causes du conflit en RCA », in *Grenoble,* Février 2004, in www.irenees.net, consulté le 11/02/2016.
202. S. LE GOURIELLEC et J.-J. PATRY, « Vers un nouveau modèle d'insurrection : le déni de pouvoir central dans les Etats défaillants : le cas somalien », in *Sécurité Globale,* éd. Choiseul, Novembre 2010, pp.1-18.
203. S. LE GOURIELLEC, « L'ONU en Somalie : le refus de l'engagement ? », in *www.opérationspaix.net,* le 23/01/2012, pp.1-20.

204. S. LEGOURIELLEC, « l'ONU en Somalie : le refus de l'engagement ? », in *www.operationspaix.net,* consulté le 08février 2016.
205. S. NDAYAMBAJE, « L'action internationale autour des enjeux de sécurité en Afrique centrale : le cas de la CEMAC dans le règlement du conflit centrafricain », *in www.only.nl*, pp.1-2, consulté le 12/02/2016.
206. S. NGUEMBOCK, « Quel bilan pour la politique européenne de sécurité et de défense (PESD) en Afrique centrale ? », in *www.ireness.net,* Mai 2009, pp.1-9.
207. S. RAHMANI, « Soudan, acceptation du déploiement de la force hybride ONU-UA au Darfour », in *www.operationspaix.net,* 17 juin 2007, pp.1-2.
208. S. SANTO, « L'ONU face au terrorisme », Notes du GRIP, in *http : www.grip.fr*, 2001-2005, pp.1-44.
209. S. SUR, « Sécurité collective », in Th. DE MONTBRIAL et P. KLEIN, *Dictionnaire de stratégie*, Paris, éd. PUF, 2000, pp.305-309.
210. S. SUR, « Vers la marginalisation de l'ONU dans le domaine du maintien de la paix ? », in *Revue Arès*, n°41, volume XVII, fascicule 1 Octobre 1999, pp.11-
211. S. ZACHARIA, « Pour la réforme des institutions mondiales », in *Revue des enjeux planétaires*, n°4, *www.pkb-international.org*, 2013, pp.1-11.
212. SESANGA HIPUNGU Dja KASENG, « L'Afrique du sud et la sécurité sous régionale des grands lacs », in *Actualité et droit international,* Revue d'analyse juridique de l'actualité internationale, mars 2002 (http://www.ridi.org/adi).
213. T. FINDLAY, « La problématique de l'utilisation de la force dans le cadre d'opération de paix », in J. COULON (dir*), Guide du maintien de la paix,* Montréal Athéna édition, 2006-2007, pp.113-126.
214. T. JOE BIERSTEKER, « Les perspectives de la Commission de la consolidation de la paix », in *www.unidir.org.*, 2007, pp.43-52.
215. T. POULIN, « Historique de l'opération ICR/LRA », in *Réseau francophone de recherche sur les opérations de paix, www.opérationspaix.net,* 25 juin 2013, pp.1-15.
216. T. TARDY, « L'ONU et le recours à la force ou le mariage de la carpe et du lapin », Etude Raoul DANDURAND, n°12, Université de Québec à Montréal, in *www.dandurand.uqam.ca,* 2006, pp.4-31.
217. UNION AFRICAINE, « Le conflit en Somalie, synthèse », in *www.unionafricaine.org,* 06 mars2013, pp.7-11.
218. UNION AFRICAINE, « Regard historique sur le conflit en Somalie », in *www.unionafricaine.org*, 2008, pp.7-14.
219. UNION AFRICAINE, « Darfour, comment redynamiser le processus de paix », in *Rapport Afrique,* n°125, du 30/04/2007, pp.4-6.

220. V. FOUCHER et J.-H. JEZEQUEL, « L'Afrique subsaharienne en route vers la paix ? », in A. LEGAULT et Alii, *Les Conflits dans le monde 2005*, Québec, QC, Les Presses de l'Université Laval/Institut québécois des hautes études internationales, p.147.
221. V. RICCIARDI, « En Somalie, un conflit ouvert », in *www.géopolitiqueconflits.org*, 05 Mars 2011, pp.1-20.
222. W. ASSANVO, « L'AFRIQUE à l'épreuve du maintien de la paix », Multipol, in *http:// www.multipol.org*, mai 2007, pp.10-18.
223. X. ZEEBROCK, P. SEBAHARA et F. SANTOPINTO, « Darfour, Tchad, Centrafrique, des processus de paix à l'épreuve du feu », *Note d'analyse de GRIP in www.grip.org,* 12 février 2008, pp.1-9.
224. X. ZEEBROEK, « Restons calme, la situation est désespérée, quelques idées sur le conflit en RDC », in *http:// www.opérationspaix.net*, 4 Novembre 2008, pp.1-6.
225. Y. BEDZIGU, « Les conflits en Afrique, une résolution improbable », in *Annuaire français des relations internationales*, vol IX, 24 juillet 2008, *www.afri-ct-org*, pp.161-176.
226. Y. BEIGBEDER, « Compte rendu sur l'ouvrage la Charte des Nations unies, constitution mondiale ? », in *Etudes internationales,* vol 38, n°2, 2007, pp.1-3.
227. Y. EL KADIRI, M. RICHIR, L. SOMVILLE, F. TOSELLI, M. VASSEUR, « Rapport du module Environnement Mondialisation », Décembre 2003-Avril 2004, in *Ecole nationale supérieure des mines,* Saint Etienne, pp.1-2.
228. Y. JEANCLOS, « Minorités et conflits. Perspectives de sécurité internationale au XXème siècle », in Michel MATHIEN (dir.), *L'expression de la diversité culturelle*, un enjeu mondial, éd. Bruylant, Bruxelles, 2013, pp. 377-392.
229. Y. JEANCLOS, « Les conflits ne sont pas ce que les médias croient qu'ils sont au XXIème », in *Annuaire français des relations internationales*, Vol XVI, 2015, pp.45-72.
230. Y. JEANCLOS, « Minorités culturelles et conflits dans les constructions nationales en Afrique noire au XXème siècle », in Les medias de l'expression de la diversité culturelle en Afrique, éd. *Bruylant,* Bruxelles, 2012, pp. 49-64.
231. Y.-J. CHOI, « L'évolution des opérations de maintien de la paix », in *Allafrica.com.*, 2009, pp.3-4.

XVIII. Thèses de doctorat

1. G. BASUE BABU KAZADI, « *L'action internationale en faveur de la démocratie* », Thèse de Doctorat, Université de Nancy II, 1999.
2. KOFFI KOUAME, « *La stabilisation et le maintien de la paix en Afrique de l'Ouest* », Thèse Nouveau régime, Droit international, Livre II, 1988.

3. P.-E. NTUMBA KAPITA, « *La pratique onusienne des opérations de consolidation de la paix : analyse, bilan et perspectives* », Thèse en vue de l'obtention du grade de docteur en Droit, présentée et soutenue publiquement le 18 septembre 2010, (Doctorat nouveau régime-Droit public) Ecole doctorale de Nancy, Nancy Université, Faculté de Droit, Sciences Economiques et Gestion.
4. SESANGA HIPUNGU DJA KASENG KAPITU, « *Espace socio-politique et sécurité de l'Etat en Afrique subsaharienne, Tome1 le besoin de sécurité* », Thèse de Doctorat nouveau régime soutenue publiquement, le 26 Novembre 2001, Université de GRENOBLE II, Centre européen d'études de défense et de sécurité internationale (CEDSI) centre Lyonnais d'études de sécurité internationale (CLESID).
5. SIDY SADY, « *La résolution des conflits en Afrique », thèse pour le doctorat d'Etat en science politique,* présenté et soutenue à l'université Cheik Anta Diop de Dakar le 22 janvier 2003.
6. TSHIBANGU KALALA, « *Les destinataires des résolutions du Conseil de sécurité des Nations Unies autres que les Etats* », Faculté de Droit, Unikin, 2007.

XIX. Travaux dirigés et publiés

1. ESTEBAN, « Analyse des conflits et construction de la paix », in *Master sciences politiques*, Université de Lille 30 septembre 2010.
2. GUEYE, « Le panafricanisme d'intégration comme réponse aux problèmes sécuritaires africains », Université jean Moulin Lyon 3, master relations internationales, sécurité internationale et défense, 2009, in *maitron-en ligne.univ-paris 1.fr.*
3. S. NOMO MVILONGO, « La formulation du panafricanisme dans la pratique conventionnelle et constitutionnelle en Afrique », Mémoire de maîtrise en droit international, Université du Québec à Montréal, Octobre 2013, in *www.archipel.uqam.*
4. S. PFISTER, « *Les avantages comparatifs de l'Union Européenne dans la gestion des crises et la sortie des conflits européens in institut européen de l'université de Genève* », in www.unig.ch/ieug.fr.
5. SALAMANE YAMEOGO, La portée du régionalisme international en Afrique, maitrise en droit public, université de Ouagadougou, 2004 *in* afriquelafrique_free.fr /thèse.

XX. Cours

1. GIRAUD (E), « *La révision de la Charte de l'ONU* », Recueil des cours de l'académie de droit international, 1956, II, 307.
2. KHOUMA (O)., *Cours de régionalisme africain*, Licence 3, science politique, département de droit public et de science politique,

Université Cheik ANTA DIOP de Dakar, Faculté des sciences juridiques et politiques, 2014-2015.

3. SABA (H), « *Les accords régionaux dans la Charte de l'ONU* », Recueil Sirey, RCADI, Paris, 1952.
4. UGO VILANI, « *Les rapports entre l'Organisation des Nations Unies et les Organisations Régionales dans le domaine du maintien de la paix* », recueil des cours de l'académie de droit international, vol 290, 2001.
5. KHOUMA (O)., *Cours de régionalisme africain*, Licence 3, science politique, département de droit public et de science politique, Université Cheik ANTA DIOP de Dakar, Faculté des sciences juridiques et politiques, 2014-2015.

XXI. Autres documents

1. G-8, plan d'action pour l'Afrique rapport conjointe des représentants personnel, pour l'Afrique du G8 un état d'avancement des travaux, Londres, le 1 juillet 2005.
2. KAMBALE MUSAVUTI, Solutions africaines aux problèmes africaines in www.lavoiedel'amérique.com.
3. G-8, déclaration du sommet du G8 de HEILGINDAMN : croissance et responsabilité en Afrique.
4. Allocution de S.E de Jean PING, Président de la Commission de l'UA au deuxième atelier thématique du groupe des sages de l'UA sur le renforcement de la gouvernance politique pour la paix et la sécurité et la stabilité en Afrique, Tunis, Tunisie, 27-29 avril 2012.
5. Lettre du président de la Commission de l'UA Jean PING sur l'UA et la crise libyenne : remettre les pendules à l'heure, numéro 1, novembre 2011.
6. Intervention de M. Edouard COURTIAL, Secrétaire d'état chargé des français de l'étranger, coopération entre les Nations Unies et l'UA en matière de paix et de sécurité le 12 janvier 2012 à l'ONU.
7. Intervention d'AMHEDOU OULD ABDALLAH, Représentant spécial du secrétaire général pour la Somalie, au Conseil de sécurité le 17 décembre 2008.
8. Intervention de RAMTAME LA MAMRA, Commissaire pour la paix et la sécurité de l'UA sur l'accord de Djibouti du 09/06/2008 au Conseil de sécurité le 17 décembre 2008.
9. Déclaration d'ALI AHMED JAMA JENGE, Ministre des affaires étrangères et de la coopération internationale de la Somalie sur le même accord.
10. Déclaration de ZACHARY MUBIRI MUITA, Représentant spécial du secrétaire général et chef de bureau des Nations Unies auprès de l'UA sur les activités du bureau depuis la création au Conseil de sécurité CS/10 288 DU 21/06/2011.

11. Déclaration du docteur MASHABANE De l'Afrique du sud sur le renforcement des relations et de la coopération entre l'ONU et l'UA pour contribuer à la paix et à la sécurité internationales au Conseil de sécurité, CS/10288 du 21/06/2011.
12. Déclaration de madame JOY OGWU du Nigéria sur les mesures prises depuis la signature du programme décennal de renforcement des capacités entre l'ONU et l'UA.
13. Allocution de son excellence docteur Jean PING, président de la Commission de l'Union Africaine à l'occasion de la célébration de la journée internationale des gardiens de la paix de l'ONU, Addis-Abeba, le 29 mai 2012.
14. PNUD, Rapport mondial sur le développement humain 1996 et 1997 in le monde du 18 juin 1996.
15. CICR, « Le droit international humanitaire et les défis posés par les conflits armés contemporaines », *extrait du rapport du Comité international de la Croix-Rouge pour la 28e conférence internationale de la Croix-Rouge et du Croissant-Rouge*, Genève, décembre, 2003.
16. Voir Plan d'action pour l'Afrique, rapport conjoint des représentants personnels pour l'Afrique du G8 sur l'état d'avancement des travaux. Le G8 a adopté, au sommet de KANANASKIS en 2002, un plan d'action pour l'Afrique. Ils ont examiné les progrès réalisés au sommet d'EVIAN en 2003.
17. KHAN (I), « Lettre ouverte aux membres du Conseil de paix et de sécurité de l'Union Africaine », Londres, le 15 septembre 2006, *in www.amnesty.org* consulté le 07 juin 2012.

ANNEXES

A. La charte des Nations Unies
B. Les tableaux des opérations
  - Tableau 1 : *Les opérations menées en Somalie*
  - Tableau 2 : *Les opérations menées au Burundi*
  - Tableau 3 : *Les opérations menées par l'Union Africaine aux Comores*
  - Tableau 4 : *Les décisions créant les opérations de maintien de la paix*
C. Les cartes
  - La carte des Comores
  - La carte du Burundi
  - La carte du Mali
  - La carte de la Somalie
  - La carte du Soudan
  - La carte de la République centrafricaine

A. LA CHARTE DES NATIONS UNIES

NOTE LIMINAIRE

La Charte des Nations Unies a été signée à San Francisco le 26 juin 1945, à la fin de la Conférence des Nations Unies pour l'Organisation internationale, et est entrée en vigueur le 24 octobre 1945. Le Statut de la Cour internationale de Justice fait partie intégrante de la Charte.

Photo ONU/Yould

La Charte des Nations Unies est signée par une délégation lors d'une cérémonie organisée au Monument des anciens combattants à San Francisco, le 26 juin 1945.

Des amendements aux articles 23, 27 et 61 de la Charte ont été adoptés par l'Assemblée générale le 17 décembre 1963 et sont entrés en vigueur le 31 août 1965. Un autre amendement à l'article 61 a été adopté par l'Assemblée générale le 20 décembre 1971 et est entré en vigueur le 24 septembre 1973. Un amendement à l'article 109, adopté par l'Assemblée générale le 20 décembre 1965, est entré en vigueur le 12 juin 1968.

L'amendement à l'article 23 porte de onze à quinze le nombre des membres du Conseil de sécurité. L'amendement à l'article 27 dispose que les décisions du Conseil de sécurité sur des questions de procédure sont prises par un vote affirmatif de neuf membres (précédemment sept) et que ses décisions sur toutes autres questions sont prises par un vote affirmatif de neuf de ses membres (précédemment sept) dans lequel sont comprises les voix des cinq membres permanents du Conseil.

L'amendement à l'article 61, qui est entré en vigueur le 31 août 1965, portait de dix-huit à vingt-sept le nombre des membres du Conseil économique et social. L'amendement suivant à cet article, qui est entré en vigueur le 24 septembre 1973, a porté de vingt-sept à cinquante-quatre le nombre des membres du Conseil.
L'amendement à l'article 109, qui concerne le paragraphe 1 de cet article, dispose qu'une conférence générale des Membres des Nations Unies, aux fins d'une révision de la Charte, pourra être réunie aux lieu et date qui seront fixés par un vote de l'Assemblée générale à la majorité des deux tiers et par un vote de neuf (précédemment sept) quelconques des membres du Conseil de sécurité. Le paragraphe 3 de l'Article 109, aux termes duquel l'Assemblée générale devait, à sa dixième session ordinaire, examiner la question de la convocation d'une conférence de révision de la Charte, a été maintenu sous sa forme originale, bien qu'il dispose « par un vote de sept quelconques des membres du Conseil de sécurité », l'Assemblée et le Conseil de sécurité ayant donné suite à ce paragraphe à la dixième session ordinaire de l'Assemblée, en 1955.
Préambule : Nous, peuples des Nations Unies,
RÉSOLUS

- à préserver les générations futures du fléau de la guerre qui deux fois en l'espace d'une vie humaine a infligé à l'humanité d'indicibles souffrances,
- à proclamer à nouveau notre foi dans les droits fondamentaux de l'homme, dans la dignité et la valeur de la personne humaine, dans l'égalité de droits des hommes et des femmes, ainsi que des nations, grandes et petites,
- à créer les conditions nécessaires au maintien de la justice et du respect des obligations nées des traités et autres sources du droit international,
- à favoriser le progrès social et instaurer de meilleures conditions de vie dans une liberté plus grande,

ET À CES FINS

- à pratiquer la tolérance, à vivre en paix l'un avec l'autre dans un esprit de bon voisinage,
- à unir nos forces pour maintenir la paix et la sécurité internationales,
- à accepter des principes et instituer des méthodes garantissant qu'il ne sera pas fait usage de la force des armes, sauf dans l'intérêt commun,
- à recourir aux institutions internationales pour favoriser le progrès économique et social de tous les peuples,

AVONS DÉCIDÉ D'ASSOCIER NOS EFFORTS POUR RÉALISER CES DESSEINS
En conséquence, nos gouvernements respectifs, par l'intermédiaire de leurs représentants, réunis en la ville de San Francisco, et munis de pleins pouvoirs reconnus en bonne et due forme, ont adopté la présente Charte des Nations Unies et établissent par les présentes une organisation internationale qui prendra le nom de Nations Unies.

CHAPITRE I : BUTS ET PRINCIPES

Article 1

Les buts des Nations Unies sont les suivants :

1. Maintenir la paix et la sécurité internationales et à cette fin : prendre des mesures collectives efficaces en vue de prévenir et d'écarter les menaces à la paix et de réprimer tout acte d'agression ou autre rupture de la paix, et réaliser, par des moyens pacifiques, conformément aux principes de la justice et du droit international, l'ajustement ou le règlement de différends ou de situations, de caractère international, susceptibles de mener à une rupture de la paix;
2. Développer entre les nations des relations amicales fondées sur le respect du principe de l'égalité de droits des peuples et de leur droit à disposer d'eux-mêmes, et prendre toutes autres mesures propres à consolider la paix du monde;
3. Réaliser la coopération internationale en résolvant les problèmes internationaux d'ordre économique, social, intellectuel ou humanitaire, en développant et en encourageant le respect des droits de l'homme et des libertés fondamentales pour tous, sans distinctions de race, de sexe, de langue ou de religion;
4. Être un centre où s'harmonisent les efforts des nations vers ces fins communes.

Article 2 :

L'Organisation des Nations Unies et ses Membres, dans la poursuite des buts énoncés à l'Article 1, doivent agir conformément aux principes suivants :

1. L'Organisation est fondée sur le principe de l'égalité souveraine de tous ses Membres.
2. Les Membres de l'Organisation, afin d'assurer à tous la jouissance des droits et avantages résultant de leur qualité de Membre, doivent remplir de bonne foi les obligations qu'ils ont assumées aux termes de la présente Charte.
3. Les Membres de l'Organisation règlent leurs différends internationaux par des moyens pacifiques, de telle manière que la paix et la sécurité internationales ainsi que la justice ne soient pas mises en danger.
4. Les Membres de l'Organisation s'abstiennent, dans leurs relations internationales, de recourir à la menace ou à l'emploi de la force, soit contre l'intégrité territoriale ou l'indépendance politique de tout État, soit de toute autre manière incompatible avec les buts des Nations Unies.
5. Les Membres de l'Organisation donnent à celle-ci pleine assistance dans toute action entreprise par elle conformément aux dispositions de la présente Charte et s'abstiennent de prêter assistance à un État contre lequel l'Organisation entreprend une action préventive ou coercitive.
6. L'Organisation fait en sorte que les États qui ne sont pas Membres des Nations Unies agissent conformément à ces principes dans la mesure nécessaire au maintien de la paix et de la sécurité internationales.

7. Aucune disposition de la présente Charte n'autorise les Nations Unies à intervenir dans des affaires qui relèvent essentiellement de la compétence nationale d'un État ni n'oblige les Membres à soumettre des affaires de ce genre à une procédure de règlement aux termes de la présente Charte; toutefois, ce principe ne porte en rien atteinte à l'application des mesures de coercition prévues au Chapitre VII.

CHAPITRE II : MEMBRES

Article 3 :

Sont Membres originaires des Nations Unies les États qui, ayant participé à la Conférence des Nations Unies pour l'Organisation internationale à San Francisco ou ayant antérieurement signé la Déclaration des Nations Unies, en date du 1er janvier 1942, signent la présente Charte et la ratifient conformément à l'Article 110.

Article 4 :

1. Peuvent devenir Membres des Nations Unies tous autres États pacifiques qui acceptent les obligations de la présente Charte et, au jugement de l'Organisation, sont capables de les remplir et disposés à le faire.
2. L'admission comme Membres des Nations Unies de tout État remplissant ces conditions se fait par décision de l'Assemblée générale sur recommandation du Conseil de sécurité.

Article 5 :

Un Membre de l'Organisation contre lequel une action préventive ou coercitive a été entreprise par le Conseil de sécurité peut être suspendu par l'Assemblée générale, sur recommandation du Conseil de sécurité, de l'exercice des droits et privilèges inhérents à la qualité de Membre. L'exercice de ces droits et privilèges peut être rétabli par le Conseil de sécurité.

Article 6 :

Si un Membre de l'Organisation enfreint de manière persistante les principes énoncés dans la présente Charte, il peut être exclu de l'Organisation par l'Assemblée générale sur recommandation du Conseil de sécurité.

CHAPITRE III : ORGANES

Article 7 :

1. Il est créé comme organes principaux de l'Organisation des Nations Unies : une Assemblée générale, un Conseil de sécurité, un Conseil économique et social, un Conseil de tutelle, une Cour internationale de Justice et un Secrétariat.
2. Les organes subsidiaires qui se révéleraient nécessaires pourront être créés conformément à la présente Charte.

Article 8 :

Aucune restriction ne sera imposée par l'Organisation à l'accès des hommes et des femmes, dans des conditions égales, à toutes les fonctions, dans ses organes principaux et subsidiaires.

CHAPITRE IV : ASSEMBLÉE GÉNÉRALE

COMPOSITION

Article 9 :

1. L'Assemblée générale se compose de tous les Membres des Nations Unies.

2. Chaque Membre a cinq représentants au plus à l'Assemblée générale.

FONCTIONS ET POUVOIRS

Article 10 :

L'Assemblée générale peut discuter toutes questions ou affaires rentrant dans le cadre de la présente Charte ou se rapportant aux pouvoirs et fonctions de l'un quelconque des organes prévus dans la présente Charte, et, sous réserve des dispositions de l'Article 12, formuler sur ces questions ou affaires des recommandations aux Membres de l'Organisation des Nations Unies, au Conseil de sécurité, ou aux Membres de l'Organisation et au Conseil de sécurité.

Article 11 :

1. L'Assemblée générale peut étudier les principes généraux de coopération pour le maintien de la paix et de la sécurité internationales, y compris les principes régissant le désarmement et la réglementation des armements, et faire, sur ces principes, des recommandations soit aux Membres de l'Organisation, soit au Conseil de sécurité, soit aux Membres de l'Organisation et au Conseil de sécurité.
2. L'Assemblée générale peut discuter toutes questions se rattachant au maintien de la paix et de la sécurité internationales dont elle aura été saisie par l'une quelconque des Membres des Nations Unies, ou par le Conseil de sécurité, ou par un État qui n'est pas Membre de l'Organisation conformément aux dispositions du paragraphe 2 de l'Article 35, et, sous réserve de l'Article 12, faire sur toutes questions de ce genre des recommandations soit à l'État ou aux États intéressés, soit au Conseil de sécurité, soit aux États et au Conseil de sécurité. Toute question de ce genre qui appelle une action est renvoyée au Conseil de sécurité par l'Assemblée générale, avant ou après discussion.
3. L'Assemblée générale peut attirer l'attention du Conseil de sécurité sur les situations qui semblent devoir mettre en danger la paix et la sécurité internationales.
4. Les pouvoirs de l'Assemblée générale énumérés dans le présent Article ne limitent pas la portée générale de l'Article 10.

Article 12 :

1. Tant que le Conseil de sécurité remplit, à l'égard d'un différend ou d'une situation quelconque, les fonctions qui lui sont attribuées par la présente Charte, l'Assemblée générale ne doit faire aucune recommandation sur ce différend ou cette situation, à moins que le Conseil de sécurité ne le lui demande.
2. Le Secrétaire général, avec l'assentiment du Conseil de sécurité, porte à la connaissance de l'Assemblée générale, lors de chaque session, les affaires relatives au maintien de la paix et de la sécurité internationales dont s'occupe le Conseil de sécurité; il avise de même l'Assemblée générale ou, si l'Assemblée générale ne siège pas, les Membres de l'Organisation, dès que le Conseil de sécurité cesse de s'occuper desdites affaires.

Article 13 :

1. L'Assemblée générale provoque des études et fait des recommandations en vue de :

a. développer la coopération internationale dans le domaine politique et encourager le développement progressif du droit international et sa codification;
b. développer la coopération internationale dans les domaines économique, social, de la culture intellectuelle et de l'éducation, de la santé publique, et faciliter pour tous, sans distinction de race, de sexe, de langue ou de religion, la jouissance des droits de l'homme et des libertés fondamentales.

2. Les autres responsabilités, fonctions et pouvoirs de l'Assemblée générale, relativement aux questions mentionnées au paragraphe 1, b, ci-dessus, sont énoncés aux Chapitres IX et X.

Article 14 :

Sous réserve des dispositions de l'Article 12, l'Assemblée générale peut recommander les mesures propres à assurer l'ajustement pacifique de toute situation, quelle qu'en soit l'origine, qui lui semble de nature à nuire au bien général ou à compromettre les relations amicales entre nations, y compris les situations résultant d'une infraction aux dispositions de la présente Charte où sont énoncés les buts et les principes des Nations Unies.

Article 15 :

1. L'Assemblée générale reçoit et étudie les rapports annuels et les rapports spéciaux du Conseil de sécurité; ces rapports comprennent un compte rendu des mesures que le Conseil de sécurité a décidées ou prises pour maintenir la paix et la sécurité internationales.
2. L'Assemblée générale reçoit et étudie les rapports des autres organes de l'Organisation.

Article 16 :

L'Assemblée générale remplit, en ce qui concerne le régime international de tutelle, les fonctions qui lui sont dévolues en vertu des Chapitres XII et XIII; entre autres, elle approuve les accords de tutelle relatifs aux zones non désignées comme zones stratégiques.

Article 17 :

1. L'Assemblée générale examine et approuve le budget de l'Organisation.
2. Les dépenses de l'Organisation sont supportées par les Membres selon la répartition fixée par l'Assemblée générale.
3. L'Assemblée générale examine et approuve tous arrangements financiers et budgétaires passés avec les institutions spécialisées visées à l'Article 57 et examine les budgets administratifs desdites institutions en vue de leur adresser des recommandations.

VOTE

Article 18 :

1. Chaque membre de l'Assemblée générale dispose d'une voix.
2. Les décisions de l'Assemblée générale sur les questions importantes sont prises à la majorité des deux tiers des membres présents et votants. Sont considérées comme questions importantes : les recommandations relatives au maintien de la paix et de la sécurité internationales, l'élection des

membres non permanents du Conseil de sécurité, l'élection des membres du Conseil économique et social, l'élection des membres du Conseil de tutelle conformément au paragraphe 1, c, de l'Article 86, l'admission de nouveaux Membres dans l'Organisation, la suspension des droits et privilèges de Membres, l'exclusion de Membres, les questions relatives au fonctionnement du régime de tutelle et les questions budgétaires.

3. Les décisions sur d'autres questions, y compris la détermination de nouvelles catégories de questions à trancher à la majorité des deux tiers, sont prises à la majorité des membres présents et votants.

Article 19 :

Un Membre des Nations Unies en retard dans le paiement de sa contribution aux dépenses de l'Organisation ne peut participer au vote à l'Assemblée générale si le montant de ses arriérés est égal ou supérieur à la contribution due par lui pour les deux années complètes écoulées. L'Assemblée générale peut néanmoins autoriser ce Membre à participer au vote si elle constate que le manquement est dû à des circonstances indépendantes de sa volonté.

PROCÉDURE

Article 20 :

L'Assemblée générale tient une session annuelle régulière et, lorsque les circonstances l'exigent, des sessions extraordinaires. Celles-ci sont convoquées par le Secrétaire général sur la demande du Conseil de sécurité ou de la majorité des Membres des Nations Unies.

Article 21 :

L'Assemblée générale établit son règlement intérieur. Elle désigne son Président pour chaque session.

Article 22 :

L'Assemblée générale peut créer les organes subsidiaires qu'elle juge nécessaires à l'exercice de ses fonctions.

CHAPITRE V : CONSEIL DE SÉCURITÉ

COMPOSITION

Article 23 :

1. Le Conseil de sécurité se compose de quinze Membres de l'Organisation. La République de Chine, la France, l'Union des Républiques socialistes soviétiques, le Royaume-Uni de Grande-Bretagne et d'Irlande du Nord, et les États-Unis d'Amérique sont membres permanents du Conseil de sécurité. Dix autres Membres de l'Organisation sont élus, à titre de membres non permanents du Conseil de sécurité, par l'Assemblée générale qui tient spécialement compte, en premier lieu, de la contribution des Membres de l'Organisation au maintien de la paix et de la sécurité internationales et aux autres fins de l'Organisation, et aussi d'une répartition géographique équitable.
2. Les membres non permanents du Conseil de sécurité sont élus pour une période de deux ans. Lors de la première élection des membres non permanents après que le nombre des membres du Conseil de sécurité aura été porté de onze à quinze, deux des quatre membres supplémentaires

seront élus pour une période d'un an. Les membres sortants ne sont pas immédiatement rééligibles.

3. Chaque membre du Conseil de sécurité a un représentant au Conseil.

FONCTIONS ET POUVOIRS

Article 24 :

1. Afin d'assurer l'action rapide et efficace de l'Organisation, ses Membres confèrent au Conseil de sécurité la responsabilité principale du maintien de la paix et de la sécurité internationales et reconnaissent qu'en s'acquittant des devoirs que lui impose cette responsabilité le Conseil de sécurité agit en leur nom.
2. Dans l'accomplissement de ces devoirs, le Conseil de sécurité agit conformément aux buts et principes des Nations Unies. Les pouvoirs spécifiques accordés au Conseil de sécurité pour lui permettre d'accomplir lesdits devoirs sont définis aux Chapitres VI, VII, VIII et XII.
3. Le Conseil de sécurité soumet pour examen des rapports annuels et, le cas échéant, des rapports spéciaux à l'Assemblée générale.

Article 25 :

Les Membres de l'Organisation conviennent d'accepter et d'appliquer les décisions du Conseil de sécurité conformément à la présente Charte.

Article 26 :

Afin de favoriser l'établissement et le maintien de la paix et de la sécurité internationales en ne détournant vers les armements que le minimum des ressources humaines et économiques du monde, le Conseil de sécurité est chargé, avec l'assistance du Comité d'état-major prévu à l'Article 47, d'élaborer des plans qui seront soumis aux Membres de l'Organisation en vue d'établir un système de réglementation des armements.

VOTE

Article 27 :

1. Chaque membre du Conseil de sécurité dispose d'une voix.
2. Les décisions du Conseil de sécurité sur des questions de procédure sont prises par un vote affirmatif de neuf membres.
3. Les décisions du Conseil de sécurité sur toutes autres questions sont prises par un vote affirmatif de neuf de ses membres dans lequel sont comprises les voix de tous les membres permanents, étant entendu que, dans les décisions prises aux termes du Chapitre VI et du paragraphe 3 de l'Article 52, une partie à un différend s'abstient de voter.

PROCÉDURE

Article 28 :

1. Le Conseil de sécurité est organisé de manière à pouvoir exercer ses fonctions en permanence. A cet effet, chaque membre du Conseil de sécurité doit avoir en tout temps un représentant au Siège de l'Organisation.
2. Le Conseil de sécurité tient des réunions périodiques auxquelles chacun de ses membres peut, s'il le désire, se faire représenter par un membre de son gouvernement ou par quelque autre représentant spécialement désigné.
3. Le Conseil de sécurité peut tenir des réunions à tous endroits autres que le Siège de l'Organisation qu'il juge les plus propres à faciliter sa tâche.

Article 29 :

Le Conseil de sécurité peut créer les organes subsidiaires qu'il juge nécessaires à l'exercice de ses fonctions.

Article 30 :

Le Conseil de sécurité établit son règlement intérieur, dans lequel il fixe le mode de désignation de son Président.

Article 31 :

Tout Membre de l'Organisation qui n'est pas membre du Conseil de sécurité peut participer, sans droit de vote, à la discussion de toute question soumise au Conseil de sécurité, chaque fois que celui-ci estime que les intérêts de ce Membre sont particulièrement affectés.

Article 32 :

Tout Membre des Nations Unies qui n'est pas membre du Conseil de sécurité ou tout État qui n'est pas Membre des Nations Unies, s'il est partie à un différend examiné par le Conseil de sécurité, est convié à participer, sans droit de vote, aux discussions relatives à ce différend. Le Conseil de sécurité détermine les conditions qu'il estime juste de mettre à la participation d'un État qui n'est pas Membre de l'Organisation.

CHAPITRE VI : RÈGLEMENT PACIFIQUE DES DIFFÉRENDS

Article 33 :

1. Les parties à tout différend dont la prolongation est susceptible de menacer le maintien de la paix et de la sécurité internationales doivent en rechercher la solution, avant tout, par voie de négociation, d'enquête, de médiation, de conciliation, d'arbitrage, de règlement judiciaire, de recours aux organismes ou accords régionaux, ou par d'autres moyens pacifiques de leur choix.
2. Le Conseil de sécurité, s'il le juge nécessaire, invite les parties à régler leur différend par de tels moyens.

Article 34 :

Le Conseil de sécurité peut enquêter sur tout différend ou toute situation qui pourrait entraîner un désaccord entre nations ou engendrer un différend, afin de déterminer si la prolongation de ce différend ou de cette situation semble devoir menacer le maintien de la paix et de la sécurité internationales.

Article 35 :

1. Tout Membre de l'Organisation peut attirer l'attention du Conseil de sécurité ou de l'Assemblée générale sur un différend ou une situation de la nature visée dans l'Article 34.
2. Un État qui n'est pas Membre de l'Organisation peut attirer l'attention du Conseil de sécurité ou de l'Assemblée générale sur tout différend auquel il est partie, pourvu qu'il accepte préalablement, aux fins de ce différend, les obligations de règlement pacifique prévues dans la présente Charte.
3. Les actes de l'Assemblée générale relativement aux affaires portées à son attention en vertu du présent Article sont soumis aux dispositions des Articles 11 et 12.

Article 36 :

1. Le Conseil de sécurité peut, à tout moment de l'évolution d'un différend de la nature mentionnée à l'Article 33 ou d'une situation analogue, recommander les procédures ou méthodes d'ajustement appropriées.
2. Le Conseil de sécurité devra prendre en considération toutes procédures déjà adoptées par les parties pour le règlement de ce différend.
3. En faisant les recommandations prévues au présent Article, le Conseil de sécurité doit aussi tenir compte du fait que, d'une manière générale, les différends d'ordre juridique devraient être soumis par les parties à la Cour internationale de Justice conformément aux dispositions du Statut de la Cour.

Article 37 :

1. Si les parties à un différend de la nature mentionnée à l'Article 33 ne réussissent pas à le régler par les moyens indiqués audit Article, elles le soumettent au Conseil de sécurité.
2. Si le Conseil de sécurité estime que la prolongation du différend semble, en fait, menacer le maintien de la paix et de la sécurité internationales, il décide s'il doit agir en application de l'Article 36 ou recommander tels termes de règlement qu'il juge appropriés.

Article 38 :

Sans préjudice des dispositions des Articles 33 à 37, le Conseil de sécurité peut, si toutes les parties à un différend le demandent, faire des recommandations à celles-ci en vue d'un règlement pacifique de ce différend.

CHAPITRE VIII : ACCORDS RÉGIONAUX

Article 52 :

1. Aucune disposition de la présente Charte ne s'oppose à l'existence d'accords ou d'organismes régionaux destinés à régler les affaires qui, touchant au maintien de la paix et de la sécurité internationales, se prêtent à une action de caractère régional, pourvu que ces accords ou ces organismes et leur activité soient compatibles avec les buts et les principes des Nations Unies.
2. Les Membres des Nations Unies qui concluent ces accords ou constituent ces organismes doivent faire tous leurs efforts pour régler d'une manière pacifique, par le moyen desdits accords ou organismes, les différends d'ordre local, avant de les soumettre au Conseil de sécurité.
3. Le Conseil de sécurité encourage le développement du règlement pacifique des différends d'ordre local par le moyen de ces accords ou de ces organismes régionaux, soit sur l'initiative des États intéressés, soit sur renvoi du Conseil de sécurité.
4. Le présent Article n'affecte en rien l'application des Articles 34 et 35.

Article 53 :

1. Le Conseil de sécurité utilise, s'il y a lieu, les accords ou organismes régionaux pour l'application des mesures coercitives prises sous son autorité. Toutefois, aucune action coercitive ne sera entreprise en vertu d'accords régionaux ou par des organismes régionaux sans l'autorisation du Conseil de sécurité; sont exceptées les mesures contre tout État ennemi au

sens de la définition donnée au paragraphe 2 du présent Article, prévues en application de l'Article 107 ou dans les accords régionaux dirigés contre la reprise, par un tel État, d'une politique d'agression, jusqu'au moment où l'Organisation pourra, à la demande des gouvernements intéressés, être chargée de la tâche de prévenir toute nouvelle agression de la part d'un tel État.

2. Le terme « État ennemi », employé au paragraphe 1 du présent Article, s'applique à tout État qui, au cours de la Seconde Guerre mondiale, a été l'ennemi de l'un quelconque des signataires de la présente Charte.

Article 54 :

Le Conseil de sécurité doit, en tout temps, être tenu pleinement au courant de toute action entreprise ou envisagée, en vertu d'accords régionaux ou par des organismes régionaux, pour le maintien de la paix et de la sécurité internationales.

CHAPITRE IX : COOPÉRATION ÉCONOMIQUE ET SOCIALE INTERNATIONALE

Article 55 :

En vue de créer les conditions de stabilité et de bien-être nécessaires pour assurer entre les nations des relations pacifiques et amicales fondées sur le respect du principe de l'égalité des droits des peuples et de leur droit à disposer d'eux-mêmes, les Nations Unies favoriseront :

a. le relèvement des niveaux de vie, le plein emploi et des conditions de progrès et de développement dans l'ordre économique et social;
b. la solution des problèmes internationaux dans les domaines économique, social, de la santé publique et autres problèmes connexes, et la coopération internationale dans les domaines de la culture intellectuelle et de l'éducation;
c. le respect universel et effectif des droits de l'homme et des libertés fondamentales pour tous, sans distinction de race, de sexe, de langue ou de religion.

Article 56 :

Les Membres s'engagent, en vue d'atteindre les buts énoncés à l'Article 55, à agir, tant conjointement que séparément, en coopération avec l'Organisation.

Article 57 :

1. Les diverses institutions spécialisées créées par accords intergouvernementaux et pourvues, aux termes de leurs statuts, d'attributions internationales étendues dans les domaines économique, social, de la culture intellectuelle et de l'éducation, de la santé publique et autres domaines connexes sont reliées à l'Organisation conformément aux dispositions de l'Article 63.
2. Les institutions ainsi reliées à l'Organisation sont désignées ci-après par l'expression « institutions spécialisées ».

Article 58 :

L'Organisation fait des recommandations en vue de coordonner les programmes et activités des institutions spécialisées.

Article 59 :

L'Organisation provoque, lorsqu'il y a lieu, des négociations entre les États intéressés en vue de la création de toutes nouvelles institutions spécialisées nécessaires pour atteindre les buts énoncés à l'Article 55.

Article 60 :

L'Assemblée générale et, sous son autorité, le Conseil économique et social, qui dispose à cet effet des pouvoirs qui lui sont attribués aux termes du Chapitre X, sont chargés de remplir les fonctions de l'Organisation énoncées au présent Chapitre.

CHAPITRE X : CONSEIL ÉCONOMIQUE ET SOCIAL

COMPOSITION

Article 61 :

1. Le Conseil économique et social se compose de cinquante-quatre Membres de l'Organisation des Nations Unies, élus par l'Assemblée générale.
2. Sous réserve des dispositions du paragraphe 3, dix-huit membres du Conseil économique et social sont élus chaque année pour une période de trois ans. Les membres sortants sont immédiatement rééligibles.
3. Lors de la première élection qui aura lieu après que le nombre des membres du Conseil économique et social aura été porté de vingt-sept à cinquante-quatre, vingt-sept membres seront élus en plus de ceux qui auront été élus en remplacement des neuf membres dont le mandat viendra à expiration à la fin de l'année. Le mandat de neuf de ces vingt-sept membres supplémentaires expirera au bout d'un an et celui de neuf autres au bout de deux ans, selon les dispositions prises par l'Assemblée générale.
4. Chaque membre du Conseil économique et social a un représentant au Conseil.

FONCTIONS ET POUVOIRS

Article 62 :

1. Le Conseil économique et social peut faire ou provoquer des études et des rapports sur des questions internationales dans les domaines économique, social, de la culture intellectuelle et de l'éducation, de la santé publique et autres domaines connexes et peut adresser des recommandations sur toutes ces questions à l'Assemblée générale, aux Membres de l'Organisation et aux institutions spécialisées intéressées.
2. Il peut faire des recommandations en vue d'assurer le respect effectif des droits de l'homme et des libertés fondamentales pour tous.
3. Il peut, sur des questions de sa compétence, préparer des projets de convention pour les soumettre à l'Assemblée générale.
4. Il peut convoquer, conformément aux règles fixées par l'Organisation, des conférences internationales sur des questions de sa compétence.

Article 63 :

1. Le Conseil économique et social peut conclure, avec toute institution visée à l'Article 57, des accords fixant les conditions dans lesquelles cette institution sera reliée à l'Organisation. Ces accords sont soumis à l'approbation de l'Assemblée générale.
2. Il peut coordonner l'activité des institutions spécialisées en se concertant avec elles, en leur adressant des recommandations, ainsi qu'en adressant

des recommandations à l'Assemblée générale et aux Membres des Nations Unies.

Article 64 :

1. Le Conseil économique et social peut prendre toutes mesures utiles pour recevoir des rapports réguliers des institutions spécialisées. Il peut s'entendre avec les Membres de l'Organisation et avec les institutions spécialisées afin de recevoir des rapports sur les mesures prises en exécution de ses propres recommandations et des recommandations de l'Assemblée générale sur des objets relevant de la compétence du Conseil.
2. Il peut communiquer à l'Assemblée générale ses observations sur ces rapports.

Article 65 :

Le Conseil économique et social peut fournir des informations au Conseil de sécurité et l'assister si celui-ci le demande.

Article 66 :

1. Le Conseil économique et social, dans l'exécution des recommandations de l'Assemblée générale, s'acquitte de toutes les fonctions qui entrent dans sa compétence.
2. Il peut, avec l'approbation de l'Assemblée générale, rendre les services qui lui seraient demandés par des Membres de l'Organisation ou par des institutions spécialisées.
3. Il s'acquitte des autres fonctions qui lui sont dévolues dans d'autres parties de la présente Charte ou qui peuvent lui être attribuées par l'Assemblée générale.

VOTE

Article 67 :

1. Chaque membre du Conseil économique et social dispose d'une voix.
2. Les décisions du Conseil économique et social sont prises à la majorité des membres présents et votants.

PROCÉDURE

Article 68 :

Le Conseil économique et social institue des commissions pour les questions économiques et sociales et le progrès des droits de l'homme ainsi que toutes autres commissions nécessaires à l'exercice de ses fonctions.

Article 69 :

Le Conseil économique et social, lorsqu'il examine une question qui intéresse particulièrement un Membre de l'Organisation, convie celui-ci à participer, sans droit de vote, à ses délibérations.

Article 70 :

Le Conseil économique et social peut prendre toutes dispositions pour que des représentants des institutions spécialisées participent, sans droit de vote, à ses délibérations et à celles des commissions instituées par lui, et pour que ses propres représentants participent aux délibérations des institutions spécialisées.

Article 71 :

Le Conseil économique et social peut prendre toutes dispositions utiles pour consulter les organisations non gouvernementales qui s'occupent de questions relevant de sa compétence. Ces dispositions peuvent s'appliquer à des organisations internationales et, s'il y a lieu, à des organisations nationales après consultation du Membre intéressé de l'Organisation.

Article 72 :

1. Le Conseil économique et social adopte son règlement intérieur, dans lequel il fixe le mode de désignation de son Président.
2. Il se réunit selon les besoins, conformément à son règlement; celui-ci comportera des dispositions prévoyant la convocation du Conseil sur la demande de la majorité de ses membres.

CHAPITRE XI : DÉCLARATION RELATIVE AUX TERRITOIRES AUTONOMES

Article 73 :

Les Membres des Nations Unies qui ont ou qui assument la responsabilité d'administrer des territoires dont les populations ne s'administrent pas encore complètement elles-mêmes reconnaissent le principe de la primauté des intérêts des habitants de ces territoires. Ils acceptent comme une mission sacrée l'obligation de favoriser dans toute la mesure possible leur prospérité, dans le cadre du système de paix et de sécurité internationales établi par la présente Charte et, à cette fin :

a. d'assurer, en respectant la culture des populations en question, leur progrès politique, économique et social, ainsi que le développement de leur instruction, de les traiter avec équité et de les protéger contre les abus;
b. de développer leur capacité de s'administrer elles-mêmes, de tenir compte des aspirations politiques des populations et de les aider dans le développement progressif de leurs libres institutions politiques, dans la mesure appropriée aux conditions particulières de chaque territoire et de ses populations et à leurs degrés variables de développement;
c. d'affermir la paix et la sécurité internationales;
d. de favoriser des mesures constructives de développement, d'encourager des travaux de recherche, de coopérer entre eux et, quand les circonstances s'y prêteront, avec les organismes internationaux spécialisés, en vue d'atteindre effectivement les buts sociaux, économiques et scientifiques énoncés au présent Article;
e. de communiquer régulièrement au Secrétaire général, à titre d'information, sous réserve des exigences de la sécurité et de considérations d'ordre constitutionnel, des renseignements statistiques et autres de nature technique relatifs aux conditions économiques, sociales et de l'instruction dans les territoires dont ils sont respectivement responsables, autres que ceux auxquels s'appliquent les Chapitres XII et XIII.

Article 74 :

Les Membres de l'Organisation reconnaissent aussi que leur politique doit être fondée, autant dans les territoires auxquels s'applique le présent Chapitre que dans leurs territoires métropolitains, sur le principe général du bon voisinage dans le domaine social, économique et commercial, compte tenu des intérêts et de la prospérité du reste du monde.

CHAPITRE XII : RÉGIME INTERNATIONAL DE TUTELLE

Article 75 :

L'Organisation des Nations Unies établira, sous son autorité, un régime international de tutelle pour l'administration et la surveillance des territoires qui pourront être placés sous ce régime en vertu d'accords particuliers ultérieurs. Ces territoires sont désignés ci-après par l'expression « territoires sous tutelle ».

Article 76 :

Conformément aux buts des Nations Unies, énoncés à l'Article 1 de la présente Charte, les fins essentielles du régime de tutelle sont les suivantes :

a. affermir la paix et la sécurité internationales;
b. favoriser le progrès politique, économique et social des populations des territoires sous tutelle ainsi que le développement de leur instruction; favoriser également leur évolution progressive vers la capacité à s'administrer eux-mêmes ou l'indépendance, compte tenu des conditions particulières à chaque territoire et à ses populations, des aspirations librement exprimées des populations intéressées et des dispositions qui pourront être prévues dans chaque accord de tutelle;
c. encourager le respect des droits de l'homme et des libertés fondamentales pour tous, sans distinction de race, de sexe, de langue ou de religion, et développer le sentiment de l'interdépendance des peuples du monde;
d. assurer l'égalité de traitement dans le domaine social, économique et commercial à tous les Membres de l'Organisation et à leurs ressortissants; assurer de même à ces derniers l'égalité de traitement dans l'administration de la justice, sans porter préjudice à la réalisation des fins énoncées ci-dessus, et sous réserve des dispositions de l'Article 80.

Article 77 :

1. Le régime de tutelle s'appliquera aux territoires entrant dans les catégories ci-dessous et qui viendraient à être placés sous ce régime en vertu d'accords de tutelle :

a. territoires actuellement sous mandat;
b. territoires qui peuvent être détachés d'États ennemis par suite de la seconde guerre mondiale;
c. territoires volontairement placés sous ce régime par les États responsables de leur administration.

2. Un accord ultérieur déterminera quels territoires, entrant dans les catégories susmentionnées, seront placés sous le régime de tutelle, et dans quelles conditions.

Article 78 :

Le régime de tutelle ne s'appliquera pas aux pays devenus Membres des Nations Unies, les relations entre celles-ci devant être fondées sur le respect du principe de l'égalité souveraine.

Article 79 :

Les termes du régime de tutelle, pour chacun des territoires à placer sous ce régime, de même que les modifications et amendements qui peuvent y être apportés, feront l'objet d'un accord entre les États directement intéressés, y compris la Puissance mandataire dans le cas de territoires sous mandat d'un Membre des Nations Unies, et seront approuvés conformément aux Articles 83 et 85.

Article 80 :

1. À l'exception de ce qui peut être convenu dans les accords particuliers de tutelle conclus conformément aux Articles 77, 79 et 81 et plaçant chaque territoire sous le régime de tutelle, et jusqu'à ce que ces accords aient été conclus, aucune disposition du présent Chapitre ne sera interprétée comme modifiant directement ou indirectement en aucune manière les droits quelconques d'aucun État ou d'aucun peuple ou les dispositions d'actes internationaux en vigueur auxquels des Membres de l'Organisation peuvent être parties.
2. Le paragraphe 1 du présent Article ne doit pas être interprété comme motivant un retard ou un ajournement de la négociation et de la conclusion d'accords destinés à placer sous le régime de tutelle des territoires sous mandat ou d'autres territoires ainsi qu'il est prévu à l'Article 77.

Article 81 :

L'accord de tutelle comprend, dans chaque cas, les conditions dans lesquelles le territoire sous tutelle sera administré et désigne l'autorité qui en assurera l'administration. Cette autorité, désignée ci-après par l'expression « autorité chargée de l'administration », peut être constituée par un ou plusieurs États ou par l'Organisation elle-même.

Article 82 :

Un accord de tutelle peut désigner une ou plusieurs zones stratégiques pouvant comprendre tout ou partie du territoire sous tutelle auquel l'accord s'applique, sans préjudice de tout accord spécial ou de tous accords spéciaux conclus en application de l'Article 43.

Article 83 :

1. En ce qui concerne les zones stratégiques, toutes les fonctions dévolues à l'Organisation, y compris l'approbation des termes des accords de tutelle ainsi que de la modification ou de l'amendement éventuels de ceux-ci, sont exercées par le Conseil de sécurité.
2. Les fins essentielles énoncées à l'Article 76 valent pour la population de chacune des zones stratégiques.
3. Le Conseil de sécurité, eu égard aux dispositions des accords de tutelle et sous réserve des exigences de la sécurité, aura recours à l'assistance du Conseil de tutelle dans l'exercice des fonctions assumées par l'Organisation, au titre du régime de tutelle, en matière politique, économique et sociale, et en matière d'instruction, dans les zones stratégiques.

Article 84 :

L'autorité chargée de l'administration a le devoir de veiller à ce que le territoire sous tutelle apporte sa contribution au maintien de la paix et de la sécurité internationales. À cette fin, elle peut utiliser des contingents de volontaires, les facilités et l'aide du territoire sous tutelle pour remplir les obligations qu'elle a contractées à cet égard envers le Conseil de sécurité, ainsi que pour assurer la défense locale et le maintien de l'ordre à l'intérieur du territoire sous tutelle.

Article 85 :

1. En ce qui concerne les accords de tutelle relatifs à toutes les zones qui ne sont pas désignées comme zones stratégiques, les fonctions de l'Organisation, y compris l'approbation des termes des accords de tutelle et de leur modification ou amendement, sont exercées par l'Assemblée générale.
2. Le Conseil de tutelle, agissant sous l'autorité de l'Assemblée générale, assiste celle-ci dans l'accomplissement de ces tâches.

CHAPITRE XIII : CONSEIL DE TUTELLE

COMPOSITION

Article 86 :

1. Le Conseil de tutelle se compose des Membres suivants des Nations Unies :
   a. les Membres chargés d'administrer des territoires sous tutelle;
   b. ceux des Membres désignés nommément à l'Article 23 qui n'administrent pas de territoires sous tutelle;
   c. autant d'autres Membres élus pour trois ans, par l'Assemblée générale, qu'il sera nécessaire pour que le nombre total des membres du Conseil de tutelle se partage également entre les Membres des Nations Unies qui administrent des territoires sous tutelle et ceux qui n'en administrent pas.
2. Chaque membre du Conseil de tutelle désigne une personne particulièrement qualifiée pour le représenter au Conseil.

FONCTIONS ET POUVOIRS

Article 87

L'Assemblée générale et, sous son autorité, le Conseil de tutelle, dans l'exercice de leurs fonctions, peuvent :

a. examiner les rapports soumis par l'autorité chargée de l'administration
b. recevoir des pétitions et les examiner en consultation avec ladite autorité;
c. faire procéder à des visites périodiques dans les territoires administrés par ladite autorité, à des dates convenues avec elle;
d. prendre ces dispositions et toutes autres conformément aux termes des accords de tutelle.

Article 88 :

Le Conseil de tutelle établit un questionnaire portant sur les progrès des habitants de chaque territoire sous tutelle dans les domaines politique, économique et social et dans celui de l'instruction; l'autorité chargée de l'administration de chaque territoire sous tutelle relevant de la compétence de l'Assemblée générale adresse à celle-ci un rapport annuel fondé sur le questionnaire précité.

VOTE

Article 89 :

1. Chaque membre du Conseil de tutelle dispose d'une voix.
2. Les décisions du Conseil de tutelle sont prises à la majorité des membres présents et votants.

PROCÉDURE

Article 90 :

1. Le Conseil de tutelle adopte son règlement intérieur, dans lequel il fixe le mode de désignation de son Président.
2. Il se réunit selon les besoins, conformément à son règlement; celui-ci comprend des dispositions prévoyant la convocation du Conseil à la demande de la majorité de ses membres.

Article 91 :

Le Conseil de tutelle recourt, quand il y a lieu, à l'assistance du Conseil économique et social et à celle des institutions spécialisées, pour les questions qui relèvent de leurs compétences respectives.

CHAPITRE XIV : COUR INTERNATIONALE DE JUSTICE

Article 92 :

La Cour internationale de Justice constitue l'organe judiciaire principal des Nations Unies. Elle fonctionne conformément à un Statut établi sur la base du Statut de la Cour permanente de Justice internationale et annexé à la présente Charte dont il fait partie intégrante.

Article 93 :

1. Tous les Membres des Nations Unies sont ipso facto parties au Statut de la Cour internationale de Justice.
2. Les conditions dans lesquelles les États qui ne sont pas Membres de l'Organisation peuvent devenir parties au Statut de la Cour internationale de Justice sont déterminées, dans chaque cas, par l'Assemblée générale sur recommandation du Conseil de sécurité.

Article 94 :

1. Chaque Membre des Nations Unies s'engage à se conformer à la décision de la Cour internationale de Justice dans tout litige auquel il est partie.
2. Si une partie à un litige ne satisfait pas aux obligations qui lui incombent en vertu d'un arrêt rendu par la Cour, l'autre partie peut recourir au Conseil de sécurité et celui-ci, s'il le juge nécessaire, peut faire des recommandations ou décider des mesures à prendre pour faire exécuter l'arrêt.

Article 95 :

Aucune disposition de la présente Charte n'empêche les Membres de l'Organisation de confier la solution de leurs différends à d'autres tribunaux en vertu d'accords déjà existants ou qui pourront être conclus à l'avenir.

Article 96 :

a. L'Assemblée générale ou le Conseil de sécurité peut demander à la Cour internationale de Justice un avis consultatif sur toute question juridique.

b. Tous autres organes de l'Organisation et institutions spécialisées qui peuvent, à un moment quelconque, recevoir de l'Assemblée générale une autorisation à cet effet ont également le droit de demander à la Cour des avis consultatifs sur des questions juridiques qui se poseraient dans le cadre de leur activité.

CHAPITRE XV : LE SECRÉTARIAT

Article 97 :

Le Secrétariat comprend un Secrétaire général et le personnel que peut exiger l'Organisation. Le Secrétaire général est nommé par l'Assemblée générale sur recommandation du Conseil de sécurité. Il est le plus haut fonctionnaire de l'Organisation.

Article 98 :

Le Secrétaire général agit en cette qualité à toutes les réunions de l'Assemblée générale, du Conseil de sécurité, du Conseil économique et social et du Conseil de tutelle. Il remplit toutes autres fonctions dont il est chargé par ces organes. Il présente à l'Assemblée générale un rapport annuel sur l'activité de l'Organisation.

Article 99 :

Le Secrétaire général peut attirer l'attention du Conseil de sécurité sur toute affaire qui, à son avis, pourrait mettre en danger le maintien de la paix et de la sécurité internationales.

Article 100 :

1. Dans l'accomplissement de leurs devoirs, le Secrétaire général et le personnel ne solliciteront ni n'accepteront d'instructions d'aucun gouvernement ni d'aucune autorité extérieure à l'Organisation. Ils s'abstiendront de tout acte incompatible avec leur situation de fonctionnaires internationaux et ne sont responsables qu'envers l'Organisation.
2. Chaque Membre de l'Organisation s'engage à respecter le caractère exclusivement international des fonctions du Secrétaire général et du personnel et à ne pas chercher à les influencer dans l'exécution de leur tâche.

Article 101 :

1. Le personnel est nommé par le Secrétaire général conformément aux règles fixées par l'Assemblée générale.
2. Un personnel spécial est affecté d'une manière permanente au Conseil économique et social, au Conseil de tutelle et, s'il y a lieu, à d'autres organes de l'Organisation. Ce personnel fait partie du Secrétariat.
3. La considération dominante dans le recrutement et la fixation des conditions d'emploi du personnel doit être la nécessité d'assurer à l'Organisation les services de personnes possédant les plus hautes qualités de travail, de compétence et d'intégrité. Sera dûment prise en considération l'importance d'un recrutement effectué sur une base géographique aussi large que possible.

CHAPITRE XVI : DISPOSITIONS DIVERSES

Article 102 :

1. Tout traité ou accord international conclu par un Membre des Nations Unies après l'entrée en vigueur de la présente Charte sera, le plus tôt possible, enregistré au Secrétariat et publié par lui.
2. Aucune partie à un traité ou accord international qui n'aura pas été enregistré conformément aux dispositions du paragraphe 1 du présent Article ne pourra invoquer ledit traité ou accord devant un organe de l'Organisation.

Article 103 :

En cas de conflit entre les obligations des Membres des Nations Unies en vertu de la présente Charte et leurs obligations en vertu de tout autre accord international, les premières prévaudront.

Article 104 :

L'Organisation jouit, sur le territoire de chacun de ses Membres, de la capacité juridique qui lui est nécessaire pour exercer ses fonctions et atteindre ses buts.

Article 105 :

1. L'Organisation jouit, sur le territoire de chacun de ses Membres, des privilèges et immunités qui lui sont nécessaires pour atteindre ses buts.
2. Les représentants des Membres des Nations Unies et les fonctionnaires de l'Organisation jouissent également des privilèges et immunités qui leur sont nécessaires pour exercer en toute indépendance leurs fonctions en rapport avec l'Organisation.
3. L'Assemblée générale peut faire des recommandations en vue de fixer les détails d'application des paragraphes 1 et 2 du présent Article ou proposer aux Membres des Nations Unies des conventions à cet effet.

CHAPITRE XVII : DISPOSITIONS TRANSITOIRES DE SÉCURITÉ

Article 106 :

En attendant l'entrée en vigueur des accords spéciaux mentionnés à l'Article 43, qui, de l'avis du Conseil de sécurité, lui permettront de commencer à assumer les responsabilités lui incombant en application de l'Article 42, les parties à la Déclaration des Quatre Nations signée à Moscou le 30 octobre 1943 et la France se concerteront entre elles et, s'il y a lieu, avec d'autres Membres de l'Organisation, conformément aux dispositions du paragraphe 5 de cette Déclaration, en vue d'entreprendre en commun, au nom des Nations Unies, toute action qui pourrait être nécessaire pour maintenir la paix et la sécurité internationales.

Article 107 :

Aucune disposition de la présente Charte n'affecte ou n'interdit, vis-à-vis d'un État qui, au cours de la Seconde Guerre mondiale, a été l'ennemi de l'un quelconque des signataires de la présente Charte, une action entreprise ou autorisée, comme suite de cette guerre, par les gouvernements qui ont la responsabilité de cette action.

CHAPITRE XVIII : AMENDEMENTS

Article 108 :

Les amendements à la présente Charte entreront en vigueur pour tous les Membres des Nations Unies quand ils auront été adoptés à la majorité des deux tiers des membres de l'Assemblée générale et ratifiés, conformément à leurs règles constitutionnelles respectives, par les deux tiers des Membres de l'Organisation, y compris tous les membres permanents du Conseil de sécurité.

Article 109 :

1. Une conférence générale des Membres des Nations Unies, aux fins d'une révision de la présente Charte, pourra être réunie aux lieu et date qui seront fixés par un vote de l'Assemblée générale à la majorité des deux tiers et par un vote de neuf quelconques des membres du Conseil de sécurité. Chaque Membre de l'Organisation disposera d'une voix à la conférence.
2. Toute modification à la présente Charte recommandée par la conférence à la majorité des deux tiers prendra effet lorsqu'elle aura été ratifiée, conformément à leurs règles constitutionnelles respectives, par les deux tiers des Membres des Nations Unies, y compris tous les membres permanents du Conseil de sécurité.
3. Si cette conférence n'a pas été réunie avant la dixième session annuelle de l'Assemblée générale qui suivra l'entrée en vigueur de la présente Charte, une proposition en vue de la convoquer sera inscrite à l'ordre du jour de cette session, et la conférence sera réunie, s'il en est ainsi décidé par un vote de la majorité de l'Assemblée générale et par un vote de sept quelconques des membres du Conseil de sécurité.

CHAPITRE XIX : RATIFICATION ET SIGNATURE

Article 110

1. La présente Charte sera ratifiée par les États signataires conformément à leurs règles constitutionnelles respectives.
2. Les ratifications seront déposées auprès du Gouvernement des États-Unis d'Amérique, qui notifiera chaque dépôt à tous les États signataires ainsi qu'au Secrétaire général de l'Organisation, lorsque celui-ci aura été nommé.
3. La présente Charte entrera en vigueur après le dépôt des ratifications par la République de Chine, la France, l'Union des Républiques socialistes soviétiques, le Royaume-Uni de Grande-Bretagne et d'Irlande du Nord, les États-Unis d'Amérique et par la majorité des autres États signataires. Un procès-verbal de dépôt des ratifications sera ensuite dressé par le Gouvernement des États-Unis d'Amérique qui en communiquera copie à tous les États signataires.
4. Les États signataires de la présente Charte qui la ratifieront après son entrée en vigueur deviendront Membres originaires des Nations Unies à la date du dépôt de leurs ratifications respectives.

Article 111

La présente Charte, dont les textes chinois, français, russe, anglais et espagnol feront également foi, sera déposée dans les archives du Gouvernement des États-Unis d'Amérique. Des copies dûment certifiées conformes en seront remises par lui aux Gouvernements des autres États signataires.

EN FOI DE QUOI les représentants des Gouvernements des Nations Unies ont signé la présente Charte.

FAIT à San Francisco le vingt-six juin mil neuf cent quarante-cinq.

Tableau n°4 : Les décisions créant les opérations de maintien de la paix

N°	Pays hôte	Opérations de maintien de la paix	Création
01.	Burundi	Mission africaine au Burundi (MIAB)	Communiqué central Organ/MEC/AHG/Comm.(VII) de l'Organe central du 3 février 2003 ; Communiqué Central Organ/MEC/AMB/Comm.(XCI) de l'Organe central du 2 avril 2003
02.	Burundi	Mission de prévention et de protection au Burundi (MAPROBU)	Décision PSC/PR/COMM. (DLXV) du 17/12/2015 CPS créant la MAPROBU
03.	Comores	Mission d'observation de l'Union Africaine aux Comores (MIOC)	Communiqué Central Organ/MEC/AMB/Comm. (XCVII) du 30 janvier 2004.
04.	Soudan	Mission De l'Union Africaine Au Soudan (MUAS ou AMIS)	Accord Portant Sur Les Modalités De La Mise En Place De La Commission De Cessez-le-feu Et Le Déploiement D'observateurs Militaires Dans La Région Du Darfour Du 28 Mai 2004 ; Décision de la Conférence de l'Union du 8 juillet 2004.
05.	Comores	Mission de l'Union Africaine pour la surveillance des élections aux Comores (MUASEC ou AMISEC)	Communiqué PSC/PR/Comm.1 (XLVII) du Conseil de paix et de sécurité du 21 mars 2006
06.	Somalie	African Mission in Somalia (AMISOM)	Communiqué PSC/PR/Comm.(LXIX) du conseil de paix et de sécurité du 19 janvier 2007
07.	Comores	Mission d'assistance électorale et sécuritaire aux Comores	Communiqué PSC/MIN/Comm.1 (LXXVII) du Conseil de paix et de sécurité du 9 mai 2007.

Source : *Tableau constitué par nous-même sur base des documents officiels de l'Union Africaine*

La carte des Comores

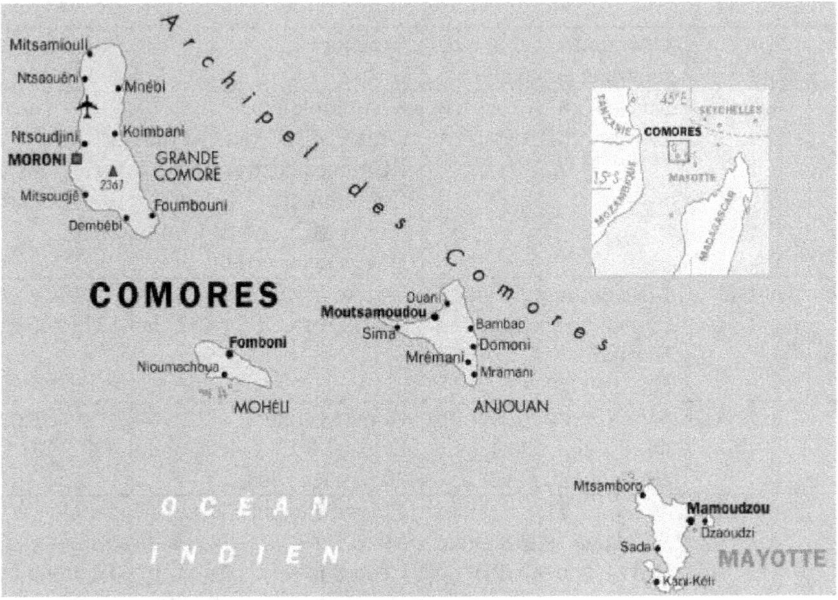

Source : Carte tirée sur internet sur wikipedia.com

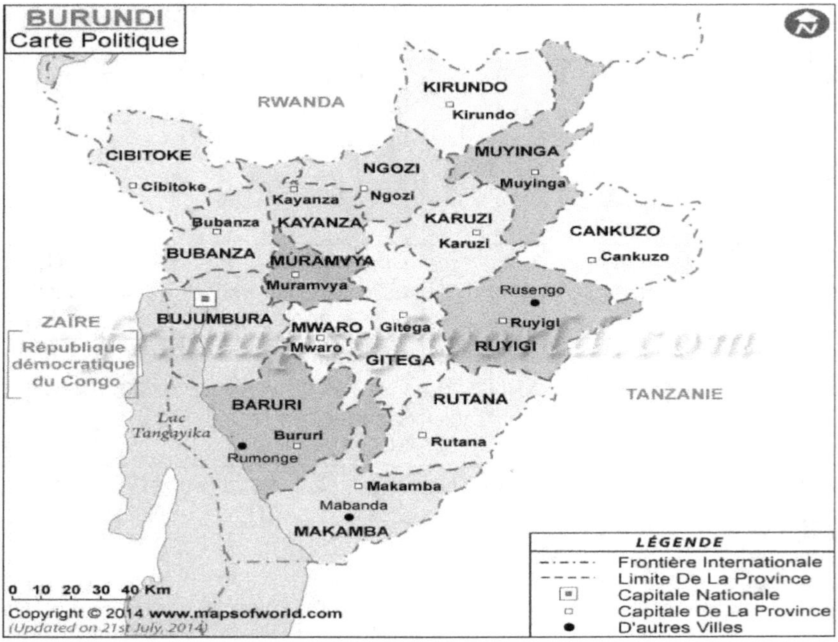

Source : Carte tirée sur internet sur wikipedia.com

Source : Carte tirée sur internet sur wikipedia.com

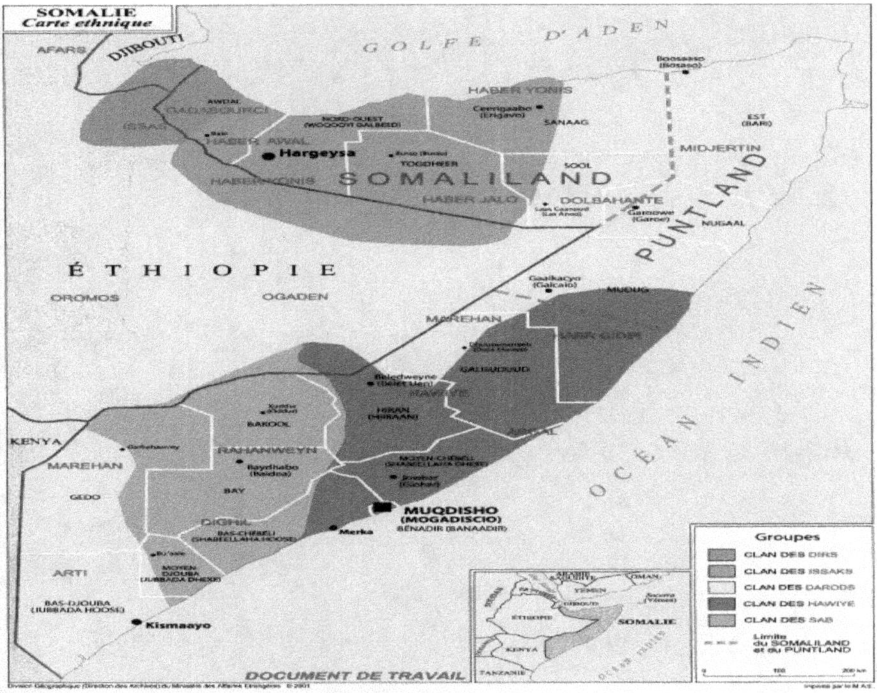

Source : Carte tirée sur internet sur wikipedia.com

SOUDAN

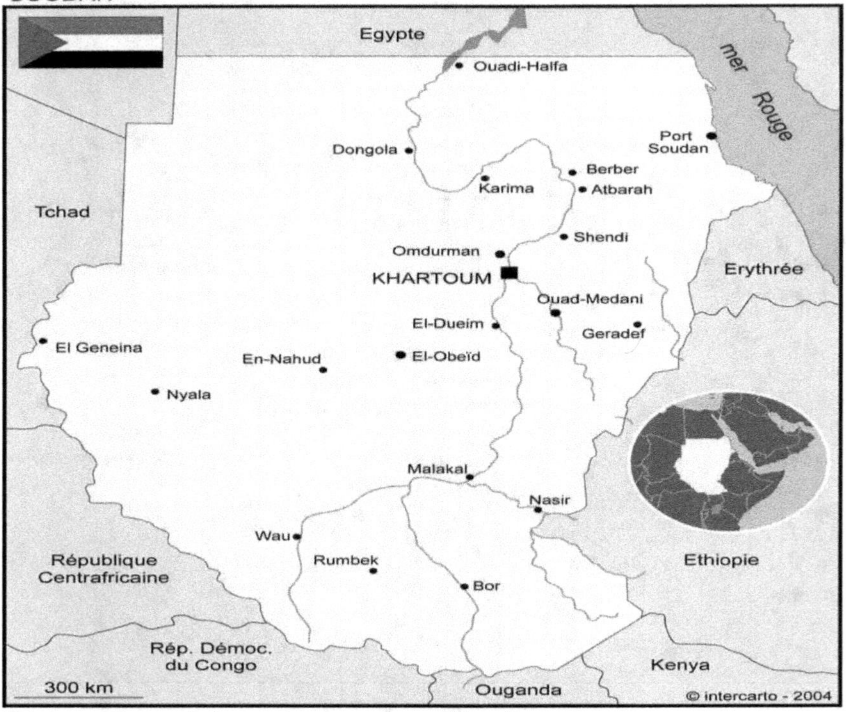

Source : Carte tirée sur internet sur wikipedia.com

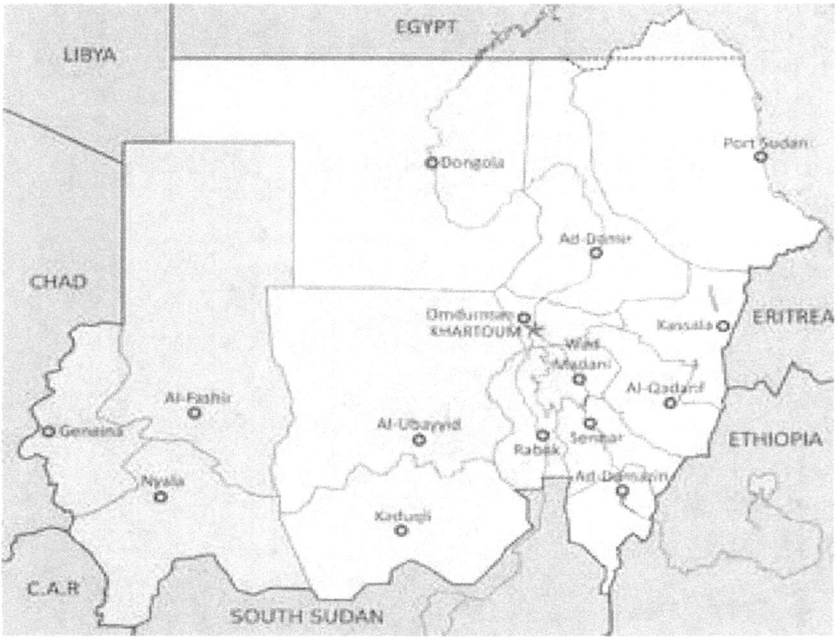

Source : Carte tirée sur internet sur wikipedia.com

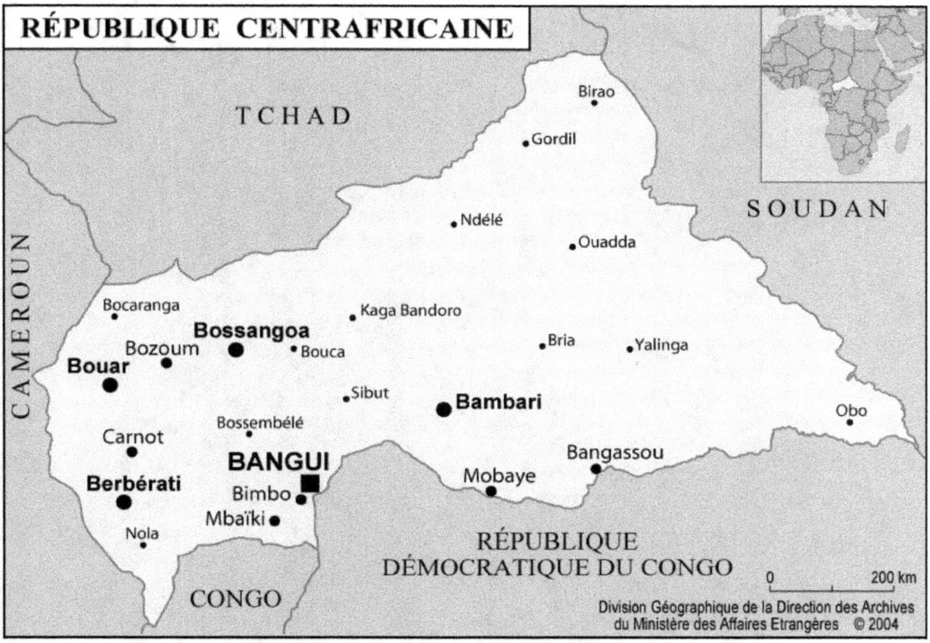

Source : Carte tirée sur internet sur wikipedia.com

TABLE DES MATIERES

Structures éditoriales du groupe L'Harmattan

L'Harmattan Italie
Via degli Artisti, 15
10124 Torino
harmattan.italia@gmail.com

L'Harmattan Hongrie
Kossuth l. u. 14-16.
1053 Budapest
harmattan@harmattan.hu

L'Harmattan Sénégal
10 VDN en face Mermoz
BP 45034 Dakar-Fann
senharmattan@gmail.com

L'Harmattan Cameroun
TSINGA/FECAFOOT
BP 11486 Yaoundé
inkoukam@gmail.com

L'Harmattan Burkina Faso
Achille Somé – tengnule@hotmail.fr

L'Harmattan Guinée
Almamya, rue KA 028 OKB Agency
BP 3470 Conakry
harmattanguinee@yahoo.fr

L'Harmattan RDC
185, avenue Nyangwe
Commune de Lingwala – Kinshasa
matangilamusadila@yahoo.fr

L'Harmattan Congo
67, boulevard Denis-Sassou-N'Guesso
BP 2874 Brazzaville
harmattan.congo@yahoo.fr

L'Harmattan Mali
Sirakoro-Meguetana V31
Bamako
syllaka@yahoo.fr

L'Harmattan Togo
Djidjole – Lomé
Maison Amela
face EPP BATOME
ddamela@aol.com

L'Harmattan Côte d'Ivoire
Résidence Karl – Cité des Arts
Abidjan-Cocody
03 BP 1588 Abidjan
espace_harmattan.ci@hotmail.fr

L'Harmattan Algérie
22, rue Moulay-Mohamed
31000 Oran
info2@harmattan-algerie.com

L'Harmattan Maroc
5, rue Ferrane-Kouicha, Talaâ-Elkbira
Chrableyine, Fès-Médine
30000 Fès
harmattan.maroc@gmail.com

Nos librairies en France

Librairie internationale
16, rue des Écoles – 75005 Paris
librairie.internationale@harmattan.fr
01 40 46 79 11
www.librairieharmattan.com

Librairie l'Espace Harmattan
21 bis, rue des Écoles – 75005 paris
librairie.espace@harmattan.fr
01 43 29 49 42

Lib. sciences humaines & histoire
21, rue des Écoles – 75005 paris
librairie.sh@harmattan.fr
01 46 34 13 71
www.librairieharmattansh.com

Lib. Méditerranée & Moyen-Orient
7, rue des Carmes – 75005 Paris
librairie.mediterranee@harmattan.fr
01 43 29 71 15

Librairie Le Lucernaire
53, rue Notre-Dame-des-Champs – 75006 Paris
librairie@lucernaire.fr
01 42 22 67 13

www.ingramcontent.com/pod-product-compliance
Lightning Source LLC
LaVergne TN
LVHW010017081026
849535LV00016B/251